Mergers, Acquisitions, and Other Restructuring Activities

An Integrated Approach to Process, Tools, Cases, and Solutions

7th Edition

收购、兼并和重组

过程、工具、案例与解决方案

（原书第7版）

[美] 唐纳德·德帕姆菲利斯 Donald M. DePamphilis 著

洛约拉马利蒙特大学工商管理学院

郑磊 译

图书在版编目（CIP）数据

收购、兼并和重组：过程、工具、案例与解决方案（原书第 7 版）/（美）德帕姆菲利斯（DePamphilis, D.M.）著；郑磊译．—北京：机械工业出版社，2015.7（2024.8 重印）
（华章教材经典译丛）
书名原文：Mergers, Acquisitions, and Other Restructuring Activities：An Integrated Approach to Process, Tools, Cases, and Solutions

ISBN 978-7-111-50771-0

I. 收…　II. ①德…　②郑…　III. ①企业兼并 – 教材　②企业重组 – 教材　IV. F271

中国版本图书馆 CIP 数据核字（2015）第 150379 号

北京市版权局著作权合同登记　图字：01-2014-0336 号。

Mergers, Acquisitions, and Other Restructuring Activities：An Integrated Approach to Process, Tools, Cases, and Solutions，7th Edition.
Donald M. DePamphilis.
ISBN 978-0-12-385487-2

收购、兼并和重组：过程、工具、案例与解决方案（原书第 7 版）（郑磊译）

ISBN 978-7-111-50771-0

出版发行：机械工业出版社（北京市西城区百万庄大街 22 号　邮政编码：100037）
责任编辑：宁　姗　　责任校对：董纪丽
印　　刷：北京捷迅佳彩印刷有限公司　　版　　次：2024 年 8 月第 1 版第 15 次印刷
开　　本：185mm×260mm　1/16　　印　　张：30
书　　号：ISBN 978-7-111-50771-0　　定　　价：99.00 元

客服电话：（010）88361066　68326294

我将最诚挚的感激献给

我的太太谢丽尔和我的女儿卡拉，

如果没有她们的耐心和理解，我无法完成本书；

献给我的兄长梅尔，如果没有他的鼓励，这本书可能不会付梓。

赞誉 PRAISE

德帕姆菲利斯教授娴熟地把所有与并购相关的管理、战略、金融、会计、法律和税务内容融合在这一部书中，为所有并购交易——无论规模大小，提供了容易理解的路线图。通过大量的最新资料，提供了当今快速发展的并购业界所需的重要信息。

——劳埃德·莱维廷，南加州大学金融与商业经济学教授

《收购、兼并和重组（第6版）》综合了许多学术严谨的案例分析中的见解，提供了有关企业重组的精深理解。该书指出了如何通过收购兼并创造价值及其可能导致的价值破坏。本书除了引入最先进的估值技术，还对美国和欧洲的企业管治规范进行了解读。该书是一本非常出色的教科书，我大力推荐该书。

——卢克·伦尼布格，荷兰蒂尔堡大学，公司金融教授

一部伟大的教科书——用简明和直截了当的方式将学术界近期的洞见与业界的当代实践结合起来，完美地满足了MBA学生和管理人员的需求。下次再讲并购课程时我肯定会采用这本书。

——卡琳·索伯恩，挪威经济与管理学院，DnB Nor 金融学教授

《收购、兼并和重组》显然是一部杰出的教科书，唐纳德·德帕姆菲利斯博士给我们提供了一本关于并购的包罗万象的综合指南……总之一句话，这是当今最新的出色的综合性教科书。

——斯科特·林恩，俄克拉何马大学 R. W. Moore 金融与经济发展讲座教授

我很高兴推荐大家阅读《收购、兼并和重组（第5版）》。我使用过德帕姆菲利斯这部教科书的前一版，可以肯定新版建立在内容广度、实践案例和可读性的坚实基础之上。我的学生对前一版好评如潮。在该书较早的版本里已经包括非上市企业的估值，在新版中，我很高兴看到德帕姆菲利斯进一步丰富了内容，扩展到家族生意。作者加强对重组、破产和清算以及风险管理方面的关注。这些主题显然都是当今经济环境中每个商务人士的兴趣所在。

——肯特·希克曼，贡扎加大学，金融学教授

本书第5版是收购兼并方面最具综合性的教科书。该书汇集了理论、估值模型和现实案例，

向商科学生展示了有关并购交易过程的全面理解。最新的真实案例给读者提供了在不同的情境下，如在跨境交易、高杠杆交易、财务困境企业和家族生意中运用理论的机会。其中有关破产重组和在破产保护法庭内外清算的章节，在当今金融危机下非常及时，也最有用。从整体上看，这是一部关于收购、兼并和企业重组活动的出色教科书。

——Tao-Hsien Dolly King，北卡罗来纳大学（夏洛特）伯克商学院，金融系副教授，Rush S. Dickson 金融学教授

《收购、兼并和重组》是一部关于并购和企业重组中最重要方面的有趣且集大成的专著，内容涉及从战略和监管、并购交易流程、并购估值和交易结构设计，到其他各种类型的重组活动。该书不仅提供了企业并购和其他重组行动的路线图，指明了应留意的关键点，还通过范围广泛且易懂易行的案例和实证发现，清晰地论述了书中的观点。这本书适合专家、并购课程教师和学生以及从业人员阅读。

——乔雷，香港大学商业与经济学系

我很喜欢唐纳德·德帕姆菲利斯教授的《收购、兼并和重组（第5版)》。这本书提供了有关各种重组活动的清晰、综合和全面的讨论。每一章使用的迷你案例突出和明确了决策过程的关键要素。每章结尾的讨论题与问题结合得非常完美，用来检查读者对相关概念的理解。本书自始至终反映了当前的市场环境和近期变化程度，为学生提供了深入的讲解，给我留下了深刻的印象。我期望在用新版讲授这门课时，本书清晰的表述和结构也能给学生们留下深刻的印象。我向所有讲授并购、破产或其他重组课程的教师推荐本书……不管是谈论其中部分主题，还是用作重组课程的完整教程，都很合适。

——约翰·曼利，爱纳大学黑根商学院，金融学教授

在高速变化的全球商业环境中，收购、兼并一直是企业最具竞争性的选择。在唐纳德·德帕姆菲利斯教授开创性的著作《收购、兼并和重组（第5版)》中，作者勾画了收购、兼并和重组如何帮助企业和高度竞争的公司接管市场，并一起发展壮大。书中引用了最新的并购案例分析……这本书完整地讨论了企业重组的每个方面……具有明晰的风格……作者全面囊括了最新的方法和技术，通过作者的努力，可以让读者深入了解这一错综复杂的领域……本书内容涵盖了上市企业和非上市企业。

这本书提供了处理收购兼并的可行方法，甚至有一章还讨论了经济下行情况下的企业破产重组和清算。通过有关并购各方面大量最新的增补资料，本书提供了丰富的实践案例，使得这个主题无论对于学术界还是专业人士都变得更容易、更刺激、更有趣。

——多尼普蒂·普拉萨德，印度海德拉巴 ICFAI 商学院

德帕姆菲利斯教授对《收购、兼并和重组（第5版)》内容做了大量重要和及时的更新，加入了诸如信贷危机和西方最新的会计准则等近期发生的事件以及新兴市场的并购与家族企业。他再次强调了企业治理，这将成为商学院和并购业界越来越重要的主题。这本教科书已经而且必将

继续成为并购重组领域最全面完整的参考书。

——杰弗瑞·拉姆斯博顿，上海中欧商学院访问教授

我认为《收购、兼并和重组（第5版）》完成了并购领域的一项综合性工作。在前一版中，全书内容分为五个部分。这种结构既有逻辑性也容易阅读，完美地融合了理论、实证研究成果和实践活动。我特别喜欢的两章是：与当今经济环境联系紧密的破产清算，以及有关私募股权和对冲基金的章节，因为这些内容之前少有同类著作提及。总之，我相信MBA学生将会发现，无论现在作为教科书还是未来用作参考书，该书都是非常有用的。

——拉哈文达·拉奥，普渡大学、巴克莱全球投资者公司

这本书是所有并购、估值和企业重组教科书中最出色的一本，理由是：德帕姆菲利斯博士的书不仅汇集了全球并购界研究成果的最新评述，而且提供了许多近期的商业案例。这本书深入地探讨了各种估值技术，也提供了有关并购和杠杆收购的更多制度细节。本书不仅分析了成功的并购，也涉及财务困境公司如何重组。简而言之，这是一本理想的适合MBA研究生学习的教科书。

——卢克·伦尼布格，荷兰蒂尔堡大学，公司金融教授

唐纳德·德帕姆菲利斯教授的《收购、兼并和重组（第5版）》是一本出色的教科书。在其众多的优点中，很容易看到三个特点脱颖而出：第一，内容是最新的，涵盖了学术期刊上最新发表的知识；第二，包罗万象，包括有关美国制度、法律和会计环境，以及技术层面、估值技术和战略等章节；第三，非常实用，提供了Excel数据表模型和大量真实案例。这三个方面和每章后的讨论题、实践题，使得这本书成为并购领域的最佳选择。

——尼克劳斯·特拉夫罗斯，希腊ALBA商学院院长，金融学Kitty Kyriacopoulos讲座教授

很难想象德帕姆菲利斯博士还能继续改进该书的第4版，但他确实做到了。新版的结构更清晰，组织得更好，而且包含了当今这个极具挑战性的时代的丰富且非常重要的新资料。我尤其要向那些遭遇到极端情况的董事会成员推荐这本书中有关清算的新章节。这本非常有用的书适合任何水平的读者——学生、教师、公司经理以及董事会成员阅读。伟大的德帕姆菲利斯！

——韦斯利·特里特，佩珀代因大学公共政策学院联席教授

无论对于学术界还是专业人士而言，这本书都是出色的参考书。除了详尽的案例，这本书还提供了能在并购中创造价值的工具。这是一本并购课程的必读书。

——瓦哈布·乌伊萨尔，俄克拉何马大学普赖斯商学院，金融学助理教授

一部详尽概括了收购兼并各个方面的令人印象深刻的专著。大量新鲜示例和案例分析，能够让读者信服这本书的内容与当前商业环境密切相关。

——特奥·维尔马，欧洲工商管理学院金融学教授

简明目录

BRIEF CONTENTS

第五部分　商业和重组策略

目录 CONTENTS

第二部分 收购和兼并流程（阶段 1 ~ 阶段 10）

第三部分 收购兼并的估值和建模

第五部分　商业和重组策略

译者序

FOREWORD

这是一部有关收购、兼并和重组的百科全书，也是一部经过多次修订和再版的经典教材。之前机械工业出版社出版过，对比新旧版，可以发现两个版本的内容几乎完全不同。毕竟在这段时间，全球资本市场，特别是美国的金融和经济格局发生了天翻地覆的变化。能够将这本书的第7版，也就是最新版介绍给中国读者，译者深有荣焉。译者在从事国际投行工作之余，动手翻译这本50多万字的巨著，其艰难殊非一般人能想象，好在经过近一年见缝插针、愚公移山式的努力，本书终于付梓了。

就在译者翻译这本书的过程中，中国兴起了企业并购浪潮。中国已经进入一个资本狂飙的年代！不仅国内并购市场火热，如上市公司以市值管理为目的的收购，而且中国企业也开展了大量的跨境并购。但直到目前为止，国内为读者提供系统全面的收购兼并和重组方法论的书籍极为少见。本书的引进适逢其时，中国企业走出去，人民币国际化，金融改革开放，都到了一个关键时点。

译者曾在一家美国上市公司从事了6年跨国并购和整合工作，之后攻读了世界经济博士学位。当年的博士论文就是中国企业走出去的理论研究，2009年将研究成果出版[⊖]（当初要求出版社封面以明黄打底设计一匹飞奔的骏马）。五六年后，译者终于亲眼目睹了中国企业和个人，千军万马涌向国际市场的壮观景象。中国企业走出去，可以绿地投资，也可以通过收购兼并。以中国企业目前的资金实力和实际情况而言，跨国并购不啻为上佳选择。

近年来，中国企业的对外投资进展可谓神速。2010年，中国对外投资流量已近2002～2007年的总和，达到688.1亿美元，超越日本位居全球第五位。中国设立的对外直接投资企业多达1.6万家，更值得注意的是，2010年海外并购增长迅速，同比增长了54.7%，中国在欧美的直接投资总量和个数呈指数性上涨。从2012年开始，中国企业走出国门的步伐更是快于以往。2014年更成为中国企业对外投资具有转折性的一年，对外投资突破千亿美元，海外并购达到272个，同比增长了36%。本届政府提出未来十年中国对外投资达到1.25万亿美元。中国已经成为资本净输出国，而中国企业则是对外投资和海外并购的主力军。

然而，一个不得不承认的现实是，收购兼并的成功率相对较低，特别是跨境并购，有众多难题和障碍需要克服。收购兼并并非像简单地合并企业报表那样简单。尤其是海外收购兼并和重组，不仅具有金融和资本技术上的难度，而且在境外市场、法律法规、企业文化等方面都需要更

⊖ 郑磊. 海外鏖兵：中国企业跨国经营的实践案例与行动指南［M］. 南京：南京大学出版社，2009.

深入的了解和学习。

本书讲述的收购兼并的背景是美国，因此美国企业的收购兼并以及对美国企业的收购兼并、美国企业的跨境收购、美国的收购兼并法律法规和产业环境等，就是本书的核心内容。对于中国读者来说，本书的理论体系是完整的，收购兼并的每个阶段以及每个阶段的每个步骤，都有系统和翔实的阐述。本书分为五大部分，每个部分包含3~4章，全书共18章，主题覆盖了从收购兼并市场和法律环境、收购兼并流程和步骤、收购兼并估值和建模、交易构架和融资策略，到各类商业和重组战略的所有内容。由于作者侧重于将收购兼并、重组作为实施商业战略的策略进行分解论述，因此本书内容上注重理论和实践的深入结合，每章都以案例分析开篇，引出本章主题，然后按照逻辑顺序展开，中间夹杂丰富的实践示例（阅读资料），最后以2~3个近年发生的与本章主题相关的兼并收购案例结尾。无论是案例还是章节，在末尾都有练习题，并在配套网站上提供了可以免费下载的全书习题和分析模板文件、教师参考及学生手册。

对于学生和教师，可以将本书的第1章、第3章、第4~12章以及第18章抽出来，作为一个完整的企业收购兼并和重组理论框架，用于教学或研究。而其他章节可以作为课外阅读，供读者了解美国的兼并收购、商业联盟和法律法规等方面的知识。中国企业如果收购美国企业，本书是一本非常详细的参考书和指南。对于投资银行专业人员，可以将本书作为工具书使用，其系统性和完备性，完全可以做到一册在手、通行世界。译者相信，这本书的出版填补了国内这一领域的空白，必将成为收购兼并的必读书籍。

译者希望本书能够不断修订再版，也愿意继续将其新版内容介绍给中国读者。

最后，我要再次感谢机械工业出版社的策划编辑王洪波和责任编辑宁姗，她们以严谨和高效的工作促成本书尽快付梓。我也将本书献给我的妻子和女儿，没有家人的支持，独自完成这样一部鸿篇巨制，对于从事投行的我来说，简直是不可能的任务。然而书中仍难免因译者水平有限出现错漏，我会在新版时改正。欢迎大家来信指正，我的电子邮箱是：prophd@126.com。

郑磊
2015年6月12日
于香港中环

前言

PREFACE

致读者

在写作本书的时候，尽管某些类型的企业重组活动非常活跃，但是市场整体状况仍然显得对并购交易者相当有挑战性。尽管不确定性一直笼罩着欧洲经济增长前景，但因手持创纪录水平的大笔现金，美国和中国继续鼓励企业收购兼并（M&A）。基于这一现实背景，本书力图将并购、重组这一充满刺激性、复杂而且有时又令人疑惑费解的企业活动清晰地展现出来。为了帮助读者从收购、兼并与商业联盟和企业重组的整体角度考虑这些行动，我们按照并购活动的发生顺序及其相互之间的互动为线索展开论述。

这本书非常独特，为读者提供了当前最新的、综合的并购和企业重组前沿内容。本书的新颖性体现在涵盖了并购领域最新发生且引人瞩目的交易案例（如 Facebook 收购 Instagram，领英 IPO，以及柯达公司破产倒闭）、新法规（如 2010 年多德 - 弗兰克法案和 2012 年创业企业融资（JOBS）法案）、流行趋势（如新兴经济体日益增长的全球并购活动），以及新策略［如股权增扩选择权（top-up options）、现金分拆（rich-cash split offs）］。在 54 个完整的案例分析中，至少 85%是新增加的 2010 年以后披露或者完成的交易案例。综合性体现在从收购、兼并、企业重组到剥离和再重组，本书几乎对各个方面都进行了探索。其前沿性表现为结论和观点与最新的研究成果相符，本书参考了 2010 年之后在并购领域顶尖学术期刊上发表的实证研究成果。新版内容已经大幅更新，收入了大量实用图表，包含各种交易案例、易懂的计算示例，以及大量讨论题和实践题。本版还包括有关交易如何获得融资的新章节。

新版的主要特点是：

- **新章节** 第 13 章是新加入的一章，讨论交易如何获得融资，特别是私募股权投资者和对冲基金在交易融资中的角色，从融资策略角度讨论了通常被称作杠杆收购（LBO）的高杠杆交易。这一章也讨论了：杠杆收购不断变化的实质，对创新、企业经营表现和就业的影响，以及成功的因素；典型交易和资本结构，以及设计不良的杠杆收购交易结构的缺点。
- **新案例** 46 个新案例包括最近 3 年里披露或者完成的实际交易，其中有善意并购和恶意并购、高杠杆交易和 9 个不同行业跨境并购案，内容涉及上市企业和非上市企业以及正在财务困境中挣扎的企业。所有案例都以一个“要点”或“关键点”小节开头，指明学生应从中学习和掌握的重点，还包含了讨论题和解决方案，这些内容也包括在教辅网站提供的教师手册里。

- **最新研究成果** 新版聚焦于最新的相关学术研究成果，其中包括一些正在改变我们如何看待并购问题的令人惊讶的见解。最新研究对于学术界、学生以及并购从业人员都具有重大意义，揭示了不断变化的并购市场的新进展。公司治理和公司重组市场在不断变化，反映了产品和资本市场全球化的进一步深入，加速了技术变革，提升了行业集中度，改变了监管方式，加剧了跨境竞争。尽管有关20世纪70年代、80年代和90年代并购市场机制方面的实证研究还具有参考意义，但是在解释当前形势和未来趋势时，仍可能无法切中要害。
- **第1~10章的新增内容** 第1章加入了有关并购交易成功率的最新实证研究成果。第2章讨论了2012年JOBS法案对新兴企业的影响，以及多德－弗兰克法案对并购的影响。第3章讨论了维权投资者（activist investors）在提升公司良好治理水平方面的效果，特别是在出现兼并威胁时的最新研究成果。这一章还扩展了抗御接管的应对措施，以及不同的投票权和资本结构对公司治理和企业价值的影响。第5章增加了有关并购过程中常用法律文档的使用目的的详尽讨论。第7章更新了有关企业规模溢价的估算及其应用，以及使用“由下而上”方法（bottoms-up）估算企业β值的更详细的讨论。第8章新增了如何对金融服务类企业估值，以及确定破产企业财产清理价值（breakup value）的众多示例。第10章详细探讨了估算非上市企业贴现率的方法，以及所有者资产未充分分散化的非上市企业在估算股权成本时使用的整体β值。除了讲解为了估值目的如何确定合适税率之外，这一章还提供了为反映控制权价值（value of control）、流动性和少数股东折价（minority discounts），通过直接调整企业价值或者调整企业的贴现率来反映这些因素造成的影响。
- **第11~18章的新增内容** 第11章讨论了越来越频繁使用的股权增扩选择权，完善了简式合并（short-form merger）及其他新式交易策略。第12章做了大幅改写，纳入了有关需要缴税和免税的更多交易结构，以及它们如何满足买卖双方不同谈判结果的需要。该章还讨论了在交易结构中采用主有限合伙制（master limited partnerships），并提供了何时以及为何使用再资本化会计（recapitalization accounting）的更详细的解释。有关杠杆收购如何创造价值以及这类交易如何获得融资（包括图解），在第13章里做了进一步的探讨。第14章给出了评估杠杆收购的其他方法，以及一个有用的杠杆收购建模方法。第15章增加了在创建商业联盟时使用的其他结构。第16章包括日益流行的现金分拆重组策略和关于出售流程的更深入的探讨。第17章详细讨论了第11章提到的重组中对冲基金承担的角色，以及濒临破产企业证券的估值。为了反映跨境交易日益增加的重要性，笔者对第18

章的篇幅做了扩充，加入了有关新兴国家交易的详细讨论，显示出发展中国家在跨境并购中的重要性不断提高。

- **更新了教辅材料** 提供给学生和教师用的 PPT 演示资料都已经更新，反映了近期研究成果、趋势和新增加的内容。在每张教师用 PPT 演示页的下方，加入了建议话题和关键要点的讲解内容。学生用 PPT 可作为学习指南。

本书有大量章后讨论题、复习题和练习题，供读者测试知识掌握情况。学生可以从本书的教辅网站下载 Excel 数据模型计算表。借助这些模型，许多习题可以通过设定不同的假设条件，由学生自己得出解决方案。网上教师手册提供了所有问题和习题的答案，可提供给使用本教材的教师。在线手册包括超过 1 600 道判断对错题、多项选择题、简答题和计算题。除了用 Excel 定制的并购和杠杆收购估值重组软件、PPT 演示文件以及尽职调查资料之外，教辅网站也提供了一个学生学习指南、估算企业借贷能力和调整企业财务报表的模型，以及众多本书所讨论概念的示意图。

本书适用于学生学习收购兼并、企业重组、商业战略、管理学和企业家精神课程。本书可以用作本科生和研究生教材。本书也能引起金融分析师、首席财务官、运营经理、投资银行家以及投资组合经理的兴趣。其他可能感兴趣的人包括银行贷款经理、风险投资家、政府监管人员、人力资源经理、企业家和公司董事。所以，从课堂到董事会，这本书对任何一位关心收购兼并、商业联盟以及各种重组活动的人都有一定的价值。

致教师

本书是一次尝试，即讨论一个对象具有多样性、涉及多个专业且具有复杂内涵的题目。在完成大多数交易时都必然会触及这个题目。因此，关于并购重组的讨论不容易被分成几个主题高度集中的章节。硬性划分的结果会导致读者无法理解那些看上去相互独立的各部分是如何整合的。收购兼并包括很多主题，比如管理学、金融学、经济法、金融和税务会计、组织动力学和领导理论。

考虑到这层因素，对于讨论复杂且动态变化的并购世界，本书提供了一个新框架。本书按照收购兼并过程正常发生的活动组织内容，因此分为以下五个部分：并购环境、并购流程、并购估值和建模、交易结构和融资策略以及其他商业和重组策略。相关主题在这五个部分中被高度整合和深入讨论。图 0-1 是本书内容的结构图。

本书给教师提供了与不同水平的学生进行有效沟通所需的所有信息。由于使用了大量示例和现代商业案例，使得本书也能够用于远程教育、自学和大型的面授课程。每章后的讨论题和实践题（网上教师手册提供了答案），为教师提供了测试学生掌握知识进度的机会。学习本书的前提条件是了解基础会计、金融、经济学和管理学的概念。

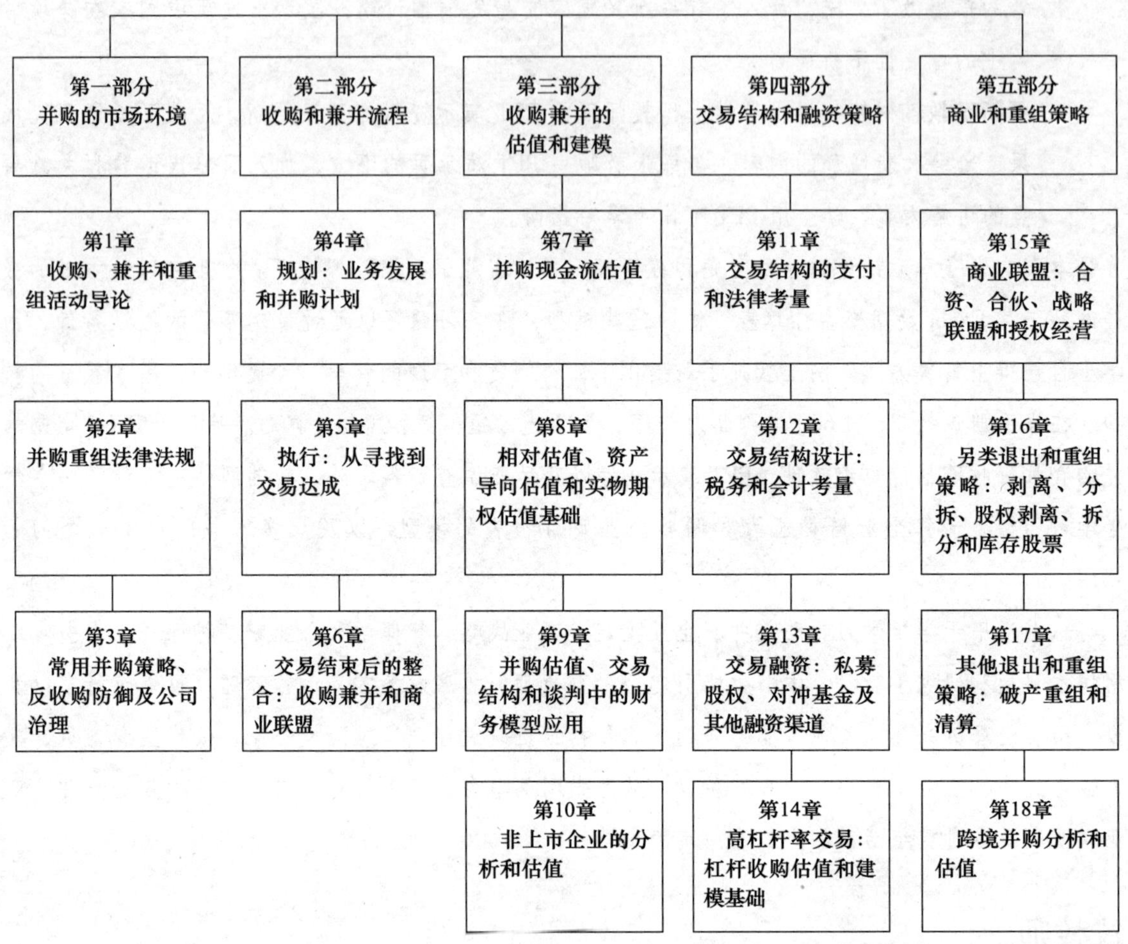

图0-1 并购重组课程结构

在线教师手册

该手册包括每一章内容（与教辅网站的内容完全一致）的PPT演示文档（多数幻灯片内含教师点评）和建议的学习目标，推荐了资料讲授方法与针对本科生和研究生水平的详细教学大纲，以及丰富的试题库。该题库包括1 600多道试题（判断题、多项选择题、简答题、案例分析和计算题）和答案，以及本书每章后讨论题、案例的解答。“Preface to the Online Instructor’s Manual and Table of Contents”文件夹中的在线手册，提供了面向本科生和研究生的授课建议。

如果想得到在线手册，请给出版社发邮件索取。北美区域内的教师请发邮件到textbook@elsevier. com，其他地区的教师请发邮件到emea. textbook@ elsevier. com。请在邮件中注明你的联系信息（姓名、系、学院、地址、电邮和电话）以及课程信息，包括课程名称、编号、年度注册、国际标准书号、书名和作者。相关请求需经由出版社代表的批准。

对于已经使用过本书的教师，请直接登录www. textbooks. elsevier. com（Elsevier的教师网站），点击网页左上角“教师手册”（Instrutors’ Manual）按钮，即可得到如何获取本书在线手册的详细说明。

学生学习指南

本书教辅网站的学生指南包括每章小结，内有学习要点与判断题、多项选择题、计算题和答案，用于加强学生的学习体验。

众多应用性、现实和多样的示例及当前商业案例

每一章开篇列出了关键知识点和后续将展开详述的要点。有大量示例、商业案例、表格和图用于说明关键概念。各种各样的信息和大量实证研究被总结为图表，用于解释每一章的关键要点。每章包括多个讨论题和近期综合商业案例，用于激发读者认真思考并测试读者对知识的理解。许多章节也提供了有助于学习该章内容的实践题。

综合而灵活的内容组织

尽管本书是按顺序编排的，但是每一章都是一个完整的单元，可以适应不同的教学策略和学生多样化的背景。内容组织的灵活性也使得其中的资料能够适应各种长短不同的教学时间，从一个季度到两个完整学期都可以使用。所需时间与学生的水平和教师的关注点有关。本科生一般有能力在一个学期内掌握本书8章或9章的内容。而在同样长的时间里，研究生可以学完12~14章内容。

学生可以在教辅网站查找参考资料，网址是：http：//booksite. elsevier. com/9780123854872。

教师查找支持资料，请访问：http：//textbooks. elsevier. com/web/Manuals/9780123854872。

请注意，教师应该在 www. textbooks. elsevier. com 注册为用户，才能获得这些教辅资料。

致 谢 ACKNOWLEDGEMENTS

我衷心感谢许多不知姓名的审稿人提供的各种颇有助益的建议以及出版社提供的大量资源。我要特别感谢阿兰·切里、罗斯·班格尔、帕特利西娅·道格拉斯、杰夫·吉尔、吉姆·黑利、查尔斯·希金斯、迈克尔·拉沃雷迪、约翰·迈伦、拉奥·萨克森、戴维·奥芬博格、克里斯·曼宁、玛丽娅·吉亚达、沃伦·米勒、吉利安·贾卡德、加奈特·托雷斯和克里斯·科勒给我的建设性意见。我还要感谢出版社的执行主编斯科特·本特利先生，感谢他和项目经理宝琳·威尔金森的支持与指导。

作者简介 ABOUT THE AUTHOR

唐纳德·德帕姆菲利斯博士直接指导完成了包括收购、资产剥离、设立合资企业、少数股权投资、申请许可证以及涉及众多行业的供应协议等30多个交易项目。接触的行业领域遍及金融服务、软件、金属制造、商业咨询、保健、汽车制造、通信、纺织和房地产。唐纳德·德帕姆菲利斯在匹兹堡大学获得了经济学学士学位，后来在哈佛大学取得了经济学硕士和博士学位。

唐纳德·德帕姆菲利斯博士是洛杉矶洛约拉马利蒙特大学的金融实践教授，讲授收购兼并、企业重组、交易、金融学、微观和宏观经济学（商科和非商科），以及本科生、MBA和EMBA学生的领导学和企业治理课程。他也是洛约拉马利蒙特大学国际经理培训项目的指导教师，讲授企业重组策略和全球视角下的战略课程。他还担任该校商学院学生投资基金主席，以及研究生商科教育课程委员会成员。唐纳德·德帕姆菲利斯博士是洛约拉马利蒙特大学EMBA领导力成就奖的获得者。

唐纳德·德帕姆菲利斯博士曾在加利福尼亚大学（尔湾分校）、查普曼大学和蒙城大学讲授并购和企业重组、金融学和经济学课程。作为上海交通大学安泰管理学院的访问教授，他曾在那里讲授过并购与企业重组战略课程。

唐纳德·德帕姆菲利斯博士在工商领域拥有超过25年的经验，从小型私营企业到《财富》100强企业，足迹遍及多个行业各种规模的企业，曾担任Experian公司电子商务副总裁、TRW信息系统服务的业务发展副总裁、PUH健康系统规划与市场营销高级副总裁、TRW企业业务规划总监以及国民钢铁公司首席经济师。

他还曾担任大通计量经济学协会的银行和保险经济学主任，以及联合加利福尼亚银行的经济分析师，他曾研发一个复杂交互式计量经济学预测模型，被银行用来预测美国经济。唐纳德·德帕姆菲利斯博士还曾多次对不同行业贸易协会和客户以及洛杉矶社区和商业组织发表演讲。他完成了TRW和国民钢铁公司的管理人员培训课程。

唐纳德·德帕姆菲利斯博士撰写了许多篇有关收购兼并、商业规划发展和经济学的文章，参与了部分书中章节的写作，这些文章发表在需经同行评审的学术期刊和商业出版物上。他的专著包括：《收购兼并必读》和《收购兼并基础：谈判与构建交易》。《收购、兼并和重组活动》已经被译成中文和俄文，被全球多所大学作为教材使用。

唐纳德·德帕姆菲利斯博士也担任产品和个人顾问，从事专利侵权、商业估值仲裁，包括且不限于提供与并购相关专案的分析和处理。他也提供并购目标选择、谈判支持和商业估值服务。

如果你对本书有任何评论意见，请发电邮给本书作者 ddepamph@ lmu. edu，也欢迎你提出完善这本教材的任何建议。

译者简介 ABOUT THE TRANSLATOR

郑磊博士在高端制造业、智库、管理咨询、商业银行和投行从业20多年。在美资上市跨国制造企业工作的十年间，参与了对3M、PERKING ELMER、TRW等公司传感器业务的并购和整合工作，后以跨国公司理论和跨国投资研究（2009年南京大学出版社出版）获得南开大学国际经济研究所经济学博士学位（世界经济）。郑磊博士分别在兰州大学数学系及荷兰马斯特里赫特管理学院获得理学学士学位（计算数学）和MBA学位（战略管理），其后曾创立管理咨询公司，指导近百家中小企业建立运营管理体系和战略；在中国脑库从事政策研究和经济咨询工作，担任过创业投资及产业基金研究中心副主任、深圳市政府决策咨询委员会创新组专家、中国管理科学研究院学术委员会高级研究员、中国风险投资研究院高级管理顾问、中国上市公司市值管理研究中心学术顾问等职务，并为哈尔滨工业大学、华中科技大学等中国内地知名高校的经济管理研究生和EMBA讲授中国经济、运营管理、战略管理、兼并收购和资本市场等课程，担任内地高校工商管理学院客座教授。

郑磊博士现任职于银行系香港投资银行机构，持有中国内地与香港证券全部从业资格和牌照，帮助企业跨境投融资（项目投资和并购）、资产管理和上市/退市，为《证券日报》《董事会》《公司融资》《现代商业银行》《经理人》《证券市场周刊》《新财富》等财经报纸杂志撰写企业治理、资本运作等方面专栏文章200多篇，其中近10篇被《人大复印资料》《改革》等学术期刊全文收录或摘要，并将20多种英、法、日、德文版的经济、金融和资本市场专著翻译引进中国内地和香港，在北京大学出版社、清华大学出版社、中国人民大学出版社、中信出版社和机械工业出版社、香港天窗文化等出版了《资产证券化：国际借鉴与中国实践案例》《新常态股市投资智慧：你不可不知的行为金融》《港股A股化》等7部中文繁简体版专著。郑磊博士与本书作者的经历和背景相似，致力于将资本市场理论与实践相结合，并在投行实务工作之余，热心培养资本市场人才，积极普及金融和资本知识。其经济金融专业博客charlielzheng. chinavalue. net/home深受读者欢迎，联络方式：prophd@126. com。

第一部分

并购的市场环境

"老板，我已经设计好我们的新企标了。"

2008～2009年的衰退和欧洲主权债务危机的缓慢释放效应，即使拥有现金充裕的资产负债表和外部持续低水平的利率，但仍瓦解了企业管理者的信心。近年来，企业重组活动主要由寻求加强自身核心业务的买方与尝试提高产品和市场关注度的卖方发起。那些为交易采用高杠杆融资的财务型收购人，在经济下行之前的2007年曾开展大规模收购，现在大部分已经式微。

大众媒体试图用企业重组这个词描绘企业基础业务的扩张或收缩，或是从根本上改变其资产或财务结构。企业重组覆盖的范围遍及各个方面，从业务单元重组到兼并，从建立合资企业到资产剥离、拆分和股权剥离。所以，本书的内容实际上可以被看作是企业重组过程的一个组成部分。第一部分讨论了收购、兼并和重组活动的发起，包括那些在兼并过程中超出参与各方控制的因素。

第1章通过讨论基本术语，提供了对收购兼并的整体认识，收购兼并发生的常见原因，这类交易如何以一种可以预测的连续方式发生，以及投行、贷款方到监管机构的各个参与方。基于近期实证研究成果，本章也讨论了收购兼并是否能够让股东、债券持有人和社会获利的问题。第2章讨论了收购兼并的各种复杂法规，包括美国联邦和各州的证券法与反垄断法，以及环境、劳工和让交易过程更复杂的各项福利法规，也讨论了跨境交易的影响和由此引发的全新法规挑战。从市场角度看，控制权从卖方转到买方，第3章讨论了作为整体竞标策略的一部分，通常的兼并策略是如何使用的，以及这些策略背后的激励因素，标的企业采取的破坏或延缓并购的防御措施。竞标策略的讨论包括友好、不情愿或者恶意收购的情况。对于恶意收购，兼并被视作约束表现不良的管理层，改善公司治理活动，以及在那些能更有效使用资产的人中重新配置资产的一种方式。

CHAPTER1

第1章 收购、兼并和重组活动导论

授人以鱼不如授人以渔。

——老子

并购内幕 **品牌管理——V. F. 公司收购天伯伦**

关键点

- 并购经常用于快速改变一家企业的产品侧重点。
- 直接竞争对手的并购通常代表着显著的收益增长和成本节省机会。
- 及时实现协同效应，对于弥补收购溢价至关重要。

天伯伦（Timberland，TBL）公司是一家在美国和欧洲非常知名的耐用室外用品制造商，但是这家公司近年来经营出现了问题，未能扭转“黄靴”品牌的亏损局面，在鼓励消费者将天伯伦产品当作长销品牌方面的广告效果不彰，而在中国内地的激进扩张导致了利润下降。尽管年收入（annual revenues）在2011财年增长超过16亿美元，但该公司的市场份额正在流失到Gap和西尔斯这些竞争对手手中。由于天伯伦管理层无法完成季度预测经营业绩指标，其股价也因投资者的信心低落而下跌，故而天伯伦濒临被收购的边缘。

年收入高达77亿美元的用品制造商V. F. 公司（VFC），作为乐斯菲斯（North Face）、Wrangler和李（Lee）等知名品牌的拥有者，一直都在搜寻适合其业务战略的企业。VFC通过收购市场份额大的高知名度品牌，获得了史无前例的增长。其战略主要是通过并购发展，而非通过与其他企业结成联盟或发展自己的品牌。此外，该企业正在转向快速发展中的户外用品市场。

由于专攻户外用品，天伯伦已成为一家非常有吸引力的标的企业，特别是当时它的股价已经下跌。VFC抓住了把有高认知度的天伯伦商标纳入其产品组合的机会。2011年6月

13日，VFC宣布达成协议，将向天伯伦股东支付每股43美元，相当于在前一天市场价格上溢价43%，以全额现金方式收购天伯伦。该交易对天伯伦的估值达到约20亿美元。

在收购天伯伦之后，VFC户外和体育用品产品线，有望为该企业2012年的全年收入贡献50%左右，2015年这一比例将至少提高到60%。通过收购天伯伦，VFC获得了新的零售卖场，并有机会将天伯伦更好地定位为家用品和配件市场上的时髦品牌。VFC也希望使用天伯伦快速成长的网购业务，助其在2015年前达成4亿美元以上的网上销售目标，这是VFC 2011年网上销售额的3倍多。VFC期望通过自有的电商网站和国际化经营，加快天伯伦产品的销售增长。同时，VFC希望借助大额物料采购，获得比之前更大的折扣，并裁减冗余的工作岗位，降低管理费用。

本章概览

尽管整本书都在讨论企业重组，但本章的重点是并购，为什么会发生并购，为何并购会成为潮流。你将了解到重组企业时遇到的各种法律结构和战略。一家企业试图收购另一家企业，则称为发起收购的企业、收购方或竞标方。标的企业或者标的，是被收购方看中的企业。兼并和买断是表示企业控制权变更的常见说法。本书配套网站（http://booksite.elsevier.com/9780123854872）[⊖]在“学生学习指南”（Student Study Guide）文件夹中提供了本章回顾和一个常用行业信息资源列表。

1.1 为何会发生并购

发生并购的原因很多，各种因素在并购活动中的重要性随时间改变。表1-1列出了有关为何发生并购的一些主要理论。每一种理论都将在本章详细讨论。

表1-1 导致并购的常用理论

理论	动机
经营协同 • 规模经济性 • 范围经济性	通过收购客户、供应商或竞争对手获得规模效应，提高经营效率和产品范围
财务协同	降低资金成本
多元化 • 新产品/当前市场 • 新产品/新市场 • 当前产品/新市场	将企业定位在有更高成长性的产品和市场
战略调整 • 技术变革 • 监管和政治变化	能够获得比依靠自身内部发展更快地适应环境变化的能力
骄傲自大（管理层引以为傲）	收购方相信他们对标的企业的估值要比市场准确，导致他们因为过高估计协同效应而支付高价
买入廉价资产（q比率）	如果现有公司的股权价格比购买或者配置资产便宜，则应收购资产
管理主义（代理问题）	提升公司规模可以提高权力和经理人薪酬
税务考量	获得未使用的净亏损额、税收优惠和冲销，用资本收益替代一般收入
市场支配力	通过影响供应或需求，采取价格行动挤压竞争对手
错误估值	投资者对收购方股价的高估刺激了并购活动

⊖ 读者可自行登录网络获取。

1.1.1 协同效应

协同效应是企业合并时产生增量现金流所实现的价值。也就是说，如果两家企业的价值分别为1亿美元和7 500万美元，而它们合并后的市场价值是2亿美元，那么潜在的协同效应就是2 500万美元。两种基本的协同类型是经营协同和财务协同。

1. 经营协同

经营协同包括规模经济性和范围经济性，这可能是股东财富创造过程中的重要决定因素。效率上的收益可能来自其中任何一种因素，或是管理经营水平的提高。

规模经济性是指企业有一个给定规模的工厂，制造单一产品，由于产量提升而导致平均固定成本下降，因此企业得以降低平均总成本水平。此处规模（scale）定义为设备折旧和资本化软件的摊销等固定成本、正常的维护费用，以及诸如利息支出、租赁费、长期联盟/客户/供应商协议和税款等费用。这些成本是固定的，短期内不会发生变化。可变成本是指那些随着产出水平改变的成本。所以，对于给定的规模或固定支出数额，当产出和销售增加时，单位产出的固定费用和收入会降低。

为了说明从规模经济性中获得的潜在利润提升，考虑将B企业并入A企业。A企业工厂只使用了一半产能，B企业的工厂生产同样产品，将B企业的工厂关闭，将生产转移到A企业未充分使用的工厂，结果是实现了更高的利润率，A企业的利润率从合并前的6.25%提高到合并之后的14.58%，而此时并没有增加A企业的固定成本（见表1-2）。[㊀]

表1-2 规模经济性

期间1：A企业（合并前）	期间2：A企业（合并后）
假设	**假设**
• 价格＝每单位产出以4美元出售 • 可变成本＝每单位产出2.75美元 • 固定成本＝100万美元 • A企业仅使用了50%的产能	• A企业收购B企业，B企业每年生产50万件同样的产品 • A企业关闭了B企业的工厂，将其生产转到A企业 • 价格＝每单位产出以4美元出售 • 可变成本＝每单位产出2.75美元 • 固定成本＝100万美元
利润＝价格×数量－可变成本－固定成本＝4×100万－2.75×100万－100万＝25万（美元）	利润＝价格×数量－可变成本－固定成本＝4×150万－2.75×150万－100万＝87.5万（美元）①
利润率（%）②＝25万/400万＝6.25%	利润率（%）③＝87.5万/600万＝14.58%
单位固定成本＝100万/100万＝1（美元）	单位固定成本＝100万/150万＝0.67（美元）

①增加的利润＝4×50万－2.75×50万＝62.5万（美元）。
②出售单件利润＝4.00－2.75－1.00＝0.25（美元）。
③出售单件利润＝4.00－2.75－0.67＝0.58（美元），注意这里没有反映出关闭B企业发生的成本。

范围经济性是指一家企业生产两种或更多产品时，平均总成本会下降，这是因为在一家企业生产这些产品，要比在几家企业生产更便宜。范围经济性可能反映为平均固定成本和可变成本两方面的降低。与人员和销售相关的范围经济性方面的例子，包括一个部门（如会计和人力资源）支持多个产品线，以及一个销售团队负责多个相关产品而非单一产品的市场。配货成本的节省可

㊀ 此处的利润改善有所夸大，原因是我们采用了简化的假设条件，使单位可变成本保持在2.75美元不变。现实情况是，产出增加时，平均可变成本也上升，反映了因为必要的维修保养，设备停机时间增加，加班工资增加，新增工作班次需要招聘新人，以及经常出现低效员工，维持重组原材料供应代理后勤问题导致生产中断等。

以通过将大量产品而非单一产品运送到一个地点而达成。额外成本节约可以通过使用一套特定技术，或将现时只用于生产单一产品的资产，用于生产多种产品。宝洁公司作为消费产品巨头，通过其高超的消费市场营销技能销售各式个人护理产品和药品。本田利用其先进的技术诀窍（无形资产），在轿车、摩托车、割草机和除雪机之外，加强了内燃机的制造。

2. 财务协同

财务协同是指收购方因为并购而降低了资金成本。如果被合并的企业的现金流不相关，这种情况有可能发生，可以通过较低的证券发行和交易成本实现成本节约，或者会导致投资机会和内部产生的资金之间的更佳匹配。[㊀]

1.1.2　多元化经营

企业收购超出其当前业务范围的做法，被称为多元化经营。多元化可以创造出财务协同效应，降低资本成本，或者可以让企业核心产品线抑或目标市场转移到有更高成长性的领域，哪怕那些领域与现有产品或市场无关联。表 1-3 的产品 - 市场矩阵列出了企业主要的多元化选项。

表 1-3　产品 - 市场矩阵

产品 \ 市场	当前的	新的
当前的	低成长/低风险	高成长/高风险（相关多元化）
新的	高成长/高风险（相关多元化）	最高成长/最高风险（不相关多元化）

一家企业在当前市场面临较低的增长，可以通过相关多元化，通过在其不太熟悉的市场上出售现有产品而加速增长，但是这样做的风险也较高。这就是 IBM 在 2012 年收购网络人力资源软件开发商 Kenexa 时的情形，IBM 将软件业务转移到竞争激烈且快速增长的借由网络交付商业应用的市场。

企业也可以尝试收购新的自己相对不熟悉的产品，然后在熟悉的、低风险的现有市场出售，以获得较高的增长率。零售商彭尼百货（J. C. Penney）1997 年以 33 亿美元收购 Eckerd 连锁药房（一家医药零售商），以及强生公司 2006 年以 160 亿美元收购辉瑞保健消费产品线，都是相关多元化案例。在以上两个案例中，通过销售产品，企业承担了额外风险，但是它们对进入的市场明显有经验：彭尼百货了解消费零售市场，强生熟悉零售保健品市场。

有相当多的证据表明，收购导致的非相关多元化经常会在宣布后，比非多元化收购产生更低的财务回报。在一些不相关行业都有经营业务的大型企业，例如通用电气，被称为综合性企业。这类企业的股价经常要比集中经营或拆散后的企业价值低，这种折价现象被称为综合性企业折价或多元化折价。[㊁]投资者经常认为综合性企业风险更大，这是因为管理层难以理解那些业务，而且外部投资者可能在评估高度分散的不同业务时，会遇到困难。投资者也可能不愿意投资那些管理层看上去更愿意通过多元化打造“企业帝国”而不是致力于提高业绩表现的企业。此外，这类企业的企业治理通常也很薄弱。

㊀ Furfine 和 Rosen（2011）提出并购可能提高违约风险（和资本成本），特别是收购之前股票表现差劲和 CEO 拥有大量期权补偿的企业，可能导致承担过高的风险。

㊁ 一些研究人士认为折价幅度被夸大了（Campa 和 Simi，2002；Hyland 和 Diltz，2002），而其他人认为这反映了抽样上的偏差（Villalonga，2004；Graham，Lemmon 和 Wolf，2002）。

还有研究人员发现，发达国家大多数最成功的并购，是那些有助于改善收购方核心业务的交易，这主要反映出管理层熟悉这类业务，以及具备在优化投资决策方面的能力。相关联的并购比不相关的并购有机会产生更高的财务回报，因为业务相关的企业，通过处理重复交叉职能，有可能实现成本节约。[⊖]

1.1.3 战略调整

企业通过并购活动，可以对诸如监管改变和技术创新的外部环境变化，做出快速调整。那些近年来明显的去监管化行业——金融服务业、医疗保健业、公用事业、媒体和通信业、国防等成为并购活动的中心，这是因为去监管化打破了人为设置的藩篱，刺激了竞争。技术进步创造出新产品和新行业。智能手机激发了手持通信终端设备的增长，但是削弱了傻瓜相机行业，威胁到手表、闹钟和 MP3 播放器的普及。平板电脑降低了对台式计算机和笔记本电脑的需求，而电子阅读器则降低了印制图书的受欢迎程度。

1.1.4 傲慢自大与“赢家的诅咒”

由于过度乐观而导致过高估计协同效应，收购方会向标的企业支付过高对价。由于傲慢自大的原因，即便存在明显的协同效应，竞购者之间的竞争也可能导致赢家支付过高的价格。以前曾有过成功并购经历的 CEO，可能因为过度自信而支付给收购标的过高的对价。这类收购方过后可能会感到后悔，因此这种情况被称为“赢家的诅咒”。

1.1.5 购买被低估价值的资产：q 比率

q 比率是收购方股票的市场价值与其资产的替代成本之比。企业可以选择投资新厂房和设备，或者通过收购一家市场价值低于替代成本的公司，获得所需的资产（例如，市场价值与账面价值之比或 q 比率小于1）。这个理论可以用于解释股价下跌到账面值（或历史成本）以下时的企业并购活动。

1.1.6 管理主义（代理问题）

当企业经理人的利益与股东利益不同时，便会出现委托代理问题。经理人可能为了自己的优越地位而进行并购，打造自己的王国，或者提高自己的薪酬待遇以自肥。这类不良管理在企业股权分散持有情况下会持续存在，因为这个成本被众多股东分摊了。并购经常会对经理人产生压力，迫使其要么采取行动提升股价，要么被收购方认定其股价低估而成为收购目标。

1.1.7 税务考量

企业收购方会将累积的损失和税收优惠用于平衡合并后企业的未来利润。然而，在决定是否

⊖ 发展中国家多元化企业的资本市场通路有限，由于其所属的经营较成熟的企业产生的现金可以用于支持有更高增长潜力的业务，因此在出售时可以得到溢价（Fauver 等，2003）。

并购时，交易本应纳税这一特征，经常比收购者所获得的税收好处，扮演着更为重要的角色。出售方可能将交易免税作为交易的先决条件，一个结构设计周详的交易，可以让标的企业的股东推迟缴纳资本利得税，直到将其换得的收购方股票出售为止。

1.1.8 市场支配力

尽管少有实证支持，但市场支配力理论（market power theory）认为企业通过并购，可以在更具竞争性的市场上提升为产品定价的能力。不少近期的研究成果得出结论，增加并购活动更有可能提高合并后企业的经营效率，而不是提高其市场权力。但是有证据表明，行业集中度提高，可以迫使供应商降低售价。

1.1.9 错误估值

由于缺乏充足信息，投资者可能周期性地高估或者低估一家企业。收购方可能以比实际价值低的价格，用现金收购被低估的标的企业，或用被高估的股票（即便标的企业被高估，只要其被高估程度小于收购方的即可）收购，并因此从中得到好处。被高估的股票可以让收购方在以换股方式收购标的企业时，只需发行少量股票，减少了对合并后企业现有股东的稀释程度。[㊀]错误估值造成的影响时间很短，开始时对收购方股票的高估，在 1 ~ 3 年以后，随着投资者对潜在协同效应的热情衰减会反转。

1.2 并购的历史沿革

在并购浪潮中，上市公司因为有更多融资渠道以及持有更具流动性的股票，所以它们是比非上市企业更活跃的买家。分析并购潮，有助于帮助买方了解何时启动收购，如何设计交易结构并为交易融资。

1.2.1 出现并购潮的原因

从 19 世纪 90 年代晚期开始，美国的并购活动基本上可以分为六次持续多年的浪潮。对于这种现象，有两种相互对立的解释。一种观点认为并购潮是企业应对行业“冲击”而发生的，例如，源于去监管化、新技术、分销渠道、替代品或者商品价格持续上涨。这类事件经常导致企业收购其他企业的一部分或者全部。[㊁]第二种观点建立在错误估值的基础上，认为经理人会用高估的股票去收购较低价值企业的资产。对于并购潮，按照这种说法，许多企业的估值必将同时提

㊀ 考虑收购方向标的企业股东提出以每股 10 美元收购他们手中的股票。如果收购方股票当时的价格是每股 10 美元，收购方需按照 1:1 发行新股收购标的企业股票。如果收购方股票价格为 20 美元，则对每一股标的股票，只需发行 0.5 股新股，依此类推。所以，收购方股票价格越高，对收购方股东在新企业的持股地位的初始摊薄效应就越小。

㊁ 根据 Netter 等（2011），归因于行业冲击的并购浪潮在大数据样本上的表现没有小数据样本那么明显。包含小型交易和私营收购方的并购活动，要比只有上市公司和大型交易参与的并购活动更为顺利，波动性更少。

高。股票被高估企业的经理人，被认为会快速收购那些股价升值较少的企业。如果这个理论正确，通常应该用股票去支付对价。实际上，实证证据表明，在并购潮时期，很少有股票用于并购。

由于并购潮通常与经济改善同时起步，经理人自信地认为自己公司的股票未来还将有更大的升值空间，而当前的股价是低估的，因此倾向于在并购时采用债务融资。所以，前一种说法看上去比后一种说法能更好地解释并购潮。然而，如果只有冲击，没有充分流动性为交易提供融资的话，将不会推动并购活动形成浪潮。而且，如果有足够的低成本资金，即便缺少行业冲击，也可能生成一波并购浪潮。

尽管研究结果认为，是冲击推动了行业内的并购潮，导致并购活动增加，但作为客户和供应商关系的结果，对其他行业增加的并购活动也有所贡献。例如，21 世纪早期，计算机芯片制造商之间的整合增多，推动了芯片生产设备供应商之间的并购，以满足客户不断增长的对更复杂芯片的需求。

1. 第一次浪潮（1897 ~1904）：横向整合

当时的并购活动反映了提升效率的动机，谢尔曼反托拉斯法的执行很宽松，技术出现了迁移和变革。并购主要发生在竞争对手之间，导致基础金属、交通和采矿业的集中度不断提高。金融舞弊和 1904 年股市崩溃终结了这段繁荣期。

2. 第二次浪潮（1916 ~1929）：提高集中度

这段时间的活动是美国卷入第一次世界大战和战后经济复兴带来的结果。并购也倾向于横向进行，并且进一步提高了行业集中度。1929 年股市的崩溃和克莱顿法案的通过，宣布了垄断活动的终结。

3. 第三次浪潮（1965 ~1969）：集团企业时代

高市盈率的企业认识到可以通过并购低市盈率、高收益增长率的企业，而不是通过再投资来提高每股收益。这样做反过来提高了合并后的企业股价——合并公司的股票市盈率不低于收购方在交易前的市盈率。为了维持这种金字塔效应，标的企业要让收益增长率看上去有足够的吸引力，以便说服投资者给予合并公司比收购方更高的价格倍数。当时，随着集团企业收购，高成长和较低市盈率的公司数量减少了。支付给标的企业较高的价格，加上集团企业不断上升的杠杆率，导致了“金字塔”崩塌。

4. 第四次浪潮（1981 ~1989）：收缩时代

20 世纪 80 年代，以许多大型集团企业被所谓的公司骑劫者（raiders）通过恶意收购和杠杆收购而导致分崩离析为特征。杠杆收购（LBO）是指主要借助债务融资进行的企业收购。集团企业开始剥离在 20 世纪六七十年代早期所做的那些不相关的并购。美国公司被国外企业收购的数量和金额，第一次超过了美国企业对国外企业的并购。国外买家受到美国市场规模、对并购限制少、先进的技术和美元相对其他主要国家货币较为疲软的刺激。到了 20 世纪 80 年代末，许多企业随着经济减速和广受批评的杠杆收购而破产，并购活动也减少了。

5. 第五次浪潮（1992 ~1999）：战略大并购时代

美国历史上持续时间最久的经济扩张和股市繁荣，是由信息技术革命、持续弱化监管，降低贸易壁垒和全球私有化提供的合力形成的。直到20世纪90年代末，交易的数量和金额都持续创出历史新高。2001年经济开始剧烈收缩，互联网泡沫突然破裂，衰退袭击了美国，全球增长减速。

6. 第六次浪潮（2003～2008）：杠杆的复活

美国金融市场，特别是2005～2007年，充斥着高杠杆率的并购以及复杂的由各种风险水平的债券和贷款池作为抵押品的证券。大多数这类交易的融资，以及抵押贷款支持证券的发行，都是以银团债券（即承销商购买债券再转卖给公众投资者）的形式出现的。放贷人有动机通过接受更具风险的贷款，提高放贷规模，获得更多的费用收入。一旦将贷款卖给他人，贷款发起人可能减少对这类贷款的监控。这种做法与超低的利率（大幅低估了风险价格）有可能是由全球富余的流动性和高度放任的货币政策造成的，导致了过度放贷，并鼓励了收购方向标的企业支付过高的对价。然而，当银行试图在大量资产冲销后重建其资本基础时，有限的信用不仅影响了私募股权和对冲基金为新交易或现有交易再融资的能力，也限制了其他企业提供融资的能力。在2008年欧洲主权债务引发担忧，以及不断上涨的油价触发的全球经济下行直到2012年都复苏无望时，情况更趋恶化。在此期间，并购活动也受全球不景气影响而逡巡不前。

1.2.2 并购潮之间的相似和差异

并购通常发生在经济高速增长时期，利率较低或在下调，以及股票市场处于上涨阶段。从历史上看，每一次并购潮在特定的发展方面都有所不同（比如，新技术的出现），行业重点（例如，铁路、石油或者金融服务）、监管宽松程度，以及交易类型（例如，横向、纵向、企业集团、战略、或者金融、不良资产，在本章后面还会更深入地探讨）。表1-4比较了六次美国并购潮。并购潮也表现为跨境收购，欧洲的并购潮要比美国晚半拍。

表1-4　美国历史上的并购潮

时间（年）	驱动因素	并购类型	关键影响	关键交易	导致结束的因素
1897～1904	提高效率 反托拉斯监管松懈 向西部移民 技术变革	横向整合	提高集中度：基础金属 交通 开采	美国钢铁 标准石油 伊士曼柯达 美国烟草 通用电气	财务造假 1904年股市崩溃
1916～1929	第一次世界大战 第一次世界大战战后繁荣	主要是横向整合	提高了行业集中度	萨缪尔·英萨尔在39个州建立了公用事业王国，称为“中西部公用”（Middle West Utilities）	1929年股市崩溃 克莱顿反托拉斯法案
1965～1969	股票牛市 持续经济繁荣	集团化发展	金融工程	LTV ITT 立顿工业 海湾与西方工业公司 西北工业	日渐上涨的收购价 杠杆过度使用

（续）

时间（年）	驱动因素	并购类型	关键影响	关键交易	导致结束的因素
1981 ~ 1989	股市牛市 经济繁荣 混合企业业绩欠佳 美元相对疲软 有利的监管环境 有利的国外会计标准	收缩与巩固 敌意收购兴起 企业狙击手 财务收购者使用金融杠杆收购 国外买家对美国企业收购案增加	混合企业被拆散 使用垃圾债券（未分级）为并购融资	雷诺兹－纳贝斯克MBO 英国比切姆药厂收购史克必成 加拿大 Campeau 收购同盟百货（Federated Stores）	受到公众批评的破产事件 1990 年经济衰退
1992 ~ 1999	经济复苏 股市牛市 互联网革命 低贸易壁垒 全球化	战略并购时代	个案数量和价格水平均创历史纪录	美国在线收购时代华纳 沃达丰 AirTouch 收购 Mannesmann 埃克森收购美孚	2001 ~ 2002 年经济和股票市场下滑 恐怖主义
2003 ~ 2008	低利率 低估风险 股市牛市 全球经济繁荣 全球化 大宗商品价格高位	跨境并购时代 横向大型收购 不断提高的私募股权投资者的影响力	世界经济不断提高同步性	米塔尔收购安赛乐 宝洁收购吉列 威瑞森收购 MCI 黑石收购办公物业投资信托公司（Equity Office Properties）	对全球资本市场失去信心 发达工业国家的经济衰退

1.2.3 为什么参与并购潮很重要

股票市场给予较早行动的企业以奖励，惩罚那些一味只知模仿的企业。企业早期跟进有吸引力的交易，支付给标的企业的价格要比跟从者少得多。在这个周期晚些时候，随着更多竞标者进入并购市场，收购价格逐步提高，导致很多买家支付过高的价格。在并购潮晚期，因为“从众心理”而进行的交易，比那些较早期宣布的交易活动，并购方只获得了较低的回报。

1.3 理解企业重组活动

企业重组通常分为两类。通过收购新业务抑或部分出售、剥离公司或产品线，经营重组（operational restructuring）可以改变企业资产结构。经营重组也可以通过关闭不赢利或非战略性的设施来收缩规模。财务重组（financial restructuring）说的是企业资本结构的改变，例如，股票回购或者增加负债，或者降低公司的整体资本成本，或者作为反收购防御措施。本书关注的重点是企业合并和分拆，而不是经营规模收缩和财务重组。企业合并也被称作收购、整合或兼并，可以是友好的，也可以是敌意的。

1.3.1 收购与整合

并购可以从法律角度和经济角度进行描述。

1. 法律角度

并购是两家或更多企业合在一起，通常这些企业的规模比较接近，最终至少有一家企业在法律意义上不再存续。法定或直接并购（statutory or direct merger）是收购方或存续公司自动承担标的企业的全部资产和负债，并依照州法规注册合并后的公司。子公司并购（subsidiary merger）是指标的企业成为母公司旗下的子公司。对公众而言，标的企业可以继续使用自己的品牌经营，但确实由收购方控制和拥有。法定合并（statutory combination）是指两家或多家公司共同组成一家新公司，从技术上讲，并非是一项并购。所有被合并的合法实体在建立新公司时都会注销，新公司通常会有新名称，这些企业的股东通常用原来的股份换取新公司的股份。

2. 经济角度

企业合并也可以以并购企业是否处于同一个（横向）或不同行业（混合）以及它们在企业价值链上所处的位置（纵向）而定。图 1-1 展示了价值链的不同阶段。基础钢铁行业的一个简单价值链可以分为原材料，例如，煤炭和铁矿石；炼钢，例如，“热金属”和轧钢，以及金属销售。类似地，石油、天然气行业的价值链将勘探活动与生产、冶炼和销售分隔开。互联网价值链可能分为思科这样的基础设施提供商，道琼斯这类的内容提供商，以及谷歌这种门户网站。垂直并购中，在价值链的主要环节没有经营的公司，可以通过收购供应商进行“后向整合”或者收购分销商进行“前向整合”。纸品制造商加斯凯德公司（Boise Cascade）收购办公用品分销商 Office Max，这笔价值 11 亿美元的交易是前向整合的一个案例。[⊖]百事可乐以 78 亿美元收购其两大灌装厂进行后向整合，每年节省成本 4 亿美元。

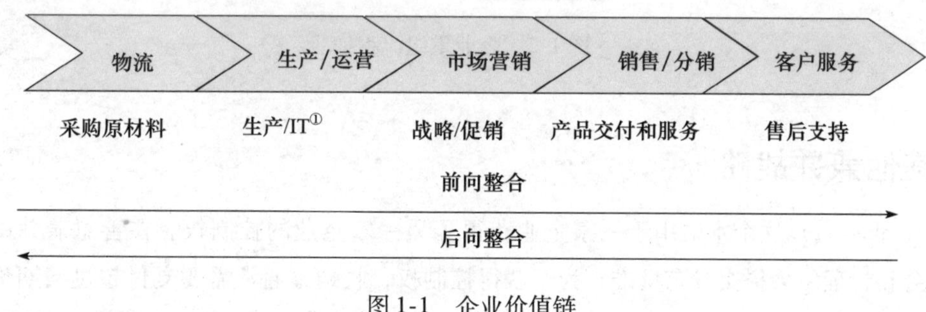

图 1-1　企业价值链

①IT 代表信息技术。

1.3.2　并购、剥离、拆分、股权剥离和买断

并购是指一家公司取得了另一家公司或其子公司的控股权益，抑或获得了另一家公司的资产，例如，一个生产制造设施。并购可以是收购另一家企业的资产或股票，但仍让被收购企业作为子公司继续合法存续。相反，剥离是将公司或产品线的全部抑或大部分出售给另一家机构，以换取现金或证券。拆分是由母公司创设一家新的法律子体，并将这家实体的股份分给现有股东作为股票分红。股权剥离（equity carve-out）是指母公司发行一部分自己的股票或其子公司的股票给公众（见第 15 章）。图 1-2 提供了企业重组各种方式的小结。

⊖ 根据 Gugler 等（2003），在分析 1981 ~ 1998 年发生的 45 000 个交易中，横向、混合和纵向并购分别占 42%、54% 和 4%。

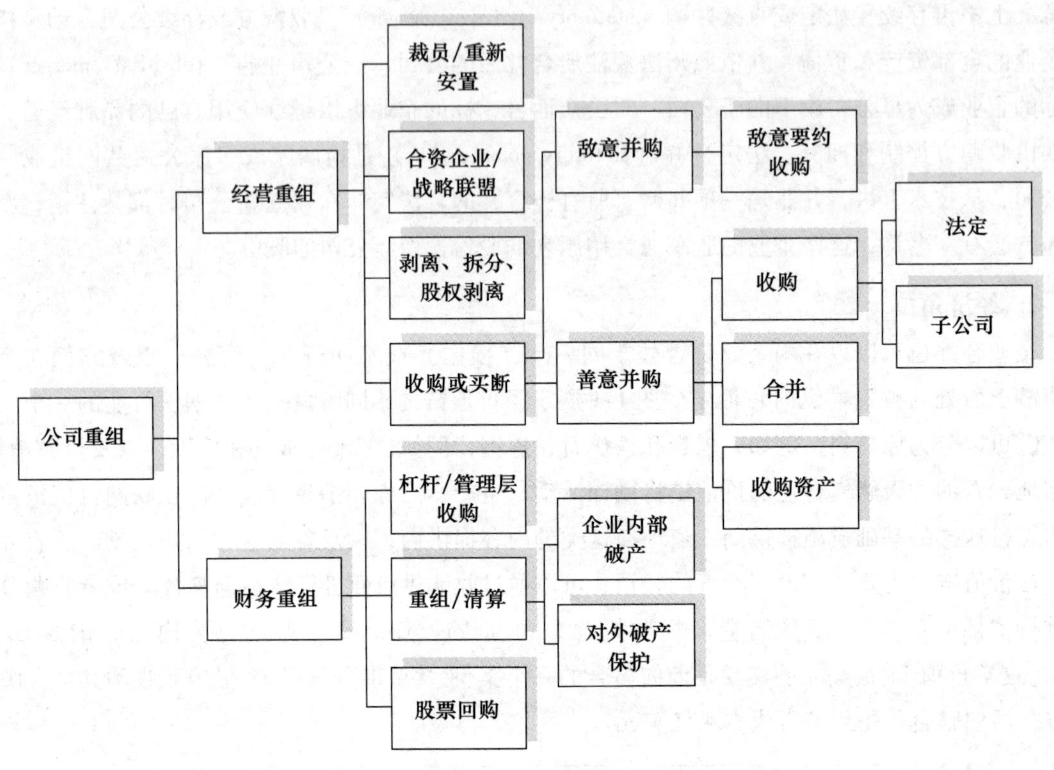

图 1-2 企业重组流程

1.4 其他兼并战略

兼并（takeover）这个术语用于一家企业获得了另一家企业的控制权。在善意兼并中，标的企业董事会和管理层会提交股东批准。为了获得控制权，收购方通常需要支付超过当期价格的溢价，超出标的企业被兼并之前股价的那部分价格称为收购溢价，而且在不同国家差别很大，㊀反映了获得标的企业控制权（即指导该企业经营活动的能力）的被认可价值和预期两家企业合并带来协同效应的价值（例如，成本节约），以及多支付给标的企业的价格。多支付的这部分（overpayment）是指收购方支付对价中超过标的企业未来现金流（包括协同效应）现值的那部分金额。㊁溢价幅度每年都不相同。在 2011 年之前的 30 年中，美国并购溢价平均水平为 43%，在 2003 年达到高点 63%，2007 年为低点 31%。溢价幅度还会因国家不同而差异巨大，反映了不同的预期增长率。

㊀ 1973～1998 年，美国并购溢价平均约 38%（Andrade，Mitchell 和 Stafford，2001）。Rossi 和 Volpin（2004）记录了美国 20 世纪 90 年代并购的平均溢价为 44%，发现 49 个国家的并购溢价范围：从巴西和瑞士的 10%，到以色列和印度尼西亚的 120%。

㊁ 分析师经常尝试确定用于收购控股权益的溢价（即控制权溢价）和经营协同效应的价值大小。一个纯粹的控制权溢价的例子是，即便经营协同效应有限，一家巨头企业也愿意向标的企业支付超出市场价格水平的对价，以获取标的企业的控股权益。收购方相信可以通过对标的企业做出更好的管理决策，抵消这部分控制权溢价。媒体使用的“控制权溢价”，实际上既包括协同效应溢价也包括控制权溢价。

收购一家企业股份的建议，正常情况下会直接向其股东提出，通常是采用现金或股票，抑或兼而有之，这个建议称为收购要约（tender offer）。收购要约经常引发友好协商（即就收购要约进行协商），在收购方和标的企业董事会之间展开。现金收购要约是较快捷的并购方式，所以会经常用到。[一]那些被标的企业董事会拒绝接受的收购要约，被称为敌意收购要约。自我收购要约（self-tender offer）则用于企业寻求购回自己股票的时候。

当要约不被接受时，就出现了敌意收购，收购方需要迎战标的企业管理层并夺得控制权。收购方可能会试图绕过管理层，直接向标的企业的股东发出要约（即一个敌意收购要约），以及在公开股票市场购买股票（即公开市场收购）。善意并购的价格经常会比敌意并购低，因为后者可能引发对标的企业的竞价。收购方通常倾向于善意收购，因为如果双方可以充分合作，那么后期整合通常进展也顺利，而且对客户和员工的影响比较小。大多数并购交易是善意的。

1.5　控股公司在并购中的角色

控股公司是一个法律实体，对一家或多家公司拥有控制权。控股公司的重要优势是可以比百分之百收购标的企业成本更低，有效地控制另一家公司。[二]如果企业章程规定重要决定应由多数票决定，而非大多数有表决权的流通股决定，那么有时只需要获得那家企业略超过30%的有表决权的股票，即可实现有效控制。在标的企业的所有权高度分散——只有很少股东拥有大量股份时，尤其容易得到控制权。有效控制一般是通过收购少于100%，但通常多于50%的另一家企业的股份实现的。因为只需获得不到100%的股份就可以实现有效控制，那些可能不同意公司战略方向的小股东就会离开控股公司。实施控股公司战略可能引起很多争议。此外，控股公司可能需要承担沉重的税负。[三]

1.6　员工持股计划在并购中的角色

员工持股计划（ESOP）是指投资于企业发起证券计划的一只信托基金。设计ESOP的目的是为了吸引和留住员工。作为定期缴费的员工养老金计划[四]，该计划中至少50%的资产将投资于该计划发行人的普通股。ESOP计划可以接受雇主的现金或股票，用于购买计划发行人的股票。发行人可以将减免税金的现金、股票或其他资产放入信托。[五]信托人负责信托资产的投资，可以出售、抵押或出租这些资产。ESOP计划收购的股票，按照公式分配到每个雇员名下的账户，并随

㊀ 如果存在收购标的企业的潜在对手，则速度对收购方至关重要。现金收购要约可以更快地完成收购，因为这种情况不需要召开标的企业股东大会，而且监管机构所需的审批时间也比较短（Offenberg和Pirinsky，2012）。

㊁ 一家企业被认为拥有有效控制权，是指通过购买有表决权的股票获得控制权，这不是暂时的控制，这种控制权没有法律上的限制（例如，来自破产法庭），而且不存在强有力的少数股东。

㊂ 控股公司的子公司为其经营利润缴税。控股公司收到子公司发放的红利之后，需要缴纳红利税。最后是控股公司股东为从控股公司收到的红利缴税。这相当于对子公司的经营收益缴了三次税。

㊃ 员工缴款是按照工资的一定比例缴纳，而他们的养老金的价值，取决于计划发起企业股票的表现。

㊄ 用于ESOP偿还银行贷款本金和利息计划发起企业的现金缴款，企业可以用其抵税。分配给ESOP的红利，如果用于偿还ESOP贷款，也是可以抵税的。计划发起企业可以得到等于薪资0.5%的ESOP缴款的税收优惠。最后一点是，如果ESOP持有计划发起企业50%以上的股份，贷款方只需按收到利息的一半缴税。

着时间推移而累积。ESOP 参与者被允许对关键事项，例如，出售公司，以其名下股份进行表决，但是不能表决其他诸如选举董事之类的事项。

ESOP 可以用于企业重组。如果子公司未能按照母公司认可的合理价格出售，而且清算子公司会损害到客户的话，母公司可以通过一家壳公司将该子公司转让给员工。壳公司就是一间按照公司法注册，但未拥有很多资产的公司。用壳公司建立 ESOP，由其贷款收购子公司，而母公司对贷款提供担保。由壳公司经营该子公司，而 ESOP 持有股份。由于子公司产生收入，通过壳公司就可以将这笔可抵税的收入转给 ESOP，将其用于偿还贷款。在贷款清偿之后，股票就分配给那些员工。员工也可以用 ESOP 对非上市企业的股份进行杠杆收购。这种做法在所有者将大部分财富放入企业的情况尤其普遍。ESOP 也可以作为一项有效的反收购防御措施，雇员作为其他股东，如果他们担心收购方危及自己的饭碗，可以投票反对。

1.7　商业联盟作为并购的补充方式

除了兼并收购，企业还可以通过成立合资（JV）企业、战略联盟、参股投资、加盟和授权经营等方式合作。商业联盟用于指代并购之外的其他商业合作方式，详情见第 15 章。

合资企业是两家或更多家各自独立的机构，为了共同目标而结成的商业关系。尽管合资企业通常是一个法律实体，例如，公司或合伙企业，但可以采取被这些机构认可的组织形式。每个合资企业合作伙伴作为一个独立主体继续存在，合资公司有向董事会负责的自己的管理层。战略联盟通常不会设立一个独立的法律主体，各方可能达成协议，销售每家企业的产品给其他客户，或者合作开发一项技术、产品或流程。这类协议在法律上是有约束力的，大多数可能是非正式的。参股投资持有非控制性股权，在管理上无须投入太多时间。一家公司可能选择帮助小公司研发有用的产品或技术，这些小公司经常以接纳其派遣的董事会代表换取该项投资。授权经营可以让企业通过授权，让其他企业使用自己的品牌名称，将其品牌拓展到新的产品和市场，或者通过授权接触到新的技术。连锁加盟是一种特殊的授权协议，确保一家厂商或加盟服务组织的经销商，在指定区域有权销售加盟产品或提供相关的服务。根据加盟协议，特许权授予人可能为加盟方提供咨询、协助促销、融资和其他好处，以换取加盟方收入的一部分。加盟是特许权授予人拓展业务的一种低成本方式。[㊀]

这些并购之外的其他方式，为每个合作伙伴提供了以较低的整体成本（从管理实践和金钱角度衡量）获取他人技能、产品和市场的途径。主要缺点包括：有限程度的控制，需要分享利润，以及商业秘密和技术可能泄露给竞争对手的损失。

1.8　并购流程的各参与方

除了收购方和标的企业，并购过程的主要参与者可以分成以下几类：专业化服务提供方、监管机构、机构投资者和贷款人、维权投资者以及并购套利者。每一类参与者都有截然不同的角色。

㊀ 连锁加盟只限于部分行业，例如，速食品服务业和零售业，在这些领域，容易复制成功的商业模式。

1.8.1　专业化服务提供方

专业化服务提供方包括投资银行、律师、会计师、委托书征求律师和公关机构。无须感到意外，企业聘请的咨询师种类和人数越多，越会增加交易的复杂性。

1. 投资银行

投资银行提供建议和交易机会，筛选潜在的买家和卖家，与买家或卖家建立初步联系，提供谈判支持、估值和指导设计交易结构。“全球性或顶级投行”（比如高盛）还有为机构和个人客户提供服务的经纪 - 交易商业务，为大型交易提供经纪和咨询服务，以满足这类交易复杂且通常是巨额的融资需求。

投资银行通过撰写所谓的公平意见函为包括要约收购、资产出售或杠杆收购交易的建议价格的合理性出具第三方意见，获得大量收入。这些函件经常用来作为董事会成员应对股东质疑其决策的法律保护手段。[⊖]研究者发现，如果公平意见函能够促使收购方开展更审慎的尽职调查和交易谈判，则可以降低并购交易的诉讼风险和支付给标的企业的溢价幅度。

在选择投资银行时，其作为顾问为企业在交易宣布日获得的平均财务回报的数额，这个指标要远比投资银行的规模或市场份额更重要。较小的咨询机构因其具备丰富的行业知识和关系资源，也可能比巨型投行为其客户带来更高的回报。但是投行的品牌声誉在某些情况下确实很重要。与早期研究指出的收购方财务顾问的声誉与收购方的回报之间存在弱关联或负相关不同，聘用顶级投行的并购方在收购标的为上市公司时，其回报平均提高了 1%。顶级投行在协助上市公司的大型交易获得融资时，因其与贷款人的关系和经纪网络，会有更佳效果。由于上市公司具有较大的讨价还价能力，所以收购上市公司通常比收购私营企业更为复杂，需要更多的信息披露以及监管事项。与投资银行有长期业务联系的标的企业，更可能聘用并购财务顾问，并从更高的收购溢价中获益。

2. 律师

律师帮助设计交易结构，评估风险，谈判税务和财务条款，安排融资，以及协调安排完成交易的工作顺序。律师的风险包括起草收购协议和其他与交易相关的文本，向贷款人提供法律意见书，以及确定尽职调查活动。

3. 会计师

会计师提供财务结果建议，执行财务尽职调查，并为交易设计最有利的税务结构。在谈判并购交易时，收入税、资本利得税、销售税，有时还有遗产赠与税都是非常重要的。除了税收方面的考虑，会计师还要准备财务报表和审计。许多并购协议要求会计账簿和记录应符合 GAAP 的要求。

⊖ 通常限于“变更控制权”的交易，公平意见包括一家企业的价值范围。如果提议的收购价格是在这个范围之内，则被认为是“公平的”。公平意见的问题包括与投资银行由此获得的大笔费用收入之间存在潜在利益冲突。在很多情况下，将交易介绍给潜在收购方的投资银行与撰写公平意见函的是同一家机构（Henry，2003）。收购方向一家机构支付规定费用让其撰写公平意见函，而支付给另一家机构不定的费用请其协助完成交易，这样操作会比不这样做的收购方获得更高的超额收益（Chen，2010）。

4. 委托书征求律师

争夺代理权是指通过获得代表其他股东的投票权，尝试改变管理控制权或公司的政策。在挑战标的企业董事会的控制权时，编制股东邮递地址名单可能会很困难。收购方或心怀不满的股东会聘请委托书征求律师来获取这些信息。标的企业的管理层也可以聘请委托书征求律师，设计说服股东的策略，并与股东沟通应该支持董事会的理由。

5. 公关机构

在收购或反收购过程中，这类机构经常被聘用来确保沟通的信息保持一致。在发起敌意收购时，给标的企业股东的信息，应该是收购方为公司制订的将如何提高股东价值的计划，而不应该是公司管理的有关计划。标的企业的管理层经常会聘请一家私营调研机构，做出并购方的详细财务数据，对其关键人物进行背景调查，之后会在公关活动中使用这些信息，以图当众贬低收购方的管理层。

1.8.2 监管机构

很多政府部门都制订过影响并购活动的监管条例，包括证券、反托拉斯、环境保护、欺诈以及员工福利法律。其他法规是和行业有关的，例如，公用设施、保险、银行、广播通信、国防合同以及交通运输。各州反收购法律对于何时及如何提起敌意收购设置了限制条件。此外，要获得州和联邦的批准，交易可能被限制在某些行业内。跨境交易可能更为复杂，因为可能需要获得并购双方都有经营的所在国监管机构的同意。

1.8.3 机构投资者和贷款人

金融中介聚集其他各方资金，将其投入或借出，为证券、不动产、公司收购等活动提供融资。这类组织包括保险公司、养老基金和共同基金，私募股权、对冲基金和风险投资基金，主权财富基金以及天使投资人。商业银行也是重要的中介机构，然而，在近年法规环境下，它们的角色主要是贷款，而非将银行存款用于投资。

1. 保险公司、养老基金和共同基金

由于具有明显的风险回避特点而且受到重点监管，这类机构主要投资于那些与其客户规定的风险和回报特征相符的资产。例如，保险公司通过收取保险费为其客户消弭风险。保险公司的主要利润来源是出售保险产品，但是它们也通过将保费收入做投资来赚钱。雇主建立的养老基金要在长期产生收入，以便在员工退休后为其提供养老金。通常养老基金由财务顾问为公司和员工管理，当然也有一些较大的公司管理自己的养老基金。共同基金是为投资者利益而交由专业人士管理的资金池。共同基金的投资组合依据其募集书所述目标进行构建和管理。

2. 商业银行

传统上，商业银行接受支票、储蓄和货币市场账户，并将这些资金出借给借款人。这种模式已经发展到银行将其发起的很多贷款出售给那些以买卖和收集贷款为主业的机构。商业银行也有一块日益增长的业务，是来自为储蓄者提供各种服务所收取的费用，以及承销费和其他投资银行服务的收费。2010 年通过的多德 - 弗兰克法案试图限制银行借贷的风险，严格规定了银行不可做的投资类型。

3. 对冲基金、私募股权和风险投资基金

这类基金与其他机构投资者相比，可以承担更高的风险，而且通常以有限合伙形式组成，其中的普通合伙人将大量个人投资委托其管理。这类基金在投资策略、锁定期（即投资者承诺资金的时间长度）和投资组合流动性方面与众不同。对冲基金投资策略包括交易一系列的金融工具——债券、股票、期权、期货和外汇，也包括高风险策略，例如，公司重组（如 LBO）和信贷衍生产品（如信用违约互换）。由于它们的锁定期较短，对冲基金的重点放在可以随时转换为现金的投资上。相反，私募股权基金经常投资于私营企业这些高度不流动的项目，并持有长达 5 年或更久。它们尝试通过积极介入管理其投资的企业来控制风险。风险投资基金是为初创企业和并购提供资金的主要来源。

4. 主权财富基金

主权财富基金是政府支持或发起的投资机构，其主要功能是用累积的外汇储备投资。拥有大量美元的国家会通过这种基金投资，而且经常将这笔钱用于投资美国政府债券。近年来，这些基金已经开始成长，而且不断增加在外国企业上的股权比例，经常对上市公司进行大额投资。

5. 天使投资人

天使投资人是富裕的个人，他们参加“投资俱乐部”或者组成团队，一起判断交易，集中资金和分享专业经验。一些天使投资团体的做法模仿了专业投资基金，有些附属于大学，还有一些致力于营利性慈善事业。

1.8.4　维权投资者

机构经常扮演维权投资者的角色，影响其所投资企业的政策，特别是监督企业管理层。

1. 共同基金和养老基金

近几十年来，上市企业的机构持股比例大幅上升，而监管条例限制了机构监督公司管理层的能力。拥有大型投资组合的机构投资者，在推动治理变革方面卓有成效。[一]这些组织会在诸如反收购防御、CEO 薪酬福利和员工股票期权会计这类热点问题上挑战管理层。但是投票反对管理层有可能会带来很多问题，因为一些共同基金管理着退休计划，而且越来越多地为其企业客户提供从发工资到保健福利的一系列外包服务。共同基金可能会代表其客户持有这些企业的股票。

来自这些机构维权者的压力，可能致使由企业经理人担任董事长或 CEO 的人数保持下降趋势。[二]有时候，CEO 选择与积极维权者协商谈判，而不是在股东会上遭遇冲突。积极维权者也发

㊀ 共同基金为了获得多元化，在任何一家企业的流通股投资金额方面都有限制。各州法规经常限制人寿保险公司或财产保险公司可投资于股票的资产不超过 2%。

㊁ 见 Goyal 和 Park，2002。由经理人担任这两个职位的人数已经从 20 世纪 80 年代的大约 91%，下跌到 20 世纪 90 年代的 58%（Kini，Kracaw 和 Mian，2004）。

现他们只需以某种方式威胁将会投票支持 CEO 或管理层的建议，就可能避免一场代理权争斗。这可能意味着一次“否决”投票，尽管在某些情况下，唯一的选项是投票支持或弃权。弃权是一种对 CEO 或者一家公司的政策表示不满的方式，这样做不会损害到未来该机构的承销或并购业务。

2. 对冲基金和私募股权投资机构

对冲基金和私募股权投资机构作为维权投资者，比作为机构投资者取得了更大的成就。它们花费了大约三分之二的时间，成功地改变了企业的战略、运营或财务战略，经常可以为股东带来有吸引力的财务回报。[㊀]它们很少寻求控制权（它们持有的股份平均为 9% 左右），而且大多数时候并没有多少冲突和矛盾。它们作为维权投资者的成功，可以归因为其投资经理管理的是大量的相对不受监管的资金，并受到财务回报的高度激励。由于对冲基金的监管不像共同基金及养老基金那样严格，因此它们可以在少数几家企业上集中持有头寸。而且，它们没有共同基金和养老基金那样的利益冲突限制。对冲基金在支持管理层出售公司时，可能会发挥最大的影响力，但是如果出售不成功的话，其影响力会快速衰减。[㊁]企业一旦被维权投资者盯上，极有可能会被收购。

1.8.5 并购套利者

当标的企业接到一项要约时，其股价经常会以实际要约价格的一个折扣价进行交易——反映了该交易可能无法完成的风险。并购套利（merger arbitrage）是指一种试图从这个价差中获利的投资策略。并购套利者买入股票，如果交易完成了，就可以在当前股价和要约价格之间的差价上获得利润。其他人可能在价差扩大时做空该股，使押赌建议的并购无法完成，标的企业股价将重新下跌到收购消息公布前的水平。假设标的企业的股票以每股 6 美元出售，而收购方出价每股 10 美元，由于最终结果不确定，标的企业股价将涨到 10 美元以下，比如 9.57 美元。其他投资者可能打赌这项并购失败，并在 9 美元做空该股（例如，融券卖出——以融入股票价值支付一定的利息，希望在更低的价格买回），然后在股价跌到 6 美元时买回。

充当并购套利者的对冲基金经理可能收集了机构外部大比例的股权，以便他们可以处于一个能影响并购结果的位置。如果出现了收购标的企业的其他报价，并购套利者就会打电话给机构投资者，向媒体透露消息，尝试把其持有的股票高价卖给出价最高的竞购方。提出敌意并购的收购方常常激励对冲基金尽可能多地购入标的企业股票，这样它们就可以稍后从对冲基金手里购得股票，获得标的企业的控制权。

并购套利者在交易过程中也为市场提供了流动性。在现金并购中，并购套利者寻求买入标的企业股东手中的股票，为那些想在消息公布日或之后卖出的标的企业股东提供了流动性。在一个换股收购中，并购套利者由于马上做空了收购方的股票，可能实际上降低了并购方股票的流动性。并购套利者的做空动作对收购方股票产生了下行压力，在交易宣布的时刻，使得其他人以并

㊀ Brav 等（2006）认为维权对冲基金占据了介于大股东内部监督和企业骑劫者外部监督的中间地带。Clifford（2007），Klein 和 Zur（2009）发现对冲基金维权，在发起行动宣布前后，为股东带来了近 7% 的超常财务回报。

㊁ Greenwood 和 Schor（2007）发现在这种情况下，公司出售后的 18 个月内，企业股价很少变动，即便是企业听从了维权投资者的建议回购股票或增加新董事也是如此。

购前的价格毫无损失地出售股票变得困难。在换股并购宣布时，以并购套利为目的的做空，可能会形成收购方股价下行压力的一半左右。并购套利有可能得到巨大利润。㊀

1.9 并购对股东、债券持有人和社会的影响

大多数并购归于失败的过时说法，难以找到近期证据支持。平均而言，在交易宣布日前后，标的企业和收购方股东收益之和是正值，并且在统计上是显著的。尽管大部分收益是在标的企业股东一边，但收购方股东经常发现此时的财务回报比不进行并购的情况更高。不过，在并购后的 3 ~5 年，不确定股东能否继续从该交易中获利。随着时间的推移，其他因素会影响到业绩表现，更难以将业绩变化归因于之前的并购。

研究人员使用了很多方法，衡量并购对股东价值产生的影响。㊁后面是有关并购前后的回报的最常见分析的讨论。"事件研究"分析了在并购价格公布（"事件"）时，买卖双方股东的不寻常的股票回报。并购后的回报的实证研究采用了会计方法，衡量了在消息公布日后股东价值所受的影响。

1.9.1 并购前的股东回报

股东的超额收益可以用效率改善、定价权和税收优惠等因素解释。之所以说它们超额，是因为超出了投资者通常在承担一定风险水平上期望赚到的钱。如果投资者期望在一只股票上赚取 10% 的回报，但实际上因为并购原因赚到了 25%，超出的这部分回报就是 15%。㊂

1. 标的企业股东回报高

标的企业股东的超额收益在 21 世纪头十年平均是 25.1%，而 20 世纪 90 年代的平均水平是 18.5%。这个上行趋势可能反映了善意并购中的竞购方为逼走可能的对手而给出较大溢价，或是竞购能够较大地改变初始报价的潜在空间。其他有关的因素包括：收购防御的复杂性增加，联邦和州法律要求竞购方在完成交易前，将其意向告知标的企业的股东。敌意要约收购的回报通常比善意并购回报更高，这类收购的特点是较少协商安排，而且参与的竞购者不多。

2. 收购方股东回报可观

近期对大样本、长周期的美国以及境外和跨境交易的研究（包括上市和私营企业）显示，收购方股东的回报一般是正值，例外情况包括涉及大型上市公司和采用股票支付对价的并购。与早期情况不同，这些研究成果记录了收购方股东赚得的超额收益约为 1% ~1.5%。而过去的研究结果给出的这类回报是零或负值，无法解释并购数量和规模，为何会在全球范围内持续增长，也许

㊀ 这类套利产生的超过高度竞争市场的正常财务回报水平介于 4.5% ~100%（Jindra 等，1999；Mitchell 等，2001）。

㊁ 在分析了 1970 ~2006 年 88 个实证研究成果之后，Zola 和 Meier（2008）确定出 12 种用于评估兼并对股东价值产生影响的不同方法。在这些研究结果中，41% 采用了事件研究法分析并购前的回报，28% 采用了长期会计方法分析并购后的回报。

㊂ 超额收益可由代表投资者要求回报的基准回报减去实际回报算出，基准通常是资本资产定价模型或标准普尔 500 股票指数。

这意味着经营管理者没有接受过往的教训。由于较早期的研究主要是基于上市公司的小样本，可能低估了收购方的平均回报，使用了有问题的方法，没有计算收购方股价在并购消息披露前的升值，以及调整一些大型交易造成的偏差。而且，那些研究没有从大的商业战略角度分析并购交易，没有反映出防御性收购的有益影响。㊀

1.9.2 股东并购后的回报

检讨并购后（通常是交易完成后3~5年内）的财务或其他业绩指标，例如现金流和经营利润，目的是评估业绩是如何改变的。然而找到的证据与并购活动的长期影响相矛盾。在回顾26个研究并购后3~5年的业绩成果中，Martynova和Renneboog（2008a）发现，其中有14个实际经营回报下降，7个利润率有增加（但在统计上不显著），5个显示出利润率大幅增长。㊁之所以无法确定并购的长期影响，可能是由于方法问题和难于分辨并购发生时的各种情况。分析并购后的期间越长，越有可能是其他完全与并购无关的因素影响到了财务回报。而且，这些期间较长的研究，无法比较收购方在没有进行并购时情况下的经营绩效。

1.9.3 收购方回报因收购方、标的企业和交易特征而不同

收购方的超额收益大多与特定情况相关，根据收购方的规模、标的企业的类型和大小，以及支付方式而不同（见表1-5）。

表1-5 收购方回报因收购方、标的企业和交易特征而不同

特征	实证支持证据
标的企业类型	
标的企业是私营企业或是上市公司的子公司时，收购方回报一般是正的；不管是在哪个国家，当标的企业是大型上市公司时，收购方回报都会有些许亏损（即上市效应）	Netter等（2011），Capron和Shen(2007)，Faccio等（2006），Draper和Paudyal(2006)，Moeller等（2005）
支付方式	
在美国，用股票收购大型上市公司的收购方回报经常少于用现金收购	Schleifer和Vishny(2003)，Megginson等（2003），Heron和Lie(2002)，Linn和Schwizer(2001)
在欧盟国家，用股票收购上市和私营企业的收购方回报经常会超过全部用现金进行的收购	Martynova和Renneboog(2008)
用现金收购私营企业或上市公司子公司的收购方回报明显超过了现金收购	Chang(1998)，Officer等（2009），Netter等（2011）
收购方/标的企业的规模	
较小的收购方通常比较大的收购方获得更高的并购回报	Moeller等（2004）
较小的交易通常比较大的交易能让收购方获得更高的并购回报	Moeller等（2005），Offenberg(2009)
当并购规模超过买方规模时（如超过买方市值的30%），收购方回报较低	Gorton等（2009）①，Hackbarth等（2008），Frick和Torres(2002)，Rehm等（2012）

①规模的衡量不是绝对数量，而是与行业内企业进行比较的相对值。

㊀ 当支付过高对价的成本小于标的被竞争对手抢走所造成的成本时，竞购方可能愿意给出高价（Akdogu，2011）。

㊁ 并购后回报上的分歧可能是样本和时段选择的问题，也可能是因为采用的方法或与并购无关的因素，例如，经济减速（Fama，1998；Lyon等，1999）。Dutta和Jog（2009）没有发现任何收购方财务表现发生系统性长期恶化的证据，他们将这种恶化归结为基准选择、不同的方法和统计技术的原因。

1. 小收购方易实现高回报

大型企业的管理人员倾向于以较高价格收购那些小公司，这是因为大企业的经理人可能做过更多交易而且过度自信。较大企业的激励系统可能更鼓励企业做大整体规模，而非持续经营。最后一点是，大型企业的经理人可能追求较大的更具风险的投资（诸如关联性不大的并购），以试图支持企业估值过高的股票价格。不考虑这个原因，在截至2001 年的20 年时间里，研究者发现，大企业摧毁了股东财富，而小企业则为股东创造了财富。[㊀]

2. 收购方收购私营或子公司通常获得正回报

在美国，收购私营企业或上市公司子公司的企业经常可以得到1.5% ~2.6%的超额收益。[㊁]由于信息有限且竞购方不多，收购方支付给私营企业和上市公司子公司的对价较低。既然这些标的企业可能以其真实价值的某个折扣价被收购，收购方可以从并购双方的整合价值中获得更大的份额。

3. 较小交易可能产生较高回报

高技术企业通过收购小型但是相关的标的企业，填补其产品空缺而实现有吸引力的回报。[㊂]较大的交易对于收购方有较高的风险，而且通常并购后的表现较差，这可能反映了整合大型标的企业和实现预期协同效应所遇到的挑战。也有例外情况：进行大型并购的企业在低增长行业获得负回报而在高增长行业获得更多正回报。在低增长行业，整合可能会比高增长行业的破坏性小，可能经历一个较慢的新产品导入和产品升级。

4. 影响并购收益的支付方式

收购方股东的回报在并购双方都是上市公司且支付方式大部分是股票时经常为负，管理层倾向于在股票估值过高时发行股票。投资者将这类决策视为股票已经过高估值的信号，然后在新股票发行公布时，抛售他们持有的股票，导致企业股票价格下跌。使用现金收购标的企业的收购方，其长期表现优于使用股票收购的收购方。尽管如此，在欧盟国家，用股票收购的交易经常比用现金收购的交易有更高的并购回报，这是因为存在持有大量股票的股东，其积极监督将改善被收购企业的表现。这类股东在美国并不普遍。

当用股票收购大型上市公司时，即便并购成功，并购消息公布阶段带给收购方的收益也会在3 ~5 年逐步消失。这些发现意味着在消息公布日前后卖出股票的股东，可能从要约收购方或并购方获得的收益最大。

1.9.4　债券持有人的回报

除非是在特殊情况下，无论是对收购方还是标的企业债券持有人，并购对超额收益的影响都

㊀ 不管如何融资（股票或现金）或标的企业是否为上市公司，小企业发起的并购与较大企业发起的同类并购相比，宣布日的回报要高1.55%（Moeller 等，2004）。

㊁ Moeller 等，2005；Fuller 等，2002；Ang 和 Kohers，2001。类似的结果也在对英国收购方的研究中发现（Draper 和 Paudyal，2006），无论是竞购私营企业还是上市企业的子公司，超额收益可归因于这类标的的流动性较低。

㊂ 截至2000 年的十年间，高技术公司给予股东的总的年回报平均为39%，收购的标的企业的平均规模是收购方市值的1%左右（Frick 等，2002）。

很小。对于债券持有人财富的有限影响是基于杠杆和经营表现之间的关系。并购对债券持有人财富的影响，一部分反映出杠杆比率提高将增加潜在违约的机会，而这种情况会因管理层受到监督而对冲了经营绩效的改善。[⊖]其他情况同样如此，提高杠杆水平将减少当前债券持有人的财富，而改善经营绩效将增加债券持有人的财富。标的企业债券的持有人，其所持债券低于投资级别，如果收购方具有较高的信贷评级，他们会获得超额收益。而且，当企业的贷款契约提及并购，且允许债券持有人以预先确定的价格将其持有的债券回售给公司时，一旦控制权发生改变，债券持有人就可以获得正的超额收益。

1.9.5 社会回报

大多数实证研究显示，与没有并购相比，并购可以改善经营效率并降低产品价格。股东总体价值的提高更多是来自于合并后企业经营效率的改善，而不是市场能力或定价能力的提升。也就是说，如果是高生产率的企业收购较低生产率的企业，这样的并购大多会创造价值。

记忆要点

并购只是执行商业计划的一种方式。其他方式包括自主发展（go it alone）战略和不同形式的商业联盟。选择哪种方法，要根据管理层控制的愿望、接受风险的意愿，以及特定时间的机会范围而定。通常并购的受益对象，除非一些特殊情况，应该是收购方的股东。

讨论题

1.1 讨论为何会发生并购。

1.2 投资银行在并购流程中充当什么样的角色？

1.3 根据你的判断，说说你认为新闻中报道的最近发生的两起并购的动机是什么？

1.4 通过并购实现企业多元化经营或反对多元化经营的依据各是什么？你支持哪一方，为什么？

1.5 经营协同效应和财务协同效应之间有哪些主要区别？

1.6 当天然气和石油价格创出历史新高时，油气生产商安达科石油（Andarko Petroleum）宣布收购两家竞争对手科尔麦基公司（Kerr-McGee）和西部天然气资源公司（Western Gas Resources），对价分别为164亿美元和47亿美元现金。被收购的资产补足了安达科石油的运营，为削减重复支出和增加投入周边资源提供了必要的条件。你认为驱使安达科石油收购的主要动机是什么？如果有更大的规模等条件，是否有助于安达科石油削减成本？对于第一个问题，哪些假设条件会影响你的答案？

1.7 马特尔（Mattel）是美国一家大型玩具制造商，实际上它已经放弃了玩具软件提供商学习公司

⊖ 实证证据并不明显。Billett 等做的研究（2004）显示，无论收购方债券评级是什么，收购方债券持有人得到的回报略低于零。尽管如此，他们也发现，当标的企业的信用评级低于收购方的信用评级时，以及当预期并购会降低标的企业的风险或杠杆率时，持有低于投资级债券的标的企业，在并购公布日前后，赚得4.3%或更高的超额收益。Maquierira 等（1998）的研究显示，收购方债券持有人获得的超额收益为1.9%，标的企业债券持有人获得的超额收益率为0.5%，但这指的不是混合并购交易。一项有关欧洲交易的研究发现，在交易宣布日前后，收购方债券持有人获得0.56%的正回报（Renneboog 等，2006）。

(The Learning Company, TLC), 得以从一个灾难性的并购中脱身出来——马特尔曾花费 35 亿美元收购 TLC。马特尔将该公司出售给了高尔斯技术集团（Gores Technology Group）旗下的一家公司，并有权获得未来的一部分利润。对于马特尔而言，收购 TLC 是相关多元化还是不相关多元化？解释你的答案。你对第一个问题的回答会在多大程度上影响你的回答？

1.8　美国在线收购时代华纳的交易，价值高达 1 600 亿美元。时代华纳当时是世界最大的媒体公司，其主要业务包括有线电视网络、杂志出版、图书出版、直销、音乐录制和发行，以及影视和广播。美国在线将自己视为提供互动服务、网络广告、互联网技术和电商服务的世界级领导者。你认为将这些业务放在一起是属于垂直、横向还是混合并购交易？说明你的理由。

1.9　辉瑞是一家领先的医药企业，以 600 亿美元收购了制药厂 Pharmacia，将赌注放到规模扩大会在新千年起到重要作用。辉瑞发现由于新药研发和商品化的成本极速上升，投资者要求的两位数收益增长很难做到。一系列所谓的畅销药品的专利过期，加剧了向市场推出新药的压力。根据你的判断，辉瑞收购 Pharmacia 的主要动机是什么？用本章讨论的并购主要动机的分类进行说明。

1.10　陶氏化学公司是一家领先的化学品制造商，以 153 亿美元收购了罗哈斯公司（Rohm and Haas Company）——一家油漆、防护漆和电子材料制造商。尽管多年来，陶氏公司在塑料领域的竞争上一直获利丰厚，但这项业务已经被证明只有很薄的边际利润，而且周期性很强。并购的结果是陶氏公司未来可以向市场提供周期性较小的高边际利润产品。你认为这是相关多元化还是不相关多元化？解释你的答案。你认为这是一个为陶氏公司的股东有效节省成本，并使他们的投资组合更加多元化的方式吗？

(所有讨论题的答案可以在本书的网上教师手册找到。)

:: 案例分析 1-1

谷歌为增长和防御收购摩托罗拉移动

要点

- 收购摩托罗拉移动将使谷歌在快速成长的无线装置市场成为一家垂直整合的竞争者。
- 该项并购也减少了知识产权方面的法律障碍。

从大多数指标来看，谷歌的财务表现相当出色。这家坐落在硅谷的企业，2011 年的收入总计 379 亿美元，比 2010 年增加了 29%，反映了从线下广告到线上广告持续转移的行业趋势。尽管该公司近年来的利润增长有所下降，但 26% 的净利润（net margin）仍相当可观。该公司 2011 年收入的 95%，来自网上和通过成员及合作伙伴带来的广告业务。[⊖]谷歌正在“馈送技术”（feeder technologies）方面投入更多资源，以期切入较新的快速成长的数码市场，并提高谷歌自己及其成员网站的使用率。这些技术包括为无线装置设计的安卓操作系统，以及尝试把视窗和苹果电脑用户吸引过来的 Chrome 操作系统。

面对需要为增长助力以维持其市值的局面，谷歌 2011 年 8 月 15 日发布了将收购摩托罗拉移动控股公司的声明，对其爆发式增长的无线装置市场的重要性产生了负面影响。全部以现金支付的 125 亿美元收购价，是在摩托罗拉公司前一日收盘价之上溢价了 63%。以芝加哥为基地的摩托罗拉公司制造移动电话机、智能电话、平板电脑、机顶盒，其作为最早开发移动电话和过去几十年里领先的移动企业地

⊖ 谷歌将其成员（客户）视为 100 多万家在其网站上做广告的公司，合伙人则包括谷歌发布广告并与其分享那些广告收益的网站出版商。谷歌网站的广告收入占到总收入的 69%，2011 年增长了 34%，来自成员的广告收入占到总收入的 27%，增长了 18%。

位，意味着已经累积了大约17 000项专利，还有7 500项正在批准之中。由于市场份额低于3%，这家企业一直努力提高移动电话机的出货量，并且受困于和微软公司的多个专利诉讼案件。

作为谷歌有史以来最大的交易案，该项并购可能让谷歌变身为全面整合的移动电话公司，令其自身和其手机制造伙伴不再受到专利侵权诉讼的影响，并获得了控制移动电话定价和分销的无线运营商的优势。收入增长可能来自摩托罗拉专利授权使用费和移动电话机的销售，及其网站和成员网站产生的额外的广告收入。

谷歌受到来自手机合作伙伴的压力，包括HTC和三星，使用谷歌的安卓软件可以保护它们免受专利侵权的困扰。[⊖]微软早已提出HTC应为其制造的每台安卓手机支付使用费，它也正在向三星提出同样的使用费要求。如果这种情况继续下去，这类支付可能使得制造商新生产的安卓设备变得非常昂贵，迫使他们转向手机视窗系统（Windows Phone 7）等其他操作平台。由于有限的专利，谷歌对违反安卓授权使用的诉讼也缺乏抵御能力。

信息技术创新通常依赖于软硬件方面的渐进的小创新，很难确定这些变化是否受到专利保护。企业有动机建立自己的专利库，这样可以加强其在面对企业控诉或要求支付专利使用费时的谈判地位。过去，企业只是简单地将各自的技术进行交叉注册，但是现在的情况是，专利侵权诉讼为潜在竞争者设置了进入门槛，因为法律诉讼的威胁可以阻止新进入者，竞争者现在得为专利侵权付出代价了。

该项交易伴随的风险包括有可能促使三星和HTC这类合作伙伴考虑使用微软智能手机操作系统，使得谷歌失去安卓操作系统的版权使用费。由于缺乏谷歌（互联网搜索引擎，也生产安卓手机软件）和手机生产商摩托罗拉之间的交集，该项交易节省成本的机会不大。谷歌将逐步变身为一个垂直整合的手机制造商。而且就在交易公布时，监管机构开始关注谷歌在市场上不断提高的影响力。最后一点是，谷歌和摩托罗拉的增长和盈利性差别巨大，后者的收入增长率还不到谷歌的1/3，而其经营利润（operating profit margin）几乎为零。

三星、HTC、索尼爱立信和LG现在既是谷歌的合作伙伴也是竞争对手。像谷歌这样一家企业，很难在将产品（安卓操作系统软件）授权的同时，与那些销售摩托罗拉手机的被授权人展开竞争。诺基亚早已归顺微软，放弃了它自己的移动操作系统。其他企业可能会尝试打造自己的操作系统，而不是依赖于谷歌。三星2011年发布的手机，是在一个名叫Bada的操作系统上运行的；HTC有一个工程师团队致力于改造其手机的安卓版本，被称为HTC Sense。

在交易公布当天，摩托罗拉移动的股价上涨了差不多57%。以诺基亚领头的其他手机制造商的股价也上涨了。相反，谷歌股价却下跌了1.2%，尽管当天的标准普尔500指数上涨了差不多2%。

讨论题

1. 从哪个角度看，摩托罗拉移动在这项交易中的角色不够清晰？确认谷歌和摩托罗拉移动间的协同优势有哪些，哪些因素有可能使实现这些协同效应变得困难？请具体说明。
2. 运用第1章所讲的并购动机，具体说明哪些动机适用于谷歌对摩托罗拉移动的收购。
3. 解释为何在消息公布当天，摩托罗拉移动股价上涨的幅度不及溢价，为何谷歌股价会下跌。
4. 说明为何在谷歌宣布收购摩托罗拉移动之后，其他手机制造商的股价上涨了。
5. 具体说明技术类企业收购其他企业的专利将对创新产生何种影响。

（所有讨论题的答案可以在本书的网上教师手册找到。）

⊖ 苹果、微软和甲骨文公司指控谷歌或其他公司，例如摩托罗拉和HTC（一家中国台湾手机制造商），在它们生产的手机上使用了安卓操作系统，侵犯了它们的专利。三家各自对专利侵权提起了诉讼。2012年年末，苹果赢得了指控三星侵权的官司。

∷案例分析 1-2

半导体行业整合：兰姆收购诺发系统公司

要点

- 面对大幅上升的成本、衰退和对新技术需求的增加，行业整合是一种常见的应对方式。
- 客户整合经常引发供应商整合。

高度复杂的电子产品，例如智能手机和数码相机，已经成为每个人生活中不可或缺之物。这些产品按照半导体芯片上的一套编码指令进行操作。消费者与商业上对智能手机复杂功能和云计算技术不断增长的需求，要求不断提高半导体芯片的速度和能力，反过来向芯片制造流程中的设备制造商提出了巨大的需求。

为保持竞争优势，用于半导体芯片生产的设备制造商被迫大幅提高研发支出。由于芯片制造商的客户——诸如个人电脑和手机制造商，面临着产品价格下滑的局面，因此芯片制造商也拒绝支付更高的价格购买设备。芯片设备制造商无法通过提高售价来支撑更多的研发支出。不断增加的研发支出和 2008 ~ 2009 年的全球衰退一起侵蚀了盈利。

这个行业通过不断合并、稳定产品定价和获取新技术以尝试压低成本。行业整合开始是在芯片制造商中间，后来蔓延到供应商。2011 年 2 月，芯片厂商德州仪器（Texas Instruments，TI）以 65 亿美元收购了竞争对手国家半导体公司（National Semiconductor，NS）。三个月之后，最大的半导体芯片设备制造商应用材料公司（Applied Materials）为获得新技术，以 49 亿美元收购了瓦里安（Varian）半导体设备联合公司。2011 年 12 月 21 日，兰姆研究公司（Lam）同意以 33 亿美元收购竞争对手诺发系统公司（Novellus）。通过减少富余员工，兰姆预计截至 2013 年年底可以每年节省成本 1 亿美元。

根据交易条款，兰姆同意以换股方式收购诺发系统公司，诺发系统公司股东的每股诺发系统公司股票可交换 1.125 股兰姆普通股，相当于在交易宣布前一交易日诺发系统公司收盘价上溢价 28%。交易完成时，兰姆的股东拥有合并后公司的大约 51% 的股份，剩余股份由诺发系统公司的股东持有。

比较较早时期的行业并购，本次收购看上去对兰姆的股东来说是一个很小的交易。收购价相当于诺发系统公司年收入（annual revenue）的 2.3 倍，差不多是行业龙头应用材料 2011 年 5 月 4.5 倍收购瓦里安价格的一半。兰姆支付的收购溢价是 2006 ~ 2010 年可比交易价格的一半。然而在交易日当天，兰姆的股价收盘跌了 4%，而诺发系统公司的收盘价则上涨了 28%。

兰姆和诺发系统公司生产的设备，用于半导体制造流程的各个不同工序，因此产品具有互补性。并购后，兰姆的产品线将变得非常宽广，覆盖更多半导体制造流程。半导体芯片制造商倾向于从一家供应商处购买所有设备，可能是因为设备是兼容的。兰姆也寻求从中获得最先进的技术和更高的效率。这两家企业之间的技术交换，将有助于合并后的企业研发出支持下一代先进半导体所需的设备。

这两家企业的客户包括诸如英特尔和三星这样的芯片制造商。通过销售互补的产品，作为全球十家芯片制造商的设备供应商，这些企业有很多交叉销售的机会。而且兰姆和诺发系统公司的合作，可以比独立运作更快地获得收入，它们可以把设备打包，通过合作开发技术，确保这些设备可以协同工作。兰姆的主要客户是三星，而诺发系统公司的设备则主要供应给英特尔。

兰姆在交易公告当天也曾表示，在交易完成后的 12 个月内将启动一项 16 亿美元的股票回购计划。回购将允许股东卖出手中部分股票套现。在回购完成后，该交易可能会成为一半股票、一般现金的交易，当然，这要看在回购过程中有多少股东套现。股票回购将动用企业的现金余额和现金流。将交易设计为完成时全部用股票支付，可以让诺发系统公司的股东无须缴税。[⊖]

⊖ 当标的企业的股东主要用自己的股票交换收购方的股票时，这样的交易无须标的企业股东缴税。也就是说，他们无须在出售这些股票之前缴纳任何利得税。这可能对标的企业股东更有吸引力，因为这样可以让他们选择持有股票，等到这些股票卖出实现收益之后再缴税。

讨论题

1. 为何兰姆的股价在公布收购诺发系统公司当天收盘下跌了4%？为何诺发系统公司的股价收盘上涨了28%？
2. 解释为何兰姆采用股票而不是其他支付方式？
3. 描述半导体制造商承担的市场压力如何影响芯片设备制造商。这项并购如何帮助兰姆和诺发系统公司更好地服务其客户？
4. 硅晶片设备制造业的高固定成本是怎样鼓励业内合并的？
5. 从法律角度看，这项交易是属于收购还是兼并？
6. 这个交易属于横向交易还是纵向交易？这个区分为何很明显？
7. 交易的动机是什么？讨论你提出的每项动机背后的逻辑。
8. 兰姆和诺发系统公司的相似点或不同点有哪些？其相似点和不同点会如何影响到该项并购的长期成功？
9. 解释为何兰姆在宣布交易的同时，宣布了一项16亿美元的回购计划？
10. 你认为这项交易对半导体设备制造商间的竞争是有帮助还是会有损竞争？

（所有讨论题的答案可以在本书的网上教师手册找到。）

CHAPTER2

第2章 并购重组法律法规

品德就是即便无人监督，也只做正确之事。

——詹姆斯·瓦特

|并购内幕| 监管机构叫停 AT&T 与 T 移动的交易

关键点

- 监管机构在决定一项并购是否会推高价格，减少消费者的选择和降低产品质量时，经常要考量市场集中度。
- 可接受的市场集中度水平通常难以确定。
- 集中度可能是行业对大量资本需求的副产品。
- 限制集中度实际上可能对消费者产生伤害。

美国反托拉斯监管机构近年来积极推行对横向并购（即收购直接或潜在的竞争对手）加以限制的方针，但对纵向并购交易（即企业收购供应商或分销商）则更为宽容。这些行动为通信巨头 AT&T 2011 年年初以 390 亿美元收购 T 移动的结局蒙上了一层阴影。AT&T 不顾监管机构对横向并购的不支持态度，表示有信心获得交易批准，并在协议中接受了一项巨额终止费条款，如果公司无法在 2012 年 3 月底之前完成交易，将向标的企业赔付这笔费用。然而，这笔交易根本无法完成，因为美国反托拉斯监管机构清楚表明，位居行业第二的 AT&T（排名在威瑞森之后）和位居第四的 T 移动（排名在 Sprint 之后）的合并，将不被批准。

2011 年 12 月 20 日，AT&T 宣布停止持续了 9 个月的收购 T 移动的战斗。AT&T 被迫向 T 移动的母公司——德意志通信公司支付了 30 亿美元现金和一部分价值高达 10 亿美元的无限频谱（即移动电话微波频段）。T 移动和 AT&T 同意签订一项为期 7 年的漫游服务协议[⊖]，这还会让 AT&T 再花费 10 亿美元。AT&T 在停止收购之后不久就宣布将对美国司法部从 2011 年 8 月起阻挠该项交易提起诉讼。司法部不愿意接受该项附带剥离的交易或其他变更方式，坚持认为该收购将导致消费者的消费价格提高，并减少了服务选择，会降低服务质量。实际上，司法部更希望保留四家“强大的”竞争者，而不允许提高行业集中度。

但是 T 移动的长期发展前景受到质疑。该企业的母公司德意志通信公司已经明确表明想退出成熟的美国市场，无意再投资新的高速通信网络。T 移动是唯一一家目前没有自己下一代高速网络的本地运营商。它比其他运营商更小更弱，没有现金和手机供应商的营销噱头，无法为吸引新客户提供高端手机。而竞争对手威瑞森和 AT&T 则获得了新客户，T 移动在 2011 年丢掉了 9 万名客户。

为了应对这个结果，T 移动 2012 年 10 月 3 日宣布收购更小的竞争对手 MetroPCS，打造一个比威瑞森和 AT&T 更强的对手，解决监管机构对提高集中度的顾虑。然而，这引发了另一个问题，即这样做在预缴费移动电话市场减少了竞争。MetroPCS 的低成本、无协议数据计划和更廉价的手机，把手机和移动互联网带给了几百万用不起大运营商的美国人。但是 T 移动宣布继续提供预缴费服务，该公司不想让自己成为更有利可图的协议客户，在协议到期前被吸引转用预缴费服务。当 T 移动也宣布发展高速网络计划时，已经太晚了。

一些行业由于对高额资本的需求，更倾向于提高集中度。只有最大、财务最有实力的企业，才能支撑全美通信网络建设的资金需求。但是美国司法部已经发出明确信号，在高度集中行业的并购有可能不被批准。由于这项业务资本高度密集的属性，即便不批准 AT&T 与 T 移动的合并，美国移动通信业也可能会变得越来越集中。

本章概览

本章重点是影响并购活动的一些联邦和州法律的关键要点，并提供一个涉及并购的有关环境、就业、福利和外国法的回顾。表 2-1 提供了相关法律的一个小结。本书配套网站（http://booksite.elsevier.com/9780123854872）在“学生学习指南”（Student Study Guide）文件夹中提供了本章回顾（包括练习题和答案）。

表 2-1 影响并购的法律

法律	内容
联邦证券法律	
证券法（1933 年）	防止未经注册的证券发行，规定最低信息披露要求，以及对不合规行为的处罚措施
证券交易法（1934 年）	建立美国证券交易委员会（SEC）规管证券交易，授权美国证券交易委员会取消违反 1934 年证券交易法发行人的证券注册
第 13 章	规定在美国证券交易委员会备案的内容和频次，以及触发备案的事件
第 14 章	规定对代理权征集的披露要求
16(a)	规定了什么是内部交易，以及内部交易人是谁
16(b)	规定了发生内部交易时的投资者权利
威廉姆斯法案（1968 年）	要约收购规则
13(D) 节	规定披露要求
萨班斯 - 奥克斯利法案（2002 年）	启动了对有关金融披露、治理、审计、分析师报告和内部交易法例的改革

⊖ 漫游协议（roaming agreements）是无线通信公司间在其运营领域相互为对方用户提供无线服务的协议安排。

（续）

法律	内容
联邦反托拉斯法律	
谢尔曼法案（1890年）	规定“交易障碍”不合法，对于不合理限制交易的行为设定了违法惩罚措施
第1章	规定通过并购进行垄断的行为非法
第2章	适用于在某个领域已经占有优势地位的企业，防止这类企业不公平地阻碍交易
克莱顿法案（1914年）	规定价格歧视、独家协议、搭售合同非法，对非法限制交易设立了民事惩罚措施
1950年塞勒-凯弗尔法案	对克莱顿法案提出补充，将资产收购和证券收购列入
联邦贸易委员会法案（1914年）	设立联邦反托拉斯执行机构，规定商业欺骗行为非法
哈特-斯科特-罗迪诺反托拉斯改进法案（1976年）	要求在交易完成前应有一个等待期，规定了监管数据提交要求
条款Ⅰ	规定备案内容
条款Ⅱ	规定备案人员和时间
条款Ⅲ	授权州总检察官代表受害人提起三方损害赔偿诉讼
其他对并购有影响的法律法规	
多德-弗兰克华尔街改革和消费者保护法案（2010年）	改革经理人员薪酬，引入新的对冲基金和私募股权投资基金注册要求，加强美联储和美国证券交易委员会的监管权力，授权政府部门有权清算有系统风险的机构，授权政府监管消费者金融产品，联邦雇员和监管机构涉足内部交易为非法
州反收购法律	规定公司所有权变更所需满足的条件，可能各州的规定不同
州反托拉斯法律	类似于联邦反托拉斯法，各州可以叫停并购，即便联邦监管机构没有提出异议
1950年防卫保护法案的艾克森-弗洛里奥修正案	设立机构审查外国直接投资（包括并购）对国家安全的影响
美国国外贿赂行为法案	禁止向外国政府官员付钱以换取新业务机会或维持现有合同
公平披露条例	上市公司的非公开重大披露事项必须告知公众
行业相关法规	银行业、通信业、铁路运输、国防、保险和公用设施行业
环境法规（联邦和州）	规定披露要求
就业与福利法规（联邦和州）	规定披露要求
适用的国外法律	涉及投标方和标的企业经营所在的司法管辖地的跨境交易

2.1 理解联邦证券法律

无论并购双方是否上市，这些企业都要遵循当前联邦证券法对报告披露的大量要求。这些法律在20世纪30年代通过，反映出1929年股票市场崩溃之后人们对证券市场缺乏信心。

2.1.1 1933年证券法

1933年证券法要求向公众出售的证券应在政府部门登记，通过要求发行人披露涉及发行事宜的所有重大事实，保护投资者的权益。证券登记要求但不能保证在登记文件和募集说明书中陈述的事实是准确的。这项法律使得那些在向公众销售证券时提供不准确或误导说明的人受到罚款、判监或二者并罚。登记流程要求提供公司资产和业务说明、证券说明、管理层的信息，以及注册会计师出具的财务报表。

2.1.2 1934 年证券交易法

1934 年证券交易法将 1933 年证券法对披露的要求，扩展到包括已经在美国国内证券交易所上市的证券（所谓已发行的或二级发行）。根据该法还成立了美国证券交易委员会，目的是通过要求向公众发行股票、债券和其他证券的企业进行充分和准确的财务披露，保护投资者免受财务造假的损害。1964 年，其覆盖范围扩大到包括在柜台交易的证券（OTC）市场。该法还规定了公司或股东的代理请求（即发出信函给股东，要求其就某一特定事项做出投票表决）。2010 年多德 - 弗兰克华尔街改革和消费者保护法（多德 - 弗兰克法案）加强了美国证券交易委员会的权力，允许该委员会对任何人施加财务惩罚措施，而不是仅限于对受规管的机构。

1. 报告披露要求

公司向美国证券交易委员会备案的年度和定期报告必须是真实的，其中包括：公司拥有超过 1 000 万美元的资产，且其证券被超过 499 位股东持有；公司未在任何一家主要的股票交易所或者国际股票交易所挂牌上市，或其股份在柜台市场交易。即便交易双方都是私营企业，如果一部分收购价将由证券 IPO 提供资金支持，那么这样的并购交易也应遵守联邦证券法。

2. 第 13 章：定期报告

10K 表格记录了企业上一年的财务活动，其中必须包括的四张报表是损益表[一]、资产负债表、留存收益表和现金流量表。10K 表格也包括一个较详尽的有关业务的描述——企业所服务的市场、发生的重要事件及其对业务的影响，关键竞争以及对手和市场竞争环境。10Q 表格是这些信息高浓缩的每季更新版本。如果一项并购或剥离是重大的，[二]那么 8K 表格必须在事件发生 15 日内提交美国证券交易委员会备案。8K 表格描述了并购或处置的资产、支付或者接受对价的形式和数额，以及收购资产方的身份。在一项并购中，8K 表格还必须指明谁为收购融资提供资金以及被收购业务的财务报表。

3. 第 14 章：代理请求

当争夺公司控制权的代理之争出现时，法规要求在投票前将包含各参与方姓名和权益的资料报送美国证券交易委员会，以符合披露要求。如果交易包括需要收购方股东或标的企业股东批准，则分发给股东的资料必须符合美国证券交易委员会对代理资料的法规要求。

4. 内幕交易监管

内幕交易（insider trading）是指个人基于知道某些未提供给公众的信息而从事买卖证券的活动。尽管最近成功地处理了一些重大案件，例如，2010 年判处 Galleon 对冲基金经理拉杰 · 拉贾拉特南（Raj Rajaratnam）12 ~ 24 年徒刑，但仍有大量证据表明内幕交易泛滥。内幕交易以前是 1934 年证券交易法的管辖范围。该法 16(a) 将“内部人”定义为公司经理、董事和任何持有

[一] income statement 也可以译为利润表。——译者注

[二] 如果被并购的资产的股东权益或者支付的金额，抑或收益超过了被收购方及其子公司账面资产总额的 10%，则并购和剥离通常会被视为重大。

10% 或更多该公司任何种类股份的人。2002 年萨班斯 - 奥克斯利法案对 1934 年证券交易法的 16(a)做了补充，要求内部人在交易的 2 个工作日内披露所有权变更情况，备案资料收到后，美国证券交易委员会将在一个工作日内将备案文件发布于互联网上。

美国证券交易委员会负责调查内幕交易。美国证券交易委员会发布的规则 10b-5，禁止与证券交易相关的造假行为。规则 14e-3 禁止基于尚未提供给一般公众的要约收购信息进行证券交易。如果发现个人违法从事内幕交易，则可处以重罚并没收全部所得。㊀2010 年，多德 - 弗兰克法案授权商品期货交易委员会调查州与州间大宗商品上的内幕交易，并规定联邦雇员参与内幕交易是非法的。该法案还允许美国证券交易委员会处罚那些在内幕交易活动上提供原始信息的人（所谓的放风者）最高 30% 的因成功实施内幕交易而造成损失的罚金。

由于难以定义这类活动，内幕交易立法的效果有限。尽管内部人购买标的企业股票的动作会在并购公布日前慢下来，但他们在出售股票时的步伐会更慢，因此他们实际持有的数量会增加。㊁这类活动最常见于交易不确定性较低的情况，也就是说，善意交易和那些只有单一买家的交易。在消息公布日之前 6 个月，内部人持有股票的价值增加幅度，要比正常水平高出 50%。

5. 创业企业融资法案

创业企业融资法案（JOBS 法案）于 2012 年 4 月 12 日通过，该法案的目的是降低所谓“新兴公司”——最近财年的收入少于 10 亿美元且股东少于 200 人的公司的报告要求。为了满足轻度披露要求，企业必须在 2011 年 12 月 8 日之后发行过新证券。对于满足条件的企业，美国证券交易委员会只要求在其 IPO 注册文件中有两年经审计的财务报表。如果交易是在有内部控制和财务报告情况下进行的，那么对管理人员薪酬的披露可以简略，无须按照萨班斯 - 奥克斯利法案的 404(b) 条款进行披露。

2.1.3 威廉姆斯法案：要约收购规则

1968 年通过的威廉姆斯法案包括一系列对 1934 年证券交易法的补充规定，以保护标的企业股东因没有足够时间充分评估收购方的要约而被快速并购。这种保护可以通过要求要约方提供更多信息披露，规定要约收购在一个最小时间段内保持有效，并允许标的企业起诉竞购方。威廉姆斯法案的披露要求适用于任何人，包括标的企业，询问其股东是否接受收购要约。威廉姆斯法案对并购有影响的主要章节是 13(D) 和 14(D)。威廉姆斯法案的要求适用于各类要约，包括那些和标的企业谈判过的要约（即协商或善意要约收购）、那些由企业回购其股票的要约（即自我要约收购），以及那些标的企业不喜欢的要约（即敌意要约收购）。㊂

㊀ 根据 1984 年内部交易处罚法，那些被认定从事了内部交易的人被要求退回非法所得，并处以所得收益 3 倍数额的罚金。1988 年美国最高法院的一项判令给予投资者索偿权，可以向企业有意隐瞒正在并购谈判而且之后并购所带来的损失提出追偿。

㊁ 如果内部人通常一个月购入 100 股而卖出 50 股，那么他们正常的持股量将是 50 股。然而，如果他们买入的数量降到 90 股，而卖出 30 股，则持股量增加到 60 股。

㊂ 威廉姆斯法案对收购要约的定义是模糊的，没有解释一家企业在公开市场收购另一家企业的股票是否属于收购要约。法庭裁决收购要约具有以下特征：一个竞购方公开宣布有意向收购另一家企业的大量股票，以获得控制权，或者在公开市场收购或通过私下协商购买另一家企业的大宗股份。

1. 13(D) 和13(G)：所有权披露要求

威廉姆斯法案的13(D) 试图规管大额股份或大型并购，并要求向标的企业的股东和管理层尽早提示收购要约。任何人或企业收购一家上市公司5%或更多股份，必须在达到该比例的10日内向美国证券交易委员会提交13(D) 计划。[⊖]13(D) 还要求衍生产品，例如，期权、权证，或者在60日内可转换股票的权利，必须确定其是否达到门槛值。13(D) 计划要求披露包含收购方的身份、职业和行业，资金来源和收购目的。如果收购股票的目的是取得标的企业的控制权，收购方必须向标的企业公开其商业计划。该计划应包括分解企业，推迟分红，重新资本化，或者将其与其他企业合并的意图。如果不是这样，收购股票的一方可以表明其目的只是出于投资目的。

根据13(G)，由相关方收集的股票，如合作公司、经纪商抑或代表某人或企业的投资银行，都应计入5%的界限比例。这可以防止收购方通过一些关联方收集累计超过5%的股份而不备案的情况。机构投资者，例如，注册经纪人和交易商、银行以及保险公司，可以按照13(G) 计划备案（这是13(D) 计划的缩减版）前提是，证券是在正常的商业经营中获得的。

2. 14(D)：要约收购流程的规则

尽管威廉姆斯法案的14(D) 条款只与公开要约收购有关，但仍适用于任何规模的并购。5%的报告门槛值仍然有效。

收购方的义务 收购方必须在14(D)-1 中披露其意图、商业计划和并购双方的所有协议。该计划称为要约收购声明（a tender offer statement）。收购要约的开始日期被定为公开发表、进行广告或向标的企业提交要约的那一天。14(D)-1 计划必须包含标的企业的身份以及涉及证券的类别，备案的人员、合伙组合、辛迪加或公司，以及买方和标的企业之间过去所有的协议合同。该计划还必须包含为要约收购提供融资的资金来源、目的以及其他重要的交易信息。

标的企业的义务 标的企业的管理层不能建议其股东如何回应一项收购要约，直到该要约发出10天内已经在美国证券交易委员会备案为14(D)-9 计划。该计划称为收购要约征求/推荐声明（a tender offer solicitation/recommendation statement）。

股东权利：14(D)-4 到14(D)-7 收购要约必须至少在20个交易日内保持有效。收购方必须接受在此期间出让的所有股份。提出收购要约的企业如果认为有更多机会得到其所需的股份，要约期限还可以再延长20天。除非在要约期间无法获得其要收购的全部股份，否则企业必须以要约价格收购股份，至少要在按比例基础上收购。收购要约可能也要求得到美国司法部和联邦贸易委员会的批准。只要收购要约仍处于开放有效状态，股东就有权撤回股份。法律还要求，如果有其他方对标的企业提出新的报价，标的企业的股东应有额外10天时间考虑这个报价。

"最优价格"规定：14(D)-10 为了避免歧视，"最优价格"规定要求，必须向所有持有同类证券的股东，支付同样的收购要约价格。所以，如果一个竞购方提高了支付给标的企业剩余股

⊖ 延期报告可能会造成对披露要求的滥用。2010年年末，维权对冲基金投资者威廉·阿克曼（William Ackman）和房地产企业Vornado房地产信托让华尔街大吃一惊，他们透露已经收购了大型零售商彭尼百货近27%的流通股。一旦投资者越过了5%的报告门槛值，他们可以在后续10天内快速收集数千万股，导致彭尼百货的股价上涨了45%。

份的价格，它必须支付给那些已经同意要约收购的股东更高的价格。

20世纪90年代中期的法院裁决结果表明，诸如当管理权变更时发生的金降落伞、慰留奖金以及加速套现权利等经理人员的补偿，应该计入他们从股票中获得的酬劳。这些裁决极大地减少了对公开收购要约的使用，因为收购方担心这样会导致所有股东都凭借手中股份获得补偿，而不是在控制权变更后只需补偿经理人员。2006年10月18日澄清的“最优价格”规定，支付给经理人员的补偿不再纳入控制权变更后出售股票获得的收益中。规定的修改澄清了“最优价格”仅适用于股东申报出售的证券收益（即现金、证券或两者兼有），[㊀]这一澄清导致了近年来公开要约收购有所增加。2006年公开要约收购的比例降至总交易数量的3.2%，近年来，公开要约收购的比例已经上升到总交易数量的1/5左右。

2.1.4 2002年萨班斯-奥克斯利法案

萨班斯-奥克斯利法案是在安然、世通、英克隆（ImClone）、奎斯特（Qwest）、阿德菲亚（Adelphia）和泰科这类企业巨头影响极坏的丑闻爆发之后发布的，其影响范围遍及财务信息披露、审计到企业治理领域。该法案的第302章要求季度财务报表和披露由CEO和CFO负责确认。第404章要求大多数上市公司每年确认其内部控制系统运作良好。该法案与公众证券交易所新的上市条例一起，要求董事会里应有更多成员未参与公司具体工作（即所谓的独立董事）。该法案还要求董事会审计委员会里至少要有一位是财务专家，委员会必须每季度复核由CEO和CFO签署的财务报表。萨班斯-奥克斯利法案还要求提供企业财务报表更大的透明度，或者可见度和责任制。然而，一些金融服务机构近年来明目张胆的做法（例如，美国保险集团、贝尔斯登和雷曼兄弟），让人们质疑萨班斯-奥克斯利法案在达到透明度和责任制方面有多大的有效性。

执行萨班斯-奥克斯利法案的代价是非常高昂的。正如在很多研究中提到的（见第13章），有越来越多的证据表明，自从颁布以来，萨班斯-奥克斯利法案带来的监督成本已经迫使许多小型企业私有化。由于董事酬劳大幅提高，公司董事会的总成本在萨班斯-奥克斯利法案颁布后直线上升。但是，大型企业的股东需要按照萨班斯-奥克斯利法案彻底检查现有的公司治理体系，可能因为新的股东保护机制而获益。[㊁]而且，以前在收购消息公布之前，标的企业股价上升的情况，自从萨班斯-奥克斯利法案颁布之后，升幅明显降低，也许反映了对交易中收购方的经理人和董事会责任制及监管机构的监督有所改善。为了减少萨班斯-奥克斯利法案的负面影响，美国证券交易委员会允许外国企业可以不遵守该法案的报告要求。

纽约证券交易所上市规则远远超过了萨班斯-奥克斯利法案的审计独立性要求。公司必须设立董事会审计委员会，要包括至少3名独立董事和一份详细规定了其职责的书面章程。而且，大

㊀ 收购方经常发起两阶段收购要约，这样就会使第一阶段交出股票的标的企业股东比在第二阶段交出股票的股东获得较高价格。“最优价格”规则只是意味着，除非州法另有规定，所有在第一阶段交出股票的股东得到的价格必须和其他在第一阶段交出股票的股东的价格一致，而第二阶段交出股票的股东得到的也是第二阶段一致的价格。

㊁ Chaochharia和Grinstein（2007）总结出遵守规则最差的大型企业，在宣布执行了规则之后，更可能表现出明显的超常财务回报。相反，小型企业这样做的结果是导致负的财务回报。

多数董事会成员必须是独立的，非管理层董事必须定期单独开会。董事薪酬和提名委员会必须由独立董事组成。股东必须能够对所有的股票期权计划进行表决。

萨班斯-奥克斯利法案也新建了一个半官方的监管机构——上市公司会计监管委员会（Public Company Accounting Oversight Board，PCAOB）。PCAOB 负责审计师的注册，合规审计、质量控制制订流程和程序，并且确保符合萨班斯-奥克斯利法案的相关规定。

2.2 理解反托拉斯立法

联邦反托拉斯法是为了防止个别公司得到太大的市场权力，使得它们可以无视其他竞争对手的反应、限制产量和提高价格。美国司法部和联邦贸易委员会对执行联邦反托拉斯法承担主要职责。联邦贸易委员会根据 1914 年联邦贸易委员会法案成立，执行反托拉斯法律，如谢尔顿法案、克莱顿法案和联邦贸易委员会法案。

美国国家法律通常不能影响到在其国内政治边界以外的企业，但有两个特例：反托拉斯法和适用于反贿赂外国政府官员的法律。在美国之外，反托拉斯监管法律被称为竞争法（competitiveness laws），用于最小化或者消灭反竞争行为。欧盟反托拉斯监管机构能够叫停通用电气收购霍尼韦尔——两家美国公司在欧盟都有经营业务。重要的是，这发生在美国反托拉斯机构批准了该项收购之后。另一个特例是海外反腐败法（Foreign Corrupt Practices Act），本章稍后将讨论。

2.2.1 谢尔曼法案

谢尔曼法案于 1890 年通过，规定所有包含“不合理”贸易的合同、合作或共谋都是非法的。案例包括固定价格协议、串通投标，在竞争对手之间分配客户资源，或者垄断州内贸易。谢尔曼法案章节 Ⅰ 禁止成立会导致垄断或单一企业拥有特别集中价格控制权的新商业联盟。章节 Ⅱ 适用于那些早已在其目标市场占有主导地位的企业。该法案适用于州内商贸的所有交易，或者如果是当地活动，包括所有“影响”州内商贸的交易和业务。大多数州都有相应的法律规定。

2.2.2 克莱顿法案

克莱顿法案于 1914 年通过，用于规管某些不受谢尔曼法案限制的活动，并帮助政府防范垄断行为。该法案第 5 章规定在客户间实行价格歧视是非法的，除非是批量采购可以带来成本节约的情况。捆绑合同（企业拒绝向客户出售某些重要产品，除非客户同意从该企业购买其他产品）也是被禁止的。如果两家合并会导致竞争减少，第 7 章禁止一家企业收购另一家企业的股票。作为相互竞争企业的董事，交叉任职也是违法的。

与谢尔曼法案包含刑事惩罚不同，克莱顿法案属于民事法。克莱顿法案允许在违反反托拉斯法中受到侵害的私营机构向联邦法院起诉，可以索取相当于其实际损失 3 倍的赔偿。州首席检察长也可以提起民事诉讼。如果原告胜诉，在承担谢尔曼法案的相关刑事惩处之外，违反反托拉斯法的一方必须承担这些损失。收购方很快就学会了如何绕过 1914 年克莱顿法案中适用股票收购的原始条款，它们仅仅收购标的企业的资产而不是购买其股票。在 1950 年塞勒 – 凯弗尔法案中，对克莱顿法案进行了修订，授予联邦贸易委员会禁止收购资产和股票的权力。

2.2.3　1914 年联邦贸易委员会法案

1914 年联邦贸易委员会法案催生了联邦贸易委员会，该委员会包括由总统委任的 5 名任期 7 年的全职委员，以及一些提供支持的经济学家、律师和会计师，协助执行反托拉斯法。

2.2.4　1976 年哈特 – 斯科特 – 罗迪诺反托拉斯改进法案

涉及收购一定规模的企业并购案，需在相关信息提交联邦政府及一段等候期结束，才能完成收购。并购前的通知，可以让联邦贸易委员会和美国司法部有足够的时间质询并购不是反竞争的。一旦收购已经发生，通常很难叫停。表 2-2 汇总了有关提前备案的各项要求。

表 2-2　监管机构的提前备案要求

	威廉姆斯法案	哈特 – 斯科特 – 罗迪诺（HSR）法案
备案要求	1. 收购一家企业 5% 的股份之后 10 天内申报 14(D) 计划 2. 所有者包括收购方的下属企业或代理机构 3. 公开要约收购需备案 14(D)-1 4. 公开要约收购后，即便累积的股份不足 5%，也应披露	在以下情况下需要[①]： 1. 交易规模测试：买方收购资产或证券超过 7 090 万美元 2. 机构规模[②]：买方或卖方的年销售额不少于 1.418 亿美元或任意一方的销售额或资产不少于 1 420 万美元 3. 如果收购价格超过 2.836 亿美元，无论是否满足第 2 条，都需要备案 1 ~ 3 的门槛值将根据 GDP 增长每年调整
向谁注册	13(D) 计划 1. 6 份文件提交美国证券交易委员会 2. 1 份文件通过挂号邮件寄给标的企业的管理层 3. 用挂号邮件给标的股票所在的交易所各寄 1 份文件 14(D)-1 计划 1. 10 份文件提交美国证券交易委员会 2. 1 份文件亲手交给标的企业管理层 3. 1 份文件交给其他要约方 4. 用挂号邮件给标的股票所在的交易所各寄 1 份文件（应同时致电每家交易所）	1. 联邦贸易委员会在并购前通知办公室 2. 司法部反托拉斯办公室运营主任
时间段	1. 公开要约收购必须至少公开 20 个工作日 2. 从公布、广告或向标的企业递交资料之日开始 3. 除非结束公开要约收购，否则股东可以在初步要约之后 60 日撤回申报股票	1. 审核/等候期：30 天（现金公开要约收购是 15 天） 2. 在要约方备案 15 天内，标的企业必须备案 3. 对于现金要约收购，从收购方备案之日开始计算；对于现金/股票要约，在买卖双方都备案之后开始计算 4. 监管机构可以要求 20 天延长期

①注意这些是截至 2013 年 1 月 10 日的门槛要求。
②“机构规模”检查度量的是买方和卖方“最终的母公司”的规模。最终的母公司是控制买方和卖方的实体，而且它们本身不再受到其他机构控制。

1. 条款 I：哪些需要备案

哈特 – 斯科特 – 罗迪诺法案的条款 I 授权司法部，对可能违反反托拉斯法存有疑问，可以索取公司的内部记录。所需信息包括收购方母公司和标的母公司“最终控制人”㊀的背景资料、交易的说明，以及与交易相关的所有背景分析结果。

2. 条款Ⅱ：谁需要备案，何时备案

条款Ⅱ规定了在何种情况下必须备案。截至 2013 年 1 月 10 日，为了满足交易规模测试（size-of-transaction test），买方收购有表决权股票或资产的价值超过 7 090 万美元的交易，必须按照本法案上报备案。根据机构规模测试（size-of-person test，一个收购方和标的企业的参考指标），如果收购方或标的企业的年度净销售额抑或总资产超过 1.418 亿美元，而另一方的年度净销售额或总资产超过 1 420 万美元，即便交易的价值少于 7 090 万美元，仍需要备案。这些门槛值随着年度 GDP 增长率还将向上调整。如果交易价值超过 2.836 亿美元，则不管是否满足人数测试，都应备案。

要约方必须在向标的企业提出要约的同时，进行 HSR 要求的备案。标的企业也需要在要约方备案后 15 天内进行备案。备案信息包括两家公司的经营和财务报表。当收购方和标的企业都完成备案后，开始计算等待期。对于包括证券或者现金要约的交易，联邦贸易委员会或司法部任何一方都可以分别要求延长等待期 20 天和 10 天。如果收购方认为产生反竞争影响的可能性很小，可以要求提前结束等待期。实践中，仅有大约 20% 的交易需要备案，其中仅有大约 4% 被监管机构提出质询。㊁

如果监管机构提出反竞争影响的质疑，他们将提起诉讼，由法庭发出阻止交易完成的禁令。但由于成本很高，很少有要约方或者标的企业诉诸法院裁决，如果出现这类诉讼，政府败诉的情况极为少见，但确实有此类情况发生。㊂如果全面卷入诉讼，政府案件可能导致巨大的法律费用和管理层的时间投入。即便联邦贸易委员会败诉，并购的收益也总是在案件收尾时就已经消失。在案件审理期间，潜在客户和供应商不大可能与标的企业签署长期合同。对于标的企业的新投资有可能受到限制，标的企业经营所在的社区及其员工可能受到不确定性的影响。基于这些原因，监管机构和收购方经常寻求避免诉讼。

3. HSR 法案会对州反托拉斯监管机构有何影响

条款Ⅲ扩充了州检察长（state attorney general）的权力，可以代表因违反反托拉斯法而受到侵害的本州个人提起三重损害诉讼。

2.2.5 程序性法规

在美国司法部对一项反托拉斯案件备案之后，由联邦司法系统负责审理。如果是联邦贸易委

㊀ 最终控制人（ultimate parent entity）是指处于所有权最顶部的企业，而实际收购方则是其子公司。

㊁ 2007 年联邦贸易委员会收到了 2 201 起哈特－斯科特－罗迪诺备案（大约是总交易数量的 20%），而 2006 年是 1 768 起（Barnett, 2008）。其中通常约有 4% 会被质询，而大约 2% 会被要求第二次补充提供信息（Lindell, 2006）。1991 ~2004 年在联邦贸易委员会备案的 37 701 项并购交易中，大约 97% 未受到质疑直接通过了审批（BusinessWeek, 2008）。

㊂ 监管当局于 2004 年 2 月 27 日提起一项诉讼，基于反托拉斯法考虑，要求阻止甲骨文公司以每股 26 美元敌意收购人民软件（PeopleSoft）公司。2004 年 9 月 9 日，一位美国联邦地方法院法官否决了监管当局申请其发出交易禁止令的要求，认为该机构未能证明大企业只能向三家供应商（即甲骨文、人民软件和 SAP）购买商业应用软件。

员会发起的，则由该委员会的一位行政法律法官听证，其裁决将经由联邦贸易委员会主席复核。美国司法部保留采取刑事处罚的权力，可能会对违法的一方处以罚款或监禁。个人和公司也可以提起反托拉斯诉讼。联邦贸易委员会复核其工作人员提出的投诉，并由该委员会最后批准。委员会将表决是接受还是否决听证核查人员提交的证据，可以将委员会的决定提交联邦巡回法院复议。作为诉讼的替代方案，公司可能寻求与委员会协商，找到一个解决安排。这类安排通常是在复核过程中协商的，称为和解协议。联邦贸易委员会之后对联邦法庭处理的一项投诉和建议的和解协议进行备案，联邦法院的法官按惯例会批准该和解协议。

2.2.6 和解协议

一个典型的和解协议（consent decree）可以包括结构化和行为上的解决方案。结构化解决方案一般要求并购双方剥离重叠的业务。2011 年年末，VeriFone 系统公司——美国第二大电子支付系统制造商，与美国司法部达成一项收购竞争对手 Hypercom 公司的安排，条件是出售 Hypercom 的美国 POS 终端机业务。如果不进行这项出售，合并后的公司将控制 60% 以上的美国消费者 POS 终端机市场。监管机构认为出售将形成一个明显独立的竞争对手。行为解决方案要求合并后的公司同意采用一套设计用于减少潜在的与竞争政策相悖的做法。作为批准 2011 年 1 月康卡斯特对 NBC 环球网收购的一个条件，康卡斯特同意就其他有线播放系统提出的涉及使用 NBC 环球网有线频道的争议提交仲裁。除此之外，康卡斯特向监管机构保证将遵守所谓的“网络中立”条件，以有竞争力的价格，将节目授权给竞争对手网站使用。

如果一项潜在并购有可能受到监管机构的挑战，收购方可以寻求在交易前谈妥一项和解协议。在没有和解协议的情况下，买方经常要求收购和出售协议必须包括一个条款，允许收购方在联邦贸易委员会或司法部提出反托拉斯异议时可以退出交易。有证据表明，并购之后的为限制扩大定价权的和解协议，已经可以成功地培养竞争对手。[⊖]

2.2.7 横向并购的反托拉斯并购指引

理解一个行业要从理解其市场结构入手。市场结构可以定义为行业中的企业数量、集中度、成本、需求和技术条件，以及进入和退出的难易程度。为了澄清谢尔顿法案和克莱顿法案的条款，美国司法部在 1968 年发出了大量指引，用各个市场份额比例和集中度比率，表明反对哪些类型的并购。集中度定义为行业内前四名或前八名企业所占的市场份额。

由于它们的坚持，修改的指引规定了定性和定量的标准。定性数据包括一些因素，例如可能从企业合并中获得的效率提升、潜在并购对象的财务可行性（financial viability），以及美国企业全球竞争力。

1992 年，联邦贸易委员会和司法部公布了一套新指引，表明它们将质疑那些建立或强化市场权力的并购，即便这些并购带来了不错的效率优势。市场权力定义为合并企业能够在一个相当长

⊖ 一项评估 1990 ~ 1994 年发生的 35 起裁决剥离结果的报告中，联邦贸易委员会总结道，使用和解协议对企业合并产生的市场权力进行限制被证明是成功的，这样做可以创造出有力的竞争者（联邦贸易委员会，1999b）。

的时期内，将价格保持在有竞争力的水平上的形势。1997年对1992年的指引又做了修订，以反映监管当局希望长期的效率改善可以远远抵消市场权力。2010年8月19日修订的指引，让监管机构获得了比以前更大的挑战并购的空间。尽管如此，它也提高了导致垄断的集中度的上限值。

2010年指引清晰地表达了对更进取的横向并购的支持，与早期指引相比，它减少了对公式的依赖，反映了对单边效应（即企业获得市场权力，可以单边提高价格）的高度关注。新指引也紧密结合了欧盟的反托拉斯指引。从总体上看，横向并购有更大的机会被监管机构质疑。纵向并购——那些涉及客户——供应商管理的并购，较少被认为会导致反竞争的效果，除非他们挤压了其他企业获得重要资源的渠道。作为复核流程的一部分，监管机构考虑的是目标客户和价格歧视、市场定义、市场份额和集中度、单边效应、协同效应、进入的难度、可实现的效率、业务失败的可能性，以及部分收购（partial acquisitions）。我们在下面将讨论这些因素。

1. 目标客户和潜在的价格歧视

价格歧视是商家提高对某些目标客户的销售价格而改善盈利的做法。当出现这种歧视时，一定有证据表明某些客户被索要了更高价格，即便与他们做业务的成本并没有比其他客户更高，而对其他客户的售价却比较低。此外，被索要更高价格的客户肯定只有很少的可替代供应来源。

2. 市场定义

监管机构所定义的市场，仅仅是从提高价格时客户用一种产品替代提价产品的能力和意愿角度进行考量。市场可能是按照地域定义的，范围受到诸如交通成本、税和非税壁垒、兑换率的波动等因素的限制。

3. 市场份额和集中度

市场中企业的数量及其市场份额决定了市场集中度。这类比率测量的是行业内前几家最大企业的总产出。为了计算一个行业内企业的分布，联邦贸易委员会采用赫芬达尔-赫希曼指数（Herfindahl-Hirschman Index，HHI）测量行业集中度，就是求出市场中竞争的每家企业市场份额的平方和。例如，一个市场上包括5家企业，其市场份额分别为30%，25%，20%，15%和10%，则HHI指数为2 250（$=30^2+25^2+20^2+15^2+10^2$）。注意，一个行业包括5家市场份额分别为70%，10%，5%，5%和5%的竞争对手，会得出更高的HHI指数5 075，这是因为计算市场份额的平方会让占有最大市场份额的企业得到更大的权重。

HHI指数范围是从10 000（几乎是绝对纯粹的垄断）到0（高度竞争性市场）。这个指数给了较大市场占有率企业更大的权重，反映了它们具有较高的定价权。联邦贸易委员会开发了一个打分系统，如图2-1所示，作为联邦贸易委员会决定是否质疑一项并购建议的因素。

4. 单边效应

两家出售差异化产品企业的合并，可能导致减少竞争，使得并购后的企业通过单边提高一家或两家产品的价格而获利。而且，两家有竞争关系的卖家的合并，阻止了买家通过两家竞价，协商获得更低价格的机会。最后一点是，在无差异产品市场上，一家与大型竞争对手合并的企业，可能会限制产量以提高价格。

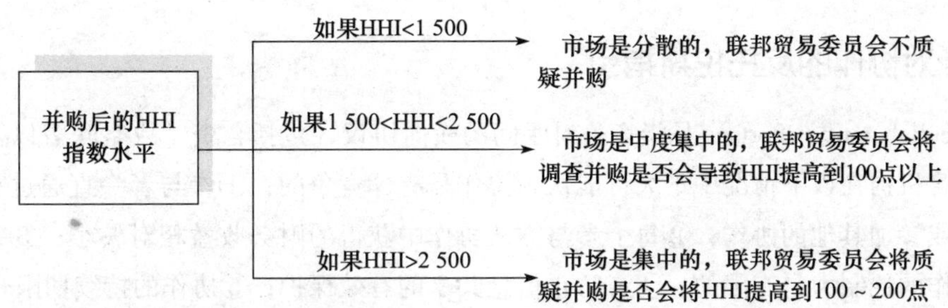

图 2-1　联邦贸易委员会在不同市场份额集中度下采取的措施，赫芬达尔－赫希曼指数（HHI）

资料来源：联邦贸易委员会并购指引，www. ftc. gov。

5. 协同效应

在与竞争对手合并后，企业可能与行业内其他企业协商产量和定价，这些活动可以展示出在特定情况下，简单地理解一家企业将做什么或不做什么。如果占有最大市场份额的企业减少产出，其他企业可能会跟进，导致价格上涨。

6. 进入的难度

进入的难度定义为企业合并暂时提高了市场集中度，产生及时、最可能发生以及充分的竞争效应。进入壁垒（例如，先进的技术或知识、专利、政府法规条例，自然资源的排他性拥有权，或者巨大的投资需求）可以限制进入市场的新竞争者的数量。不必要的壁垒，会使竞争受到限制，可能因为对创新的需求减少而有碍创新。尽管如此，如何定义哪些是不必要的壁垒，仍是高度主观性的。

7. 效率

来自并购的效率提升可以加强合并后企业的竞争力，导致更低的价格、质量改善和更好的服务或创新。尽管如此，效率很难度量和确认，因为只有在并购之后才能发生效率变化。一个可以验证效率改善的例子是由于规模经济效应导致的单位平均固定成本的降低。

8. 阻止并购可能引发经营失败

监管机构也会考虑如果不允许一家企业与其他企业合并而造成该企业经营失败的可能性。监管机构必须评估企业失败的潜在成本，例如失业、并购导致的市场话语权的潜在提升。

9. 部分收购

监管机构可能也会评估竞争企业的少数股权收购，如果该部分收购会导致对标的企业的有效控制。部分收购可以让收购方获得影响标的企业竞争行为的能力，从而减弱竞争，收购方可能有权任命董事会成员。而且，如果收购方获得了非公开的竞争信息，少数股权投资也有可能弱化竞争。

10. 垂直并购的反托拉斯指引

如果一家客户对其供应商的并购，阻止了该供应商的竞争对手与该客户做生意，垂直并购也可能引发顾虑。另外，如果客户对供应商的收购阻止了该客户的竞争对手与供应商做生意，也可能变成问题。当企业在它们所处的市场进行垂直整合时，垂直并购更有可能引起监管机构的审查。

2.2.8 针对协作的反托拉斯指引

协作（collaborative efforts）是指竞争对手间的横向协议，包括合资、战略联盟以及其他竞争者协议。监管机构在以下情况中不大可能认为协作是有悖竞争的：①参与者一直通过相互独立的运作在竞争或参加其他的协作；②每个参与方从协作中获得的财务收益相对较小；③每一个参与方对这种协作的控制力是有限的；④有防止信息共享的有效保护；⑤协作的持续期限较短。

2.3 多德－弗兰克华尔街改革与消费者保护法对并购的影响

多德－弗兰克法案的覆盖范围很大，极大地改变了联邦对金融服务机构和一些非金融上市公司的监管。该法案的目标包括恢复公众对金融系统的信心，防止动摇金融市场的未来金融危机。其条款包括从股东规定管理层薪酬，到衍生品市场更高的透明度，以及授权联邦存款保险公司（Federal Deposit Insurance Corporation，FDIC）清算那些经营失败将威胁美国金融体系（即系统风险）的金融企业。

尽管该法案的影响范围很广，但本书的重点是讨论法案直接影响企业治理的那些方面，并购环境和其他重组活动，以及并购流程的参与者。该法案对于本书主题有着最重大影响的条款总结在表2-3中，分别是公司治理和管理人员薪酬，系统性监管和紧急权力，资本市场和金融机构。这些条款用处最广，将在本章详细讨论。

表2-3 多德－弗兰克法案的部分条款

条款	具体要求
公司治理和管理层薪酬[①]	
审议薪酬	在每2～3年举行的董事会上，股东可以对管理层薪酬发起表决，但表决不具有约束性
审议金降落伞安排	发出征询股东对涉及公司收购或重大资产出售批准的代理声明书时，必须披露与标的企业或收购方签订的涉及管理层现时、递延或拨备补偿的所有协议
机构投资者披露	机构管理人（如共同基金、养老基金）必须披露它们每年对薪酬和金降落伞方案的表决记录
勾回（clawbacks）	在修正利润表之前，要求上市公司制订和披露三年内在激励薪酬方面的支出机制
委托经纪人投票	要求证券交易所禁止经纪人在未得到表决权股票所有者的指令时，不得就董事会选举、管理层薪酬以及美国证券交易委员会规定的其他重大事项进行投票表决
薪酬委员会的独立性	美国证券交易委员会应制定规则，禁止不符合薪酬委员会成员和顾问独立性要求的发行人上市
系统性监管和紧急权力	
金融稳定性监管委员会	为了消弭系统性风险，该委员会包括10名成员，由美国财政部长担任主席，监督美国金融市场，防范国内外银行及一些非银行机构因违约或破产给美国金融稳定性带来的风险
新的美联储银行和非银行控股公司监管要求	合并资产超过500亿美元的银行和银行控股公司必须： • 提交在机构出现经营问题时的快速有序的解散计划 • 提供其实际信用敞口的定期报告，将其对非所属机构的信用敞口控制在25%以内 • 每半年做一次“压力测试”，检查资本充足度 • 收购金融服务机构的表决权股票应发出提前通知函
对杠杆的限制	对于资产超过500亿美元的银行控股公司，美联储可以要求该机构的负债权益之比不高于15:1

（续）

条款	具体要求
规模限制	任何一家银行的规模不得超过全美储蓄额的 10%。该限制不适用于对问题银行的并购
资本要求	银行资本要求由监管机构负责制定，要体现出对银行或非银行机构风险的认知
储蓄和贷款的监管	美联储对所有的储蓄和贷款机构及其分支机构有监管权
联邦存款保险公司	如果美联储和系统性风险委员会认为金融市场是不流动的（即投资者没办法在不承担大额亏损的情况下出售资产），联邦存款保险公司可以为承保的有清偿债务能力的银行提供债务担保
有序清算权	联邦存款保险公司可以终止或清算那些因经营失败而威胁到美国金融稳定性的金融服务企业，确保快速处置该企业的资产，在公众基金损失有限的情况下，由该企业的股东和债券持有人承担损失②
资本市场	
信用评级办公室	提出关于内部控制、独立性、透明度和对不良表现的惩罚规则，让投资者更容易对"与现实不符"的评级提出检控，办公室每年对评级机构进行审计
资产证券化	资产支持证券的发行人至少要持有向第三方出售证券的 5%
对冲基金和私募股权基金登记注册	对管理资产规模超过 1 亿美元的私募股权基金和对冲基金提供咨询的机构必须在美国证券交易委员会登记为投资顾问；向管理资产规模少于 1 亿美元的上述基金提供咨询的机构需做州一级的登记注册。注册顾问机构应该提交报告并接受定期检查
OTC 衍生品的交易和清算	商品期货交易委员会和美国证券交易委员会负责管理在一家中央交易所交易的 OTC 衍生品的中央清算、交易量和价格数据的实时公开报告，以及管理参与交易的各方
金融机构	
沃尔克规则	禁止被承保的储蓄机构及其控股公司用自有资金买卖证券（所谓自营交易），抑或发起/投资对冲基金或私募股权基金。承销和做市商活动例外。自营交易可以发生在美国境外，只要该银行不拥有或控制此实体。发起私募基金是指担任基金的普通合伙人以某种方式获得基金的控制权
消费者金融保护办公室	建议一个机构，制定规管所有提供消费金融产品的机构，包括银行、抵押贷款人，以及信用卡公司和发薪日贷款人的规则。该机构面向资产超过 100 亿美元的银行和信贷联盟以及所有与抵押贷款相关的业务。但是资产少于 100 亿美元的上述机构也应遵守该规则，由现时的监管机构负责监督
联邦保险办公室	监督保险行业（健康保险和长期保健除外），协调国际保险事务，就国内重要的保险事宜与各州协商，建议具有系统重要性的保险商

①更多细节见第 3 章。
②更多细节见第 17 章。

2.4　涉及并购的各州法律

对并购有影响的各州法规经常互不相同，使得满足所有相关法规的要求成为一项挑战。

2.4.1　各州反收购法

由于超过一半还多的美国公司是在特拉华州注册的，因此特拉华州公司法对于公开上市公司有很大的影响。除了在控制权改变的情况下，特拉华州公司法一般在是否符合"商业判断规则"方面，与企业经理人和董事的判断不同。在并购时，企业经理人要面对一个强化的商业判断测试。这要求标的企业董事会说明有理由相信威胁公司安危的情况存在，以及采用某些防御措施是合理的。尽管特拉华州法律是许多公司遵守的范式，但在其他州注册的公司所遵循的法律可能与特拉华州法律有很大区别。下面我们讨论不同州之间的共性。

各州负责规管公司注册文件。公司注册文件规定了企业的权力和股东的权利与义务、董事会以及高层管理人员，但是各州不允许通过任何限制跨州贸易或与联邦法律有冲突的法律。对并购有影响的各州法律，只影响到在该州注册的企业，或者在该州经营大量业务的企业。这些法律通常含有公平价格条款，要求成功的公开要约收购的标的企业股东接受同样的价格。为了防止杠杆过高的交易，一些州的法律包括商业合并条款，可能专门在一段时间内出售标的企业置产。通过防止这类行为，这些条款限制了借助资产出售降低负债的杠杆收购活动。

各州反并购法律的其他共同点包括套现和控制性股份条款。套现条款要求要约方在收购的股票超过一定数量时，要以和较早阶段从股东中收购股票同样的条件，买进标的企业剩余的股票。通过强迫收购方买入全部股票，使那些缺乏充足财务资源的潜在要约方，无法参与对标的企业的竞购。控制性股份条款要求，要约方收购股票超过一定数量，需获得持有标的企业大量股票的股东事先批准。当持有大量股票的股东倾向于支持标的企业管理层时，后面这一条款可能会给收购方带来麻烦。

2.4.2 各州反托拉斯法和证券法

1976 年哈特 - 斯科特 - 罗迪诺法案提升了美国各州的反托拉斯权力。各州法律经常与联邦法律很相似，即便美国司法部或联邦贸易委员会未提出反对，各州仍有权检控和阻止合并案。各州的“蓝天”法用于保护个人投资舞弊的证券。各州的规定可以比联邦规定更严格。发行人寻求联邦的注册豁免，将不能免除其从相关州注册机构取得注册的要求，除非该发行人或接盘人所在的各州也提供了豁免。

2.5 美国对外商直接投资的限制

美国外商对美投资委员会（The Committee on Foreign Investment in the United States，CFIUS）按照国会在艾克森 - 弗洛里奥修正案（1950 年国防生产法第 721 章）里的授权履行职责。CFIUS 的成员包括来自很多政府机构的代表，确保审查外国机构收购美国企业的所有国家安全事宜。如果有可靠证据表明外国机构获得控制权，可能会采取危害美国国家安全的行动，总统可以根据 CFIUS 的建议否决对美国企业的收购。[⊖]

2.6 美国的国外贿赂行为法案

国外贿赂行为法禁止个人、企业和美国企业的国外分支机构向外国政府官员提供好处，以换取获得新业务或维持现有的合同。即便很多国家都有禁止向公务人员行贿的法律，但是并不严格执行。根据 2010 年透明国际的调查，签署了 1997 年反贿赂国际公约的经济合作与发展组织的 38 个国家中，超过一半的签字方很少或没有防止对外国官员行贿的执法机制。美国法律允许向外国

⊖ 2008 年，CFIUS 的权限扩大到涉及重大基础设施的投资，目的是审查包含能源、技术、航运和交通的跨境交易。一些人认为 CFIUS 也可以审查大型美国金融机构，因为它们是美国金融体系的重要组成部分。

政府官员支付“疏通费”，前提是这笔非常小额的钱可以加快货物通过外国海关检查，或者得到出口批准。根据美国法律和那些认为这类支付是常规性的国家的法律，这类小额支付被视为合法。

2.7　公平披露规则

美国证券交易委员会在2000年8月15日启用了公平披露规则，重点关注上市公司选择性地披露信息。这个规定的目标是推进全面公平的信息披露。公平披露规则要求一家向特定群体，例如股票分析师和个人股东，披露了非公开信息的上市公司，必须向一般公众披露这些信息。除了对诉讼有顾虑的企业经理人提供有关股价的信息越来越少之外，有迹象表明在公平披露规则生效之后，自愿披露的数量有所增加。从理论上说，这类信息的增加会减少“出人意料的”收益和亏损所导致的股价波动。尽管如此，研究也提供了相矛盾的结果，一个研究报告说，在实施公平信息披露规则之后发现股价波动性提高，而另一个则指出股价波动性没有变化。[⊖]

与自愿信息披露增加的趋势一致，在交易公布之后，美国收购方公司披露协同效应的比例，已经从1995年的7%增加到2008年占所有交易的27%，其中大部分增长来自公平披露规定生效之后。一些研究人员认为，协同效应的公开披露，可以帮助收购方与那些无法和企业董事会及管理层得到同等详细信息的投资者，沟通交易的潜在价值，使投资者可以做出更合理的决策。另一些人主张，披露这类信息是有益的，因为这有助于收购方的董事会和管理层获得股东对交易的支持。

2.8　行业法规

除了美国司法部和联邦贸易委员会，还有一系列其他机构监管着行业活动（包括并购），例如，商业银行、铁路、国防以及有线电视。

2.8.1　银行业

现时有三家机构审核银行业的并购。货币监理署（The Office of the Comptroller of the Currency，OCC）负责监管收购方为国内银行的交易。联邦存款保险公司监管并购银行或并购后的银行将成为在美联储体系之外经营的由联邦承保的州内注册银行的并购活动。第三家机构是联邦储备委员会（Board of Governors），有权监管收购方或收购后的银行将成为隶属于美联储的州级银行的并购活动。

多德－弗兰克法案取消了美国储蓄机构监理局（the Office of Thrift Supervision），将其监管储蓄贷款协会、信贷联盟和储蓄银行（统称储贷机构）的职责转移到其他机构。其中由美联储负责

⊖ 所有研究显示企业自愿披露的数量有所增加（如Heflin等，2003；Bailey等，2003和Dutordoir等，2010）。然而，Bailey等（2003）报告了在监管推出公平披露规定之后，分析师股价预测的变差变大了，但是股价的波动幅度没有发生变化。相反，Heflin等（2003）发现分析师的预测变差无变化而股价波幅减少了。

监管储蓄和贷款控股公司及其子公司；联邦存款保险公司获得了对所有州级储蓄银行的监督权；货币监理署将监管所有联邦储蓄银行。

涉及使用大量杠杆融资或者会导致行业集中度提高的金融机构并购交易，也将由根据多德－弗兰克法案设立的金融稳定性监督委员会负责监控系统性风险。该委员会被授权，除了其他职责，还要限制不低于500亿美元资产的银行控股公司或者美联储管辖下的非银行金融机构与其他机构进行收购、合并。该委员会可以在认为这类控股公司会对美国金融市场稳定性造成威胁时，要求其进行资产剥离。在这个新法律下，任何一家银行或非银行机构的规模都不得超过全美储蓄额的10%。但是，这一限制可能在并购经营失败时适当放松。

2.8.2 通信业

联邦通信委员会（Federal Communications Commission，FCC）负责监管州际和国际无线电、有线、卫星和电缆通信。FCC负责执法，例如1996年远程通信法，意图是在减少监管的同时，促进更低的价格和更优质的服务。

2.8.3 铁路

路面交通委员会（Surface Transportation Board，STB），作为州际商务委员会（Interstate Commerce Commission，ICC）的继任者，负责监管铁路业的并购。根据1995年ICC终止法案，STB决定是否并购需评估对公共交通和计划并购的运营商现时服务的地区的影响，以及完成交易会带来的全部固定费用负担。

2.8.4 国防

在20世纪90年代，美国国防工业进行了整合，这符合美国国防部的理念，即最好安排三四家高度可靠的防卫合同商，而不是一打较弱的企业。尽管国防工业并购在技术上仍遵循现时的反托拉斯法律，但美国司法部和联邦贸易委员会仍排在美国国防部之后。前面已经提到过，外国实体收购美国国家安全相关资产，必须经过美国外商投资委员会（Council on Foreign Investment in the United States）的批准。

2.8.5 其他规管行业

从过往情况看，保险业主要是由各州监管。根据多德－弗兰克法案，在美国财政部设立了联邦保险办公室（Federal Insurance Office），用于监管保险业中所有与非卫生保健相关的业务。作为一个“系统的”监管机构，所有保险公司规模或者关联交易关系，凡是可能影响到美国金融体系并购的都需要其批准。对航空公司流通股的收购，需要得到联邦航空管理局（Federal Aviation Administration）的批准。公用设施行业则受到州一级的严格监管。像保险公司一样，其并购需要州政府的批准。

2.9 环境法规

如果不能充分符合环境法规要求，参与交易的各方可能需要承担很大的责任。这些法规要求全面披露存在的危险物质，以及环境受到影响的程度。这类法规包括1974年清洁水法（Clean Water Act），1978年有毒物质控制法（Toxic Substances Control Act），1976年资源保护与回收法（Resource Conservation and Recovery Act），以及1980年综合环境反应、补偿和责任法（Comprehensive Environmental Response，Compensation，and Liability Act）。

在1986年通过紧急情况计划和社区知情权法（Emergency Planning and Community Right to Know Act，EPCRA）时，提出了额外的报告要求。除了EPCRA，一些州还通过了“知情权”法，例如，加利福尼亚州。

2.10 劳动和福利法律

一个尽职的收购方也必须确保标的企业的行为符合错综复杂的劳工和福利法律。这些法律规管的领域包括就业歧视、移民法、性骚扰、年龄歧视、药物检测以及工资和工时法。劳动和福利法律包括家庭医疗休假法案（Family Medical Leave Act）、美国残疾人法案（The Americans with Disabilities Act），以及员工调整和再培训通知法案（The Worker Adjustment and Retraining Notification Act，WARN）。WARN规定了工厂在倒闭前应发出通知和重新培训员工的要求。

员工福利计划通常是收购方最大的负担。潜在的最大负债经常出现在养老福利计划、退休后医疗计划、人寿保险福利和递延补偿计划中。当出售方资产负债表上的储备资金未能真实准确反映未来的实际负担时，这类负债会增加。福利计划结构不佳带来的潜在负债，伴随着每一次新一轮立法而增加，这一趋势始于1974年通过的员工退休收入和安全法案（Employee Retirement Income and Security Act），影响员工退休和养老的法律一直通过后续立法在加强，包括1980年的多雇主养老金计划补充法案（Multi-Employer Pension Plan Amendments Act）、1984年的退休权益法案（The Retirement Equity Act）、1986年的单一雇主养老金补充法案（The Single Employer Pension Plan Amendments Act）、1986年税收改革法案（The Tax Reform Act），以及1987年、1989年、1990年和1993年的综合预算调节法案（Omnibus Budget Reconciliation Act）。收购方和出售方还必须了解1982年的失业补偿法案（Unemployment Compensation Act）、1994年的退休保护法案（The Retirement Protection Act），以及财务会计标准委员会的87号、88号和106号指引。

2006年养老金保护法案（Pension Protection Act）为收购养老金计划资金不足的标的企业增加了潜在负担。该法案要求制订了福利计划的雇主拨出足够的资金以满足规定，确保七年的资金不会短缺。而且，该法案要求雇主解决所谓的“有风险”的养老计划以加速资金拨付。有风险的养老计划是指养老基金的资产覆盖未来养老责任比例不足70%的情况。

2.11 跨境交易

不同国家企业之间的交易是非常复杂的，因为需要和不同国家或地区的多个监管部门打交道，例如欧盟。越多的反托拉斯机构，意味着在完成各种商业合并时会遇到越多的国际审查、潜在的理念冲突以及更长时间的拖延。根据国际竞争网络（International Competition Network, ICN）——一个全球性的竞争监管组织的报告，已经开始协调各国反托拉斯评审流程。截至2011年，ICN的87个成员已经对并购的管理做出立法，但是大部分都或多或少地与ICN的建议有冲突。反托拉斯法也限制了形成其他类型的商业合并，例如，合资企业被视为会限制竞争。尽管有可能达成巨大的成本节省，但监管机构仍不同意必和必拓（BHP Billiton）和力拓（Rio Tinto）在2010年组建一家巨型合资企业。

记忆要点

现时的法律要求向公众提供的证券必须在政府注册，而且标的企业的股东要有足够的信息和时间充分评估收购方提出的要约价值。联邦反托拉斯法律的存在是为了防止个别公司获得过大的市场权力。许多州都有并购方面的法律，例如，州反并购和反托拉斯法。一些行业的并购，还要求得到联邦和州一级监管部门的批准。最后一点是，跨境交易获得监管批准可能是一场噩梦，因为反托拉斯法以及不同的报告要求、费用结构和司法裁决之间，存在各种相互矛盾和冲突。

讨论题

2.1 在质疑一项交易时，美国反托拉斯法监管机构会考虑哪些因素？

2.2 根据威廉姆斯法案，收购方和标的企业各有哪些责任和义务？

2.3 讨论美国联邦反托拉斯法的优缺点。

2.4 何时一个人或企业需要向美国证券交易委员会提交13（D）计划？这个备案的目的是什么？

2.5 根据联邦贸易委员会的和解协议，对于一项并购建议，举例说明可能需要哪些活动。

2.6 Ameritech和SBC通信公司获联邦通信委员会（FCC）批准，合并成为美国最大的本地电话公司。FCC批准的条件是要求这两家公司向竞争对手开放市场，并进入新的市场与当地已有的电话公司竞争，以此降低本地电话通话成本，为较小的社区提供更优质的电话服务。SBC在满足与FCC的协议方面存在相当大的困难，因为无法为竞争对手提供接入网络的服务，SBC不得不在一年半的时间里向美国政府支付了3 850万美元。政府注意到SBC无法及时提供其网络服务，无法满足最后的安装期限，而且在订单饱满时没有通知竞争对手。请点评为了促进政府所要的结果采取重罚手段，而非让市场决定结果的公平性和有效性。

2.7 在争取从联邦贸易委员会获取同意合并的批准过程中，埃克森公司和美孚公司的最高管理层认为，由于国际石油市场竞争不断加剧，它们需要合并。20世纪90年代晚期不断下跌的油价，挤压了石油行业的利润，而且巨型国有石油企业依仗雄厚资本，也采取竞争性的威胁姿态。为了缓冲这些不利因素，埃克森和美孚认为它们两家不得不合并，以达到显著的成本节省效果。为什么埃克森和美孚的管理层强调效率是这项合并的决定性因素？

2.8 如果收购方和标的企业被批准合并，两方竞争决定了市场权力的潜在提升，那么准确定义市场细分的重要性是什么？解释你的理由。

2.9 点评反托拉斯政策是否可以用作鼓励创新的一种有效方法。解释你的理由。

2.10 萨班斯－奥克斯利法案一直很有争议。讨论支持和反对该法案的观点。你觉得哪一边更有说服力，为什么？

（所有讨论题的答案可以在本书的网上教师手册找到。）

∷案例分析2-1

跨境并购的监管挑战

要点

- 跨境并购比国内并购对监管提出了更艰巨的挑战。
- 在收购方和出售方所在的国家里，如果未能获得监管机构的支持，那么实现潜在协同的效应是有限的。

欧盟反托拉斯监管机构2012年2月4日正式叫停了纽交所集团和德意志证券交易所的合并尝试，差不多已是这两家交易所第一次宣布交易的一年之后。这个犹犹豫豫的叫停，从表面上看，是因为交易双方没能就剥离其衍生品交易业务达成协议。欧盟监管机构认为，这项并购如果不出售其衍生品交易业务，将导致合并后的交易所获得过度的定价权。不同意见聚焦在这个交易所被看作是欧洲市场还是全球市场。

按照市值计算，纽交所集团是世界最大的股票和衍生品交易所。纽约证券交易所与泛欧交易所（Euronext NV，欧洲交易所运营商）合并的结果，是纽交所集团将扭转其股价从2011年开始在美国和欧洲市场连续3年下滑的局面。市场份额的轻微提高，主要得益于提高了技术方面的支出，而非监管环境的改变。释放这个国际交易所的全部潜能的关键，仍是各国期望打造一个交易股票和衍生品的和谐的国际监管环境。

2007年中的并购估值110亿美元，创造出了第一个跨大西洋的股票和衍生品市场。从组织结构上看，纽交所集团像一个控股公司那样运营，其美国和欧洲基本上独立运作。合并后，交易股票和衍生品是通过纽约证券交易所、位于伦敦的泛欧交易所电子化的国际金融期货交易公司，以及巴黎、里斯本、布鲁塞尔和阿姆斯特丹的证券交易所。

在最近几年里，全球主要的大型交易所都上市或者寻求并购了。在2007年的交易发生之前，纽约证券交易所收购了电子交易企业Archipelago控股公司，而纳斯达克收购了竞争对手Instinet的电子交易业务。这种合并降低了交易费用，改进了交易信息技术并放松了资本跨境限制，以及部分因为美国增加萨班斯报告要求而加强了监管，导致新的IPO转移到海外。美国交易所为抓住这些流失的业务所选择的策略，就是跟进这些在海外进行的IPO项目。

较大的跨洲运营的交易机构也承诺要吸引更多投资者去交易特定的股票和衍生品合约，这样可以带来更便宜、快速和容易的交易。当交易所运营商变得更大时，他们可以通过削减富余或重叠交叉的员工，更容易地降低操作和处理成本，理论上可以将节省的部分转移给投资者。而且，通过吸引更多的买方和卖方，投资者买卖股票的价格差（即买卖价差）应该收窄。出现更多的交易者，意味着更多的人将买卖股票。由于更多的竞争，导致了价格可以更准确地反映有关证券的真实价值。跨境并购也会让个人投资者买卖外国股票变得更容易、更便宜。

在这些好处能够全部实现之前，应该克服各种监管障碍。即便这些交易所合并了，也必须在交易特定公司的股票时，遵守公司上市地的政府法规。企业之所以不在全球多个交易所挂牌上市，是因为那样会将公司置于许多国家的证券监管之下，而且账簿管理将成为一场噩梦。而在地方层面，市场监管是很少发生改变的。

欧洲企业的股票在纽交所集团旗下的交易所挂牌交易，这些交易所仍然受到一些国内监管机构的监督。在美国，美国证券交易委员会仍然监督纽约证券交易所，但不会直接对欧洲指手画脚。它还要监督纽交所的母公司——纽交所集团，因为这是一家总部在纽约的企业。欧盟成员国仍然继续制定它们自己的关于交易清算和结算的规定。如果纽约证券交易所和泛欧证券交易所将达成一个更为统一和无缝对接的交易系统，监管机构必须就一套共同规则达成协议。达成这个目标似乎是未来的事情。要达成预期的协同效应，还需要几年时间。

讨论题

1. 不同国家的金融交易所合并，让监管机构面临着哪些关键挑战？你认为如何解决这些问题？
2. 这些监管问题与那些困扰美国证券交易委员会及各州监管机构、欧盟和个别国家监管机构的问题有哪些相似点或不同点？
3. 谁应该或者能够规管全球金融市场？解释你的答案。
4. 依你之见，金融交易所的合并能够提高还是降低国际金融稳定性？解释你的答案。

（所有讨论题的答案可以在本书的网上教师手册找到。）

案例分析 2-2

时机选择的重要性：快处方－麦德科合并

要点

- 尽管重要，行业集中度只是反托拉斯监管机构在调查并购时众多因素中的一个而已。
- 快处方－麦德科并购时点可能是获得监管批准的决定性因素。

美国反托拉斯监管机构在2011年因顾虑行业集中度提高而否决了两个最大的并购项目之后，顶着类似的批评，于2012年4月2日批准了快处方公司（Express Scripts）收购医药福利管理服务供应商麦德科（Medco）保健公司。医药福利管理服务供应商（PBM）是第三方处方药项目管理者，负责处理和支付处方药理赔。在美国有超过2.1亿人通过PBM得到医药福利服务。客户包括《财富》500强企业员工，医疗保健D（Medicare Part D）计划参与人，以及联邦雇员保健福利计划（Federal Employees Health Benefits Program）。

对价291亿美元的快处方－麦德科并购，催生了美国最大的医药福利服务提供商，通过邮寄方式管理的药品覆盖了企业雇主和保险商，可以影响到患者在哪里以及怎样购买处方药。合并后的企业将使用快处方控股公司的名字，年收入将达到910亿美元，税后利润25亿美元。连同负债一起，该项交易价值为343亿美元。这两家企业在2012年第一季度合计控制了34%的处方药市场，处理了超过14亿张处方。CVS Caremark紧随其后，拥有17%的市场份额。合并后的企业也将成为排名在CVS Caremark和Walgreen之后的美国第三大医药运营商。

联邦贸易委员会做了为期8个月的密集调查之后，无条件批准了这项交易，没有附带那些有可能导致行业集中度大幅提升的并购常会提及的结构型或行为补救方案。联邦贸易委员会反托拉斯监管机构认为，快处方－麦德科并购案不会引发明显的反竞争顾虑，因为PBM市场对于新进入者更为挑剔，而且现有的竞争对手可以为消费者提供不同的选择。联邦贸易委员会进一步认为，快处方和麦德科的合并不代表杜绝竞争者，而且合并后的企业不会形成垄断性定价权。除此之外，该企业在与药品制造商谈判价格时具有更强的地位，而且有能力通过消除交叉重叠的邮购来降低运营成本，这项交易的批准可能反映了监管方的看法，即合并后的企业可以帮助减少不断上升的美国医疗成本。联邦贸易委员会的调查也发现，和其他私营服务运营商一样，大多数大型私营医疗保险计划也都提供PBM服务。大型私营企业是PBM的主要客户，事实证明它们愿意在有更佳选择时转换PBM服务商。例如，麦德科在2011年流失了1/3的业务，主要流向了CVS Caremark公司。

此外，对于CVS Caremark公司而言，PBM竞争对手们包括联合保健（United Health），这是一家新进入的企业。作为麦德科最大的客户，联合保健没有续签2012年到期的服务合同。这对于麦德科而言，等于失去了2 000万名医药福利客户。其他竞争对手包括Humana、Aetna和Cigna，这些公司都提供自己的PBM服务，为医疗保健D计划提供医药福利管理。由于流失了联合保健这部分业务，快处方－麦德科的股份从2012年年初的34%，跌到当年年底的29%。

对此项并购提出的批评意见认为，较小的PBM公司通常不具有其较大的竞争对手那样强的价格谈判能力和数据处理能力。而且，医药福利服务商可以引导保健计划参与者使用他们的药品全套服务，而雇主的谈判力较低，除了同意之外也很少有别的选择。反对方认为这项合并将降低竞争，最终导致药品价格上涨。当合并后的企业推动更多使用邮寄处方药以取代本地药店时，小药店可能被逼走，因为邮递药品无论对PBM还是对患者而言，都比从药店购买便宜得多。

讨论题

1. 你认为美国反托拉斯监管机构为何不理会行业集中度的提高而批准该并购?
2. 具体说明，快处方和麦德科提出并购的时间点是有助于还是影响了企业获得监管批准?
3. 具体说明快处方－麦德科并购案可能怎样影响到其竞争对手对此做出的决策。

(所有讨论题的答案可以在本书的网上教师手册找到。)

CHAPTER3

第3章 常用并购策略、反收购防御及公司治理

待人以常，其人不变；寄人以望，必成大器。

——吉米·约翰森

并购内幕 领英IPO引发的治理问题

关键点

- 不同的反收购防御对策引发了股东权利问题。
- 批评者认为这些措施巩固了现有的管理层。
- 采用这类措施的企业认为，这些措施可以让创始人保留住控制权，引入和保留重要的管理人员，并使得企业能够持续实施其商业战略。

当企业预期利润很高时，投资者往往过度重视企业治理结构。这可能就是互联网社交媒体公司领英（LinkedIn）在2011年3月9日完成IPO之后的情形。这是谷歌2004年上市后最大的IPO项目。这家仅有8年经营历史的企业，2010年收入和净利润分别达到2.43亿美元和1 500万美元，估值高达89亿美元，几乎是盈利的600倍。

IPO的投资者拿到的是A类股票，每股只有一份表决权，而领英IPO前的股东持有的是B类股票，每股具有10份表决权。双股结构确保了拥有大约20%领英股份的联合创始人和CEO——雷德·霍夫曼（Reid Hoffman），与3家风险投资机构一起占有控制权。相反，公众股东将只持有该公司不足1%的投票权。不同类别的有投票权股票，可让创始人的家族保持和维护其想要的企业文化，保持政策和做事方法的持续性，吸引和挽留重要的管理人员，使得董事会和管理层能够免受季度收益的压力。双股结构也可以让创始人在不丧失其创立公司的控制权的前提下，套现一部分资金。

领英也采取了延迟推选董事会的做法，有效地保证了企业现有的董事要至少在两年后才会替换。为了让这种延迟推选董事会的防御措施更难消除，领英的股东必须在董事会提议进行表决时，投票修改企业的注册登记文件。如果表决通过，则领英所有股票（A 类和 B 类）都将只有一份表决权。然而这样做的机会仍然很小，因为企业修改公司注册文件，需要至少全体股东的 80% 以上同意才可以改变这种董事会架构。

该公司还增加了公司条例通知要求，以防御股东维权者——这个要求比美国证券交易委员会要求股东在上市公司持有 5% 以上股份时需备案的规定更严。如果之后确定股东表述的事实有误，领英公司的条例允许董事会否决其建议或提名。最后，根据领英的公司登记文件，任何股东诉讼案件必须在特拉华州受理，该州的法律对企业非常有利。

这些措施引发了对 IPO 前股东和公众股东权利的质疑。这些措施可以让企业留住最高的经理人并彻底实施其商业战略吗？是否在出现被收购机会时，能够促使管理层为了全体股东的利益谈判最佳的交易？是否为了维护管理层的权力和薪酬，损害股东而强化了现有管理层？

本章概览

尽管不算是唯一方式，但企业并购仍是一种将企业控制权从低效率管理层转移给高效率管理层的惯常方式。在市场经济中，企业并购市场发生的控制权转移，有两个重要的功能：将资源分配到可以被更有效利用的领域，以及作为一种淘汰失败的企业经理人的机制。通过敌意收购或者代理权斗争替换掉这类经理人，企业并购市场可以帮助改善企业治理，反过来可以提高企业的财务表现。

企业治理是指一家企业如何管理、监督与运作的规章和流程。但是世界上没有被普遍认可的企业治理标准。传统上讲，其目标就是保护股东的权益。只是在近年，已经逐步扩展到其他的企业利益相关人，包括客户、雇员、政府、社区、贷款人、社会、监管机构和供应商。就我们的目的而言，企业治理关乎领导力和义务，其中包括企业所有的内外部因素，它们相互作用以保障企业相关利益各方的权利。图 3-1 展示了影响企业治理的各种因素，包括企业并购市场。本书配套网站（http://booksite.elsevier.com/9780123854872）在“学生学习指南”（Student Study Guide）文件夹中提供了本章回顾（包括练习题）。

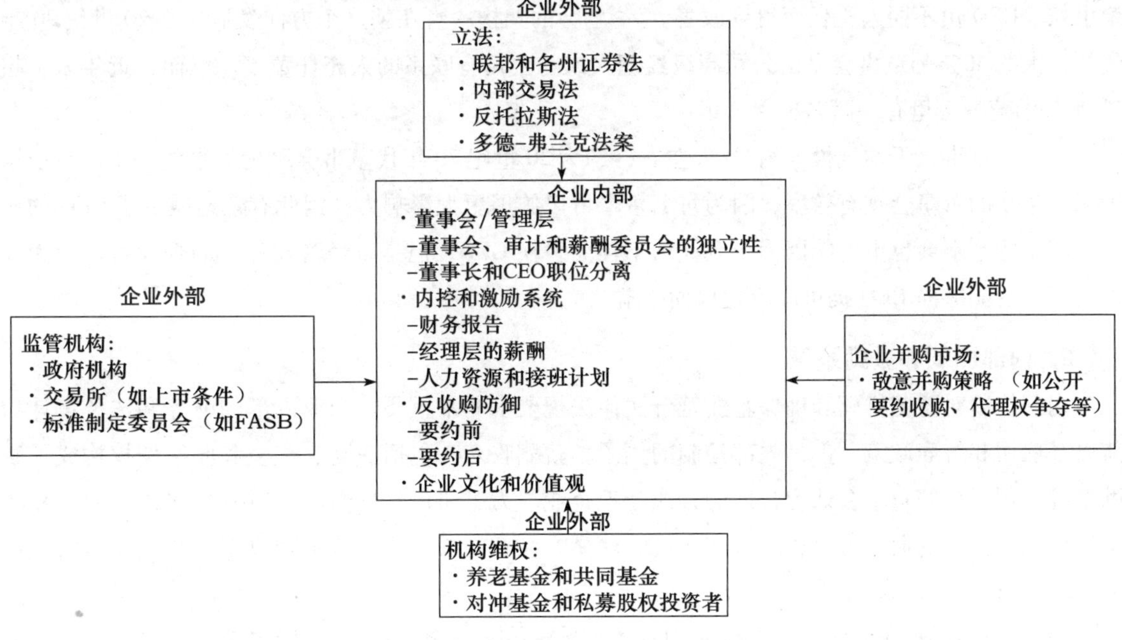

图 3-1　影响企业治理的因素

3.1 企业治理

只要资本市场有流动性，投资者就可以通过抛售股票对管理层施加压力（即市场模型）。而在资本市场流动性不佳时，绩差的经理人受到企业中持有大量股票的人的制约（即控制模型）。表 3-1 总结了这两类常用模型的特点。下面将讨论包括并购等影响企业治理的内外部因素。

表 3-1 企业治理的各种模型

市场模型应用条件	控制模型应用条件	市场模型应用条件	控制模型应用条件
资本市场是高度流动的	资本市场流动性不佳	所有权和控制权分离	所有权和控制权重叠
股权高度分散	股权高度集中	财务披露程度高	有限的财务披露
董事独立性较高	大多数董事是“内部人”	股东较关注短期回报	股东更关注长期收益

3.1.1 内部因素

企业治理受到企业董事会、内部控制和激励系统、并购防御以及企业文化的影响。我们下面具体讨论这些因素。

1. 董事会/管理层

董事会雇用、解雇和决定 CEO 的薪酬，而且要监督管理层、公司战略，以及公司提交给股东的财务报告。一些董事会成员可能是雇员或是创始人家族成员，有些可能是企业合作的银行或律师行的联系人，抑或代表客户或供应商的人。这些人可能因为利益冲突，导致他们采取与股东最佳利益不一致的行动。这个原因导致了一些观察人士提出，董事会应主要由独立董事组成，而且应由不同的人分别担任董事长和 CEO。研究成果显示，企业业绩表现可以因更加独立的董事会和董事长、CEO 由不同人担任而得到改善。[⊖]董事会的架构一直在朝这个方向发展。在 20 世纪 90 年代初，大约 40% 的董事会是由公司高级经理人或与公司有联系的人充任董事。然而，近年来，超过 90% 的董事会里有一两名独立董事。

今天，董事会平均规模大约 10 人左右，约为 20 世纪 70 年代董事会平均人数的一半。有证据表明，越小的董事会越有效率，因为每名董事可以施展更大影响力，因此有效地减少了 CEO 的权力。较小的董事会也更可能因为企业业绩不佳而替换 CEO，但是，经营较复杂的企业可能因为较大的董事会能够向 CEO 提供广泛建议而受益。

2. 内部控制和激励系统

内部控制对防范舞弊和确保企业符合法律法规要求非常重要。企业内部的财务和法务审计功能以及雇用和解雇政策，都是内部控制的例子。薪酬收入，包括底薪、奖金和股票期权构成了激励系统，用于按照董事会认为合适的方式管理企业。为了纠正各种滥用，2010 年多德－弗兰克法案授权上市公司的股东可以否决管理人员的薪酬。在新的法条下，这种否决至少每三年就会出现

⊖ Byrd 和 Hickman（1992），Shivdasani（1993）以及 Yermack（1996）发现，企业价值受到由外部人占主导的董事会的正面影响。

一次。多德-弗兰克法案也提供了要求公众上市公司针对经营管理人员的不当行为要求其赔偿的机制。

管理人员和股东的利益可以在其他方面保持一致。期权行权价格（即将期权转换为公司股票的价格）可以与企业股价相对于股市的表现挂钩，以确保在公司表现不好的时候，即便股市上涨也不会让经理人得益。另一个方式是让经理人持有较大比例的企业流通股，或者经理人持有的公司股份占他个人财富的很大份额。还有一个替代管理层集中持股的方法，是一位或多位并非经理人的股东持有大量有表决权的股份。这种“股票大量持有人”可能在监督管理层方面更激进，也更易接受并购，提高了经理人因业绩表现差而受到惩罚的风险。

3. 反收购防御措施

企业的董事会和管理层可以采取防御措施，以使其在与收购方谈判时获得更高报价，或者巩固他们现时在企业中的地位。防御措施将在本章稍后讨论。

4. 企业文化和价值观

好的治理也依赖于内含合适的价值观和行为的企业文化，为董事会和高级管理层期望的要求员工做到的行为方式定下了基调。

5. 债券契约

契约对债券发行人和债券持有人都有法律约束，强迫发行人承担一定的工作，例如利息支付，或者要求发行人满足一定的要求，比如定期的信息报告。强有力的契约，可以督促经理人进行较低风险的投资，例如资本性支出，避免诸如研发这类高风险投资。

3.1.2 企业外部因素

联邦法和州法、法院系统、监管机构、机构维权活动者以及企业并购市场，都在维护好的企业治理实践方面承担了重要角色。

1. 法律体系

1933年和1934年证券法奠定了美国证券法律基础，创立了证券交易委员会担当制定和执行证券法规的任务。美国国会从那时开始，向公众股票交易所移交了部分在美国证券交易委员会监管下的执行工作。[㊀]根据2002年颁布的萨班斯-奥克斯利法案，由美国证券交易委员会督导上市公司会计监管委员会（Public Company Accounting Oversight Board），其任务是发展和执行审计标准。各州法律也通过要求在企业注册文件上规定董事会和经理人对股东担负的职责，对企业治理实践产生了显著影响。

2. 监管机构

美国证券交易委员会、联邦贸易委员会和司法部，可以通过正式调查和诉讼惩罚企业。2003年，美国证券交易委员会颁布了新的企业上市标准，使得很多待遇丰厚的基于股票支付的计划都

㊀ 美国证券交易委员会自己已经将一些制定非营利机构会计标准的职责授权给了财务会计准则委员会（FASB）。

须经股东投票决定。2007 年，实施了 CEO 薪酬超过 1 万美元须额外披露的要求。2010 年多德 - 弗兰克法案要求，按照新规则被股票交易所接纳的上市企业，应建立完全独立的薪酬委员会，并根据新标准确定董事薪酬的来源以及董事是否与公司有联系。

3. 机构维权活动者

养老基金、对冲基金、私募股权投资者和共同基金一直在不断提高对其所投资企业的政策的影响力。上市企业的股东可能在年会上提出表决提议，但是这类提议不具有约束力，即便得到大部分股东的批准，企业董事会还是可以接受或者拒绝提议。在得到大多数股东支持的提议中，仅有 30% 可以在表决后的一年内实施。如果有维权投资者威胁要发起代理人争夺，那么有关并购防御、管理层薪酬等不具约束力的提议更有机会被接纳。当有很大可能发起无约束力投票时，有证据表明，在投票通过当天，企业价值可以最多提高 1.8%，如果稍后企业董事会接纳了投票结果，企业价值可以最多提高 2.8%。如果企业采取了大量并购防御措施，那么对股东的价值会有更大的影响。

4. 企业并购市场

因为股东发起敌意或善意并购，或者代理权挑战，有可能导致公司的控制权发生变化。在一家企业的内部管理控制薄弱时，并购市场担当了“最后的救赎”，约束了管理层的不良行为。相反，强大的内部治理机制，作为一个纪律因素，可以降低并购的威胁作用。然而，并购威胁对企业管理层的约束效应，辅以一个机构维权投资者持有大量股份，则可以得到加强。较大的企业比较小的企业更可能成为约束性并购的标的，其 CEO 更可能在后续一连串并购中被取而代之。

有一些理论试图解释为何经理人要抵御并购的企图。管理层加强理论认为，经理人采用收购防御措施以确保自己在企业内的地位。但是美国很少出现敌意收购或这类并购威胁的案例，能够通过管理层换新汰劣来维护好的企业治理。[㊀]实际上，有证据显示，即便收购企图被击退，仍会出现频繁的管理层流动。这是因为并购的标的经常是财务表现差的企业。另一个观点来自股东利益理论，认为管理层抗拒并购是一个不错的讨价还价策略，可以提高收购价格，从而让标的企业的股东受益。

代理权争夺战（proxy contest）是一组股东尝试进入企业董事会，或得到其他股东的支持而提出改变管理层的建议。尽管那些与进入董事会无关的建议对董事会没有约束力，但董事会还是变得越来越敏感——也许反映出了 2001 年和 2002 年安然类型丑闻的余波。[㊁]即便是不成功的代理权挑战，也经常会导致管理层更换、企业重组，或者企业最终满足了投资者的期望。

3.2　理解各种并购策略

善意并购的实施将在下一节简要讨论，之后会在第 5 章做详细讲解。敌意并购策略将在下面深入讨论。

㊀ 根据 Dealogic 的统计，2000 ~ 2012 年发生在美国的敌意并购，平均数量是 31 起。其中，不到 1/3 是成功的并购。这类交易的稀少反映了标的企业董事会在防御敌意并购以及提高收购溢价和推迟交易后的整合方面，具有很大的腾挪空间。

㊁ Ertimur（2010），2004 年，董事会对 41% 的股东无约束力建议进行了表决，而这个比例在 1997 年只有 22%。如果竞争对手这样做了，则其他公司的董事会也可能采纳股东的建议。

3.2.1 企业并购市场的善意方式

在善意并购中，无须收购方采取激进策略，有可能会出现双方协商过的安置方案。潜在收购方发起一场与标的企业最高管理层的非正式对话，然后双方很快达成一项有关重要事项的协议，例如，长期商业战略、短期经营计划，以及谁将担任关键管理职位。通常双方商讨达成一个停止行动协议（a standstill agreement），收购方同意在一段时间内不再进一步投资标的企业的股票。这样就可以迫使收购方至少是在协议规定的期间内，在友好条款下推进并购，使得双方在不采取更激进策略的情况下展开协商，我们将在后面讨论这些做法。

3.2.2 企业并购市场的敌意方式

如果控制标的企业的初始努力被回绝了，收购方可以选择采用更激进的策略，包括熊抱、代理权挑战和要约收购。

3.2.3 熊抱：限制标的企业的选择

熊抱（a bear hug）是提出比当前价格高得多的溢价收购标的企业的股票，而且经常不提前发出警告，直接向标的企业 CEO 和董事会发出内含收购建议的信函，并要求对方尽快做出决定。熊抱通常包括发表公开声明对董事会施加压力。董事否决收购建议，可能引发股东提起诉讼。一旦收购价格被公开，公司有可能吸引到其他竞标者。机构投资者[⊖]和套利者通过游说董事会接受报价来进一步施加压力。通过积累标的企业的股份，使得出价方更容易收购大量股票，因为人们总是乐意出售他们手中的股票。

3.2.4 支持并购的代理权挑战

维权投资者股东经常发起赶走业绩不佳的管理层的代理权争夺战，推动业务单元拆分或者出售企业，抑或强迫对股东进行现金分红。代理权争夺使得这类股东能够用那些愿意支持他们立场的人，去替代董事会成员。代理权争夺战是在没有 50.1% 投票权股份的情况下获得控制权的一种方法，或者作为要约收购的前奏，用于消除并购防御措施，或用于驱逐不愿意服从的企业董事会成员。在 2010 年年末，Air Products & Chemicals 公司在被 Airgas 公司多次回绝后，成功地推荐三名自己人加入了 Airgas 的董事会，进而通过表决驱逐了曾领导公司抵抗其收购的董事会主席。

1. 发动代理权争夺战

当竞购者也是其中一个股东时，代理权争夺战可能开始于该竞标者试图召集一次特殊的股东大会。另外，竞购者可能在一次临时安排的股东大会上提出替换董事的建议。在会议开始前，该竞购者发动一场激进的公关活动，直接发函给所有股东并在媒体上登载大幅广告，说服股东支持

⊖ 机构投资者包括保险公司、退休或养老基金、对冲基金、银行以及共同基金和账户。机构投资者平均持有公开交易上市公司超过 2/3 的股份（Bogle，2007）。

其建议。标的企业经常开展针锋相对的活动。一旦股东接受了建议，他们可能在建议书上签名，并直接寄到指定的收集点，例如，一家经纪商或银行。

1934 年证券交易法的 14(A)节里规定了美国证券交易委员会对代理征求意见的要求。所有分发给股东的资料，必须至少提前 10 天提交给美国证券交易委员会审核。试图向标的企业股东征求代理意见的一方，必须向美国证券交易委员会备案代理声明和 14(A)计划，然后将其寄给标的企业的每名股东。代理声明应该可以从有关公司或者美国证券交易委员会的网站获取，它们是关于提议交易的最好的信息来源。

2. 代理权争夺对于股东价值的影响

代理权争夺尽管成功率不高，但不论结果如何，经常会给标的企业的股东带来超额收益。㊀其中的原因包括企业陷于代理权争夺，导致管理层逐渐发生改变，新管理层倾向于重组企业，投资人对未来管理权改变的期望，以及持有充足现金的企业向股东支付特别现金分红。但是如果管理层获得了决定性胜利，由于企业经营管理几乎不会有多大改变，所以股东价值通常会下降。

3.2.5 敌意要约收购

敌意要约收购绕过标的企业董事会和管理层，直接将收购股份的要约提交到标的企业的股东手中。由于董事会通常不喜欢不期而至的收购要约，因此它们更倾向于回绝敌意收购要约。㊁采用这类要约有以下几个原因：①如果收购方不能争取到董事会的支持而且管理层不配合，那么这是最后一种尝试；②防止其他企业对标的企业提出要约收购；③如果收购方认为时间非常关键，这样就可以快速结束交易。常见的敌意收购战略是收购方并购标的企业的控制性股份，之后通过兼并达到目的。这个战略在本章稍后还要详细讨论。

1. 秘密收购策略

收购方可以在正式提出报价前，以比出价低的价格购入标的企业的股票。这种购买行动是暗地里秘密进行的，以避免抬高支付的平均价格。这种做法的优点是通过购买股票可以获得表决权和更大的谈判筹码。如果收购企图失败，收购方还可以卖出这些股票。一旦购入股票达到门槛值，收购方可以发起特别股东大会，取代董事会成员或撤销其并购防御措施。㊂尽管这类行动在善意并购中很少用到，但在敌意并购中却很常见，大约占到所有敌意并购交易数量的一半。在善意并购交易中，收购方担心这样的行动会激怒标的企业董事会，而在敌意并购情况下，标的企业反正会拒绝初次要约。平均而言，门槛值在敌意并购中是指 20% 的标的企业股份，而在善意并购中是指 11% 的标的企业股份。由于 20 世纪 90 年代初广泛采用并购防御措施的情况减少，这个门

㊀ 对 20 世纪 80 年代到 90 年代中期发生的代理权争夺战的研究，发现即便维权股东在代理权争夺中失败，超额收益的区间也是在 6% ~ 19%（Mulherin 和 Poulsen，1998；Faleye，2004）。

㊁ 在一项有关 1962 ~ 2001 年美国发生的 1 018 起公开要约收购的研究中，Bhagat 等（2005）发现，标的企业的董事会拒绝了其中大约 1/5 的公开收购要约。在一项对 49 个国家的研究中，Rossi 和 Volpin（2004）发现，在 1990 ~ 2002 年发生的 45 686 起并购交易中，只有大约 1% 遭到标的企业董事会的反对。

㊂ 可以召集这类会议的条件取决于企业的公司章程，该章程受企业注册地所在州的法律管辖。通常可以从企业注册地所在州的州务卿办公室取得一家企业的公司章程副本。

槛比例因而下降，敌意收购的次数也下降了。

2. 提出收购要约

要约收购可以是现金、股票、债或这些方式的组合。与兼并不同，要约收购经常使用现金作为支付手段。由于证券交易为了满足各州注册要求和在美国证券交易委员会注册，而且如果数量巨大，还需得到股东批准，故而这个过程可能比较漫长。如果收购要约采取换股的话，则被称为一个交换要约。无论是现金还是证券，要约是提交给标的企业股东的，都需要延长一定的时间，而且对一定比例或数量的标的企业股份，既可以是无限制性的，也可以附加限制条件。

要约收购对购买不超过标的企业 100% 的流通股的限制，可能会因申报过量而被打破。因为 1968 年的威廉姆斯法案要求平等地对待所有股东的申报，收购方要么购入所有申报的标的企业股份，要么只能按比例收购其中一部分。例如，如果收购方提出收购标的企业 70% 的流通股，而实际上有 90% 的标的企业股票提出申报，那么收购方只能按比例买入每个股东手中的股票，即只买入 63%（即 0.7 ×0.9）的申报股份。如果收购方修改收购要约，那么等待期也要自动延长。如果提出新的要约，等待期也必须再延长 10 天。一旦启动对上市公司的要约收购，一般都会成功，如果要约受到挑战，成功率会稍低一些。[㊀]

联邦证券法对发起要约收购提出了报告、披露和反舞弊方面的要求。一旦提出收购要约，收购方在规定的要约数量之外，不能再收购标的企业股票。威廉姆斯法案的 14(D)条款要求，任何个人或实体，在提出要约收购后获得超过 5% 的任何种类的股票时，必须将 14(D)-1 计划和所有股东征求资料提交美国证券交易委员会备案。

3. 多层要约

收购报价可以是一层或两层。前者是收购方宣布对所有标的企业股东采用同一价格，这样可以快速购入标的企业的控制性股份，阻止其他潜在竞购方破坏交易的企图。在两层报价里，收购方提出先以一个价格购买一定的股份，在稍后某个日期，以更低的价格收购股票。在第二阶段，支付方式是用股票而不是现金，因此可能不太有吸引力。两层报价的目的是刺激标的企业股东尽早申报，以便可以获得较高的价格。由于那些股东在第一阶段申报的股份，可以让收购方获得控制性股份，因此他们的股票比那些选择在第二阶段出售的股票更有价值。

一旦收购方累积获得了控制标的企业足够多的股份（通常是 50.1%），就可以发起一场所谓的后端收购（back-end merger），召开特别股东大会要求批准收购，并要求小股东服从大股东的表决结果。或者收购方可以将标的企业作为一家自己部分持有的子公司，稍后将其并入一家新成立的子公司。许多州的法律要求两层要约，对所有申报的股东要平等对待，给予标的企业股东评估权，允许其不参与第一轮或第二轮申报，他们可以申请州法院裁定标的企业股票的“公平价值”。[㊁]州法院也可以维护公平价格条款，让标的企业所有股东，包括那些第二轮申报的股东，获得同样的价格和赎回权，以使第二轮申报的标的企业股东可以以与第一轮类似的价格出售股份。

㊀ 根据 FactSet 的并购统计数据库（Mergerstat），1980～2000 年要约收购的成功率超过了 80%，其中未受到挑战的要约收购成功率超过 90%，而受到标的企业董事会挑战的要约收购的成功率比 50% 略高。

㊁ 少数股权可能出现折扣情况，因为少数股权与竞购人为获得控制权收购的股票相比，价值要低一些。

持有少于100%标的企业表决权的股票是不利的，包括持有大量股份的不满的小股东，可能阻挠推进重要管理决策的努力，以及同时为大股东和小股东提供财务报告产生的成本。

3.3 激进方式成功的原因

成功的敌意收购，依靠的是收购溢价的幅度、董事会组成、补偿、情绪以及标的企业股东的投资时限。其他因素包括标的企业章程规定及其采取其他收购防御措施的空间。

标的企业董事会将会发现，面对远远超出标的企业现时价值的收购溢价是难以拒绝的。标的企业的董事会组成也会影响董事会的所作所为，因为一个由独立董事主导的董事会，可能更倾向于寻求竞标，谈判最有利于股东的价格，而不是保护自己和现时的管理层。[一]敌意收购的最终结果也取决于标的企业所有权的构成，股东对管理层业绩表现的看法，以及他们打算持有股份多长时间。被短期投资者（即短于4个月）控制的企业，在并购时更可能接受报价，得到低至3%左右的平均溢价；研究人员解释这类被短期投资者控制的企业，由于其股东的忠诚度有限，故而在与收购方讨价还价时的地位较弱。

为了评估这些因素，收购方分类制作了一个股票所有者清单（尽最大可能完整）：管理层、主管人员、普通员工，以及诸如养老基金和共同基金这类机构客户。这个信息可以用于估算标的企业的浮动股份——用总股份数减去内部人持有的股份数。企业管理人员、家族成员和员工持有的股票越多，可能较容易被收购方买下的股票数越少，因为这类股东较不愿意出售手中的股票。

最后一点，精明的收购方经常会去分析标的企业的章程中可能造成收购成本增加的条款。[二]这些条款包括分类表决董事会，不能在无过失情况下赶走董事，或者对于并购须绝大多数表决通过等要求。我们将在本章后面继续详细讨论这些方法。

3.4 其他策略考量

为了提高并购的成功机会，要约方会在收购意向书（letter of intent，LOI）中列出条件，避免标的企业对初步协议反悔。LOI是有意合并的两家企业之间的初步协议，里面列出了两家企业的协议范围以及权利和限制条件，可以包括保护买方的一些内容，其中最常见的是限制谈判协议（no-shop agreement），防止标的企业寻求其他竞标或者把当前不适宜公布的消息公之于众。

合同通常保证了标的企业和收购方退出协议的权利，这样做一般需要一方支付分手费（breakup fee）或交易终止费（termination fee），补偿收购方或标的企业。这些费用可能包括法务和咨询费、管理层的时间成本，以及为了完成交易可能失去其他竞购方报价的机会成本。[三]由于标的企业有更大动机终止合同和寻找其他竞标者，所以分手费通常更频繁地用于标的企业一方。

[一] 对董事会较独立的企业来说，股东接受的比例是62.3%，而对没有独立董事会的企业，这个比例是40.9%（Shivdasani，1993）。

[二] 与保存在公司注册地所在州的州务卿办公室的公司章程不同，公司规章（corporate bylaws）一般由企业连同其他公司记录一起保管，可以从企业网站下载，或者直接向企业索取一份副本。

[三] Hotchkiss等（2004）发现标的企业在协议中规定了分手/终止费的比例占到所有交易的55%，21%的交易会同时包括收购方和标的企业的分手/终止费。

这类费用让要约方获得了比标的企业更大的谈判优势。大约 2/3 的并购交易约定分手费为平均收购价格的 3% 左右，这类费用会导致支付给标的企业的溢价增加大约 4%。更高的溢价代表了要约方支付的“保险金”数额，如果交易无法完成，可以补偿一些发生的费用，而且可以激励标的企业完成交易。而费用中等或偏低可能引发消息公布后的竞标。

由要约方支付给标的企业的分手费被称为反向分手费（reverse breakup fee），近年越来越普遍，因为买方发现为交易融资很困难，经常会收回已签订的协议。另一种对要约方的保护做法是股票锁定（stock lockup），这是赋予要约方以第一要约方初始报价，购买标的企业股票的权利。一旦标的企业接受了竞标就会被触发。由于标的企业可能选择出售给更高报价的一方，股票锁定安排通常保证了初始要约方可以通过购买标的企业的股票获得收益。初始要约方也可以要求卖方同意一项王冠锁定条款（crown jewels lockup），如果卖方选择出售给别人，初始要约方则有权购买卖方的战略性资产。

3.5　设计竞购战略

用于竞购战略的战术包括一系列的决策点，在收购启动前，其目标和选项已经被充分理解。缺乏深思熟虑的战略，可能导致对标的企业不成功的竞标，对于 CEO 来说，代价巨大，甚至可能让其为此丢了饭碗。[⊖]常见竞购战略目标包括赢得标的企业的控制权，最小化控制权溢价，最小化交易成本，以及有利于并购后的整合。

如果最大化双方合作、最小化收购价格和交易成本是关键因素，要约方可能选择“善意”收购方式。这样可以在控制权易手时，最大程度地减少关键人员、客户和供应商的流失。善意并购避免了可能抬高标的收购价格的竞标流程。而且，友善的交易有助于做好并购前的整合规划，提高合并后的企业快速整合的可能性。如果标的企业不希望达成合作，收购方就面临是放弃努力，还是采取选择更激进的策略。由于这样给标的企业管理层有更多的时间采取其他并购防御对策，故而善意收购策略有可能收效不大。现实情况是，出现令人惊讶的损失风险可能不是很大，因为目前美国法律有提前通知的要求。

我们从左到右看看图 3-2，可以看到要约方通过中介开始非正式接触（有时称为“不经意路过”），或是通过更正式的质询。如果被拒绝，要约方的选择是要么走开，要么变得更为进取。在后一种情况下，要约方可能采取简单的熊抱做法，寄希望于来自大机构股东和套利者的压力，迫使标的企业达成协议安排。如果失败了，要约方可能在公开市场从机构投资者手中收集足够多的股份，召集股东特别会议，或者发起代理权争夺战，安排支持并购的新人加入董事会，或者化解标的企业的防御。尽管一般来说可能比公开要约收购的成本低（公开要约收购包括在标的企业现有股价基础上的溢价），但代理争夺战的代价很高，平均成本为 600 万美元，还不包括可能发生的诉讼成本。如果标的企业的防御比较弱，要约方可能放弃争夺代理权，而是发起公开要约收购。如果标的企业的防御比较激烈，要约方可以同时发起代理权争夺和公开要约，但是异常高昂的成本使得这种选择并不常用。

⊖ 在 1990 ~ 1998 年的 714 个并购样本中，Lehn 和 Zhao（2006）发现 47% 的收购方 CEO 在 5 年内被替换，而且在这 5 年里，并购后业绩不好的企业的高管更可能被替换。

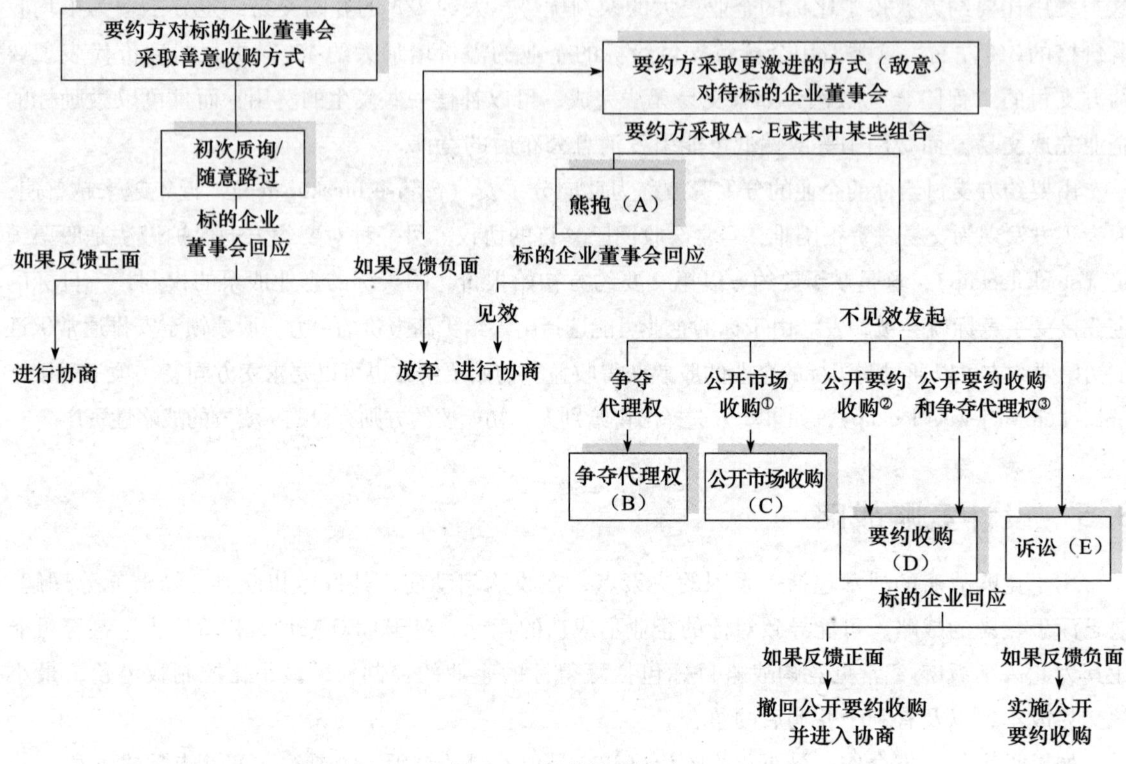

图 3-2 各种并购策略

①用于支持争夺代理权和公开要约收购。
②收购方认为标的企业的防御是微弱的。
③标的企业的防御很强，争夺代理权以消灭防御。

诉讼通常用于向拒绝要约方收购建议的标的企业董事会施加压力，或者迫使其放弃抵御。如果企业的防御措施看上去特别难对付，这样做就会非常有效。要约方可以发起诉讼，控告标的企业董事会没有充分审查收购方提出的要约，或者要约方可能争辩标的企业的防御不符合其股东的最佳利益。表 3-2 综合整理了常见的收购目的和各种可能用于实现这些目标的策略的优缺点。

表 3-2 各种并购策略的优缺点

常见收购策略目标
- 获得标的企业控制权
- 最小化控制权溢价
- 最小化交易成本
- 有助于并购后的整合

策略	优点	缺点
不经意路过（即非正式质询）	可能了解到标的企业愿意接受要约	提前发出警告
熊抱（即直接致信董事会，提出强制收购建议）	对标的企业增加压力以便进行谈判	提前发出警告
在公开市场收购（即收购方在公开市场买入标的企业的股票）	• 可能降低交易成本 • 如果标的企业同意回购要约方手中的股票，则能创造利润 可能阻吓其他竞购方	可能导致最后无法获得控制性股份 在不披露的情况下购买的股份比例受限制 一些股东可以开出更高要价 如果收购企图失败，可能遭受损失 可能激怒标的企业管理层，使善意收购变得更困难

（续）

策略	优点	缺点
争夺代理权（即争取获得标的企业股东支持改变董事或管理层）	比公开要约收购的成本低 可能减少对公开要约收购的需要	如果标的股票很分散，成功的机会较小 增加交易成本
敌意公开要约收购（即在未获得标的企业董事会或管理层的同意下，直接向其股东提出购买股份）	迫使标的企业股东出售股票 除非有足够数量的股票提出申报，否则要约方无须收购这些股票	可能是最昂贵的策略 由于可能失去关键的管理层、客户和供应商，因此对交易后的整合不利
诉讼（即检控标的企业董事会行为不当）	对标的企业董事会施加压力	费用高

3.6　其他的并购防御措施

设计并购防御是为了拖延不受欢迎的收购要约，或者迫使收购方提高报价，以使标的企业董事会放弃抵抗。防御措施可以分为两类：在接到要约前已经安排好的（要约前），以及那些在收到要约后才实施的（要约后）。表3-3展示了最常用的要约前和要约后的防御措施。

表3-3　要约前后的各种并购防御措施

要约前的防御措施	要约后的防御措施
毒丸：① 外翻式权利计划 内翻式权利计划 预留（blank check）优先股计划	绿票（以比收购要约方买入价高的价格购回其投资，以诱使其停止进一步行动）
驱鲨措施（通过修改公司章程或条例进行）： 强化董事会的防御 滞后或分类董事会选举 过错条款 限制股东行动 召集特别会议 征求股东同意 提前通知条款 超过多数条款 其他驱鲨措施 反绿票讹诈条款 公平价格条款 双类股票再资本化 （超级表决权股票） 收购后的二次设立	停止行动协议（常附着于购买要约方的投资协议）
金降落伞（改变控制权后支付）	白衣骑士 员工持股计划 杠杆再资本化 股票回购或回购计划 企业重组 诉讼

①尽管有很多不同类型的毒丸计划可供使用，但本书只讨论了最常用的几种形式。注意，由于收购公布之后，出现了越来越多立即使用毒丸计划的情况，故而要约前和要约后防御间的区别变得模糊了。毒丸可以在没有经过股东表决的情况下使用，因为这被当作是发放红利，而董事会有权这样做。

3.6.1　要约前的防御措施

要约前的防御措施（preoffer defenses）用于延迟控制权的改变，在得知要约前，标的企业可以有更多时间展开其他防御。这类防御措施一般会分成三类：毒丸[㊀]、驱鲨、金降落伞。表3-4总结了要约前防御措施的优缺点。

表3-4 要约前并购防御措施的优缺点

防御类型	标的企业的优势	标的企业的劣势
毒丸：增加了收购的成本		
外翻式毒丸（有权购买收购方的股权，引发控制权100%改变） 内翻式毒丸（有权购买标的方的股权，当收购方买入的股权少于100%时被触发）	摊薄了收购方股东对其自身的所有权头寸 保留了以名义价格从股东手中买回的赎回权 无论收购方购买多少都会摊薄标的企业股权 对于触发该权利的投资者没有额外好处 在触发事件发生前，可以随时赎回	无法对抗对其100%的收购（收购方只需买入控股股权，等该权利失效后再买入剩余股权） 受敌意收购者对标的企业董事会毒丸赎回权的应对策略影响 减少了对白衣骑士的吸引力 由于其随意性，在许多州未获得许可 无法保护其免受代理权争夺
驱鲨措施：加强董事会的防御		
滞后或分类董事会	拖延不让大股东获得控制权	除非在公司注册文件或规章中已经做出规定，否则可能无法提高董事会人数
限制更换董事的时间	“过错条款”减少董事被更换的理由	除非规定了须绝大多数投票支持，否则可能会受到限制
驱鲨措施：限制股东采取的行动		
限制召集特别会议	限制股东通过特别会议增加董事席位，更换或选任新董事	如果一定比例的股东都要求召开会议，某些州可能要求召开特别会议
限制意向征集	限制不满的股东启动代理权争夺流程	可能被法院驳回
提前通知条款	让董事会有时间挑选自己的候选人，并决定做出合适的回应	可能被法院驳回
超级多数	可以在遭遇敌意并购等事件时采用	如果这个条款被要求更改，则难以发挥效力
其他驱鲨措施		
反绿票讹诈	消除“趁火打劫者”获利机会	无法将其作为反收购防御措施
公平价格	提高两阶段要约的成本	提高了白衣骑士的成本，除非经过通常是95%的股东批准
双类股票再资本化/超级投票权股票	可以从大多数州的反并购法律中受益	由于需要股东批准而难以执行，而且仅当投票权给予职业管理层股东时才能派上用场
收购后再次设立	可以从大多数州的反并购法律中受益	需要股东批准，执行过程很费时，除非之前已经设立了子公司
金降落伞	标的企业管理层可以与收购方协商更高的溢价，提高了敌意收购方的成本	造成负面的社会影响，终止高管工作的代价高昂，成本无法抵税，取决于不具约束力的股东的投票结果

1. 毒丸

毒丸（poison pill）是指董事会有向现有股东发行股票的权利，现有股东的行权价格可以远比现时市场价格低很多。由于这些股票是作为分红发放的，而且董事会通常有权宣布分红，毒丸计划未经股东表决即可采用，而且可以在要约之前或者之后实施。如果特定比例（通常是10%～20%）的标的企业普通股被一个敌意投资者获得，持有者有权购买标的企业普通股或一定比例的优先股[㊁]（内翻式毒丸，a flip-in pill）。如果收购、合并，出售标的企业一定比例以

㊀ 毒丸可能被视为要约后的防御措施，因为它们可以在要约提出之后才被采用。

㊁ 这部分优先股将给予股东和普通股几乎同样的分红、表决权和清算权，其价值也几乎等同于普通股。

上（通常是50%）的资产，或者在宣布公开要约收购时，权利持有人可以买入收购方的普通股（外翻式毒丸，a flip-over pill）。这两类毒丸都可以让持有人在支付行权价格后，在触发毒丸当天，以行权价买入市场价值是其一定倍数（通常是2倍）的股票。[㊀]董事会可以随时赎回权利，通常是以每份权利0.01美元赎回。该权利有一定的有效期（有时长达10年），而且可以在交易所买卖。

内翻式毒丸不鼓励敌意投资者买入企业的少数股权，因为随着标的企业发行更多股票，其所有权将被稀释。例如，如果敌意投资者买入企业20%权益，当标的企业股票翻多一倍时，该投资者的所有权被摊薄到10%。更糟糕的是，当其他股东以很大的折扣价买入股票时，投资者所做投资的价值也会缩水。敌意投资者以买入价抛售股票的努力，也会被其他股东挫败，因为他们以更低的价格买入股票，可以在比敌意收购者抛售价更低的价位上出售。

最后一点是，如果这些股票必须依靠现金要约获得，或者通过收购方增加股票发行量用于换股，完成收购的总成本也会增加，摊薄了现有的收购方股权。外翻式毒丸也类似，当更多收购方股票以比现价低的价格发行时，也会摊薄收购方现有的股权，而且压低了他们投资的价值。

2012年11月2日，为了对抗投资人卡尔·伊坎（Carl Icahn）获得企业9.98%的股份，Netflix采取了毒丸防御措施，其中既有内翻式毒丸也有外翻式毒丸。除去伊坎的每位股东，截至2012年11月12日持有的每一份普通股都获得了一份权利，每份权利可以以350美元的行权价购买千分之一股新发行的优先股，前提条件是如果有一位投资人在未经公司董事会批准下获得了企业10%以上的股份。如果条件被触发，内翻式权利的持有人可以通过支付行权价，买入一定数量的Netflix普通股（其价格是行权价的2倍，即700美元）。毒丸计划出台时，Netflix普通股交易价格为每股76美元，如果计划被触发，每份权利可以转为9.2份普通股［即（2×350)/76］。如果该公司被并入另一家企业，或者其资产出售超过50%，每一份外翻式权利可让持有人在支付了行权价350美元之后，得到价值700美元的收购方的普通股。

支持者认为毒丸可以防止“突袭者”在未得到董事会许可的情况下获得企业的大量股份。既然董事会通常有权撤销毒丸，收购方被迫和标的企业董事会协商谈判，可能导致更高的收购价格。毒丸防御在和滞后或分类董事会表决（staggered board defenses）同时使用时，可能最为有效。这是因为“突袭者”在没有赢得连续两次选举的情况下，无法去除毒丸防御计划。这样就提高了标的企业保持独立的可能性。反对者认为毒丸防御只是保护了管理层，鼓励了不满的股东寻求通过诉讼解决。

2. 驱鲨措施

驱鲨措施（shark repellents）可以通过修改完善公司章程或条例进行收购防御，[㊁]是比毒丸更早出现的防御方式，它成功地把拖慢收购进程和提高收购成本结合在一起。今天，驱鲨措施

㊀ 可通过对毒丸计划有效期内，估算普通股的长期交易价值来确定行权价格。行权价格相对于企业股价的市场价值越高，权利持有人在支付行权价后，可以购买的新股数量越多。

㊁ 公司注册文件保证了企业的合法存在性，其中包含的公司章程，是一份由公司创办人向州政府提交的备案文件，还包括公司成立证书，这是在公司章程被政府接纳之后，由政府发放的证明文件。公司的权力来自于州法律和公司注册文件。公司内部管理制度则写在公司规章中，是由公司创办人决定的。

基本变成了毒丸防御的补充。它们的基本角色是在年度或特别股东大会上通过争夺代理权，使得获得董事会的控制权变得更困难。在实践中，驱鲨措施因为需要修订企业的章程，所以需要进行股东表决。尽管驱鲨措施有很多种变化形式，但最典型的是分类董事会选举，对股东行动设限，反绿票讹诈条款（antigreenmail provisions），设定分类表决权股票，以及负债防御（debt-based defenses）。

3.6.2 加强董事会防御措施

公司董事由参加年度股东会的持有大多数股份的股东选举和表决。不同公司有不同的董事选举机制，有直接表决或者累积表决两种方式。采用直接表决，股东可以投票选举每个董事席位，实际上确保了大多数股东选出所有董事。例如，假定一家公司要选举 4 名董事，有两位股东，一位持有 80 股（即控股股东），另一位持有 20 股（即小股东）。每股有一个投票权，那么控股股东投谁的票，谁就会被选为董事。在累积表决中，每位股东拥有的投票权等于持有的股数乘以要选出的董事人数。股东可以将所有票投给一位候选人，或者分开投给两位或更多位候选人。在累积表决中，同时选出所有董事。还用这个例子，控股股东将得到 320(=80×4）张选票，小股东将有 80(=20×4）张选票。如果小股东将所有票都投给自己，那么肯定可以获得一个席位，因为控股股东无法做到在四个席位上的投票数全部超过小股东获得的票数。[⊖]

在那些将累积表决作为强制性要求的州，公司有时候会将董事会选举的时间拖长到几年，使得心怀不满的少数股东较难控制董事会。因为一次只能选举更少的董事，即便是采用累积表决方法，小股东也很难选出一名董事。这种所谓的滞后或者分类董事会选举，是将公司董事分为几个不同的类别，每年只改选其中一类董事。一个 12 人的董事会可能将董事分为四类，每名董事任期四年。第一年，可能被称为“1 类”的 3 名董事提交选举；第二年是“2 类”董事被选举，依此类推。这意味着一名股东，即便持有多数股份，仍得等候三轮选举才能获得董事会控制权。而且董事会的人数已经被公司章程限制，以防心怀不满的股东通过增加董事席位的方式获得控制权。

过错条款（for-cause provisions）规定了驱逐董事的条件（例如，舞弊、违反既定规定）。这就收窄了可接受理由的范围，限制了不满意的股东竞争董事席位的灵活性。

3.6.3 限制股东采取的行动

董事会也可以通过限制股东越过董事会去控制企业的能力，强化自己的控制权。可以限制股东召集特别会议和介入意向征集（consent solicitation）的能力，还可以使用超级多数原则（super-majority rules）。企业经常倚重企业规章或章程中规定的董事席位限制和董事免职的条件（即前面所说的过错条款）。

⊖ 但是还有很多种可能的组合方式，如果大股东为三个董事席位各投了 81 票，他应该还剩下只有 77 票（即 320－243）可以投给最后一个席位。当董事人数增加时，少数股东更容易赢得一席或数个席位，因为大股东的投票权必须分配给更多的董事席位，才能挡住少数股东获得席位。

在一些州，股东可能无须召开股东特别大会，就可以采取行动——增加董事会的席位，将某些董事免职，或者选举新董事。这些州允许不满意的股东，只需通过所谓征求同意流程——仍适用于争夺代理权时遵守信息披露要求，取得股东就其提议的书面同意以获得支持。这个流程避免了安排开会进行股东表决这种做法的迟缓拖延。[㊀]公司规章可能包括提前通知条款，要求股东提议和董事提名应提前告知，有时会要求在进行表决前的 2 个月提出，以便为管理层争取时间。超级多数原则要求在修改公司章程中有关交易，例如收购兼并的条款时，须获得比一般情况更高比例的批准才能通过。这些条件在一个“利害相关方”（interested party）获得一定比例的所有权股份（例如，5% ~10%）时会被触发。超级多数原则可能要求收购提议须得到高达 80% 的股东批准，或者得到除潜在收购方之外的简单多数股东批准。

3.6.4 其他的驱鲨措施

其他驱鲨防御措施包括反绿票讹诈条款、公平价格条款、区分分类表决权股份，以及收购后的再次设立（reincorporation）和金降落伞。这些方法稍后讨论。

1. 反绿票讹诈条款

在 20 世纪 80 年代，收购方被禁止在一家企业中持有股权并以收购作为要挟，之后再以比其买入价更高的溢价卖回给企业的行为。这种行为被安了一个“绿票讹诈”（greenmail）的标签。许多机构从此以后在公司章程中增加了条款，称为“反绿票讹诈”条款，限制企业以溢价回购股票的能力。

2. 公平价格条款

要求任何收购方至少应以公平市场价格收购少数股东的股份，称为公平价格条款。公平市场价格可以表示为公司收益乘以过去某个倍数，或者将其规定为买方收购公司股份时支付的最大价格。[㊁]

3. 双类股票再资本化

一家企业可以设立一种以上类别的股票，用于区分各个子经营公司的业绩表现，补偿子公司运营团队，维持控制权，或者防范敌意并购。建立另一类股票的过程被称为双类股票再资本化（a dual class recapitalization），是指将股东表决权与现金流权分离开来。表决权是指股东对企业如何管理所具有的影响力，而现金流权（cash flow rights）是接受分红的权利。具有不同表决权的股票称为分类表决权（differential voting rights，DVR）股票，而且可以具有多个表决权（所谓超级表决权股票）、部分表决权或者无表决权。分类表决权股票的表决权，可能是另一类股票表决权的 10 ~100 倍，或者只是每股表决权的一个分数（例如，一个股东可能被要求持有 100 DVR 股票才能投一票）。没有表决权但是有现金流权的股票，可能得到的分红高于那些有表决权的股票。

㊀ 鉴于在代理权争夺战中获胜的表决是由实际参与投票数的一个百分比决定的，以意向征集方式获胜的表决取决于得到一定百分比的流通股的支持。心怀不满的股东可能发现这样做更容易赢得代理权争夺战，因为许多股东不会参与投票。

㊁ 在两层公开要约收购中，公平价格条款迫使竞购方按照同等条件，为在第二轮申报股票的标的企业股东支付与那些在第一轮申报股票的股东同样的价格。

一旦被股东批准，新种类股票将按照股票分红等比例或以换股方式发行，以便和现有的流通股数量对应起来。

双类股票架构倾向于将表决权集中于超级表决权股票，该股票按分红的一定比例发行。之后，股东有权将他们的超级表决权股票换成有更高分红的一般股票，而管理层保留他们的超级表决权股票。这种提高集中度的做法对于企业价值的影响还是不清楚的。一些研究发现，当控股股东进行过度并购防御时，企业价值会降低，减少了较高风险价值提升的投资。其他研究记录到，企业在从单一种类股票变到双类资本结构时，企业价值增加了。通过让控股股东出售企业的一部分股份来增加其财富，内部人可能更不愿意追求高风险、高回报的投资来提升公司业绩表现。

双类股票 IPO 可能特别适合那些创业家族或创始企业家被大家视为企业长期业绩关键因素的公司。这样的例子包括马克·扎克伯格的 Facebook，以及拉里·佩奇和谢尔盖·布林的谷歌。

4. 收购后的再次设立

一个潜在标的企业可能从当初注册公司的州，迁到另一个法律更有利于并购的州，可以在新的州设立一家子公司，然后再将母公司与其合并。在选择这个州时，有几个因素要考虑，例如，该州的法庭如何审理控告违反公司董事在并购中的信托责任的案件，以及该州法律是否接受某些并购策略或防御措施。再次设立需要股东批准。

5. 金降落伞（控制权改变的代价）

企业控制权改变时触发的员工派遣费被称为金降落伞（golden parachutes）。这种安排通常只涵盖少数员工，他们的工作在控制权改变后被终止。金降落伞用于提高要约方的收购成本，而不是为了给标的企业董事会争取时间。这类遣散费可能也符合股东的利益——让高管层更愿意接受一项并购。

有证据显示金降落伞通过提高交易完成的可能性，让标的企业股东受益，但是经常导致较低的收购溢价。实际支付给管理层的钱，诸如加速股权奖励（accelerated equity awards）、养老金和其他在控制权转变后的递延补偿，可能明显超过了所谓金降落伞的代价。税收考量和近年来的法律，也影响了企业对实行这类补偿方案的决定。[⊖]

3.6.5 要约后的防御措施

一旦一个不受欢迎的“求婚者”靠近一家企业，就会引发一系列防御措施，包括发出绿票给要约方，劝阻其停止收购；设计一些防御措施让标的企业不再有吸引力，例如重组和再资本化策略，以及通过设立员工股票持有计划，将一部分公司所有权转给友善的人，或者求助于白衣骑士。表 3-5 汇总了这些要约后并购防御措施的优缺点。

⊖ 1986 年税法规定了惩处措施，那些支付给员工超过员工以前连续 5 年平均薪酬 3 倍以上的计划，将被视为收入所得，因此不能冲抵公司的税负。2010 年多德 - 弗兰克法案给予股东机会，可以通过无约束力的投票表决表达对金降落伞计划的反对。

表3-5 要约后并购防御措施的优缺点

防御类型	对标的企业的有利点	对标的企业的不利点
反绿票讹诈	驱赶“突袭者”走开（通常附带一项停止行动协议）	降低了“突袭者”在发起兼并后遭受损失的风险；对于未参与的股东是不公平的；产生诉讼；引发不利的税收和社会不良影响
停止收购协议	在一段时间里防止“突袭者”掉头回来	提高了支付给“突袭者”让其签署停止收购协议的金额，只能解决暂时的问题
白衣骑士	可能较受敌意收购者欢迎	丧失了标的企业的独立性
员工持股计划	白衣骑士的替代方案，与某些州的并购法律结合使用时，更为有效	员工的支持无法保证；由于联邦法律限制，可能不允许ESOP为股票支付过高价格
再资本化	使得标的企业对竞购方的吸引力减少，如果管理层受到鞭策而改善经营，标的企业股东的价值得到提升	提高的杠杆降低了标的企业的借贷能力
股票回购计划	减少了可被竞购方、套利人收购的标的股票数量，以及其他可能出售给竞购方的股票数量	一旦发生敌意收购，在没有向美国证券交易委员会备案的情况下，不能自行发出要约；流通股的减少可能让竞购者更容易获得控制权
企业重组	对于标的企业股东和现在的管理层而言，私有化可能是一种取代竞购方提出并购要约的有吸引力的方法	私有化，出售有吸引力的资产，发起防御性的并购或清算，可能会降低标的企业的股东价值
诉讼	可能为标的企业争取时间进行抵御，并提高竞购方的并购代价	可能对标的企业股东回报形成负面影响

1. 绿票讹诈

绿票（前面已经介绍过）是指向潜在收购方付钱，让其退出并购的做法。其中包括以溢价从收购方手上买回股票，换取其同意不发起恶意收购。为了得到这笔补偿，要求潜在收购方签署一个停止收购协议（a standstill agreement），规定投资者可以持有的股票数量（如果有的话），以及突袭者可以出售这些股票的条件。[㊀]

2. 白衣骑士

一家标的企业可以求助于白衣骑士——另外一家被认为更合适作为合作对象的企业。白衣骑士必须愿意以比要约方更优的条件收购标的企业。由于担心引发竞价战，白衣骑士经常要求以锁定方式提供某种保护，可以包括给予白衣骑士购买标的企业尚未以固定价格发行的股票的选择权，或者以公平价格收购标的企业特定资产。这类锁定条款通常使得标的企业对其他要约方吸引力下降。如果爆发了竞购战，白衣骑士可以行使股权期权，卖出股票获利。

3. 员工持股计划

员工持股计划是一个信托，持有一家企业股票，作为其员工退休计划的投资。员工持股计划可以快速设立，企业既可以直接向ESOP计划发行股票，也可以让ESOP直接在市场上买入股票。ESOP持有的股份在发生敌意并购事件时，有可能投票支持管理层（见第1章更详细的讨论）。

㊀ 法庭将绿票讹诈视为带有歧视性，因为并非所有股东都有机会以高于市场价的价格将其持有的股票卖给标的企业。然而，有些州（例如特拉华州）的法院认为如果出于某些商业原因这样做也是合适的。其他州（例如加利福尼亚州）的法院则倾向于股东一边，认为绿票讹诈违背了信托责任。

4. 杠杆再资本化

企业可以要么回购股票，要么向股东支付红利，通过承担大量新债务的方式进行再资本化。额外的债务降低了企业的借贷能力，而且将其置于高杠杆状态，令想使用其借贷能力为并购融资的竞购方觉得没那么大的吸引力。而且，发放红利或回购股票，可能说服股东在代理争夺战或敌意收购中支持标的企业管理层。[一]再资本化可能需要股东批准，这取决于公司的注册文件和注册地所在州的法律规定。[二]

5. 股票回购

企业回购股票可以回报股东，释放估值过低信号，注入 ESOP 计划，调整资本结构，以及抵御并购。[三]当用于并购防御时，股票回购减少了潜在买方可以收购的股票数量，或者导致套利者将股票卖给出价最高的竞购者。剩下的股票由那些不愿意出售的股东持有。对于敌意要约收购，要想成功收购剩余股份，溢价就不得不加到更高，因此会挫伤一些潜在竞购者的积极性。有相当多的证据表明回购策略是有效的威慑。[四]尽管如此，股票回购可能减少了在外流通的股票数量，由于获得控股权所需的股份数量减少了，故而可能使得要约方更容易获得控股权。

6. 企业重组

重组可能包括将公司私有化，出售有吸引力的资产，实施一项关键并购，甚至将公司清算。典型的“私有化”是由管理团队购入企业全部股份。这可能为股东创造出一个双赢的结果——股东获得股票溢价收益，而管理层获得了控制权。另外，标的企业可能通过剥离要约方看重的资产，以减少标的企业的吸引力，或者用获得的收益回购股票抑或支付股东特别分红。标的企业也可以采取所谓的防御性收购，花掉账上多余的现金，用尽现有的贷款额度。企业可以选择清算公司，将负债偿还给债权人，并将剩下的钱分配给股东作为清算后的红利。这种做法只有在清算后的红利超过股东将从要约方拿到的价格时才有意义。

7. 诉讼

法律诉讼案件可能涉及所谓的反垄断问题，违反联邦证券法，标的企业被压低估值，要约方未按威廉姆斯法案做出充分的披露以及存在舞弊行为。标的企业经常在法庭最终支持其指控之前，先寻求获得法庭阻止收购的禁令。通过阻止要约方买入更多股票，标的企业争取到了更多的时间，以部署其他防御措施。但是诉讼很少在阻止并购方面取得成功，这样做有可能在不断发现和寻找事实的过程中获得要约方的更多信息，引发更多的诉讼。要约方可以通过起诉标的企业，获得股东邮寄名册，或者去除非常不合理的防御措施。但是，陷入诉讼的交易能够完成的概率会下降大约 8%，而完成了的并购交易，溢价提高了大约 30%。

[一] 杠杆再资本化和杠杆收购之间最主要的区别是，对于前者来说，企业仍是上市公司，而且管理层也不占有公司很大比例的股份。

[二] 股东将从获得分红和股票回购中受益。增加的利息支出冲抵了企业的一些应税收入，可能激励管理层改善经营。所以，现有股东可能从收购防御中得到比敌意收购更大的收益。

[三] Billett 和 Xue（2007），企业在遭遇到即将发生的兼并威胁时，经常会增加股票回购活动。

[四] 潜在收购方不太可能求购有大量现金余额的企业，这些企业可以将现金用于积极的股票回购项目（Harford，1999；Pinkowitz，2002；Faleye，2004）。

3.7 并购防御对股东价值的影响

实证证据表明，平均来讲，并购防御对企业价值具有负面影响，但是那些在IPO之前或者企业发展的早期阶段进行的并购，可以提高股东价值。

3.7.1 并购防御和标的企业股东的财务回报

早期实证研究提供了不一致的结果。有些实证研究认为并购防御从整体上对股东回报没有明显影响。另外一些研究结果指出，毒丸具有正面影响。[一]发现了正面回报的研究似乎支持了"现任管理层是以股东最佳利益为宗旨"的观点（股东权益假说），而那些发现负面回报的研究结果，似乎支持"现任管理层为自己的利益而行动"的观点（管理层自肥假说）。综合来看，早期的研究显示并购防御对于标的企业股东回报，有轻微的负面影响。[二]

近期研究提供了较为一致的证据，表明并购防御损害了股东价值。例如，通过建立一个详细的"管理层自肥指数"，揭示了在20世纪90年代，指数得分较低的企业（即展示出较低水平的自肥），比那些指数较高的企业提供了更高的正回报。[三]换言之，管理团队不以自己利益为中心，而是将股东利益放在首位的企业，其业绩表现更好。但是，在21世纪头十年，企业管理层自肥和超过正常水平回报之间的紧密联系消失了，因为投资者在20世纪90年代已经标高了那些去除了并购防御措施企业的价格，而且惩罚了没有这样做的企业。另一个大型研究得出结论，受到并购防御措施保护的那些企业的经理人，更不顾忌被收购，更可能投身于巩固自己地位的收购活动中去，从而损害了企业价值。可能因为经理人免受敌意收购的威胁而缺少创新压力，故而企业价值会受到负面影响。还有一项研究发现，放弃分类董事会选举，转为采用每年改选董事会的企业，累积获得超过正常水平1.8%的回报，反映了投资者认为这样的企业更有机会被收购。并购防御可能对标的企业股东具有微妙的创富效应。并购防御只是减少了提出并购要约的可能性，一旦出现要约收购，对并购成功的影响较小。也就是说，强大的防御挫伤了投机型收购方寻求廉价收购的积极性。所以，有防御措施的标的企业接受的报价，可能高于那些没有采取防御措施的企业。研究也表明，分类董事会在帮助企业降低负债成本方面[四]，以及使管理层将精力放在研发这类能够长期提高企业价值的投资方面是有效的。

㊀ Comment和Schwert（1995）发现，如果投资者相信兼并迫在眉睫，或者企业管理层在谈判过程中采用这样的防御措施提高收购价格，那么毒丸对股东回报具有积极影响。一些研究指出，如果企业管理层的利益被视为与股东利益一致，那么投资者对并购防御的声明，会给予积极回应。如果企业管理层被认为是为了扩充自己的权力，则投资者将给予消极回应（Boyle et al.，1998；Malekzadeh et al.，1998）。

㊁ Comment和Schwert（1995）对之前的研究成果做了一项综合评估，发现绝大多数并购防御导致了大约0.5%的股东回报减少。

㊂ Bebchuk等（2005）创造了一个管理层自肥指数（a management entrenchment index），用于评估由投资者责任研究中心（IRRC）提出的影响股东价值最大的24个条件。该指数在1990～2003年与企业价值构成了负相关，其中包括滞后或分类董事会选举，限制股东修改公司规章，并购获得超级多数表决通过，修改公司注册资料须超级多数表决通过，毒丸以及金降落伞。

㊃ Chen（2012）指出，由于不担心被兼并，企业经理人没有动力投身高风险的商业战略和详细的财务信息披露。这些活动是针对债券持有人的。

3.7.2 并购防御与公开上市

有证据表明，在企业刚成形时（如 IPO），并购防御可以创造企业价值，它们可以帮助企业吸引、挽留和激励经理人和雇员。而且，这类防御措施让新企业有时间全面实施其业务计划，并在提升员工技能方面进行投入。也有证据表明，在企业发展的早期阶段，投资者可能愿意采用并购防御措施。[⊖]

记忆要点

企业并购可以惩戒不合格的管理层、分配资源和促进好的公司治理。对于企业来说，其他外部因素诸如联邦和州法律、法院系统、监管机构以及机构维权，在维护好的公司治理实践方面也充当着重要角色。公司治理也受到企业董事会的专业水准和企业内部控制和激励体系、并购防御以及企业文化的影响。

讨论题

3.1 管理层自肥假说和股东利益假说是什么？你认为哪一个假说更为现实？解释你的理由。

3.2 善意并购和恶意并购方式的优势和劣势有哪些？请具体说明。

3.3 常用并购防御措施的主要优缺点是什么？

3.4 高级经理人的金降落伞对一家标的企业的股东有何帮助？你认为这样的遣散补偿计划有用吗？解释你的理由。

3.5 再资本化作为一项并购防御措施，对标的企业的股东有怎样的帮助或伤害？

3.6 安海斯－布希拒绝了英博每股65美元的全现金收购要约，认为英博低估了其价值，尽管这一报价是在安海斯－布希之前的股价上溢价了35%。英博除了重复己方的善意收购意愿之外，拒绝再次提高报价。解释为何英博拒绝提高收购报价。为什么你相信英博会继续选择善意并购？你认为英博应该怎样向安海斯－布希董事会施加压力，让其接受这个收购要约？

3.7 在评估一个潜在收购方提出的要约时，你认为应该考虑的主要因素有哪些？

3.8 如果你是标的企业的CEO，你会向机构股东推荐什么策略，从而用来支持你和收购方之间的代理争夺战？

3.9 安海斯－布希在2006年减少了反并购防御措施，撤去了分类董事会结构。在此前两年，没有更新毒丸计划。解释为何董事会忽略了这些事情，这些事件可能对企业抵御并购的能力产生什么影响？

3.10 为了回应微软收购雅虎公司的努力，雅虎董事会采取了一项“改变控制权”补偿计划。该计划规定，如果雅虎员工的工作在无过错的情况（即该员工很好地履行了自己的职责）下被终止，或者在微软收购了雅虎控制性股权两年内，员工因为职位或职责变动而自愿离开，他们将得到一年的工资。雅虎指出采取这项遣散费计划，是为确保微软赢得控制权后员工能够得到公平对待。微软将这个方法作为阻止并购的一个尝试。你怎么看待这个问题，为什么？

（所有讨论题的答案可以在本书的网上教师手册找到。）

⊖ 这个结论来自 Coates（2001）的发现，采用了分类董事会的企业，IPO 的百分比从 20 世纪 90 年代的 34%，提高到 1999 年的 82%。

案例分析3-1

特瓦恶意收购塞法隆

要点

- 企业并购一般采用善意方式。
- 恶意并购可能源于收购方为了打破僵局。
- 未及预料的事件，经常是决定并购时点和能否成功的关键因素。

有关以色列普通药物巨头企业特瓦医药工业公司（Teva Pharmaceutical Industries Ltd.）可能并购一家名为塞法隆（Cephalon）的特殊制药企业的讨论已经持续了一年多了。然而，没想到的是，2011年3月29日，加拿大维伦特公司（Valeant Pharmaceuticals International Ltd.）发布了一则收购总部在美国的塞法隆公司的公告，这才让他们开始感到紧张。维伦特的收购报价是57亿美元，即每股塞法隆73美元。此前在2011年年初，塞法隆已经搁置维伦特私下提出的几个善意收购建议。一向善于激进收购策略的维伦特，决定打破与塞法隆董事会和管理层讨论的僵局，直接公开发出收购要约。

维伦特公开宣称其报价是公平的，并认为塞法隆销路最好的治疗失眠的药品Provigil在2012年将失去专利保护，而新药Nuvigil被市场接受的速度缓慢，使得塞法隆很难依靠自己的能力做大。塞法隆回应说，维伦特的报价低估了公司的价值。维伦特再次将其敌意收购要约寄发给塞法隆的股东，提议用自己推选的人替换塞法隆董事会，由新董事会收回塞法隆的股东权利计划（shareholder rights plan）。股东只需在回复卡片上签字支持维伦特提出的改变塞法隆董事会的建议，并寄回给维伦特公司即可。塞法隆也将自己对董事会人选的提名发给了各位股东。

维伦特在激进削减成本和提高收益表现方面素有声誉，它将自己的内部研发活动和并购其他医药公司结合起来，这和很多医药公司较传统的做法，即再投入重资进行内部新药研发形成了鲜明对比。维伦特的做法是大幅削减研发成本，寻找被低估的标的企业，设定并购整合的激进时间表，使用更多的现金而不是股票进行收购。而其他很多医药企业通常是使用股票进行收购，研究显示用股票收购的交易，比主要使用现金收购的交易表现差。

因为有这样的名声，所以维伦特试图与塞法隆签订协议的努力，一开始就陷入困境。维伦特对塞法隆的肿瘤治疗类药品不感兴趣，甚至提出只收购该公司的非肿瘤药品业务。塞法隆董事会和管理层表示无意肢解公司，并在2011年3月21日以2.25亿美元收购美国Gemin X医药公司，还收购了澳大利亚ChemGenex医药公司价值1.75亿美元的流通股。采用现金进行这些收购，大幅降低了公司账面上的现金余额。

特瓦显然更受塞法隆董事会的欢迎，因为它表示出对整个公司的兴趣。由于特瓦认为两家企业之间会产生更大的协同效应，因此也愿意支付较高的收购价格。为了理解这种协同效应的来源，重要的是了解到特瓦一直都被外界投资者视为一家主要的低利润药品生产商。这类药品的利润空间要比那些品牌药品价格低很多，而且在不断竞争以及政府和保险公司降价的压力下，价格还会继续走低。特瓦确实有自己的畅销药Copaxone，占公司2010年161亿美元销售额的21%。但是这个品种将在2014年失去专利保护。

特瓦需要在品牌药和普通药之间达到一个更好的平衡。收购塞法隆之后，其强劲的产品线和快速增长的癌症治疗药Treanda与止痛药Fentora，可以弥补Copaxone上的损失，扩充特瓦的高利润品牌药。这些药品将补充特瓦自己的药品组合——治疗范围涵盖从中枢神经系统紊乱到肿瘤和止痛，这部分产品在2010年产生了28亿美元收入。与塞法隆合并后，品牌药的收入将占到合并后公司收入的36%，还有30种药品至少处于中期研发阶段。特瓦相信该项交易会很快见效，每年节省成本5亿美元，三年内实现协同效应。尽管这项交易确实提供了削减成本的机会，但是企业扩充产品线的能力还是会缩小。

出于这些考虑，特瓦在研究收购塞法隆的效果上浪费了一些时间，未能迅速采取行动，阻止维伦特3月29日发出突然的收购要约。特瓦每股81.50美元的全部现金收购报价，比维伦特的每股73美元溢价近12%，比维伦特宣布收购当日塞法隆的股价溢价39%。这项交易包括可转债和股票期权，对于塞法隆股东价值达68亿美元。收购协议包括一项2.75亿美元的分手费，占收购价的4%。

在公开宣称其报价已经充分给予塞法隆业务估值之后，维伦特在2011年5月2日塞法隆和特瓦发表联合声明后撤出了竞购。维伦特除非承担高价收购标的企业的风险，否则无法继续对塞法隆的收购。投资者的反应很正面，消息公布后，塞法隆和特瓦的股价分别上涨了4.2%和3.5%。失望的投资者将维伦特的股价拉低了6.5%。但是维伦特仍然从特瓦和塞法隆公开宣布协议前买入的100万股塞法隆股票中赚了钱。买入这些股票的价格低于特瓦的竞标价每股81.50美元。

对塞法隆的收购，是特瓦执行了四年通过并购将普通药和高利润品牌药分离并拓展产品组合的战略中第三个重大交易。这个战略的设计初衷是减少公司对单一或几个药品的依赖。

讨论题

1. 维伦特和特瓦有意收购塞法隆的动机是什么？
2. 指出维伦特和特瓦采用的并购策略是什么，解释为什么使用这些策略。
3. 还有哪些策略可供维伦特和特瓦采用？
4. 指出塞法隆采用了哪些并购防御措施，解释为什么要用这些策略。
5. 投资者的反应说明了他们是怎样看待维伦特或特瓦与塞法隆的合并的？请具体说明。
6. 为何用现金而不是股票收购时，收购方的股价会表现更好？

（所有讨论题的答案可以在本书的网上教师手册找到。）

:: 案例分析 3-2

董事会和股东的权利平衡

要点

- 公司董事会和股东之间如何做到权利平衡仍难以确定。
- 特拉华州法院认可董事会可以对要约收购采取所需措施，防止股东对并购要约进行表决。
- 维权投资者不断催促股东向企业施加压力，迫使其放弃分类董事会，因为这种做法可能让管理层自肥。

如果董事会诚实地认为基于董事会对该企业的长期发展展望，该报价低估了公司的价值，那么董事会应该同意收购该企业的报价吗？董事会是否应该防止股东对这类事情进行表决？对于这些问题的回答，要看董事会是以全体股东的利益为重，还是只关心巩固他们自己和现时管理层的利益。这些问题取决于董事会或股东是否在敌意收购谈判中有讨价还价的空间？下面要讨论的是一个关于董事会和股东权利的重要的司法判例。

2010年2月2日Air Products公司发起的对Airgas公司的突袭收购，已经成为美国历史上持续时间最久的敌意收购。在修改了两次报价之后，Air Products公司请求特拉华州衡平法院判决Airgas的毒丸计划无效，以图结束这个并购。2011年2月15日，法院判决董事会有权阻止股东对该项收购要约投票表决，因为董事会已经履行了职责。得悉法院裁定之后，Air Products撤回了要约。

法院认为Airgas董事会经过诚实的工作，确认Air Products给出的每股70美元报价是不够的，同意Airgas采取毒丸计划，以抗御Air Products的敌意收购。如果一家企业已经采取了所有合理的方法去解决一个问题，则这家企业被认为已经做出了合理的努力。Airgas董事会提出每股报价应该是78美元，由于Air Products的报价被认为过低，所以法院判决Airgas可以采用毒丸防御措施对抗股东的意愿。法院还认为毒丸措施不是组织 Air Products 改变董事会成员，而只是延长这样做所需的时间。法院也裁定，如果股东将接受一个无视公司真实价值的过低收购报价的话，董事们有权阻止股东进行表决。

在实践中，当董事是分类推选时，改变董事会成员就需要更长的时间，正如 Airgas 这个案例，通常足以逼退收购要约方。一旦发起一项不期而至的收购要约，标的企业的股东成分会从长期投资者——经常在要约宣布时出售股票，转为套利者和对冲基金，他们寻求在标的企业的短期股价和收购价的差价上赚取利润。从他们的角度看，交易进行得越快，投资回报就越大。反映了其股东成分在改变，标的企业董事会在巨大的压力下被迫出售。尽管如此，董事会的信托责任是确保任何收购都符合其股东的最大利益；从董事会角度看，并购防御给了他们更多时间去评估初始收购要约，并有机会获得更高的报价。

法院的裁定给出了毒丸如何与分类董事会一起配合起作用的案例，董事每次只改选 1/3。因此收购方必须等候两年，才能改选大多数董事并迫使公司收回毒丸防御计划。这种策略组合被证明是非常有效的反并购防御措施。Air Products 对 Airgas 的要约收购，揭示了试图控制一家企业董事会所遇到的挑战。即便 Air Products 已经成功完成了改选大多数董事的工作，也不能保证新董事会将支持 Air Products 给出的每股 70 美元报价。Airgas 对要约的拒绝发生在 Air Products 推举的三名人选在 2009 年加入董事会之后，这三名新董事并没有发动出售公司的活动，而是与其他董事一起，要求 Air Products 给出更高的报价。

法院的判断结果影响了未来的敌意并购。这项判决延续了特拉华州长期以来的传统，即只要董事会是建立在诚信和遵守企业股东信托责任基础之上的，就应该尊重管理层的自由裁定权。裁定允许标的企业董事会使用毒丸防御，只要董事会认为是恰当的，这一决定影响深远，因为大多数美国上市公司都遵守特拉华州的法律。

讨论题

1. 你认为股东在任何情况下都应该有对企业出售的表决权吗？解释你的理由。
2. 你同意特拉华州衡平法院的判决吗？解释你的理由。
3. 具体说明在哪些情况下，毒丸计划和分类董事结合起来，会对标的企业的股东有利？
4. 该法庭判决对收购方未来采取敌意收购有何种影响？

（所有讨论题的答案可以在本书的网上教师手册找到。）

PART 2 第二部分

收购和兼并流程 （阶段1 ~ 阶段10）

“这个兼并看上去进展相当顺利啊。”

本书第二部分将收购兼并不仅看作商业战略，还是执行商业战略的一种方式。商业战略定义了一家企业的愿景和长期目标，以及它期望如何达成这些目标。收购兼并只是代表了一种执行商业战略的方式。企业可以选择一系列其他的合理方式执行商业战略，包括独立发展、合作和收购其他企业。

第4 ~6 章讨论了收购兼并中经常采取的各种活动。这些活动构成了收购兼并流程的10个阶段。尽管不是每个收购兼并项目都是以同一种方式开展的，但本部分讨论的这个流程仍可以作为实施这类交易的路线图。这个流程在用于收购兼并之外的其他方面时，例如商业联盟，也具备足够的灵活性，我们将在第15章详细讨论商业联盟。

第4章聚焦如何制订商业计划或战略，以及如果并购被认为是实现商业战略的最佳手段，如何制订并购计划。第5章讨论识别并与潜在标的企业进行初步接触，以及在开始尽职调查和正式谈判之前，拟订必要的法律文件。尽管初步估值提供了一个起步点，但实际的收购价格是在谈判阶段确定的。如果可以达成协议，在签署收购协议和完成交易之间，应该进行标的企业的整合规划工作。我们将详细探讨这个流程的每一个阶段的动机。

第6章讨论了整合前规划的角色，在交易完成后的整合工作中出现的常见难题，以及如何克服这些困难。尽管收购兼并的每一个阶段代表了完成交易的一个重要步骤，但整合往往被视为是其中最关键的一步。只有在标的企业和收购方已经成功合并之后，交易的期望价值才能够实现。

CHAPTER4

第4章

规划：业务发展和并购计划

并购流程的阶段1和阶段2

如果你不知道该走哪条路，任何一条路都会把你带到目的地。

——刘易斯·卡罗尔，《爱丽丝梦游仙境》

|并购内幕| 从受欢迎的社交媒体到弃儿——聚友网的兴衰

关键点

- 理解企业的竞争优势和如何维持其优势非常重要。
- 在快速变化的市场上维持竞争优势，需要持续不断的投资和灵活创新的决策。
- 最终证明，上述两个条件聚友网（MYSPACE）都不具备。

作为社交网络的先行者，MYSPACE于2003年上线运营，其受欢迎程度在2008年12月即达到巅峰。根据ComScore[⊖]的统计，聚友网在当月吸引了美国7 590万名浏览者。它不仅仅是一个社交网站，还被很多人看作是门户网站，人们可以在上面找到新朋友，发现新音乐和影片。聚友网报告其2009年收入超过4.7亿美元。

聚友网成功地激发了媒体大亨鲁珀特·默多克的想象力，作为媒体大鳄新闻集团（News Corp.）的创始人和CEO，默多克将聚友网视为新闻集团社交网络发展战略的

⊖ ComScore公司是一家全球性互联网信息服务提供商，是美国知名的互联网统计公司、互联网流量跟踪分析公司和市场调研公司。——译者注

基石，认为可以通过它向社交网站用户出售内容。为了让新闻集团迅速介入社交网络领域，2007 年默多克以约 5.8 亿美元收购了聚友网及其母公司 Intermix。但是新闻集团的时机选得实在是糟得不能更糟了。2009 年年中到 2011 年年中，MYSPACE 每个月至少流失 100 万名浏览者，2011 年 5 月的浏览者人数只有 2008 年顶峰时期的一半左右。2011 年广告收入萎缩到 1.84 亿美元，只有 2009 年水平的 40% 左右。

醒悟到 MYSPACE 日渐恶化的财务状况，新闻集团从 2011 年年初就开始寻找接盘人，开价 1 亿美元。与领英和高朋（Groupon）这类社交网站吸引眼球的火爆场面相比，MYSPACE 的出售却鲜有人问津。绝望之下，新闻集团在 2011 年年中将 MYSPACE 出售给了广告企业 Specific Media，由于 MYSPACE 的品牌价值大幅缩水，售价只有区区 3 500 万美元。

是什么原因导致了 MYSPACE 这么快就从辉煌顶峰跌下来了呢？有瑕疵的业务策略、管理不善、投资不足等一系列的错误阻碍了 MYSPACE 的发展，它也可能是快速发展的技术、多变的流行文化和早期成功之后骄傲自满的受害者。缺乏想象力的战略和投资不足，使得社交媒体领域向 Facebook 这样的新进入者敞开了大门。MYSPACE 可能也受累于新闻集团最高管理层日渐消退的兴趣。当消费者对 MYSPACE 的兴趣降低的时候，新闻集团的注意力转向收购《华尔街日报》。作为一家高度结构化的巨型媒体企业，新闻集团在吸收合并新型创业企业时，企业文化冲突可能也是导致出现问题的因素。作为一家大公司，有更多的会议、汇报关系，以及更多的程序和来自母公司高管的更多管控。MYSPACE 管理层的注意力经常被分散，去做一些能够与新闻集团其他业务产生协同效应的事情。

在社交媒体新时代，MYSPACE 的快速崛起和衰落勾画出这个行业不断缩短的生命周期。当新闻集团收购 MYSPACE 时，这还是一项非常火爆的在线社交网络业务。那时，Facebook 基本上还只是局限在校园范围内。然而，不久之后，Facebook 借助其友好流畅的界面和丰富的在线服务，在月度浏览人数方面将 MYSPACE 远远甩在了后面。MYSPACE 和其他很多互联网创业企业一样，经历了一场“昙花一现”式的辉煌。

本章概览

在未能成功达到预期目标的收购兼并中，设计糟糕的商业战略通常都是造成这种结果的一个重要原因。首要工作应该是将计划的概念化和实施结合起来，这一点总是被忽略。一些公司将收购兼并作为业务增长战略。本书和许多成功并购者的看法一致，并不将并购看作是一项商业战略，而是将其看作实施商业战略的一个途径。尽管企业通过并购，在短期内可能获得快速成长，但是在没有商业计划的情况下，这种较高的增长速度很难维持。商业计划的作用是识别其他并购机会，作为为未来增长提供动力的路线图。

本章重点讨论并购流程的前两个阶段——设计商业计划和并购计划，以及常用的与公司内部（如董事会和管理层）和外部支持者（如贷款人和股东）评估、沟通和交流信息的工具。阶段 3～10将在第 5 章讨论。后续章节将详细讨论并购流程的其他阶段。本书配套网站（http://booksite.elsevier.com/9780123854872）在“学生学习指南”（Student Study Guide）文件夹中提供了本章回顾和一个常用行业信息资源列表。

4.1　计划在收购兼并的角色

本书讨论的收购兼并流程可以分为两个阶段。战略计划阶段包括制订商业和并购计划。战略实施阶段（在第5章讨论）包括物色、筛选、联系购并标的企业，谈判，整合计划，完成交易，整合以及评估活动。

商业计划的核心概念

一项基于计划的并购流程的起点是商业计划和收购兼并计划，用于指导后续的并购工作。商业计划明确了企业的使命或愿景，以及为了企业各相关利益方实现上述使命而制定的商业战略。相关利益方就是并购所涉及的支持者，例如，客户、股东、雇员、供应商、贷款人、监管机构以及社区。商业计划是以长期发展为导向，经常会跨越不同的组织，影响涉及多个职能部门。通常定义较为宽泛而较少提供细节说明。

就商业计划而言，可以重要到区分出公司层面的战略和业务层面的战略。前者是由具有分散化或多个产品线的企业高层确定的，通常这个战略会涉及该组织的多个业务单元。其内容包括为特定业务的成长融资，通过其他方面的经营产生现金，撤并某些业务单元，以及追求多元化经营。业务层面的战略是由公司组织架构内特定的经营部门设定，可能包括该部门如何尝试在其所在市场达成低成本目标，区分产品适用对象，或者缩小运作范围将重点聚焦于特定的细分市场等内容。

战略实施是指企业选择执行商业战略的方式，通常比商业计划更详尽。收购兼并计划是一种具体的实施策略，详细描述了并购的动机以及何时和如何达成目标。职能战略（functional strategies）详细描述了企业内每个主要职能（如制造、市场和人力资源）将如何为商业战略提供支持。应急计划（contingency plans）是针对当前商业战略采取的备用行动计划。是否选择采取备用行动，可能依赖于某些被称作“触发点”的事件（如无法实现收入目标或未达成成本节约目标）的发生。在这些触发点，企业面临一些备选方案，有时是指“真实选择”，包括放弃、推迟或者加速推进投资策略。与本章后面要讨论的策略选择不同，真实选择可以是在投资启动之后再做出的决定。

4.2 收购兼并流程

收购兼并流程包含由卖方向买方转移所有权的过程中所包含的一系列活动。有些人对遵从一个结构化流程的想法不以为然，因为他们认为这样做可能会影响到对事先预期和未预期的各种机会及时做出反馈。事先可预期的机会是指由商业计划流程——理解企业的外部经营环境、评估内部资源、检讨一系列合理的选项，提出业务未来的清晰愿景，以及实现愿景的有现实意义的策略所确定的结果。未预期的机会可能在获得新信息时出现。制订一个经过精心筹划的商业计划，不会误失机会，实际上还为评估机会提供了方法，可以迅速甄别有助于实现商业计划的机会。

图4-1给出了本章和后续章节描述的收购兼并流程的10个阶段。这些阶段分为两组截然不同的活动：收购决策做出之前和之后的活动。谈判及其他四个基本上是同时发生和相互交叉的活动，是并购流程中的关键阶段。收购的决定或者放弃收购是包含在谈判阶段四项活动持续互动的结果。

收购兼并流程的各个阶段总结如下。

阶段 1：商业计划——为业务制订一个战略计划。

阶段 2：并购计划——制订支持商业计划的收购计划。

阶段 3：寻找标的——积极物色并购对象。

阶段 4：筛选标的——筛选并列出优先的潜在并购对象。

阶段 5：首次接触——与并购目标开始接触。

阶段 6：谈判——细化估值，涉及交易结构，实施尽职调查，制订融资计划。

阶段 7：整合计划——制订一个整合被收购业务的计划。

阶段 8：完成收购——获得必要的批准手续，解决交易后事项，结束交易。

阶段 9：整合——实施交易后的整合措施。

阶段 10：评估——对并购结束后的效果进行评定。

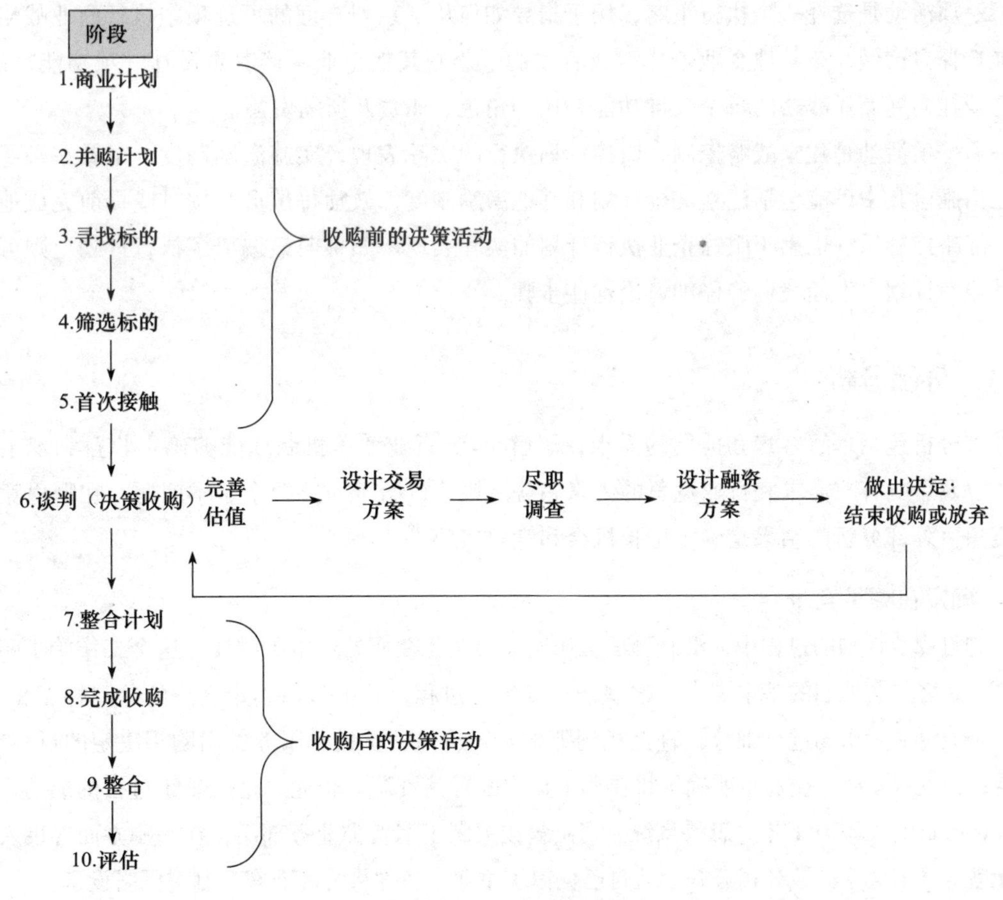

图 4-1　并购流程图

4.3　阶段 1：制订商业计划

周密设计的商业计划来自 8 个关键活动，总结如下。在设计商业计划的过程中，应就这些活动逐一回答一些细节问题。[㊀]第一项活动是外部分析，用来决定竞争的场所，也就是说，选择哪个产业或市场以及如何竞争，即企业如何在某个选定的市场开展有效的竞争。之后要做的是内部分析，或者自我评估，也可以说成是竞争优劣势分析。这两项活动——外部分析和内部分析，合起来常被称为SWOT分析，用于决定业务的优势、劣势、机会和挑战。做完这些分析，管理层就会对企业面临的机会、威胁，以及内部当前的优势和劣势有一个清晰的认识。从内外部分析中获取的信息，推动了业务的发展和功能战略的实施。

第三项活动是详细表述企业使命——基于外部分析、管理层的经营理念和价值观，总结企业所处的位置以及如何竞争，第四项活动是设定目标，进行量化的财务和非财务分析。做完这些工作之后，企业就可以在自我评估确认的限制条件下，选择有可能在预期的时间内达成目标的商业策略。一般来说，商业策略确定了业务竞争的方式（例如，通过成本领先、差异化或者聚焦策略）。

下一项活动是选择一个执行策略，用于指导如何从一系列合理的可选项中执行商业战略。企业可能选择自己做，与其他企业合作，或者收购、兼并其他企业。接着是设计一项功能性战略，确定企业在实施商业战略的每个关键功能领域的角色、职责及所需资源。

最后一项活动是建立战略控制，监控计划执行的实际表现，实施激励制度，以及在必要时采取纠正措施。其中可能包括建立奖金计划和其他激励制度，鼓励每位员工按时或提前完成他们的目标。战略控制系统也用于跟踪企业执行计划的实际表现。如果明显偏离了执行计划，则可能需要启动应急计划。下面我们将仔细讨论这些步骤。

4.3.1 外部分析

外部分析包括理解客户和他们的需求，了解市场/行业竞争机制或能够确定收益和现金流的因素，以及影响客户需求和行业竞争的未来趋势。该分析始于回答两个基本问题：在哪里竞争和如何竞争。外部分析的结果是确定增长机会和竞争威胁。

1. 确定在哪里竞争

在制订商业计划的过程中，没有哪项工作比决定企业在何处竞争更重要。这个工作始于明确企业当前潜在客户和他们的基本需求，这基于市场细分过程，其中包括确定客户的共同特点和需求。例如，企业可能对市场进行细分，直至找到那些基于价格、质量或服务做出购买决定的目标客户。在决定在何处竞争时，企业也明确了将在哪里集中配置其资源。企业总是沉湎于过去的成功，而盲目地加快收益增长。2011年，思科系统公司出售或关闭了消费类业务部门，在并购方面曾投入的数亿美元就这样消失了。该公司公开承认自己偏离了主业，声称将为商业客户制造网络设备。

识别目标市场包括三个步骤：第一步，企业建立评估标准，对多个潜在目标市场的吸引力程度进行区分。评估标准可以包括：市场规模、增长率、盈利性、周期性、客户对价格的敏感度、管制的宽松程度、市场集中度（degree of unionization），以及进入和退出的难易程度。第二步是继

㊀ 可以在波特的著作（1985）中找到详细的问题清单。回答这些问题，需要收集大量的经济、产业和市场信息。

续细分行业和行业内的市场，根据评估标准，分析这些市场的整体吸引力。对于每个市场，每项评估指标都赋予其一定的权重（可以是零），以反映企业对该市场的相对重要性的判断。较大的权重意味着较高的重要性。每项评估指标都有5个分值，5为最高级别，表明企业认为市场在该指标上表现最佳。第三步计算每个市场的加权平均分数，然后根据平均分大小排序。关于这个过程的示例，请浏览本书配套网站上的名为“市场吸引力矩阵”（An Example of a Market Attractiveness Matrix）的文件。㊀

2. 确定如何竞争

只有清楚了解在目标市场上哪些因素对竞争至关重要，才能确定如何竞争。这需要对决定企业外部环境的基本因素进行外向分析（outward-looking analysis）。理解市场/行业竞争机制（例如，利润和现金流如何决定），了解企业在竞争中必须胜出的领域（例如，高品质或者低成本产品），这对企业在所选择的市场中有效竞争十分重要。

描述目标市场需要收集充足的数据，准确评估和刻画出企业所在市场的竞争环境。采用迈克尔·波特著名的“五力分析法”，市场或者产业环境可以用竞争动力学术语表述为企业的客户、供应商、当前竞争者、潜在竞争者和企业客户（波特，1985）。决定产业竞争程度的因素包括现有企业之间的竞争，新企业进入带来的威胁，替代产品的威胁。尽管竞争程度决定了获取超额利润的潜力（例如，得到相比承担的风险更高的收益），但是行业客户和供应商的实际利润，要受到相互之间讨价还价能力的影响。

这个分析框架还可以修改，加入其他决定行业盈利性和现金流的影响因素，例如，政府管理的严厉程度，以及诸如变化的汇率这类全球化影响因素。劳动成本也可以纳入进去。尽管在许多制造领域，劳动成本只占全部费用的很小比例，但在非制造业，通常它是最大的一项开支。在分析中，也应包括诸如劳动者讨价还价能力这类因素。

图4-2汇集了上述各项竞争动力学因素。分析行业竞争动力学的数据包括：产品和服务的类型、市场份额（用货币或个数表示）、定价标准、销售和配售渠道及相应成本、生产设施的种类、场所和新旧程度，产品质量标准，客户服务标准，主要工种的报酬，研发支出，供应商评价标准，财务表现（增长和盈利性）。要收集企业所在市场中所有主要竞争对手的数据。

4.3.2　行业竞争程度的决定因子

行业竞争程度表现为一些方面的不同因素。第一个方面包括行业增长率、行业集中度、差异化程度和转型成本、规模经济性、富余产能、退出障碍，这些都会影响到当期行业内竞争者之间的竞争程度。如果行业快速增长，现有企业无须为市场份额竞争。如果该行业高度集中，企业可以更容易地协调定价。相反，在高度分散化的行业，这样做更难，而价格竞争会更激烈。

如果因为差异化程度较低，而从一个供应商转换为另一个供应商的成本最小，客户可能会因为很小的价格变化就进行转换。在那些产量非常重要的行业，企业可能为了市场份额拼命竞争，以实

㊀　读者可自行登录外方网站获取。

现规模效应。更有甚者，拥有过剩产能的企业经常会降价，以填补产能空缺。最后一点是，由于退出壁垒高而企业难以退出，例如大量未兑现的养老金债务或者单一资产过大，竞争可能会加剧。

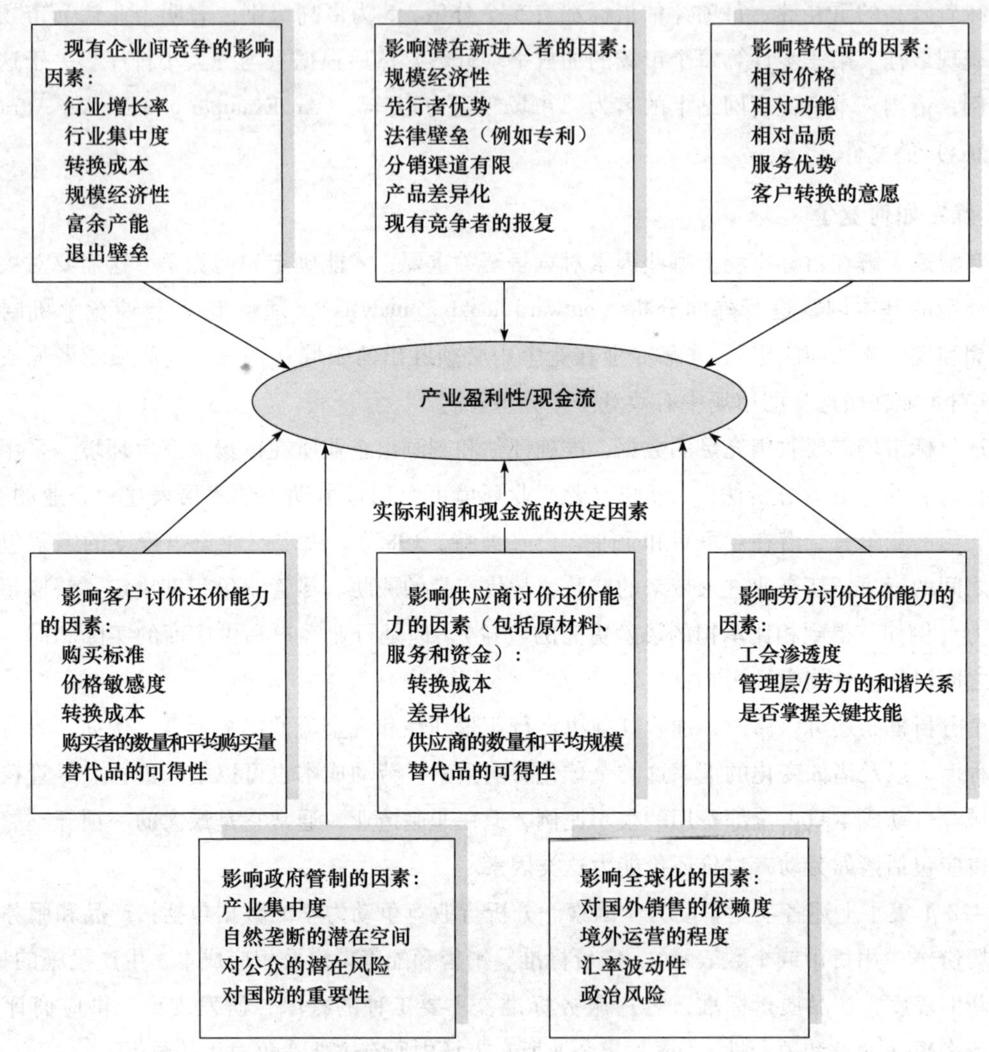

图 4-2 定义市场/行业竞争机制

资料来源：摘自 Palepu，Healy，Bernard（2004）。

第二个方面是关于那些提供与现有竞争者类似产品的行业新进入者。由于进入壁垒低，现有的竞争者的讨价还价能力有限，试图提价获得超额利润，就会吸引大量新来者涌入这个行业，导致行业生产能力变得富余。相反，高进入壁垒给予了现有竞争者更大的定价能力。对于新进入者，壁垒包括现有竞争者的大规模生产，使其因规模优势而获得了潜在的成本优势。“先行者优势”，即早一步成为行业内的竞争者，也能打造壁垒。先行者能够获得广泛的品牌认知，建立行业标准，与主要供应商、分销商建立起排他性合作关系。最后，诸如知识产权和专利这类法律限制可以阻挡新进入者。

第三个方面包括替代品的潜在空间。一个产品的售价与近似产品相比，称为相对价格，与竞争产品的功能、品质和客户转换的意愿一起，决定了替代威胁。潜在的替代品可能来自当前或者潜在的竞争者，包括那些与现有产品非常相似或者具有同样功能的产品，例如，平板电脑替代精装版图书。

4.3.3　实际利润和现金流的决定因素

客户、供应商和劳方的讨价还价能力，是影响利润和现金流的三大重要因素。其他因素包括政府管制程度和全球化。买方的讨价还价能力依赖于他们的基本购买标准（例如，价格、品质/可靠性、服务、方便性，或者上述因素的某种组合），价格敏感度或者价格弹性，转换成本以及与供应商相比的数量和规模。如果客户将产品质量和可靠性作为首要的购买标准，那么他可能愿意为购买宝马轿车而多付一些钱，因为它的质量更好。对于生产大量无差异和转换成本低的产品的行业，客户的价格敏感性可能会更高。如果大买家的数量少于供应商的数量，买方的议价能力可能更强。从特定的差异化、数量以及他们对客户的重要性来看，供应商与买家之间的相对比例，反映了客户转换供应商的难易度。当客户不得不为退出长期采购合同而支付罚金，或者新供应商必须经历一个强化学习过程才能满足客户要求时，转换成本将会更高。更严重的是，如果依赖于单一或者少数几个供应商，议价能力就会从买方转移到卖方。相关的案例包括英特尔在计算机芯片全球市场上的垄断地位，以及微软个人电脑操作系统全球市场的龙头地位。

停工为竞争者获取市场份额创造了机会。此时客户被迫从别处满足自己的产品和服务需求。尽管只是暂时失去了客户，但不排除客户觉得其他企业的产品或服务更好，这种损失就会变成永久性的。频繁停工可能也会对生产能力和生产成本产生长期影响，这是劳动者精神涣散和流动性增加造成的结果。政府可能会对高度集中的、自然垄断企业（例如电力），或者对公众具有潜在风险的企业加强监管。监管的合规要求大大增加了行业的运营成本。监管也为进入和退出制造了壁垒。国际化是指产业中参与者在国际上的曝光度。汽车工业被广泛认为是全球性行业，参与其中意味着装配生产和销售网络要遍布全球主要市场。全球化经营使得企业面临货币风险对利润的侵蚀，以及诸如财产罚没的政治风险。

4.3.4　内部分析

内部分析的主要成果是确定企业的优势和劣势，以及与竞争对手的比较。企业的重要优势是否易被竞争对手复制和超越？这些优势是否在选定市场上被善加利用？企业的关键劣势是否被竞争对手利用了？这些问题必须尽量客观地回答，这些信息将用于构造可行的战略。

成功的竞争最终意味着企业能比竞争对手在满足客户需求方面做得更好。自我评估可以确定出优势或者胜任能力，即所谓的成功因子（success factors），这是在企业选定的市场或者目标市场取得竞争成功所必需的，其中可能包括：比竞争对手更高的市场份额，产品线的宽窄，节省成本的销售和分销渠道，生产设施的年限和地点分布，产品相对质量，价格竞争力，研发有效性，客户服务有效性，以及企业文化和盈利性。

回忆一下，外部分析和内部分析合在一起被称为 SWOT 分析，可以确定企业的优势、劣势、机会和威胁。表 4-1 展示了为亚马逊网站做的一个虚构的 SWOT 分析。结果表明，这家企业的最大机会是成为一家在线百货公司，而其最大的威胁是越来越多的竞争者开始提高在线业务比重。

SWOT 分析总结了亚马逊网站基于机会和威胁该如何结合自己的优劣势。这个结果有助于管理层设立企业在哪里以及如何竞争的战略方向，然后再通过企业使命表述和一套可量化的财务和非财务目标传递给企业的各个利益相关方。

表 4-1 虚构的亚马逊网站 SWOT 分析

	机会	威胁
	被互联网用户视为最喜爱的在线"百货商场"，尝试加速在线零售销售	沃尔玛、百思买、乐购等都在增加对网络的渗透
优势	品牌识别度 方便的在线订购交单系统 信息技术基础架构 对特定产品（如图书）的全套基础架构	在线销售、广告推广和执行方面（例如，满足客户订单要求）有丰富的经验
劣势	欠缺充足的仓储和库存管理系统以支持销售快速增长 在采购外围零售产品（例如，药品、运动装备）方面经验有限 有限的财务资源	非常小的零售量限制了采购经济性的发挥 有限的财务资源 在特定市场（例如，消费电子产品）品牌认知度有限 零售管理深度

4.3.5 制定使命声明

2009 年，苹果电脑公司董事会和管理层通过将企业名称改为苹果公司，想改变外界对该公司的看法。公司希望这个改变是创新性的，反映了企业从一家电脑软硬件公司，变身为以 iPod 和 iPhone 这类产品为主的高利润快速成长的消费电子企业。换言之，该企业重新确立了企业使命。2011 年，星巴克从其企业识别标识上去掉了"咖啡"字样，收购了一家大型果汁制造商 Evolution Fresh，尝试从连锁咖啡店转变为在店外销售产品的消费品企业。

使命声明写明了企业想要成为什么，以及发展的目标，因此不应过于空泛到只能为实践提供很少的指导。好的使命声明应该包括企业的目标市场，反映企业的基本优势和能力之间的良好配合，以及表明比竞争对手能够更好地满足客户需求。使命表述应该较宽泛地规定可提供的产品，以便能够涵盖企业核心竞争力衍生出的新产品。分销渠道（企业如何选择销售其产品）应该加以明确，企业产品和服务所对应的客户也应明确。使命声明应该说明管理层对企业主要利益相关方的理念，这些打下了企业如何对待其利益相关方的基础。

4.3.6 设定战略或者长期商业目标

商业目标必须在特定的时间内完成。好的商业目标是可以衡量的，有完成的时间表，包括：收益增长率、最小可接受财务回报、市场份额，这些内容我们稍后还会更详细地讨论。好的商业目标可能表明企业在一定时间内将收益从当前的 10 亿美元增长到 50 亿美元。写得糟糕的商业目标只会声明企业在寻求大幅提升收益。

常见的商业目标

企业一般会采纳一些常见的商业目标，例如，在一定期限内达成或超过股东、贷款方或者两者（资金成本）要求的回报率。企业可能设定了一个规模目标，寻求达成某个重要的销售量，在给定期限内实现规模经济效应。

一些常用的目标与增长相关。会计方面的目标包括寻求每股收益（EPS）、收入或者资产在给定时间内达到一定的增长率。估值方面的目标可能表述为企业的市盈率、账面价值、现金流或者收入。多元化目标是指企业期望销售现有产品的新市场，在现有市场销售新产品，或者在新的市场销售新产品。例如，企业可能设定一个目标，在一定期限内从新产品销售中获得25%的收入。企业也经常设定具有弹性的目标，在企业发展的过程中致力于获得生产设施和分销能力，以便快速抓住新机会。例如，主要的汽车制造商不断标准化其轿车和货车平台上的零部件，减少推出新产品所需的时间，让它们能够在转移生产场地时具有足够的灵活性。技术目标可以反映出企业期望获得核心技术能力。计算机芯片和软件开发商以及国防合同商都是不错的例子，他们为了生存总是需要跟上和赶超新技术。

4.3.7 选择合适的企业、商业和实施战略

每个层级的战略服务于一个特定的目的。实施战略需要比公司层面的战略更具体，为企业的业务部门提供指引。

1. 企业层面的战略

企业战略（corporate-level strategies）往往包括全部或者公司直属的一些业务部门。增长战略聚焦于加快企业的整体经营收入、利润和现金流增长，实施方式可能会比较多样，我们将在本章后面详细论述。多元化战略包括进入新业务领域的公司战略。这些业务可能与现有业务相关，甚至没有任何联系。关联性可以定义为标的企业的产品和市场与目前企业已有产品和市场的相似程度。经营重组战略（operating restructuring strategies）有时也称作掉头或防御战略，通常指缩减或者关闭非营利性或非战略性设施，减少公司或产品线的销售，获得破产法庭债权人的保护或清算。财务重组战略（financial restructuring strategies）描述了企业改变其债务和股本结构的行动。这项战略的动机可能是更好地使用企业富余现金，回购企业股票，通过提高杠杆或通过管理层收购公司股份，提高管理层控制以降低企业的资本成本等。

2. 业务层面的战略

企业应该从一系列合理的选项中，选出能够让其在可接受时限内和有限资源条件下达成约定目标的业务战略。有限资源包括管理人才的可得性和资金的提供。业务战略分为四个基本类别：价格或成本领先，产品差异化，聚焦或利基策略，混合策略。

3. 价格或成本领先

价格或成本领先策略反映了一系列工具的影响力，包括经验曲线和产品生命周期，这些都是由波士顿咨询集团（BCG）引进和推广普及的工具。这项策略的目的是通过建造有效率的生产机构，严格控制管理费用，减少盈利贡献小的客户，使企业成为市场上的成本领先者。

经验曲线是指，随着企业累计产量增加，企业制造产品的效率越来越高，单位成本将呈几何级数下降。企业的累计产量最大，就会成为成本最低的制造商。这意味着企业应该尽早进入市场，积

极降低产品价格，最大化自己的市场份额。经验曲线似乎对大量商品行业都是适用的，例如，个人电脑或移动电话制造。在这些行业，规模经济能够带来单位生产成本降低。持续压缩生产成本的策略对已占有最大市场份额的行业龙头而言最有意义，它们可以通过降价，通过提升价格优势获取更多的市场份额。关于如何使用经验曲线，请参阅本书配套网站上的“应用经验曲线的示例”文档。

波士顿咨询集团的第二项重大贡献是产品生命周期，定义了产品发展的四个阶段：襁褓期、成长期、成熟期和衰落期。前两期的特点是强劲的销售增长和低进入壁垒。随着时间推移，早期进入者通过学习，作为经验曲线的结果，降低了生产成本，积累了市场份额，此时进入的成本变得更高了。新来者和早期进入者相比只占很小的市场份额，居于成本劣势，而当市场增长减慢时，他们无法追上市场领先者。后续阶段的特征是缓慢的市场增长，不断下跌的价格迫使边缘企业和不盈利的企业退出市场，或者迫使它们与其他企业合并。了解企业所处的产品生命周期，有助于项目未来现金流的增长，这是估值所需的。在高增长阶段，行业内的所有企业通常具有很高的投资需求，而经营现金流一般是负数。在成熟和衰落阶段，投资需求低而现金流变为正数。

4. 产品差异化

产品差异化与一系列战略有关，客户认为企业提供的产品与市场上已有商品有些许不同。品牌形象是获得差异化的一种方式。另一种方式是为客户提供一些特色或功能。例如，许多银行都发行万事达卡或维萨卡，但是每家银行都试图通过提高信用额度、降低利率或年费、提供奖品进行差异化。苹果电脑公司采用领先于竞争对手的创新技术销售 MP3，最近又推出了技术最前沿的 iPad 平板电脑。提供其他发放渠道也是一种差异化方式，例如，让客户可以自行从在线网站下载产品。其他企业则通过向客户提供优质服务、便利及稳定的产品质量作为竞争手段。

5. 聚焦或利基策略

企业选择聚焦或者利基策略，尝试通过集中精力在单一市场上销售产品或提供服务，它们借助比竞争对手更好地理解客户而胜出。在这类策略中，企业试图对一群特定的客户、一个狭窄的地理区域，或者一种特殊用途的产品制定专门的战略。这类案例包括主要的航空公司、飞机制造商（如波音），以及主要的防务合同商（如洛克希德－马丁公司）。

6. 混合策略

混合策略包括上述三种策略的某种组合（见表4-2）。例如，可口可乐奉行的是差异化和市场高度集中策略。该公司的主要收入来自全球软饮料市场，而且其主要产品是差异化的，消费者认为其产品具有特别新鲜的口感。速食品行业巨头麦当劳采用的是一种既聚焦又有差异化的策略，通过在干净舒适的环境中提供质量稳定的产品进行竞争。

表4-2 混合策略

	成本领先	产品差异化
利基市场	思科系统	可口可乐
	WD-40	麦当劳
多个市场	沃尔玛	美国在线
	甲骨文	微软

4.3.8 战略实施

企业一旦选定了合适的商业战略，下一步必须决定最佳的实施方式。企业通常有五种选择：

只依靠内部资源（独资企业、自主发展或自建）、合伙、投资、收购或者调换资产。很少见到一种战略始终优于其他战略的情况。实际上，与收购兼并案例中记录的战略相比，其他战略的失败率也很接近。[㊀]这没什么奇怪，如果一个战略的表现总是优于其他战略，所有企业都会采用类似的增长战略。表4-3比较了这些选项的优缺点。

表4-3 战略实施

选项	优点	缺点
独资企业或自建（有机增长）	控制权	资本/费用要求[①]速度
合伙（分享增长/分享控制） • 销售/分销联盟 • 合资企业 • 授权经营 • 连锁经营	资本和费用投资有限 之后可能被收购	缺乏控制或者控制权有限 有可能目标很分散 有可能树立竞争对手
投资（如持有企业少数股权）	有限的创始资金或费用要求	失败率高 缺乏控制 时间
收购或兼并	速度 控制权	资本/费用要求 收益有可能被摊薄
调换资产	现金使用有限 收益不会摊薄 如果调换后的资产基数不变，税负有限	寻找有意愿的合作伙伴 需要就调换资产达成协议

①费用投资是指诸如应用软件开发、数据库建构、产品研发、培训以及为打造品牌认知度支出的广告费，与资本开支不同，这些费用通常是在花钱的同一年被支出。

理论上，应该基于每个选项会导致企业预期现金流减少的情况做出选择。实践中，要考虑许多其他因素，比如不可见的因素和貌似合理的假设。

1. 不可见因素的影响

尽管在评估各个战略实施选项时要做财务分析，但是最终的决定，可能取决于高管人员的风险偏好、耐心和个性。在做出选择时，各种选项所带来的不同的控制程度，也是高层管理者不得不面对的。尽管独资企业和并购可以提供最高的控制度，但无论从哪方面来衡量，它们的代价也是最大的。自建可能需要更长时间才能实现关键战略目标，当前的价值可能比其他选项低很多，这取决于其投资产生现金流的数量和时间。通过并购获得控制权的代价也可能非常大，这是因为收购方为了获得另一家企业的控股股权，通常须支付大笔溢价。合资的做法可能比自建或并购方式更为可行，与被收购相比，这种方式可以以较低的成本让企业获得技术、产品销售渠道、先进的流程和专利。调换资产与其他选项相比更有吸引力，但是在大多数行业都很难这样做，除非资产的物理特性和用途非常接近，而且实现规模经济效应的前景很诱人。[㊁]

2. 分析假设条件

财务理论认为，具有最高净现值的选项通常是最佳战略。尽管如此，如果假设条件是错的，

㊀ A. C. 尼尔森（2002）估计新产品导入的失败率应超过70%，各种联盟的失败率超过60%（Ellis，1996；Klein，2004）。

㊁ 2005年，花旗银行将其基金管理业务与Legg Mason的经纪和资本市场业务做了调换，两项业务的价格差是用现金和股票支付的。2007年，英国石油公司用其在Toleto（俄亥俄州炼油企业）的一半股权换来了赫斯基能源集团在加拿大阿尔伯塔省Sunrise油砂矿份额的一半。2011年，星巴克从其合作伙伴Maxim配餐公司获得了在中国主要城市的酒店的全部权益，条件是将合资企业在中国香港和澳门的所有权转移给Maxim配餐公司。

也可能会出问题。所以，重要的是了解所选战略和其他选项所依据的关键假设条件是什么。这就促使高级管理层不仅仅是依赖电脑模型给出的数据做出决策，而是要在仔细探讨每个选项背后的假设合理性之后，再做出决策。

4.3.9　功能性战略

功能性战略通常关注于短期结果，一般是由功能单位制定。对于不同的组织，这些战略会引发每个功能单位或业务组的一系列行动。对于营销、制造、研发、工程、财务和人力资源单位，可以制订不同目标和行动的独立计划。功能性战略应该包括清晰定义的目标、行动、完成任务的时间表和所需资源，并且确定出可在预算内按时完成任务的责任人。

特定的功能性战略可以是这样表述的：

> 20××年12月31日前，在美国北部建立一个每年至少可以处理100万件产品的产品分销网络。（责任人：奥利弗·特兰；估计预算：500万美元）
>
> 20××年10月31日前，规划和启动一场广告活动，以支持美国东北部地区的销售。（责任人：玛利亚·戈梅；估计预算：50万美元）
>
> 20××年9月15日前，聘请一名后勤经理，负责管理分销网络。（责任人：帕特里克·派迪；估计预算：25万美元）
>
> 20××年6月30日前，以不超过2.5亿美元的价格，收购一家能满足公司未来3年需求的有足够产能的制造商。（责任人：李常）

假设有一家应用软件公司打算把业务拓展到信用卡行业。下面是一个示例，说明公司的使命、商业战略、执行战略和相应的功能性战略。

> 使命：在20××年前，成为客户公认的业内可提供准确、快捷、大容量信用卡数据传输应用软件的领导厂商。
>
> 商业战略：到20××年，通过增加必要的功能和特性，让我们的产品和服务与主要竞争对手的产品形成差异化，满足客户的需求。
>
> 执行战略：20××年12月31日前，以不超过4亿美元的价格收购一家能够研发最佳传输处理软件的软件公司。（责任人：丹尼尔·斯塔基）
>
> 用于支持实施战略的功能性战略。
>
> 研发：识别和研发新的传输处理应用软件。
>
> - 市场推广和销售：评估推出新产品对从现有和新客户中获得收入的影响。
> - 人力资源：确定合适的员工需求。
> - 财务：确定并量化用新收购软件代替现有软件，以及公司合并后减少重复人员所获得的效率提升带来的潜在的成本节约。评估收购对合并后公司财务报表的影响。

- 法务：确保收购标的企业的客户持有有效合同，而且这些合同转移到本公司时无须缴纳罚金，还要确保我们能够独家拥有使用该传输处理软件的无限权利。
- 税务：评估收购对现金流产生的影响。

4.3.10 战略控制

战略控制包括激励和监督系统。激励系统包括奖金、利润分享，以及其他能够激励收购交易双方员工实施合并后企业战略的基于表现的薪酬。通常在谈判阶段取得一致意见。在交易完成后，如果被收购方的关键员工仍留在公司一段时间，激励通常会包括挽留金。监督系统用于跟踪合并后的企业执行商业计划的实际表现情况，它们可能采用与会计相关的财务监控指标，例如收入、利润、现金流，或者可能和活动相关，监控对财务表现有影响的变量，比如客户获取、户均收入、员工流动率以及员工人均收入贡献。

4.4 作为沟通文件的商业计划书

商业计划书是与关键的决策者和利益关联方进行沟通的一个有效方式。一份好的商业计划书，应该简短、重点突出、制作精良。阅读材料4-1展示了好的商业计划书应该表现出的关键特性，它应该是逻辑严谨、有说服力的，能够被决策者接纳。在制订商业计划书时，管理摘要是最重要、最难写的部分，必须清晰而有说服力地讲清楚建议的内容和理由，如何以及何时实现。对于计划书采用的关键假设，也必须明确其主要的资源要求和风险。管理摘要通常是时间有限的CEO、贷款方或者风投最先和唯一阅读的内容。因此，它也是抓住关键决策者注意力的最先也是最后的机会。支持性的内容应该在商业计划书的文字中提及，但通常放在计划书的附录里。

阅读资料4-1

典型的业务单元层级的商业计划书格式

1. **管理摘要** 用一两页纸，描述你打算做什么，为什么及如何完成，关键的假设、风险和资源要求。

2. **行业/市场定义** 用规模、增长率、产品提供和其他特点定义行业和市场。

3. **外部分析** 用客户、竞争对手、潜在进入者、替代产品或服务、供应商以及它们如何相互作用决定盈利和现金流，描述行业/市场竞争机制（例如，波特五力模型，见图4-2）。讨论行业竞争机制中的主要机会和挑战。这一节的信息将用于制订财务报表的成本和收入假设。

4. **内部分析** 描述企业的优劣势以及与竞争对手的比较。确认对企业目标客户非常关键的优劣势，并解释为什么。这些数据可以用于制定业务财务报表的成本和收入假设。

5. **使命和愿景** 描述企业的目的，计划达成什么，以及其利益相关各方的期望。一家汽车零部件制造商可能认为十年后，自己会成为客户、员工、所在的社区和供应商眼中全球领先的高品质零件供应商。

6. **量化的战略目标**（包括达成时间） 包括财务目标（例如，回报率、销售额、现金流、股价）和非财务目标（例如，市场份额，以市场份额计算，被客户或投资方认为是目标市场的第一名，产品质量、价格、创新）。

7. **商业战略** 明确如何达到使命和目标。（例如，成为成本领先者，采取差异化战略，聚焦特定市场或者某些混合战略）。表明所选择的战略满足一个关键客户需求或者打造了企业的一项核心能力。如果客户对价格高度敏感，企业可能追求成本领先战略，使其能够降低销售价格，提高市场份额和利润水平。拥有良好品牌的企业可能选择一个差异化战略，在其产品中加入客户认可的特性。

8. **实施战略** 从一系列合理选项中（例如，独资企业或自主发展战略；合伙企业或非常规业务联盟，授权，或少数股权投资；抑或并购），指出哪种选择可以使企业更好地执行所选的商业战略，指出为何该实施战略优于其他选项。收购战略可能在“机会窗口”有限的情况下合适。独资企业可能在只有少数几个有吸引力的收购标的，或者企业相信自己有资源开发出所需流程和技术时，才会被优先选用。

9. **功能性战略** 主要功能领域包括制造、工程、销售和市场营销、研发、财务、法务和人力资源所需资源和计划。

10. **商业计划书财务数据和估值** 提出预期的年收入、资产负债表、企业现金流报告，基于企业预期现金流估算企业价值，给出财务预测和估值的关键假设条件。

11. **风险评估** 通过每次改变一个关键假设条件，评估对估值的潜在影响。确定应急计划（例如，达成企业使命或目标的其他途径），以便在关键假设条件不准确时可以采用。确认导致企业采用应急计划的特定事件。这些“触发点”可能包括收入增长超过某个百分点，或者在特定时期无法收购或研发所需的技术等。

4.5 阶段2：制订并购执行计划

如果企业决定通过并购实施其商业计划，就需要准备一个并购计划。本节讨论并购规划流程，包括并购计划各个详细的组成部分。[㊀]并购计划是一种特定类型的实施战略，聚焦于战术和短期事项，而不是战略性和长期事项。并购计划包括：管理目标、资源评估、市场分析、高管在并购流程中的指导、时间表以及各项工作的责任人。这些内容和寻找收购目标的标准，要在并购流程开始时确定下来。一旦确认了收购标的，还需要做一些其他工作，包括联系对方，设计谈判策略，确定初始报价，以及制订融资和整合计划。这些活动将在第5章中讨论。

我们应该在“交易负责人”指导下制订并购计划，这个人通常是一名出色的经理人。在流程早期，高层管理者应该为这个全职或兼职工作任命一位交易负责人。这个人可以来自企业的业务发展部门，或者是企业业务发展团队中一名有丰富交易经验的成员。通常这个人将负责被收购标的的运作和整合，由一名交易经验丰富的人提供支持。并购流程的前几步要在选择标的企业之前进行，包括在可以开始寻找收购标的之前制订必要的方案。

4.5.1 计划目标

并购计划的目标应该与企业战略目标保持一致。财务和非财务目标应该为商业计划书目标提

㊀ 如果企业实施商业战略需要一些其他的商业组合，比如合资企业或商业联盟，可以采用这里所讲的与并购规划流程类似的做法。

供支撑。而且和商业计划书目标一样，并购计划书目标也应该量化，包括目标预期实现的日期。

财务目标可能包括在特定时间内应达成的最低回报率或者运营利润、收入以及现金流目标。最低回报率或者要求的回报率目标，可能远高于商业计划书的目标值，抑或与要求的股东回报率或总资产回报率有关。由于并购带来的预期现金流数量和时间的变动，并购回报率反映了由此引发的较高的风险水平。

非财务目标强调达成收购的动机，有助于实现商业计划书中提出的财务回报。非财务目标可能包括获得特定产品、专利、版权或者商标的权利；在同一或相关市场提供增长机会；在同一或相关市场开发新的分销渠道；在战略上重要的制造厂获得额外产能；提高研发能力，以及获取先进技术、流程和技能。[㊀]由于这些目标识别了企业最终达成其期望的财务回报的所有因素，所以它们可能比财务目标更具指导性。表 4-4 展示了并购计划目标如何与商业计划目标联系起来。

表 4-4　商业计划目标和并购计划目标的联系示例

商业计划目标	并购计划目标
财务：企业将 • 在 20××年，获得的回报率不低于股权或资本成本 • 负债占总资本的比例维持在 $x\%$	财务回报：标的企业应 最低资产回报率 $x\%$ 负债占总资本的比例≤$y\%$ 抵押资产 z 百万美元 现金流超过运营需求 x 百万美元
规模：公司将在 20××年成为市场份额排名第一或第二的企业 • 在 20××年前，收入达到 x 百万美元	规模：标的企业的收入应不少于 x 百万美元
增长：到 20××年，企业将达成年均 • 收入增长率 $x\%$ • 每股收益增长率 $y\%$ • 经营现金流增长率 $z\%$	增长：标的企业应 • 年收入、利润和经营现金流增长分别不低于 $x\%$、$y\%$ 和 $z\%$ • 到 20××年，新产品和市场达到 z 百万美元 • 获得年度产能 x 百万件
多元化：公司将减少收入波动幅度 $x\%$	多元化：标的企业的收益应与并购方的收益相关性较低
弹性：公司将在制造和设计方面具有灵活性	弹性：标的企业应采用柔性制造技术
技术：公司应被客户视为业内技术领先者	技术：标的企业应拥有重要的专利、版权及其他形式的知识产权
品质：公司将被客户视为业内质量领先者	品质：标的企业的产品缺陷必须低于每百万件产品 x 个缺陷
服务：公司将被客户视为业内服务领导者	质保记录：标的企业的客户投诉每百万件售出产品不高于 x
成本：公司将被客户视为行业低成本供应商	劳动成本：标的企业应没有工会组织，不涉及重要的政府规管条例
创新：公司将被客户视为业内的创新领导者	研发能力：标的企业在最近两年引入的新产品应至少占全部销售收入的 $x\%$

4.5.2　资源/能力评估

在并购流程早期，重要的是确定高层管理者承诺为交易提供的最大企业资源。这个信息用于在寻找收购目标之前，企业据此设定标的选择标准。提供给收购方的潜在财务资源，包括超过正常运营所需的现金流，以及从股本和债务市场得到的融资。由于标的企业是明确的，潜在的资金池包括合并公司超过正常运作需求的富余的内部现金流，合并企业发行股票或提高借贷杠杆的能力，以及出售无助于实施收购方商业计划的资产所得。财务融资理论认为，如果收购方能够证明

㊀　见作者 2001 年文章。

自己并购中的所得超过了资金成本，通常就可以为并购获得充足的资金。在实践中，高层管理者的风险容忍度，在决定并购方是否支付得起一项并购中起到关键作用。风险厌恶型经理人可能倾向于只从企业未来所获得的全部财务资源中，划拨出很小一部分用于支持并购。

高层管理者在考虑并购时，面对的是三种基本的风险类型。如何看待这些风险，取决于管理层愿意提供多少资源用于完成收购。运营风险强调买方管理被收购公司的能力。一般来说，如果收购与并购方的核心业务不同，运营的风险会比较高。财务风险是指买方通过借贷完成一项交易的意愿和能力，以及股东接受短期内每股收益被摊薄的意愿。为了获得一定的信用评级，并购方的财务比率应保持在一定水平，例如，负债占总资本的比例和利息覆盖系数。企业增加负债的空间，可以根据评估机构对同行业可比较企业的相关财务比例粗略算出。差值代表了理论上该企业在现有信用评级水平可以借到的金额。㊀高层管理者也可以通过和华尔街分析师的非正式讨论，以及查阅同类通过发行股票融资的可比交易，了解股权投资者可能愿意接受的每股收益摊薄的程度。过度支付风险包括因支付了远高于被收购企业经济价值，导致每股收益摊薄或者增长率下降。过度支付对收益摊薄的影响可能持续多年。㊁

4.5.3 管理层指导

为了确保收购过程受到控制，并处于管理层风险容忍范围内，管理层应该向那些负责寻找、评估标的和交易谈判的人提供指导。管理层的提前介入，将非常有助于并购流程的成功执行。高级管理层如果不在早期阶段提供信息输入，必然导致沟通不畅、混淆混乱和后期执行不力。阅读资料4-2提供了在并购计划中可能遇到的常见的管理层指导案例。

阅读资料4-2

管理层向并购团队提供指引的示例

1. 确定用于评估潜在收购对象的标准（例如，规模、价格区间、当前盈利水平、增长率、地理位置以及文化相容性）。

2. 规定寻找潜在收购对象的验收方法（例如，咨询董事会成员，分析竞争对手，联络经纪人、投行、律师事务所和商业媒体）。

3. 确定并购团队的角色和责任，包括使用外部顾问以及确定团队预算。

4. 明确可接受的融资来源（例如，发行股票、银行贷款、无抵押债券、买房融资或者资产出售）。

5. 确定收购资产或股票的优先顺序以及支付方式。

6. 设定商誉的可接受范围（即收购价超过

㊀ 假设收购方和标的企业合并后的利息覆盖比率为3，而合并后企业负债占总资本的比例是0.25，再假设同行业具有可比利息覆盖比例的其他企业的负债占总资本的比例为0.5。相应地，收购合并后的企业在信用评级不变的情况下，可以提高借贷额度直至其负债占总资本的比例等于0.5。

㊁ 为了讲解过度支付风险的影响，我们假设收购方的股东满意未来5年内，公司预期每股收益每年增加20%。公司宣布将收购另一家企业，而且“重组”成本将在明年降低每股收益到10%。管理层认为合并两家公司所得到的节省，将在第2~5年提高每股收益增长率到30%。风险是节省效应不能在管理层预期的时间内实现，而且收益减慢的时间超过了第一年。

收购资产减去负债的公平市场价格部分）。

7. 如非全部收购，明确能够接受多大比例的部分收购。

8. 明确是否愿意发动敌意收购。

9. 设定可承受限度（可以表示为价格与税后收益的最大比例、息税前收益，抑或现金流倍数或最大金额）。

10. 表明是期望进行相关收购还是不相关收购。

4.5.4 时间表

一个设计良好的时间表，能够给出并购流程中必须发生的所有关键事件。每个时间应该有开始和结束日期，以及整个过程中的所有里程碑，而且应该表明谁负责确保每个里程碑按时实现。时间表应该积极进取而且能够实现。时间表应该足够进取，激励所有参与的人尽可能快地满足计划的管理目标。同时应避免过度乐观，以免出现不可控制事件拖慢达成某些里程碑，从而打击团队的工作积极性。阅读资料 4-3 重新列出了典型并购计划流程的各个组成部分。本章详细讨论了前两个部分，其余内容将在下一章讨论。

阅读资料 4-3

买方的收购计划

1. 计划目标：明确并购的特定目标。其中应该包括需要达成的特定目标（例如，降低成本，获得新客户、分销渠道或者现金技术，扩大产能），以及这些目标的成果如何更好地被公司用于实施其商业战略。

2. 时间表：设定完成并购的时间表，如果标的企业将被并入收购企业，还应包括整合工作。

3. 资源/能力评估：评估买方完成收购的财务和管理能力。用买方能为收购支付的最大数额确定其可承受限度。解释这个数额是怎么得到的。

4. 管理层指引：表明买方在“友善”收购，控股权益，使用股票、负债、现金或某种组合等方面的优先顺序。

5. 搜寻计划：制订识别标的企业的标准，向搜寻标的的人解释计划，为何标的最终会被选择，你将如何和标的企业初步接触，见第 5 章。

6. 谈判策略：确定关键买方/卖方问题。提出满足各方基本需求的交易结构。评论交易结构的特点。这类特点包括建议的并购工具（例如，收购企业的法律架构）、交易完成后的组织架构（例如，交易达成后用于管理整合企业的法律框架）、支付形式（例如，是否资产或者股票被收购）以及税收结构（例如，交易时应纳税还是免税）。指出你会如何缩小买方期望价格与报价间的差距。这部分内容将在第 5 章有更详细的讨论。

7. 决定初始报价：分别提供买方和收购标的未来五年的收入、资产负债表、现金流报表以及包括和不包括协同效应的合并企业的这些资料。（注意预测期限可以超过 5 年，如果需要的话）。制订一个标的企业初步报价的最低和最高价格区间，列出关键的预测假设。确认初始报价、报价的组成（例如，现金、股票、债务或者某种组合），以及为何你认为这个价格能够满足标的和买方股东的基本要求。报价的恰当与否，应反映你对交易结构的初步思考。关于交易构造流程的详细讨论见第 11 章和第 12 章。

8. 融资计划：确定建议的报价是否能够获得融资，而不会影响到合并企业的信用，或者严重侵蚀短期盈利水平和现金流。对于上市企业，应特别留意合并后的企业每股收益受到的短期影响。

9. 整合计划：确认整合的难点和可能的解决方案。见第6章关于如何制订整合战略的讨论。对财务并购者，应确定“退出策略”。加大杠杆的交易将在第13章和第14章详细讨论。

记忆要点

并购的成功取决于聚焦、理解和遵守一项考虑周全且可行的商业计划，该计划重点强调了四个关键问题：企业应该在何处竞争？企业如何竞争？企业如何能够比竞争对手更好地满足客户需求？为什么所选战略优于其他合理选项？并购只是实施一项商业战略的众多选择中的一个选项。并购的决定通常是基于获得控制权或并购会比其他方式更快地达成预期目标的考虑。一旦企业确定并购对实现商业计划中的战略方向非常重要，那就应该制订一份并购计划。

讨论题

4.1 计划是怎样贯穿并购过程的？

4.2 商业计划书和并购计划书的区别在哪里？

4.3 与建立合资企业相比，采用并购方式实施商业战略的优势和劣势有哪些？

4.4 为何理解商业计划或并购计划背后的假设条件很重要？

4.5 为什么让高层管理者及早介入并购流程很重要？

4.6 根据你的判断，本章所讲的并购计划要素中，哪个最重要，为什么？

4.7 在收购 OfficeMax 的超市连锁店之后，Boise Cascade 宣布出售其造纸与木料产品业务，以减少对周期性业务的依赖。为反映企业对分销的重视，更名为 OfficeMax。请描述这一系列行动所隐含的 OfficeMax 的企业使命和商业战略。

4.8 戴尔电脑是一家享誉全球的科技企业。你认为戴尔电脑的基本客户是谁？当前和潜在的竞争者有哪些？供应商有哪些？就其客户和供应商而言，你如何评估戴尔的议价能力？与当前竞争者相比，戴尔的优劣势是什么？

4.9 讨论通用电气于2008年宣布该公司可能分拆其消费品和工业产品业务给其股东之前，通用电气内部应该做了哪些类型的分析。

4.10 阿什兰（Ashland Chemical）是美国最大的化工分销商，以33亿美元收购了化工产品制造商力士公司（Hercules）。这一行动是在陶氏化学公司收购罗门哈斯（Rohm & Haas）公司后进行的。对这两项并购的判断是因为它可以分散收益并补偿高油价成本。这种业务合并如何平衡不断上升的油价？

（所有讨论题的答案可以在本书的网上教师手册找到。）

案例分析4-1

惠普实施转型战略

要点

- 在制定和执行商业战略上的失败，经常会导致企业在市场上遭遇无法预期的变化。

- 应对变化事件的企业通常采取模仿其竞争对手的战略。
- 模仿战略极少提供可持续的竞争优势。

转型战略（transformational strategies）是企业战略中一个被过度使用了的术语。惠普的股价处于六年来的低位，远逊于同行苹果公司、IBM和戴尔电脑，2011年8月18日，公布了其重新进行战略定位的消息。该企业正在寻找令其股价飞升的方法。自从李艾科2010年11月接任CEO以来，直到2011年8月，惠普的市值已经损失了44%。转型声明看上去恰逢其时。

惠普这家收入算得上是全球最大的技术企业，宣称在充分调查了对方业务经营的情况下，已与英国软件商Autonomy达成以117亿美元收购的协议。惠普还计划出售其个人电脑业务，可供选择的方案包括剥离、分拆到暂时保留等。惠普声称其年收入超过400亿美元、经营利润约20亿美元的个人电脑业务的未来，取决于之后12个月的表现。李艾科在宣布基于网络操作系统的触屏平板电脑因销售不畅而搁置时，已经将个人电脑业务置于危险境地。惠普的转型声明提出将撤出消费电子市场。

按照交易条款，惠普将支付现金25.50英镑或42.11美元给Autonomy。这个价格包含了64%的溢价。该公司的年收入约10亿美元（只相当于惠普2010年收入的1%），收购价是其年收入的10倍以上。惠普继任CEO李艾科指出，并购将有助于惠普转型成为商业软件巨头，与IBM或甲骨文站在一条线上，减少公司与低端消费品的更多联系。Autonomy研制搜索软件和企业、政府数据保护软件，将会加速惠普的转型。惠普声称收购Autonomy将加强其现有的企业解决方案，并收获高价值的知识产权。

投资者用抛售股票表明了对惠普这项声明的态度，导致股价在一天内下跌了20%，市值缩水160亿美元。尽管一些投资者支持公司从消费品计算机业务转型，但其他人非常担心收购Autonomy带来的潜在“价值摧毁”，以及声明提到的对个人电脑业务笨拙的处理方式，还有惠普令人失望的收益表现。惠普在业务长期发展展望方面，为潜在客户制造了不确定性，可能成功地吓退了潜在客户。通过这个声明，惠普再次表现出在实施业务战略方面落后于主要竞争对手。惠普2001年收购康柏被广泛认为是个败笔。相反，IBM通过2004年年末将自己的个人电脑业务出售给中国联想，而建立了企业信息服务业的领先地位。看上去惠普正试图复制IBM的战略。

作为当时的转型先驱，惠普1997年以250亿美元收购康柏的交易，受到了来自股东和一位创始人之子派出代表的激烈反对。尽管该交易后来通过了股东表决，但仍然充满争议。因为此举提高了企业在个人电脑行业的地位，但是该领域彼时正处于增长下滑和边际收益下降阶段，导致了市场价格下跌。2010年，惠普计划通过收购Palm，进入移动电话和平板电脑市场。惠普出价12亿美元打败了其他三家潜在收购方，最终多支付了23%的溢价。尽管如此，但基于网络操作系统的电话和触屏平板电脑的表现一直令人失望，公司决定暂停制造基于网络操作系统的产品，而这个智能电话操作系统是2010年年末收购Palm时获得的。

与收购康柏和Palm的结果相比，惠普2008年以139亿美元收购电子数据系统公司（EDS），极大地促进了该公司的软件服务业务。IBM在2004年年初成功退出PC业务，以及从服务业务上获取大量收入的能力，得到了投资者的广泛好评。惠普这次收购的前景看上去不错。但是，该公司承认未能成功释放电子数据系统公司的潜力，在2012年年中从账上注销了支付给电子数据系统公司的80亿美元。

从1989年开始算起，惠普已经收购了102家公司，但是除了收购康柏和以13亿美元收购VeriFone，其他任何一个单项收购都不超过5亿美元。这些交易都是由不同的管理团队完成的。卡莉·菲奥莉娜曾负责收购康柏，而马克·赫德（Mark Hurd）致力于收购电子数据系统公司、Palm和3Par。

经营业绩获得高度评价的赫德，在2010年年初因性骚扰指控而辞职。在投资者要求解除现任CEO的要求下，惠普于2011年9月22日宣布由前eBay首席执行官梅格·惠特曼（Meg Whitman）取代李艾科出任CEO。惠普再一次出现战略转向，2011年10月27日宣布将继续保留个人电脑业务。该企业所做的内部分析认为剥离PC业务将导致15亿美元的一次性支出，以及每年增加支出10亿美元。惠特曼谈到将PC部门和供应链及采购深度整合，会使其个人电脑业务更强大。㊀

2011年12月中旬，惠普宣布将推翻之前的停止支持网络操作系统的决定，称将开放该操作系统，任何持有公开源代码许可证的人都可以免费使用。企业将继续改善该网络操作系统，制造基于该系统的硬件产品。通过转入开源环境，惠普希望其他人会使用这个操作系统，做出改进并将其用于开发移动通信产品，建立用户基础。这样惠普就可以向这些客户出售新的网络操作系统产品和应用了。这个战略类似于谷歌将安卓移动软件系统以开源许可证的方式，免费提供给移动电话使用的做法。

在宣布惠普调整因早前收购Autonomy造成的账目问题之后，其股价在2012年11月25日下跌了11%，收盘报11.73美元。这项行动要求企业从其Autonomy的投资中撇账88亿美元，大约等于收购价的3/4，导致惠普该季度亏损69亿美元。企业管理层和董事会的自信深受打击，进一步打击了惠普的品牌形象。

讨论题

1. 讨论将业务单元完全并入母公司的优缺点，请具体说明。
2. 讨论惠普在最近十年中的战略转向对客户、雇员、股东和供应商的潜在影响。
3. 讨论多元化和相对集中的企业的战略优劣势。请具体说明。
4. 你认为，最近十年中惠普在战略上反反复复的原因是什么。请具体说明。

（所有讨论题的答案可以在本书的网上教师手册找到。）

:: 案例分析 4-2

持续多年的交易：金德摩根以207亿美元收购El Paso公司

要点

- 企业通常拖长非正式收购谈判进行的时间，直到条件能够令双方满意。
- 资本要求和监管障碍经常使收购一家企业比尝试自建一家企业更有吸引力。

通过综合采用先进的水平钻探技术和水裂或“液压破碎法”（例如，将水和化学品打到地下，打开含气岩层），美国的天然气产量近年来飞升。其结果是，按照当前的消费速度，已证实的天然气储量已经大幅提高，据联邦能源信息管理局（Federal Energy Information Administration）估计，天然气的整体供应量将能持续使用100年以上。但是快速上升的储量，已经将天然气价格从2008年7月的每百万BTU 13美元峰值，降到了4美元。尽管价格受压，全球各地的能源公司都一窝蜂地进入页岩气生产领域。能源价格走低，独立的参与方正在努力为自己的项目获取融资，刺激了较大的竞争对手从事收购活动。埃克森在2009年收购了XTO能源，Chesapeake能源将一部分页岩气份额以数十亿美元出售给了中国公司。

仅2011年，油气企业公布了价值1 720亿美元发生在美国大陆的收购活动，约相当于全球油气收购总值2 610亿美元中的2/3。能源供应的增加已经受到美国当前管道输送能力的瓶颈限制。今天，超过50家管道公司通过管网运输油气，但不一定能够从生产地将燃料运输到所需的地点。例如，宾夕法尼亚州Marcellus页岩气油田的油管建设进度落后于钻探活动，限制了输送到东北部地区的气量。在北

㊀ 一次性支出包括建立经营基础架构，例如，IT新系统、客户支持、销售以及向其他依赖其服务的业务部门提供的分销。每年费用支出金额的上升是因为产品组合减少，需要重新为PC外设建立品牌，以及在采购元器件时折扣率降低，还因为之前其他分部与PC部分共同采购元器件获得了较低的折扣。

达科他州的Bakken油田，生产商将大量新生产的石油通过火车运输到西海岸的炼油厂，多余的天然气被燃烧掉。同时，又在俄亥俄州、堪萨斯州、俄克拉何马州、得克萨斯州以及科罗拉多州开发了新的油气田。根据贸易组织——美洲基金州际天然气协会的说法，管线运输公司计划在2035年前建设36 000英里长的大直径、高压天然气管道以满足市场需求，成本将高达1 780亿美元。与此相应的是，2011年10月17日，金德摩根（Kinder Morgan）同意以价值211亿美元的现金和股票收购El Paso公司，包括El Paso的债务、旗下业务和El Paso管线合伙企业，收购估值大约380亿美元。这是自2009年年末埃克森石油收购XTO能源之后最大的一笔交易。

金德摩根的股价在2011年全年一直下跌，企业当时在寻找能让收益快速增长的办法。并购为其提供了所需的区域管线分布和规模，为日益增长的页岩气和石油供应提供了支持。这次并购使金德摩根成为美国最大的汽油、煤油和其他石化产品独立运输商。该公司也将成为最大的石油储存库的独立拥有者和运营商，以及美国最大的二氧化碳运输商。合并后的企业将运营通往西海岸的唯一的石油沙管线。如果复制El Paso的管线网络，将非常耗时，需要大量的资金，面临巨大的监管障碍。

金德摩根将拥有或运营横贯美国50多万英里油气管线中大约67 000英里长的管线。它在落基山脉、中西部地区和得克萨斯州的管线，将与El Paso广布在东起墨西哥湾和新英格兰，西达新墨西哥州、亚利桑那州、内华达州和加利福尼亚州的昂贵管线网络连接。通过收购El Paso，金德摩根创造了跨州的统一管网。通过提升其对公用设施领域的依赖度，减少了暴露在波动性更大的行业终端用户市场的风险。这次并购也提供了通过重新配置现有管线网络大幅降低成本的机会。

金德摩根支付的价格是26.7亿美元，是El Paso前一年折旧和息税前收益的4倍。这次收购受到投资者的欢迎，消息公布当天，金德摩根的股价上涨了4.8%，达到每股28.19美元。El Paso股价攀升了25%到每股24.81美元。对于每股El Paso股票，金德摩根支付14.65美元现金，0.418 7股金德摩根股票，以及预先确定的价格购买不超过0.640股金德摩根股票的看涨期权。交易完成时的收购价格相当于El Paso每股26.87美元，比消息公布前20日平均价格溢价了47%。收购之后，金德摩根的负债将从32亿美元上升到145亿美元。为了支付这笔交易，金德摩根正在为El Paso的勘探业务物色买家。合并后的公司将继续使用金德摩根的名字。理查德·金德（Richard D. Kinder），原金德摩根创始人，将继续担任董事会主席和CEO。

这项并购直到2012年5月2日终于被监管机构最后批准，条件是该公司同意出售3条美国天然气管线。这项交易是两家企业协商了多年的结果。金德摩根2006年以220亿美元的代价进行了私有化，2011年2月重新上市，募集了近29亿美元。这次上市募集使得完成这项交易成为可能。当金德摩根数年里一直和El Paso管理层探讨合并事宜时，它需要公开上市股票的“流动性”来完成这项交易。El Paso的股东想从金德摩根股票未来的升值中获益。这两家企业的整合是否有利，依赖于天然气价格再次涨价的时机和幅度，以及监管部门对页岩气和水力压裂法的接受情况。

讨论题

1. 金德摩根的客户是谁？他们的需求是什么？
2. 金德摩根和El Paso有哪些外部因素促成了这项交易？
3. 金德摩根和El Paso有哪些内部因素促成了这项交易？
4. 整合后的企业如何能够比竞争对手更好地满足客户需求？
5. 基于你对两家企业的优劣势及市场机会与挑战的理解，你认为这项交易值得做吗？

（所有讨论题的答案可以在本书的网上教师手册找到。）

CHAPTER5

第5章

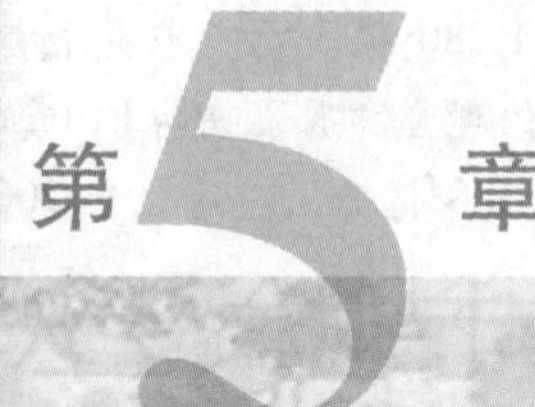

执行：从寻找到交易达成

并购流程阶段3到阶段10

一个非常擅长找借口的人，可能不擅长其他事情。

——本杰明·富兰克林

并购内幕 **索尼的战略失误**

关键点

- 实现复杂愿景，需要高度熟练和持之以恒的执行。
- 清晰、简明的商业战略的基础是设定投资优先顺序。
- 企业财务和人力资源总是需要重点支持相对有限数量的关键动机，以实现企业的愿景。

作为第五大巨型媒体企业（按照收入排名），索尼公司一直在努力保持自己的行业地位，其产品和服务遍及音乐、电影、财经服务，以及电视机、智能手机和半导体。企业业务的前三位利润贡献者是音乐、财经服务和影视；电视机制造已经成为利润的最大拖累，作为全球第三大电视机制造商，排在韩国三星和LG电子之后。索尼已经无法弥补美国和欧洲市场对Bravia电视机的需求下滑，连续9年录得亏损。

索尼公司的愿景是向消费者提供容易获得的独特的娱乐内容。索尼想向客户提供内容和接入方法。然而，其商业战略并没有指出企业实现这个愿景的路径，而是列示了四大主题或计划投资的领域。这些主题包括：网络产品和服务（LCD电视机、游戏、移动电话和平板电脑）、3D世界（数码影视）、差异化技术以及新兴市场。该公司尝试成为网络消费电子和娱乐产品的领先提供者，包括LCD电视机、游戏和移动电话。索尼努力让这些设备的用户实现从一个产品到另一个产品的无缝连接，以获取影片和电视节目等内容。索尼可以从13 U. S. Labels获得音乐，从索尼经典影片库（Pictures Classics）、哥伦比亚影视网和三星影视（TriStar Pictures）获得影片。

相比许多公司，索尼的愿景看上去超出了其执行能力。受到近年日元升值的影响，全球电子行业疲软和增长减缓，地震破坏了工厂生产设施，泰国洪水导致工厂关闭，索尼在 2012 年 3 月结束的财年录得连续第 5 年亏损，总亏损累计超过了 60 亿美元。2000 年，这家企业价值超过 1 000 亿美元，然而到了 2012 年年末，其价值还不足 180 亿美元。与其主要竞争对手苹果和三星相比，后者当时的价值分别是 3 640 亿美元和 1 340 亿美元。经过一系列大的失控事件后，该企业看上去已经无法将资源（资产负债表上的 120 亿美元现金）集中于少数几个战略方向。

索尼的力量较分散，投资范围很广。仅 2011 年，索尼支出了 85 亿美元收购 9 项业务，以扩充其手机和内容业务。索尼联合苹果、微软、移动研究（Research in Motion）、爱立信和 EMC，斥资 45 亿美元现金购买北方电讯网络公司拥有的移动电话和平板电脑专利。索尼还与黑石集团和其他企业合作，以 22 亿美元从花旗集团买下了 EMI 音乐出版公司。此外，索尼以 15 亿美元从爱立信合资公司收购了剩余 50% 股权，将智能手机业务和游戏、平板电脑业务整合。在亏损的电视机制造业务上，看不到索尼阻止亏损的任何进展。这家企业失去了战略重点，在企业财务表现糟糕的当口，可能应该确定一个更窄的优先方向。

本章概览

本章的内容基于一个前提条件，即企业已经制订了可行的商业计划，需要通过收购实现其战略方向。我们在第 4 章侧重于商业和并购计划的制订（阶段 1 和阶段 2），本章重点放在并购流程的阶段 3 到阶段 10，包括搜寻、筛选、初步接触、谈判、制订整合计划、结束交易、执行收购后的整合和整合评估。[⊖]本章回顾（包括实践问题和答案）放在本书配套网站（http://booksite.elsevier.com/9780123854872）“学生学习指南”（Student Study Guide）文件夹中，里面还包括一个综合尽职调查问题清单。

5.1　阶段 3：搜寻流程

搜寻并购标的的第一步是设定几条基本的选择标准，包括行业和交易规模。交易规模最好是用企业愿意支付的最大收购价格定义，表示为市盈率、市账率、价格与现金流比值的最大值，或者用金额表示的最大收购价格。也可能应该将搜寻限定在某个地域里。

私营急症护理医院控股公司计划收购一家距其宾夕法尼亚州阿勒格尼镇（Allegheny）的最大医院仅 50 英里远的一家技术很好的医护机构。公司管理层认为无法支付 4 500 万美元以上的价格。其基本选择标准应该包括行业（医护）、地点（阿勒格尼镇）和最高价格（现金流的 4 倍，总价不超过 4 500 万美元）。类似地，得克萨斯州庭院（patio）家具制造商在美国西南部建有制造设施，计划将销售扩展到加利福尼亚州。该公司决定试试找一家收购价格不超过 1 亿美元的庭院家具制造商。其基本选择标准应包括行业（庭院家具）、地点（加利福尼亚州、亚利桑那州和内华达州）和最高收购价格（15 倍税后利润，总价不超过 1 亿美元）。

下一步是用选择标准去筛选可获得的电脑数据库。常见的数据库和目录服务上包括 Disclosure、邓白氏、标准普尔的企业登记数据库（Corporate Registry）和 Capital IQ。企业也可以征询其法律顾问、银行、会计师事务所，了解其他潜在的收购对象。投资银行、经纪商、杠杆收购机构

⊖　关于本章的并购流程的详细图示，见作者 2011 年文章。

也是潜在收购标的的丰富来源，尽管它们通常会索要顾问或中介费。诸如谷歌财经频道、雅虎财经、胡佛在线（Hoovers）和电子化数据收集、分析及检索系统（EDGAR），可以让研究人员很快获得竞争对手和客户的数据。从这些网站可以很容易链接到上市企业在证券交易委员会备案的文件资料。阅读资料5-1提供了其他信息来源的综合名单。

阅读资料5-1

公司的信息来源

美国证券交易委员会备案文档(只限上市公司)

10-K报告 提供了企业年度运营的详细信息、营商环境、竞争对手、市场环境、法务进展、持有股票的风险因素，以及其他相关信息。

10-Q报告 为投资者提供了每季度更新的公司运营信息。

S-1报告 在公司想注册新股票时提交的报告，可能包含了公司运营历史和业务风险的信息。

S-2报告 在公司完成一项重大交易时，例如并购时提交的报告。它提供了大量交易条款细节，围绕交易的时间以及对并购的判断。

8-K报告 公司面临重大事件，比如并购时提交的报告。

14A计划 这是一个代理声明。给出了关于年度会议和公司管理人员、董事简历的细节内容，包括拥有股票的情况和报酬。

网站

http://www.aol.com

http://www.bizbuysell.com

http://www.capitaliq.com

http://www.edgar-online.com

http://edgarscan.pwcglobal.com/servi-ets.edgarscan

http://www.factset.com

http://finance.yahoo.com

http://www.freeedgar.com

http://www.hooversonline.com

http://www.lexisnexis.com

http://www.mergernetwork.com

http://www.mergers.net

http://www.onesource.com

http://www.quicken.com

http://www.sec.gov

http://www.washingtonresearchers.com

http://www.wordm-anetwork.com

组织机构

价值在线投资调查：上市公司信息

企业联盟目录：企业联盟

Lexis/Nexis：一般商业和法律信息数据库

Thomas Register：按产品和服务分类的企业

Frost & Sullivan：行业研究

Findex.com：财务信息

Competitive Intelligence Professionals：关于行业的信息

Dialog公司：产业数据库

Wards美国上市公司名录

Predicasts：提供数据库和图书

商业期刊指数：商业和技术文章索引

邓白氏目录：私营和上市公司信息

Exprian：有关私营和上市公司的信息

尼尔森投资研究目录：华尔街研究报告

标准普尔出版物：行业调查和公司评级记录

哈里斯信息源（Harris Infosource）：制造企业的信息

胡佛民营企业手册：大型民营企业信息

华盛顿研究员（Washington Researchers）：上市和民营企业，市场和行业信息

华尔街日报文稿：华尔街研究报告

企业联盟目录（Lexis-Nexis集团出版）

如果没有保密问题，企业可能将其收购一家特定企业的意向，通过在《华尔街日报》和交易媒体做广告的方式发布出去。尽管这样很容易引发兴趣，却很难得到高素质的收购对象。实际上，这种做法更可能引来一群希望获得免费估值的企业的响应，或者是从一些声称其客户符合收购方标准的经纪人那里，他们将这作为说服你需要经纪服务的借口。㊀

查找有关私营企业的可靠信息是一个主要问题。诸如邓白氏和 Experian 这类来源，只能提供不完整的数据。通过公开信息可能获得其他细节资料。例如，一些交易协会的调研，或者美国普查局经常披露特定行业的员工平均销售额。一家私营企业的销售额，可以通过企业估计员工人数乘以这个数值得出，而员工人数可以通过查找企业的产品说明、网站，或者交易展上的演讲稿，甚至数一数每个班次停车场上由多少辆车而估算出来。

越来越多的公司，甚至是中型企业正在将投资银行引进来，而不再使用经纪人或所谓的“中介”㊁，他们正在自己确认潜在标的，做估值和尽职调查。这反映了节省投资银行费用的努力，在一项 5 亿美元的交易中，这笔钱很容易超过 500 万美元，另外还需要其他的费用。㊂

5.2　阶段 4：筛选流程

筛选流程是对初步搜寻流程的完善过程，从过滤前面讲的按照基本条件得出的潜在候选人名单开始。由于采用的基本条件较少，所以这个初始名单可能相当长。可以使用第二级选择标准，缩短这个名单。但是要注意这个标准不要太多。一个超长的筛选标准，会严重限制通过筛选流程的候选人数量。如果可能，下面这些选择标准应该量化。

市场细分　一个长候选名单可以通过限制行业内目标市场而将其缩短。例如，一家钢铁制品企业可能决定多元化经营扩大到铝制品行业。基本搜寻条件可能是寻找平板铝轧制产品企业，第二级选择条件可以规定目标市场，只选择制造铝筒装制品的企业。

产品线　产品线标准用于明确目标市场中的特定产品线。这家钢铁制品企业可以重点选择用于庭院和露台家具的铝筒装产品制造商。

盈利水平　盈利水平应该以收益与销售额、资产或全部投资额的比例定义。这样可以对不同规模的候选企业进行更准确的比较。企业销售额 1 亿美元，税后收益为 500 万美元的企业，吸引力可能比销售额为 5 000 万美元但收益为 300 万美元的企业低，因为后者看上去效率更高。

杠杆率　负债权益比（debt-to-equity）或负债占总资本的比例用于量度杠杆水平或负债水平。收购方可能不想收购一家负债会导致合并后企业杠杆比例有损其信用评级的公司。

㊀ 如果你从经纪人或者中介那里接到了推荐标的，最重要的是书面回复，特别是如果你拒绝了他们的服务邀约。如果稍后你收购了他们声称曾经给你推荐过的企业，那个经纪人或中介有可能会起诉你的企业要求补偿。

㊁ 经纪人对潜在的买家或者卖家负有信托责任，但不允许同时代表双方。酬金由客户支付给经纪人。中间是向双方介绍业务但不代表其中任何一方。中介对任何一方都不负有信托责任，可以接受任何一方或者双方的报酬。

㊂ 实际计费公式通常基于收购价格。雷曼公式是常用的计费方法，经纪人或中介的费用计算方法是：收购价的第一个 100 万美元的 5%，第二个 100 万美元的 4%，第三个 100 万美元的 3%，第 4 个 100 万美元的 2%，以及剩余价格的 1%。今天，这个公式被包括一项基本费用的谈判费结构替代（无论这个交易是否成功），还有完成交易时支付的额外完成费，以及在特殊情况下支付的“特别”费用，例如获得反垄断批准或者完成一项敌意收购。费用范围变化很大，但是收购价格的 1% 另加费用报销通常被认为是合理的。对于小型交易，雷曼公式仍然适用。

市场份额 收购方可能只对目标行业里市场份额第一或第二的企业，或者市场份额明显领先的企业（例如，市场份额是排在之后的竞争对手的2倍）感兴趣。[一]

文化相容性 关于一家企业企业文化的看法，可以从其对未来愿景目标、公司治理活动和企业责任声誉等的公开声明中了解到。企业员工的种族成分也可以说明很多问题。[二]最后，收购方需要决定是否能够适应与外国企业交易的挑战，比如双方语言不同，有不同的客户群等。

5.3 阶段5：初步接触

采用基本和二级筛选标准有可能完成搜寻工作，并开启下一步并购计划流程和初次接触。对于每个标的企业，都需要制订一项接触策略，并购方为每个将要联系的企业制作一套文档，列出标的企业接受收购建议的理由。这些理由可以包括所需资本，拥有人“套现”期望，以及后续的计划事项。

研究力量应该扩展到公开信息之外，包括与客户、供应商、前雇员和交易协会面谈，以便更好地了解潜在标的企业的优劣势和目标。对管理层、持有人、业绩表现和商业计划的了解，有助于为即将进行的收购提供一个有说服力的理由，提高引起潜在标的企业的兴趣。

如何初次接触，取决于企业的规模，该公司是否已经上市，以及并购方完成收购的时间限制。最后一项尤其重要。如果时间允许，最好的方式当然是与出售方建立个人关系，特别是标的企业是非上市企业。发展融洽关系可能会使一家本来没有出售意图的公司被收购。对于一家私营的标的企业，个人关系应该只和最高管理层建立。不管企业是大还是小，创始人和他们的继任者通常对企业有强烈的父爱情结。这类企业在交易谈判时通常更具有弹性，“感觉良好”远胜于提出最高可能报价。相反，当与一家上市公司谈判时，个人关系没有太大用场。管理层负有对股东的信托责任，他们会努力争取最高价格。如果时间是个关键因素，并购方可能无法花时间与卖方建立个人关系。在这种情况下，必须采取更为快捷的方法。

对于和买方没有直接联系方式的小型企业，只需用一封措辞模糊的信建立起初步联系，信中表明建立合资企业或商业联盟的兴趣即可。在接下来电话联系时，准备好与对方讨论一系列可选项。在第一次电话联系前，做好准备是基本要求。如果可能的话，把你要说的话写下来。尽快触及主题，但是方式不要过于直接。要了解你自己、你的公司和优势。展示你对对方业务的了解，以及说明为何结成一个非正式合作伙伴关系是有意义的。要能够清晰而简明地说清楚你的建议，以及给对方带来的好处。如果机会合适，应向对方提出包括并购在内的几个可选项，仔细倾听对方的反映。如果对方表示对并购有兴趣，就要求召开一次面对面的会议。[三]

[一] 由于规模经济效应和学习曲线效应，具有比竞争对手明显更大市场份额的企业，通常可以获得更低的成本水平。

[二] 美国在线2001年收购时代华纳揭示了将一家年轻和异质性员工队伍与一家老旧和更同质化的群体整合在一起是多么困难。而且，作为一家较新的公司，美国在线的管理风格与时代华纳长期形成的环境更缺少结构化。

[三] 为了保密，选择一个确保足够私密的会面地点。在征求各参与方建议之后，制订一个书面的会议日程。会议开始时应该先介绍你们公司和你们对行业发展的看法。鼓励潜在标的企业提供有关自身经营的信息和对行业的展望，寻找共同点。在会面之后，给对方发一封邮件，说明你们认为已经取得的进展，等候他们的回复。

如果可能，最好通过中间人接触，通常是接触标的企业尽可能高层的管理人员。有时候，合适的联系人是最高层经理，也可能是大股东。中间人包括收购方的董事会成员，或者外部律师、会计师、贷款人、经纪人/中介及投资银行。中间人可以减轻你直接联系对方时的胆怯心理。

对于上市公司，接触也应该尽可能通过高层的中间人。全权处理的权限非常重要，因为要考虑标的企业的感受，也就是说，这表明可能对其他企业来说，该企业是一个颇有吸引力的投资机会。有关收购的小道消息可能对标的企业有负面影响，客户和供应商可能对所有权改变和关键员工离职产生顾虑，担心未来情况有不确定性。这种变化可能意味着产品或服务质量、可靠性、产品保证和维修保养合同规定的服务水平等发生改变。供应商担心在所有权交接过程中，生产计划被打乱。员工担心解雇或补偿金改变。㊀股东可能经历一个股价让人头晕眼花的震荡过程，投机者在谣言出现时买入，抬高股价，而在消息被证明可信时出货套现。

5.3.1　讨论价格

无论是买方还是卖方，都不愿意成为第一个向对方报出估价的人。报价放在桌面上之后，一旦出现新信息，是很难收回报价的。给出一个区间可能是最好的做法。讨论最近发生的类似业务的并购价格，可以得出一个价格范围。另一个方法是协商一个计算收购价格的公式。收购价格可以定位为当前年度收益的某个倍数，由双方进行尽职调查，就标的企业当前的收益达成共识。然后再乘以一个双方之前已经同意的市盈率倍数，估算出收购价格。

5.3.2　初步交易的法律文本

通常并购的双方在早期谈判时，会制订一份保密协议、一份条款书以及一个意向函。

1. 保密协议

参与交易的各方一般都想签订一份保密协议（也称作 NDA）约束各方，即对各方都有约束力。在谈判协议时，买方会要求得到尽可能多的既往审计的数据和卖方愿意提供的补充信息。审慎的卖方也需要买方的类似信息，以评估买方的财务信用度。卖方应尽快确定买方的信用能力，以免将时间浪费在无法融资完成交易的买家身上。保密协议应该只包括那些非公开信息，而且要有合理的有效期限。㊁

2. 条款书

条款书勾勒出交易协议的主要内容，经常作为内容更详细的意向函的基础。标准条款书通常有 2 ~4 页纸篇幅，列出整体框架或收购价格（通常是一个区间）、收购的标的（比如股票或资产）、对数据的使用限制、禁止接触其他卖方条款（no-shop provision）㊂以及终止日期。许多交易跳过条款书，直接谈判意向函。

㊀ 竞争对手将会竭尽所能地煽动这些担忧，努力劝说现有客户转向，劝说潜在客户改变购买决定，核心员工被引诱跳槽到竞争对手公司。

㊁ 协议可以独立谈判，抑或作为条款书或意向函的一部分。

㊂ 防止卖方与其他潜在买方分享买方提出的建议，这是因为卖方可能希望营造出一个买方相互竞价的环境。

3. 意向函

与保密协议不同，不是各方都需要意向函（LOI）。尽管LOI在早期对确认双方同意和不同意的范围很有帮助，而且可以明确各方对交易的权利和一些保护性条款，但是如果交易没能完成，有可能拖延签订最后的收购协议，甚至会对买卖双方构成法律风险。与上市公司签订意向函，有可能对买方或卖方形成重大影响，可能为了满足证券法的要求而需披露LOI的内容。

LOI通常列明签订协议的理由和主要条款、条件，也许还会指明双方在协议生效后的责任、合理的终止期限，以及交易所涉各项费用如何支付。主要条款包括对交易结构的简单说明，例如，用现金或股票支付以及有关标的企业债务的假设条件。意向函也可以规定某些条件，例如，标的企业的某些人员在离开公司后，在一段时间里不得与合并后的公司开展同类竞争业务。另一个条款可以列明将收购价的一部分，用于支付给那些和公司签订非竞争协议的员工。[⊖]协议还将分列出一部分收购价格作为其他用途。建议的收购价可以表述为一个特定金额、一个区间，或者某种价值指标，例如，营运收益或现金流的某个倍数。LOI也规定了交换数据的类型、尽职调查的范围和时间。如果买卖双方未能在某个时间内达成协议，LOI将终止。所有法务、咨询和资产转让费（例如，所有权变更时向政府部门缴纳的费用）应由买方或卖方，抑或双方共同分担。

措辞得当的LOI应仅包括协议对双方的限制范围。价格或其他条件通常建立在完成交易的条件之上，例如，买方可以获得卖方全部账册记录，已经完成尽职调查，已获得融资，以及获得董事会、股东和监管机构的批准。其他标准条款包括要求和标的企业管理人员签署雇用合同，以及完成所有必需的并购文件。如果无法满足其中任何一项，都会使协议失效。LOI还应较详细地写明尽职调查流程，规定买方如何接触卖方现场，以及频次和时间，还有这类活动所涉及的深度。LOI由潜在的并购方向有意向的融资方出具。

5.4 阶段6：谈判

谈判阶段通常是并购流程最复杂的环节。在这个阶段，会决定支付给被收购方的实际对价，而这通常和开始时的估值有很大差距。本节的重点将围绕着解决问题和基于利益的讨价还价。各方将各自的利益看作不只是表明立场和提出需求。最成功的谈判，是交易双方在共同寻找问题的解决方案。谈判中，各方应该有意愿做出妥协，以满足自己的需求和对方认为的最重要的需求。

谈判包括四个循环反复的活动，它们可以在不同的时间开始，中间可能有重叠（见图5-1）。尽职调查应在标的企业同意后尽快开展，如果可以的话，应贯穿整个谈判过程。另一项活动是基于尽职调查新发现的数据，完善初始估值，让买方能够更好地了解标的企业的价值。第三项活动是设计交易架构，包括通过研究风险回报，满足双方的需求。最后一项活动是制订融资计划，通过确定买方期望获得的最大融资数额，检阅买方实力，以及向标的企业支付对价，这些活动将在后面逐项详细讨论。

⊖ 从收购价中划出这笔费用对买方有利，因为这笔费用可以作为可扣税费用，在协议期间摊销。但是，这可能会成为卖方的应缴税收入。

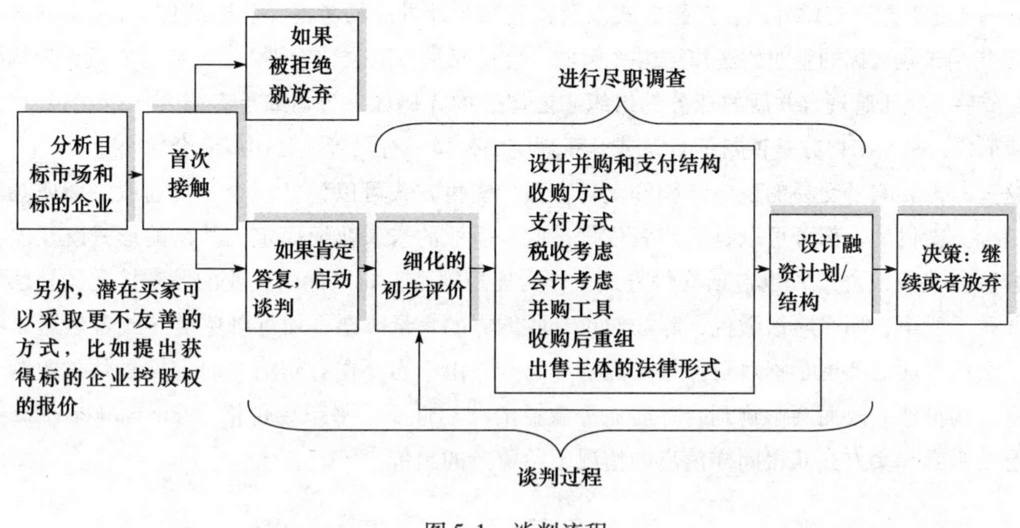

图5-1　谈判流程

5.4.1　完善估值

谈判的起点是基于新信息，更新标的企业初始估值。买方至少要求卖方提供3~5年的历史财务数据。提供的财务数据最好按照一般公认会计原则（GAAP）规定进行编制。可能小型非上市企业无法提供这类数据。应该对过往数据进行正规化调整，或者调整非经常损益和费用。[⊖]这类调整可以让买方将非经常项目排除掉，以便了解业务的变化情况。每个主要的费用类别都应表示为收入的百分比形式。通过这些比例每年的变化，数据的变化趋势就更容易观察了。

5.4.2　交易结构

交易结构设计是识别和满足交易双方尽可能多的最高优先级目标的过程。流程开始时，各方确定自己的初始谈判立场、潜在风险和管理风险的选项，以及风险容忍度和退出谈判的条件。交易结果也会涉及理解潜在的异议来源——从简单的对基本事实的争议，到大量更复杂的事宜，例如，支付方式和法务、会计以及税收架构，还要求识别可能影响到讨论结果的利益冲突。例如，当收购价的一部分取决于被收购业务的长期表现时，其管理层——通常是前企业所有者的行为，可能不会以服务于并购方的最大利益方式为宗旨。

在涉及交易结构过程中所做的决定，会影响到交易的方方面面，包括所有权如何决定，资产如何交接，所有权如何保障（如企业治理），以及交易风险如何在各方中分配。其他因素还包括用于完成交易的文件类型、数量和复杂程度，所需的批准手续，以及完成交易所需要的时间。这些决定将影响到如何管理合并后的公司，承诺资源的数量和时间安排，以及当前和未来的税务的安排。

交易结构设计过程可以被看作是在组织一系列独立的部件，包括收购载体、交易后的组织架构、

⊖ 非经常性损益可以来自于出售土地、设备、产品线、专利、软件或者版权。非经营性费用支出包括遣散费、雇用签约奖金和法律诉讼处置费用。

出售方的法律形式、支付方式、并购方式以及税务和会计方面的考虑。收购载体（acquisition vehicle）是指用于收购标的企业的法律结构（例如，公司或是有限合伙企业）。交易后的组织架构是在交易完成后，用于管理合并后的业务的组织和法律架构（例如，公司或是有限合伙企业）。出售方的法律形式，是指出售方是否属于C章或S章规定的公司、有限责任公司或者合伙企业。

这些考虑影响了交易的税务结构和支付方式。支付方式可以包括现金、普通股、债或几种方式的组合。支付的一部分可以延后或者依据被收购企业的未来业绩而定。并购的形式既反映了收购内容（如股票或资产）也包括支付方式。作为通用规则，如果标的企业的股东接受的补偿主要不是并购方股票，那么应该缴税，除非对价是收购方的大量股票，才可以免税（或者延迟缴税）。最后，会计方面的考虑是指对财务报告的潜在影响，由于需要在有新信息时定期重估被收购资产的公平市场价值，故而会影响到合并后业务收益的波动性。公平市场价格（fair market value）是有意愿的买方和卖方在获得同样信息的情况下给资产的出价。[一]

5.4.3 开展尽职调查

尽职调查是对记录和企业设施进行彻底审查，通常贯穿整个谈判阶段。尽管通过编写得当的协议可以获得一定程度的保护，但是不能用法律文本替代正式的尽职调查。违反合同和保证的行为通常需要采取法律行动，而结果是不确定的。

尽职调查有助于避免采取耗资巨大的法律行动的必要性，让并购方可以识别和评估标的企业的债务情况，并对收购价格做出调整。因此尽职调查能够减少后期发现令人惊讶的问题的机会，这样做，可以减少为了应付并购相关成本而求助协议救助条款的机会。[二]

表5-1列出了一些方便查找的网上信息来源，对于开展尽职调查有所帮助。[三]尽管通常是买方进行尽职调查，但是卖方和贷款方也会开展尽职调查。[四]

表5-1 尽职调查的方便信息来源

网址	内容
美国证券交易委员会 www. sec. gov http://www. sec. gov/litigation. shtml	财务信息/证券法违规记录
美国专利局 www. uspto. gov www. uspto. gov/patft/index. html	知识产权信息，如果你知道专利号，就可以搜索专利信息
联邦通信委员会 www. fcc. gov http://www. fcc. gov/searchtools. html	规范相关的商业活动，一般信息 可以查询因不良商业活动而受到处罚的个体的相关资料
美国联邦和州总检察长办公室 www. naag. org/ag/full_ag_table. php	犯罪活动信息
商业改进局（BBB）http://search. bbb. org/search. html	汇总的消费者投诉数据库
有偿服务 美国搜索（www. ussearch. com） X记录（www. knowx. com）	信息包括： 犯罪记录 抵押/破产记录 信用记录 诉讼信息

[一] 有关设计并购结构的更详细的讨论，请参阅作者的著作（2010b）。
[二] 即便买方打赢了法律官司，如果卖方宣告破产、失踪或者将资产转移到海外，买方也可能拿不到违约补偿金。
[三] 本书的配套网站上，有一份详细的买方初步尽职调查问题清单。
[四] 关于禁止调查过程和最佳实践的详细讨论，可阅读Selim（2003）。

尽职调查本质上是一个昂贵、累人的过程，具有高度侵入性，要求经理人付出大量时间和精力。通常买方想要尽可能长的时间，而卖方想限制尽职调查的时间和范围。尽职调查很少能对卖方产生好处，因为长时间的详尽调查很可能让买方找到一些问题，并用来作为压低收购价格的理由。

卖方可能会在买方感觉不对之前，寻求终止尽职调查。[㊀]如果标的企业成功地减少了披露的信息，可能会被要求在收购协议中，对其声明和承诺做出更多保证。

1. 尽职调查的内容

三项基本调研包括了尽职调查，它们通常是在同一时间进行。战略与运作评估，由高层运营和市场管理人员进行，提问聚焦于卖方的管理团队、运营以及销售和市场策略。财务评估，由财务和会计人员进行，关注卖方财务报表的准确性、及时性和完备性。法务评估，由买方的法律顾问进行，调查卖方企业记录、财务事务、管理层和就业问题以及无形资产，卖方的大额合同、契约，比如诉讼和索偿。尽职调查需要建立一个详尽的检查清单（本书配套网站上有一个清单范例）。面谈过程可以提供有价值的信息资源。通过对一些重要的经理人询问同样的问题，收购方可以验证其结论的准确性。

2. 买方、卖方和贷款方的尽职调查

买方通过尽职调查来验证初步估值时做出的假设，并从中寻找新的价值和风险。其主要目标包括识别和确认价值或协同性的来源，并通过检查使价值降低的严重问题，消除真正或潜在的价值缩水的可能性。从买方律师的角度看，尽职调查中所做的这些评估，为了解标的企业以便能够在谈判各方之间划定风险，提供了一个机会，从中可以发现那些可能导致交易失败的问题，以及协助客户为并购协议起草各项承诺和保证条款。表5-2分类列出了在尽职调查中可能发现或者被确认的从协同性中获得的价值来源，及其可能对运营表现产生的影响。

表5-2 识别潜在价值来源

潜在价值来源	示例	潜在影响
经营协同性		
减少了职能重叠	减少重复岗位	提高了边际利润率
生产力提升	提高每个雇员的产出	同样
采购折扣	物料采购获得数量折扣	同样
营运资本管理	收款改善导致应收款天数减少	提高了总资产回报率
设施管理	改善库存周转率实现更少库存天数	同样
-规模经济性	提高未使用设备的生产	
-范围经济性		
组织结构调整	数据中心、研发、呼叫中心等支持多产品线和业务	同样
	减少管理层级	减少官僚主义作风

㊀ 卖方尝试限制尽职调查的一个方法，是把买方的尽职调查团队隔离在一个存放数据的房间里，通常是一间会议室，里面摆放装满尽职调查团队要求看文件的文件柜和文件间。买方核心管理层的正式代表通常会留在这间数据室里。在其他情况下，潜在买方可以连接一个设置密码保护的网站来获取相关信息，这个网站被称作“虚拟数据室”。

（续）

潜在价值来源	示例	潜在影响
财务协同性		
提高贷款能力	标的企业负债少，未抵押资产多	提高融资能力
提高杠杆率	获得低成本资金来源	降低资金成本
市场/产品协同性		
获得新的销售通路	增加销售机会	增加收益
交叉销售机会	把并购方的产品出售给标的企业的客户或相反	同样
研发	丰富创意思路	更多创新
产品发展	提高广告预算	增加市场份额
管控		
机会识别	并购方识别未被标的企业管理层发现的机会	新的增长机会
更进取的管理风格	更有决定性的决策	提高财务回报

尽管买方要对卖方开展大量的尽职调查，但审慎的卖方也应对买方开展尽职调查，了解其人事和运营情况。通过调查买方，卖方能够确定买方是否有资金实力完成收购。作为内部尽职调查的一部分，卖方通常要求其经理人签署宣誓证明书（尽其全部知识能力），在他们的职责范围内保障合同所述的真实性。通过这种方式，卖方希望避免由于卖方在最后的并购文件中提供的表述和担保不确实而引发的责任。

如果收购方是通过贷款购买标的企业，贷款方会希望独立于收购方开展自己的尽职调查。贷款方的众多调查经常同时展开，对于卖方的管理层和员工来说负担很重，卖方只有在对这项交易有信心的情况下，才会同意开展这些活动。

5.4.4 制订融资计划

四个步骤的最后一项是制作合并后企业的资产负债表、损益表和现金流量表。除非预测的财务现金流可以满足支付给标的企业的价格，否则这些报表应该包括为该项交易融资所需的成本。制订融资计划是一项决定收购价格的关键工作，因为这样可以对买方能够支付给卖方的金额加一个上限。融资计划附在用于融资所做的并购方的商业和收购计划之后（见第13章）。无论交易的规模有多大，贷款方和投资人都希望看到证明这项交易是好的投资机会的完整分析。

5.4.5 确定收购计划

经常使用的三个收购价格是总价、总收购价/企业价值以及净收购价，它们的用处各有不同。

1. 总价

在并购协议中，总价（total consideration）包括现金（C）、股票（S）、新债（D）或者以上三项的总和。这个术语通常用于法律文件，显示了标的企业的股东所获得的不同种类的对价。要留意的是，其中既可以包括金融资产，也可以包括非金融资产，例如房地产。非财务补偿（non-financial compensation）有时是指实物形式的支付（payment in kind）。计入总价的债项是标的企业的股东接受的因出售股份而获得的现金或收购方的股票之外的对价。总价的每个部分都应以现值表示，所以，总价也表示为现值（PV_{TC}）。现金的现值就是其面值。总价中的股票部分，是指未来分红的现值（PV_S）或净现金流抑或收购方的股票价格，乘以用来置换卖方流通股所需的股票数量。收购方发行的新债，作为支付卖方股东的一部分补偿金，可以表示为累计支付利息的现值（PV_{ND}）加上按照合适的市场利率贴现后的本金（见第7章）。

2. 总收购价/企业价值

总收购价（total purchase price，PV_{TPP}）或者标的企业的企业价值（enterprise value），包括总价（PV_{TC}）加上买方承担的标的企业债务的市场价值（PV_{AD}）。企业价值有时表示为总收购价加上净债务（net debt）。净债务是指买方承担的债务的市场价值减去标的企业账上的现金和可交易证券。标的企业的企业价值通常被媒体引用为收购价格，因为对于不了解细节的人来说，这个价格最容易获得。这个价格对于分析师和股东很重要，因为它接近于买方做出的总投资额。[㊀]由于无须计算由收购方承担却不出现在标的企业资产负债表上的债务，所以这个价格只是一个近似值。这个价格也没反映出通过出售被低估或多余资产，用于弥补支付给标的企业股东的总价的那部分资金。这些反映在下面将要讨论的净收购价中。

3. 净收购价

净收购价（net purchase price，PV_{NPP}）是指总收购价加上承担的其他负债（PV_{OAL}）[㊁]，再减去出售资产负债表内或表外的可任意处置或富余资产的所得（PV_{DA}）[㊂]。PV_{OAL}是指那些买方已承担但没有全面反映在标的企业负债表或者在评估企业经济价值时已计算在内的负债。净收购价是最全面地衡量实际支付给标的企业的收购价格，包括所有已知的由收购方承担的现金义务，也考虑到通过资产出售可以弥补的部分收购价款。价格的不同定义可以总结如下：

$$\text{总价} = PV_{TC} = C + PV_S + PV_{ND}$$

$$\text{总收购价/企业价值} = PV_{TPP} = PV_{TC} + PV_{AD}$$

$$\text{净收购价格} = PV_{NPP} = PV_{TPP} + PV_{OAL} - PV_{DA} = (C + PV_S + PV_{ND} + PV_{AD}) + PV_{OAL} - PV_{DA}$$

尽管总价对标的企业的股东最重要，是用手中所持股票换取的金额，但收购方的股东经常关注的是总收购价/企业价值，这是实际支付给标的企业的数额加上已承担债务。尽管如此，总收购价往往忽略了决定收购方实际支付或者即将支付的现金价款中的其他一些需要调整的项目。净收购价反映了这些针对总收购价的调整，能够更好地反映出收购方是否为标的企业支付了过高对价。不同的收购价格的应用将会在第9章有更详细的介绍。

㊀ 总投资（total investment）等于收购方支付给原股东的钱加上承担的债务，例如长期负债。

㊁ 如果标的企业的资产负债表公积反映了所有未来已知的义务，而且不存在潜在的表外负债，那么对于承担的长短期债务之外，收购方无须调整收购价格。收益将准确反映已经负债造成的影响。经营现金流可以反映收益和资产负债表上项目的变化，也可以准确地反映出未来的负债。所以，基于盈利、账面价值或折现现金流倍数的估值，也将能准确反映业务的价值。在实践中，公积通常无法满足未来还债需要。常见情况包括用于员工养老和保健义务的资金或公积金不足，以及无法收回的应收款。这些因素代表的是现金未来的使用，应对其进行折现，并评估造成的影响。

㊂ 可任意处置的资产是指企业经营中不需要使用的资产，可以出售以补贴部分收购价。这类资产包括按历史价格计价的土地。其他例子还有超过正常运营资本所需的现金，以及被买方视为非战略性的产品线或经营单元。由于经济价值是在考虑交易将如何融资之前由未来运营现金流决定的，所以可任意处置资产的出售不会计入标的企业的价值中。

5.5 阶段7：制订整合计划

一部分兼并前的整合过程被纳入交易达成前的尽职调查活动。尽职调查团队的一个职责是识别可以被结合的资产、流程和其他资源，以实现成本节约、产能提升或者预期的协同效应。让做计划的人更好地理解活动所需步骤和协同效应的预期释放节奏，这个信息对进一步完善估值过程也是必要的。

5.5.1 与合同相关的事项

整合计划也包含了所有权转让过程中涉及的人力资源、客户和供应商问题。这是收购协议中需要解决的一些交接事项，重要的是卖方的责任要在交易达成前进行谈判，以便确保实际交接能够尽可能顺利地进行。而且在交易达成前也需要一些协作努力。例如，协议可能规定标的企业的员工如何补偿，他们的福利要求如何处理。[㊀]

审慎的买方希望在收购协议里纳入保险条款以限制交易后的风险。绝大多数卖方向买方提供的文件和声明（比如保险索赔），都与卖方业务过去和现在的状况相关，涉及诸如股份所有权人、有形资产和知识产权、过往应收款数额、存货、债务，以及未完结法律纠纷、员工伤残情况、客户质保索偿和保证标的企业会计活动符合一般公认会计原则。尽管这些证明资料主要用于说明卖方业务过去和时下的状况，但是未来仍有可能发生变化。如果卖方声称没有未了结的法律纠纷，而在交易达成不久就被提起法律诉讼，买方可能要求从卖方处获得损失补偿。买方也可能坚持在交易正式结束前，必须满足一定的条件。

通常的交易达成条件包括雇用协议、不竞争协议、融资以及监管部门和股东批准。最终，买家在付款之前都会要求得到相关监管部门和双方股东的正式批准。

5.5.2 获得信任

结束交易前做出的决定会影响交易达成后的整合活动。[㊁]成功整合两家企业需要两方企业共同努力达成目标，要通过打造信用和信任，而不是夸张的口号和空洞的承诺实现。信任建立在合作、履行诺言和成功的经历之上。

㊀ 系统必须保证被收购公司员工继续获得薪酬。如果雇员人数少，很容易做到，可以通过第三方薪资处理机构提供这项服务，在交易关闭前将相关薪酬和人事信息录入收购方的薪酬管理电脑系统。对于员工处于不同地区或者大型企业来说，标的企业的员工的薪酬支付可以继续使用一段时间现有的系统，对于员工福利、保健或者伤残补偿要求会在交易达成前增加。无论离开还是继续留在新企业的员工都会要求在裁员后的更长时间获得补偿。这类开支激增给收购方带来了额外的财务负担，应该在并购协议中加以规定。例如，在交易达成前一段时间里员工提出的所有补偿要求，将在交易达成后在出售方报销，或者这类补偿可以从一个保留了部分收购款的监管账户支付。

㊁ 通常在交易达成前谈判关键员工的福利待遇、雇用合同和留职奖金。合同条款对整合也有影响。并购后的业绩激励（earnouts）是基于被收购业务达到一定利润或者收益目标后支付给买方的钱款，能够提高买方将被收购业务有效整合的能力。

5.5.3　挑选整合经理及其他关键决策

买方应该指定一名具备出色的人际关系和项目管理技能的整合经理。在整合期间，人际互动技能通常比专业和技术能力更重要。买方也必须确定在交易达成后的12～24个月保证被收购企业继续成功的关键活动，包括确认核心经理人员、供应商和客户，以及确定如何将他们作为有价值的资产保留下来。交易达成前的整合规划活动，也应该确定出运营模式或者业务继续运营所需的标准：管理人员的补偿、劳动合同、下单流程、产品交付时间以及品质标准。最后还应该制订在交易达成后马上需要与所有利益相关人沟通的计划。更多细节参阅第6章。

5.6　阶段8：结束交易

交易达成必须获得股东、监管部门、第三方同意（例如，涉及客户和供应商协议），而且要完成最后的收购协议。

5.6.1　获得所需批准

买方的法律顾问负责确保交易符合证券法、反托拉斯法和公司法的相关规定。重大关注问题都须得到解决，所有由联邦贸易委员会和司法部要求的文档都应备案。最后要注意，许多交易需要收购方和标的企业股东的批准。

5.6.2　处理客户和供应商协议

收购资产时，许多客户和供应商协议在未得到对方书面批准之前，不能转移到买方。通常情况是供应商和客户可能尝试重新谈判，以获得更优惠的协议条款。被授予的使用权必须经过授权方批准，这可能会成为及时完成交易的主要障碍。曾经发生过一家主要软件供应商要求大幅提高使用费，才同意将软件授权转给买方的案例。供应商了解该软件对标的企业数据中心的继续运作非常重要，从买方角度看，大幅提高使用费对交易的经济性产生了负面影响，差一点导致交易失败。

5.6.3　完成收购/合并协议

并购最终协议是交易达成文档中的基础文件，该文件指明了双方在交易达成之前和之后的全部权利和义务。

1. 交易条件

在资产或股份收购中，协议的这部分内容规定了支付方式，即如何支付以及收购的特定资产或股份。对于兼并，协议的这个部分规定了收购方和被收购方的股票交换数量（或比例）。

2. 价格

收购价格或者全价可能在交易达成时固定下来，或者可能考虑到未来的调整，和未来业绩挂钩。在资产交易中，常见做法是将现金从标的企业资产负债表上去除，诸如厂房和有形资产的收购价是固定的。但是收购流动资产的价格将依赖于交易达成时的审计结果。

3. 收购价格的分配

买方经常试图把收购价中尽可能多的部分归入可折旧的资产，比如固定资产、客户清单和不竞争协议，通过折旧或者对这些可向上调整的资产进行分摊，可以减少未来应税收入。但是，这样的处理方式可能导致卖方收入应缴税。交易达成前，双方应该就资产交易中收购价如何分配达成一致，减少为报税目的而形成利益冲突的机会。

4. 支付机制

在交易达成时可能需要通过电汇或者支票方式付款，或者买方可能通过给卖方开出期票的方式，推迟一部分收购款的支付。买方可能同意将收购对价中未支付的部分，放入监管账户或允许暂时扣发，这样做是为了应对未来可能产生的赔偿要求。[⊖]

5. 债务的承担

卖方应继续对买方不承担的债务负责。对于诸如环保义务、未支付的税款和养老基金未足额欠款，法庭会继续追溯买方和卖方。反之，则是买方承担并购或股份收购中所有已知和未知的债务。

6. 陈述和担保

陈述和担保（representations and warranties）是买方和卖方做出的“对事实的声明”，就目前的使用情况来看，这两个术语实际上没有分别。它们服务于三个目的：披露、终止权和补偿权。

披露 合同陈述与担保应该全面披露涉及交易的所有信息，通常会涵盖双方最关注的领域，包括财务报表、公司组织结构和信誉，资本总额、未披露的负债，未结法律诉讼、合同，资产所有权，缴税和退税，有无违反法律法规，员工福利计划，用工情况和保险范围。

终止权 陈述与担保通过设定交易达成条件以降低风险。在交易达成时，那些涉及业务和财务的陈述需要重新审阅，必须在协议签署和交易实际结束期间确保准确。如果在此期间标的企业的业务或者财务状况发生了显著改变，收购提议方有权终止交易。

补偿权 交易中经常涉及非上市企业，有些陈述将延伸到交易之外。比如作为补偿的基础，也就是说，买方会因交易达成之后发生的成本而得到补偿。例如，卖方可能声称没有未结案诉讼，而在交易达成之后发现该声明有误，造成了买方为了了结控制权转移之前的法律纠纷而致使成本大增。我们在本章后半部分还会更详细地讨论这个问题。

7. 契约

契约是各方就同意采取行动签订的协议，或者规定在签署正式协议到交易达成之前禁止采取行动。卖方可能被要求继续像平时那样做业务，只是在发生平常支出之外的所有支出时，诸如一次性分红或大额管理层补偿，要事先申请批准。与陈述与担保不同的是，契约与时点无关（例如，签订或者交易达成的时间），但和签署与交易达成之间的行为有关。契约通常不会在交易达

⊖ 监管账户是指买方将一部分收购对价放入一个由第三方控制的账户，但是暂时扣发款通常不需要这样做。

成时到期失效，有时还会继续生效。典型的例子包括买方出具给卖方的注册股票的契约，这个契约规定在资产出售结束后将企业解散。契约可以是消极的（有限制的），也可以是积极的（要求做某事）。前者限制一方采取某种行动，例如，禁止在签订协议和交易达成期间，未经买方同意发放红利或出售资产。积极的契约可以要求卖方以既往方式继续运营公司。许多收购协议实际上在表述上和契约中使用的是同样的说法。例如，既然标的企业的资产负债表是在签订协议之前开始计算的，标的企业将其表述为：在签署之前的某个日期计算的资产负债表和交易达成时的资产负债表一致。使用同样说法的契约，要求标的企业不要在这两个日期之间采取任何行动。比如支付红利或重大的资本支出，以免导致资产负债表出现明显变化。

8. 交易达成的条件

能否满足谈判条件，决定了协议方是否必须执行交易。最重要的交易达成条件是所谓的“一致性条款”（bring-down provision），要求签约时表述的内容直至交易达成日仍保持真实。其他例子包括获得相关所有必需的法律意见，执行其他协议（例如期票），以及标的企业未发生任何“明显的不利变化”。在2008年金融市场崩溃期间，协议中“明显不利变化条款”（material adverse change，MAC）对收购和出售的影响很大。许多签订了并购协议的企业寻求解约。在谈判此类条款时，最常见的挑战是如何定义显著（materiality），例如，利润或者销售额降低20%是否属于显著变化？由于其本身的模糊性，合同的说法通常模棱两可，正是由于这个原因，使得许多收购方可以解除协议。贷款人也可以用这类条款抽回融资款。

9. 补偿

实际上，补偿是在交易达成后发生的并非由一方原因导致的损失，另一方应负责偿还。正式协议要求卖方在发生表述错误或违反承诺、契约时，应向买方提供赔偿或者免除其责任。而买方通常同意补偿卖方。双方通常想限制补偿条款的有效期限。[⊖]

10. 其他完成交易所需文件

除了解决上面列出的那些问题，由于要达成交易要完成很多文件，而且这些文件的复杂性，也使得结束交易变得非常复杂。除了正式协议，更重要的文件通常还包括：专利、许可证、专利使用费协议、商标名称和商标，劳动和雇用合同，租约，抵押、贷款协议和信用额度，股票和债券承诺和细节，供应商和客户合同，其他文件还可以包括分销商和销售代表协议、股票期权和雇员激励计划、员工保健和其他福利计划（应在交易达成时就绪，以避免项目超出预定时间）。

所有境外专利、设施和投资的完整描述，保险单、保险责任范围和未处理的索赔，中介费的安排，针对两方的未决法律纠纷，已解决或正在处理中的环保合规事宜，通常也是交易达成的文件之一。而且买方的公司董事会会议纪要以及其他重要的委员会信息、公司章程、规定、股票证明、公司印章，也是最终文件的一部分。

⊖ 确认补偿要求通常至少需要一整年的经营和审计周期。有些补偿要求（例如环保）会超出补偿条款的有效期。通常在没有超过最低数额（用数字或美元表示）之前，任何一方都不可以向对方提出补偿要求。企业也可以购买担保或补偿保险，在出现违反并购协议或担保条款的情况下获得损失赔偿。

11. 融资意外事件

大多数周到的收购和出售协议包含关于融资意外事件的条款。买方如果未能获得足够资金完成交易的话，可以免于执行合同条款。违约费可以有效地确保买方将尽最大努力争取获得融资。在一些情况下，卖方可能要求买方在监管账户中存放一笔不可取回的钱款，如果因不能获得融资而造成无法完成收购的话，这笔钱将被罚没。[⊖]导致融资意外事件的贷款方会因违反贷款承诺而触发重大不利变化条款。

5.7 阶段 9：执行收购后的整合

交易结束后的整合活动被广泛认为是并购流程最重要的阶段之一。交易结束后的整合会在第 6 章深入讨论。接下来是讨论交易达成后需要马上开展的活动。这类活动通常分为五类，将在下一节讨论。

5.7.1 沟通计划

在交易结束后马上实施有效的沟通计划，对于留住被收购企业的员工和保持、提高士气及生产力是非常重要的。这项计划应该把重点放在雇员、客户和供应商关心的事情，应该传递诚实和一致的信息。员工需要了解薪酬和福利在换了雇主后会发生什么变化。即便某项福利取消了，但是如果其他福利和工作条件有了改善，员工仍然有可能接受。客户希望获得确认，保证在新旧雇主交替期间，不会在产品或服务质量及交付时间方面受到任何影响。供应商也非常有兴趣知道，所有权改变对其向新企业的销售会产生什么变化。

如果有可能，沟通最好是面对面进行。可以安排收购方的高层管理人员与员工沟通（尽可能在工作现场）。高层经理也应该联络重要客户（最好亲自去见客户，或者至少打电话），给他们定心丸。在交易达成之后马上召开开诚布公的会议，满足员工、客户和供应商合理的信息要求，将有助于在利益相关者之间建立信任感，对并购的最终成功是必要的。

5.7.2 挽留员工

在并购阶段，挽留中层经理应该列为优先工作。买方选定要挽留的标的企业的高级经理人员，他们经常被要求签订雇用协议，作为交易达成的一项条件。尽管高层经理为企业提供了发展的方向，但是企业的日常经营是由中层经理人承担的。应该提前做好计划，将这类员工的流失率降到最小。奖金、股票期权、额外销售佣金计划通常用于挽留这些经理人。

5.7.3 满足现金流需要

紧随交易达成后的中层经理对话，通常可以反映出哪些方面的维护支出超出了预期，对于之

⊖ 大多数涉及非上市企业的交易没有包含违约费、终止交易费或者损失赔偿金，因为这类卖方被视为受到高度激励。当出现卖方在签署协议之后拒绝出售业务事件时，买方可能会对卖方提起违约诉讼。

前认为可以收回的应收款不得不进行核销。被收购企业的员工因为不适应收购方带来的新方式或者存货不足，可能会影响到生产和客户交货期。最后一点是，可能会出现超出预计的更多客户流失到竞争对手处，他们利用所有权改变之机，会用各种激励办法引诱客户转换门庭。

5.7.4　采取最佳实践做法

一个可以让合并后的公司实现潜在协同效应的好办法，是采用两家公司各自的最佳实践做法，发挥两家公司的力量。在某些方面，两家公司可能都没有采用客户认可的业内最佳实践。管理层应该跳出自己的运作方式，寻求业内外其他公司好的做法。

5.7.5　企业文化问题

企业文化反映了公司管理层与员工的一套信念和行为方式。一些企业非常专制，而另一些则非常宽松。一些被授权的员工比其他人更信奉高度集权，一些人提倡在团队合作中解决问题，而其他人鼓励个人表现。显然，不同的企业文化会对后期整合构成阻力。成功的关键是花时间向新企业的所有员工解释，什么行为是提倡的，以及这样做的原因是什么，告诉经理他们应该深入基层做好沟通解释工作。

5.8　阶段10：进行整合评估

进行并购后期评估的主要目的是判断并购是否符合预期，采取必要的纠正措施，并识别哪些工作做得好，哪些将在未来的并购中做得更完善。

5.8.1　不改变业绩评价基准

一旦并购显示出运营已恢复正常，应着手对并购计划所提出目标的实际绩效进行评估。成功的定义是看实际和计划的绩效是否一致。经常出现的问题是，管理层忽略了并购计划制订的业绩目标，采用低于计划的业绩标准考量并购效果。只有在情况超出了企业控制而导致运营环境改变时，例如经济衰退或监管变化，这样做才是合适的。

5.8.2　提出难题

提出的问题类型要根据是在交易结束后多长时间提出而有所不同。在6个月后，买方从这项业务中学到了什么？初始估值假设是否合理？如果不合理，买方不了解标的企业的哪些方面，为什么？买方做得好的地方是什么？哪些事情本应该采取不同的做法？怎样才能确保同样的错误在未来并购时不会重犯？在12个月后，业务是否符合预期？如果没有，如何做可以使业务回到轨道？预期收益能否抵补纠正业务脱轨所需成本？是否安排了合适的人员长期管理该项业务？在24个月后，这项收购看上去仍有吸引力吗？如果没有，是否应该出售？如果是，何时以及出售给谁？

5.8.3 从错误中学习

从每项并购里吸取经验教训，这样做通常是值得的。这项工作经常被忽视，导致企业重复犯同样的错误。之所以发生这种问题，是因为那些参与并购的人可能从一个交易转去做另一个交易。公司如果经常进行并购，可以通过安排特定的法务、人力资源、市场、财务和业务发展人员，专门为全公司的并购提供支持而获益。尽管有证据显示频繁收购导致财务回报平均水平下降，[⊖]但是这类企业可以从多次交易中学到经验，特别是并购方的CEO没有变动，而且这些交易是类似的时候。

记忆要点

并购流程包括10个步骤。第一步是定义商业计划，如果并购被认为是执行商业战略所需的，那么在第二步制订一项收购计划，确定关键目标、可供使用的资源，以及完成收购的管理优先顺序。下一个步骤包括寻找合适的并购对象。筛选步骤是搜寻步骤的进一步细化，潜在收购方根据完成交易的紧迫性、标的规模和是否能够联系到标的企业的高层，决定如何开始初次接触。谈判阶段包括对估值的完善，设计交易构架，实施尽职调查，制订融资计划。整合计划必须在交易结束前完成。交易达成阶段包括取得所需第三方同意和监管部门、股东的批准。交易结束后的整合阶段涉及有效地与各利益相关方沟通，挽留关键员工，确认和解决急需的现金流需求。通常被疏忽的是交易结束后的评估，这对于企业从过去错误中吸取经验教训十分重要。

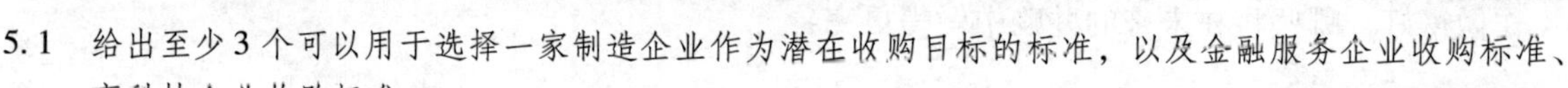

讨论题

5.1 给出至少3个可以用于选择一家制造企业作为潜在收购目标的标准，以及金融服务企业收购标准、高科技企业收购标准。

5.2 指出首次联络潜在收购目标的方法。为何保密很重要？在什么情况下收购方可以公开收购意向？

5.3 总价、总收购价/企业价值及净收购价之间的区别是什么？这些不同的概念是如何运用的？

5.4 买方和卖方所做的尽职调查各有什么目的？

5.5 为何交易结束前的整合计划很重要？

5.6 为了尽快完成对保健软件制造商HBO的收购，McKesson没有展开充分的尽职调查，而是依据收购协议中的陈述和担保进行了交易。在交易达成的6个月内，他宣布需将前三个财年的收入和净利润分别调低3.27亿美元和1.915亿美元以纠正会计错误。公司的股票下跌了48%。如果HBO的财务报告是按照一般公认会计原则公布的，McKesson本可以确保HBO收入和利润数据百分之百准确吗？请给出你的解释。

5.7 从最近的新闻报道里找一个交易案例，说明买方可能采用了什么标准选择标的企业作为有吸引力的并购目标。请具体描述。

5.8 Fresenius是一家德国透析机制造商，以46亿美元收购了APP制药公司。这项交易包括并购后激励计划，如果APP达到特定的财务目标，Fresenius将支付9.7亿美元奖金。该激励计划的目的是

⊖ Fuller et al.（2002）指出在最近3年里完成了至少5个交易的收购方，从中获取的累计平均回报率为1.7%，但是从第5个交易开始，他们只能赚到0.52%。这种现象可能反映出过度自信。Atkas et al.（2009）认为这和从做中学的效应一致，因为有经验的收购方能够更好地评估预期的协同效果，而且愿意付更多的钱达成交易。

什么？对买卖双方有何影响？

5.9　显著不利影响条款（MAC）是协议各方用来确定谁将对发生在协议签署到交易达成期间所发生的负面事件风险负责的一种方式。MAC 通常不用金额表示。那么在上述期间，MAC 可能对各方的谈判策略产生怎样的影响？

5.10　尽管在尽职调查中发现了令人不安的情况，Mattel 仍以换股方式收购了 TLC 这家领先的玩具软件开发商，交易作价 35 亿美元。Mattel 认为 TLC 的应收款有夸大成分，一项价值 5 000 万美元的使用权交易提前记入了资产负债表，TLC 的品牌也落伍了。TLC 还夸大了在新软件产品研发方面的投入。尽管如此，Mattel 为了成为玩具软件的大型开发商，在知悉 TLC 夸大现金流的情况下仍完成了交易。加上并购后重组的花费，Mattel 的净损失总额高达 8.24 亿美元，销售收入为 55 亿美元。Mattel 的股价在年底下跌了 35% 以上，每股约 14 美元。Mattel 本该怎样做才能更好地保护自己的利益？

（上述讨论题的答案请见本书配套网站的在线教师手册。）

::案例分析 5-1

埃克森石油对天然气的不懈追求

要点

- 埃克森石油公司相信世界将在几十年里继续依赖碳基能源，因此一直在积极地聚集新的天然气和石油储藏。
- 这个战略与其核心的能源提取、炼化和销售技能相符。
- 作为全球最大的能源企业，埃克森必须在非常规气体和石油新储量方面下大赌注。

埃克森公司一直以目光远大著称于世。能源企业不可避免地无法应对短期能源价格波动，因为发现和开发新的能源需要很长的前导时间。但是能源价格总是处于波动之中，埃克森石油把赌注投在世界将在未来几十年里继续依赖石油和天然气，而用于开发非常规能源的新技术也将在之后到来上。

继 2009 年收购天然气开采公司 XTO 能源，在最近几年，埃克森石油一直在持续积累页岩气和石油储藏量。但是天然气价格一直保持在 2008 年水平之下。埃克森石油用前 XTO 能源的技术人员——那些从页岩中提取油气最有经验的业界专家，寻找全球最有吸引力的页岩气开发地点。2010 年，埃克森收购了 Ellora 能源公司，这家企业在开发得克萨斯州和路易斯安那州的海内斯维尔（Haynesville）页岩油田，还从 PetroHawk 能源公司收购了价值 7 亿美元的位于阿肯色州的费耶特维尔（Fayettville）页岩油田。2011 年，埃克森石油以总价 17 亿美元收购了 TWP 和 Phillips 资源企业，它们在开发马塞勒斯（Marcellus）页岩盆地。埃克森打赌当天然气价格再次涨升时，这些资产将变得非常有价值。直到 2011 年年中，埃克森石油已经从 2009 年年末收购 XTO 和新勘探发现中，增加了超过 70 万亿立方英尺非常规油气储藏量。埃克森现在已经成为美国最大的天然气生产商。

对于一家此前十年中没有进行过大型收购的企业来说，2009 年大规模收购 XTO 是一个显著的变化。经历了 20 世纪 70 年代末期和 80 年代早期的一系列不成功并购，这家企业似乎患上了收购恐惧症。除了没进行大型收购，埃克森还开始回购自己的股票，在 1983～1990 年回购了超过价值 160 亿美元的股票，每年还花费大约 10 亿美元收购油气资源和一些小企业。

埃克森石油在其 2009 年年报中声称将成为世界最优秀的石油和石化企业，该企业在未来几十年的首要关注点，是继续从事油气勘探开发、炼化和化工品核心业务。根据该公司的说法，钻探之前发现的页岩油气资源将具有“相当光明的前景”——这来自于水平钻探和水裂法的技术革新。现在还没有哪种能源能够既解决不断增长的能源需求又能降低二氧化碳排放。

能源企业传统上的做法是，在油藏上面的甲烷层打垂直井采集天然气，而现在的做法是打水平井，并通过高压水进行压裂的方法采集，这种方法称为“水裂法”。这项技术能够让美国企业得以释放页岩油井中大量的天然气，以及之前认为无法采集而被废弃的油田里的油气。通过这种方式获得的天然气和石油，通常被称为“非常规能源资源”。

通过提高其在非常规天然气和石油开采地位的努力，埃克森于2009年12月14日宣布，已经和XTO能源达成一项价值310亿美元的股票收购交易。该项交易也包括埃克森承担XTO现有的100亿美元债务。收购价格比XTO当时的股价提高了25%。消息公布后，XTO股价跳升15%达到47.86美元，而埃克森的股价则下跌4.3%到69.69美元。该交易将XTO的已证实天然气储藏量估价为每立方英尺2.96美元，与当时市场价相同，是当时纽约商品交易所天然气期货价格的一半左右。作为一家独立能源生产商，运营了23年之久的XTO在天然气业务方面和其他独立钻探商存在激烈竞争，这个领域因水平钻探和水裂技术可从老旧油田提取能源而生机勃勃。尽管如此，与埃克森这样的大型跨国能源企业不同，类似XTO这种独立能源生产商，通常缺乏开采非常规油气资源的财务实力。这两家企业已证实储量的地域，交叉重叠情况非常明显。埃克森和XTO在科罗拉多州、路易斯安那州、得克萨斯州、北达科他州、宾夕法尼亚州、纽约州、俄亥俄州和阿肯色州都有储量。这两家企业累计已证实储量等于45万亿立方英尺天然气，其中包括页岩气、煤层甲烷和页岩油。这些储量补充了埃克森在美国和全球的份额。

埃克森在油气开采方面是全球领先企业。就其规模而言，很难通过自由现金流再投资，获得未来收益的内生式快速增长。所以，诸如埃克森石油这样的巨型企业经常转向大型并购，借此向其股东展示未来收益的显著增长。从需要很长的前置时间增加可证实储量和巨额资金要求而言，能源企业不可避免地不得不承担超长期的规划期和投资期。收购XTO是打赌天然气的未来前景。而且，XTO拥有采集非常规天然气资源的高超技术能力，可以为埃克森的全球能源基地、先进的研发、运营能力、全球规模和融资能力提供支持。

在截至2010年的5年期间，美国能源信息管理署（EIA）估计美国全部已证实天然气储量提高了40%，达到大约300万亿立方英尺，等同于500亿桶石油。据EIA预计，非常规天然气可以满足直到2030年美国国内绝大部分需求，表明美国的整体能源消费发生了巨大转变。按照当前的消费比例，美国的天然气储量至少够用100年。除了储量丰富之外，天然气也是最清洁的石化燃料。

很高的收购溢价，分享埃克森股票升值的机会，以及免税的交易[⊖]，说服了XTO股东批准了该交易，埃克森承诺将XTO视为全资子公司，实行独立管理，以及留用一些前XTO经理人，也得到了XTO高级管理层的支持。通过保持得州沃斯堡（Fort Worth）的XTO公司基本不变，埃克森得以最小化两家企业不同的文化差异。

讨论题

1. 该项交易的总收购价/企业价值是多少？
2. 为何在收购消息公布之后，埃克森石油的股价和XTO股价分别大幅下跌和上涨？
3. 你怎样看待埃克森石油对自己核心技术的观点？基于你对这个问题的回答，你认为这项交易是相关并购还是不相关并购？解释你的理由。
4. 你认为影响埃克森收购XTO的关键环境趋势是什么？
5. 你如何描述埃克森石油的长期目标、业务战略和执行战略？埃克森还可以采取哪些替代的执行战略？为何你认为它应选择并购战略？在埃克森石油收购XTO能源中存在哪些重要的风险？

（所有讨论题的答案可以在本书的网上教师手册找到。）

⊖ 如果标的企业的股东接受了用股票交换进行收购，则交易是免税的。

∷案例分析5-2

微软投资巴诺旗下的诺克技术公司

要点

- 企业规模往往决定了业务战略。
- 偏离企业核心技能的多元化通常招致风险。
- 企业现金积累太多通常引发潜在的代理问题。

和苹果电脑一样，微软已经经营了30年。不同的是，微软未能保持令其市场价值增长所需的收益高速增长和现金流。多年来，微软一直试图减少对从视窗操作系统和办公套装软件中获取收入的依赖度，努力定位于信息技术行业的高增长领域。尽管如此，该公司的年收入中仍有超过4/5来自于这两大产品线。

该公司对于既有产品的持续依赖并非源于缺少多元化尝试。从2009年开始，微软已经支出了超过100亿美元用于资助战略联盟和并购活动。2009年与雅虎结成互联网搜索伙伴关系，用于协助微软提高其BING搜索引擎并取代谷歌，未起到明显效果。2011年，该公司同意为诺基亚智能手机提供移动操作系统。截至目前，基于视窗操作系统的智能手机还需要努力才能赢得明显的市场份额。同年微软还以85亿美元收购了互联网电话公司Skype，成为该公司有史以来最大的一项收购。到目前为止，其对微软收入和利润增长的效果仍不清楚。

尽管最近几年微软做了一些并购，截至2012年3月，微软手中仍持有超过600亿美元现金。巨额现金招致了来自股东的巨大压力，要求公司通过回购股票或分红把现金返还给股东，或者投资新的高增长机会。近年来，微软在两方面都有所尝试。

该软件企业继续加快发展，2012年4月30日宣布将累计投资6.05亿美元（包含先支付3亿美元，余额将在后续5年终支付，为产品研发和国际扩张提供资金）换取巴诺（B&N）公司旗下一家新公司17.6%的股权，这家公司拥有巴诺的电子书和Nook电子读物技术，而且装入了巴诺的大学教材业务，被视为电子书的成长领域。分析师给予巴诺这家子公司估值17亿美元，是巴诺在2012年5月1日收盘后市值的两倍以上。消息公布后，巴诺的市值跳高到12.5亿美元。作为该项交易的结果，这两家公司将解决涉及它们的侵权案件，而巴诺公司将为Windows 8操作系统做出一个Nook电子阅读应用软件，可以在传统PC机和平板电脑上使用。微软不得不大量修改器Windows 8操作系统，通过Windows 8产品适应未来在PC机、平板电脑和其他移动设备上使用的网络浏览、影片观看、书籍阅读等各种活动。而且Windows 8将包括一个“应用软件商店”，看上去似乎是要提供购买图书和其他娱乐用品等比竞争对手更好的服务。这项合作并非是排他性的，巴诺公司可以和其他机构比如谷歌另外建立联盟。巴诺的电子书业务仍保留在实体书店，它拥有691家普通书店和641家大学书店。

在做出这项投资时，微软在这个自己滞后于竞争对手的行业下了另一个赌注，将自己置身于与亚马逊网站、苹果公司和谷歌竞争的位置。Nook使用的是谷歌的安卓软件，和亚马逊的Kindle Fire一样。这两家企业将分享电子书销售的收入。这项合作也使微软能够为未来使用微软操作系统的Nook产品提供电子书阅读软件。除了获得急需的现金注入之外，巴诺将从全球数以亿计的视窗软件用户那里获得新的用户，接触到那些以前与巴诺没有业务往来的客户。之前人们还担心巴诺会成为电子书市场的一个边缘竞争者，但是投资者对这个消息的反应是将巴诺的股价推高了58%，达到每股20.75美元。这是这家公司近两年达到的最高的收盘价了。该公司的常规（实体）书业务一直在快速下滑。伴随着收入和利润下降，巴诺正在寻求战略伙伴，加快电子书业务的全球拓展。巴诺自从2011年接受了Liberty Media 2.04亿美元的投资以来，接触了一些潜在的合作伙伴，一直在考虑出售或者分拆电子书业务。

巴诺声称占有美国电子书市场27%的份额，亚马逊占有60%的市场份额。曾有一段时间，亚马逊几乎占据了电子书市场90%的份额，但是随着像苹果、谷歌和微软这些新玩家的出现，其市场份额逐步被蚕食。根据市场调查机构IHS iSuppli的统计，苹果公司在2011年拥有平板电脑市场的62%，反映了其iPad的成功，而亚马逊的Kindle和巴诺的Nook分别占了6%和5%。书籍出版社似乎从微软投资巴诺中得到了鼓励，因为它们越来越担忧如果巴诺不能成为一个有力的竞争对手，亚马逊可能垄断电子书市场并主导电子书的价格。

与苹果这样的竞争对手不同，微软主要依靠合作方提供运行其软件的硬件产品，其硬件产品如Xbox视频游戏机和声名狼藉的Zune媒体播放机是个例外。微软受到合作伙伴的限制，如果它开始制造自己的硬件设备，那么就会将自己置于同合作伙伴直接竞争的地位，而其合作伙伴制造诸如平板电脑这类基于微软操作系统的设备。

讨论题

1. 思考为何微软为摆脱其对视窗和办公软件依赖而实行的收入多元化出现了麻烦？
2. 对于微软来说，驱使其投资巴诺的主要内外部因素是哪些？
3. 思考分析师是怎样将巴诺的电子书子公司估值为17亿美元的。这个数字在微软投资时如何低估了该子公司的价值？
4. 你认为微软为这个合作带来了什么？巴诺贡献了什么？对于双方而言，在促使成功合作方面可能出现哪些挑战？

（所有讨论题的答案可以在本书的网上教师手册找到。）

CHAPTER6

第6章 交易结束后的整合：收购兼并和商业联盟

人无法驾驭变化，只能跑在变化前面……除非组织在意识到其任务时主动引导改变，否则便难以生存。

——彼得·德鲁克

并购内幕 整合联合航空与大陆航空的挑战

关键点

- 实施整合之前，最重要的需尽早做出的决定是选定负责整合的经理。
- 整合团队一般包括来自收购方和标的企业两方的经理。
- 高级管理层必须介入并购后的整合过程。
- 实现预期的协同效应通常是难以实现的。

2011年6月29日，联合航空和大陆航空的母公司联合大陆控股公司挑选罗利·戈比洛特（Lori Gobillot）担任整合经理，负责将这两大航空公司整合成全球最大的航空企业。在2010年10月完成合并后，联合航空与大陆航空马上开始了这项打造世界最大航企的艰巨任务。仅在IT系统，这两家企业就要合并1 400多个独立的系统、程序和通信协议。两家企业的员工分属于不同的工会，遵守不同的工作规定，甚至这两家公司飞机的内部结构都不同，联合航空的飞机设有头等舱，而大陆航空的飞机只有商务舱和经济舱。合并后航线可联起63个国家的373个机场。合并后的企业拥有1 300多架飞机。

联合大陆控股公司的CEO杰弗里·斯米谢克（Jeffry Smisek）对此抱有很高期望，他告诉华尔街分析师，合并后公司希望在头三年里，每年至少节约12亿美元成本。这个目标可以通过对运营进行合理化和减少浪费达到。斯米谢克选择罗利·戈比洛特担任负责整合的经理，因为她之前曾经协调过对联合航空的尽职调查，但这两家在2008年的合并上失败了。她积累的有关两家航空公司的知识、人际交往技能、自律和进取，使其成为当然人选。

她领导了33只跨部门整合团队，一共做出了几千个决定——从用最快方法放行1 260个航班的乘客，到为飞行常客计划提供额外补贴。这些团队的人员来自两家航空公司，成员包括来自技术、人力资源、机组管理、线路计划功能部门，他们按照运营活动组织，并和摩根大通银行信用卡业务部门建立了合作。在大多数情况下，这些团队同意对每一家航空公司的乘客至少保留一个项目，以便让员工熟悉这些项目。如果戈比洛特无法解决团队之间的不同意见，她将邀请高层经理介入。为了赶上安排得很紧凑的时间表，戈比洛特向两家公司的员工强调整合的努力不分你我，而是要大家有劲往一处使。所有人都得集中精力及时完成整合工作，如果能够实现预期的协同效应，对日常经营活动的干扰就能降到最小。但是，尽管大家努力工作、给予支持，但过往经历表明交易结束后的整合总是令人气馁。大陆航空和联合航空的整合也不例外。联合航空的机师拒绝接受大陆航空的飞行手册培训，他们甚至因其雇主在谈判达成新的劳动协议方面速度过慢，而提起了一个不成功的诉讼。客户对大陆航空代理商无法回答有关联合航空公司航班问题而感到奇怪。2012年3月3日两家航空公司合并订票系统、网站和飞行常客计划时，又出现了新的问题。而这项工作通常应该在航线合并之前完成。一些飞行常客感到被疏离，订票系统混乱，航班延误，结果是收入远远低于预期水平。更糟糕的是，在2012年年底，一次性并购的相关支出高达近15亿美元。

过去很多航空公司合并，降低成本、增加收入的预期都落空了。美国航空集团（US Airways Group）的机师和乘务员，来自美国航空和美国西部航空，从合并至今已经6年了，仍各自签订劳动合同，采用不同的工资、时间表和工作标准。三角洲航空（Delta Airlines）于2008年收购了西北航空，仍深陷一场指责其不平等对待三角洲航空与西北航空乘务员、剥削工人的劳动纠纷中。这类纠纷持续越久，整合这些业务时的文化分隔越趋严重。

本章概览

在交易达成后，整合就排上了日程。并购方属于何种类型，将很大程度影响到整合的范围和进度。财务型买方——那些收购目的本身就是为了再出售的收购方，不会将收购的业务并入另一个实体。他们不管理业务，也没兴趣监督当前经营管理绩效，只是在实际经营和预期业绩之间出现明显和持续偏差时才会出手干预。相反，无论是将其作为控股公司旗下的一个独立分支机构，还是将其与另一家公司合并，战略型买方希望通过对收购业务进行一段时间的管理而获取利润。对于我们的目的来说，假设收购方在结束交易后马上整合。整合阶段是收购兼并最终成功的一个重要因素，无效整合通常被认为是并购无法满足预期的一个基本原因。

有效整合需要一个可行的流程。成功的关键因素包括在并购之前进行细致规划，坦诚和持续沟通，采用合适业务合并进度，指定整合经理，并设定清晰的目标和授权，以及在流程的起始阶段做出那些困难的决定。本章讨论了如何在业务整合和联盟过程中克服一些特别的障碍。本章的回顾（包括实践问题和答案）放在本书配套网站（http://booksite.elsevier.com/9780123854872）的学生指南“Student Study Guide”文件夹中。

6.1 整合在成功并购中的角色

快速完成整合更有可能让并购达成收购方的期望。对我们来说，所谓迅速，是相对于企业的正常运作而言的。安达信咨询公司研究了 100 起全球并购案例，每一起的估值都超过了 5 亿美元，它总结出，大多数并购交易后的活动是在 6 个月到 1 年时间里完成的。快速完成的整合，产生了股东期望的财务回报，而且减少了员工和客户的流失率。

这并不是说，重组是在这段时间里全部结束。整合可能持续到收购完成几年后厂房出售或关闭之时。几乎一半的买方在并购的 3 年内将标的企业的厂房出售或者关闭。

收购方管理目标工厂的经验越丰富，相比那些经营这些工厂经验有限的买方，保留标的企业继续经营的时间就越长。如果我们将交易结束后的时间拖长到 5 年，工厂关闭的比例还会增加 9% ~10% 。

6.1.1　实现预期的财务回报

这里有一个快速整合实现预期财务回报的重要性的简单例子。假设一家企业当前市场价值为 1 亿美元，准确地反映了企业在资金成本折现后的未来现金流（例如，企业的财务回报必须满足或者超过其股东和贷款人的预期）。假设收购方愿意比当前的股价多支付 2 500 万美元的溢价，认为通过两家企业整合所实现的成本节约可以弥补这个溢价，那么整合时间拖得越长，收购方需要从中产生用来弥补溢价的现金数额就会增加。如果资金成本是 10%，而整合在第一年年底结束，收购方将需要在第一年年底赚 2 750 万美元，以抵补溢价和资金成本（ =2 500 万美元 +（2 500 万美元 ×0. 10））。如果整合直到第二年年底才能结束，收购方要赚的现金提高到 3 025 万美元（2 750万美元 +（2 750 万美元 ×0. 10）），依此类推。

6.1.2　员工流失率的影响

尽管有少数证据显示，在收购完成后，企业必然出现减员现象，也有证据表明管理层和核心员工的流失率在提高。一些经理人员的流失，是为了减少冗员和重叠设置的职位而有意采取的行动，但是其他经理人则是在整合的混乱状态中流失了。在很多并购中，人才和管理技能对于收购方而言代表了最基本的价值，特别是在高科技和服务类企业中，这些公司的资产大部分是员工所掌握的知识，很难衡量员工的流失代表了明显的“智力流失”或管理人员流失。这样的流失会降低标的企业的价值，让买方很难弥补其支付给标的企业股东的溢价。由于标的企业的高层有经验的经理人在整合过程中流失，而不得不代之以新的经理人——这样做的失败率通常比较高，因此成本也可能很高。当企业选择了一名内部人（例如，被收购企业已经雇用的人）顶替高级经理人（如 CEO），继任者的失败率（例如，继任者在 18 个月后离职）是 34% 。当董事会选择了一名外部人士作为继任者（例如，一个目前还没被并购企业雇用的人）顶替离职的高层经理人时，18 个月的失败率是 55% 。所以，在超过一半时间里，外部继任者不会成功，而内部继任者的成功率大约是 2/3。

员工流失的成本不仅仅是关键员工的流失。任何大量员工流失都可能带来昂贵代价。现有员工已经接受过培训，如果失去他们，将产生新的雇用和培训成本，才能将其训练为合格的员工。更糟的是，员工流失可能打击那些留下来的员工士气并降低生产力。

6.1.3 与并购相关的客户流失

在正常经营中，企业存在一定程度的客户流失。根据行业不同，在竞争条件下，正常的流失率可能是在20%～40%。新收购的公司由于并购原因将额外再损失5%～10%的现有客户，这反映了客户对及时交付和产品质量的不确定性，以及竞争对手在并购后提供了更进取的报价。更有甚者，许多公司将重点放在实现成本节省上的协同效应，而失去了收入增长的动力。在交易达成之后，客户流失可能持续发生。[㊀]

6.1.4 快速整合不意味着以同样的进度做每件事

快速整合可能更快地实现协同效应，但是也引发了员工和客户流失。所以，明智的整合，应该快速识别和执行收益能够立竿见影的项目，而推迟那些可能导致最大收入损失的项目，以便做好折中平衡。如果数据处理和客户服务呼叫中心对维持及时交付和高质量客户服务非常重要，收购方经常将这些活动的整合推迟到较后阶段进行。

6.2 整合是过程不是事件

将业务整合到收购方的运营中，包括以下6项按大致顺序排列的主要活动：并购前规划，解决沟通事宜，定义新的组织，制订人员配置计划，部门和职能整合，以及建立新的企业文化。其中一些活动是持续性的，从某种角度看，是没有终点的。例如，与主要的利益相关方群体沟通和建立新的企业文化，基本上属于持续性活动，贯穿于整合阶段和之后。表6-1列出了这个顺序。

表6-1 将并购整合视为一个过程

整合规划	制订沟通计划	创立新的组织	制订人员配置计划	职能整合	建立新的企业文化
并购前规划完善估值	利益相关方员工	从过去的经验中学习	为新组织确定人员需求	重新验证尽职调查数据	借助企业档案识别文化问题
解决交接问题	客户				
谈判合同保障	供应商				
	投资人				
	贷款人				
	社区（包括监管机构）				
		商业需求决定组织架构	确定可提供的资源	设定业绩基准	通过分享目标、标准、服务、空间整合
			制订人员配置计划和时间表	整合职能部门：	

㊀ 麦肯锡在1995～1996年11个不同行业157家公开上市公司的160个收购项目研究中发现，平均而言，在交易结束后，这些企业的增长率要比同业低4个百分点。此外，42%的公司实际上退步了，只有12%的公司的收入大幅领先同业。

（续）

整合规划	制订沟通计划	创立新的组织	制订人员配置计划	职能整合	建立新的企业文化
				运营	
				信息技术	
				财务	
				销售	
				市场营销	
				采购	
				研发	
				人力资源	
			制定薪资策略		
			建立所需的信息系统		

6.2.1　收购前的整合规划

尽管一些人认为整合规划应该在收购消息公布时马上开始着手，但是在交易达成前，对基于尽职调查所积累的信息，必须在交易达成时重新检视，以确保有效。收购前的整合规划过程，使得收购方能够完善对标的企业的初始估值，并依据收购协议处理交接事宜。此外，可以让买方有机会在协议中加入确保并购后整合过程顺利进行的表述、保证和条件。最终，通过规划流程可以创建收购后整合组织以加速整合工作进展。

为了减少将来出现的问题，尽早让整合经理参与到流程中很重要，理想的做法是在标的企业确定下来，或者至少要在估值和谈判流程开始之前介入。这样做可以让参与执行尽职调查和收购后整合的人员很好地理解该项收购战略。

6.2.2　交易达成前落实并购后整合组织

在交易结束前，应设定收购后整合组织，这个组织应该有清晰定义的目标和职责。对于非敌意收购方来说，该组织包括支持工作团队，应吸收来自收购方和标的企业的人员，他们的利益与新公司息息相关。当然，对于敌意收购，组织这样的团队可能会出现问题，在交易双方间可能缺乏信任。收购方可能发现，在交易结束前很难获得所需信息，在规划阶段也很难引入标的企业的管理层。

如果计划是将标的企业与收购方的一个业务单元整合在一起，关键是将整合的职责归入该业务单元。尽职调查团队应该充分了解该业务单元的人员，确保他们了解如何更好地将标的企业整合进来，尽快实现协同效应。

收购后的整合组织：组成和职责

收购后的整合组织应该包括一个管理层整合团队（management integration team，MIT）和侧重执行特定整合计划的工作团队。MIT 中参与整合的两家被合并公司的高层经理，负责实现在交易达成前尽职调查中确定的协同效应。将两家企业的高层管理者纳入进来，可以确保两家机构最好的人才参与整合，并向全体员工发出一个安慰信号，即决策者了解具体情况并达成了一致。

MIT在整合阶段的重点应该放在能为股东创造最大价值的活动上。阅读资料6-1总结了MIT必须采取的实现预期协同效应的重要工作任务。

阅读资料6-1

MIT的关键职责

1. 制订一个总计划，确定哪些人，完成哪些工作，以及完成时间。

2. 为合并后的公司制订所需的绩效目标。

3. 设立工作团队，确定每个职能和业务单元如何合并(例如，结构、工作设计、人员配置)。

4. 在整合过程中，督促组织不断达成业务承诺和应有的业绩目标。

5. 建立一个包括业绩指标的早期预警系统，确保整合活动和业务绩效与计划相符。

6. 监督并加快关键决策。

7. 积极推动沟通交流活动，为整合计划提供强力支持。活动既要关注内部各方(如员工)，也要关注外部各方(如，客户、供应商和监管机构)。

除了推动整合，MIT还要确保没有参与团队的经理人仍把工作重心放在经营中。工作团队执行具体的整合工作，这些团队也应该包含来自合并双方的人员。其他团队成员可能包括外部咨询师，例如，投资银行家、会计师、律师和顾问师。

MIT为整合工作配备资源，澄清非团队成员的角色以及维持整合前的日常经营活动。MIT应该不仅要留意为团队设置好完成相关任务的职责，还要给予完成工作所需授权和资源。为了有效地工作，工作团队必须可以获得及时准确的信息和坦诚及时的反馈，以及了解更大范围的整合进展情况，以避免关注点太过偏狭。

6.2.3 为关键利益相关方制订沟通计划

在公开宣布一项并购前，收购方应该准备一份面向主要利益相关人的沟通计划。

1. 雇员：尽快提出员工切身利益的事项

员工对于并购相关的所有信息（通常涉及职位的稳定、工作条件和薪资总收入）都有兴趣了解，并且关注对自己会有何影响。所以，持续和坦诚沟通具有极其重要的作用。

标的企业的员工通常代表了被收购公司的大部分价值，特别是对于只有很少有形资产的技术和服务类企业来说，情况尤其如此。CEO应该主导面向所有等级员工的沟通，采用的方式包括现场会议或者电话会议。应尽可能多地与员工沟通，即便是向员工通报情况没有发生变化，也比保持沉默的效果更好。与两方企业员工的沟通十分重要。工作表现下降和缺勤，是员工出现焦虑的明显信号。许多公司会为所有员工提供一个随时可以查询的信息源，这是很有用处的，这个人的工作就是回答问题，或者使用一台由查询菜单驱动的自动电话系统，将常被问到的问题编在其程序中。最好的危机沟通方式是有计划地举行定期的员工会议。

通过新闻发布的方式开展外部沟通，应在公关部门的协调之下进行，以确保向所有员工同时发出同样的信息。互联网电邮系统、录音邮件或者内部网可以用于员工沟通。此外，个人信函、答问环节、通报和视频录像，都是传递信息的高效手段。

2. 客户：缺乏承诺和交货延迟

如果新合并企业向客户保证继续改善产品质量、及时交付和客户服务，流失情况将可以降到最低。承诺应该是现实可行的，明确在整合阶段要做到哪些事情。企业必须在并购时向客户提供现实的益处。从客户角度来讲，并购可以扩大可提供的产品和服务范围，或者借助规模效应和新技术的应用降低销售价格。

3. 供应商：发展长期合作关系

新公司应该寻求长期合作关系，而不是简单地降低成本。过于进取的谈判可能在短期里赢得高质量产品和服务及较低的成本，但是，如果新公司是该供应商的大客户，而该供应商的利润空间一直被挤压，这样做就很难长久。其产品或服务质量会受到影响，供应商可能会退出市场。

4. 投资者：维护股东的忠诚

新企业必须能够向投资者展现一个令人信服的愿景。通过股票互换，标的企业的股东变身为新公司股东，忠诚的股东可以提供一个更稳定的所有权基础，可能有助于降低股价的波动。每个企业会吸引特定类型的投资者（有些投资者喜爱高分红，另一些热衷于资本利得），而且他们的偏好可能会冲突，正如美国在线 2000 年 1 月收购时代华纳时的情形。在消息公布的 4 天后，两家公司的市场合计下跌了 11%：投资者对合并造成的问题烦躁不安，那些因为时代华纳的稳定增长而购买其股票的人，以及那些因美国在线每年 70% 的高增长率而购买股票的人，都加入到疯狂的抛售中。

5. 社区：打造良好可信的关系

与周边社区的良好工作联系，就是良好公共关系。公司应该在确信将建设抑或保留工厂、仓库或办公楼后，尽快向社区公布。这类行动经常被看作能给社区带来新的工作机会并增加税收。

6.2.4 建立新的组织

尽管需要任命大批的经理人，包括关键职能、小组和部门的负责人，但是仍应将建立新的高层管理团队放在首位。

1. 建立组织架构

建立新公司的汇报结构，需要了解标的企业过去的组织架构，了解新组织的作用以及未来的业务需求。从之前的组织结构图中，可以了解两个企业的员工将如何在新公司里互动，因为这些图反映了员工在汇报关系上的过往做法和未来的期望。

下一步是为新企业建立一个能够满足业务需求的结构。一般的结构包括职能、产品或服务和事业部。在职能组织里，员工被分配到特定的部门，例如会计部、工程部和市场营销部。在产品或服务组织里，专业人员按产品线或所提供的服务分组，每组有自己的会计、人力资源、销售、市场营销、客户服务和产品研发人员。对于事业部来说，最常见的是其中包括了一些产品组和战略业务单元。这类组织有自己的管理团队，而且通常是高度分权化的。

分权的普及程度与集权管理结构相比，随着经济状况而不同。在经济衰退期，高管受到很大的降低成本的压力，公司可能倾向于集权管理结构，只有在经济复苏时，才会分权。由于缺乏解决问题或做决策的权威，高度分权的机构会拖慢整合进程。集权结构可以让并购后的整合更为容易。高管可以为合并后的企业制订各方面制度，集中管理为经营单位提供支持的各项职能，并且解决各经营单位之间的问题。此外，集中控制危害性很大，如果中央总部下达的政策不适用于营运单位，例如，太多僵化的控制，关注对象错误，雇用或提拔了错误的经理人，或者制定了错误的业绩考核标准，都会摧毁价值。

更糟糕的是，集权公司通常具有多层管理，由中央职能部门为营运单位提供服务，母公司将中央管理和支持服务的成本转移给营运单位，这些成本经常超过利润。

一个管理良好而快速的并购后整合，需要建立管理层级较少的分权化管理结构。CEO 和事业部负责人之间的距离，如果以中间职位来算，应该大幅减少，而 CEO 的管理幅度更大。[⊖]这并不意味着所有整合活动都应由顶层驱动，而是意味着采取决定性的行动。一旦整合完成，新公司应该采用更分权的结构，并分担公司中央部门发生的各项成本。

2. 制订员工配置计划

员工配置计划应该在整合早期阶段制订。早一点制订该计划，有助于将两个企业的关键人员纳入整合团队。此外还包括留住有关键技能的人才的可能性增加，维护公司完整和团队建设方面的好处。图 6-1 列出了员工配置计划的逻辑顺序，以及每个部分的关键事项。

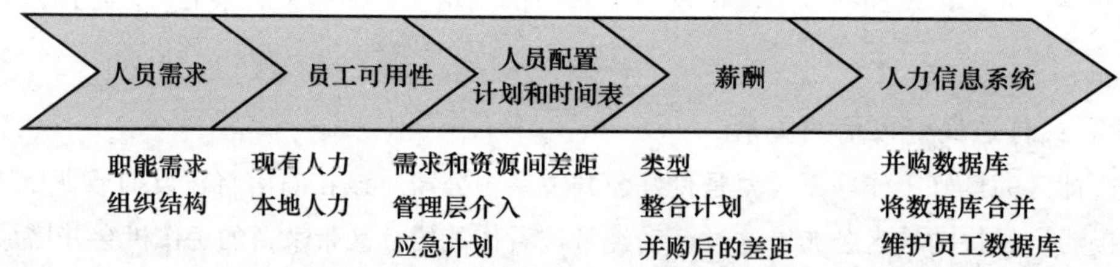

图 6-1 员工配置策略的顺序和相关事宜

3. 人员需求

合适的组织结构就是能够满足当前的业务职能要求，而且有足够大的弹性可以扩充，以满足未来业务需求。在建立组织结构之前，整合团队应该在合并后的业务需要哪些职能方面取得一致意见，并根据每个职能完成目标的理想结构，确定其人员需求。

4. 员工可用性

员工可用性是指新组织所需的每一类员工的数量。应将现有员工的技能情况做好登记，并比较新公司现有人员和未来的需求。本地的劳动力资源可以成为合并后企业“新员工”的潜在来源，以替代现有的员工。应该收集本地劳动力的教育程度、技能、人口结构以及各技能类别的工资水平等数据。

⊖ Wulf 和 Rajan（2003）报告在 1986～1999 年中层职位减少了 25%，大约超过 50% 的职位直接向 CEO 报告。

5. 人员配置计划和时间表

一旦前期步骤完成，就可以制订出一个详尽的人员配置计划。如果企业现有劳动力不足而需要外部招聘填补空隙，可以被清晰地识别出来。外部招募可能会对员工士气产生负面影响。填补所需工作空缺应该放在第一位，要考虑到社区劳动力供应有限的情况下，大型招募计划有可能提高当地薪酬水平，因此应综合考虑填补职位空缺的时间要求，分期开展招募工作。

6. 薪酬

并购薪酬计划必须遵守相关法规并具备一定的敏感度。总薪酬包括基础工资、奖金或激励计划、员工福利以及特殊的合同安排。奖金可能采用一次性付清一笔现金，或者对达成或超过目标的员工给予股票作为奖励。特殊合同安排可以包括不竞争协议，核心员工通过获得一笔双方同意的补偿金，在协议中承诺如果离职，将不会从事与新公司竞争的工作。特殊协议也可以对高管人员采用金降落伞的方式（例如，丰厚的遣散费）。最终那些同意在一段时间里继续留在公司的员工会得到挽留金。[⊖]

7. 人力信息系统

收购方可以选择将所有员工的数据放入一个新数据库，将一个公司的数据库和另一个公司合并，或者独立维护两个人员数据库。单一数据库会让授权用户更有效地使用数据，更有效率地做好未来的人员配置计划，以及开展人员需求分析。单一数据库的维护支出也比较低。保持人员数据库独立维护可能反映了未来有出售业务的打算。

6.2.5　职能整合

到目前为止，你已经学习了整合过程中的规划步骤。现在让我们看看职能整合——对整合计划的实际执行。管理层整合团队必须首先确定两个企业的哪些运营和支持人员将被集中或者分散。主要关注领域应该是信息技术、制造、销售、市场营销、财务、采购、研发，以及这些职能配置人员的需求。尽管如此，在实际的整合发生之前，重新验证在尽职调查中收集的数据非常重要，将运营情况和行业标准进行基准比较，重新调整对协同效应的期望。

1. 重新验证尽职调查的结果

在交易完成之后，应该马上对尽职调查中收集到的数据进行复核，买卖双方基于完成交易的压力，经常导致尽职调查草草收场。例如，为了压缩尽职调查的时间，卖方经常只允许买方接触高管人员。基于类似的原因，买方现场走访也限于那些员工数量最多的部门，因此其他场地可能存在的风险和机会会被忽略或者无法发现。买方的法律和财务调查，通常只针对最大的客户和供应商合同、期票以及租赁合同。对于应收款的评估和实际存货的清点，也只采用了抽样方法。判断知识产权是否得到妥善保护，主要商标或服务标识的注册以及版权和专利备案的工作也多有

⊖ 2008 年收购美林之后，美洲银行为美林的顶级金融顾问师提供了挽留金，将潜在人员流失降低到最小——美洲银行认为损失美林 17 000 个经纪人中的顶级人才将会严重侵蚀其对美洲银行的价值。

瑕疵。

2. 业绩基准

对重要的职能，例如，对收购方与标的企业的制造部门和IT部门进行基准比较，对于决定如何整合这些活动，是有用的入手点。参考基准包括ISO 9000质量体系——设计、研发、生产、安装和服务的质量保证标准，其他可以采用的标准，包括美国食品和药品管理局良好制造实践管理标准及商务部的马尔科姆·鲍德里奇评优标准。[⊖]

3. 调整对协同效应的预期

在交易结束后重新检讨协同性假设的公司，看上去比那些不这样做的公司会获得更高的协同效应。那些能够从整合标的企业中实现增值的最成功的公司，通常是使用其交易前对协同性的估计作为参考基准的公司（例如，他们期望获得最低的协同效应）。与那些不重新调整协同效应预期的公司相比，这类公司的交易机会要高4倍。通过向客户提供在尽职调查过程中发现的新产品或服务，或者通过对基础运营的改变，通常可以实现附加的价值。例如，比利时酿酒商英博（InBev）2008年收购美国酿酒商安海斯－布希（Anheuser-Busch），初步估算企业合并后，每年可以节省15亿美元的运营费用。两年后，节省的年度运营费用超过了20亿美元。

4. 整合制造部门

整合目标应该是重新评估整体产能、成本削减的潜在空间、设施的年限和状况，维护保养的预算是否充足，以及是否遵守环保和安全法规。整合应该慎重考虑标的企业的制造设备是否可能比买方的设备生产效率更高。作为基准比较的一部分，收购方和标的企业的运营应该与行业标准进行比较，以便对其效率进行准确评估。

效率可以从以下方面进行评估：生产计划、物料订购、订单录入和质量控制。由于物料订购数量和种类取决于销售预测的精准度，所以生产计划和物料采购职能应该协调行动。不准确的预测会导致物料短缺或者存货成本过高。订单录入可以为节约成本提供机会。按照销售预测进行生产的公司，例如汽车制造商，经常有大量的成品库存。而其他企业，比如个人计算机制造商，通常只在接到订单之后才开始生产，以便将运营所需资金降到最小。最后，质量控制的效率可以用产品因达不到品质标准而需返工的比例作为衡量指标。

工厂整合从采取一套共同的生产系统和标准开始，这类标准通常包括生产换线所需时间、单位产品成本和报废率。通过关注不同的生产工序，可以实现垂直整合。不同的生产设施专门用于制造不同的器件，然后运送到其他设施组装成最后的成品。如果出现了多余产能，公司可以关闭一些生产设施。

5. 整合信息技术

IT支出构成了大多数业务预算不断增加的部分，而且大约有80%的软件无法达到预期表现或者无法按期交付使用。几乎有一半在完成前被报废，大约有一半会比原来的预算超出2～3倍，

⊖ Sanderson和Uzumeri（1997）提供了标准化组织的完整名单。

完成时间长达预期时间的 3 倍。经理人看上去过度关注技术，而不是使用技术的人和流程。如果收购方想要独立经营标的企业，两个企业的信息系统可以保持独立，直到它们之间建立起通信。如果收购方想要整合标的企业的 IT 系统，这个过程可能会令人头痛不已。接近 70% 的收购方选择在交易结束后，马上整合他们的信息系统，差不多 90% 的收购方最终完成了整合。

6. 整合财务

一些标的企业将独立运作，而其他的则将全部并入收购方现有的业务中。国际并购涉及距离遥远的公司，而且大多数在母公司之外独立经营。这种情况需要付出很大努力，以确保收购方可以远程监控财务结果，即便母公司在现场派驻了代表，收购方也应该建立预算程序并规定签批层级，以控制支出。

7. 整合销售

明显的成本节约可以来自销售团队的整合，可以减少重复的销售代表和相应的营销支持费用，例如，差旅费和招待费、培训和管理费用。单一销售团队还可以让客户在购买多个产品时，只需和同一个销售人员打交道，将客户的不便降到最低。

是否将两个企业的销售团队整合到一起，或者分开独立运作，取决于地理位置和人数规模，以及产品和市场的特点。如果小销售团队销售类似产品或服务于类似市场，则可以合并入较大的销售团队。如果它们销售的产品要求深入了解客户需求和详尽的产品知识，则销售团队可以保持独立。非常普遍的是，销售极其复杂产品的企业，例如机器人或者企业软件，会雇用一个必须使用“顾问式销售方法”的经过特殊培训的有经验的销售团队。这种方式可以让企业的销售人员与客户一起，定制一个可以解决其特定需求的方案，而且可能需要让被收购企业的销售团队独立运作。业务分布在全球各地的销售团队通常保持独立运作，反映出各个市场的独特性。但是，诸如销售培训和技术支持这类辅助性活动，通常是集中管理的。

8. 整合市场营销

让客户在广告和促销活动中看到一致的形象，可能是市场营销整合所面临的最大的挑战。保持一致性，不应该大幅改变产品的形象或者销售方式，避免客户产生疑惑不解。市场营销整合的地点和程度依赖于业务的国际化特点、产品线的多样化或独特性，以及市场变化的速度。一项在全球经营的业务可能需要将营销分散到不同国家，提高其对当地法规和文化模式的了解程度。拥有大量产品线且可以按照逻辑类别区分，或者需要大量产品知识的公司，可以将市场营销职能分散到不同的运作单位，以便让营销人员可以尽可能靠近客户。

9. 整合采购

积极有效地管理被收购企业的采购职能，可以将其产品和服务采购总成本降低 10% ~ 15%。之所以能够从供应商处获得如此巨大节约的机会，就在于交易达成后马上着手进行整合。收购方在供应商之间创造了不确定性，特别是这些供应商有可能为了得到合并后企业的业务，而不得不相互竞争。如果收购方拥有更大的重新谈判合同的话语权，很多供应商将提供成本节约和新的合作安排。新公司可能选择通过减少供应商数量来实现节约。作为并购前尽职调查的一部分工作，收购方和被收购企业应该列出一个最重要的供应商短名单，将重点放在那些采购支出占比最大的供应商身上。

10. 整合研发

通常买方和卖方的研发部门开发同样的项目，或者卖方正在研发的项目不符合买方的长期发展战略时，高管和整合团队必须定义未来的研发协作领域，并为未来的研发工作设定优先顺序。然而，研发整合的障碍有很多。一些项目需要相当长的时间（以年计算）才能得出结果。另一个障碍是，合并后会使一些人失去头衔、威望和权力。最后一点是收购方和标的企业的研发财务回报期望值可能不同。收购方可能希望在两家企业合并后，给予研发更高或者更低的优先级。整合研发的起始点，是让两家企业的研发人员分享相互的工作和互换工作地点。研发团队还可以采用平衡计分卡方法为其项目争取资金，根据项目对关键利益相关方，例如股东和客户的影响程度为研发项目打分。得到最高分的项目可以获得全额资助。

11. 整合人力资源

人力资源部门传统上是高度集中化的，负责评估管理，开展员工调研，设定人员配置计划，以及提供培训。人力资源部门可以用于评估潜在标的企业管理层和工人的优劣势，整合收购方和标的企业的管理团队，实施薪酬福利计划，以及沟通并购信息。由于费用和响应度的原因，近年来的趋势是将人力资源职能转移到经营单位，这样可以使招聘和培训做得更有效率。尽管出现了这种趋势，福利计划管理、管理和人力资源信息系统，以及组织发展通常还是继续实行集中管控。

6.2.6 打造新企业文化

企业文化是一套价值观、传统和信念，能够影响企业员工和管理层的行为。大型的多元化企业有一个主导文化和一系列反映当地情况的子文化。当两个具有不同文化的公司合并时，新成立的公司将采用与并购双方非常不同的新企业文化。文化差异可以为新公司带来创造力或者形成一个有争论的工作环境。

有形的文化标志包括悬挂在墙上写着企业使命和原则的声明，以及管理人员办公区和指定车位的身份象征等。可见的形式包括通过隐含信息，给出对员工如何做事的行为模式的期望。由于这些代表了员工和经理人“身体力行”的内容，所以这些信息在形成和维护企业文化方面，通常会比有形的诱导有更大的影响力。[⊖]企业中的信任感在并购后被削弱了，部分是因为新企业的形象识别较模糊。

员工接受一种文化，可以在企业内建立形象识别和信任。当模糊感逐渐消除，对文化的接受度上升，信任得到恢复，特别是那些与他们以前的企业形象非常接近的识别标识，更容易做到这一点。

⊖ Kennedy 和 Moore（2003）认为，在组织中，文化差异最重要的沟通来源，是其他人的行为，特别是有权力奖励好的行为，惩罚不良行为。

1. 通过文化介绍材料识别文化问题

打造新企业文化的第一步，是通过对并购双方的员工进行调研、面谈和观察管理风格、管理实践，制订企业文化介绍材料。这些信息用于展示两种文化的相似点和异同点，以及比较相互间的优缺点。

收购方和标的企业的相对规模和成熟度，对于文化整合会产生关键影响。初创公司通常从外在形象到决策，都非常不正规。薪酬可能大部分是股票期权和其他形式的递延收入，福利达不到各州和联邦法规要求，诸如公司汽车这类额外津贴基本不存在。公司制度通常没有，或者没形成书面文件，或者根据需要制订。关于员工费用支出账户的内部管理，通常也是能简则简。相反，较大和成熟的企业通常是高度结构化的，有完善的内部控制、薪酬结构、福利计划和雇用政策，因为这些企业已经成长得很大很复杂，没有这些就无法有序运作。

员工通常有清晰的岗位职责和事业规划。在高层审核文化介绍材料里的信息后，应该决定两种企业文化中哪些特征应予以强调。最现实的期望是通过共同的愿景、一套核心价值观和管理层认为重要的行为，来鼓舞新企业的员工。其他想法有可能是一厢情愿：公司文化是长期发展出来的，要员工全心全意地拥护管理层期望的企业文化，最少需要几年的时间，甚至永远都无法做到。

2. 克服文化差异

分享共同的目标、标准、服务和空间，可以作为高效和实用的整合不同文化的方法。共同的目标推动不同部门相互合作。在职能层面，为新产品研发设定准确的日程表和流程，可以推动不同的运作单元作为项目团队合作，争取在目标日期前导入新的产品。在公司层面，时间长达数年的激励计划，可以促使所有经营单位追求一致的目标。尽管在整合过程中分享或者拥有共同的目标是有帮助的，但个人仍应该设定特定目标，将自己的不佳表现掩盖在集体表现之下的趋势降到最小程度。

共享的标准或者实践，可以让一个单元或职能采纳别人的最佳实践做法。标准包括操作程序、技术规格、伦理价值观、内部控制、员工绩效测量，以及合并后公司的可比薪酬体系。一些功能服务可以集中，然后被多个部门或者经营单元共享。可集中的服务包括：会计、法务、公共关系、内部审计和信息技术。最常见的服务分享方式是使用共同的人员。另外，企业可以设立一个服务支持单位，允许经营单元从那里采购服务，或者从公司外部购买类似的服务。

混用办公区或者将被收购企业员工安置在紧邻母公司办公区的地方，是改善沟通和分享想法的值得推广的做法。共同的实验室、计算机房和餐厅也有助于沟通合作。[⊖]

⊖ 在文化不一致的公司里挑战是非常多的。在 2006 年年初，时代华纳的总裁杰弗里·比克斯（Jeffrey Bewkes）不再要求文化部门的合作。这是自 2001 年该企业与美国在线合并后的一次全面转向。之后经理层许诺建立一个垂直整合的利润制造部门。书籍、杂志和其他形式的内容将被整合到电视、电影和互联网业务中。2006 年的改变鼓励经理层只有无法在外部赚更多钱时才相互合作。其他的媒体公司，例如维亚康姆和自由媒体，由于为获得全公司范围的协同性的努力失败而解体。

6.2.7　时机是关键

应该全力以赴通过在关键信念和行为上取得共识来整合企业文化，需要用更快的方式做出敏捷的决策。日本企业在执行企业战略前花费时间方面素来声誉卓著。从过往的情况看，这个方法相当有效。但是，随着全球市场发展速度加快，它们可能无法负担这样的奢侈做法。2012 年松下整合既往收购的做法，表现出日本大型企业近年来的新做法：买断其控股企业的少数股东权益，以便获得全部控制权。小投资者让企业决策过程放慢，从而可能会影响其战略实施能力。

6.3　整合业务联盟

业务联盟也必须高度关注整合活动。除了并购，联盟通常包括共同控制。成功的实施，要求在创业合伙人之间维护良好的工作关系。如果做不到，联盟必定失败。工作关系的中断，通常是不充分整合的结果。

整合机制

罗伯特·波特·林奇（Robert Porter Lynch）建议在商业联盟中应用六个整合机制：领导、团队合作和角色划分、协调控制（control by coordination）、政策和价值观、决策共识以及资源承诺。

1. 领导

尽管领导和管理这两个术语经常被互换使用，但它们之间仍有重大差别。领导人设定方向和开创事业，而经理人跟从并确保事情继续发展下去。领导包括愿景、驱动力、热情和销售技能；而管理包括沟通、计划、授权、协调、解决问题、选择和明确职责范围。成功的联盟需要将两套技能巧妙地融合起来。领导者必须指明方向、价值观和行为，打造出一个将联盟战略目标作为其首要任务的企业文化。经理人负责在共同控制的商业联盟中加强团队合作。

2. 团队合作和角色划分

团队合作是使联盟顺利运作的基础。团队合作来自于信任、公平和纪律。团队通常是跨职能条线的，包括各类专业人士或者拥有解决问题关键技能的基层管理者。团队为职能组别的经理人提供了自身专业人员之外范围更广的有弹性的人员配置。团队能够在较低层次的联盟和创业伙伴之间，建立更有效的协调沟通。由于团队代表了不同背景的个人和可能存在冲突的日程安排，故而有可能强化而非消弭冲突。

3. 协调

与并购相反，没有公司处于主导地位。联盟不是由协议控制的，而是通过协调控制。最好的联盟经理人是那些通过有效沟通协调行动的人。当出现问题时，经理人的角色是管理决策的过程，而不必做出决定。

4. 政策和价值观

联盟的员工需要了解决策是如何制定的，最优先的事情是什么，谁将承担责任，以及报酬是如何决定的。当人们知道他们的处境和可以期待什么，就可以更好地处理模棱两可的情况和不确定性。这种明确性能够通过与合资企业及合作伙伴的员工沟通一套清晰的政策和流程，使其得到充分理解。

5. 决策共识

决策共识不意味着决策是基于一致同意做出的，实际上，决策是基于所有参与者有机会表达自己的意见，以及愿意接受最后的决定的条件而做出的。经营决策必须在合理的时间范围内做出。正规的决策结构应该根据法律结构类型而变化。合资企业通常有一个董事会和管理委员会，分别于每季度和每月开会。项目通常由指导委员会负责管理。许多联盟都能够从参与各方提供的技能和资源中获益。如果参与各方都能够提供其承诺的资源，那么联盟可以实现其战略目标。

记忆要点

能够成功整合的并购，通常展现出领导力——与全体员工就清晰的愿景、价值观和优先顺序进行坦诚和持续的沟通。成功整合工作是经过细致策划，任命一名整合经理和清晰设定了权力的团队，并且在早期阶段对组织结构、报告关系、控制范围、人员选择、角色和职责以及员工裁撤方面做出了艰难的决定。焦点必须放在近期最大的影响方面。由于联盟包括共同控制，整合过程要求各方具备良好的工作关系。成功整合也要求有领导力，能够制定清晰的方向和优先顺序，经理人通过有效沟通做出决策并实现其目标。

讨论题

6.1 为什么并购过程的整合阶段被认为非常重要？

6.2 被收购公司应该快速整合吗？

6.3 为何在整合过程中坦诚和持续沟通如此重要？

6.4 应该与新公司的股东或听众沟通哪些信息？

6.5 列举一些在整合早期做出的艰难决定的示例。

6.6 当奔驰汽车公司收购克莱斯勒时，奔驰宣称可能需要6~8年时间完全整合企业的全球制造部门和一些职能部门，如采购，你认为需要这么长时间的原因是什么？

6.7 依据你的判断，收购方是更有可能低估还是高估预期的成本节约？解释你的理由。

6.8 具体列举你认为通常发生在整合标的企业过程中的费用。

6.9 收购竞争对手的一般判断是：这样做可以提供潜在的交叉销售机会。请评论使这一市场营销战略可行的挑战有哪些？

6.10 作为两个同样地位企业合并，花旗银行和旅行者集团在合并后采用了双CEO安排。你认为它们这样做的原因是什么？这种安排的优点和缺点有哪些？

（所有讨论题的答案可以在本书的网上教师手册找到。）

:: 案例分析6-1

宝洁收购吉列的成功和失败

要点

- 实现协同效应有赖于快速无缝地执行整合。
- 成本方面的协同效应，通常在整合中的企业试图更直接控制成本削减活动时更容易实现。
- 由于难以评估客户对新品牌、市场营销和定价策略的反应，实现收益方面的协同性往往较为困难。

当宝洁公司2005年年末宣布完成了对吉列公司的收购后，它的发展前景看上去是无限的。宝洁董事长和CEO雷富礼预言，对吉列的并购将会为其年收入增长率增加1个百分点，每年节约的成本将超过10亿美元。而吉列董事长和CEO吉姆·基尔茨认为，这两家最好的消费品公司的成功整合，将成为商学院的研究案例。

六年后，情况发展未如预期。当成本节约目标达到后，经营利润率却摇摇欲坠。吉列的业务，例如价格不菲的剃须刀，受到2008~2009年经济衰退的影响，拖累了宝洁的高端产品线。大部分吉列的高管已经离职。宝洁2011年年底的股价大约比收购公布日期的价格高了20%。比同期发生的其竞争对手联合利华收购高露洁－棕榄之后股价上涨50%的效果要差一些。

2005年1月28日宝洁宣布与吉列达成价值556亿美元的换股收购协议时，那种激动欢悦的心情非常明显。合并后的公司将继续使用宝洁这个名字，2005年的年收入将超过600亿美元。新公司一半的新产品将包括个人护理、保健和美容产品，另一半包括剃须刀、刀片和电池。

宝洁一直被视为主要定位为女性消费产品的顶级市场营销和产品创新者。所以宝洁认为，其推进女性个人护理产品方面的研发和市场营销技能，可以用于加强和扩大吉列女式剃须刀的销售。相反，吉列的市场营销落力在研发和销售男士用品。吉列最著名的是其出售一个价格不贵的产品（如剃须刀），而且能锁定客户不断购买配用品（如刀片）的能力。尽管吉列在有利可图的牙刷和男用除臭剂市场是排名前两位的供应商，但在提升Duracell电池品牌的盈利性方面做得并不成功。Duracell受到来自Energizer和Rayovac激烈的价格竞争，导致销量下跌。诸如宝洁和吉列这些供应商，也受到来自零售行业持续整合的巨大压力，因为沃尔玛的份额不断增长以及当时业内的并购，如西尔斯和凯马特。2005年，宝洁销售收入510亿美元中大约有17%和吉列年收入90亿美元中的13%，来自对沃尔玛的销售。宝洁相信新公司在与零售商就货架空间、销售价格以及供应商方面（如广告商和媒体公司）谈判方面，拥有更大的话语权。宝洁广阔的地域分布，将有助于剃须刀、电池等产品在中国、印度这样的发展中国家销售。包括新公司裁员大约4%（14万个职位）在内，带来的成本节约有望达到160亿美元。通过将吉列的除臭剂产品整合到宝洁，即可尽快实现这些成本削减目标。吉列的其他产品线，例如剃须刀和电池业务则保持不变。

宝洁的企业文化通常被视为很保守，提倡内部改善提高。宝洁还有一个名声，就是拒绝不是在公司内部产生的想法。尽管吉列的CEO担任了新公司的副董事长，从宝洁非常聪明的高管层角度看，吉列其他高管人员的角色并不清晰。吉列的管理层被认为更有纪律性，在成本削减方面比他们宝洁的伙伴更进取。在这种情况下，哪些是可行的，哪些不可行呢？最大的成功似乎应该是整合两家企业超级复杂的供应链以及成本削减，最大的失败可能是无法留住吉列的高管，以及实现交易公布时的收入增长目标。

供应链是指从下订单开始，到制造好的产品被陈列在货架上，以及收到货款的各项活动。这两家企业的供应链分布在180个国家。从一开始，整合两个供应链就被列为最优先的工作，因为高层相信如果做得好，整合将带来每年10亿美元的成本节省，以及7.5亿美元的额外收入。两家企业多年来一直在比照行业标杆基准分析自己供应链的优缺点，并采用业界“最佳实践做法”。最大的挑战是如何在宝洁供应链上增加10家吉列的客户、5万个库存单位（SKU），以及90亿美元收入。这两家企业也需要为双方的仓储单位开发出统一的订单录入系统，以及减少冗余的发货系统。宝洁期望快速无缝地完成这个过程，避免影响到客户的生意。

整合流程开始于组建来自宝洁和吉列的经验丰富的高管团队。这个团队直接向宝洁CEO报告，来自两个企业的两名高管被委任为该项目的联合负责人。全球分为七个大区，挑选来自两个企业的联合负责人负责区域内的整合。在这个过程中，超过1 000名从现有员工中挑选的全职人员，参与了2005年年末到2007年年末的整合工作。

整合是分步进行的。由于整合中的问题类似，而且国家较小，所以先从拉丁美洲开始启动整合。

这是一个相对较低风险的学习机会。在完成了获得政府批准并购的 6 个月后，拉美五国的供应链整合结束了。2006 年，宝洁合并了北美和中国这两个供应链，以及西欧一半的供应链和东欧一些小国的供应链。欧洲国家剩下的供应链在 2007 年年初也完成了整合。到了 2007 年年底，日本和亚洲其他地区的供应链也整合完毕。

对于整合供应链而言，建立一个数据通信的共同信息技术平台非常重要。作为区域整合的一部分，吉列的生产和分销数据转入宝洁的 SAP 软件系统，通过这种方式创建了一个全球订单运输、收款和分销中心运作的单一 IT 平台。但是有些活动范围很广泛，而其他的则非常狭窄。在宝洁的 IT 系统中增加吉列 5 万个库存单位，需要创建一个通用的、一致的和精确的数据集，以便能将美国制造的产品成功地出口到其他国家。一个更具体的任务是换掉所有印在吉列产品包装箱上的识别码，以反映新的所有权变更。

宝洁在 1985 年收购 Richardson-Vicks 之后数年，玉兰油和潘婷作为被收购的一部分产品的销售，一直都表现平平。潘婷的销售收入直到 20 世纪 90 年代早期都无大幅增长，而玉兰油则到 21 世纪初都没有增长。

对于收购方的股东来说，在评估并购是否成功方面存在很大困难。评估收购吉列的真实影响仍很困难。尽管该项并购显著扩大了宝洁提供的产品线和地域范围，但从其他不可控的重大事件（如 2008 ~ 2009年经济衰退）和滞后效应中，将一个独立事件的特定影响（如收购）隔离开来的能力仍令人生疑。而收入提高和利润改善仍低于预期。吉列加强了宝洁在快速增长的巴西和印度市场的竞争地位，所以提高了该公司的长期增长潜力，而且加强了其在欧洲和美国的运营能力。在这个不断变革的世界，逐年判断收入增长和利润改善是归因于收购吉列还是其他因素，这件事会变得越来越困难。

讨论题

1. 为何快速整合标的企业通常被认为是非常关键的？请详细阐述。
2. 就这两个业务的复杂性而言，你认为宝洁收购吉列是否合理？解释你的答案。
3. 为何宝洁高度依赖两个公司的人员实施交易后的整合？
4. 为何你认为宝洁在收购后无法保留吉列大部分的高管人员？

（所有讨论题的答案可以在本书的网上教师手册找到。）

:: 案例分析 6-2

钢铁巨企米塔尔和安赛乐的交易后整合

要点

- 成功的整合需要清晰界定目标、清晰的执行计划、持续和坦诚的沟通，以及高层管理者的参与。
- 文化整合通常是一项持续进行的活动。

安赛乐（Arcelor）和米塔尔（Mittal）在 2006 年 6 月合并为安赛乐米塔尔，产生了全球最大的钢铁企业。其钢铁产量占到全球产量的约 10%，2007 年收入为 1 050 亿美元。这个巨型企业在 60 个国家有 32 万名员工，在所有目标市场都是领先者。

安赛乐是三家欧洲钢铁企业的联合体（即 Arbed，Aceralia 和 Usinor）。类似地，米塔尔也是一系列国际并购的成果。这两家企业的上游（原材料）和下游（分销）运作是高度互补的，米塔尔拥有大量铁矿石和煤炭，而安赛乐拥有密集的分销和服务中心。和大多数并购一样，安赛乐米塔尔面临着整合管理团队、销售、市场营销、产品、生产设施和采购的挑战。和许多收购直接竞争对手不同，它们减少重复职能和运作对于成本削减的帮助不大。

安赛乐米塔尔的高层在启动后期整合时设定了三个大目标：实现快速整合，有效管理日常经营，以及加速收入和利润增长。第三个目标通常被视为并购的首要动机。这个目标是合并那些被认为具有高度互补性的资产和技能，而和米塔尔既往的成长方式截然不同。米塔尔是通过收购再将重点放在改善成本和生产率而形成的。

正式的整合要在六个月内完成，关键是要在以下方面取得共识：管理层整合团队的角色，关键的整合流程，例如如何做出决定，团队成员的角色和职责。所有活动要同步展开，而不是按顺序进行。团队成员包括来自两家企业的员工。带头人来自业务单元。执行团队被要求向管理层整合团队提交一份组织架构草案，包括即将成为高级经理人的员工的介绍资料。一旦选定了高级经理人，他们将负责建立自己的团队，确定协同和制订实现协同效应的行动计划。在正式组织架构公布之前，这些团队要组建完毕，在具体计划制订完成之前，要开始采取某些行动。计划的执行进展要每周监督，以便让管理层整合团队看到25个非集中管理的工作小组所面临的障碍，必要时加以解决。

企业在让一线管理者参与计划流程和向它们的运营团队解释这项并购的过程中付出了大量努力。初步沟通工作包括一场高管路演。新公司还建立了一个网站，引入了网络电视，高管人员就各项主题发表了2~3分钟讲话，每个人都可以通过个人电脑看到这些采访内容。

由于并购给员工带来了威胁，两家企业的员工对于并购是否会影响到自己有所疑虑，所以不确定性很高。为了打消员工的顾虑，经理人员向员工传递了精心设计的有关收购的意义和新公司未来发展方向的信息。而且在2007年春季，500名企业高管还参加了新公司标识“安赛乐米塔尔”的启用大会。

外部沟通采用了多种方式。在交易结束后，高管出差到各个主要的城市和运营地点，与当地管理层和员工做了交流。通常也会在这些活动中安排媒体采访，为媒体提供将安赛乐米塔尔的信息传递给社会公众的机会。2007年3月，新企业在布鲁塞尔安排了媒体见面日，邀请记者采访不同的业务并自行做出进展评估。

在交易结束后的前3个月，客户被告知了合并为他们带来的益处，例如，加强了研发能力以及覆盖了全球更多的地区。两家企业的销售团队被要求以一个形象面向市场。

安赛乐米塔尔的管理层将这次并购视为与员工进行交流和调研的机会，以便让员工了解它们对两家企业合并的看法。员工被问到合并后的企业的优劣势是什么，以及新公司应该如何面对各个利益相关者。这个过程带来了对合并企业彻底的品牌重建。

基于过去收购的经验，安赛乐米塔尔的管理层设定了每年节约16亿美元成本的目标。工作团队的任务是先从下而上评估这个数字，然后告知管理层如何实现这种协同效果。随着并购进行，需要让运营单位负责制订其目标、时间表和关键的业绩指标，以便用于评估其业绩表现。有时协同效应会比预期大，而在其他情况下，也可能低于预期。期望是在2009年年中实现协同效应。整合目标被列入2007年年度预算计划。截至2008年年末，合并后的企业已经完成了成本每年节省16亿美元的目标，比预期时间提前了6个月。

整合看起来是完全达成了，新组织、品牌、一致对客户的要求以及协同性都已经实现了。时值交易完成后的8个月，但是文化整合还需要一些时间。两个企业间的文化差异巨大，实际上，这两家企业从文化角度看是截然不同的。安赛乐米塔尔的管理层将这种多样性视为一个优势，因为它可以提供学习新思想的机会。

讨论题

1. 为何建立自上而下（如由高层提供）的协同效应预估和自下而上（如由运营单元提供）的协同效应预估都是重要的？
2. 在整合中，安赛乐米塔尔是怎样尝试弥补文化差异的？
3. 为何沟通计划如此重要？安赛乐米塔尔采用了什么方法达成这些目标？请详述。
4. 点评为何安赛乐米塔尔管理层认为合并后企业里的文化多元性是一项优势？请给出详细说明。
5. 后期整合的正式阶段要在6个月内完成。为何你相信安赛乐米塔尔管理层迫切想要快速整合这两个企业？请详述。哪些整合活动超过了规划的6个月限期？

（所有讨论题的答案可以在本书的网上教师手册找到。）

PART 3 第三部分

收购兼并的估值和建模

"你的估值错得离谱，该你承担责任了。"

第三部分包含各种估值方法和基本金融建模技术，并介绍了可用于收购兼并过程的多种模型。每个估值方法的应用性随环境不同，具有明显的使用限制。估值方法反映了一系列有可能比单一方法提供更准确的企业估值的方法。第7章介绍了现金流估值的基本情况，将预期现金流转化为现值所需的折现率，以及常用的折现现金流法（DCF）。（如何在高度杠杆化、财务困境和跨境交易中使用折现现金流方法，将在后续第14章、第17章和第18章分别讨论。）替代DCF的技术在第8章讨论，包括相对估值、资产导向以及替代成本法（replacement-cost methods）。隐含在DCF估值方法中的前提条件，是指管理层一旦做出投资决策就失去了灵活性。在实践中，管理层在得到新信息之后，可能决定加快、放慢或者放弃投资。这种决策灵活性可能反映在通过调整所谓"实物期权"价值的折现现金流，反映标的企业的价值。

第9章讨论如何构建收购兼并的财务模型。这类模型在回答有关估值、融资和交易结构的问题方面很有帮助。（交易结构将在第11章和第12章详细讨论。）此外，这类模型在并购谈判时是强有力的工具，可以让参与者快速评估备选建议是否具有吸引力。最后，第10章讨论了在评估私人拥有的企业价值时遇到的独特挑战，以及如何基于流动性、小股权折价和控制权的价值调整收购价格。本章与我们有特别紧密的联系，因为绝大多数涉及收购兼并的企业是非上市企业。

CHAPTER7

第7章 并购现金流估值

我们大多数人遇到的较大危险，不是因为我们的目标太高而失手，而是目标太低所以达得到。

——米开朗基罗

并购内幕 估值方法和公平意见函

关键点

- 交易参与方经常聘请投资银行就一项收购建议价格是否对其股东“公平”提供意见。
- 各种估值方法通常可以得出差异非常大的估计结果，反映了关于风险、未来现金流数额和时点所采取的不同的假设条件。

2011年7月，投资银行高盛接受Immucor公司——一家血液测试产品制造商的聘请，就一家知名的并购企业得州太平洋集团（TPG）向其出价普通股每股27美元的价格是否公平提供意见。这类“公平意见”代表了第三方机构对提议交易事宜性的判断。高盛评估了Immucor公司的公平价值，对该公司2012～2015年预测税后现金流采用折现现金流法进行分析，并将结果与“类似的”上市公司和近期可比较的交易做对比。分析过程考虑到与该公司进行比较的公司在财务和经营上的不同点所造成的交易价格差异。

典型的公平意见函（fairness opinion letter）会提供一系列“公平价格”，并假设实际交易价格应该落在这个区间内。这些价值估计值会以惯用的方式展示给Immucor公司董事会，即公平价值的估计应该反映了采用多种方法的计算结果。高盛还会提示在分析时，考虑了行业表现、商业环境和其他方面因素，其中很多条件是Immucor公司无法控制的，公平价值的估计值不一定反映当前实际价值或未来的实际价值。

本章概览

第7章提供了使用折现现金流法评估并购的基础知识回顾。其他方法将在第8章讨论。本书配套网站(http://booksite.elsevier.com/9780123854872)在“学生学习指南”(Student Study Guide)文件夹中提供了本章回顾。该网站还包括一个名为“Primer on Cash Flow Forecasting”的文件，给出了如何预测现金流的讨论。

7.1　估计必需的回报

投资者要求的最低回报率，至少要达到投资者在承担同等风险水平下所做的其他投资的收益率。

7.1.1　股权成本和资本资产定价模型

股权成本（k_e）是吸引投资者购买一家企业股权所需的回报率，是在支付企业税而未支付个人税之前，返给股东的回报。我们可以使用资本资产定价模型（CAPM）对其进行估算，该模型测量的是期望风险和回报之间的关系。

假设投资者愿意接受较高风险以获取更高的回报，CAPM模型提出资产的预期回报等于无风险收益率加上风险溢价。无风险收益率是指期望回报是肯定的，也就是说，没有违约风险，[一]而且关于再投资比率（例如，投资者在持有期末获得的投资回报率）不存在不确定性。其他类型的风险仍然存在，包括因证券到期前被出售而带来的本金潜在损失（市场风险），以及由通胀导致的购买力损失（通胀风险）。除了公认的采用美国财政部国债作为无违约风险的资产之外，分析师在是否采用短期或长期国债利率的问题上还有分歧。采用哪种利率应取决于投资者想持有投资的时间长度。投资者期望持有投资5年或者10年，应使用5年或者10年国债利率。[二]在本书中，用10年期国债利率代表无风险利率，因为它对战略或长期收购方来说是最合适的。

7.1.2　估计市场风险溢价

市场风险或者股权溢价，是投资者收购企业股权时要求的超过无风险收益的超额收益。风险溢价应该具有前瞻性，但是获得未来市场回报的精确估计值是非常困难的。分析师经常依靠历史数据，而不理会结果会根据所选时间区间和回报按照算术平均和几何平均计算而不同。CAPM模型将股权成本（k_e）与无风险回报率和市场风险溢价之间的关系表述为式（7-1）：

$$\text{CAPM}: k_e = R_f + \beta(R_m - R_f) \tag{7-1}$$

式中，R_f代表无风险回报率，β代表贝塔值（见本章“风险分析”一节），[三]R_m代表从股权上获得的预期回报率，$R_m - R_f = 5.5\%$（例如，一个多元化投资组合的回报率和无风险利率之差。）[四]

㊀ 违约风险是指投资者根据与借款人达成的协议，投资者将收到其所投本金和累积利息的确定性。也就是说，如果投资者将1万美元以一定的利率投资10年，那么投资者在第10年年末将收到1万美元本金和每年支付的利息。

㊁ 3个月国债利率对于5～10年期来说不是无风险的，到期收到的本金和利息必须每3个月做再投资，因此存在再投资风险。

㊂ 在统计学中，贝塔值是一个百分数，测量的是单一股票收益的变化与整个市场变化之前的比例关系（例如，股票收益的协方差与一个广义市场指数/广义市场指数的方差之比）。

㊃ Fernandez等（2012）在对82个国家的调研中发现，大约4/5的国家，股权风险溢价的中值和均值落在5.0%～7.0%。在美国，该调查发现股权风险溢价的终止和均值分别采用5.4%和5.5%。

尽管这个公式看上去不错，但是研究显示，风险资产的实际收益经常与按照CAPM模型算出的回报有显著差异。[一]由于CAPM模型测量的是一只股票相对于整个市场的风险，而忽略了股票之外的其他资产回报，一些分析师开始采用多因子模型。[二]研究显示，在那些改善了CAPM模型精确度的变量中，企业规模似乎是最重要的因子。规模溢价（size premium）作为一个代理因子，例如较小的企业有较高的违约风险，而且通常比资产大的企业流动性更少。表7-1提供了基于1963年以来的实际数据，根据企业规模对股权成本进行调整的估计值。[三]

表7-1 规模溢价估计值

市场价值（100万美元）	CAPM估计值上增加的百分点	账面价值（100万美元）	CAPM估计值上增加的百分点
>21 589	0	>11 465	0
7 150 ~ 21 589	1.3	4 184 ~ 11 465	1.0
2 933 ~ 7 150	2.4	1 157 ~ 4 184	2.1
1 556 ~ 2 933	3.3	923 ~ 1 157	3.0
687 ~ 1 556	4.4	382 ~ 923	3.7
111 ~ 687	5.2	60 ~ 382	4.4
<111	7.2	<60	5.6

资料来源：Duff & Phelps公司对7大类25组规模不同的企业进行了调研，在此基础上计算了规模溢价估计值。Duff & Phelps对1963~2008年企业规模和财务回报之间的关系进行了分析，发现小企业无论是从市场价值、账面价值还是其他一些业绩指标（例如，运营利润、员工人数）上都表现出更高的溢价。Duff & Phelps的这些发现被收入Pratt & Grabowski（2010）。

式（7-1）可以改写如下式（7-2），以反映根据企业规模所进行的调整：

$$\text{CAPM}: k_e = R_f + \beta(R_m - R_f) + \text{FSP} \tag{7-2}$$

式中，FSP代表企业规模溢价。

假设一家企业的市场价值小于1.11亿美元，β是1.75，无风险回报率和股权溢价分别是5%和5.5%。该企业的股权成本用经过企业规模调整后的CAPM模型计算如下：

$$k_e = 0.05 + 1.75 \times 0.055 + 0.072(\text{见表7-1}) = 0.218 \times 100 = 21.8\%$$

7.1.3 税前债务成本

利息是借贷每一美元债务所承担的成本，在企业中可以抵税。企业破产处置资产时，债券持有人比股票持有人优先获得赔偿。违约风险，即企业无法按时支付本金和利息的可能性，可以通过该企业的信用评级进行测量。[四]如果企业自从上次借贷之后没发生任何变化，那么企业为当期负债所支付的利息可以用作当期债务成本的估计值。

[一] Fama & French（2004，2006），Subramanyam（2012）。自从2008年以来，由于央行大量购买政府债券导致其利率受压，CAPM模型的可靠性遭到严重质疑。

[二] 这类模型通过增加其他决定资产回报的风险因素对CAPM模型做出改进，例如企业规模、债券违约溢价、债券条款结构和通胀。

[三] 规模溢价的幅度应该在对管理层访谈后进行调整，通过与可比企业的关键财务比率（例如，流动性和杠杆）进行比较反映出这些因素的影响。

[四] 按照标准普尔的评级，违约率从AAA评级企业15年间的0.52%到CCC评级的54.38%不等。

如果条件发生了改变，分析师必须估计能够反映当期市场利率水平和违约风险的债务成本。为了做到这一点，分析师使用该公司的长期无期权债券的到期收益率（YTM），[一]需要了解证券的价格、票息率和面值。[二]一般来说，债务成本的估计值是通过计算该企业每只未偿还债券的到期收益率得出的。然后我们根据每只未偿还债券占总债务的比重计算出加权平均到期收益率。在表7-2中，微软2011年1月24日发行的长期债的加权平均到期收益率是2.4%。每项负债的到期收益率可在美国金融业监管局（FINRA）的数据库中找到：www.finra.org/marketdata.[三]

表7-2 微软长期债券的加权平均到期收益率

票息率（%）	到期日	账面价值（100万美元）	占总负债的比重	价格（%票面价值）	到期收益率（%）
0.88	9/27/2013	1 250	0.25	99.44	1.09
2.95	6/1/2014	2 000	0.40	104.27	1.63
4.20	6/1/2019	1 000	0.20	105.00	3.50
5.20	6/1/2039	750	0.15	100.92	5.14
		5 000	1.00		2.40

如果企业的负债是投资级的，那么期望回报和承诺回报之间的差别很小，到期收益率代表了企业债务成本最可靠的估计值。[四]承诺回报率（promised rate of return）假设利息和本金得到及时支付。到期收益率受到债务成本、违约概率和债务预期回收率（如果违约的话）的影响，而且由于潜在违约可能性很小，因此它是投资级债券未来收益的一个不错的代表性指标。

非投资级的债券，评级低于标准普尔BBB或者穆迪Baa，表示由于企业杠杆率、现金流变坏或者两者都有，导致违约风险较高。理想的情况是，期望的到期收益率将基于非投资级债券的当前市场价格、违约概率和违约后的潜在回收率计算。但是这些数据不太容易得到，备用方法是采用其他机构类似评级的债券的到期收益率。这类债券包括所谓的违约溢价（default premium），反映了贷款方要求在购买非投资级债券时获得超过无风险利率补偿的要求。

我们用HCA保健公司2011年1月24日发行，2015年12月15日到期的9%定息不可赎债券（标准普尔评级CCC、穆迪评级Caa1）来说明，根据FINRA的TRACE数据库，其到期收益率是7.41%。5年期美国国债的到期收益率是1.94%，隐含违约风险溢价是5.47%（=7.41－1.94）。可在类似评级上的债券使用同样的方法，算出平均到期收益率。对于非评级的企业，分析师可能通过比较净资产负债率、利息覆盖倍数和类似评级企业的运营利润水平，来评估企

[一] 到期收益率是债券持有到期日的内部收益率。

[二] 到期收益率不适用于短期债券，因为这些债券的期限通常比公司的现金流期限更短。到期收益率受到债券现金流而不是企业现金流的影响，所以会受到企业债券的扭曲。企业债券也具有转换或认购权的特点，其价值会影响债券估值而不是企业现金流的估值。

[三] FINRA是美国最大的证券机构的独立监管者。参见http://cxa.marketwatch.com/finra/MarketData/CompanyInfo/default.aspx.

[四] 投资级的债券是信用质量被独立信用评级机构评为最安全的债券：标准普尔BBB或更高级别，或者穆迪Baa或更高。

业的税前债务成本。分析师会采用这些可比评级企业的利率水平，作为被分析企业的税前债务成本。[㊀]

7.1.4 优先股的成本

优先股类似于长期债，其付息一般是固定不变的，如果企业清盘，优先股股东排在债权人之后和普通股股东之前获得偿付。由于企业破产时优先股的风险比债大，但是小于普通股，所以发行优先股的成本应该小于股权融资成本，但是大于债务成本。因为将优先股息视为永续支付，因此优先股的成本（k_{pr}）可以用每股优先股股息（d_{pr}）除以优先股的市场价值（PR）（见本章“零增长估值模型”一节）。所以，如果一家企业支付每股优先股2美元股息，而当前的优先股市场价值为50美元，那么该企业的优先股成本就是4%（=2美元÷50美元）。优先股的成本一般用下式计算：

$$k_{pr} = \frac{d_{pr}}{PR} \tag{7-3}$$

7.1.5 资本成本

资本的加权平均成本（WACC）是企业资金成本最广义的测量指标，代表了企业为了吸引投资者购买其普通股、优先股和债券必须赚到的收益。WACC的计算[㊁]要用到企业股权成本（k_e）加权平均、优先股成本（k_{pr}）和税前债务成本（i）：

$$WACC = k_e \frac{E}{D+E+PR} + i(1-t)\frac{D}{D+E+PR} + k_{pr}\frac{PR}{D+E+PR} \tag{7-4}$$

式中，E代表普通股的市场价格；D代表债的市场价值；PR代表优先股的市场价值；t代表企业的边际税率。

由于利息可以抵税，因此对于企业来说，借来资金的一部分利息是有补偿的。对于每一美元的应税收入，应缴税款等于1美元乘以t。既然每一美元的利息支出可以抵减同等数额的应税收入，实际的借款成本就降低了（$1-t$）。所以，企业借来资金的税后成本，可以通过税前利率乘以（$1-t$）估算。

留意公式中股权成本、优先股和债务相应的系数［$E/(D+E+PR)$］，［$D/(D+E+PR)$］和［$PR/(D+E+PR)$］，反映了企业的目标资本结构或资本化。这些代表了企业未来希望获得或保持的资本结构目标。股权、优先股和债的实际市场价值，作为总资本（$D+E+PR$）的一个百分比，会随目标不同而改变。使用市场价值而不是账面价值的原因是，WACC度量的是发债、优先股和股本证券的成本，这些是以市场价值而不是账面价值发行的。采用目标资本结构避免了用股本市场价值构造加权平均资本成本——大量用于估计企业当前的市场价值，而带来的循环逻辑问题。对于无

㊀ 大量这类信息可以在图书馆找到，例如穆迪出版的公司数据，标准普尔的评级报告、展望和债券指引，价值线的投资报告。在美国，FINRA TRACE数据库也是利率信息的很好来源。

㊁ 注意式（7-4）计算WACC是假设企业具有一种普通股、一个长期债和一种优先股。这只是示意性的公式，而一家企业可能有多种不同的普通股和不同期限的债。

须付息的负债，例如应收账款，通常为了简化 WACC 的计算而在估算资本成本时被剔除。[㊀]行业贝塔值的估计值、股本成本和 WACC 由诸如 Ibbotson 协会、价值线、标准普尔和彭博这类机构提供。

7.2 风险评估

风险是伴随投资结果的不确定性程度。风险包括两部分：可分散的风险或非系统性风险，例如某个企业发生罢工或司法案件，以及不可分散的或系统性风险，例如影响到所有企业的通货膨胀和战争。贝塔值（β）用于测量不可分散风险，或由于整体股市回报变化而导致的企业财务回报改变的程度。

贝塔值一般是通过对特定股票的整体回报变化比例，以及代表股市指数回报的变化比例进行回归来测算。用这种方法得出一只股票的贝塔估计值，可以表示该股票的波动性与整个股市的关联性。波动性量度了一只股票相对于整个股市的波动，相关性量度了波动方向。所以，当 $\beta=1$ 时，该股票的风险和整个股市的风险一样大。当 $\beta<1$ 时，该股票风险较小，当 $\beta>1$ 时，该股票的风险超过了整个股市的风险。

CAPM 认为所有风险都是从边际或增量投资者（他们做的是分散化投资）的角度测量的风险。只有对于那些无法通过分散化投资消除的风险（例如，不可分散的或系统性风险）才应对投资者给予补偿。[㊁]上市公司的贝塔估计值可以从雅虎财经网站（finance. yahoo. com）、谷歌财经网站（finance. google. com）和路透网站（reuters. com）得到。另外，一家企业的贝塔值可以通过计算某个时刻一些近似的样本企业贝塔值得出，计算过程在下一节讲述。

财务和经营杠杆对贝塔值的影响

在没有负债的情况下的 β 称为无杠杆的 β，记为 β_u，β_u 取决于企业所在的行业类型（例如，周期性或非周期性）以及经营杠杆。经营杠杆（operating leverage）通常由企业固定费用占全部销售成本的比例给出，是指一旦企业的收入超出了固定成本就会影响到其利润水平和财务回报。也就是说，大部分的收益增长来源于税前收入的增长。[㊂]如果企业借了债，必须对无杠杆 β 做出调整，以反映由财务杠杆带来的附加风险，通常用企业的资产负债率表示。通过借债，企业无须增加股本，就可以在运营中投入更多的资金，为股东带来成比例的更大（或更小）的回报。由此得到的 β 称为加杠杆

㊀ 与这类负债（k_{CL}）相关的资本成本包括在支付给供应商用于采购产品和服务的价格里，由于包含在经营费用（例如，用于购买原材料）里，因而会影响到现金流。然而，如果企业使用了大量的流动负债（CL），例如短期债，式（7-4）应做出如下改动：

$$WACC = k_e \frac{E}{D+E+PR+CL} + i(i-t)\frac{D}{D+E+PR+CL} + k_{pr}\frac{PR}{D+E+PR+CL} + k_{CL}(1-t)\frac{CL}{D+E+PR+CL}$$

一些流动负债，例如应计科目，是免息的，而应付款和应付票据会因为企业短期资金成本，产生近似的资本成本。既然流动负债的市场价值和账面价值通常是近似的，因此可以用账面价值计算流动负债的资本成本。

㊁ 此处的贝塔值用于计算上市企业的 CAPM 公式，假设边际投资者是充分多元化的。对于非上市企业，如果所有者的资产净值与企业的关系不成比例，分析师有时要计算一个总的贝塔值，同时反映系统性和非系统性风险，见第10章。

㊂ 回忆一下，经营利润（operating profits）等于总收入减去固定成本和可变成本。如果收入、固定成本和可变成本分别是1亿美元、5 000 万美元和2 500 万美元（可变成本是收入的25%），则该企业的经营利润是2 500 万美元。如果收入增加1倍变成2亿美元，则该企业的利润增加到1亿美元（即2亿美元 -5 000 万美元 -5 000 万美元）。

的β，记为β_l。经营杠杆和财务杠杆都大幅提高了一家企业的财务回报的波动性。

表7-3展示了经营杠杆对财务回报的影响。在三种情形中，固定费用是同样多的，但是收入水平不一样，因此对财务回报的影响也不同。该例子假设情形1是：企业的总销售成本是收入的80%，而固定费用占了总销售成本的60%。注意企业ROE的波动性受到企业收入波动的影响（情形2和情形3）。

表7-3 经营杠杆如何影响财务回报[①]

	情形1	情形2：收入增加25%	情形3：收入减少25%
收入	100	125	75
固定成本	48	48	48
可变成本[②]	32	40	24
总体销售成本	**80**	**88**	**72**
税前收益	20	37	3
税负40%	8	14.8	1.2
税后收益	12	22.2	1.8
企业股本	100	100	100
ROE（%）	12	22.2	1.8

①除非另有表明，所有数字的单位是100万美元。

②在情形1中，可变成本是收入的32%。假设这个比例保持不变，可变成本在情形2和情形3里，可以通过将收入乘以0.32算出。

表7-4表示了财务杠杆如何大幅放大企业的财务回报。这是因为当负债占总资本的比例上升时，股本占总资产比例的下降速度比净收入下降更快。表中的三种情形反映了息税前收益不变而债务水平是不同的。在情形1和情形3中，净收入下降了1/4，而股本下降了一半，放大了对回报的影响。

表7-4 财务杠杆如何影响财务回报[①]

	情形1：无债务	情形2：债占总资本的25%	情形3：债占总资本的50%
股本	100	75	50
债	0	25	50
总资本	100	100	100
息税前收益	20	20	20
利息10%	0	2.5	5
税前收入	20	17.5	15
减所得税40%	8	7	6
税后收益	12	10.5	9
税后ROE（%）	12	14	18

①除非另有说明，所有数字的单位都是100万美元。

如果一家企业的股东承担所有的经营杠杆和财务杠杆，而债息是可以抵税的，那么加杠杆和不加杠杆的β可以如下式计算得出，其中企业的负债率记为D/E：

$$\beta_l = \beta_u[1 + (1 - t)(D/E)] \quad (7\text{-}5)$$

和

$$\beta_u = \beta_l/[1 + (1 - t)(D/E)] \quad (7\text{-}6)$$

股东将风险视为企业未来有可能无法获得满足其最低回报要求的充足现金流。式（7-5）意味着提高企业的杠杆率（D/E），将提高加杠杆β所度量的风险，这是因为该企业支付的利息所代表的这部分固定费用，必须在股东分红前支付出去。这部分增加的风险可以被一部分利息冲抵税收所补偿，借此增加了给予股东的税后现金流。所以，除非被其他因素抵消，加杠杆的β将随着杠杆率的提高而变大，随着税率提高而变小。

总之，β_u是由企业所在的行业的特点以及经营杠杆的大小所决定的。β_l的值是由同样的因素以及企业的财务杠杆所决定的。我们的目标是估算出能够反映未来风险和回报关系的贝塔值。假设过往的关系将保持不变，并使用历史数据进行估算，通常是不可行的。

替代使用历史数据的另一种方法，是采用一组类似企业的样本，并应用式（7-5）和式（7-6）计算。这种方法被称为“自下而上”方法（见表7-5），这三步法给出的标的企业的贝塔值，反映出行业内一般企业的商业风险（仅指周期性和经营杠杆）优于其自身的历史风险/回报关系。第一步要求选择具有类似周期和经营杠杆的企业（例如，一般是同行业的企业）；第二步包括计算样本企业的平均不加杠杆的β，以减少当前金融杠杆对其β的影响；最后，在第三步，我们用标的企业的资产负债率和边际税率，为这个不加杠杆的β平均值加上杠杆，以反映其资本结构和税率。

表 7-5 使用“自下而上”方法估算 Abbot Labs 的 β 值

企业	第一步：选择具有类似周期性和经营杠杆的样本企业	资产负债率[①]	第二步：计算不加杠杆 β 的均值	第三步：用资产负债率加杠杆
	不加杠杆 β[①]		不加杠杆 β[②]	Abbot Lab 加杠杆之后的 β[③]
Abbot Lab	0.290 0	0.266 2	0.250 1	NA
强生	0.600 0	0.076 2	0.573 8	NA
默克	0.660 0	0.320 4	0.553 6	NA
辉瑞	0.680 0	0.304 4	0.575 0	NA
			均值为 0.488 1	0.420 9

①雅虎财经（1/29/2011）。贝塔估计值是建立在企业股价和一个广谱股票指数的历史关系之上。Abbot Labs 之所以纳入其中是因为我们在比较业务风险非常接近和规模方面具有可比性的直接竞争对手。

②$\beta_u = \beta_l / [1 + (1-t)(D/E)]$，式中 β_u 和 β_l 分别是不加杠杆 β 和加杠杆 β，边际税率是 0.4。

Abbot Labs $(\beta_u) = 0.290\,0/[1 + (1 - 0.4) \times 0.266\,2)] = 0.250\,1$

强生 $(\beta_u) = 0.600\,0/[1 + (1 - 0.4) \times 0.076\,2)] = 0.573\,8$

默克 $(\beta_u) = 0.660\,0/[1 + (1 - 0.4) \times 0.320\,4)] = 0.553\,6$

辉瑞 $(\beta_u) = 0.680\,0/[1 + (1 - 0.4) \times 0.304\,4)] = 0.575\,0$

③$\beta_l = \beta_u [1 + (1-t)(D/E)]$ 采用了标的企业（Abbot Labs）的资产负债率和边际税率。

Abbot Labs 加杠杆后的 $\beta = 0.488\,1 \times [1 + (1 - 0.4) \times 0.266\,2)] = 0.420\,9$。

使用式（7-5）和式（7-6），也可以估算出不同杠杆率对股本成本的影响。[⊖]过程如下：

（1）确定企业当期股本 β^* 和 $(D/E)^*$；

（2）估算不加杠杆 β 以减少企业当期资本结构的影响；

$$\beta_u = \beta^* / [1 + (1 - t)(D/E)^*]$$

（3）估算企业加杠杆 β: $\beta_l = \beta_u [1 + (1 - t)(D/E)^{**}]$；

（4）估算企业在新的加杠杆 β 下的股本成本。

式中，β^* 和 $(D/E)^*$ 代表企业当期 β 和企业在新增借贷前的资产负债率的市场价值。$(D/E)^{**}$ 是企业在新增负债后的资产负债率，t 是企业的边际税率。

在一项并购中，收购方可能希望在结束并购时可以提高标的企业的负债率。为了确定增加杠杆对标的企业 β 的影响，反映标的企业收购前的杠杆水平的加杠杆 β，必须转换为不加杠杆的 β，以反映标的企业的经营杠杆和所在行业的周期性。为了衡量新增借贷所增加的风险，这个不加杠杆的 β 又被用于估算标的企业的加杠杆 β（见阅读资料 7-1）。

阅读资料 7-1

估算债务水平改变对股本成本的影响

假设标的企业的当期或收购前的负债率是 25%，当期加杠杆 β 是 1.05，而边际税率是 0.4。并购之后，负债率将提高到 75%。该企业并购后的加杠杆 β 是多少？

答：使用式(7-5)和式(7-6)：

$$\beta_u = \beta_l^* / [1 + (1 - t)(D/E)^*]$$

$$= 1.05 / [1 + (1 - 0.4) \times 0.25] = 0.91$$

$$\beta_l = \beta_u [1 + (1 - t)(D/E)^{**}]$$

$$= 0.91 \times [1 + (1 - 0.4) \times 0.75] = 1.32$$

式中，$(D/E)^*$ 和 $(D/E)^{**}$ 分别是标的企业收购前和收购后的资产负债率，β_l^* 是标的企业的收购前 β。

⊖ 重新估算企业的 β 值，以反映杠杆率的变化，需要先为该企业去除杠杆，消除企业当前债务水平对 β 值的影响，然后用新的债务水平重新为企业设定杠杆，并估算出新的杠杆 β 值。

7.3 计算自由现金流

估值中常用的现金流定义是：流向企业的现金流（FCFF）或企业现金流（enterprise cash flow），以及流向股本投资者的现金流（FCFE）或股本现金流（equity cash flow）。作为估值现金流，可以按照 GAAP 调整非现金因素的现金流得出。

7.3.1 流入企业的自由现金流（企业现金流）

流入企业的自由现金流（free cash flow to the firm），代表了可用于满足所有对企业资源拥有求偿权的投资者的现金。权利拥有人包括普通股股东、贷款方和优先股股东。所以，企业现金流（enterprise cash flow）是在融资资源确定之前计算的，这样做不会受到企业财务结构的影响。[一]

FCFF 可以通过以下调整息税前利润（EBIT）的方法计算：

$$\text{FCFF} = \text{EBIT}(1 - \text{税率}) + \text{折旧和摊销} - \text{总资本支出} - \Delta\,\text{净运营资本} \tag{7-7}$$

只将从经营和投资活动中得到的现金流计算进去，不包括融资活动得到的现金流。税率是指企业的边际税率。净运营资本（net working capital）定义为流动资产（不包括超过满足正常经营所需的现金余额）减去流动负债。[二]折旧支出不是实际的现金开支，在计算现金流时要计入运营收入。

7.3.2 选择合适的税率

合适的税率要么是企业的边际税率（例如，收益每多增加一美元需支付的税），要么是其有效税率（例如，税负除以应税收入）。美国现时的边际税率，通常是对企业收益超过 1 000 万美元部分征收 40% ~35% 的联邦税，大部分地方和各州税率是 5% 。有效税率通常低于边际税率，这是因为采用了税款抵减（tax credits）减少实际税负，或者加速折旧以延迟缴税。一旦退税额度用尽，递延纳税的能力丧失，实际税率将来有可能超过边际税率。在早期现金流预测时，可以采用比边际税率低的有效税率，如果当期的优惠税务处理有可能延续到可见的未来，那么有效税率可以逐渐提高到企业的边际税率。关键是使用边际税率计算永续税后运营收入，如果不这样处理，潜在的假设是这些税款可以无限期递延。

7.3.3 租赁的处理

租约不要求企业将资产或负债记录在资产负债表上。实际上，租金作为费用记录在收入报表中，未来的租赁费用记录在企业的财务报表脚注里。未来支付的租金应该贴现计入企业的税前债务成本（i），这是因为既然租赁设备是贷款的一种替代物，那么租金的现值（PV_{OL}）应该包括在企业的总体未偿还债务中。[三]一旦租金转为债务，租金支出（OLE_{EXP}）必须加在 EBIT 上，因为它是一项财务费用，而 EBIT 是这类费用发生前的营运收入。租金支付包括利息支出（反映借贷成

[一] 实践中，财务结构可能影响到企业的资本成本，所以也会影响到由于潜在破产风险的价值（参见第 17 章）。

[二] 在某些情况下，企业可能出现负数的运营资本。这种情况不太可能持续存在，最好将净运营资本设定为零。

[三] Cornaggia，Franzen 和 Simin（2012）记录了企业用这种方式对资本资产融资的巨大变化，在 1980 ~2007 年，经营性租赁融资占总债务的比例增加了 745%，而资本性租赁下跌了一半。

本）和折旧（反映租赁资产的预期减值）。

租赁资产折旧的估计值（DEP_{OL}）应该和其他固定资产折旧一起从 EBIT 中减掉，以便计算出"调整后的" EBIT($EBIT_{ADJ}$)。DEP_{OL}是用企业厂房设备总值除以其每年折旧金额估算出的。研究表明，租赁设备使用寿命的中值是 10.9 年，然后可以用 $EBIT_{ADJ}$计算企业的自由现金流。EBIT 可以进行如下调整：

$$EBIT_{ADJ} = EBIT + OLE_{EXP} - DEP_{OL} \qquad (7\text{-}8)$$

如果 EBIT，OLE_{EXP}，PV_{OL}以及租赁设备可用年限分别是 1 500 万美元、200 万美元、3 000 万美元和 10 年，那么 $EBIT_{ADJ}$等于 1 400 万美元［=1 500 万美元+200 万美元-(3 000 万美元/10)］。

7.3.4　股权投资者的自由现金流（权益现金流）

股权投资者的自由现金流（free cash flow to equity investors，FCFE）是保留下来并通过分红或者股票回购的方式，向普通股股东返还的现金，或者在满足所有条件的情况下将这部分现金再投资于该企业。这些条件包括债务偿还、资本支出和改变净运营资本，以及优先股分红。FCFE 可以定义如下：

$$FCFE = 净收入 + 折旧 - 总资本开支 - \Delta 净运营资本 + 新发债和优先股 - 本金支付 - 优先股红利 \qquad (7\text{-}9)$$

阅读资料 7-2 总结了企业现金流的关键要素，见式（7-6），权益现金流，见式（7-9）。注意，权益现金流反映了运营、投资和融资活动，而企业现金流将融资活动的现金流排除在外。

阅读资料 7-2

定义现金流估值：权益现金流和企业现金流

普通股投资者自由现金流（权益现金流：FCFE）

FCFE =（净收入 + 折旧和摊销 - Δ 运营资本）①
- 总资本支出② +（新发行优先股
- 优先股分红 + 新发债 - 本金支付）③

⇨ 可用于支付分红和回购普通股的现金流（扣除税款、偿还债款、发行新债、优先股分红、优先股发行以及所有再投资之后）。

企业自由现金流（企业现金流:FCFF）

FCFF = {EBIT(1 - 税率) + 折旧和摊销
- Δ 运营资本}① - 总资本支出②

⇨ 可用于偿还贷款方和支付普通股与优先股分红以及回购股票的现金流（在缴税和再投资之后）。

①来自运营活动的现金。
②来自投资活动的现金。
③来自融资活动的现金。

7.4　折现现金流方法的应用

广泛使用的折现现金流（DCF）方法㊀可以给出企业在某个时刻的经济价值的估计值，如果

㊀ 根据对超过 300 名财务规划专业人士的调查，大约 80% 的人承认经常使用 DCF 法评估资本项目（包括并购），见金融从业人士协会，2011 年 3 月。

只是收购公司的一小部分，那么无须调整。但是，如果打算收购企业的控股权益，在决定企业价值时，就必须再加上控制权溢价。[㊀]

7.4.1 企业折现现金流模型（企业或 FCFF 模型）

企业估值模型或 FCFF 法是将从运营中得到的企业税后自由现金流按照资本的加权平均成本折现，以获得企业价值的估计值。公司的企业价值（经常成为公司价值）反映了整个业务的市场价值，代表了持有证券的全体投资者对企业现金流的索取权，这些投资者包括持有长期债券、优先股的投资人，普通股股东以及小股东。企业价值通常通过企业普通股市值加上长期债券、优先股和小股东权益，再减去现金和现金等价物算出。[㊁]按照这个算法，企业价值表示收购方必须为标的企业的普通股和优先股支付的价值，以及承担为标的企业偿还债务并获得其现金。企业的普通股价值是从企业价值中减去企业债务的市场价值和其他投资者拥有索取权的现金流，例如优先股和非控制股东的权益。[㊂]企业估值方法适用于有关企业的债务偿还计划或者利息费用的信息有限的情况。

7.4.2 权益折现现金流模型（权益或 FCFE 模型）

权益估值或 FCFE 法是将提供给企业股东的税后自由现金流按照权益成本折现。如果目标是评估公司权益的价值，这个方法比企业价值估值法更为直接。在本章后续章节，企业价值或 FCFF 法以及权益价值或 FCFE 法，分别用三种现金流增长模型进行说明：零增长估值模型、不变增长估值模型和可变增长估值模型。

7.4.3 零增长估值模型

零增长估值模型假设自由现金流永远保持不变。企业初始的价值（P_0）是其年度现金流的贴现值或资本化价值。[㊃]加了下标的 FCFF 或 FCFE 是指估值中的现金流定义。

$$P_{0,\mathrm{FCFF}} = FCFF_0/WACC \tag{7-10}$$

式中，$FCFF_0$在初始时刻的企业自由现金流，$WACC$ 是资本成本。

$$P_{0,\mathrm{FCFE}} = FCFE_0/k_e \tag{7-11}$$

式中，$FCFE_0$是初始时刻普通股的自由现金流（free cash flow to common equity），k_e是权益成本。

尽管简单，但零增长估值模型的优点是容易理解。没有太多证据表明复杂模型能够总是给出更好的估值估计值，这是因为它们往往要求有更多的数据和假设条件。这个方法通常用于对物业

㊀ 控股权益一般被认为比少数权益对投资人而言更有价值，因为投资者此时有权批准影响业务的重要决策。

㊁ 其他长期负债，例如企业养老金和保健费，如果已足额拨备，可以略去。然而，这类负债的未足额部分，应该算入企业价值，但是应减去其中的可回收余额（recoverable surplus）。

㊂ 如果关于现金流和贴现率的假设条件保持不变，那么从这种方式得到的股权估计值，等于提供给企业股东的以股权成本贴现的现金流价值。

㊃ 永远保持不变的现金流的现值构成一个递减数列，因为它代表了将来每个时段的现值之和。每一个现值都比前一个小，所以永久年金（perpetuity）是一个趋向于1除以贴现率的递减数列。

交易和小型私人企业的估值（见阅读资料7-3）。

阅读资料7-3

零增长估值模型

1. 一家企业的年度 $FCFF_0$ 是100万美元，预期永久保持不变，而资本成本为12%，那么其企业价值是多少［见式(7-10)］？

$$P_{0,\text{FCFF}}=100/0.12\approx 830(\text{万美元})$$

2. 一家企业的资本结构只包括普通股和债，计算其资本加权平均成本［见式(7-4)］和企业价值。该企业希望将债务限制在总资本的30%。①企业的边际税率是0.4，贝塔值是1.5。企业债券利率是8%，10年期美国国债利率是5%。股票的预期年回报率是10%。年度FCFF预期保持在400万美元不变。

$$k_e=0.05+1.5\times(0.10-0.05)+0.125=12.5\%$$

$$WACC=0.125\times 0.7+0.08\times(1-0.4)\times 0.3=0.088+0.014=0.102=10.2\%$$

$$P_{0,\text{FCFF}}=400/0.102=3\,920(\text{万美元})$$

①如果分析师已知企业的权益负债率(debt-to-equity ratio, D/E)，可以用 D/E 除以 $(1+D/E)$，得出企业的总负债率(debt-to-total capital ratio) $D/(D+E)$，即 $D/(D+E)=(D/E)/(1+D/E)=[(D/E)/(D+E)/E]=(D/E)\times(E/D+E)=D/(D+E)$

7.4.4　不变增长估值模型

不变增长模型适用于成熟市场中的企业，其特点是具有较可预期的增长率。例如饮料业、化妆品、个人护理用品、方便食品加工和清洁用品行业。为了得到预期增长率，可以对过去5～10年的行业增长率使用外部插值法。不变增长模型假设现金流以保持不变的比率 g 增长，这个比率小于所需回报率 k_e。做出 k_e 大于 g 的假设，是导出这个模型所必须要求的数学条件。在这个模型里，企业下一年或者预测期第一年的现金流（$FCFF_1$）将以不变的比率 g 增长，所以，$FCFF_1=FCFF_0(1+g)$：

$$P_{0,\text{FCFF}}=FCFF_1/(WACC-g) \tag{7-12}$$

$$P_{0,\text{FCFE}}=FCFE_1/(k_e-g) \tag{7-13}$$

式中，$FCFE_1=FCFE_0(1+g)$ ㊀

这个简单的估值模型也提供了一个依据历史信息评估权益成本中风险溢价的方法，做法与资本资产定价模型相似。当初开发这个模型是为了使用下一期预期分红（d_1）估算股票当期的价值（P_0）。这个模型估算了以固定比例永续增长的红利的现值。假设股市给予了股票正确的估值，而且我们已知 P_0，d_1 和 g，我们可以估算出 k_e。

$$P_0=d_1/(k_e-g),\quad k_e=(d_1/P_0)+g \tag{7-14}$$

举例来说，如果 d_1 是1美元，g 是10%，P_0 是10美元，那么 k_e 是20%。阅读资料7-4给出一个如何使用不变增长模型的示例。

㊀ 注意零增长模型是不变增长模型的特例，式中 $g=0$。

阅读资料 7-4

不变增长模型

1. 已知一家企业下一年的预期自由现金流（企业现金流）是 100 万美元，*WACC* 是 12%，预期年现金流增长率是 6%，确定其企业价值是多大［见式(7-12)］。

$P_{0,FCFF}$ = 100 万美元/(0.12 − 0.06) ≈ 1 670 万美元

2. 一家企业的权益成本是 15%，前一年的股权投资者的自由现金流（权益现金流）预计今年增长 20%，之后将以每年 10% 的不变比例增长。前一年的股权投资者的自由现金流是 200 万美元，估算该企业的权益价值［见式(7-13)］。

$P_{0,FCFE}$ = [(200 万美元 × 1.2) × 1.1]/(0.15 − 0.10) = 5 280 万美元

7.4.5 可变增长（超常态或非常数）估值模型

很多企业都会在经历了一段高速增长之后，进入缓慢、更稳定的增长阶段。这样的例子包括移动电话企业、个人电脑企业和有线电视企业。这类企业由于在产品周期的早期进入，所以经历了 5 ~ 10 年两位数的增长。当市场开始饱和时，增长减慢到和整个经济或者人口增长更协调的速度。这类企业的净现值等于高速增长期现金流的折现值加上稳定增长期现金流的折现值之和。在稳定增长时期产生的现金流的折现值，通常被称为终值（terminal）、可持续、水平或者永续增长价值（continuing-growth value）。

终值可以用不变增长模型估算。[㊀]用 n 年预测期最后一年之后的第一年的自由现金流 $FCFF_{n+1}$，除以资本成本和预测期之后的期望现金流增长率的差值，终值是所有未预测期之后的未来现金流在第 n 年的折现值。为了将终值转化为当前的价值，需要用将第 n 年价值转化为现值的贴现率进行贴现。假设条件中的微小变化，可以引发终值和企业估值的巨大波动。表 7-6 展示了终值 100 万美元在资本成本和稳定增长率之间不同的差额上表现出的敏感度。注意，使用不变增长模型公式，如果资本成本和预期的稳定收益率出现 1% 差异，终值会大幅下降。[㊁]按照企业自由现金流的定义，$P_{0,FCFF}$ 可以用下面的可变增长模型进行估算：

表 7-6 条件变化时对终值为 100 万美元的影响

资本成本与现金流增长率之间的差额	终值（100 万美元）
3%	33.3①
4%	25.0
5%	20.0
6%	16.7
7%	14.3

①100 万美元/0.03。

$$P_{0,FCFF} = \sum_{t=1}^{n} \frac{FCFF_0(1+g_t)^t}{(1+WACC)^t} + \frac{P_n}{(1+WACC)^n} \tag{7-15}$$

式中，$P_n = \dfrac{FCFF_n(1+g_m)}{WACC_m - g_m}$；$FCFF_0$ 代表第 0 年的 FCFF；*WACC* 代表前 n 年资本加权平均成本；$WACC_m$ 代表 n 年以后的总资本成本（注意：$WACC > WACC_m$）；P_n 代表第 n 年末的企业价值（终

㊀ 采用不变增长模型可以获得一致性，因为贴现现金流方法既可以用于可变增长时期，也可以用于稳定增长时期。

㊁ 终值也可以用市盈率、价格现金流比率估算，或者如果在若干年后被出售，则用市账率估算。在预测期末，可以将预测的终止年份的收益、现金流或账面价值，分别乘以当年合适的市盈率、价格现金流倍数或市账率。

值)；g_t代表前 n 年的增长率；g_m代表 n 年之后的稳定或者长期增长率（注意：$g_t > g_m$）。

对于权益投资者来说，企业价值可以用式（7-15）估算出。但是，预期的权益自由现金流（FCFE）要用企业的权益成本进行折现。

在使用可变增长模型时，资本成本被认为在高增长阶段和稳定增长阶段有所不同。高速增长率通常伴随着不确定性的增加。高增长企业的贝塔值可能明显大于1。但是当增长速度变得稳定后，有理由假定贝塔值应该接近于1。对于稳定增长阶段采用的折现率的合理估计值，可以使用行业平均权益成本或加权平均资本成本。

式（7-15）可以改为使用增长年金模型（growing-annuity model）作为高速不变增长期和不变增长模型终止期的一个近似。这个公式在当年度现金流预测值很大时只需做很少运算。因此，$P_{0,FCFF}$也可以用下式估算：

$$P_{0,FCFF} = \frac{FCFF_0(1+g)}{WACC-g}\left[1-\left(\frac{1+g}{1+WACC}\right)^n\right]+\frac{P_n}{(1+WACC)^n} \tag{7-16}$$

阅读资料7-5给出了如何应用可变增长模型和增长年金模型的示例。

阅读资料7-5

可变增长估值模型

估算一家企业的企业价值(P_0)，其自由现金流在未来5年里预期将以35%的年复合增长率增长，然后增长预计会下降到正常的每年5%水平。当前的企业现金流是400万美元。在高速增长期，该企业的加权平均资本成本是18%，5年后，增长趋于稳定，下降到12%。企业超过正常运营的现金余额会被归零。所以，使用式(7-15)，在高速增长的5年预测期里，现金流的折现值(PV_{1-5})可以计算如下：

$$PV_1 = \frac{400\text{万美元}\times1.35}{1.18}+\frac{400\text{万美元}\times1.35^2}{1.18^2}+\frac{400\text{万美元}\times1.35^3}{1.18^3}+\frac{400\text{万美元}\times1.35^4}{1.18^4}+\frac{400\text{万美元}\times1.35^5}{1.18^5}$$

$$=\frac{540\text{万美元}}{1.18}+\frac{729\text{万美元}}{1.18^2}+\frac{984\text{万美元}}{1.18^3}+\frac{1\,329\text{万美元}}{1.18^4}+\frac{1\,793\text{万美元}}{1.18^5}$$

$$=458\text{万美元}+524\text{万美元}+599\text{万美元}+685\text{万美元}+784\text{万美元}$$

$$=3\,050\text{万美元}$$

终值(PV_{TV})计算如下：

$$PV_{TV} = \frac{\dfrac{[400\text{万美元}\times1.35^5\times1.05]}{(0.12-0.05)}}{1.18^5}$$

$$=\frac{1\,883\text{万美元}/0.07}{2.29}=11\,760\text{万美元}$$

$$P_{0,FCFF}=P_{1\sim5}+PV_{TV}=3\,050\text{万美元}+11\,760\text{万美元}$$

$$=14\,810\text{万美元}$$

另外，用增长年金模型对高增长期做估值，以及用不变增长模型对终止期估值［式(7-16)］，企业的自由现金流现值可以用下式估算：

$$PV=\frac{400\text{万美元}\times1.35}{0.18-0.35}\times\{1-[1.35/1.18]^5\}+\frac{\dfrac{[400\text{万美元}\times1.35^5\times1.05]}{(0.12-0.05)}}{1.18^5}$$

$$=3\,050\text{万美元}+11\,760\text{万美元}$$

$$=14\,810\text{万美元}$$

7.4.6 确定高速增长期的持续时间

销售、利润和现金流的预期增长率可以在企业或行业的历史经验基础上计算。[㊀]当企业现在的现金增长率远高于稳定增长率，而且企业的市场份额较小时，高速增长期的持续时间会比较长。例如，如果行业预期以每年5%增长，而标的企业只有小到可以忽略不计的市场份额，正在以行业速度的3倍增长，那么就有可能维持5~10年的高速增长期。如果终值占现值的75%以上，预测的期限应该超过常规的5年，可能延长到至少10年，以降低对企业整体市场价值的影响。历史证据表明，销售和盈利性在5~10年时间里倾向于回到正常水平，说明在计算终值之前使用5~10年年度预测的常规做法是合理的。[㊁]

7.4.7 确定稳定或可持续增长率

稳定增长率通常会小于或者等于企业所在行业的整体增长率或经济增长率。超过这个水平的稳定增长率是隐含地假设企业的现金流增长率将超过行业或整体经济的增长率。类似地，对于跨国企业，稳定增长率不应该超过世界经济预期增速或特定地区的经济增速。

7.4.8 确定合适的贴现率

如果收购方式为兼并一项高风险业务，那么正确的贴现率一般是标的企业的资本成本。然而，如果这两家企业同样高风险而且位于同一个国家，那么可以使用并购方或者标的企业任一方的资本成本。

7.5 用企业价值模型估算股权价值

一家企业的普通股价值的计算，通常是估算其企业价值，加上无法使用资产的价值，减去对未来现金流的非权益性索取权。这类索取权一般包括长期债、融资租赁、递延税款、未提取的养老金、优先股、员工期权以及少数股东权益。后面还将讨论如何对非权益性索取权和不可用资产进行估值。[㊂]这个方法在企业的资本结构（例如总负债率）维持稳定时是非常有用的。

7.5.1 确定长期债的市场价值

对于财务健康的企业来说，企业债务的当前价值一般独立于它的企业价值。但是对于财务陷入困境的企业和混合证券来说，却不是这样。

㊀ 参见本书配套网站上的标题为“Primer on Cash Flow Forecasting”的文件，其中讨论了如何运用回归分析，对企业现金流做出预测。

㊁ 对增长率更复杂的预测包括对每个客户或产品的年度收入预测，再求和，给出总收入估计值。在进行这类测算时，产品或服务的生命周期（参见第4章）是有用的工具。

㊂ 如果这些因素已经包括在未来现金流的预测中了，则不应将其从该公司的企业价值中减去。

1. 财务稳定的企业

如果还债计划未知，那么债务的市场价值可以通过将企业的债务的账面价值，当作一个常规的付息债券进行估算，利息一般是按年或每半年支付，本金在到期时偿还。票息是企业全部债务的利息，而到期时的本金是所有未偿债到期本金的加权平均。到期时的加权平均本金，为每一到期日的未偿债数额乘以其占总未偿债的份额之和，债务的当前市场价值估计值，可以通过对每个期限的利息支出的年金价值求和，再加上本金的现值计算得出（见阅读资料7-6）。[㊀]

阅读资料 7-6

估算企业债务和资本化租赁的市场价值

根据10K报表，Gromax公司两项未偿债务的账面总值是2.2亿美元。两项债务每年付息总计2 000万美元。第一项账务当前账面价值是1.2亿美元，第5年末到期。第二项债务的账面价值是1亿美元，在第10年到期。这两项债务的加权到期日是7.27年（=5×(1.2亿美元/2.2亿美元)+10×(1亿美元/2.2亿美元)）。7～10年内到期的债务的当前成本是8.5%。

该企业的10K报表还显示该企业每年支付的融资租赁费用为210万美元、220万美元、230万美元，从第4年开始每年支付500万美元（10K报表显示该企业第4年开始的累积价值是500万美元）。（对于我们的目的来说，我们可以假设这500万美元是在第4年支付的。）企业的全部长期债务，包括常规债务和融资租赁的市场价值是多少？

$$PV_D(\text{长期债务})^{①}=2000\text{万美元}\times\frac{1-\left(\frac{1}{1.085^{7.27}}\right)}{0.85}+\frac{22000\text{万美元}}{1.085^{7.27}}$$

$$=10527\text{万美元}+12155\text{万美元}$$

$$=22682\text{万美元}$$

$$PV_{OL}(\text{融资租赁})=\frac{210\text{万美元}}{1.085}+\frac{220\text{万美元}}{1.085^2}+\frac{230\text{万美元}}{1.085^3}+\frac{500\text{万美元}}{1.085^4}$$

$$=194\text{万美元}+187\text{万美元}+180\text{万美元}+361\text{万美元}$$

$$=922\text{万美元}$$

$$PV_{TD}(\text{总债务})=22682\text{万美元}+922\text{万美元}$$

$$=23604\text{万美元}$$

①计算债务的现值用到了年金公司计算7.27年、8.5%利息的PV，加上在7.27年末偿还的本金的PV。

注意，债务的账面价值可能会被用到，除非由于债务发生或违约的机会很高而导致利息明显变化。在这种情况下，要分别对该企业发行的每只债券进行估值，参考相似企业发行的有类似期限的可比利率债券，将现金流用到期收益率进行贴现。账面价值也可能用于浮动利息的债务，因为其市场价值不会受到利率波动的影响。在美国，一家公司债务的当前市场价值，可以借助FINRA TRACE数据库确定。例如，家得宝的5.40%固定票息2016年3月1日的到期债券，2010年9月5日定价为112.25美元，或票面价值的1.122 5倍。用1.122 5乘以债务的账面价值，对家得宝就是3 040 000美元，算出那一天的市场价值是3 412 400美元。

㊀ 唯一必须估值的债，是估值当日还未偿还的债。如果我们假设用未来的借贷对投资项目进行的融资可以冲抵资本成本，那么未来的借贷在这里是不相关的。因此，净现金流将足以满足对该等借贷的利息和本金支付要求。

2. **陷入财务困境的企业**

对于这类企业，债务和股权的价值反映了企业现金流的风险。所以，债务和股权不是相互独立的，计算一家企业的股权价值，不可以简单地将该企业的债务市场价值从企业价值里减去。一个解决方法，是用两种情境估算该公司的企业价值：一种情境是该公司能够恢复财务健康状态，另一个情境是企业的情况恶化。对每个情境计算出公司的企业价值，再减去企业债务的账面价值和其他非股权性索赔。每种情境加上由分析师给出的发生的概率作为权重，这个股权价值的估计值考虑了每个情境发生的可能性。

3. **混合证券（可转债和优先股）**

可转股债代表常规债务和优先股，加上一个转换功能或称为看涨期权，将债务或股票按每股确定的价格转换为普通股。由于债务价值反映了普通股的价值，而且不独立于企业价值，所以不可以直接从企业价值中减去估算股权价值。对这类债务和优先股的一个估值方法是，假设标的企业被收购时，这些都将转为股权，当收购价高出标的企业每股价格，而且债务无法转换时，这种方法非常合理。见第 9 章的阅读资料 9-8，了解这种方法的使用。

7.5.2 确定融资租赁的市场价值

资本性租赁和经营性租赁也应计入企业的未偿债务。当一项租赁被划入资本性融资，该租赁费用的现值被当作债务进行处理。这个数目要按可比债务的风险和期限计算利息，并列入损益表。而经营性租赁的费用在损益表上作为经营支出处理，它们不会为了财务报告的目的而划入资产负债表的债务。但是为了估值，经营性租赁应被纳入债务范畴。未来的经营性租赁费用显示在财务报表的脚注里。贴现率可以粗略地采用企业当前的税前债务成本，反映了出租方要求企业支付的市场利率水平。租约的本金部分也可以通过用企业的债务成本贴现当期支付的租金作为永久年金（见阅读资料 7-6）。

7.5.3 确定递延税的现金影响

当一项税务处理与其财务会计处理出现暂时差异时，就会出现递延税资产和负债。这类税收可能来自无法收回的应收款、权证、期权费、养老金、租约、可折旧资产以及存货。递延税对于现金流会产生一个当期和未来的影响。当期影响体现为在计算营运资本时，递延税负债变大和递延税资产的减少。递延资产的非当期影响，通常表现在企业资产负债表的其他长期资产和其他长期负债的递延税负债项。递延税资产是一项未来的税务优惠，这项当前不允许的减免可以体现在未来。递延税负债表示未来应缴税款的增加。为税收目的而做的超过直线折旧的加速折旧，通常是用在财务报告上，降低了企业当期应缴税款，但是当未来在厂房设备上的支出放慢时，税收压力会增大。递延税负债额等于加速折旧超过直线折旧的部分乘以企业的边际税率。

为了估算一家企业的股权价值，净递延税负债的现值（例如，递延税资产减去递延税负债）要从该企业的企业价值中扣除。[⊖]使用净递延税负债是合适的，因为通常对处在缺乏大量 NOL 的

⊖ 另外，非当期递延税可以被单独评估，在企业价值中加上递延税资产，或从中减去递延税负债。

企业来说，递延税负债大于递延税资产。递延税的改变对于现金流的影响，近似等于企业的边际税率和有效税率之差，再乘以企业的息税前经营收入。分析师可能假设在转换为企业的边际税率之前的几年里，有效税率是适用的。例如，只要有效税率低于边际税率，有效税率在5年时间里会增加企业递延税负债。在第5年年末，递延税负债可以通过把现有累计递延税负债，加上下一个5年中每年增加的负债进行估算。该项负债等于预计EBIT乘以边际税率和有效税率之差，之后再求和。

假设在第5年末应缴递延税负债将平均分摊到后续10年里，用其间应缴税款的现值就可以估算并贴现回当期（见阅读资料7-7）。

阅读资料7-7

通过从企业价值中减去负债的市场价值、优先股和递延税估算普通股价值

经营收入、折旧、营运资金、资本支出在未来5年预计每年增长10%，之后每年增长5%。企业债务的账面价值是3亿美元，年度利息支出为2 500万美元，期限为4年。该债务是常规的“只付息”到期支付本金的票据。企业每年支付优先股息2 000万美元，类似企业支付的典型的优先股息水平是11%。该企业没有经营租约，养老金和医疗保健都已全额拨备。企业当期的债务成本是10%。企业的加权资本平均成本是12%。由于该企业一直都处于业内平均水平，有理由相信未来5年仍会保持在这一水平。而且由于税收递延，企业当期有效税率25%也有望在未来5年里保持不变。企业的当期净递延税负债是3亿美元。在第5年末预计净递延税负债将会在后续10年里等额缴付。该企业的边际税率是40%，用于计算终值。对于普通股投资者来说，企业的价值是多大？（财务数据如下表所示。）

$$P_{0,\mathrm{FCFF}}{}^{①}=\frac{88.00(1.10)}{0.12-0.10}\times\left[1-\left(\frac{1.10}{1.12}\right)^{5}+\frac{93.50^{②}\times1.05/(0.12-0.05)}{(1.12)^{5}}\right]$$

$$=416.98+795.81$$

$$=1\,212.80（百万美元）$$

$$PV_{\mathrm{D}}（债）^{③}=25\times\frac{1-1/(1.04)^{4}}{0.10}+\frac{300}{(1.10)^{4}}$$

$$=25\times(3.17)+300\times(0.683)$$

$$=79.25+204.90$$

$$=284.15（百万美元）$$

$$PV_{\mathrm{PFD}}（优先股）^{④}=\frac{20.11}{0.11}=181.82（百万美元）$$

$$第5年的递延税负债=300+(220+242+266.20+292.80+322.10)\times(0.40-0.25)$$

$$=501.47（百万美元）$$

财务数据（100万美元）

	当前年份	第1年	第2年	第3年	第4年	第5年
EBIT	200	220	242	266.2	292.8	322.1
EBIT$(1-t)$	150	165	181.5	199.7	219.6	241.6
折旧（直线法）	8	8.8	9.7	10.7	11.7	12.9
净经营资本	30	33	36	39.9	43.9	48.3
总资本支出	40	44	48.4	3.2	58.6	64.4
企业自由现金流	88	96.8	106.5	117.3	128.8	141.8

$$PV_{DEF}(\text{递延税}) = \frac{501.47}{10} \times \frac{1-[1/(1.12)^{10}]/1.12^5}{0.12}$$

$$= \frac{50.115 \times 5.65}{1.76}$$

$$= 160.99(\text{百万美元})$$

$$P_{0,FCFE} = 1\,212.80 - 284.15 - 181.82 - 160.99$$

$$= 585.84(\text{百万美元})$$

①见式（7-16）。

②终值反映了对第5年税收经营收入的重新计算，采用了40%边际税率和不变增长模型。第5年的自由现金流等于322.1×(1-0.4)+12.9-48.3-64.4=93.5（百万美元）。

③债的现值的计算，用到了4年的年金现值，利率为10%，加上在4年末偿还本金的现值。在该公司账上，10%的当前债务成本高于8%（=25百万美元/300百万美元）的贷款隐含利率。表明自从企业借了3亿美元“只付利息”到期支付本金票据，利率的市场水平已经提高了。

④优先股的市场价值（PV_{PFD}）等于优先股红利除以优先股成本。

7.5.4 确定未偿养老金债务对现金的影响

应从企业价值中减去此类负债的现值，估算出企业的股权价值。公开上市的公司需要明确其未偿养老金义务的现值，如果此项未出现在企业的资产负债表上，也应该可以在资产负债表的脚注中找到这类数据。[㊀]

7.5.5 确定雇员期权对现金的影响

关键雇员的一部分薪酬往往体现为期权形式，可以指定价格（例如，行权价）购买该公司的普通股。一旦行权，而企业为了减少因满足行权要求而发行新股票对每股收益造成的摊薄，可能会试图回购股票，因此这些期权会影响到现金流。为了回购这些股票需未来支付的现金的现值，应该从企业价值中扣除。[㊁]

7.5.6 确定其他拨备及或有负债对现金的影响

为将来因重组而裁员进行拨备（例如，准备金），通常以未贴现形式记录在资产负债表中，因为这些现金通常在较短期限内支出。这些拨备等同于负债，因此须从企业价值中减去。或有负债是指未来现金支出依赖于某些特定事件，这类负债不会出现在资产负债表上，但是会在脚注中说明。这样的例子包括未裁定的法律纠纷和贷款担保。既然这类费用是可以递减税款的，应该用企业的债务成本贴现未来的税后现金支出估算现值，然后从企业价值中扣除。

7.5.7 确定非控股股权的市场价值

当一家企业持有另一个企业不到百分之百的股权时，要在该企业的合并资产负债表中体现出来。该企业所持股权之外的那部分称为少数股东（非控制性）权益。为了估值目的，少数股东

㊀ 如果在脚注里出现了未拨备负债，说明这些负债应该包含在那里。

㊁ 期权作为员工薪酬，对于企业来说，是可以抵扣税收的。会计规则要求企业根据期权定价模型（参见第8章）的估算值，在财务报表的脚注中报告所有未行权的股票期权的现值。

（或非控制性）权益对于大股东控制的这部分资产拥有一定的收益索取权，而不是对其母公司拥有该权利。如果这个大股东不完全持有的公司上市交易，那么少数股东（后非控制性）权益的估值，等于少数股东所占股份数乘以该上市公司的市值。如果这个大股东不完全持有的公司没有上市，而你作为投资者可以获得该公司的财务数据，则估值要采用该公司所在行业的资本成本，对该公司的现金流进行贴现处理，得出的少数股东权益也应该从企业价值中扣除。

7.6　非营运资产的估值

企业运营中不会使用的资产也可以为企业带来价值，其中包括富余的现金余额、对其他企业的投资，以及未用或者使用不充分的资产。他们的价值应该包括在企业价值之中，构成了企业的总体价值。

7.6.1　现金和可交易证券

富余现金余额是标的企业在最少营运现金余额之外，持有的现金和短期可交易证券。而最少营运现金余额取决于企业的现金转换周期，影响该企业的库存安排、产品赊销和应收款的回收。现金用作营运资金的时间长度可以这样估算：企业的库存转换周期加上应收款回收周期，减去应付款递延周期。[⊖]企业需留足营运资金，企业必须留有等于营运资金占用现金的平均天数乘以每天平均销售额的最小现金余额。库存转换和应收款回收周期，可用库存和应收款资金额除以每日平均销售额计算。应付款递延周期用应付款额除以企业每日销售的平均成本估算。阅读资料7-8展示了如何估算最小和富余现金余额。

阅读资料7-8

估算最小和富余现金余额

PI公司的当期库存、应收款和应付款分别价值1 400万美元、650万美元和600万美元。下一年的预测销售额和销售成本分别是1亿美元和7 500万美元。而且，企业当期的现金和短期可交易证券的价值是21 433 000美元。该企业应该保留的最小现金余额是多少？企业当期富余现金余额是多少？

$$\frac{1\,400\text{万美元}}{1\text{亿美元}/365}+\frac{650\text{万美元}}{1\text{亿美元}/365}-\frac{600\text{万美元}}{7\,500\text{万美元}/365}$$

$$=51.1\text{天}+23.7\text{天}-29.2\text{天}=45.6\text{天}$$

最小现金余额

$$=45.6\text{天}\times 1\text{亿美元}/365=12\,493\,151\text{美元}$$

富余现金余额

$$=21\,433\,000\text{美元}-12\,493\,151\text{美元}$$

$$=8\,939\,849\text{美元}$$

尽管富余现金余额应该被加到经营资产的现值中，但任何现金差额都应该从经营资产的价值中减去之后，再确定企业的价值。扣减表明收购方需要投入额外的经营资本，补足差额部分。

⊖ 存货转换周期（inventory conversion period，也称为存货周转期）是企业所需用于生产和出售产成品的平均天数。应收款回收周期（receivables collection period）是收回应收款所需的平均天数。应付款递延周期（payables deferral period）是购买原材料和劳务及付款之间的平均天数。

阅读资料 7-8 中讲述的方法可能对采用激进的营运资金管理的企业不适用，所以相对于应付款来说，应收款和库存都非常低。另一种方法是计算该企业的现金和短期可交易证券占收益的比重，将其与本行业的平均水平进行比较。如果企业的现金余额超过了行业平均水平，说明该企业有富余的现金（假设该行业内一般企业没有富余现金）。例如，如果行业平均的现金持有比例为年收益的 5%，而标的企业持有 8%，那么这家企业持有了年收益 3% 的富余现金。

7.6.2 对其他企业的投资

出于财务报告目的的投资，可以归入少数股权被动投资类别，或者控股股权投资。这些投资需要分别估值，并加入公司的企业价值，以算出整体企业价值。见本书配套网站上名为“Investments in Other Firms”的文件给出的估值方法和解释。

7.6.3 未使用的和被低估的资产

标的企业的房地产可能具有超过其账面价值的市场价值。企业也可能对养老基金做了超额拨备。诸如专利和许可证等无形资产可能具有巨大价值。由于无法预测其现金流，其价值可以采用布莱克 - 斯科尔斯模型（见第 8 章）估算，或者通过开发可比较技术所需成本进行估算。

7.6.4 专利、服务品牌和商标

当期还未应用的专利可能对外部机构具有价值，可以通过向该机构出售或者授予许可使用权确定其价值。如果专利与特定产品有直接联系，通常采用基于“成本规避”方法进行估算。这个方法是用同类可比专利的税后专利使用费率乘以预期从专利产品生产中获得的收益，再用资本成本对其贴现算出现值。依赖于一系列专利的产品和服务，集中放在一个组合里，使用统一的随未来收益按比例下降的专利使用费率进行估值。商标是使用一个名称的权利，而服务品牌标志是伴随一家公司、一个产品或概念的标示。其价值反映了企业经营时间、累计广告支出、营销计划的效力以及稳定的产品质量的品牌认知度。

7.6.5 过度拨付的养老金计划

福利和养老金计划要求企业持有金融资产，以履行未来的义务。股东对超过所需的资产拥有合法权利。如果这类资产被清算并支付给股东，企业不得不为此缴税。这笔资金的税后价值应计算在企业价值里。

7.7 本章小结

表 7-7 展示了如何首先确定企业的整体运营价值，加上非经营性资产价值，减去所有非权益性索取权的价值，对家得宝的股权价值进行估算。此例中的非经营性资产包括富余现金余额和

表 7-7 用企业法计算家得宝公司的股权价值

假设条件	历史数据			预测数据								
	2008	2009	2010	2011	2012	2013	2014	2015	2016	2017	2018	2019
净销售额增长率	-0.078	-0.072	-0.040	0.010	0.020	0.040	0.050	0.050	0.040	0.040	0.035	0.030
经营利润率	0.061	0.073	0.070	0.065	0.068	0.070	0.072	0.075	0.075	0.078	0.080	0.080
折旧占销售额比例	0.026	0.025	0.025	0.025	0.025	0.025	0.025	0.025	0.025	0.025	0.025	0.025
有效税率	0.356	0.342	0.340	0.340	0.340	0.340	0.340	0.340	0.340	0.340	0.340	0.340
边际税率			0.400	0.400	0.400	0.400	0.400	0.400	0.400	0.400	0.400	0.400
经营资本占销售额比例	0.048	0.057	0.060	0.060	0.060	0.060	0.060	0.060	0.060	0.060	0.060	0.060
总固定资产占销售额比例	0.049	0.026	0.035	0.035	0.035	0.035	0.035	0.035	0.035	0.035	0.035	0.035
WACC(2010～2019)(%)			0.073									
WACC 终值（%）①			0.070									
终止期增长率（%）			0.030									
估值（100 万美元）												
净销售额	71 288	66 176	63 529	64 164	65 448	68 065	71 469	75 042	78 044	81 166	84 006	86 527
营业收入（EBIT）	4 359	4 803	4 447	4 171	4 450	4 765	5 146	5 628	5 853	6 331	6 721	6 922
加：经营性租赁费用			802	717	640	584	535	535	535	535	535	535
减：经营性租赁折旧②			258	258	258	258	258	258	258	258	258	258
等于：EBIT 调整			4 991	4 630	4 832	5 091	5 423	5 905	6 130	6 608	6 998	7 199
调整后 EBIT$(1-t)$			3 294	3 056	3 189	3 360	3 579	3 897	4 046	4 361	4 618	4 751
加：折旧和摊销	1 785	1 707	1 906	1 925	1 963	2 042	2 144	2 251	2 341	2 435	2 520	2 596
减：净经营资本变化③		1 328	275	38	77	157	204	214	180	187	170	151
减：总固定资产支出	1 847	966	2 224	2 246	2 291	2 382	2 501	2 626	2 732	2 841	2 940	3 028
等于：企业现金流④			2 702	2 697	2 785	2 862	3 017	3 308	3 476	3 768	4 028	4 168
PV(2010～2019)			22 048									
终值			47 638									
总经营价值			69 686									
加：												
富余现金⑤			0									
其他长期资产⑥			256									
等于：企业价值			69 942									
减：												
债的市场价值⑦			9 469									

（续）

假设条件	历史数据			预测数据								
	2008	2009	2010	2011	2012	2013	2014	2015	2016	2017	2018	2019
资本化的经营性租赁			6 450									
非当期递延税债务的净现值⑧			1 102									
股票期权			158									
等于：股权价值			52 763									
股数（100 万股）			1 683									
每股价值			$31. 35									

①**WACC 的计算**

k_e =0. 026 5 +1. 10 ×0. 055 =8. 43%，2. 65%是2010 年9 月5 日的美国10 年期国债利率，1. 21 是该企业的贝塔值，由雅虎财经/Capital IQ 提供。i =6. 85%，债务的税前成本，由2010 年9 月5 日雅虎财经提供的 BBB + 评级债券的到期收益率估算得出。债务和权益的权重分别为31%和69%，是根据企业当期负债资本比在整个预测期间不变得出的。

$$WACC = 8.70 \times 0.69 + 6.85 \times (1 - 0.4) \times 0.31 = 7.28$$

终止期的 *WACC* 等于可比零售企业的平均水平，参考雅虎财经。

②**经营性租赁**

资本化的经营性租赁价值 = 财务报表脚注中的租赁费用，用企业债务成本折现所得的现值。

经营性租赁设备的估计使用寿命 =25 年，估计每年经营性租赁的折旧费用 =6 450 美元/25 =258 美元。

③经营资本3 537 美元，3 812 美元，3 850 美元，3 927 美元，4 084 美元，4 288 美元，4 503 美元，4 683 美元，4 870 美元，5 040 美元，5 192 美元。

④用 40% 边际税率重新计算终止期的企业现金流。

⑤富余现金是零，因为用阅读资料7-8 中估算的最小余额超过了2009 年年末的实际现金余额。

⑥不包括商誉，但包括3 300 万美元的应收票据。

⑦家得宝债的市场价值：

票息率（%）	到期日	面值（1 000 美元）		面值百分比（9/5/2010）	市场价值（美元）
5. 20	2011 年3 月	1 000 000	×	1. 026 30	1 026 300
6. 19	2012 年3 月	40 000	×	1. 033 66	41 346
6. 74	2013 年5 月	14 285	×	1. 036 50	14 806
5. 25	2013 年12 月	1 258 000	×	1. 026 30	1 291 085
5. 88	2036 年12 月	2 960 000	×	1. 106 50	3 275 240
5. 40	2016 年3 月	3 040 000	×	1. 122 50	3 412 400
资本化的租赁（从2010 年到2056 年支付额不同）		**长期债总额**			408 000
					9 469 177

⑧非当期递延税债务的净现值（净递延税资产 - 递延税负债）计算：

2019 年的未来价值 =3 570 美元　　加上当期净递延税负债到预测 EBIT 之和，乘以边际税率和有效税率之差

现值 =1 102 美元　　2019 年净递延税负债在之后十年内支付同等金额。

其他长期资产，而非权益性索取权，包括长期债务的市场价值、资本化的经营性租赁、净递延税负债以及雇员股票期权。这个示例分为三个部门。最上边列示了估值的基本假定。第二部分展示了企业的整体价值是如何确定的。最下面是注释——提供了示例中各项计算的细节。现金流的预测时间为10年，反映了企业经历了2008～2009年经济衰退之后会出现自由现金流的缓慢恢复。这个示例做成的Excel数据表可在本书配套网站找到，是一个标题为“Determining Home Depot's Equity Value Using the Enterprise Method”的Excel文档。

记忆要点

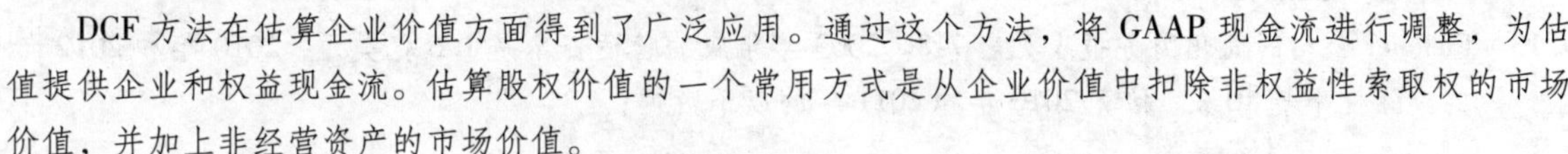

DCF方法在估算企业价值方面得到了广泛应用。通过这个方法，将GAAP现金流进行调整，为估值提供企业和权益现金流。估算股权价值的一个常用方式是从企业价值中扣除非权益性索取权的市场价值，并加上非经营资产的市场价值。

讨论题

7.1 加权平均资本成本的重要性何在？如何计算？权重是否反映了企业的实际或目标负债资本比率？解释你的答案。

7.2 企业的贝塔值测量的是什么？不加杠杆和加杠杆的贝塔值有何区别？

7.3 在何种情况下根据企业规模调整CAPM模型是重要的？为什么？

7.4 FCFE和FCFF有哪些主要区别？

7.5 详细解释在什么条件下使用零增长和固定增长折现现金流模型最有意义？

7.6 哪种折现现金流估值法要求估算终值？为什么？

7.7 在估算终值时假设条件的小变化是否会对标的企业总价值的计算产生明显影响？如果是，为什么？

7.8 如果已知公司的企业价值、所有非经营资产的现值、非经营性负债和长期债务，如何估算企业的股权价值？

7.9 在评估一家企业时，为什么区分经营性与非经营性资产和负债很重要？详细解释。

7.10 解释为何你需要在下述情形下对专利进行估值：目前尚未利用的专利、与现有产品相关的专利以及专利组合。

（所有讨论题的答案可以在本书的网上教师手册找到。）

实践题和答案

7.11 ABC公司股票现在以每股32美元交易。该公司有11.3亿股流通股，此外，该公司负债的市场价值是20亿美元。10年期国债利率是6.25%。ABC公司具有出色的信用记录，从主要国际评级机构获得了AAA信用评级。当前对于AAA企业债券的利率是6.45%。超过无风险回报的历史风险溢价是5.5%。该公司的贝塔值约为1.1，其边际税率，包括联邦、州和地方税是40%。

a. 股权价值是多少？

答案：12.3%。

b. 税后债务成本是多少？

答案：3.9%。

c. 资本的加权平均成本是多少？

答案：11.9%。

7.12 HiFlyer 公司目前没有负债。其税率是 0.4，而可比公司的不加杠杆贝塔值约为 2.0。10 年期国债利率是 6.25%，过往超过无风险利率的风险溢价是 5.5%. 下一年，HiFlyer 期望为未来增长借到高达股权价值 75% 的资金。

a. 计算该公司当前的股权成本。

答案：17.25%。

b. 在公司完成股权价值的 75% 融资后，估算其股权成本。

答案：22.2%。

7.13 Fletcher 公司的简化财务报表见表 7-8。2009 年年底的营运资本是 1.6 亿美元，2010 年和 2012 年的边际税率是 40%。估算 2010 年和 2011 年的以下数据：

a. 股权自由现金流。

答案：2010 年为 1 640 万美元，2011 年为 -2 680 万美元。

b. 企业自由现金流。

答案：2010 年为 4 440 万美元，2011 年为 120 万美元。

表 7-8 Fletcher 公司简化财务报表 （单位：100 万美元）

	2010	2011		2010	2011
收入	600	690	等于：净收入	35.4	40.2
营运支出	520	600	附项		
折旧	16	18	年终经营资金	150	200
息税前收入	64	72	本金偿还	25	25
减去利息支出	5	5	资本支出	20	10
减去税费	23.6	26.8			

7.14 2011 年，NG 公司录得息税前经营收入 2.2 亿美元。外界认为该公司绝对有能力保持这样的业绩。公司当年的折旧金额为 1 000 万美元。2011 年总计资本支出为 2 000 万美元。2010 年和 2011 年年末，经营资本分别达到 7 000 万美元和 8 000 万美元。该企业合并联邦、州和地方的边际税率是 40%，其未偿债务的市场价值为 12 亿美元。10 年期国债利率为 5%，类似 NG 公司信用水平的公司贷款利率是 7%。超过无风险利率的股票的过往风险溢价为 5.5%。该公司的贝塔值约为 1.0。2011 年年底，该公司可流通普通股为 250 万股。NG 公司的目标债务资本比例为 30%。

a. 估算该公司 2011 年的自由现金流。

答案：1.12 亿美元。

b. 估算该企业加权平均资本成本。

答案：8.61%。

c. 估算该企业 2011 年年底的企业价值，假设该企业具有产生（a）中自由现金流的能力。

答案：13.008 亿美元。

d. 估算企业在 2011 年年底的股权价值。

答案：1.008 亿美元。

e. 估算 2011 年年底每股价值。

答案：40.33 美元。

7.15　Carlisle 公司是一家专业制药商，由于几个关键专利过期，该公司已经连续三年流失市场份额。企业自由现金流将会在更有竞争力的普药进入市场时快速下跌，未来5年的预期现金流是850万美元、700万美元、500万美元、200万美元和50万美元。5年后的现金流小得可以忽略。该公司董事会决定将企业出售给一家对其产品填补自身产品空白（并购方正在研发类似药品）有兴趣的更大的制药商。Carlisle 公司的加权平均资本成本是15%。Carlisle 必须得到怎样的收购价才能赚回资本成本？

答案： 1 740 万美元。

7.16　Ergo 无限公司当期年度的股权自由现金流是1 000万美元。未来5年每年预期增长20%。之后预期以较温和的5%增长。该企业估算其股权成本在未来5年保持在12%，之后由于业务成熟降低至10%。估算该企业当前的市场价值。

答案： 3.583 亿美元。

7.17　一家企业计划上市那年的收入达到2 000万美元，税后净收益为200万美元。该企业无负债，未来5年的收入预期年增长20%，之后每年增长5%。净利润预期将维持不变。年资本支出与折旧相等，经营资金需求的变化维持在最低水平。该行业上市公司的平均贝塔值是1.50，平均债务权益比率是20%。该企业经营保守而且在可以预见的未来没有借贷计划。国债利率是6%，边际税率是40%。股票回报和无风险回报率之间的正常价差是5.5%。贴现率反映了未来5年后增长率降低的情况，贴现率也将降低到10.4%的行业平均资本成本水平。估算企业股权的价值。

答案： 6 341 万美元。

7.18　表7-9上的信息是有关两只不同的普通股：A公司和B公司。

a. 估算每个公司的股权成本。

答案： 公司 A = 15.45%，公司 B = 12.2%。

b. 假设两个公司的增长将继续保持同样的增长率，估算每个公司普通股的每股价值。

答案： 公司 A = 13.42 美元，公司 B = 61.00 美元。

表7-9　问题7.18的普通股

	公司A	公司B		公司A	公司B
每股自由现金流（美元）	1.00	5.00	无风险回报率	7%	7%
每股现金流增长率	8%	4%	股票期望回报率	13.5%	13.5%
贝塔值	1.3	0.8			

7.19　评估一家高科技企业的贝塔值，该企业有三个事业部，特点见表7-10。

a. 该企业的贝塔值是多大？

答案： 1.52。

b. 如果无风险回报率是5%而股票回报价差是5.5%，估算其软件事业部的股权成本。

答案： 16%。

c. 整个公司的股权成本是多少？

答案： 13.4%。

d. 整个公司的股权投资者自由现金流（FCFE）是740万美元，软件事业部的股权投资者自由现金流是310万美元。如果整个公司和软件事业部在可见的未来都以同样8%的速度增长，估算整个公司和软件事业部的市场价值。

答案： *PV*(整个公司) = 147.96（万美元），*PV*(软件事业部) = 41.88（万美元）

表 7-10 讨论题 7.19 的高科技公司

事业部	β 值	市值（100 万美元）
个人电脑	1.60	100
软件	2.00	150
大型机	1.20	250

7.20 FC 公司想收购大西公司。FC 估算大西的企业价值为 1.04 亿美元。大西长期债务的市场价值是 1 500万美元，而超过企业正常营运资金的现金余额需求是 300 万美元。FC 估算大西当期未使用的许可证的现值是 400 万美元。大西目前仍是一些未结案法律纠纷的被告。FC 的法务部门估计了结这些案件的潜在成本是 300 万美元，现值约为 250 万美元。大西公司有 200 万股在流通的普通股。大西公司调整后的每股股权价值是多少？

答案：每股 46.75 美元。

（所有讨论题的答案可以在本书的网上教师手册找到。）

案例分析 7-1

惠普以比戴尔电脑更高的出价收购 3PAR

2010 年 9 月 2 日，在戴尔电脑第一次出价收购 3PAR 两周之后，戴尔宣布退出与惠普的竞价战，当时惠普宣布将原来的出价再提高 10% 到每股 33 美元。戴尔的最后一轮出价是每股 32 美元，超过了惠普之前的出价每股 30 美元。最终惠普给 3PAR 的估值达到 21 亿美元，而戴尔原来的出价只有 11 亿美元。

3PAR 在"云计算"市场拥有正在被认可的存储产品技术。3PAR 的存储产品可以让企业通过互联网，更有效地存储和管理位于不同地点的远程数据中心的数据。然而这家公司一直在亏损，其收入自从 2007 年上市后，每年的增长率都超过了 50%。这项交易是按照 3PAR 公司 2009 年销售收入的 12.5 倍估值，而在这个行业里发生的并购，很少以超过销售收入的 5 倍以上交易。惠普之所以如此慷慨大方地出价，其动机似乎是将赌注放在快速发展的技术可以助力该企业的增长上。但是这家年收入 1 150 亿美元的公司，其 2009 年的业绩令人印象深刻，净收入只有 77 亿美元。由于 2008 ~ 2009 年全球经济衰退和市场的成熟，企业的收入和利润都减慢了。

表 7-11 提供了 3PAR 的部分财务数据和一套估值假设。注意惠普采用的是边际税率，而不是更低的有效税率，来反映惠普从 3PAR 累计经营亏损中获得的潜在税收节约。假设惠普有 100 亿美元以上的税前利润，预计惠普会在当期纳税年度使用 3PAR 的全额递延税资产，3PAR 持续的高销售增长率，反映了惠普期望其全球销售团队能够扩展 3PAR 产品的销售。为了支持 3PAR 产品的后续开发，估值假设中反映了直到 2015 年，在工厂和设备方面的支出将超过摊销折旧；但是在 2015 年以后，资本支出将与折旧同步增长，业务将由增长模式转为维持模式。3PAR 的经营利润率（operating margin）将表现出缓慢恢复，反映了惠普销售团队推销 3PAR 技术的培训和营销费用减少产生的影响。

讨论题

1. 根据假设条件和 3PAR 在表 7-11 中的数据，估算其每股股票价值。
2. 对于评估 3PAR 这类企业，为什么在估算终值时采用至少 10 年期限是合适的？
3. 收购价中有多少是可以由 3PAR 的非营运资产提供的资金？
4. 如果终结期的增长率是 3% 而不是 5%，这个交易是否仍对惠普有意义？解释你的答案。

（所有讨论题的答案可以在本书的网上教师手册找到。）

表 7-11 3PAR 估值假设和部分历史数据

	历史数据	预测值									
	2009	2010	2011	2012	2013	2014	2015	2016	2017	2018	2019
假设条件											
销售额增长率（%）	0.508	0.450	0.400	0.400	0.400	0.350	0.300	0.250	0.200	0.100	0.100
经营利润占销售额的比例（%）	-0.020	-0.010	-0.010	0.020	0.040	0.080	0.100	0.120	0.150	0.150	0.150
折旧支出占销售额的比例（%）	0.036	0.034	0.060	0.060	0.060	0.060	0.060	0.070	0.070	0.070	0.060
边际税率（%）		0.400	0.400	0.400	0.400	0.400	0.400	0.400	0.400	0.400	0.400
经营资本占销售额的比例（%）	0.104	0.114	0.100	0.100	0.100	0.100	0.100	0.100	0.100	0.100	0.100
总固定资产占销售额的比例（%）	0.087	0.050	0.080	0.080	0.080	0.080	0.080	0.070	0.070	0.060	0.060
WACC（2010～2019 年,%）		0.093									
WACC（终止期,%）		0.085									
终止期增长率（%）	0.050										
经营资本（100 万美元）	112.8	126.4									
现金总额（100 万美元）	103.7	111.2									
最小现金额（销售额的 5%）	8.4	12.65									
资本减去富余现金	17.5	27.85									
部分财务数据（100 万美元）											
销售额	168										
折旧和摊销	6.1										
厂房与设备总值	14.6										
富余现金	98.55										
递延税资产	73.1										
经营性租赁的现值	22.0										
流通股数量	61.8										

CHAPTER8

第8章

相对估值、资产导向估值和实物期权估值基础

快乐是个人的选择。我们可以对莫须有的事情感到愤怒，也可以对自己的事情感到开心愉悦。

——**尼克·胡哲**（Nick Vujicic）

|并购内幕| 百时美-施贵宝豪赌 Inhibitex

关键点

- DCF估值暗含的假定是：一旦做出投资决策，管理层调整决策的空间和弹性很小。
- 实践中，在获得新信息后，管理层可能加速、推迟或者放弃起初的投资。

由于许多药品的专利将到期，而这些药品的收入占了绝大部分年度收益，美国一些制药企业面临着未来几年主要收益下降的挑战。失去专利保护，将使得一般药品制造商可以以更低的价格出售相似的药物，进而压低了这类药物的售价。为了应对这种情况，主要制药商倾向于收购较小的药品研发企业，这些企业的研发成果，可以抵消一部分因为主要药品专利失效带来的未来收益下降。

百时美-施贵宝明白，自己卖得最好的血液稀释剂Plavix将在2012年5月失去专利保护，因此该公司大力收缩婴儿配方和其他非核心业务，将重点转向药品业务。重组已经将雇员人数从2008年的4万人减少到2011年的2.6万人。百时美-施贵宝的战略已经变成：要么收购已经持有有潜力药品的企业，要么进行内部研发。尽管如此，该公司仍然面临着如何弥补Plavix每年67亿美元收入损失的挑战，这部分占到该公司每年总收入的1/3。

早在 2012 年 1 月，百时美－施贵宝就宣布了已经达成以 25 亿美元收购丙型肝炎药品开发商 Inhibitex 公司的协议。Inhibitex 专注于细菌和病毒感染领域的治疗。2011 年，该公司录得收入只有 190 万美元，经营亏损为 2 270 万美元。这笔大方的收购价反映了百时美－施贵宝对该公司丙型肝炎制剂 INX-189 的增长预期，估值是基于第一期临床测试结果，更多的测试计划在 2013 年进行。这笔全现金交易以每股 26 美元计价，在 2012 年 1 月 10 日 Inhibitex 收盘价的基础上溢价了 164%。

百时美－施贵宝对 Inhibitex 估值采用了来自丙型肝炎制剂 INX－189 商业化后的预期现金流。标准的折现现金流分析法假定，一旦该公司做出了投资决策，就不能改变主意。现实中，管理层有一系列所谓的实物期权（real options），可以让它们根据未来情况发展，对原先的投资决定做出调整。

这些选择权包括业务扩展决定（例如，在稍后加快投资），推迟内部投资，或者放弃投资。就百时美－施贵宝收购 Inhibitex 而言，主要的不确定性是实际进度和预期现金流的数额。在实践中，百时美－施贵宝的管理层可以根据后续测试结果，扩充或加速在 Inhibitex 新药上的投资。也可以推迟后续投资，直至获得更确定的测试结果。最终如果测试结果证明该公司不可能实现原先研发的期望目标，那么可以通过剥离或者出售、关闭 Inhibitex，放弃或退出这个业务。与传统贴现现金流分析相比，管理层至少拥有相当大的决策灵活性。

本章概览

第 7 章详细讨论了如何将 DCF 分析应用于并购估值。本章重点讲述其他估值方法，包括相对估值（如基于市场）方法、资产导向方法、实物期权分析，以及替代成本法。本章包括一个有关各种估值方法（包括 DCF）的优缺点的总结，以及使用每种方法的合适时机。本章的回顾（包括实践问题和答案）放在本书配套网站（http://booksite.elsevier.com/9780123854872）的“学生学习指南”（Student Study Guide）文件夹中。

8.1　相对估值方法

相对估值是指建立在对市场上类似资产进行估值的基础上，对资产所做的估值。这类方法假设一家企业的市场价值，可以近似作为可比公司、可比交易或者可比行业平均的价值指标，这类指标可以包括该企业的利润、经营现金流、EBITDA（即息税和折旧摊销前的利润）、销售收入以及账面价值。这种方法通常被称为基于市场的方法，因为它反映了投资者在某个时刻，愿意为赚到的每一美元利润、现金流、销售收入或账面价值支付的数额。因此这个方法从理论上反映了市场上投资者的集体智慧。由于需要有正的当期或短期收益抑或现金流，这个方法仅对于有正稳定收益或现金流的公司有意义。

如果可以找到可比公司，标的企业的市场价值 $T(MV_T)$，可以通过解出下式而得到：

$$MV_T = (MV_C/VI_C) \times VI_T \tag{8-1}$$

式中，MV_C代表可比公司 C 的市场价值；VI_C代表可比公司 C 的价值指标；VI_T代表企业 T 的价值指标；(MV_C/VI_C) 代表可比公司的市场价值倍率。

例如，如果可比公司的市盈率（P/E）是 10 倍（MV_C/VI_C），而标的企业的税后收益为 200 百万美元（VI_T），则标的企业当时的市场价值是 2 000 万美元（MV_T）。使用相对估值法的理由有三个：第一，简单且容易计算，所需假设条件远少于贴现现金流法。第二，相对估值法比贴现现金流法更易理解。第三，使用基于市场的方法，更可能反映出当期市场供需状况。关系表达式（8-1）可用于本章所有用于估算标的企业价值的相对估值和资产导向的方法。

分析师在使用相对估值法时，应遵循一些指引。首先，使用倍率时（例如，MV_C/VI_C），关键是确保这个倍数对所有可比公司的定义方法是一致的。例如，当使用市盈率时，收益可以定义为连续（例如，在某时间之前）、当期的或是预期的。这个定义需在样本中保持一致并用于所有企业，而且计算这个倍数的分子和分母的定义也要保持不变。如果市盈率的分子定义为每股价格，那么分母必须是每股收益。其次，分析师必须检查用于比较的公司的倍数分布情况，除去样本中明显与其他值差异太大的异常值。

8.1.1 可比公司法

应用这个方法需要分析师确信所用的公司非常接近于标的企业。一般来说，一家可比公司在利润水平、收益或现金流的潜在增长率和面对风险方面，都应与被评估企业相似。扩大可比公司的定义，有可能会用到其他行业的公司。因此，一家计算机硬件制造商可以与一家电信公司进行比较，因为它们在利润水平、增长和风险方面相似。

所以，如果一家企业被评估有15%的权益回报率（ROE，即利润水平）、预期年收益或现金流增长率为10%（增长），β值为1.3或债务与股东权益比率为1（风险），分析师必须找到一个同行业或其他行业具有相似特征的企业。实践中，分析师经常在同行业里，寻找在所服务的市场、提供产品、杠杆水平和规模方面相近的可比公司。[一]

为了确定你选择的公司是否真的具有可比性，应估算标的企业和可比公司的营运收入或收益之间的相关系数。如果相关系数是正值而且较大，该公司就是可比的。[二]即便这些公司看上去非常相似，也有可能在估值时有非常明显的差别。例如，正在进行并购的相关公告有可能推高竞争对手的股价，因为投资者预期这些公司有可能接获收购报价。这类事件的影响随着时间推移而减弱。所以，在不同时刻进行比较，可能得到完全不同的结果。通过对六个月或一年的倍率计算平均值，这些差别可以被最小化。注意，采用可比公司估值，不包括收购溢价。

表8-1展示了如何运用可比公司法对西班牙石油公司Repsol进行估值。Repsol是一家在不同地点都有经营的石油和天然气公司。因此，它具有和其他全球分布的油气公司类似的经济、政治风险和增长特点。用可比公司对Repsol的估值为518.1亿美元，而其2008年6月25日的实际市值是498.3亿美元。

㊀ 小企业尽管在其他方面和大企业一样，但仍无法和大企业相提并论。后者通常有较大的资产基础和大而分散的收入流。所以，分析师应该注意不要把规模明显不同的企业放在一起对比。

㊁ 类似地，如果该企业拥有多个产品线，需要收集可比企业的每个产品线，并估计其相关系数。

表 8-1　用可比公司法为 Repsol 估值

可比公司	标的企业基于下述倍率（MV_C/VI_C）估值				
	连续市盈率①	远期市盈率②	市销率	市账率	均值
	栏 1	栏 2	栏 3	栏 4	栏 1 ~4
埃克森石油	11.25	8.73	1.17	3.71	
英国石油	9.18	7.68	0.69	2.17	
雪佛兰	10.79	8.05	0.91	2.54	
皇家荷兰壳牌石油	7.36	8.35	0.61	1.86	
康菲石油	11.92	6.89	0.77	1.59	
道达尔	8.75	8.73	0.80	2.53	
埃尼集团	3.17	7.91	0.36	0.81	
中国石油	11.96	10.75	1.75	2.10	
平均倍数（MV_C/VI_C）乘以	9.30	8.39	0.88	2.16	
预测值（VI_T）③	4.38	3.27	92.66	26.49	
等于标的企业市值估计值	40.72	27.42	81.77	57.32	51.81

①连续 52 周平均值。
②未来 52 周平均值。
③单位：10 亿美元。

分析师应该注意到，公司基本面变化会影响到倍率。这些基本面数据包括一家企业通过对运营再投资产生和增加收益与现金流的能力，以及伴随企业获取收益和现金流的风险。由于倍率受到上述变量的影响，所以这些变量的改变会影响倍率。如果企业具有较低的收益和现金流产生潜力，以及较低的增长前景和较高的风险，则交易的倍率应该低于具有较高收益和现金流产生能力、较高的增长前景和较低风险的企业。所以，分析师需要了解为何一家企业的倍率低于可比企业，然后再判断是低估还是高估。例如，一家市盈率为 10 倍的企业可能没有市盈率为 8 倍的可比公司价值那么高，例如前者的增长前景、盈利水平和利润再投资比例高于后者。

8.1.2　最近可比交易模型

至于说到先例交易法（precedent-transactions method），是指用于评估标的企业价值的倍率，是基于近期可比公司的收购价格。市盈率、市销率、市值与现金流比率、市账率，都要采用最近可比公司交易的收购价计算。标的企业的收益、销售额、现金流、EBITDA 和账面价值分别乘以这些比率，得到估算的标的企业市值。与可比公司估值法不同，标的企业用近期可比交易估算出的价值，已经反映了收购溢价。可比交易法明显的局限性在于找到近期真正可比的交易非常困难。可以在其他行业寻找近期交易，只要它们在盈利性、预期收益、现金流增长和风险方面与标的企业相似即可。表 8-1 只需将“可比公司”一栏数据替换为“近期可比交易”，即可用于说明如何使用近期交易估值法。

8.1.3　同一或可比行业模型

这种方法是用标的企业的净收入、收入、现金流、EBITDA 和账面价值，乘以股东权益的市值占标的企业所在行业或可比行业一般公司的净收入、收入、现金流、EBITDA或账面价值的比率（参见阅读资料8-1）。这类信息可以从标准普尔、价值线、穆迪、邓白氏和华尔街分析师那里获得。这个方法的主要优点是易于使用。缺点是我们假定行业倍率可比。使用行业平均可能会忽略一个事实——即便在同一个行业，企业也可以有截然不同的预期增长率、投资回报和资产负债率。

阅读资料8-1

使用同一或可比行业法对标的企业估值

2008年6月25日，西班牙石油公司Repsol YPF预测下一年预期每股收益3.27美元（见表8-1）。当时的石油生产商的行业平均市盈率为12.4倍。估算该企业的每股价格［见式(8-1)］。

$$MV_T=(MV_{IND}/VI_{IND})\times VI_T$$
$$=12.4\times 3.27=40.54(\text{美元／股})$$

（2008年6月25日的实际价格是39.18美元）

式中，MV_T代表标的企业每股市值；MV_{IND}/VI_{IND}代表行业内一般企业每股市值除以该行业一般企业的价值指标（例如，行业平均市盈率）；VI_T代表标的企业的价值指标（例如，预测每股收益）。

1. 基于分析师预测的估值优于历史数据估值

分析师在使用行业或可比公司倍率时，必须决定是用当期或预测收益/现金流，还是其他价值指标。尽管基于华尔街分析师的预测可能无法避免夹杂着偏见，但经验事实说明：收益预测和其他价值指标，在预测企业价值方面优于基于历史数据的价值指标。

2. 收益比现金流能更好地显示与股票回报的短期相关性

业界大量关注已经放在了现金流、收益或红利是不是更好的企业价值指标。[⊖]研究结果显示，现金流和收益在长期，例如5年里，是与股票高度正相关的。所以两者都可以用于企业估值。但是，对于短期而言，股票回报与收益之间的相关性要强于它和现金流之间的相关性。之所以现金流比收益或红利更常用于估值，是因为企业经常不分红或者只在特定时期产生利润。

8.1.4 EV/EBITDA比率法

近年来，分析师大量采用将企业价值（EV）与基于可比公司或近期交易的EBITDA的比率再乘以标的企业的EBITDA进行比较的方法做估值。也就是说，如果可比样本公司或近期交易的EV/EBITDA比率是8倍，而标的企业EBITDA是1 000万美元，那么标的企业的价值就是8 000万美元。

⊖ 收益、现金流和红利方面的差异经常归因于时间差别（即在现金流已经被确认和其实际发生之间的差别）。如果基于一致的假设条件，未来收益、现金流和红利的现值将是相等的。参见Liu等（2002）。

在本章，企业价值（EV）是从负债角度，即从资产负债表的“右侧”来看，[一]因此，企业价值包括了长期债务（MV_D）、优先股（MV_{PF}）、普通股（MV_{FCFE}）和少数股东权益（不包括现金）的市场价值之和。其他长期负债通常被省略，假定现金等于资产负债表上现金和短期可交易证券。[二]现金和短期可交易证券要从企业价值中减去，因为这些现金的利息收入没有计算在 EBITDA 中。如果包括现金，将夸大 EV/EBITDA 比率。该比例一般表示如下：

$$EV/EBITDA = [MV_{FCFE} + MV_{PF} + (MV_D - \text{现金})]/EBITDA \tag{8-2}$$

式中，$(MV_D - \text{现金})$ 通常是指净负债。

很多人认为企业价值比股权价值更能准确代表企业的价值，因为它反映了收购方有责任承担负债，例如长期债务。

EV/EBITDA 估值法是有用的，因为很多企业可能具有负的收益，而不是负的 EBITDA。所以，当 EBITDA 被用作价值指标时，相对估值法就显得具有更强的应用性。而且，净收入或经营收入可能明显受到企业计算折旧方式的影响（例如，用直线折旧而不是加速折旧）。这类问题在 EBITDA 上不会出现，因为这个值是在减去折旧摊销之前进行计算的。最后一点就是，与其他收益指标相比，这个比率更方便在不同杠杆率水平的企业间进行对比，因为分子代表了企业的总体价值，不考虑其债务和股权的结构，而分母是付息前的收益。

作为一个价值指标，EBITDA 的一个主要缺点是，尽管它提供了对企业已有资产的一个不错的估计，但却忽略了用未来现金流进行新投资所产生的影响。对于不再成长的企业，这不是问题。除了这个局限性，与基于企业自由现金流（FCFF）的比率相比，EBITDA 更为常用，这是因为 FCFF 受到经营资本和资本支出超过折旧的影响，经常是负值。EBITDA 比率主要用于成熟业务，其大部分价值来自企业已有的资产。阅读资料 8-2 介绍了如何计算 EV/EBITDA 比率。

阅读资料 8-2

计算 EV/EBITDA

Repsol 和 Eni 都是运营地点分散的综合性油气公司。截至 2006 年 12 月 31 日，Repsol 的普通股市值为 403.6 亿美元，而 Eni 的普通股市值为 543 亿美元。两家企业都没有发行在外的优先股。Repsol 和 Eni 的未偿还负债主要是只需支付利息、本金在到期日一起偿还的债。Repsol 和 Eni 的债务平均到期时间分别为 12 年和 10 年。而当时市场对 Repsol 和 Eni 期限在 10 ~12 年的债息率分别为 7.5% 和 7%。Repsol 和 Eni 的损益表、资产负债表和现金流量表（截至 2006 年 12 月 31 日）如下表所示。

[一] 在第 7 章中，企业价值是从资产角度讨论的，或者说资产负债表的“左侧”——作为提供给贷款人和优先股股东的经营资产和负债产生的现金流的现值（即企业的自由现金流）。所以，企业价值要根据非营运资产和负债的价值做出调整，以估算普通股的价值。

[二] 只有在养老金和保健方面的欠账全部付清时，才可以忽略。

财务报表（10 亿美元）		
	Repsol	Eni
损益表（12/31/2006）		
收入	72.70	114.70
销售成本	48.60	75.90
其他费用	16.10	11.20
息税前收益（EBIT）	8.00	27.60
利息	0.70	0.30
税前收益	7.30	27.30
税费	3.10	14.10
净利润	4.20	13.20
资产负债表（12/31/2006）		
现金	3.80	6.20
其他流动资产	14.60	29.80
长期资产	42.70	77.20
总资产	**61.10**	**113.20**
流动负债	13.30	28.30
长期负债	14.60	8.80
其他长期债务	8.80	26.40
总负债	**36.70**	**63.50**
股东权益	24.40	49.70
权益 + 总负债	**61.10**	**113.20**
现金流量表（12/31/2006）		
净收入	4.20	13.20
折旧	4.10	8.10
运营资本变化	-0.40	1.10
投资	-6.90	-9.30
融资	-1.20	-9.40
现金余额变化	-0.20	3.70

资料来源：Edgar Online.

这两家公司中，哪一家的 EV/EBITDA 比率更高？

［提示：见式（8-2）。］

答案：Repsol 现有负债的市场价值。

PV_D（Repsol 长期负债的现值）①

$$= 0.70 \times \frac{1 - 1/(1.075)^{12}}{0.075} + \frac{14.60}{(1.075)^{12}}$$

$$= 0.70 \times 7.74 + 6.13$$

$$= 115.5（亿美元）$$

PV_D（Eni 长期负债的现值）②

$$= 0.30 \times \frac{1 - 1/(1.070)^{10}}{0.07} + \frac{8.80}{(1.07)^{10}}$$

$$= 0.30 \times 7.02 + 4.47$$

$$= 65.8（亿美元）$$

EV/EBITDA 比率

（股权的市场价值 + 债务的市场价值 - 现金）/（EBIT + 折旧）：③

Repsol：（40.36 + 11.55 - 3.80）/（8.00 + 4.10） = 3.98（十亿美元）= 39.8（亿美元）

Eni：（54.30 + 6.58 - 6.20）/（27.60 + 8.10） = 1.53（十亿美元）= 15.3（亿美元）

①债务的现值采用 12 年利率为 7.5% 的年金现值公式计算，加上在第 12 年末偿还本金 146 亿美元的现值。注意，由于该债务被当作一次性还本票据处理，所以在计算年金现值时只用了 70 万美元的利息。

②债务的现值采用 10 年利率为 7% 的年金现值公式计算，加上在第 10 年末偿还本金 88 亿美元的现值。

③企业财务报表经常将折旧放到销售成本中。所以，可以通过将损益表上的息税前收益（EBIT）加上现金流量表上的折扣算出 EBITDA。

8.1.5　用企业增长率调整相对估值模型

假设 A 企业和 B 企业是直接竞争对手，其市盈率分别为 20 倍和 15 倍。哪一家公司更便宜呢？如果不知道两家公司的收益增长情况，就无法回答这个问题。基于这个原因，相对估值方法可能需要根据企业间不同的增长率进行调整。因为 PEG 比率的简单性，最常见的调整是采用这个指标。PEG 可以通过企业的市盈率除以收益的期望增长率算出。企业的市盈率与其预期收益的比较，有助于识别企业股票是否被高估或低估。企业的市盈率如果低于其预期增长率，可能会被认为是低估，反之则被认为是高估。注意，除非企业财务回报改善，否则收益增长率不会成倍提高。只有在投资者预期未来可以获得更高回报时，他们才愿意为每一美元的未来收益支付更高的价格。㊀

PEG 比率可以帮助我们在一系列潜在标的企业中，选出最具吸引力的并购对象。所谓有吸引力，是指标的企业是价值被低估最严重的。低估的程度是指一家企业的当前股价减去用 PEG 估算出的每股价格。尽管 PEG 采用的是市盈率（P/E），其实也可以使用其他指标，比如价格与现金流之比（price to cash flow）、EBITDA、收入，等等。

式（8-3）给出了基于可比公司的 PEG，对一家标的企业（MV_T）估算其每股隐含的市场价值。

$$\frac{MV_C/VI_C}{VI_{TGR}} = A$$

㊀　投资者如果相信企业未来收益增长会远远超过企业股权成本的话，他们可能愿意为 PEG 比率更大的股票支付更高的价格。

和
$$MV_T = A \times VI_{TGR} \times VI_T \tag{8-3}$$

式中，A 代表 PEG 比率，也就是可比公司的市价与价值指标之比（MV_C/VI_C），与可比公司的价值指标增长率（VI_{TGR}）的比值；VI_T代表标的企业的价值指标；VI_{TGR}代表标的企业价值指标的预期增长率。

因为这个方法使用了股票倍率（例如，每股价格/每股净收益），根据一致性要求，价值指标的增长率也应该在每股基础上表示。所以，如果价值指标是每股净收益，那么价值指标的增长应该是每股净收益的增长率，而不是净收益（利润）。

PEG 比率对比较具有正值和不同的预期增长率的企业是有用的。这个方法意味着，对于没有增长的企业，其价值是零，而预期增长率为负的企业的价值是负值。其实践上的意义在于，没有增长的企业也不可能提升其市场价值，而那些表现出负增长的企业必然会出现企业价值下跌。[⊖]阅读资料 8-3 示范了如何使用 PEG 比率。

阅读资料 8-3

PEG 的应用

一位分析师被要求确定贝西能源服务（BES）与合成生产服务（CPS），哪一家是更具吸引力的并购标的。这两家公司都提供油气炼化的工程、建设和专业服务。BES 和 CPS 的预期年度每股收益增长率分别为 15% 和 9%。BES 和 CPS 的当期每股收益分别是 2.05 美元和 3.15 美元。截至 2008 年 6 月 25 日，BES 的每股价格是 31.48 美元，CPS 股价是 26.00 美元。行业的平均市盈率和平均增长率分别是 12.4 倍和 11%。基于以上信息，在企业进行比较评估的时候，哪一家公司是更有吸引力的并购目标？［提示：使用式(8-3)］PEG 比率关注的是市盈率和收益增长率。对于这个问题，你知道还有哪些其他因素可能改变你的答案？

行业平均 PEG 比率：12.4/11 = 1.127 3[①]

BES：隐含每股价格 = 1.127 3 × 15 × 2.05
= 34.66（美元）

CPS：隐含每股价格 = 1.127 3 × 9 × 3.15
= 31.96（美元）

答案：隐含每股价格和实际每股价格之间差异的百分比，对于 BES 和 CPS 分别是 10.1%［即（34.66 − 31.48）/31.48］和 22.9%［即（31.96 − 26.00）/26.00］。按照这个方法估值，CPS 要比 BES 的低估程度更高。但是，BES 可能是比 CPS 更有吸引力的目标，前提是，它未来可以产生更多的财务回报而且其预期收益被认为风险更低。所以，BES 可能产生比 CPS 潜力更大而不确定性较小的未来收益。

①将标的企业的 PEG 比率代入 $MV_T = A \times VI_{TGR} \times VI_T$，式中，$MV_T$是标的企业的市场价值，$VI_T$是标的企业的价值指标，$VI_{TGR}$是 VI_T的增长率，企业的股价是 T 时的价格。行业平均 PEG 比率可以用于估算企业的内在价值，假设标的企业和行业平均水平的企业在市盈率和收益增长率之间的关系是一样的。

资料来源：雅虎财经。

⊖ 作为一种选择有吸引力的并购标的的方法，可以算出每家企业的 PEG 比率，将其按照 PEG 从低（低估最严重）到高（高估最严重）的顺序排列出来，尽管有助于确定最有吸引力的并购标的（即被低估最严重的），但与当前股价相比，这个排序并未指出一家企业被高估或低估的程度。

8.1.6 基于价值驱动因素的估值

在缺少收益的时候，驱动企业价值的因子可以用于估值目的，而且通常用于为初创企业和IPO进行估值，此时可能没有或者只有很少的收益记录。利润指标和现金流就属于这类价值驱动因子，它们存在于企业的每个主要职能中，包括销售、市场、配送、客户服务、运营和制造以及采购。

这里既有微观价值驱动因子也有宏观价值驱动因子。微观价值驱动因子是指可以影响企业内部特定职能的那些因素。对于销售、市场和配送来说，微观价值因子可以包括：产品质量检验，例如每百万销售产品的缺陷率、及时交付率、长期客户的数量，以及产品价格与某些质量指标的比率。客户服务方面的价值驱动因子可以包括电话平均等候时间、全部发票中发生的错误占比，以及纠正这些错误所需时间。运作方面的价值驱动因子包括平均选取时间、库存周转率，以及每个制造员工每小时生产的产品数量。采购方面的价值驱动因子包括平均支付时间、供应商及时支付，以及采购物资和服务的质量。宏观价值驱动因子包含的范围更广，影响到企业的方方面面。宏观价值驱动因子的例子有：市场份额、通过市场调研获得的整体客户满意度、全部资产周转率（即销售额与全部资产之比）、人均收入，以及零售“同店销售额”。

使用价值驱动因子对业务估值是比较直接的。第一，分析师明确企业价值的关键驱动因子；第二，将可比公司的市场价值按照所选的价值驱动因子分开，计算出每个价值因子的单位市场价值；第三，将这个数字乘以标的企业的同一价值驱动因子。假设行业内的关键宏观价值驱动因子是市场份额，投资者可以通过将市场领先企业的市场价值除以其市场份额，估算出每单位市场份额的价值。如果该市场领先企业的市场价值和市场份额分别为3亿美元和30%。那么每个百分点的市场价值就是1 000万美元（即30 000万美元÷30）。如果同一行业的标的企业拥有20%的份额，那么该公司的市场价值可估算为2亿美元（20乘以1 000万美元）。

类似地，可比公司的市场价值可以用其他已知的价值因子区分。例子包括互联网内容提供商的每月访客数量或者页面浏览量、杂志的订阅量、连锁酒店的单间成本，对于有线电视公司来说，如在特定地区有电视机的家庭数量。AT&T在20世纪90年代末收购了有线电视公司TCI和第一媒体（Media One），看上去像是捡了一个便宜货，因为AT&T平均只花费了每个家庭5 000美元的价格（支付给每家被收购公司的对价除以该公司的客户数量），就收购了那些公司的客户。相反，德意志电信（Deutsche Telekom）和曼内斯曼（Mannesmann）分别为每个客户花费了6 000美元和7 000美元，用于收购移动电话公司壹对壹（One 2 One）和橘子电讯（Orange）。

这个方法的关键优点在于其简便性，而最大的缺点是其中隐含了一个假设条件，即单一的价值驱动因子或因素可以代表整个业务的价值。很多在2000~2002年破产的互联网科技企业案例，告诉了大家这个估值技术是怎样被误用的。许多这样的企业从未有过任何利润，但当投资者采用假设可比公司的页面浏览量和注册用户，对触网企业的那些软性价值进行评估时，那些企业展示了巨大的市场估值。

8.2 基于资产的方法

这类方法通常基于有形账面价值、拆散（breakup）和清算价值对企业进行估值。

8.2.1 有形账面价值（股东权益减商誉）法

账面价值是一个不太好的价值指标，因为账面上的资产价值很少能够反映出实际的市场价值（见阅读资料8-4）。土地的价值经常在资产负债表上被低估，而废旧弃用库存的价值往往会被高估。对这个方法的应用因行业而变。尽管账面价值一般不能反映制造企业的实际市场价值，但是对于配送类公司而言则可能更为准确，因为那些公司的资产大部分是由具有高流转率的库存品构成的。这类公司包括药品销售商伯根布伦威克（Bergen Brunswick）和个人电脑销售商英迈国际（Ingram Micro）。

账面价值也广泛用于评估金融服务企业，其有形账面价值大多数是流动资产。

阅读资料8-4

使用账面价值法为企业估值

英迈国际（Ingram Micro Inc.）及其子公司在全球范围内销售信息技术产品。该公司2008年8月21日的每股价格是19.30美元。英迈国际未来5年平均净利润增长率是9.5%，β值为0.89。该公司的股东权益是34亿美元，商誉是7亿美元。英迈国际有1.72亿股流通股。下列企业是英迈国际的主要竞争对手公司（如下表所示）。

	市场价值/有形账面价值	β值	5年预期净利润增长率(%)
Tech数据公司	0.91	0.90	11.6
Synnex公司	0.70	0.40	6.9
Avnet公司	1.01	1.09	12.1
Arrow公司	0.93	0.97	13.2

英迈国际的每股有形账面价值 $VI_T=(34-7)/1.72=15.70$（美元）。基于用β值表示的风险和5年预期净利润增长率，Synnex被认为和英迈国际有着显著不同的风险和成长特征，因此在计算行业平均市场价值与有形账面价值之比时被排除在外。所以，相应的行业平均比率 $MV_{IND}/VI_{IND}=0.95$ [即$(0.91+1.01+0.93)/3$]。

英迈国际的每股隐含价值 $=MV_T=(MV_{IND}/VI_{IND})\times VI_T=0.95\times 15.70=14.92$（美元）。

基于每股隐含价值，英迈国际在2008年8月21日的股价19.30美元是被高估了。

资料来源：雅虎财经。

8.2.2 拆散出售价值

拆散出售价值（breakup value）是将企业资产分开出售的价格减去其负债和分割企业时产生的费用之后所得的结果。在对多元化的公司估值时，投资者经常将其视为被分解后拆散出售，而在评估其经营资产或者协同价值时，则当作合在一起的业务。如果分拆价值超过经营资产的价值，可以通过将企业拆散出售实现股东价值最大化。2012年年中，媒体巨头新闻集团宣布将公司一分为二：娱乐业务和出版业务。娱乐和出版这两大板块在2012年6月结束财年的税后收益，分别为31亿美元和5亿美元。如果按照迪士尼公司的17倍市盈率，新闻集团娱乐业务当时的价值是527亿美元。如果按照新闻出版巨头甘尼特的市盈率7.3倍估值，其出版业务的价值为37亿美元。可以算出分拆后的价值约为564亿美元，而新闻集团2012年7月7日的市值只有504亿美元，显示其市场价值被低估了大约12%。

阅读资料8-5介绍了如何估算摩根大通的拆散出售价值。这个价值是由该机构每条业务线2011年报告的净利润，乘以所在行业2012年平均市盈率，再加总求和，得出该机构的股权整体价值。其中隐含的假设是：该机构各个业务板块之间的关联性是有限的，诸如这些板块在拆散出售时，不会出现价值的明显缩水。该机构2012年7月6日的市值为1 294亿美元，表明被低估了48%，反映了高度公开的交易损失、全球动荡和不断收紧的监管环境等因素产生的影响。

阅读资料8-5

计算摩根大通的拆散出售价值

摩根大通的业务数据如下表所示。

业务	提供的服务	行业市场倍率		税后收益（10亿美元）	股票的市场公允价值（10亿美元）	参考2012年6月大型同类投行的平均市盈率
投资银行	咨询、承销和做市	13.3	×	6.8	90.4	投资银行（如高盛）
零售金融服务	消费贷款/住房抵押贷款	13.2	×	1.7	22.4	多元化金融服务企业（如美国运通）
信用卡和汽车业务	信用卡、汽车和助学贷款	13.2	×	4.5	59.4	多元化金融服务企业（如美国运通）
商业银行业务	中间市场拆借，定期贷款和公司银行服务	11.1	×	2.4	26.6	融资类银行，不包括摩根大通（如花旗集团）
司库和证券服务	全球公司现金管理服务	11.1	×	1.2	13.3	融资类银行，不包括摩根大通（如花旗集团）
资产管理	私人银行，个人和机构投资管理	17.2	×	1.6	27.5	共同基金（如美国普信集团）
私募股权	公司管理费用以及私募股权投资	13.2	×	0.6	7.9	私募股权投资企业（如KKR）
总计公允市场价值					247.5	

资料来源：摩根大通2011年10K报告，雅虎财经。

一般而言，银行可能对其当前的贷款组合进行估值，再减去未偿还的贷款金额。银行贷款组合通常按照类型（例如，住房抵押贷款、汽车贷款）、期限和违约可能性（即风险）分类。然后可以通过估算平均期限、利息收入以及同类风险贷款组合的回报率得出现值。假设一家银行持有1亿美元的贷款组合，其平均期限是10年，每年收益为6%（600万美元）。由于银行出色的承销能力，其贷款组合展示了相比同类期限和利率的贷款组合更低的平均违约率。由于较高的违约率，同类贷款组合的收益率是5%。该机构贷款组合的公平市场价值是1.1亿美元①，超过了其账面价值，这是因为其贷款组合采用6%的回报率（超过了市场利率），对未来现金流进行折现。与该贷款组合相关的权益可以从其公平市场价值中，减去所有的存款、负债和非股权性权益（nonequity claims）得到。

①现值(100万美元)=每年600万美元以5%折现10年的年金价值+100百万美元/$(1.05)^{10}$=48.6百万美元+61.4百万美元=110百万美元，即1.1亿美元。

8.2.3 清算价值

清算价值和拆散出售价值经常被互换使用。但是，其间存在着微妙的差别。清算可能并非出于自愿，比如破产导致的清算，也可以是自愿的，例如，企业所有者认为清算的价值要比继续经营大。我们在第 16 章和第 17 章还会更深入地讨论清算和拆散出售策略。

分析师可能通过评估一家标的企业的清算价值，确定该企业在清算这一最差情况下的最小价值是多少。这种方法尤其适合财务上陷入困境的企业。分析师通常假设资产可以被有序售出，经常是设定在 9 ~ 12 个月内，在这种情况下，优质应收款一般可以以其账面价值的八九成处置。库存根据保管条件和新旧程度，有可能实现其账面价值的八九成收益。库存品的价值会有差别，这取决于其包含的是成品、半成品还是原材料。更快速的清算有可能将库存品的价值减少到其账面价值的 60% ~ 65%。设备的清算价值变动范围更大，取决于设备的使用年限和工作状况。

库存需要考虑新旧程度，应收款依据回款的难易程度，设备依据使用年限和使用情况，房地产取决于当前的市场价值。设备，如车床和电脑，尽管账面价值为零，但可能具有很大的经济价值（如使用寿命）。土地由于按照 GAAP 制作的资产负债表经常被低估，而成为一个隐藏的价值来源。提前支付的资产，如保险金，在清算时，有时能够回收一定数额的退款。如果资产不得不以“甩卖”方式处理的话，资产将优先卖给第一个出价的人而非出价最高的人，所以清算价值将大幅减少（见阅读资料 8-6）。

阅读资料 8-6

计算清算价值

Limited Options 公司宣布破产，该公司的债权人要求信托人估算在有序出售情况下的清算价值（见右表）。注意这个例子没有考虑到法务费用、税费、管理费以及合同规定的员工遣散费。这些费用有可能构成清算所得的一个很大比例。

资产负债表项目	账面价值（100 万美元）	有序销售金额（100 万美元）
现金	100	100
应收账款	500	450
库存	800	720
设备(折旧后)	200	60
土地	200	300
总资产	1 800	1 630
总负债	1 600	1 600
股东权益	200	30

8.2.4　替代成本法

替代成本是指以当前市场价格替换企业资产所需的成本。股权价值可从企业现值中减去负债而得出。单独用成本替代的方法评估资产，会严重低估该企业的真实价值，这是因为没有把资产综合运用时所产生的协同效应计算进去。如果企业拥有巨大的无形资产，由于难以评估这类资产的价值，所以不应使用这个方法。

8.3　加权平均估值法

对于企业估值，不存在一种被普遍认可的最佳方法。加权平均估值法代表了一种妥协中和的办法。[⊖]这种方法包括计算期望值（expected value，EXPV）或一系列潜在结果的加权平均值。权

⊖ Liu 等（2002）提供了使用多种估值方法对企业估值的实证支持。

数之和为1，反映的是分析人对于企业估值的各种方法的相对信心。假设分析师对所使用的估值方法的准确性同样有信心，一家标的企业用折旧现金流估值为1 200万美元，用可比公司法估值为1 500万美元时，其期望值可以计算如下：

EXPV＝0.5×1 200万美元＋0.5×1 500万美元＝1 350万美元

两种方法都不包括收购溢价。因此，应该在期望值的基础上，加上一个溢价，以得出标的企业合理的收购价格。

8.4 基于收购溢价调整估值

和近期交易方法（recent-transactions method）不同的是，构成加权平均估值的各估值结果不包括收购溢价。收购溢价一般是指近期对类似企业收购时，因标的企业产生协同效应和并购双方谈判位势（relative leverage）不同所支付的溢价。[⊖]阅读资料8-7展示了一种使用多种估值方法得出的估计值，包括收购溢价，计算标的企业期望价值的实用方法。在这个例子中，由近期可比交易法给出的估值和收购溢价，也用于其他方法计算的估值中。

阅读资料8-7

多种方法的加权平均估值法

一位分析师使用多种估值方法评估了一家公司的价值。用贴现现金流法得出2.2亿美元，可比交易法给出的是2.34亿美元，基于市盈率的方法给出的结果是2.24亿美元，企业的拆散出售价值是2亿美元。在估算拆散出售价值时用到贴现现金流方法。该分析师对其中某些方法有更大的信心。支付给最近可比交易的收购价格，是在并购公告时的企业价值基础上溢价20%。使用各种估值方法估算企业的加权平均值，以及权重或该分析师为每种方法确定的相对重要性，计算企业的加权平均价值（见下表）。

（单位：100万美元）

估值 第1栏	估值＋20% 溢价第2栏	相对权重 第3栏	加权平均值 第2栏×第3栏
220	264	0.3	79.2
234	234①	0.4	93.6
224	268.8	0.2	53.8
200	240	0.1	24
		1.0	250.6

①注意这个可比近期交易估值中已经包括了20%的收购溢价。

8.5 实物期权分析

期权是权利而不是义务，可以通过支付一定数额的现金换取在一定期限内买卖或使用资产的权利。在金融交易所交易的期权，如看涨期权和看跌期权，被称为金融期权。包含实物资产，例如，使用授权、版权、商标权、专利的期权，称为实物期权（real options）。

⊖ 如果有证据表明“可比公司”的市场价值已经反映了行业的并购活动，那么分析师应该慎重地不要在可比公司法的估算结果之上机械地加一个并购溢价。对手企业的股价会因为竞争对手并购消息而上涨（Song等，2000）。Akhigbe等（2000）发现，如果并购尝试失败，那么竞争对手的股价可能会涨得更高，因为投资者认为可能会尝试收购同一行业的其他企业。

实物期权的其他例子包括：购买土地、商业物业和设备的权利，如果这类资产的当前价值，超过了该资产当前价值和某个预设价值之差，则可以被视为看涨期权。例如，如果一项业务有权以预先确定的价格出租办公场地，如果这类办公场所的租金提高了，这项权利的价值也会提高。如果这项资产的价值在其标的资产价格跌落到预先设定的水平之下时反而增加，那么可以将其看作看跌期权。我们可以这样表述，如果一项业务有权按照预定价格出售办公楼宇，当这座楼宇价格下跌时，这项权利的价值会提高。

实物期权反映了管理层做出投资决定以及之后改变决定的能力。[㊀]实物期权可能对单个投资项目的估值产生巨大影响，在进行这类估值时应考虑这个因素。但是，实物期权的获取成本可能很高（例如，延长租约或者购买物业的权利），很难估值，而且还取决于问题的假设条件。因此，除非企业有可利用这类期权的资源，而且这些期权会大幅提升企业的价值，否则不必考虑。

8.5.1 识别并购决策中的实物期权

投资决策包括并购，经常会包含“内置或隐含的期权”，例如，通过增加初始投资（即扩张）为增长提速，推迟初始投资（即推后）时点或者搁置项目（即放弃）。微软公司在 2008 年在尝试收购雅虎时，就曾遇到一系列实物期权问题。如果雅虎接受了报价，微软应该会选择为成功整合雅虎和 MSN 而加快投资（即扩张），或者在整合努力失败之后，分拆或剥离 MSN/雅虎业务（即放弃）。因为无法与雅虎成功达成协议，微软选择了搁置，保留日后回来继续收购或与雅虎结盟的可能机会（即推迟）。2009 年，微软与雅虎合作开展搜索引擎业务。

瑞士矿业公司 Xstrata 因为当时无法获得融资，在放弃以 100 亿美元收购铂金生产商 Lonmin 之后选择了推迟策略。但是 Xstrata 通过在公开市场以低价收购了 Lonmin 24.9% 的股份，表明其日后还将继续收购。加上早前已持有标的企业 10.7% 的股权，Xstrata 以较低的平均成本获得了 Lonmin 公司 35.6% 的股权，有效地阻止了其他潜在的收购竞标。礼来公司以 65 亿美元溢价收购英克隆 51% 的股份，是为了在将来接收英克隆抗结肠癌新药 Erbitux 而支付的，反映了其中隐含着一项扩张期权。也就是说，礼来公司可以决定在制药、配货和营销方面开展新投资，为这种药的潜在增长提供支持。

8.5.2 实物期权在并购中的估值

本书讨论了三种方式对实物期权做出估值。第一种是采用贴现现金流、相对估值或者基于资产的方法，假设价值为零，忽略其他的实物期权估值。第二种是使用决策树评估实物期权，当事件具有多个结果时，画出不同的分支路径。决策树的每条路径到达的终点称为“节点”，当投资取决于一些可能结果，而且可以分阶段进行时，这种方法最有用。第三种是将实物期权当作看涨或看跌期权进行估值，假设标的资产具有和金融期权一样的特点。在金融期权估值中，广泛使用的是布莱克－斯科尔斯模型，一般用于只能在期权到期日才能行权的“欧式期权”。[㊁]

㊀ 不应将实物期权混同于企业的战略抉择，如采取成本领先、差异化或聚焦战略（参见第 4 章）。

㊁ 一种更为灵活的方式是二项式估值模型，用于所谓美式期权的估值，即可以在到期日之前任意日期行权的期权。尽管二项式模型允许随着时间变化来改变关键假设，但还是要求很多输入，造成了远比布莱克－斯科尔斯方法更复杂、更多的问题。

8.5.3 使用决策树法对实物期权估值

表8-3（见本章稍后）展示了在管理层设定的两个现金流情境（即成功和不成功的并购）之下，实物期权可能对并购净现值的影响。其中每个现金流情境都有一套选项：立即收购、延期或者放弃。每个结果都以决策树的一个“分支”表示，给出了每个情境的现金流和概率。假设“成功”实现现金流预测的概率为60%，而“不成功”的概率是40%。标的企业的预期现金流等于“成功”和“不成功”情境下的现金流乘以各自的概率，然后再求和。假设标的企业以3亿美元被收购，净现值采用15%的贴现率，终值采用5%的增长率，得到净现值为－700万美元，马上得出的答案是不应进行这项收购。

考虑到该标的企业有可能被出售或清算，预期净现值是9 200万美元，意味着应该进行这项并购。这是假设标的企业在以1.52亿美元收购之后的第三年年末被出售或者清算。注意，第三年的现金流是1.5亿美元，反映了在第三年经营现金流1.52亿美元减去200万美元经营现金流。延期选择权的期望净现值约为3 400万美元。注意这项投资推迟了一年，直到潜在收购方相信市场竞争条件可以支持预测成功情境下的现金流。相应地，不成功情境的现金流为零。图8-1总结了表8-2使用决策树方法得出的结果。对标的企业估值，在三种选项中，看来“放弃”选项的现金流价值是最有吸引力的基于净现值的投资策略。“放弃”和“延迟”选项的价值，用其净现值与“立即投资或收购”情形下的净现值之差估算。

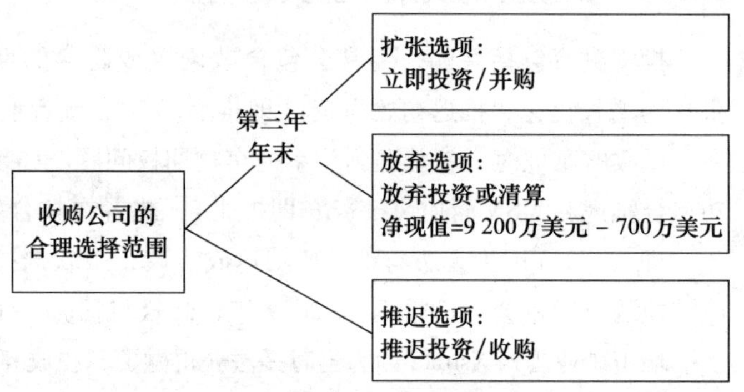

图8-1 实物期权决策树

注：见表8-3的数据（见本章稍后）。

表8-2 实物期权对并购估值的影响

	0年	1年	2年	3年	4年	5年	6年	7年	8年	9年
第一个分支：立即投资/并购										
企业现金流	标的企业现金流预测									
成功	－300	30	35	40	45	50	55	60	65	
不成功	－300	－5	－5	－5	－5	－5	－5	－5	－5	
加权现金流										
成功（60%）	0	18	21	24	27	30	33	36	39	
不成功（40%）	0	－2	－2	－2	－2	－2	－2	－2	－2	
企业现金流预测	－300	16	19	22	25	28	31	34	37	
1～8年预期净现值@15%										－166
预期终值@13%，持续增长率＝5%										159
预期总的净现值										－7

（续）

	0 年	1 年	2 年	3 年	4 年	5 年	6 年	7 年	8 年	9 年
第二个分支：放弃（放弃投资或清算）										
企业现金流			标的企业现金流预测							
成功	−300	30	35	40	45	50	55	60	65	−300
不成功	−300	−5	−5	−5	−5	−5	−5	−5	−5	−300
加权现金流										
成功（60%）	0	18	21	24	27	30	33	36	39	
不成功（40%）	0	−2	−2	150	0	0	0	0	0	
企业现金流预测	−300	16	19	174	27	30	33	36	39	
1～8 年预期净现值@15%										−75
预期终值@13%，持续增长率=5%										167
预期总的净现值										92
第三个分支：推迟投资或收购										
企业现金流			标的企业现金流预测							
成功	0	−300	35	40	45	50	55	60	65	70
不成功	0	−300	0	0	0	0	0	0	0	0
加权现金流										
成功（60%）	0	0	21	24	27	30	33	36	39	42
不成功（40%）	0	0	0	0	0	0	0	0	0	0
企业现金流预测	0	−300	21	24	27	30	33	36	39	42
预期净现值@15%										−146
预期终值@13%，持续增长率=5%										180
预期总的净现值										34

注：推迟选项下的净现值在第一年年末进行贴现，而其他选项的贴现是从第 0 年开始（即现时）。

8.5.4　用布莱克－斯科尔斯模型对实物期权估值

现金流具有较大变差的期权和有效期较长的资产的期权，通常要比那些变差小且有效期限短的期权更有价值。较大的变差和有效时间，增加了那些能够影响现金流净现值因素的机会。如果知道了某些变量的价值，我们可以使用布莱克－斯科尔斯模型，为一项期权确定一个理论价格。布莱克－斯科尔斯模型的局限性在于：评估关键假设（特别是风险）有困难，它假设利率和风险是不变的，只能在到期日才能行权，以及税款和交易成本是最小的。评估一项看涨期权的布莱克－斯科尔斯基本公式如下：

$$C = SN(d_1) - Ee^{-Rt}N(d_2) \tag{8-4}$$

式中　C——看涨期权的理论价值；

$$d_1 = \frac{\ln\left(\frac{S}{E}\right) + \left[R + \frac{1}{2}\sigma^2\right]t}{\sigma\sqrt{t}}$$

$$d_2 = d_1 - \sigma\sqrt{t}$$

S——股票价格或标的资产价格；

E——行权价；

R——期权有效期内的无风险利率；

σ^2——股票或标的资产的方差（风险的一种量度指标）；

t——距离期限到期的时间；

$N(d_1)$ 和 $N(d_2)$——d_1 和 d_2 的累积正态分布概率值。

Ee^{-Rt} 是采用持续贴现时行权价的现值。$N(d_1)$ 和 $N(d_2)$，包括累积概率函数，是量度风险的项。$N(d_1)$ 和 $N(d_2)$ 分别测量该看涨期权获得支付红利的概率以及被行权的概率。这两个值是正态概率函数的 Z 值，可以在统计学书本的标准正态随机变量的累积正态分布函数表中查到。

布莱克－斯科尔斯模型中用到的方差（即风险）可以用一系列方法估算。首先，风险可以以类似企业股票价格的方差或相应的现金流估算。美国石油服务类公司股价的平均方差，可以在收购一家石油服务企业时，用于评估其实物期权的价值。㊀其次，可以使用以前类似的投资的现金流方差。一家制药公司可以使用以前研发同类药品公司的现金流方差，用作对投资新药的期权进行估值。第三种方法是使用通用软件，进行蒙特卡罗模拟分析。㊁

假设所需的输入（例如，风险）可以估算，一项实物期权可以作为看涨期权或看跌期权进行估值。一项投资的净现值可以按照以下实物期权的价值做出调整：

$$\text{总的净现值} = \text{现值} - \text{投资} + \text{期权价值} \tag{8-5}$$

8.5.5 扩张期权

为了给一家企业的扩张期权（an option to expend）估值，分析师必须定义期权的潜在价值。例如，假设一家企业有机会打入新的市场，分析师需要做出该企业进入新市场的现金流预测。进入市场的成本成为该项期权的执行价格，进入市场所获得的预期现金流的现值，成为该企业或标的资产的价值。这个现值有可能小于初始进入成本，或者企业早已进入该市场。企业价值的方差可以通过使用当前在该市场经营的上市企业的方差进行估算。该项期权的寿命是指从企业进入市场，到获得预期的竞争优势所需的时间。阅读资料 8-8 展示了如何对扩张期权估值。

阅读资料 8-8

用布莱克－斯科尔斯模型做扩张期权估值

阿加西（AJAX）公司正在谈判收购彗星（Comet）公司，以扩大其产品范围。基于对彗星公司作为单一业务的现金流预测，阿加西公司认为收购价应不超过 1.5 亿美元。但是彗星公司坚持要价 1.6 亿美元。在接下来的补充尽职调查中，阿加西公司相信，如果采用自己的技术，彗星公司的产品增长率将会大幅提升。通过收购彗星公司，阿加西公司等于在其尚未介入的市场买入了一项扩张期权，这需要对彗星公司的制造环节进行更新改造，使用阿加西的技术，这项改造成本需要 1 亿美元的初始投资。眼前这项投资的预期现金流现值为8 000万美元。所以，基于这个信息，支付更高的收购价格，无法满足投资改造的要求。

㊀ 在另一个例子里，如果收购石油企业的公司意识到，在收购一个标的时，日后将会得到一个看涨期权（扩张的实物期权）——开发那家企业的石油储量，可以将标的作为单独的实体以及未来开发该企业石油储量这个实物期权，分别进行估值。全球油价变化可以用作开发石油储量本身风险的一个代理变量。

㊁ 蒙特卡罗模拟法是计算决策风险的一种数学方法。

然而，如果彗星（采用阿加西的新技术）能够马上将新产品投入市场，可以获得最大的市场份额。但是新产品的小批量生产成本昂贵，在卖出更多产品之后，生产成本有望降低，使彗星成为低成本制造商。而且，由于受到专利保护，阿加西公司相信，至少在十年内，竞争对手不太可能研发出更高级的技术。过去曾做过的一个类似投资项目的分析认为，预测现金流的方差是20%。该期权将在十年后失效，这是阿加西的专利剩余的保护时间。十年期财政部债券的利率（与该项期权对应）是6%。如果将该扩张期权视为一项看涨期权，其价值是否足以覆盖彗星公司提出的1.6亿美元报价［见式(8-4)］？

答案

资产价值（彗星运营改造后的预测现金流现值）	=8 000万美元
行权价（彗星运营改造成本的现值）	=1亿美元
现金流的方差	=0.2
有效期	=10年
无风险利率	=0.06

$$d_1=\frac{\ln(80/100)+[0.06+(1/2)\times0.2]\times10}{\sqrt{0.2}\sqrt{10}}$$

$$=\frac{-0.2231+1.600}{0.4472\times3.1623}=\frac{1.3769}{1.4142}=0.9736$$

$$d_2=0.9736-1.4142=-0.4406$$

$$C=80\times0.8340-100\times2.7183^{-0.06\times10}\times0.3300$$

$$=66.72-18.11$$

$$=48.61(\text{美元,看涨期权价值})$$

改造彗星运营投资项目的净现值，包括看涨期权的价值，是2 861万美元［即8 000万美元－（10 000万美元＋4 861万美元）］。加上这个期权价值，阿加西可以支付彗星公司最高1.786 1亿美元（即15 000万美元＋2 861万美元）。所以，阿加西行使期权对彗星加以改造更新是合理的，阿加西支付彗星1.6亿美元的收购价是划算的。

注：d_1和d_2的Z值可以从Levine，Berenson，Stephan（1999）的累积标准正态分布$N(d)$表中查到，见该书E6-E7页。

8.5.6 延期期权

标的资产是企业对项目的排他性权利。当期价值是执行该项目的预测现金流的现值。过往的相似项目或并购的现金流方差，可以用于估算当前项目的方差。企业决定推迟投资时，行使延期期权。期权行使价等于初始投资的成本。

延期期权在项目的排他性权利终结时失效。由于该期权会逐渐接近到期日，在其他竞争对手开始利用这个机会时，持有该期权所带来的额外收益会消失。推迟投资的机会成本，类似于对支付红利的布莱克－斯科尔斯模型进行调整。支付红利等同于降低了股票的价值，因为这些资金不再投入企业，以支持其未来的增长。相应地，对于一个预测现金流在期权限期内平均分布的项目而言，每推迟一年，企业将损失一年本应赚得的利润。所以，一年推迟成本是$1/n$，n是指期权有效的年限。如果现金流不是平均分配，下一年度的推迟成本可以按照预测现金流当期现值的一定比例推算（见阅读资料8-9）。式（8-4）可以修改成：

$$C=SN(d_1)e^{-DYt}-Ee^{-Rt}N(d_2) \tag{8-6}$$

式中 $d_1=\dfrac{\ln(S/E)+[R-DY+(1/2)\sigma^2]t}{\sigma\sqrt{t}}$

$d_2=d_1-\sigma\sqrt{t}$

DY——分红比例或机会成本。

阅读资料 8-9

用布莱克－斯科尔斯模型估算延期期权的成本

Aztec 公司有机会收购无限药品公司（Pharmaceuticals Unlimited，PU），该公司近期有一种抗癌新药通过了美国食品药品监督局的审批。但是市场调研显示，由于同类药品的竞争，新药的市场接受度会比较慢，相信这种药物在新应用确认后，在未来相当长一段时间后会出现爆发性增长。探索新应用的研发和商品化成本，前期预计需要投入 6 000 万美元。尽管如此，Aztec 可以推迟这笔投资，直至对这种新药的实际增长潜力有更大的信心。

据悉 PU 公司的研发领先于竞争对手，5 年之后市场上才可能出现类似的药品。但是，如果新药和治疗应用方面较高的增长无法兑现，Aztec 估计 PU 的净现值将会是 －3 000 万美元。也就是说，如果新的抗癌药不能实现其潜力，Aztec 收购 PU 则没有意义。之前导入新药时的现金流，表现出相当于现金流现值 50% 的方差。对这种新药的增长情形进行模拟，结果显示预期价值为 4 000 万美元。而 5 年期国库券的息率（与该期权同等期限）是 6%。

尽管本次收购带来了负的净现值，但这个延期期权，作为一个看涨期权，是否能够支持 Aztec 对 PU 的收购？［见式(8-6)。］

答案

资产价值(新药的预测现金流的现值)	=4 000 万美元
行权价(研发新药的全部投资)	=6 000 万美元
现金流的方差	=0.5
有效期	=5 年
无风险利率	=0.06
分红比例或机会成本(推迟成本 =1/5)	=0.2

$$d_1 = \frac{\ln(40/60) + [0.06 - 0.2 + (1/2) \times 0.5] \times 5}{\sqrt{0.5} \times \sqrt{5}}$$

$$= \frac{-0.405\,5 + 0.550\,0}{0.707\,1 \times 2.236\,1} \times \frac{0.144\,5}{1.581\,1}$$

$$= 0.091\,4$$

$$d_2 = 0.091\,4 - 1.581\,1 = -1.489\,7$$

$$C = 40 \times 0.535\,9 \times 2.718\,3^{-0.2\times5} - 60 \times 0.068\,1 \times 2.718\,3^{-0.06\times5}$$

$$= 40 \times 0.535\,9 \times 0.367\,9 - 60 \times 0.068\,1 \times 0.740\,8$$

$$= 7.89 - 3.03 = 4.86(\text{百万美元})$$

$$= 486(\text{万美元,看涨期权价值})$$

该看涨期权的价值仅有 486 万美元，不足以弥补并购产生的 －3 000 万美元的净现值。因此，Aztec 不应收购 PU。

注：d_1 和 d_2 的 Z 值可以从 Levine，Berenson，Stephan（1999）的累积标准正态分布 $N(d)$ 表中查到，见该书 E6-E7 页。

8.5.7 放弃期权

对于还有剩余 n 年才到期的项目，应该对继续实施项目的价值与清算或者出售（即放弃）的价值，做一个对比。如果继续实施项目的价值超过了清算价值或出售价值，则应继续，否则就应放弃该项目。放弃期权等同于一项看跌期权（即，在某个期限前，以预先确定的价格出售资产的权利）。可将用于看跌期权估值（P）的布莱克－斯科尔斯公式［见式（8-4）］重写为：

$$P = S[1 - N(d_2)]e^{-Rt} - E[1 - N(d_1)]e^{-DYt} \tag{8-7}$$

式中，P——看跌期权理论价值；

$$d_1 = \frac{\ln(S/E) + (R - DY + \frac{1}{2}\sigma^2)t}{\sigma\sqrt{t}}$$

$$d_2 = d_1 - \sigma\sqrt{t}$$

阅读资料 8-10 展示了放弃期权或看跌期权是如何应用的。

阅读资料 8-10

用布莱克 - 斯科尔斯模型对放弃期权估值

BETA 公司同意以 2.25 亿美元收购伯纳德矿业公司（Bernard Mining）30% 的股权，以支持伯纳德开发新矿。这些矿预计有 35 年的经济使用寿命。BETA 公司估算其现金流份额的现值是 2.1 亿美元，导致产生 -1 500 万美元的净现值(即21 000 万美元 -22 500 万美元)。为了吸引 BETA 做出这项投资，伯纳德矿业授予了 BETA 一项看跌期权——允许其在未来 5 年内的任何时间，都可以将股份以 1.75 亿美元卖回（即放弃投资）给伯纳德矿业。该看跌期权限制了 BETA 公司的亏损风险。

为了评估这项交易的条件，BETA 公司需要对该看跌期权估值，其现值将因行权时间而改变。BETA 公司估算未来现金流的现值具有 20% 的平均方差，这是基于类似公开上市的矿业公司股价的方差算出的。因为随着时间推移，这些矿的价值会随着储量减少而降低，该项投资的现值也会因为产生现金流的剩余年限减少而降低。分红比例或机会成本可以用 1 除以剩下的储量年限计算。无风险回报率是 4%。尽管该投资在没有附带期权价值的情况下会产生负的净现值，但该项看跌期权的价值是否足以支持这项投资？［见式(8-7)。］

答案

BETA 公司持有伯纳德矿业公司 30% 股权的现值或预期价值	=2.1 亿美元
看跌期权行权价	=1.75 亿美元
方差	=20%
看跌期权的有效期	=5 年
分红比例(1/35)	=0.029

$$d_1 = \frac{\ln(210/175) + [0.04 - 0.029 + (1/2) \times 0.2] \times 5}{\sqrt{0.2} \times \sqrt{5}}$$

$$= \frac{0.182\,3 + 0.555\,0}{0.447\,2 \times 2.236\,1} = \frac{0.737\,3}{1.0} = 0.737\,3$$

$$d_2 = 0.737\,3 - 1.000 = -0.262\,7$$

$$P = 210 \times (1.01 - 0.602\,6) \times 2.718\,3^{-0.04\times5} - 175 \times (1.01 - 0.767\,3) \times 2.718\,3^{-0.029\times5}$$

$$= 210 \times 0.397\,4 \times 0.818\,7 - 175 \times 0.232\,7 \times 0.865\,0$$

$$= 3\,310(\text{万美元})$$

该项看跌期权的价值代表了为降低投资风险而获得的额外价值，由于 -1 500 万美元净现值和看跌期权有 3 310 万美元价值，合计有 1 810万美元的总净现值，因此这笔额外价值可以支持该项投资。

注：d_1 和 d_2 的 Z 值可以从 Levine，Berenson，Stephan（1999）的累积标准正态分布 $N(d)$ 表中查到，见该书 E6-E7 页。

8.6　确定使用哪些估值方法

表 8-3 总结了每种估值方法在何种情况下最为适用，包括第 7 章讨论过的贴现现金流法，以及相对估值法、资产导向、替代成本法和本章讨论的实物期权法。

如果需要控股权益，在估算的企业价值上还需加上控制溢价，以确定出收购价格。大家应该还记得，近期可比交易法已经包括了溢价。

表 8-3 不同估值方法的适用场合

方法	使用条件
贴现现金流法	• 无论是否公开上市，企业有可确认的现金流 • 初创企业应有历史资料用于现金流预测 • 分析师采用较长期限 • 分析师有信心预测企业的现金流 • 当期或近期利润/现金流是负数，但在可见的未来将转正 • 企业的竞争优势可以保持 • 现金流的幅度和时间点变化显著
可比公司法	• 有许多企业具有类似的增长、回报和风险特征 • 分析师采用较短时间间隔 • 之前、当期或短期内的资金流是正数 • 分析师对市场保持正常水平有信心 • 缺乏预测现金流的充足信息 • 对于周期性的企业，市盈率要做正常化处理（即将收益在整个业务周期内做平均） • 如果各企业的增长率差距大，采用 PEG 比率
可比交易法	• 类似企业近期做过交易 • 分析师采用较短时间间隔 • 分析师对市场保持正常水平有信心 • 缺乏预测现金流的充足信息
同一或可比行业法	• 在盈利性、成长性和风险方面相似的企业，处于同一或可比的行业 • 分析师对市场保持正常水平有信心 • 缺乏预测现金流的充足信息
替代成本法	• 分析师想知道替代企业资产的当前成本 • 企业资产是有形的，容易识别和分离 • 企业利润或现金流是负数
有形资产账面值法	• 企业资产流动性强 • 企业从事金融服务或产品配送业务 • 企业净利润或现金流是负数
拆散出售价值法	• 企业业务价值或产品线价值总和超过其持续经营价值
清算价值法	• 分析师想知道现在清算的价值有多大 • 资产是可分离的、有形的和可交易的 • 企业破产或陷入严重财务危机 • 可以进行有序的清算
实物期权法（附带权利）	• 如果管理层可以行使扩张、推迟或放弃投资的权利，则能带来附加价值 • 现时无法产生现金流的资产未来可以产生现金流 • 市场未考虑对这些权利带给管理层的投资决策灵活性进行估值 • 资产的特性非常接近金融期权 • 资产拥有人持有某些排他性权利（如专利权）

记忆要点

相对估值法和资产导向法提供了贴现现金流之外的选择。由于没有哪种方法可以确保得出精确的结果，分析师经常将几种方法做出的估值进行加权平均，以提高他们对得出最终估值的信心。实物期权法是指管理层在做出投资决定之后，改变企业投资决定的能力。

讨论题

8.1 是否在使用可比公司估值法时，还需加上收购溢价？给出需要或不需要的理由。

8.2 哪一种估值方法一般被认为更精确：可比公司法还是近期交易法？解释理由。

8.3 在使用可比公司估值法时隐含了哪些关键假设条件？近期可比交易法呢？

8.4 解释收入（贴现现金流法）、基于市场的估值法和资产导向估值法之间的主要差异。

8.5 具体说明在哪些情况下，相对估值法会比贴现现金流法更适用？

8.6 PEG 比率可用于在相对估值法中调整企业的预期增长率，这对于选择潜在并购标的有哪些帮助？请详细说明。

8.7 如何计算企业的清算价值？为何有序清算的假定非常重要？

8.8 实物期权是什么，它们如何在并购估值中使用？

8.9 具体举例说明交易完成前后的实物期权。

8.10 常规 DCF 分析在对资产进行估值时，不用考虑实物期权的影响。如果分析师将实物期权的潜在影响纳入常规 DCF 估值法，将会出现什么样的结果？

（所有讨论题的答案可以在本书的网上教师手册找到。）

实践题和答案

8.11 BigCo 的首席财务官正在尝试确定 PrivCo 公司的公平价值，它是 BigCo 正在考虑收购的一家非上市企业。PrivCo 的一些竞争对手，如 Ion 国际和 Zenon 都是上市公司。Ion 和 Zenon 的市盈率分别是 20 倍和 15 倍，而且，Ion 和 Zenon 的股票分别以 EBITDA 的 10 倍和 8 倍交易。BigCo 估算下一年 PrivCo 的净利润和 EBITDA，分别会达到 400 万美元和 800 万美元。为了获得这家企业的控制权，BigCo 可能不得不支付高出企业市场价至少 30% 的溢价。BigCo 应该支付给 PrivCo 的价格是多少？

a. 基于市盈率

答案：9 100 万美元。

b. 基于 EBITDA

答案：9 360 万美元。

8.12 LAFCO 实业公司认为其两个主要产品线——汽车和商用飞机阀门正在快速衰落。随着市场份额流失到行业新进入的企业，其自由现金流正在迅速减少。LAFCO 有尚未偿还的贷款 2 亿美元。高管层预期下一年汽车和商业飞机阀门业务，将分别产生 2 500 万美元和 1 500 万美元的 EBITDA。这两项业务的经营负债是最小的。高管层还认为，由于现金流日益减少而债务杠杆过高，企业无法对这些产品线进行升级改造。一个汽车阀门业务的竞争对手去年以 EBITDA 的 10 倍出售，而上个月一家生产商业飞机阀门产品的类似公司，其出售价是 EBITDA 的 12 倍。请估算 LAFCO 税前的拆散出售价值。

答案：2.3 亿美元。

8.13 Siebel 公司是一家非上市企业，2009 年税后利润是 2 000 万美元，预测在可见的未来，该公司会以每年5%的速度增长。该公司没有负债，资本支出等于企业的折旧率，经营资本的年度变化被控制在最小幅度。该企业的贝塔值约为2.0，十年期国库券息率为5%，相对于无风险利率，其股票历史风险溢价是5.5%。上市公司 Rand 科技公司，是 Siebel 的直接竞争对手，近期以2009年税后收益的11倍出售，比其市场价格溢价20%成交。了解到 Rand 科技公司的收购溢价，Siebel 的持股人想确定，如果他们近期出售企业，该企业价值是多少。他们选择了用贴现现金流法和近期可比交易法进行企业估值。他们认为两种方法都可以得出企业价值的有效估值结果。

a. 用贴现现金流法得出的 Siebel 估值是多少？

答案：2.291 亿美元。

b. 用近期可比交易法得出的估值是多少？

答案：2.2 亿美元。

c. 如果综合两种方法，企业的估值是多少？

答案：2.224 5 亿美元。

8.14 Titanic 公司与其信托人达成协议，自愿清算资产并将其所得偿还尽可能多的债务。该企业希望可以有序出售资产，收回账上应收款的70%、存货的40%，以及净固定资产的25%（不包括土地）。企业认为其土地可以以120%的账面价值出售，企业清算过程支出的法务和专业费用是290万美元。该企业只有流通的普通股。

当企业所有资产都被清算时，用表8-4估算留给该企业普通股股东的现金有多少。

答案：130 万美元。

表8-4 Titanic 公司资产负债表 （单位：万美元）

项目	资产账面价值	清算值	项目	资产账面价值	清算值
现金	1 000		土地	600	
应收账款	2 000		总资产	5 900	
存货	1 500		总负债	3 500	
除去土地的净固定资产	800		股东权益	2 400	

8.15 Best 食品公司正在寻求收购亨氏烘焙公司，该企业的股东权益和商誉的价值分别为4 100万美元和700万美元。一家可比的烘焙企业最近以4亿美元被收购，比账面有形资产价格溢价30%以上。这间被收购企业的有形资产账面价值是多少？Best 食品公司应支付亨氏烘焙公司多少钱？给出你的计算过程。

答案：最近被收购的这间企业的有形资产账面价值 = 3.077 亿美元，亨氏烘焙公司的可能收购价 = 4 420 万美元。

8.16 Delhi 汽车公司是美国客车市场上领先的专业紧固件供应厂商，约占50亿美元市场份额的25%。Delhi 近年来的快速成长来自于企业高水准的再投资，使得企业拥有了最先进的制造工厂，也使企业表现出一定的盈利性和正的现金流。Delhi 是非上市企业，也已宣布将在不久的将来 IPO 上市。投资者了解到，在这个高固定成本行业，规模效应很重要，市场份额是未来盈利的重要决定因素。Thornton 汽车公司是上市公司和市场领导者，市场份额约为38%，市值8亿美元。投资者如何对 Delhi 的 IPO 进行估值？给出你的计算过程。

答案：5.263 亿美元。

8.17 Photon 公司正在考虑收购一家竞争对手。Photon 管理层想收购一家该公司认为价值被严重低估的企业。Photon 三家主要竞争对手 AJAX、BABO 和 Comet 的市值分别是3.75亿美元、3.1亿美元和2.65亿美元。AJAX 的预测企业现金流（FCFE）每年将增长10%，而 BABO 和 Comet 的 FCFE 预计每年将分别增长12%和14%。AJAX、BABO 和 Comet 今年的 FCFE 分别是2 400万美元、2 200万美元和1 700

万美元。行业平均价格与 FCFE 之比和增长率分别是 10% 和 8%。基于以上信息，估算这三个潜在收购标的的市场价值。哪家企业被低估得最严重？哪家企业高估得最严重？给出你的结果。

答案：AJAX 低估最严重，Comet 高估最严重。

8.18 阿奎尔公司的管理层认为，既然所有方法都存在不足，那么对潜在标的企业估值的最可靠的方法，应是计算各种估值结构的平均值。所以，阿奎尔公司首席财务官在估算塔吉特公司价值范围时，在加上收购溢价之前，得到的估值结果最大为 6.5 亿美元（贴现现金流法），最小为 5 亿美元（可比公司相对估值法）。基于近期可比交易法得到的估值结果是 6.72 亿美元。CFO 估计塔吉特的管理层和股东愿意接受 20% 溢价出售企业，这个比例是基于最近可比交易的溢价水平给出的。公司 CEO 要求 CFO 提供基于以上三种方法对塔吉特公司的估值结果。在计算三个估值的加权平均值时，CFO 给出的权重分别是：近期交易法 0.5，贴现现金流法 0.3，可比公司法 0.2。CFO 向 CEO 报告的加权平均估值是多少？给出你的答案。

答案：6.9 亿美元。

8.19 一个投资集团有机会收购一家企业，其主要资产为一家拥有未来 5 年对一块土地进行排他性开发的企业的股权。不考虑土地开发权的价值，该投资集团认为该企业的净现值是 -1 000 万美元。但是，为了将土地转化为商业用途（即行权），投资者需要马上在基础设施改造方面投资 6 000 万美元。该土地的主要不确定性是周边地区发展的速度有多快。基于他们开发类似地块的经验，投资者估计项目现金流的方差是净现值的 5%，也就是 5 500 万美元。假设无风险回报率是 4%，该投资集团通过收购该企业获得的看涨期权价值是多少？是否足以支持对该企业的收购？给出你的答案。

答案：期权价值是 1 347 万美元。该投资集团应收购该企业，因为如果不行使看涨期权，期权价值可以弥补企业 -1 000 万美元的净现值。

8.20 阿奎尔公司的管理层认为，未来 5 年里，塔吉特公司有 60% 的机会实现让企业自由现金流每年增长 20% 的目标，现在每年的企业自由现金流是 500 万美元。在第五年之后，增长率估计维持在每年 4%。但是，它们也相信有 40% 的机会，企业自由现金流在未来 5 年只达到预期一半的增速，之后仍保持每年 4% 的增长率。在高速增长阶段，折现率估计是 15%，在之后的持续增长阶段是 12%。塔吉特公司的期望价值是多少？

答案：9 493 万美元。

（所有讨论题的答案可以在本书的网上教师手册找到。）

案例分析 8-1

德州仪器收购国家半导体的价格是否过高

要点

- 估值的艺术性多于科学性，理解不同估值方法的局限性很重要。
- 用多种估值结果计算平均值，经常是最可靠的企业估值方法。
- 评估每次收购的成功与否，最好是从收购方的整体业务战略角度衡量。

价值是大家关注的焦点。不同的指标经常给出一个范围很宽的估值范围。没有哪种方法可以给出始终准确的估值结果。分析师最终选择哪种方法，通常与可以得到的数据以及分析师的偏好有关。一次并购是否成功，要看其是否帮助收购方实现了成功的业务战略。

以每股 25 美元现金，德州仪器（Texas Instruments，TI）于 2011 年 3 月 5 日宣布达成收购国家半导体公司（National Semiconductor，NS）的协议。这项比公布前一天 NS 收盘价溢价 78% 的交易吸引了公众的眼球。在消息公布前几天，市场几乎没有反应。而在消息公布后，NS 的股价立刻上涨了 71%，TI 的股价也上涨了 2.25%。尽管标的企业股价通常会大幅上涨，以反映溢价的幅度，但是收购方的股价有时会保持不变，甚或会出现下跌。TI 股价上涨似乎说明了投资者达成共识，认为该项收购是有意义的。但是，几天之内，分析师就开始提出众多并购都会被问到的一个令人头痛的问题——德州仪器是否在此项收购上付出了过高的代价？

TI 是否多付了钱，取决于你如何度量价值，以及如何解释结果。查询一下近期半导体行业交易情况，在最近几年，溢价幅度几乎是 196 项并购平均收购价格的 2 倍。基于市盈率分析，TI 支付的价格相当于 NS 公司 2012 年预期收益的 19.1 倍，而同期价格是行业平均收益的 14.3 倍。这意味着 TI 愿意为 NS 下一年每股收益 1 美元支付 19.10 美元对价。作为对比，对于半导体行业的普通企业，投资者一般愿意为 2012 年每股 1 美元收益平均支付 14.30 美元。即便采用市值（市场价格）与销售额的比率，仍然显示出 TI 支付了过高的溢价。TI 支付了 NS 当年销售额的 4 倍价格，远高于其他主要竞争对手，例如 Maxim 集成电路公司和 Intersil 公司，它们的交易价格分别是销售额的 3.2 倍和 1.8 倍。

企业价值与销售额之比（enterprise-value-to-sales ratio）比较的是企业价值及其收入，并让投资者了解到，为了得到公司的销售额需要支付多少钱。一些分析师认为，这个指标比市值和销售额之比更有用，因为它只考虑股权投资者怎样评估每一美元销售额的价值，而市值和销售额之比忽略了企业当期负债是必须偿还的。采用这种方法，TI 愿意为每美元的收入支付 4.40 美元，而对普通半导体企业来说，这个价格是 3.80 美元。

另一个有用的估值比率——市盈率除以收益增长率（PEG 比率），也提示 TI 可能支付了过高价格。PEG 比率给出了投资者愿意为企业每一美元收益与收益增长率之比支付多少钱。在 TI 收购前，按这个方法计算，NS 的交易溢价是其增长率的 1.28 倍。收购之后，PEG 比率跃升到 2.09 倍。

尽管估值结果明显指出 TI 支付对价过高，这些估值方法也可能存在严重偏差。TI 和 NS 收入的一大部分来自模拟集成电路芯片生产和销售，这是半导体行业一个快速增长的领域。模拟集成电路芯片的增长，一部分来自智能移动电话和平板电脑未来的爆发性增长，而在电能消耗规范方面，较长的电池寿命至关重要。因此，在半导体行业，以往许多并购对象是模拟集成电路芯片之外的企业，因此这项收购与它们之间是完全不可比的。此外，许多这样的并购发生在经济缓慢恢复时期，是以非常便宜的“甩卖价“成交的。

除了无法与近期交易比较之外，所有这些估值方法都没有考虑协同效应的价值。在 TI 和 NS 的产品线之间，很少有重叠交叉部分。TI 相信它们可以通过自己更强大的销售队伍，大幅提高 NS 的销售额。TI 还增加了 12 000 种新的模拟集成电路产品，使其产品种类增加到 30 000 种以上。TI 还获得了一批模拟电路工程师，他们非常专业和稀有。

最后，在高度分化的半导体行业，竞争者之间的整合，可能导致远比预期更高的平均出售价格。TI 收购 NS 应该从长期战略角度考量，TI 正在寻求在 420 亿美元模拟集成电路芯片市场上获得更大份额，许多分析师预计在未来 3 ~5 年，半导体市场将大幅增长。在 2008 年金融危机之后，TI 以极低的价格收购了模拟集成电路芯片制造设施，扩大了生产能力。并购 NS 将让 TI 获得这个快速增长的市场 17% 的份额。

讨论题

1. 大多数研究声称，衡量并购的成败是基于考察收购方股价在公布消息当天的表现，或者在并购完成后 3 ~5 年里的会计业绩。这就要求并购要在一个“独立”的基础上进行评估。你是否同意这种方法？说出你的理由。
2. 尽管存在种种局限，为什么明智地使用各种估值方法对于确定合适的收购价格至关重要？
3. 情境分析包括基于未来不同假设条件对业务进行评估。应用这个方法决定合适的收购价格，有哪些优点和缺点？
4. 你是否同意以下说法？估值的艺术性多于科学性，说明你的理由。

（所有讨论题的答案可以在本书的网上教师手册找到。）

CHAPTER9

第9章 并购估值、交易结构和谈判中的财务模型应用

预测有两种：一种是自己不知道，另一种是不知道自己不知道。

——约翰·肯尼斯·加尔布雷斯

|并购内幕| 惠普收购电子数据系统公司——财务模型在决策中的角色

关键点

- 财务模型关系到估值、交易建构和融资事宜。
- 通过改变估值、交易建构和融资决策的一些关键假设，可以用财务模型对可选方案进行快速分析。
- 基于此，财务模型也有助于确定投资的风险范围。

个人电脑打印机巨头惠普已经宣布达成协议，以139亿美元现金收购电子数据系统公司（EDS），收购价相对于EDS溢价33%。EDS公司是一家系统集成、咨询和服务企业。为了表达不满，投资者在消息公布当日，将惠普股价拉低了11%。在回答有关该项交易问题的会议上，惠普首席执行官马克·赫德，发现自己深陷回答公司计划如何收回支付给EDS的高额溢价这个问题之中。这位CEO三年前担任这个职务，此前他曾是华尔街宠儿。在他的指挥下，公司通过成功削减成本、提高收入和并购整合，利润大幅上升。在被问到惠普如何通过合并这两家不同的公司获得巨大的协同效应时，赫德先生指出，该公司和顾问已经在尽职调查和财务建模上花费了“几万个小时”，他们发现确实存在令人满意的成本协同效应。为了表明他们所做的决定是多么保守审慎，这位CEO提到在他们的财务模型中，还没有包括潜在的收入协同效应，但是他确信收入还会有大幅上升的机会。

本章概览

财务模型评估了与并购相关的各种估值方案、交易结构和融资安排的影响。本章讨论建立财务模型的流程，以及它们是如何用于交易谈判过程的。本章讨论的模型的数据表和公式，可在本书配套网站（http://booksite. elsevier. com/9780123854872）的文件夹“并购估值和建构模型”（Mergers and Acquisitions Valuation and Structuring Model）中找到。在“学生学习指南”（Student Study Guide）文件夹中提供了本章回顾和一个有关如何解读财务模型产生的财务比率的讨论文章。附录 9A 提供了更多如何使用本书网站所提供模型的细节说明，附录 9B 讨论了“平衡”使用这类模型的常用方法。

9.1 财务数据的局限

一个模型输出结果的质量，取决于这个模型所用数据的可靠性。所以，分析人员必须了解他们收集和报告的是什么样的基础数据。

9.1.1 GAAP 和国际会计标准

美国上市公司根据 GAAP 编制财务报表。所谓 GAAP 财务报表，是指按照财务会计标准委员会（Financial Accounting Standards Board，FASB）的指引编制的财务报表。GAAP 是一个基于规则的系统，清晰地给出了 FASB 预想到的所有情况的处理方法。与此形成对比的是国际会计标准（International Accounting Standards，IAS），它是一个基于原理的体系，具有更为通用的标准。目前 GAAP 和 IAS 的差别非常明显。

GAAP 和 IAS 这两个体系，何时能够趋近到何种程度，这是一个没有答案的问题。尽管不同的国家可能建立一致的会计标准，但搞不清楚是否需要一个全球性的监管机构，推动各国遵守这个标准。而更难搞清楚的是，是否有一些国家愿意服从这样一个机构。在缺乏对一致标准的严格执行时，采取一致的会计体系带来的益处，能否超过执行新体系造成的成本？有人做过估算，标准普尔 500 公司转用国际会计标准，将在 3 年里带来 400 亿 ~ 600 亿美元的成本。尽管提高一致性和透明度可以降低资本成本，但是缺乏执行机制，可能限制这种效果。正如我们将在第 12 章讨论的，在研究了两年之后，美国证券交易委员会在 2012 年年中决定推迟采用一致的会计标准。

9.1.2 权责发生制会计

预计财务报表（pro forma financial statements）将财务数据以更准确地描述企业当前和未来业绩的方式表示出来。因为对于预计财务会计来说，没有被一致接受的标准，预计财务报表可能与按照 GAAP 做出的财务报表有很大出入。预计财务报表展示了收购方和标的企业合并后的财务表现。尽管上市企业仍被要求向美国证券交易委员会报备符合 GAAP 标准的财务报表，企业经常辩称，预计财务报表可以比 GAAP 财务报表为投资者提供有关公司核心表现的更接近现实的情况。尽管预计财务报表可以提供企业合并后的有用信息，但是这类自由会计手段（liberal accounting techniques）可以轻易地隐藏一家公司的不佳表现。阅读资料 9-1 给出了可以让一名分析师辨别企业是否采取了不当会计做法的一些方法。

阅读资料 9-1

会计问题的预警信号

1. 收入来源成疑。例子包括销售下属机构所得收入，或者向客户出售某物换取现金之外的收益。

2. 收益中有一大块来自非经常性收入。有意将账面价值低的资产出售可以放大收益。

3. 递延收入大幅增加。在产品交付前，从客户那里提前收取现金，就会增加递延收入，而在产品交付之后，递延收入下降。这个科目的增加可能意味着企业在产品交付方面存在问题。

4. 坏账准备按照收入的一定比例减少，可能意味着企业通过减少对无法收回的账款的拨备，将收入放大。

5. 应收账款的增长大幅超过了收入或存货增长。这可能意味着企业的产品销售困难（即存货增加），或者难以收回销售款。

6. 净利润的增长与营运现金增长情况有显著差别。由于“管理”现金流要比“管理”经营利润更困难（由于收入确认不当经常导致不实），可能说明净利润的数额是错的。

7. 企业财务报表上的报告收入与其缴税额之间的差距在扩大。一般情况下，账目和税收会计之间的关系在一段时间内是稳定的，除非出现了税法或会计标准的变化。

8. 未预期的大量资产减值。这可能反映了管理层的惰性，没有在做预测时考虑商业环境的变化因素。

9. 大量使用关联交易。这类交易可以不采用与非关联交易同样的规则和高标准。

10. 换用较不出名的审计机构。企业可能寻找一个可以接受其激进会计政策的审计机构。

9.2 建模过程

本书配套网站上提供的并购 Excel 模型所依据的逻辑，就是本章所讨论的流程（见表 9-1）。第一，将收购方和标的企业作为独立业务进行估值，其财务报表反映了业务实现的所有收入和成本。第二，对合并后的企业做出估值，包括协同效应。[⊖]第三，确定标的企业的初始收购价格。第四，采用适当的财务结构，确定收购方为收购获取融资的能力。

表 9-1 并购模型搭建流程

第 1 步对收购方和标的企业分别估值	第 2 步对合并企业估值，包括协同效应	第 3 步确定对标的企业的初始收购价	第 4 步确定合并后企业的融资能力
1. 了解特定企业和行业的竞争态势（见第 4 章图 4-2）	1. 估算 a. 价值来源和灭失因素 b. 实现协同效应所发生的成本	1. 估算收购价格的最小和最大价格范围	1. 估算其他融资结构的影响

⊖ 合并后企业合适的贴现率一般是指标的企业的资本成本。如果两家企业的风险情况相似，且是在同一个国家，那么两家企业中任何一家的资本成本都可以用。如果收购方是并购较高风险的公司，重要的是使用标的企业的资本成本，这会导致收购方的资本成本增加。

（续）

第1步对收购方和标的企业分别估值	第2步对合并企业估值，包括协同效应	第3步确定对标的企业的初始收购价	第4步确定合并后企业的融资能力
2. 对企业3~5年的财务数据进行标准化处理（即加减非经常性损益，平滑数据）	2. 合并收购方和标的企业的价值，包括协同效应	2. 确定收购方愿意与标的企业股东分享的协同效应规模	2. 选择融资结构，满足 a. 收购方财务回报要求 b. 标的企业的主要需求 c. 不提高债务成本或违反贷款契约 d. 最小化每股收益的摊薄和短期财务回报减少
3. 基于预期市场增长和行业竞争，做出标准化的现金流预测；分别计算收购方和标的企业的价值	3. 估算协同效应的净价值（即整合后的企业，包括协同效应减去收购方和标的企业的单独价值）	3. 确定要约收购价的各组成部分（即现金、股票或两者兼有）	

注：每一步骤的关键假设需要清晰表述。

9.2.1 第1步：作为独立业务分别对收购方和出售方估值

只有在收购方和标的企业合并后的价值超过两家企业价值之和时，并购才有意义。所以，表9-1构建模型的第1步是对这两家企业单独进行估值，这就需要理解行业的竞争基础。

1. 理解特定企业和行业竞争状况

估值的精确程度取决于理解行业和同类公司的过往竞争机制，以及估值所用数据的可靠性。竞争机制就是指行业内决定利润水平和现金流的因素。对过往信息的细致检视，可以提供对各个经营变量之间重要关系的深刻理解。相关过往关系的例子包括数据的季节或周期性变化，固定费用和可变费用之间的关系，以及产品价格和销售数量变化对收入的影响。

如果预计影响过往销售、利润和现金流的因素在未来仍将起作用，企业的预测财务报表，可以通过对关键变量，如收入的历史增长率进行外推得出。如果影响增长的因素由于引入新产品而改变的话，总收入增长速度可能比历史趋势更快。相反，出现其他竞争对手会侵蚀企业的市场份额和销售价格，可能限制收入的增长。图9-1所提问题的答案通常由管理层提供，并为如何预测财务表现提供了有用的见解。

2. 历史数据的标准化处理

为了确保这些过往的关系可以精确定义，有必要去掉非经常性的变化和有疑问的会计做法，对数据进行标准化处理。现金流可以通过加回不经常增加的大额拨备，或从自由现金流中减去大额拨备进行调整。对于出售资产带来的显著的非经常性损益或支出，例如处理诉讼或产品担保理赔的相关费用，可以做类似调整。月收入可以汇总到季度甚至年收入，将不当会计方法导致的收益或现金流的期间失真情况降低到最小。[⊖]

同比例财务报表（common-size financial statements）经常用于发现数据的不规则规律。如果有

⊖ 尽管公众上市公司被要求提供当年和前两年的财务数据，但我们仍推荐使用至少一个商业周期（即大约5~7年）的数据，用来确认趋势。

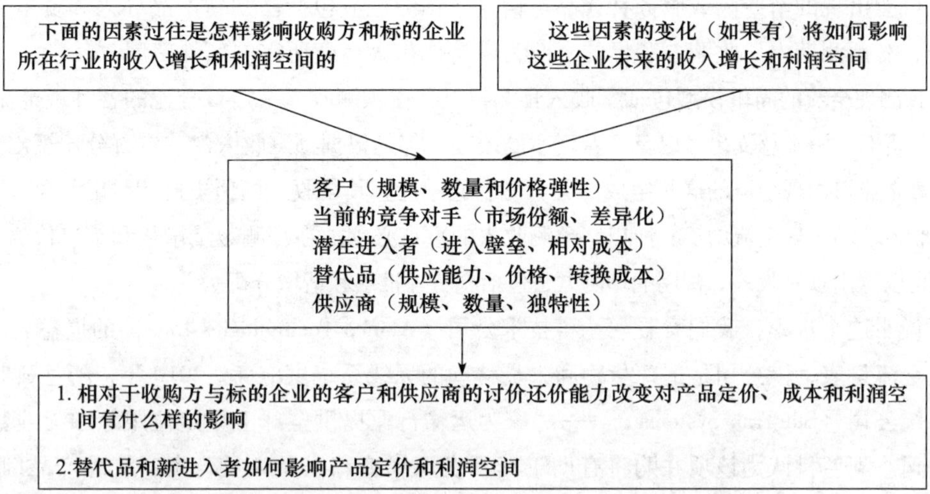

下面的因素过往是怎样影响收购方和标的企业所在行业的收入增长和利润空间的	这些因素的变化（如果有）将如何影响这些企业未来的收入增长和利润空间

↓

客户（规模、数量和价格弹性）
当前的竞争对手（市场份额、差异化）
潜在进入者（进入壁垒、相对成本）
替代品（供应能力、价格、转换成本）
供应商（规模、数量、独特性）

↓

1. 相对于收购方与标的企业的客户和供应商的讨价还价能力改变对产品定价、成本和利润空间有什么样的影响

2. 替代品和新进入者如何影响产品定价和利润空间

图 9-1 用波特五力模型[①]预测收购方和标的企业的财务表现

①参见第 4 章图 4-2 有关波特五力模型的论述。

过往数据的话，这些报表可以通过计算损益表、资产负债表和现金流量表的每一行占每个季度或年销售额的百分比得出。在比较一段特定时间同一行业不同规模的企业时，同比例财务报表是很有用的。这种比较称为横向比较（cross-sectional comparisons），这类分析可能揭示出标的企业的资本支出与销售额之比远低于同行业的其他企业。这种差距可能仅仅反映了标的企业的竞争对手企业花在赶超方面的支出，或者说明标的企业推迟了在必要的工厂和设备方面的支出。为了确定是哪一种情况，有必要做出一段连续时间内标的企业及其主要竞争对手的同比例财务报表。这称为多时段比较法（a multiperiod comparison），这种分析可以帮助确认标的企业是否只是完成了同行业其他企业的大部分资本投入，或者标的企业在必需的支出方面有滞后。[1]

财务比率分析就是根据企业财务报表数据计算表现比率，以便识别出企业财务的优劣势。这类分析在尽职调查过程中有助于识别需要进一步调查的潜在问题。由于财务比率与企业规模有关，可以让分析师将企业的财务比率与行业平均水平进行比较，发现公司与竞争对手之间的差距。如果行业平均比率无法获得[2]，可以使用成功的竞争对手的表现比率。本书配套网站上有一个名为“A Primer on Applying and Interpreting Financial Ratios”的文件，讨论了如何使用这些比率。

3. 预测标准化的现金流

应该至少预测五年内的标准化现金流，如果可能的话，可以预测更久时间，直到现金流变为正数，或者增长率降低到被认为是可持续水平为止。应全面反映有关产品需求增长、未来定价、技术变革、新竞争者，当前竞争对手提供新产品和服务，潜在供应中断，原材料和劳动成本提

[1] 即便无法收集充足的数据进行标的企业和其竞争对手之间的横向比较与多时段比较分析，对标的企业建立常规报表，也能提供有用的观点。从一段时间到另一段时间，这些比率的显著增加或减少，提示有必要进一步检讨，解释这些变化为什么会发生。

[2] 行业数据可以在《商业年鉴》、《行业财务比率》（Prentice）、《年报研究》（罗伯特莫里斯公司）、《邓白氏评论》（邓白氏）、《行业规范和关键商业比率》（邓白氏）及《价值线公司投资调研和行业比率》这类出版物中找到。

升，以及可能出现的新产品或服务替代品等信息。预测也应包括已知新产品导入和资本支出以及附加费用，在预测期内，收购方和标的企业为维持或扩大运营所需的额外费用。

一个预测现金流的简单模型包括了收入预测，以及占预测收入一定百分比的各种现金流。例如，销售成本、折旧、资本总支出，以及经营资本的改变，都是根据预测收入的一定百分比算出。用多大百分比计算企业自由现金流的这些组成部分，可以通过计算其与收入的历史比例得出。在这个简单的模型中，收入拉动了现金流增长。所以，预测收入的重点必须放在预测数量增长和销售价格上，两者的乘积就可以算出预测收入。常用的预测方法包括趋势外推法和情境分析法。㊀

为了说明这个过程，我们看看阿兰科技术公司（Alanco Technologies Inc.）的损益表、资产负债表和现金流量表，该公司是追踪货物和人员移动的无线系统供应商。2010 年，阿兰科收购了星际轨道系统公司（StarTrak Systems）——一家为运输行业提供全球卫星定位跟踪和无线数据订阅服务的公司。阿兰科认为该项并购将有助于其开发无线追踪以及人员与资产管理产品/服务新市场。由于星际轨道公司只有阿兰科规模的不足十分之一，阿兰科相信大部分协同效应将来自向星际轨道的客户交叉销售其产品，而不是来自成本节约。阿兰科的管理层明白，成功的收购将在可接受的风险水平上为股东创造的价值，要比企业继续其独立经营战略所创造的价值更大。之后，阿兰科对自己的业务价值进行了独立估值（见表 9-2），星际轨道公司的业务也作为独立单位进行估值（财务数据未提供），估算出潜在的协同效应（见表 9-3），以及合并后的企业估值和潜在的协同效应（见表 9-4），包括协同效应的估值，与两家企业作为独立个体估值之和之间的差异，以及从收购星际轨道公司中获得的潜在价值提升的估计值。

表 9-2 步骤 1：收购方阿兰科五年预测和独立估值

预测假设条件	2011	2012	2013	2014	2015
净销售额增长率（%）	4.0	4.0	4.0	4.0	4.0
销售成本（可变）/销售额（%）	52.5	51.5	51.0	50.5	50.5
折旧摊销/总固定资产（%）	8.3	8.3	8.3	8.3	8.3
销售费用/销售额（%）	14.5	14.5	14.5	14.5	14.5
管理费用/销售额（%）	19.0	18.5	18.0	17.2	16.4
现金和有价证券的利息收益	5.0	5.0	5.0	5.0	5.0
新债的利息（%）	8.3	8.3	8.3	8.3	8.3
有效税率	18.0	22.0	25.0	30.0	37.0
其他流动经营资产/销售额（%）	35.0	35.0	35.0	35.0	35.0
其他资产/销售额（%）	35.0	35.0	25.0	20.0	20.0
总固定资产/销售额（%）	25.0	25.0	25.0	25.0	25.0
最低现金余额/销售额（%）	**4.5**	**4.5**	**4.5**	**4.5**	**4.5**
流动负债/销售额（%）	30.0	30.0	28.0	26.0	25.0
流通的普通股数量①	426	426	426	426	426

㊀ 趋势外推法（trend extrapolation）采用过去的增长率或者多重回归技术将现有的趋势推广到未来。情境分析法（scenario analysis）用来预测多个目标，每一个目标会有不同的关键变量（比如，GDP 总量、行业销售额增长、汇率波动）或事件（比如，竞争型新品的导入、新技术和新规则）。

（续）

预测假设条件		2011	2012	2013	2014	2015			
资本成本：2011～2015（%）	11.81								
资本成本：终止期（%）	10.31								
可持续的现金流增长率（%）	4.00								
长期负债的市场价值②	1 171								
损益表②	历史财务数据				预测财务数据				
	2007	2008	2009	2010	2011	2012	2013	2014	2015
净销售额	4 779	4 698	4 596	4 670	4 857	5 051	5 253	5 463	5 682
减去：可变销售成本	2 315	2 286	2 333	2 415	2 449	2 496	2 570	2 646	2 751
-折旧	100	103	81	75	101	105	109	113	118
总销售成本	2 415	2 389	2 414	2 490	2 550	2 601	2 679	2 759	2 869
总利润	2 364	2 310	2 182	2 180	2 307	2 450	2 574	2 704	2 812
减去：销售费用	761	786	685	681	704	732	762	792	824
－一般管理费用	780	863	868	908	923	934	946	940	942
－无形资产折旧	32	41	52	52	52	52	52	52	52
－其他费用（收入），净值	1	5	（5）	（19）	（16）	（16）	（16）	（16）	（16）
总销售费用和一般管理费用	1 574	1 695	1 599	1 622	1 663	1 703	1 743	1 768	1 792
经营收益（EBIT）	790	615	583	558	644	747	831	936	1 021
加：利息收入					23	40	47	74	96
减：利息支出	90	111	132	153	127	128	121	96	96
税前净利润	700	504	451	405	540	659	757	915	1 021
减：税款	201	131	62	55	97	145	189	274	376
税后净利润	500	373	390	350	443	514	567	640	643
资产负债表③	2007	2008	2009	2010	2011	2012	2013	2014	2015
现金	695	213	247	232	219	227	236	246	255
其他经营资产	1 767	1 845	1 605	1 519	1 700	1 768	1 839	1 912	1 989
总流动资产	2 462	2 058	1 852	1 752	1 918	1 995	2 075	2 158	2 244
投资					245	582	711	1 235	1 674
总固定资产	939	1 159	1 147	1 121	1 214	1 263	1 313	1 366	1 420
减去：累积折旧和摊销	337	422	422	473	574	679	788	901	1 019
净固定资产	602	737	725	648	640	584	526	465	402
其他资产	852	1 819	2 097	1 914	1 914	1 913	1 913	1 913	1 913
总资产	3 915	4 613	4 674	4 313	4 718	5 075	5 224	5 771	6 233
流动负债	1 173	1 317	1 565	1 502	1 457	1 515	1 471	1 420	1 420
长期债务	664	984	983	1 242	1 242	1 021	640	589	400
其他负债	144	141	163	166	172	179	186	194	201
总负债	1 926	2 442	2 711	2 910	2 872	2 715	2 297	2 203	2 022
普通股	728	2 041	1 923	1 836	1 836	1 836	1 836	1 836	1 836
留存收益	1 205	130	40	（433）	10	524	1 091	1 731	2 375
股东权益	1 933	2 171	1 963	1 403	1 846	2 360	2 927	3 668	4 211
总负债与股东权益	3 915	4 613	4 674	4 314	4 718	5 075	6 224	5 771	6 233
流通股①	291.6	390.8	421.6	426	426	426	426	426	426

（续）

预测假设条件					2011	2012	2013	2014	2015
每股收益（美元）	1.71	0.95	0.92	0.82	1.04	1.21	1.33	1.50	1.51
长期负债/权益（%）	37	48	53	93	70	46	24	18	9.5
补充：经营资本①	1 288	741	287	249	461	480	604	78	624
现金流量表	**2007**	**2008**	**2009**	**2010**	**2011**	**2012**	**2013**	**2014**	**2015**
EBIT（1 - t）	584	455	503	482	528	583	623	655	643
加：折旧和摊销	132	144	133	127	153	157	161	165	170
减：总资本支出	201	221	（12）	（26）	93	49	51	53	55
减：经营资本变化	（200）	（548）	（454）	（37）	212	18	124	133	88
- 自由现金流	695	926	1 102	672	375	67	609	635	672
现值：2011 ~ 2015（美元）	2 100								
现值：终止期（美元）	6 342								
总现值（企业市场价值，美元）	8 442								
减：长期负债的市场价值（美元）	1 171								
加：富余现金（投资，美元）	245								
权益价值（美元）	7 517								
每股权益价值（美元）	17.64								

①百万股股票

②百万美元

③截至 2010 年 12 月 31 日。

表 9-3　步骤 2：协同效应估计①

	2011②	2012	2013	2014	2015
增加销售额协同效应		100	150	200	250
- 向星际轨道公司客户出售阿兰科的服务					
销售成本协同效应	4	11	14	14	14
- 通过增加企业内部制造，取消第三方制造和服务合同					
销售费用协同效应	2	3	3	3	3
- 关闭休斯敦销售处（2011 年年底前解雇 20 名销售人员，每名员工节省 10 万美元薪酬福利）					
一般管理费用协同效应	2	3	3	3	3
- 2011 年年底前解雇洛杉矶总部 38 名财务人员，每人节省 8 万美元薪酬福利					
实施/整合费用					
- 补偿金	0.7				
- 租约收购	0.1				
- 雇员保留奖金	0.2				
总计	1.0				

①注意，因为执行这个计划需要时间，所以销售和成本节省数额是逐步提高的。

②百万美元。

表 9-4　步骤 2：阿兰科与星际轨道合并后五年预测和估值

预测假设条件	2011	2012	2013	2014	2015
销售成本协同效应	4	11	14	14	14
销售费用协同效应	2	3	3	3	3
一般管理费用协同效应	2	3	3	3	3
增加销售额协同效应	100	0.150	200	250	
整合费用	（1）				

（续）

预测假设条件					2011	2012	2013	2014	2015
资本成本：2011～2015（%）	11.81								
资本成本：终止期（%）	10.31								
现金流可持续增长率（%）	4.0								
长期负债的市场价值（百万美元）[①]	1 172								
损益表[①]	**2007**	**2008**	**2009**	**2010**	**2011**	**2012**	**2013**	**2014**	**2015**
合并后企业的净销售额	4 821	4 764	4 779	4 922	5 147	5 285	5 470	5 659	5 848
协同效应导致的销售额增加						100	150	200	250
总销售额	4 821	4 784	4 799	4 922	5 147	5 385	5 620	5 859	6 098
减去：可变销售成本	2 339	2 335	2 436	2 556	2 620	2 692	2 784	2 877	2 994
折旧和摊销	101	106	86	84	104	109	113	118	123
销售协同的成本					(4)	(11)	(14)	(14)	(14)
总销售成本	2 440	2 441	2 521	2 640	2 721	2 790	2 884	2 981	3 103
总利润额	2 380	2 343	2 258	282	2 426	2 595	2 736	2 879	2 995
减去：销售费用	767	799	712	719	748	782	817	852	886
销售费用的协同效应					(2)	(3)	(3)	(3)	(3)
一般管理费用	785	874	891	951	965	983	997	996	990
一般管理费用协同效应					(2)	(3)	(3)	(3)	(3)
总销售费用和一般管理费用	1 552	1 673	1 603	1 670	1 709	159	1 808	1 842	1 870
整合费用					1				
无形资产摊销	32	41	52	52	52	52	52	52	52
其他费用（收入）净值	2	6	(9)	(34)	(32)	(32)	(32)	(32)	(32)
总销售成本和一般管理费用	1 586	1 720	1 646	1 688	1 731	1 779	1 828	1 861	1 890
经营收益（EBIT）	794	623	612	594	696	816	909	1 018	1 105
加：利息收入			2	4	29	48	58	87	113
减：利息支出	91	111	132	153	127	129	122	96	96
税前净利润	704	512	482	445	597	736	845	1 009	1 122
减：税款	201	133	70	67	112	163	10	297	402
税后净利润	502	379	411	378	485	573	635	712	719
资产负债表	**2007**	**2008**	**2009**	**2010**	**2011**	**2012**	**2013**	**2014**	**2015**
现金	698	225	344	275	236	247	258	270	281
其他经营资产	1 779	1 861	1 665	1 605	1 787	1 868	1 949	2 031	2 113
总流动资产	2 477	2 086	2 009	1 880	2 023	2 115	2 207	2 301	2 394
投资					347	742	940	1 539	2 056
总固定资产	942	1 165	1 164	1 150	1 249	1 303	1 357	1 413	1 470
减去：累积折旧和摊销	338	424	427	484	588	697	810	926	1 051
净固定资产	604	741	737	667	661	606	547	485	419
其他资产	877	1 844	2 161	2 015	2 010	2 005	1 999	1 994	1 989
总资产	3 958	4 672	4 907	4 562	5 040	5 468	5 693	6 319	6 861
流动负债	1 185	1 332	1 610	1 544	1 530	1 599	1 563	1 520	1 524
长期债务	670	989	983	1 243	1 244	1 022	641	589	400
其他负债	144	141	164	167	174	181	188	196	204

（续）

资产负债表	2007	2008	2009	2010	2011	2012	2013	2014	2015
总负债	1 999	2 463	2 757	2 954	2 947	2 802	2 392	2 305	2 128
普通股	750	2 068	2 078	1 980	1 980	1 980	1 980	1 980	1 980
留存收益	1 210	141	72	（372）	113	687	1 322	2 034	2 752
股东权益	1 960	2 209	2 150	1 608	2 093	2 666	3 302	4 014	4 733
总负债与股东权益	3 959	4 672	4 907	4 562	5 040	5 468	5 693	6 319	6 861
补充：经营资本	1 292	754	400	336	493	517	644	781	870
流通股①	299	399	435	445	445	445	445	445	445
现金流量表	**2007**	**2008**	**2009**	**2010**	**2011**	**2012**	**2013**	**2014**	**2015**
EBIT$(1-t)$	567	462	523	505	565	636	683	718	708
加：折旧和摊销	133	147	138	136	156	161	165	170	175
减：总资本支出	204	223	（2）	（13）	99	54	55	56	57
减：经营资本变化	（204）	（537）	（355）	（64）	157	23	128	137	88
现值：2011～2015	$2 336								
现值：终止期	$6 964								
总现值（企业市场价值）	$9 300								
减：长期负债的市场价值	$1 171								
加：富余现金（投资）	$347								
权益价值	$8 475								

①百万股股票。

注意表9-2的格式与本书配套网站提供的那些并购估值和重组模型的工作表格式完全一样。在表的最上面提供了假设条件，用于计算损益表、资产负债表和现金流量表的数据。历史财务数据提供了近期的趋势。作为一种典型情况，终值（terminal value）约定为阿兰科预测经营现金流的现值（即84.42亿美元）的3/4。非经营资产，例如2.45亿美元现金余额，被纳入企业经营现金流的现值中。

9.2.2 第2步：在对并购方和出售方估值时考虑协同效应

协同效应是指在合并后企业的经济价值（即产生未来现金流的能力）上增加了其他价值来源。但是在估算合并后企业的经济价值时，也要考虑到破坏价值的因素。也就是说，既然协同效应是用现金流衡量的，那么它可以是正的，也可以是负的。为了确定某些现金流来自协同效应，要问一问是否只有在两家企业合并后才会产生。如果答案是肯定的，那么这部分有疑问的现金流确实是来自协同效应。

净协同效应（net synergy，NS）是指价值来源和价值破坏者之间的差异。评估净协同效应现值的常用方法，是从合并后的企业现值（包括协同效应）中减去并购方现值和标的企业现值。[⊖]这个方法的优点是建立了一个模拟不同情境的互动模型，其中包括不同的财务和交易结构假设条件。

1. 价值来源

最常见的来源包括由共享人员、减少重复设施和重叠的销售渠道（如直销团队，网站）带来的

⊖ 另外，净协同效应的现值可以通过计算现金流来源和价值破坏因素的差值估算出。

潜在成本节省。与成本节省相关的协同效应，比其他来源的协同效应更容易实现。[㊀]潜在的价值来源也包括未以公平价值记录在资产负债表上的资产和表外科目（off-balance-sheet items），常见的例子有土地和“无用”存货以及设备。未用完的借贷能力也可以让标的企业变得更有吸引力。标的企业的资产、低负债水平以及经营中产生的强劲现金流，可以让买方大幅提升合并后企业的负债水平。[㊁]其他的价值来源包括知识产权（例如，专利、品牌、使用费）、新技术和流程，以及新客户群。类似地，所得税损失和税收优惠可以减少合并后企业现时和未来的税负，也是一种重要的价值来源。

2. 价值破坏者

损害价值的因素包括糟糕的产品质量、过高的薪资福利水平、低生产力和高员工流失率。缺乏或者糟糕的商业合同经常导致客户对交易条款和数量发生争议。标的企业的代表与客户达成的口头协议可能会成为收购方的负担。环境问题、产品责任以及未了结的诉讼，也是买方主要的潜在价值破坏因素。

3. 实施成本

在计算净协同效应时，重要的是将招聘和培训成本、实现的成本节约、生产力改进、裁员，以及探索收入机会等因素考虑进去。交易结束后的员工流失将增加招聘和培训成本。由裁员带来的成本节省通常会在前几年被补偿金开支抵消。[㊂]为了实现生产力提升，要求在新架构、设备方面有更大的支出，或者重新设计工作流程。挖掘提升收入的机会，可能需要培训合并后企业的销售团队学习如何销售两家企业的产品或服务，还要付出额外的广告费，以及知会现有客户和潜在客户发生的事情。

从表 9-4 可以看到合并阿兰科和星际轨道可能带来的协同效应，这是一张合并财务报表（包括协同效应）。在损益表中，协同效应的影响表现为收入增加和销售成本、一般管理费用的减少。注意损益表上与协同效应有关的收入是如何加在总收入上的，以及协同效应导致的销售成本、销售费用、一般管理费用是怎样从相关科目中减去的。

9.2.3　第 3 步：确定标的企业报价的数额和构成

有许多因素影响到首次报价的金额和支付方式。哪些是最重要的因素，主要取决于交易时的情况。某些时候，这些因素可以被量化（如协同效应），而其他大多数情况下都是主观性的（如收购方股东和管理层厌恶风险的程度）。初始报价金额可能也反映了控制权溢价。尽管控制权的实际价值难以量化，但收购方可能愿意支付更多的钱以获得控制权，如果这样做能够更好地做决策和更有效地实施战略的话。表 9-5 识别了影响报价的大小和组成的因素。本章这一节的其余内容重点讨论了如何将这些因素纳入财务模型之中。

㊀ Christofferson，McNish 和 Sias，2004。除了减少重叠职能带来的成本节约之外，Fee 等（2012）提出收购方经常会在交易完成之后，大幅削减广告和市场营销预算。

㊁ 增加的借贷能力可以近似地用合并后企业的债务和总资本之比，与行业平均值进行对比。例如，假设 A 企业并购 B 企业导致合并后企业的债务占总资产之比降低到 0.25（例如，2.5 亿美元债务，新企业总资本为 10 亿美元）。如果该行业的这个比率是 0.5，这家新企业可以提高贷款 2.5 亿美元，将负债率提高到行业平均水平。这笔增加的贷款通常用于支付收购标的企业的部分对价。

㊂ 一家公司如何对待暂时停工在家的员工，对于仍在工作的员工的士气有很大影响，也会影响到企业未来聘用新员工的能力。

表 9-5 决定初始报价金额和组成的因素

受到影响的因素	大小	组成
收购方	• 估算净协同效应 • 标的企业对协同效应的贡献 • 与标的企业股东分享净协同效应的愿望 • 其他投资机会的相对吸引力 • 潜在的竞购者数量 • 标的企业抗御的有效性 • 公开披露的要求（可能导致抢先出价） • 管理层回避风险的程度 • 控制权的价值	• 当期借贷能力 • 税后的债务成本与股权成本 • 每股收益被摊薄的程度和时间（影响换股的吸引力） • 交易规模（可能超过借贷能力） • 分担风险的愿望（可能导致需拨备或递延的支付） • 收购方股价被高估的程度（使得全部用股票进行交易更有吸引力）
标的企业	• 潜在竞购方的数量 • 标的企业对净协同效应的贡献 • 对收购方是善意或敌意的判断 • 抗御的有效性 • 潜在税负规模（可能要求提高收购价格） • 独立估值 • 有无可参考的近期交易 • 其他投资机会的相对吸引力	• 收购方股票的吸引力 • 股东偏好股票还是现金 • 潜在税负规模（可能使得换股变得最有吸引力） • 标的企业业绩更佳的潜力（可能导致业绩补偿支付）

1. 估算报价的最低和最高价格区间

初始报价处于最低报价和最高报价之间。在一个收购股票的交易中，最低价格是标的企业的现值（PV_T）或其当期的市场价值（MV_T）（即标的企业当期股价乘以流通股数）。最高价格是最低价格加上净协同效应的现值（PV_{NS}）。[㊀]初始报价（PV_{IOP}）是最低报价与一个比例 α（大小在 0 到 1 之间）乘以 PV_{NS}之和（见阅读资料 9-2）。注意 α 代表收购方与标的企业股东分享的净协同效应（而不是收购溢价）的比例。一旦确定了报价，收购溢价可能通过将报价与标的企业消息公布前的股价进行比较估算出来。报价也应该与近期类似交易进行比较，以确定是否过高。[㊁]

阅读资料 9-2

决定收购报价（PV_{OP}）：股票收购[①]

1. $PV_{\text{MIN}} = PV_T$或 MV_T中较大的，MV_T是标的企业当期股价乘以流通股数量。

2. $PV_{\text{MAX}} = PV_{\text{MIN}} + PV_{NS}$，式中，$PV_{NS} = PV$（价值来源）$- PV$（价值破坏者）。

3. $PV_{OP} = PV_{\text{MIN}} + \alpha PV_{NS}$，式中，$0 \leqslant \alpha \leqslant 1$。

4. 支付给标的企业的价格区间 =（PV_T或 MV_T）$< PV_{OP} <$（PV_T或 MV_T）$+ PV_{NS}$。

①在资产收购中，收购方获得的资产和承担的负债是指净收购资产（即收购的资产减去承担的负债）。最低收购价格是净收购资产的清算价，最高收购价格等于最低收购价格加上净协同效应的现值，而初始报价等于净收购资产的现值加上一定比例的净协同效应现值。

为了确定 α 的值，收购方可以估算一下标的企业可以产生的净协同效应的比例。[㊂]如果确定了标的

㊀ 注意，当标的企业的当前市值反映了投资者对即将发生的并购预期时，最大价格可能会被高估。因此，当前的市值已经反映了一部分未来的协同效应。

㊁ 收购价格相对标的企业收益、现金流、销售额、账面价值等的比例差别，可以和近期发生的可比交易的类似比例进行对比，以判断支付给标的企业的价格是否合适。例如，如果支付给标的企业的市盈率是 12 倍，而可比交易的市盈率是 10 倍，则意味着支付给标的企业的收购溢价是 20%。

㊂ 标的企业对净协同效应的贡献可以通过计算标的企业交叉销售收购方的产品给其客户所增加的现金流，或者通过裁减标的企业员工得到的成本节省金额进行估算。这代表了交易可能带来的现金流增长。

企业将贡献30%的净协同效应，收购方可以给予标的企业股东最高这个比例的协同效应。为了避免引来其他的竞购方，收购方可能抢先提出让标的企业董事会无法拒绝的有吸引力的报价，因为企业董事会害怕引发股东可能对其提起的诉讼。这样做会导致让渡给标的企业的净协同效应比例会超过30%。在其他情况下，如果收购方担心不能及时实现协同效应的话，收购方让渡的比例可能会低于30%。最终，净协同效应在买方和卖方之间的分配，反映了他们在谈判中的相对话语权。

收购报价应该介于最低价格和最高价格之间，这里有三个原因：第一是标的企业以最低价格被收购的可能性很小，因为收购方通常不得不为了引诱标的企业股东出售手中股票而支付溢价。在资产收购中，理性的卖方不会以比被收购净资产的税后清算价值还低的价格出手，因为卖方与其出售资产还不如直接清算。第二，在报价区间的最高端，收购方将把合并两家企业所创造的净协同效应拱手让给标的企业股东。最后，支付远低于最高价格通常是一种审慎的做法，因为实现预期的协同效应具有不确定性。

2. 确定收购报价的各组成部分

收购报价可能包括收购方股票、债、现金或兼而有之。实际组成取决于标的企业和收购方愿意接受什么，以及合并后企业的财务结构能够支持什么。[⊖]这些因素稍后讨论。

3. 换股比率

收购方股票与标的企业股票的交换，需要计算合适的交换比率。换股比率（share exchange ratio，SER）可以经由协商，确定用收购方固定数量的股票换得一股标的企业股票。SER 也可以定义为经协商确定的标的股票价格（P_{OP}）除以收购方股票价格（P_A）。SER 用下式计算：

$$SER = P_{OP}/P_A$$

SER 可能小于、等于或者大于1，取决于在交易估值过程中确定报价时，收购方股价与报价的比值。阅读资料9-3展示了如何在换股交易中用换股比率估算收购方应发行的股数，以及如何确定收购方和原标的企业股东在合并后的企业中的所有权分配。

阅读资料9-3

换股比率的应用

假设阿奎尔公司（Acquirer Corp.）同意收购塔吉特公司（Target Corp.）的全部股份，塔吉特和阿奎尔的每股报价分别为25.50美元和37.25美元。阿奎尔和塔吉特的流通股数量分别为1 000万股和200万股。每股塔吉特股票交换阿奎尔股票数量，阿奎尔发行新股数量，合并后企业的总流通股数，以及阿奎尔和塔吉特股东持有的股份比例，估算如下。

换股比率：塔吉特股东将以一股换0.684 6股阿奎尔股票(25.50美元/37.25美元)。

阿奎尔股票发行量：阿奎尔将发行1 369 200股新股票［0.684 6(SER) ×2 000 000(塔吉特流通股数)］，用于收购塔吉特的全部流通股。

总流通股数：由于塔吉特股票被撤销了，合并后的公司的总流通股数是11 369 200［10 000 000

⊖ 在本章中，初始报价是市值或经济价值（即标的企业作为独立实体的现值）加上一定比例的净协同效应。在第5章里，报价或收购价是用不同的方式定义的，作为总价格、总收购价格或企业价值，抑或净收购价格。这些定义都隐含了假设条件，即收购方已经确定了将标的企业视为独立实体的经济价值和净协同效应。在考虑如何为交易提供融资之前，已经明确了经济价值。

（阿奎尔收购前的流通股数）+1 369 200（新发行的阿奎尔股数）]。

所有权分配：阿奎尔股东将持有合并后公司88%的股份［即10 000 000（收购前阿奎尔股数）/11 369 200（收购前阿奎尔股数+新发行的股数）]，塔吉特股东将持有剩余的12%。

4. 完全摊薄流通股

当标的企业有流通的管理层股票期权和可转换证券时，需要调整报价，以反映期权和可转换证券需要交换新股的情况。如果收购方想收购标的企业全部流通股，那么也要收购这些新股票。可转换证券一般包括优先股和债券。[㊀]关于未行权的期权数量、等待期[㊁]和行权价格以及可转换证券的信息，通常写在标的企业财务报表的脚注里。[㊂]对于可转换证券，可以合理地假设这类证券将被转换为普通股，如果转换价格小于普通股的报价。这类证券被称为"价内的"。表9-6展示了如何计算标的企业全面摊薄流通股以及对于标的企业股权价值的影响。表9-7总结了确定报价的各个步骤。

表9-6 计算标的企业全面摊薄流通股和股权价值（使用假设条件转换法）

关于标的企业的假设		说明
基本流通股	2 000 000股	
价内期权①	150 000股	行权价格=15美元/股
可转换证券		
可转换债券［面值=1 000美元；可转换50股普通股；引申转换价格=20美元（即1 000美元/50）]	10 000 000美元	未偿债券=10 000 000/1 000美元=10 000 如果全部转换=10 000×50美元=500 000股普通股
优先股［面值=60美元；可转换为3股普通股；引申转换价格=20美元（即60美元/3）]	5 000 000美元	流通优先股=500 000美元/60美元=83 333股 如果全部转换=83 333股×3=250 000股普通股
每股报价	30美元	标的企业每股普通股的收购价
总流通股数②=2 000 000+150 000+500 000+250 000=2 900 000（股）		
标的股权价值③=（2 900 000×30）－（150 000×15）=87 000 000－2 250 000=84 750 000（美元）		

①指期权的行权价格低于企业股价的市场价格。

②总流通股数=发行的股票数+"价内"期权和可转换证券对应的股数。

③收购价根据收购方为可转股或债发行的新股调整，减去从"价内"期权持有人收到的现金。若企业允许期权持有人行权购买普通股，若他们同时卖出了这些股票，则无须支付现金。

表9-7 第3步：确定报价

交易条款	
收购报价中的现金部分	0
收购报价中的股票部分	100%
让渡给标的企业的协同效应	30%

㊀ 可转换优先股可以按照股东的意愿，以特定价格转换为普通股。优先股转换为普通股的价格，称为转换价格。如果优先股的票面值是150美元，转换价格是50美元，转换比率是5:1。也就是说，优先股股东在转换时将收购5股普通股。可转换债券是由企业一般信用提供支持的贷款，而不是由一段时间后可以被转换为一定数量普通股的特定资产提供支持。

㊁ 等待期（vesting period）是指期权持有人在行权前需要等待的时间。

㊂ 当前未授予的期权在控制权变更后可能变成已授予的期权，所以会增加"可转换为普通股的期权数量"，这些期权应该被加在价内期权数量上，计算全面摊薄流通股的数量。

（续）

企业数据					
收购方股票价格（美元）			16.03		
标的股票价格（美元）			14.25		
标的企业流通股					
基本流通股			18.1		
“价内”期权转换为普通股			0.2		
可转换优先股转换为普通股			0.8		
标的企业总流通股数①			19.1		
收购方流通股①			426		
	单独估值		**合并收购方和标的企业+协同效应的价值**		
模型输出结果	**收购方**	**标的企业**	**不包含协同效应（1）**	**包含协同效应（2）**	PV_{NS}**(1)-(2)**
贴现现金流估值②	7 517	591	8 107	8 475	368
最低报价（PV_{MIN}）②	272				
最高报价（PV_{MAX}）②	640				
每股报价（美元）	20.02				
每股收购价溢价（%）	41				
每股现金（美元）	0				
收购方发行新股数量①	23.867				
合并后企业总流通股数量①	450				
新企业中的所有权分配					
收购方股东	95%				
标的企业股东	5%				

（1）补充说明：贴现现金流估值由并购模型的第 1 步和第 2 步提供。

最低报价 = 标的股价 × 总标的流通股数 = 14.25 美元 × 19.1 = 272.18 美元

最高报价 = 最低报价 + 净协同效应 = 272 美元 + 368 美元 = 640 美元

每股报价 =（最低报价 + 0.3 × 净协同效应）/ 总标的流通股数 =（272 美元 + 0.3 × 368 美元）/19.1 = 20.02 美元

收购溢价 =（每股报价 / 标的股价）- 1 =（20.02 美元/14.25 美元）- 1 = 40.5%

收购方发行新股数量 = 换股比率 × 总标的流通股数 =（20.02 美元/16.03 美元）× 19.1 = 23.9 百万股

合并后企业总流通股数 = 收购方流通股数 + 收购方发行新股数量 = 426 + 23.9 ≈ 450（百万股）

（2）所有权分配：

收购方股东占比 = 收购方流通股数 / 合并后企业总流通股数 = 426/450 = 0.947 × 100 = 94.7%

标的企业股东占比 = 1 - 0.947 = 0.053 × 100 = 5.3%

①百万股。

②百万美元。

9.2.4　第 4 步：确定合并后企业为交易融资的能力

合并标的企业和收购方的财务报表，包括协同效应，是进行一系列的情境分析，确定对诸如收益、杠杆率、协议和借贷成本等变量的影响。例如，每个情境用企业债务权益比率度量，可以代表不同的债务规模。从理论上讲，最优资本结构是将企业股权最大化的资本结构。由于许多因素影响了股票价格，因此很难确定哪个资本结构可以将企业股价最大化。在实践中，财务经理预测债务变化将如何影响那些决定企业信用的比率，如利息覆盖率（interest-coverage ratio）、债务权益比率（debt-to-equity ratio）、利息保障倍数（times interest-earned ratio）等。他们频繁和贷款方、债券评级机构讨论其预测财务报表，对方也会将企业的信用比率与同行业其他企业进行比较，以评估其借款偿还能力。最终借款方、贷款方和评级机构之间的互动决定了合并后的企业的资本结构组成和规模。

从建模目的出发，通过选择满足某些预先确定的选择标准，可以估算出一个合适的融资结构。这套选择标准应该纳入并购计划的规划过程。对于一家上市公司，合适的资本结构可以是这样一个情境：债务权益比率可以让合并后企业产生的现金流达到最大净现值，短期每股收益摊薄程度最小，不违反贷款契约，以及借贷成本没有显著增加。对于未上市企业，除了每股收益方面的考虑，可以用同样的方式确定适合的资本结构。表 9-8 展示了阿兰科和星际轨道公司的合并财务报表，其中包括协同效应和融资的影响。补充说明提供了一些贷款契约，以及合并后企业基于这些契约的预测每股收益表现。预测财务报表指出对该项并购的融资不会影响到每股收益，不违反任何现有的贷款契约，不会影响偿债能力或增加利息支出。

表 9-8 合并后企业的融资能力

损益表（100 万美元）	预测财务数据				
	2011	2012	2013	2014	2015
净销售额	5 147	5 385	5 620	5 859	6 098
减：销售成本	2 721	2 790	2 884	2 981	3 103
总利润	2 426	2 595	2 736	2 879	2 995
减：销售费用与一般管理费用	1 730	1 779	1 828	1 861	1 890
整合费用	(1)				
经营利润（EBIT）	696	816	909	1 108	1 105
加：利息收入	29	48	58	87	113
减：利息支出	127	129	122	96	96
税前净利润	597	736	845	1 009	1 122
减：税款	112	163	210	297	402
税后净利润	485	573	635	712	719
资产负债表（12 月 31 日）					
现金和有价证券	582	989	1 198	1 809	2 340
其他流动资产	1 787	1 868	1 949	2 301	2 113
总流动资产	2 369	2 857	3 147	3 840	4 453
总固定资产	1 249	1 303	1 357	1 413	1 470
减：累积折旧	588	697	810	928	1051
净固定资产	661	606	547	485	419
其他资产	2 010	2 005	1 999	1 994	1 989
总资产	5 040	5 468	5 693	6 319	6 861
流动负债	1 530	1 599	1 563	1 520	1 524
长期债务	1 244	1 022	641	589	400
其他负债	174	181	188	196	204
普通股数量	1 980	1 980	1 980	1 980	1 980
留存收益	113	687	1 322	2 034	2 753
股东权益	2 093	2 666	3 302	4 014	4 733
总负债 + 股东权益	5 040	5 468	5 693	6 319	6 861
关键业绩指标					
长期债务/权益	59%	38%	19%	15%	8%
利息覆盖比率（EBIT/利息支出）	5.48	6.33	7.45	10.60	11.57
流动比率（流动资产/流动负债）	1.55	1.79	2.01	2.53	2.92
每股收益（注：总股数 = 450 000 000）	1.08	1.27	1.41	1.58	1.60

补充说明：

部分贷款契约

长期债务/权益≤0.75

利息覆盖比率（EBIT/利息支出）≥2.5

流动比率（流动资产/流动负债）≥1.25

9.3 评估并购对并购后每股收益的影响

收购方的初始报价通常是其认为可被标的企业接受的价格范围中的最低点。如果标的企业的财务表现非常出色，那么它可能会获得更高的溢价，将报价推向更接近最高价格。收购方可能会报出一个接近最高的价格，以逼走其他潜在收购方。收购方的骄傲自大或者竞价，可能将最终收购价格推至或超过最高价格。无论在何种情况下，提高收购报价都应考虑折中平衡问题。报价模拟模型可以让收购方在改变报价和并购后的每股收益之间把握好平衡。但是每股收益的短期下降，可能导致一些 CEO 放弃收购标的企业。收购方管理层可以设定一个基线，并购后的每股收益不得低于这个基线：这就是“要么前进要么后退”的决策原则。

一项并购既可能增加收购方并购后的每股收益（增值），也可能降低每股收益（摊薄）。收购方可能接受短期内每股收益被摊薄，前提是从长期来看，每股收益将变得非常有吸引力。尽管交易结束后的几年里（可能最多两年），收购方有可能接受摊薄的情况，但实际被摊薄的程度不应该比收购方在交易结束时的预期情况更糟糕，否则管理层就可能让投资者失去信心。收购方可以通过改变与标的企业股东分享的净协同效应，来改变收购报价。对于一套关于交易的条款和企业数据而言，收购报价的提高会影响到并购后的每股收益。这些条款包括收购价格中的现金和股票占比。企业数据包括并购前的股价、收购双方的流通股股数、净协同效应的现值，以及普通股在并购后的预测净利润。

表 9-9 展示了不同的情境分析：在收购价格中包括 75% 的股票和 25% 的现金的情况下，改变与标的企业股东分享的协同效应数量，会产生不同的并购后每股收益。当收购报价提高时，每年每股收益相对较小的降低，反映了收购方不得不发行少量股票来收购标的企业的股票。该表反映了最低、最高和初始报价，假设收购方愿意让渡最高 30% 的协同效应。在这个协同效应让渡水平上，95% 的新企业的股票将由收购方股东持有，剩余的股票由标的企业股东持有。本书配套网站提供了一个用 Excel 做成的模拟报价模型。

表 9-9　模拟报价模型

交易条款										
报价中的现金部分（%）	0.25									
报价中的股票部分（%）	0.75									
预期协同效应让渡给标的企业的比例（%）	0.3									
企业数据										
收购方股价（美元/股）	16.03									
标的股价（美元/股）	14.25									
标的企业流通股数量（100 万股）	19.10									
收购方流通股数量，交易完成前（100 万股）	426.00									
预期净协同效应的现值（100 万美元）	368.00									
基于协同效应不同让渡数额的各种情境										
		让渡的协同效应（%）	**报价**	**（100 万美元）**	**每股报价 并购后 总股数**	**并购后每股收益**				
						2008	**2009**	**2010**	**2011**	**2012**
计算结果		**0.1**	**309**	**16.18**	**445**	**1.09**	**1.29**	**1.43**	**1.60**	**1.61**
最低报价（100 万美元）	272	0.2	346	18.10	448	1.08	1.28	1.42	1.59	1.61
最高报价（100 万美元）	640	0.3	383	20.03	450	1.08	1.27	1.41	1.58	1.60
初始报价（100 万美元）	383	0.4	419	21.96	452	1.07	1.27	1.40	1.57	1.59
初始每股报价（美元）	20.03	0.5	456	23.88	454	1.07	1.26	1.40	1.57	1.58
每股收购溢价（%）	0.41	0.6	493	25.81	457	1.06	1.25	1.39	1.56	1.57

（续）

		基于协同效应不同让渡数额的各种情境								
		让渡的协同效应（%）	报价	（100 万美元）	每股报价并购后总股数	并购后每股收益				
						2008	2009	2010	2011	2012
标的股票收购价组成		0.7	530	27.74	459	1.06	1.25	1.38	1.55	1.57
每股中收购方权益	15.02	0.8	567	29.66	461	1.05	1.24	1.38	1.54	1.56
每股中现金（美元）	5.01	0.9	603	31.59	464	1.05	1.24	1.37	1.54	1.55
换股比率	1.25	1.0	640	33.52	466	1.04	1.23	1.36	1.53	1.54
收购方发行的新股	23.87									
收购方流通股数，交易完成后（100 万股）	449.87									
新企业的所有权分配										
收购方股东（%）	0.95									
标的企业股东（%）	0.05									
收购方和标的企业合并收入										
		2008	2009	2010	2011	2012				
并购完成后的合并收入（100 万美元）		485	573	635	712	719				

注：本书配套网站提供了这个模型的 Excel 工作表，标题为“Offer Price Simulation Model”。

记忆要点

并购财务模型为交易估值、设计交易架构和融资提供了帮助。本章给出的这个过程包括四个步骤：将收购方和标的企业分别进行估值；评估合并后的公司的价值，包括协同效应；估算初始收购报价；确定适合合并后企业的资本结构。

讨论题

9.1 为什么标的企业应该作为单独的业务进行估值？如果标的企业是一家更大的公司的一部分，举例说明应该进行哪些调整。

9.2 定义一个标的企业收购价格的最低范围和最高范围。

9.3 最后谈判价格、总价格、总收购价格和净收购价格之间的区别是什么？

9.4 收购报价可以超过最高收购价格吗？如果可以，为什么？如果不可以，为什么？

9.5 清楚地说明估值背后的假设条件为什么很重要？

9.6 假设两家企业在销售和设施方面很少有地域上的重叠，如果两家公司合并，对于协同效应会有怎样的影响。

9.7 陶氏化学工业公司是一家化工产品龙头制造商，宣布与竞争对手罗门哈斯（Rohm and Haas）达成了并购协议，声称通过提供高利润的罗门哈斯产品可以扩大其现有产品线。你认为这两家企业合并后会带来哪些可能的协同效应？两家企业合并对于合并后的现金流有何影响？

9.8 陶氏化学工业公司收购罗门哈斯公司的价格是在其收购前价格上溢价了 74%。陶氏化学工业公司在决定给出如此高的溢价时，可能采用了什么方法？

9.9 对于大多数交易来说，净协同效应的全部影响将不会在几个月内显现出来，为什么？哪些因素造成了这种延迟现象？

9.10 管理层期权和可转换证券的存在，会对标的企业收购报价的计算产生怎样的影响？

（所有讨论题的答案可以在本书的网上教师手册找到。）

实践题和答案

9.11 阿奎尔公司在考虑用换股交易方式收购塔吉特公司，塔吉特可以以每股50美元获得阿奎尔公司的普通股。阿奎尔公司不希望在收购后其市盈率产生任何变化。用上述两个企业的信息，计算：

	阿奎尔公司	塔吉特公司
普通股的收益	150 000	30 000
流通的普通股数量	60 000	20 000
每股价格	60.00	40.00

a. 收购溢价。

答案：25%。

b. 换股比例。

答案：0.833 3。

c. 阿奎尔公司发行新股。

答案：16 666。

d. 合并后的流通普通股总数。

答案：76 666。

e. 合并后公司的每股收益。

答案：2.35 美元。

f. 阿奎尔公司合并前的每股收益。

答案：2.50 美元。

g. 合并后的每股价格。

答案：56.40 美元，合并前的每股价格是60.00美元。

9.12 企业收购就是考虑购买标的企业。标的企业是一家签订协议为大型医药企业研发产品的小型生物技术企业。在预测期的前两年，研发成本预计将分别产生1 000万美元和500万美元的负现金流。协议在预测期第3~5年将分别产生500万美元、1 000万美元和1 500万美元的正现金流。由于竞争产品的出现，现金流在第5年后将以5%的中等速度增长。前5年的贴现率约为20%，之后下降到10%的行业平均水平。此外，通过将两家公司合并产生的净协同效应的现值估计可达到3 000万美元。计算标的企业的最低收购价和最高收购价。给出计算过程。

答案：最低价格是1.285亿美元，最高价格是1.585亿美元。

9.13 使用配套网站上的Excel模拟报价模型（见表9-9），如果让渡给标的企业股东的协同效应是50%，初始报价应该是多少？如果协同效应的让渡比例提高到80%，而且全部用收购方股票支付对价的话，报价应该是多少，所有权如何分配？

（所有讨论题的答案可以在本书的网上教师手册找到。）

:: 案例分析 9-1

微软全部现金收购 Skype

要点

- 收购Skype是防御性的，明显加强了微软的产品线。
- 为了覆盖其资本成本，微软必须尽快实现协同效应。
- 用财务模型进行各种情境模拟，有助于分析师评估结果和相应的风险范围。

互联网IPO估值在2011年上半年遭受到另一场网络泡沫的打击。有关Facebook要求1 000亿美元估值的事，回荡在华尔街。与这次倒退反其道而行的是，微软为Skype这家领先的网络语音和视频通话供应商，支付了让人眼前一亮的溢价。事后看来，似乎微软给出了一个“先发制人”的报价，而实际上并没有其他重量级竞购者参与竞购，当时的互联网估值是虚高的。

成立于2003年的Skype，通过提供免费的基于互联网的语音和视频通话而一朝成名。尽管这家企业的服务在持续增加，但其主要挑战仍然是如何将免费用电脑通话的人转变为付费客户。这家坐落于卢森堡的企业声称有6.63亿用户，大多数并不是活跃的通话者。2005年年初，在线拍卖巨头eBay提出26亿美元收购该公司，另外根据经营业绩还可能支付另外15亿美元作为激励金。eBay认为收购Skype的价值在于有机会将Skype的技术和自己的在线拍卖整合起来，让那些参与拍卖的人可以用语音和视频交流。然而，这项技术应用并没有被广泛接受，而且Skype不能为eBay产生持续的盈利。2009年年初，一个包括银湖合伙机构、加拿大养老计划投资委员会和风险投资机构指数创投（Index Ventures）的投资团体，以19.2亿美元获得了Skepe70%的权益，给该企业估值27.4亿美元，eBay保留了剩余的30%股权。

就在eBay剥离了Skype之后不久，拥有关键技术专利权的Skype创始人，对该投资团体侵犯专利权提起了诉讼。该案在2009年年末的处理，导致创始人获得该公司14%的股权。指数创投出售了其持有的股权。之后两年中，留下的投资者迫使该公司把精力放在研发上，缩短产品周期并结成新的合作关系。Skype转向为移动通信和企业市场提供服务，员工在2011年年初增长到约1000人，比2009年年末增加了40%。2009~2010年，经营业绩大幅提升，收入几乎增长了两倍，达到8.6亿美元。而经营利润从亏损转为盈利4.24亿美元。在2011年年初，该公司宣称将在8月进行IPO，募集1亿美元资金。

为了实现跨越式增长，微软从2010年年末就一直在和Skype的投资人协商合作事宜。当谷歌表现出收购Skype的兴趣时，微软CEO史蒂夫·鲍尔默突然发出了收购要约。Skype的投资者拒绝考虑低于70亿美元的收购报价，因为他们认为通过IPO至少会让公司值这个价格。2011年5月11日，微软宣布与Skype达成了以全部现金85亿美元收购的协议，这是微软36年历史上最大的一项收购。

微软打赌互联网通话将会追上移动和网络广告业务。微软愿意支付别人认为夸张的收购价格来帮Skype还债，并防止像谷歌这样的竞争对手参与竞购。从这一点看，这次收购本质上是防御性的，同时也是扩展微软其他产品能力的一个尝试。特别是微软想吸引Skype吹嘘的每月平均使用100分钟的1.7亿名活跃用户，来使用微软的Outlook电子邮件、Xbox游戏机盒、Windows移动电话和企业电话软件。微软还明确提出不打算减少免费服务。微软认为支付高溢价是合适的，因为该公司一旦上市则股票升值，再收购该公司会支付更多的钱。微软希望通过整合Skype和微软的产品，该公司可以加快切入视频通信行业。收购Skype可以让微软获得排名第一的消费者互联网服务，对诸如智能移动电话软件、办公套件和Xbox等业务有促进作用。

收购Skype让微软得以获得流行的移动应用、视频会议和视频聊天，这些早已包含在谷歌和苹果产品中了。Skype让移动电话用户不必使用长途电话运营商的数据网络，就可以免费或廉价通话，人们可能变得更不愿意使用昂贵的服务计划，反过来会减少无线运营商从客户那里得到收入。当然，Skype也在一些智能手机，包括iPhone和应用安卓操作系统的手机上使用了一段时间了。这项交易可以为微软和无线运营商之间的关系降温，可能影响其与诺基亚合作介入智能手机业务的尝试。运营商要对选择营销和出售什么做出最后的决定了。

微软支付的价格是2010年收入的10倍，经营记录良好的谷歌，以大约去年收入的5倍价格交易。如果微软可以实现与Skype其他产品的协同效应，这项投资可能带来丰厚的收益。然而，挑战是非常大的。微软期望将Skype的语音、视频和通信工具与办公电邮和移动操作系统整合。微软近期与诺基亚的交易，可以在诺基亚手机上使用微软智能手机软件，对促进微软智能手机平台的努力起到促进作用，但仍远远落后于苹果公司的iPhone和谷歌的安卓操作系统。Skype被广泛认可的品牌，也可以帮助微软与苹果公司的FaceTime视频通话竞争。此外，微软可以通过拓展其商业客户的视频会议业务提升收入。

表9-10提供了对Skype单独估值的假设条件。63亿美元的企业价值（股权加债务）和55亿美元股权估值，主要基于收入的高增长率和强劲的经营利润。在10年预测期内，终止期价值等于企业价值的1/5。在2010年年底，Skype的负债占到总资本的约22%，是行业平均水平5%的4倍还多。Skype的β值为1.35，而行业平均值是1.06，反映了其具有较大的波动性。该公司的加权平均资本成本假设Skype的目标债务与股权比例（debt-to-equity ratio）等于行业均值，收入增长率和经营利润与典型的成熟软件企业相同。税收损失抵扣（tax loss carryforwards）有可能至少在未来几年里让企业免交所得税。尽管公司的边际税率仍可能保持在与其他大型软件企业同一水平，但是终止期的税后经营利润仍需用边际税率40%重新估算现金流，因为该企业不可能无限期地递延税负。

表 9-10 Skype 单独估值

	实际值	预测期									
	2010	2011	2012	2013	2014	2015	2016	2017	2018	2019	2020
假设条件											
净收入增长率(%)	0.35	0.35	0.35	0.35	0.35	0.35	0.3	0.25	0.2	0.15	0.1
EBIT 占净收入的比例	0.49	0.45	0.45	0.42	0.4	0.38	0.36	0.34	0.32	0.3	0.3
边际税率(%)	0	0	0	0.15	0.2	0.2	0.25	0.25	0.25	0.25	0.25
经营资本占净收入的比例	-12.8	0	0.15	0.2	0.2	0.25	0.3	0.35	0.35	0.35	0.35
折旧/摊销占净收入的比例	13.2	0.13	0.1	0.09	0.08	0.07	0.06	0.05	0.04	0.04	0.04
资本支出占净收入的比例	0.036	0.036	0.04	0.045	0.05	0.05	0.05	0.05	0.05	0.05	0.05
软件行业加杠杆 β 值的均值①	1.06										
软件行业债务权益比的均值①	0.05										
软件行业债务与总资本比率的均值①	0.05										
软件行业不加杠杆 β 值的均值①	1.03										
Skype 的债务权益比②	0.22										
Skype 加杠杆 β 值	1.35										
Skype 的股权成本	0.12										
Skype 的借贷成本	0.03										
Skype 的资本成本(2011 ~ 2020)	0.11										
Skype 的资本成本(终止期)	0.09										
终止期增长率(%)	0.05										
终止期边际税率(%)	0.4										
部分财务数据(100 万美元)											
净收入	860	1 161	1 567	2 115	2 856	3 855	5 012	6 265	7 518	8 646	9 510
EBIT	424	522	725	888	1 142	1 465	1 804	2 130	2 406	2 594	2 853
EBIT$(1-t)$	424	522	705	755	914	1 172	1 353	1 598	1 804	1 945	2 140
折旧和摊销	114	151	157	190	228	270	301	313	301	346	380
经营资本	-110	0	235	423	571	964	1 504	2 193	2 631	3 026	3 329
经营资本变化量		110	235	188	148	393	540	689	439	395	303
资本支出	31	42	63	95	143	193	251	313	376	432	476

（续）

	实际值	预测期									
	2010	2011	2012	2013	2014	2015	2016	2017	2018	2019	2020
企业自由现金流		521	564	662	851	856	864	908	1 291	1 464	1 742
现值(2011～2020)	5 078										
终止期现金流	1 314										
终止期价值	1 266										
总净现值(企业价值)	6 344										
股权价值	5 543										
债务到期日(12/21/2010)	**账面价值**	**权重**	**加权贷款期限**								
2011	38 512	0.05	0.05								
2012	38 512	0.05	0.10								
2013	67 397	0.09	0.27								
2014	452 521	0.61	2.44								
2015	144 422	0.19	0.97								
未偿债务总额	741 364										
贷款期限的加权平均值			384								
债务的市场价值			801.41								

①http://pages. stern. nyu. edu/～adamodar/New_Home_Page/data. html.

②所有 Skype 历史数据来自 Skype 公司 S-1 注册表，美国证券交易委员会，2011 年 3 月 4 日。

如果我们假设净收入的年增长率比表9-10中的假设值高10%，Skype的企业价值和股权价值将分别飞涨到93亿美元和85亿美元。相反，如果我们悲观地假设每年的收入增长率要低10%的话，企业价值和股权价值将分别跌落到41亿美元和33亿美元。在更乐观的情况下，微软可能以折扣价格收购Skype；然而，如果收入增长比预期慢很多，微软将在产生足够协同效应以弥补资本成本方面承受巨大压力。所以，合理的增长假设范围会给出估值得很大的变化范围（见表9-11）。

表9-11　Skype估值范围

	基本估计	乐观估计	栏1/栏2	悲观估计	栏4/栏1
	栏1	栏2	栏3	栏4	栏5
企业价值	$6.3	$9.3	47.6%	$4.1	(34.9)%
股权价值	$5.5	$8.5	54.6%	$3.3	(40)%

本书配套网站上提供了基于Excel的模型，标题是“Skype Valuation Model”（http://booksite.elsevier.com/9780123854872）。建议读者尝试改变关键假设条件，包括10年预测期和终止期的收入增长率、经营利润和贴现率，做一些情境分析。这类模型多用于确定结果的范围，而不是提供高度精确的预测结果。

讨论题

1. 什么因素可能导致Skype估值的净收入增长放慢以及经营利润缩水？请具体说明。
2. 你预计微软在实现协同效应过程中将面临什么挑战？作为负责整合的经理，你打算怎样去克服这些挑战？
3. 假设表9-10的独立估值是准确的，微软期望获得的用来补偿资本成本的协同效应的现值是多大？
4. 并购Skype也可以被视为防御性的，对这项收购的防御性本质，你有什么看法？

（所有讨论题的答案可以在本书的网上教师手册找到。）

:: 案例分析9-2

克利夫兰·克利夫斯公司收购阿尔法天然资源公司失败

要点

- 财务模型可以用于评估不同的收购价格对并购后净现值和每股收益的影响。
- 这类评估可以让谈判人员在谈判过程中快速给出报价和还价。

在努力提高商品价格长期向上走势的过程中，铁矿砂公司克利夫兰·克利夫斯公司未能在2008年年末，用现金和股票完成对金属矿类公司阿尔法天然资源公司的收购。在2008年11月19日的联合新闻发布会上，两家企业宣布并购协议由于当时的“宏观经济情况”较差而终止。尽管如此，该交易展示了如何用一个简单模拟模型研究各种收购报价对并购后每股收益的影响。

在2008年年中第一次公布收购消息时，该交易的估值约为200亿美元。阿尔法天然资源公司的股东愿意接受每股131.42美元的价格，这比该企业此前股价大约溢价了46%。并购后的新企业将改名为克利夫斯天然资源公司，而且将成为美国最大的多元化矿业和天然资源企业之一。增加的运营规模、采购规模经济效应和减少的富余人员，预计每年在成本方面节省大约2.9亿美元。收购价中的现金和股票分别占17.4%和82.6%，如表9-12所示。以克利夫斯估算资本成本10%进行永续折现之后，得出的预期协同效应现值约为26.5亿美元。并购交易后的净收入预测来自华尔街分析报告。

讨论题

1. 收购溢价包括协同溢价和控制权溢价。控制权溢价代表了收购方愿意为取得指挥标的企业经营的权力所支付的金额。假设克利夫斯认为为收购阿尔法支付控制权溢价不合理，那么克利夫斯的报价应该只反映了协同溢价。根据表9-12，克利夫斯支付阿尔法的收购价格过高吗？解释你的理由。

表 9-12 克利夫兰·克利夫斯公司收购阿尔法天然资源公司:收购模拟报价模型

交易条款										
报价中的现金部分(%)	0.174									
报价中的股票部分(%)	0.826									
预期协同效应让渡给标的企业的比例(%)	1.00									
企业数据										
收购方股价(美元/股)	102.50									
标的股价(美元/股)	90.27									
标的企业流通股数量(100 万股)	64.40									
收购方流通股数量,交易完成前(100 万股)	44.60									
预期净协同效应的现值(100 万美元,11% WACC)	2 650									
	基于协同效应不同让渡数额的各种情境									
		让渡的协同效应(%)	**报价(100 万美元)**	**每股报价**	**并购后总股数**	**并购后每股收益**				
						2008	2009	2010	2011	2012
计算结果		0.1	6 078	94.38	104	3.72	4.09	4.42	4.73	4.96
最低报价(100 万美元)	5 813	0.2	6 343	98.50	106	3.63	3.99	4.31	4.61	4.84
最高报价(100 万美元)	8 463	0.3	6 608	102.61	109	3.55	3.90	4.21	4.50	4.72
初始报价(100 万美元)	8 463	0.4	6 873	106.73	112	3.47	3.81	4.11	4.40	4.61
初始每股报价(美元)	131.42	0.5	7 138	110.84	114	3.39	3.72	4.02	4.30	4.51
交易条款										
每股收购溢价(%)	0.46	0.6	7 403	114.96	117	3.31	3.64	3.93	4.20	4.41
标的股票收购价组成		0.7	7 668	119.07	119	3.24	3.56	3.84	4.11	4.31
每股中收购方权益	108.55	0.8	7 933	123.19	122	3.17	3.48	3.76	4.02	4.22
每股中现金(美元)	22.87	0.9	8 198	127.30	125	3.11	3.41	3.68	3.94	4.13
换股比率	1.28	1.0	8 463	131.42	127	3.04	3.34	3.61	3.86	4.05
收购方发行的新股	82.57									
收购方流通股数,交易完成后(100 万股)	127.17									
新企业的所有权分配										
收购方股东(%)	0.35									
标的企业股东(%)	0.65									
收购方和标的企业合并收入										
	2009	2010	2011	2012	2013					
并购完成后的合并收入(100 万美元)	387	425	459	491	515					

2. 根据表9-12给出的信息和100亿美元的初始报价，这项交易是否隐含了控制权溢价？控制权溢价是多大？控制权溢价在克利夫斯支付过高的价格中是如何反映的？解释你的理由。
3. 并购后的每股收益的差别——克利夫斯享有100%的协同效应和享有10%的协同效应的报价之间的区别，大约是22%（即3.72÷3.04，2008年）。你对这个巨大的差异有何看法？

（所有讨论题的答案可以在本书的网上教师手册找到。）

附录9A 关于使用本书配套网站上的并购模型

本书配套网站上的电子数据表模型是按照本章讨论的四步骤模型建构流程设计的。在设计工作表的链接时，每个工作表都有一个一眼就能够理解的标题或缩写名称。在Excel表格后面的附录A和B包括了预计时间表、里程碑，以及完成交易各项活动的负责人。表9-13展示了每个工作表用途的简要说明。

表9-13 模型结构

步骤	工作表标题[①]	用途（标签缩写名称）
1	Determine Acquirer and Target Stand-Alone Valuation	用于确定假设条件和对独立策略做出并购前的估值
1	Acquirer 5-Year Forecast and standAlone Valuation	提供独立估值（BP_App_B1）
1	Acquirer Historical Data and Financial Ratios	提供预测值和历史数据之间的一致性检验（BP_App_B2）
1	Acquirer Debt Repayment Schedules	估算企业并购前的债务（BP_App_B3）
1	Acquirer Cost of Equity and Capital Calculation	展示假设条件（BP_App_B4）
1	Target 5-Year Forecast and Stand Alone Valuation	见上（AP_App_B1）
1	Target Historical Data and Financial Ratios	见上（AP_App_B2）
1	Target Debt Repayment Schedules	见上（AP_App_B3）
1	Target Cost of Equity and Capital Calcuation	见上（AP_App_B4）
2	Value Combined Acquirer and Target，Including Synergy	用于确定假设条件和估算并购后的价值
2	Combined Firm's 5-Year Forecast and Valuation	提供估值（AP_App_C）
2	Synergy Estimation	展示估值所用的假设条件（AP_App_D）
3	Determine Initial Offer Price for Target Firm	估算价格谈判区间
3	Offer Price Determination	估算最低报价和最高报价（AP_App_E）
3	Alternative Valuation Summaries	其他估值方法（AP_App_F）
4	Determine Combined Firm's Ability to Finance Transaction	实用性测试（AP_App_G）
Appendix A：Acquisition Timeline		提供关键活动计划表（AP_App_A1）
Appendix B：Summary Milestones and Responsible Individuals		时间表基准（AP_App_A2）

①工作表标题栏与网站所附Excel表文件一致，为方便读者下载使用，故而与Excel表文件保持一致。

每一张工作表采用的是同样的格式：最上部是假设条件，历史数据在表的左下部，预测期的数据在右下部。在没有设置公式的格里，填入你要分析的企业的历史数据。除非你想定制自己的模型，否则不要删除标有“historical period”或“forecast period”部分设置的公式。在替代forecast period这部分的数据时，要修改表格顶部的预测假设条件。其中一些工作表用到Excel的“迭代”计算功能，为了得出正确的计算结果，必须激活这个选项，特别是这个模型包含了循环计算。例如，现金和投资的变化会影响利息收入，反过来，利息收入会影响净收入和现金与投资。如果程序给你发出了“交叉索引”警示，请打开菜单上的“工具、选项和计算”，激活迭代计算选项。100次迭代计算通常足以解决“交叉索引”问题，但所需的次数可能因Excel版本不同而有所差别。对于这个模型的一些关键假设条件做出较小的修改，可以高效率地得出模拟结果。关键变量包括销售额增长率、销售成本占销售额比例、终止期内的现金流增长率，以及在年度预测期和终止期内使用的贴现率。一次只应改变一个变量。

附录9B 并购模型资产负债表调整机制

对资产负债表的每一行科目预测其占销售额的比例，不足以保证得到平衡的预测资产负债表。财务分析师通常会在财务模型中“插入”一个调整值，使资产负债表得以平衡。尽管这样做可能对一年期预算的测算合理，但会让多年预测出现很大问题。而且，基于不同假设条件进行多个情境分析也是非常耗费时间的。为了让模型自动得到平衡，必须解决这些问题。为了便于操作，这种自动调整机制是建立在一个简化做法之上的，即如果企业的现金流是负数，那么它将去借钱，如果现金流是正数，则加在现金余额上。这个假定忽略了可供企业挑选的其他选项，例如用多余现金偿还债务、回购股票或支付红利。

资产负债表的调整方法参见表9-14，要求分析师将流动资产分成经营和非营运资产（nonoperating assets）。经营资产包括最小运营现金余额（minimum operating cash balances）和其他经营资产（如应收款、存货以及预付款等）。流动的非营运资产是投资（即将超过最小运营现金余额的那部分投资于短期有价证券）。企业在流出现金超过流入现金时会发新债。当流出现金小于流入现金时，投资会增加。例如，如果一段时期里，资产负债表中只有净固定资产（NFA）在增加，新债（ND）增加的金额应等于净固定资产增加额。相反，如果流动负债是这段时期内唯一增加的科目，那么非经营性投资（I）增加的金额应等于流动负债增加额。在这两个例子里，资产负债表都会自动平衡。

表9-14 资产负债表模型调整机制

资产	负债
经营性流动资产	流动负债（CL）
经营所需现金（C）	
其他流动资产（OCA）	其他负债（OL）
总经营性流动资产（TCOA）	
短期（非经营性）投资（I）	长期债务（LTD）
	现有债务（ED）
	新债（ND）
净固定资产（NFA）	
其他资产（OA）	
总资产（TA）	总负债（TL）
	股东权益（SE）

流出现金超过流入现金

- 如果（TA－I）>（TL－ND）+SE，企业必须借贷。

流出现金小于流入现金

- 如果（TA－I）<（TL－ND）+SE，企业的非经营性投资增加。

流出现金等于流入现金

- 如果（TA－I）=（TL－ND）+SE，借贷和非经营性投资不变。

这个微软Excel模型中的调整机制公式会根据条件指令（“如果，那么”）给出不同的结果。如果在某一年度，企业进行了借贷（即新债是正数），则模型中的工作表Step 1的该年度投资一栏是0。新债的金额将等于总资产减去短期非经营性投资，或者总负债减去新债加上股东权益。如果在该年度企业没有借贷（即新债为0），该模型的工作表Step 1的投资栏应该是正数。短期非经营性投资的金额应该等于总负债减去新债，加上股东权益，或者总资产减去短期非经营性投资。同样的逻辑适用于该模型的工作表Step 2和Step 4。

CHAPTER10

第10章 非上市企业的分析和估值

如果事实不能符合理论，事实将会被改造。

——梅尔定律

|并购内幕| 从“杯型蛋糕泡沫”中获得优势

关键点

- 为成长获取融资是大多数小企业面临的普遍挑战。
- 出售部分业务给私人投资者或公开发行股票，是小企业为大型业务扩张计划提供资金的常用途径。

当Crumbs于2003年第一次在曼哈顿上西区开业时，这家西饼店提供3个系列的杯型蛋糕和150种其他糕饼。当杯型蛋糕变得非常普及时，该店开始推出带有不同配料和花饰的杯型蛋糕。该企业的创始人杰森·鲍尔和米娅·鲍尔，采用的是一种一目了然的商业模式：控制成本并最小化设备投资。尽管Crumbs所有杯型蛋糕的配方都归米娅·鲍尔所有，但是在她的店里却没有厨房和烤箱。相反，Crumbs把蛋糕烘焙的活儿都外包给其他机构。该公司避免打广告，更愿意在新店铺开张时，免费奉送一些杯型蛋糕并依靠口碑传播。通过把成本控制得很低，不借贷款就实现了扩张。该企业认为理想的店铺应该位于日间人流量大的地点，例如城区市场。2010年，该公司通过34家店铺卖出了1 300万块杯型蛋糕，收入达到3 100万美元，息税折旧前利润额250万美元。Crumbs的成功使其希望能够加速成长，计划到2014年时，要开设200家新店铺。他们所面临的挑战，是如何为快速扩张融资。

鲍尔夫妇对于募集资金，为业务扩张提供所需融资并非外行，他们2008年曾将公司的一半出售给埃德温·刘易斯（Edwin Lewis）——Tommy Hilfiger公司的前CEO，获得了1 000万美元。这样就可以让他们再投资一部分钱到业务中以延续增长，还可以从生意中套现一部分资金供个人使用。然而，这一次他们的大额融资要求令人恐惧。这对夫妻不愿意公司借太多的债，他们清楚地知道这是让很多快速成长的公司后来不得不转让的原因。股票可以直接在私募市场出售，或者出售给公众。私募可能很昂贵，而且可能无法满足全部融资需求；而通过IPO募集资金，则需要直接和承销商打交道，那需要他们所缺乏的金融专业技能。将公司出售给另一家企业，看上去能够最好地满足他们的主要目的：获得资本金，保留他们的高管职位，利用其他人的金融专长与资本市场打交道，并分享未来创造的价值。

第57街并购公司（57th Street）是一家专门为收购目的设立的公司，即SPAC。2010年5月，第57街并购公司通过IPO募集了5 450万美元，他们用募集的资金设立了一家信托，用于完成计划的并购。[㊀]一年之后，第57街并购公司宣布用2 700万美元现金和3 900万美元股票收购了Crumbs。2011年6月30日，第57街并购公司宣布纳斯达克已经批准其普通股挂牌交易，Crumbs的市值达到近6 000万美元。

本章概览

大约3/4的美国并购涉及非上市企业。这类企业的股票没有在各州或联邦注册，因此无法在公开证券市场进行交易。由于缺乏这样的市场，所以为这类企业估值变得特别有挑战性。但是有很多理由支持为这类企业估值的需求。投资者和小企业主可能在并购或出售资产时，或者因为雇员期望行使股票期权而需要进行估值。员工持股计划（ESOP）也可能要求进行定期估值。在其他情况下，股东争议、法律案件、离婚或赠与，或者不动产税可能需要提供估值结果。

本章讨论分析师如何处理通常不会在上市公司估值中发现的问题。由于有关初次接触和与私营企业谈判的内容在第5章讨论过了，本章重点放在如何对这类企业估值，以及为控股、少数权益折价和流动性折价目的调整估值。本章还包括通过反向并购和杠杆ESOP制造的壳公司收购非上市企业，以及如何用PIPE为持续经营提供融资。本书配套网站（http://booksite.elsevier.com/9780123854872）在“学生学习指南”（Student Study Guide）文件夹中提供了本章回顾。

10.1 未上市企业[㊁]

小型未上市企业通常是指指控制权高度集中的企业，因为只有几名股东控制着企业的经营和管理政策。控制权最集中的是家族企业，[㊂]占到3 300万家美国企业的大约90%左右。家族企业经常面临严峻的挑战，包括管理层传续问题、融资渠道有限、薄弱的公司治理、不正规的管理架构、训练不足的管理团队，以及更关注所有权而非成长。这类企业比上市公司更难收购，特别是收购会导致现有的所有权被稀释。

由非家族成员管理的家族企业通常管理良好，由持有大量股份的家族股东密切监督着管理团队的运作。但是由创始人的孩子管理，通常会对企业价值产生负面影响。这可能缘于能够掌控企

㊀ SPAC是壳公司或空白支票公司，它们没有任何业务，这类公司希望通过IPO将募集资金用于兼并收购其他公司。

㊁ 本书中，私营企业（公司）和非上市企业（公司）代表同一事物，可以互换使用。

㊂ 所有被集中控制的企业是小型企业，而家族控制着许多大型上市公司的经营方针。在这类企业里，家族影响力通过让家族成员担任高级管理人员、董事和持有超级表决权股票发挥出来。家族式大型上市公司包括沃尔玛、福特汽车、洛斯（Loew's）和贝克特尔（Bechtel）集团，每家年收入都超过了200亿美元。

业的家族成员不够用。继承问题是需要解决的一个最困难的挑战，家族企业将继承问题看作是所有权转移，而不是管理权转移。问题来自家族年轻一代成员还没有准备好，以及潜在继承人数量有限，他们可能不具备接手企业的智识或兴趣。许多企业通过出售企业克服这些挑战。

10.2 治理问题

第3章讨论的公司治理市场模型依靠的是大量分散的投资者，使得所有权和企业管理分开。这个模型忽略了一个事实，即家族企业经常接触到具有不同兴趣、投资期和战略的来自上市企业的投资者。在很多国家，家族企业办得很成功，是因为它们愿意分享利益，而且投资者更看重企业的长期健康而非短期表现。有实证证据表明，管理模式（所有权和管理权都集中于一个投资人群体）比市场模型更适合家族企业。董事独立性，作为市场模型的一个重要属性，对于家族企业而言，重要性要小得多。为家族后代考虑，由关注长期成长的所有者组成的董事会，对企业的投入可能比外人要多得多。

10.3 非上市企业估值中的挑战

许多非上市企业隐匿真实身份，有机会篡改数据，存在小企业病，以及所有者倾向于最小化税负，在估值上造成了一系列严重问题。

10.3.1 缺乏外部信息

一般来说，外部对非上市企业分析非常缺乏。由于其证券无须在公开市场交易，所以非上市企业很少有动机邀请外部分析师关注自己。所以，除了那些由企业管理层提供的信息，很少有关于非上市企业业绩的预测。媒体报道通常也很有限，而且其内容也是基于企业管理层提供的信息。即便是那些致力于提供小型非上市企业人数和财务信息的公司（例如，邓白氏），其主要信息来源也主要是依靠它与管理层之间泛泛且不经常做的电话访谈。

10.3.2 缺乏内部控制和报告体系不完善

非上市企业一般不具备和上市企业同一水准的管控和汇报体系，这个体系要求准备经过审计的财务报告，而且要符合萨班斯-奥克斯利法案的要求。缺乏正规的管控，例如审批和监督现金使用的系统，导致了造假和滥用企业资源。由于知识产权在非上市企业价值中占有很大比重，缺少文档也构成一个关键的估值问题。经常是企业中只有一两个人知道如何复制诸如软件、化学分子式、配方等有价值的无形资产，如果这些人流失了，企业会遭受毁灭性打击。此外，客户名录以及与关键客户关系有关的商业条款可能也没有文档，造成在所有权变更时产生与客户的纠纷。

10.3.3 企业自身问题

非上市企业可能缺乏产品、行业和地域上的多元化。可能没有足够的管理人才，让企业得以研发适应当前市场的新产品，或者拓展新的市场。由于高昂的固定费用，企业利润可能对需求变化高度敏感。规模小可能限制了它对监管机构和工会的影响力，限制了打通销售渠道以及与客户、供应商讨价还价的能力。最后一点是公司可能有出色的产品，但只有很可怜的品牌认知度。

10.3.4 操纵利润的常见方式

收入和经营费用可能被错记，下面解释一下这是怎样发生的。

1. 错记收入

收入的数额可能记账时记得过高或过低，这取决于企业主的目的。如果意图是税负最小化，那么以现金为基础的经营可能倾向于少报收入，因为外部机构难以跟踪交易情况。想要出售公司的非上市企业所有者则可能想放大收入。常见的例子是制造商，他们依赖别人分销其产品。这些制造商可以通过把发送到批发商的产品在当期记为收入，不考虑可能的退货来放大收入。会员制或订购类业务，例如保健俱乐部和杂志出版商，可以通过将几年的合同价值全部计入当期，而不是在合同有效期间按照每年合同实际支付额记账来放大收入。[㊀]

2. 操纵经营费用

非上市企业的所有者最小化纳税的努力，可以让他们自己和家族成员得到超过正常水平的薪酬、福利和奖金。其他操纵成本的例子包括额外费用——只是对所有者、其家庭和关键员工的其他形式的酬劳，可能包括企业主的夏季度假屋或狩猎小屋的租金，支付给企业主私人飞机和游艇驾驶员的工资。现有或潜在客户有时候可以被允许使用这些资产。企业主大多认为这些费用对于维护客户关系或促成签订大订单是必需的，因此应该列入业务费用之中。其他常见的滥用包括旅行和娱乐、保险，以及支付给向企业提供服务的供应商过高的价格。尽职调查常能发现，企业主或其家庭成员是企业的产品或服务供应商的投资人抑或所有者。

另一方面，如果企业所有者的目的是最大化企业的出售价格，那么，薪酬、福利和其他运营成本可能会被大幅少记。检查该企业过往的利润记录，可能发现利润被操纵的问题。若企业当年突然出现了经营利润改善，可能意味着过去的费用被夸大，收入被少记，或者两种情况兼有。

10.4 非上市企业的估值流程

为了应对非上市企业的这些挑战，分析师应该采用了一种“四步法”程序。第一步要求调整标的企业财务数据，以反映当期的真实盈利和现金流。第二步是确定合适的估值方法。第三步要求估算合适的折现率。最后一步是用控制权溢价（如适用）、流动性折价和少数股东折价（如果投资者获得的是企业的非控股权益），对企业价值做出调整。

10.4.1 第1步：调整财务报表

调整损益表的目的，是对一年的净利润或税前利润、息税前收益（EBIT）或息税折旧摊销前收益（EBITDA）做出较准确的估算。各种收益指标应该准确反映在产生收入的过程中实际发生的所有成本，对当期入账的可疑账目要加以调整，也应该反映当期发生的维持预期收入增长的其他支出（例如，培训和广告）。当我们考虑企业特别是小型紧密控制性企业的价值时，建立准确的当期或基准年数据的重要性显而易见。如果这一年的利润数据是错的，即便预测增长率是正确

㊀ 这种记账活动扩大了当期收益，这是因为没计入跨年期合同的所有成本，例如客户服务，会在合同期间每一年提供和记账。

的，将来的预测金额也不会准确。而且，建立在相对估值方法上的估值结果，例如，这一年的市盈率，将会因标的企业当期收益估算不准确而出现偏差。

EBITDA 已经成为越来越受欢迎的非上市企业估值指标。使用这个指标有助于进行企业间的比较，因为它消灭了由企业间折旧方法和财务杠杆不同导致的潜在的收益表现被扭曲。此外，这个指标比其他利润指标更适用于相对估值方法，而企业更有可能展示正的 EBITDA，而不是 EBIT 或者净利润数字。除了便利性，分析师需要留意，EBITDA 只是现金流的一个组成部分，而且它忽略了净经营资本、投资和融资活动对现金流的影响。

10.4.2　进行有意义的调整

找到有关非上市企业的最新可靠信息是很有挑战性的，信息是有的，分析师的第一步，是在互联网上查找标的企业的相关资料。通过查找资料，应该可以发掘出一系列有关标的企业的信息来源。表 10-1 提供了一个不完全的包含非上市企业信息的网站名单。

表 10-1　非上市企业的信息来源

来源/网址	内容
研究机构	
华盛顿研究者：www. washingtongresearchers. com 富尔德公司：www. fuld. com	提供如地方政府官员、地方商务委员会、州级监管机构、资信报告机构、市民团体组织的资源列表
数据库	
邓白氏：www. smallbusiness. dnb. com	企业付款的历史信息和部分财务数据
胡佛公司：www. hoovers. com	4 万家国际和美国企业数据、IPO、非营利组织、贸易协会、小型企业，1 800 万家其他企业的部分数据
英特格莱公司：www. integrainfo. com	提供行业基准数据
标准普尔 NetAdvantage：www. netadvantage. standardandpoors. com	125 000 家企业的管理层、董事的简历和财务数据
信息美国：www. infousa. com	行业基准和有关公司的数据
福布斯杂志：www. forbes. com/list	提供每年顶级非上市企业排名
公司杂志：www. inc. com/inc500	提供每年前 500 家最快成长的企业名单

1. 工资和福利

在做出任何结论之前，分析师应当确定所有关键员工所做的实际工作，以及同行业类似工作的薪酬水平。我们可以通过购买熟悉该行业的薪酬顾问的服务，获得薪酬比较数据，或者只需查阅该行业的出版物和当地报纸上刊登的招聘广告即可。根据行业不同，福利费的范围在员工基础工资的 14% ~50% 波动。某些员工福利，如社会保险和医保税（Medicare taxes），是法律规定必须提供的，所以是公司无法控制的成本。其他福利可能更易控制，其中包括的项目，如养老金缴款和人寿保险费，是按照基本工资的一定比例计算的。收购方压缩过高薪资的努力也可以减少这类福利。然而，减少福利经常会在短期内增加运营成本，这是因为可能出现较高的员工流失，需要培训替换人选，以及由此导致的对留下员工生产力的潜在负面影响。在许多情况下，企业主的配偶或其他家族成员也在工资单上，但他们并未为企业做多少工作。一个理性的收购方将不会继续支付这些不必要或者过高的薪酬，所以应该进行相应的调整。

2. 差旅、餐费和娱乐

差旅和娱乐支出（T&E），可能成为潜在收购方对标的企业估值时第一个砍掉的成本项目。

对于不太熟悉这个行业的人来说，可能将实际上是需要的用于保留现有客户和获得新客户的支出，看作多余的额外费用。建立、经营和维护关系，对于个人或商业服务类公司尤其重要，例如咨询和法务企业。客户管理行业可能要求在客户处提供咨询式的销售。像软件这样复杂的产品可能需要现场培训。所有权变更之后，对差旅和娱乐支出预算的无差别削减，可能导致客户流失。㊀

3. 汽车费用和人寿保险

要了解这类费用是不是吸引和保留关键员工整体薪酬福利的一个重要部分。可以通过比较标的企业与同一地区和同行业类似岗位的薪酬福利做出判断。对于其他员工福利也应进行类似的评估。

4. 家庭成员

类似的问题也同样适用于工资单上的家族成员。他们经常在为公司工作，因为他们与公司有密切关系，因此积极性很高。如果公司已经成立多年，流失那些与客户建立了多年关系的关键家族成员，可能导致损失一大批重要客户，而且家族成员可能拥有非常重要的业务知识。

5. 超过公平市场价格的租金和租赁支出

检查公司或设备使用的场地楼宇的实际拥有者。如果公司业主拥有这个楼宇，这是一个常用的将其所得薪酬福利以外的公司资金转移给自己的方法。

6. 专业服务费用

专业服务可能包括法务、会计、人事和精算服务，仍然要检查在公司业主和提供服务的企业之间有无非商业方面的关系。通常关注收取不同寻常的高费用的特殊情况。对于需要持续监管和评估的行业，有可能发生看上去非常高的法务和会计费用。

7. 折旧

加速折旧法从纳税方面考虑是有道理的，但可能严重低估当期盈利。出于财务报告目的，可以考虑从加速折旧法改为直线折旧法，这可以更好地与实际发生的费用和实际收入相匹配。

8. 拨备

当期拨备可能不足以反映未来可能发生的事件。拨备增加会减少应税收益，而减少拨备会提高应税收益。在对应收账款进行分析后，可能发现账款回收方面的问题。有可能需要为有疑问的账户增加拨备。类似地，标的企业可能对现有养老金和保健计划下的员工，没有做出足够的拨备以履行未来的缴款义务。拨备也应该提高，以反映已知的环境和诉讼风险。

9. 存货会计

在通货膨胀时期，企业经常采用后进先出（LIFO）法核算存货。这个方法导致了销售成本增加，反映了近期最高的存货成本，因此也就减少了毛利润和应税收益。在通胀期采用LIFO法也导致降低了资产负债表上的存货价值，因为存货的价值是以更早时期的较低的生产

㊀ 近年对税法的修改使得增加的餐饮和娱乐费用的负担变得更重。从税务上讲，只有一般的餐饮和娱乐支出属于可以抵扣的费用。

成本计算的。相反，采用先进先出（FIFO）法核算存货，假设的是存货按照采购的时间先后出清。当价格上涨时，FIFO 法给出更高的存货价值、较低的销售成本和较高的毛利润（gross profit）。尽管采用 LIFO 法在纳税方面可能是有意义的，但收购方的估值目的应该是为了得出标的企业当期实际收益的真实估计值。FIFO 法看上去对于可更新或者有快速失效期的产品来说最合理，这些产品最有可能按照时间顺序出清。LIFO 法在通货膨胀继续保持高位的情况下是有意义的。

10.4.3 常被忽视的问题

预期销售额提高一般需要投入更多的营销努力、更有效的客户服务支持，以及更好的员工培训。然而，无论是收购方还是出售方做出的高速成长期的预测，普遍看到的是年度广告和培训费用占销售额的比率在降低。出售方想要鼓大收购价，收购方可能只是对其管理这项业务过度乐观，或者因为他们想让贷款方为交易提供融资。预测时通常被低估但永远无法逃避的其他方面，包括环境清洁、员工安全和未结诉讼等相关的费用。

10.4.4 常被过度重视的领域

企业的价值通常更多地体现在其无形资产，而不是有形资产上。最好的例子是许多高估值的互联网相关企业和生物技术企业。无形资产可以包括客户名单、专利、授权许可证、分销协议、租赁、监管机构的批准、不竞争协议和雇用合同。由于这些资产有着不断增长的价值，所以代表了未反映在标的企业经营现金流中的收入，或者是降低成本的来源。

10.4.5 对财务报表调整的解释

表 10-2 展示了尽职调查的一部分流程，从标的企业获取的过往财务报表和预测财务报表，以及如何根据买方认为更准确反映标的企业收入和成本的方式进行调整。对过往财务数据的调整，可以深入了解如果企业改变管理方式的话，会得到什么样的结果。调整预测财务数据也可以让分析人员使用他认为更为现实合理的假设条件。注意销售成本分为直接成本和间接成本。直接销售成本与生产过程发生的成本有关。间接销售成本是在各种支持生产过程的职能部门（例如高管）发生的费用。实际发生的历史成本被记录于“调整理由”一栏中。有些调整表示“加回”到利润中，而另一些则是从利润中扣减。在表格底部的调整后的 EBITDA 数据，表示买方认为的该项业务利润的最现实估计值。最后，通过展示历史数据，买方可以看到趋势，有利于对该企业的盈利水平做出预测。

表 10-2 调整标的企业的财务报表[①]

	第 1 年	第 2 年	第 3 年	第 4 年	第 5 年
收入（1 000 美元）	8 000.0	8 400.0	8 820.0	9 261.0	9.724.1
减：直接销售成本（COS），不包括折旧和摊销	5 440.0	5 712.0	5 997.6	6 297.5	6 612.4
等于：总利润	2 560.0	2 688.0	2 822.4	2 963.5	3 111.7
减：直接销售成本					

（续）

	第1年	第2年	第3年	第4年	第5年
薪酬和福利	1 200.0	1 260.0	1 323.0	1 389.2	1 458.6
租金	320.0	336.0	352.8	370.4	389.0
保险费	160.0	168.0	176.4	185.2	194.5
广告费	80.0	84.0	88.2	92.6	97.2
差旅和娱乐费用	240.0	252.0	264.6	277.8	291.7
董事袍金	50.0	50.0	50.0	50.0	50.0
培训费	10.0	10.0	10.0	10.0	10.0
其他非直接成本	240.0	252.0	264.6	277.8	291.7
等于：EBITDA	260.0	276.0	292.8	310.4	329.0
调整理由	**加回（扣减）**				
LIFO 直接销售成本高于 FIFO 成本，调整为 FIFO 成本	200.0	210.0	220.5	231.5	243.1
去掉支付给兼职工作的家族成员薪酬福利	150.0	157.5	165.4	173.6	182.3
去除所有者的薪酬福利和董事袍金	125.0	131.3	137.8	144.7	151.9
提高标的企业的广告费，维持区域品牌认知度	(50.0)	(52.5)	(55.1)	(57.9)	(60.8)
增加用于州外客户的差旅和娱乐费用	(75.0)	(78.8)	(82.7)	(86.8)	(91.2)
关闭区域销售办事处，减少办公空间（租金）	120.0	126.0	132.3	138.9	145.9
增加培训预算	(25.0)	(26.3)	(27.6)	(28.9)	(30.4)
调整 EBITDA	705.0	743.3	783.4	825.6	869.9

①读者可以在本书配套网站上找到一个标题为“Excel Spreadsheet for Adjusting Target Firm Financials”的文件，自己练习一下改变假设条件得出的结果。

在这个示例中，买方认为根据业务性质，库存用 FIFO 法估值会比 LIFO 法更准确。这一库存成本会计方法的改变，导致大幅提升了企业的盈利水平。尽职调查结果也揭示了该企业人数过多，可以去掉前业主的全职工作（包括企业一名董事的袍金）和一些业主家族成员担任的兼职工作岗位。

尽管可以减少一些成本科目，但也需要调高一些成本。办公空间可以减少，关闭区域销售办事处可以降低租金费用。然而，销售和营销相关的差旅和娱乐预算被调高了，这是为了满足更多的服务州外客户的需要。类似地，广告费将被调高，以促进产品在那些区域的销售。新买家还认为该企业过去的培训预算不足以维持业务增长，因此在这方面的支出将增加一倍以上。

10.5 第2步：对非上市企业使用估值方法

非上市企业使用的估值方法类似于本书其他章节讨论的方法。但由于缺少公众交易市场，故而经常采用价值的其他定义，而对于估值方法的调整，并不适用于上市公司。

10.5.1 定义价值

公平市场价值是一个有意愿的买家向有意愿的卖家建议的接受一项生意的现金或等同现金的价格，前提条件是双方都拥有充分的相关信息。公平市场价值假设任何一方都没有义务买或卖。由于存在公共市场，上市公司的股票交易活跃，因此较容易获得上市公司的公平市场价值。如果类似的上市公司存在，那么这个概念也可以应用于非上市企业。由于找到一个非常接近的公司很困难，专业估值人员研究出了一种相关概念，称为公平价值（fair value）。公平价值用于不存在某项业务的活跃交易市场，或者不可能得到相似企业价值的场合。公平价值较为主观，因为它代表的是基于对有形资产和无形资产评估的现金数额。[⊖]

10.5.2 选择合适的估值方法

评估机构、经纪商和投资银行一般把估值方法分为四种：收入法（贴现现金流法）、相对或基于市场的方法、重置成本法、资产导向法。我们在下面依次讨论。

1. 收入法或贴现现金流法

影响这个方法的因素包括：收入或现金流定义、现金流的时点，以及对合适的贴现率或资本化率的选择。贴现率和资本化率（capitalization rate）这两个术语，通常是可以互换使用的。当预测一家企业的现金流增长率会随时间而变时，贴现率通常是指用于将预测现金流转换为现值的因素。如果企业现金流预计不会增长或者以固定比例增长，业内采用的贴现率经常是指资本化率。资本化率可能被转换成使用别的用于估值目的的倍率（见阅读资料 10-1）。

阅读资料 10-1

资本化倍数的应用

假设 A 企业和 B 企业当年现金流是 150 万美元，贴现率是 8%。预期 A 企业的现金流不会再增长，而 B 企业的现金流以 4% 持续增长。两家企业的当前市场价值是多少？

答案： A 企业采用零增长率方法估值，B 企业采用不变增长率 DCF 法估值。

A 企业： 150 ×(1/0.08) = 150 ×12.5 = 1 875（万美元）

B 企业： 150 ×(1.04)/(0.08 - 0.04) = 150 ×26 = 3 900（万美元）

永久年金和不变增长资本化倍数分别是 12.5 和 26，意味着投资者愿意为每一美元现金流分别支付 12.5 美元和 26 美元。

尽管有更复杂的贴现现金流法经常用于对非上市企业估值，资本化倍数可能在所有者缺乏复杂的金融知识时被用到。这类倍数易于计算并在参与各方间沟通，而且有助于完成交易。没有太多证据表明更复杂的估值方法会得出更准确的估值结果。尽管贴现现金流法被广泛运用，但它并非唯一的方法。其他估值方法也有人使用，这取决于特定案例的实际情况和环境。

2. 相对价值（或市场）法

相对价值（或市场）法也可以用于商业经纪人或评估机构对非上市企业估值，以确定收购价格。美国国税局和税务法庭一直都鼓励使用基于市场的估值技术。所以，在对非上市企业估值时，通常重要的是牢记哪些因素是美国国税局认为与这个过程相关的，因为美国国税局可能质疑与房地产、资本

⊖ 公平价值也是不满意的股东要求估值时的法定标准。在并购或公司清盘后，许多州的股东有权要求对其持有的股份进行估值，获得现金支付的公平价值。在采纳统一商业公司法（Uniform Business Corporation Act）的州，公平价值是指股东做出反对公司决定之前的股份价值，不包括针对公司决定所做的任何折旧和摊销。作为对比，根据 2007 年 11 月 15 日生效的财务会计标准委员会声明 157 号，公平价值是指在市场参与者之间通过有序交易而形成的价格（Pratt&Niculita，2008）。

收益或非工薪收入税相关的销售收入。通过查阅收入判决结果，可以确定美国国税局对于特定税务事宜的立场。收入判决结果（revenue ruling）是美国国税局对国内收入税则（Internal Revenue Code）、相关法规、税务条约和监管规定的官方解释。收入判决结果 59 ~ 60 规定了美国国税局和税务法庭认为和非上市企业估值有关的一般因素。这些因素包括一般经济条件、行业特定条件、企业类型、行业历史趋势、企业的业绩表现以及企业的账面价值。此外，美国国税局和税务法庭还考虑企业产生收益和支付分红的能力，诸如商誉等无形资产的金额，近期股票销售，以及同样或类似公司的股票价格。

3. 重置成本法

重置成本法认为一家企业资产的价值，等于重新购置它们所需的成本，最适用于拥有大量有形资产的企业，而且重置它们的实际成本是可以确定的。这个方法对于企业主要是无形资产的情况不太适用。此外，重置成本法忽略了将其作为经营资产创造出的价值。[㊀]

4. 资产导向法

账面价值是一个会计概念，因为账面价值通常反映的是历史价值，而非当前的市场价值，因此被视为一个好的市场价值衡量指标。然而，正如我们在第 8 章所说，有形账面价值（即账面价值减去无形资产），可能是衡量金融服务和产品配送类企业当前市场价值的一个不错的代理变量。拆散出售价值是对于一个企业在其各个主要资产被分开出售时的该企业价值的一个估计值。清算价值反映了企业处于被迫时的情况。何时采用何种估值方法，见第 8 章的表 8-4。

10.6 第 3 步：设定贴现率

尽管贴现率或资本化率可以用一系列方法推导出来，但本章的重点仍是加权平均资本成本法或股权成本法。资本资产定价模型（CAPM）提供了对收购企业股权成本的估算，可以用作企业没有负债时的贴现率或资本化率。但是有实证研究表明，CAPM 倾向于低估小型企业的财务回报率。下面我们讨论调整 CAPM 的方法，以改善对小型非上市企业估算股权成本的准确度。

10.6.1 估算非上市企业的 β 值和股权成本

CAPM 假设股权成本是由边际投资者（marginal investor）或增量投资者（incremental investor）决定的。尽管上市和私营企业都有系统性风险，但是上市公司的非系统性风险，可以被持有多元化股票投资组合的投资者消除。对于持仓过于密集的机构，情况却不是这样。对于企业业主通常是唯一（或主要）投资者的企业，边际投资者就是当前的所有者，因为此时总是难以吸引到新的投资者。[㊁]因为所有者的财富主要是他持有的企业股份，因此所有者是不够多元化的。这类企业的 β 值低估了真实的风险敞口，其中既包括系统性风险也包括非系统性风险。所以，与上市企业的投资者不同，对于非上市企业的所有者，要担心的是全部风险而不仅仅是系统性风险。

㊀ 重置成本法（replacement-cost approach）有时用于对无形资产估值，通过检查过去对该资产所做的投资，评估该无形资产的价值。例如，为推广某个产品、品牌或形象而累积花费的广告费，可以作为品牌或形象的一个合理替代变量。然而，由于不断变化的消费者品位，这个方法可能产生误导。

㊁ 企业主可能不想引进新投资人，因为他们希望保留控制权。

为了估算集中持有企业的所有者的全部风险，分析师可能估算整体β值，这个值可以用股市中一家可比上市公司的关联系数，去除一个证券的CAPM市场贝塔值算出来。[㊀]由于与整体市场的关联性已经除去，整体贝塔值抓住了这只证券作为独立资产的风险，而不是计算其作为多元化投资组合一部分的风险。这个关联系数可以通过计算可比上市公司的平均决定系数（R^2）的平方根得出估计值，用该股价相对整体股市进行线性回归得出。整体贝塔值（β_{tot}）可以表达如下：

$$\beta_{tot} = \beta / \sqrt{R^2} \tag{10-1}$$

整体贝塔值将为一个把所有投资都放在一个企业上的投资者计算出股权成本。[㊁]如果没有充足的历史信息用来做回归分析，可以使用第7章（见表7-5）讨论的自下而上过程来估算整体贝塔值。

对整体贝塔值的批评意见认为，使用历史回归分析或可比公司贝塔值进行估算，必然是不稳定的，估算值会因使用的方法和选择的时间段而不同。替代整体贝塔值估算股权成本的一种方法是加总法（buildup method），即将特定种类资产的风险求和。这种方法假设企业的市场贝塔值等于1，在CAPM估算出的企业股权成本上，加上企业规模和行业风险，以及与公司相关的风险。这些因素是用来衡量非系统性风险的。

企业规模调整反映了一个假设，即一般而言，较大的企业比小企业的违约可能性小；行业调整反映的是某些行业比其他行业周期性更明显（因此更具有风险性）的现象。对于小型非上市企业的相关风险的例子包括：缺少专业管理，过度依赖单一客户或供应商，缺乏资本渠道，以及产品范围狭窄。反映了这些因素的加总法如下：

$$k_e = R_f + ERP + FSP + IND + CSR \tag{10-2}$$

式中，k_e代表股权成本；R_f代表无风险回报；ERP代表股权风险溢价（股票的市场回报减去无风险收益率）；FSP代表企业规模溢价；IND代表行业风险溢价；CSR代表公司相关风险溢价。

企业规模数据和行业风险溢价数据可以从晨星公司旗下的Ibbotson1926年至今提供的Stocks, Bonds, Bills & Inflation中找到，也可以从Duff & Phelps出版的1963年至今的风险溢价报告中获得。[㊂]估算特定公司的风险溢价需要进行定性分析，通常包括管理层访谈和现场走访。特定公司风险溢价的变动幅度可能向上或向下调整，以反映诸如杠杆率、规模和收益/现金流比率等因素

㊀ 与CAPM贝塔值不同，整体贝塔值是一只证券相对于市场的波动性以及与整体市场的关联度，度量的只是该证券相对于市场波动性的波动。在线性回归中，$\beta = \mathrm{Cov}(i, m)/\sigma_m^2$，可以重新写作（$\sigma_i/\sigma_m$）$R$，这是因为（$\sigma_i/\sigma_m$）$\times$［$\mathrm{Cov}(i, m)/(\sigma_i \times \sigma_m)$］$= \mathrm{Cov}(i, m)/\sigma_m^2$，式中，$\sigma_i$是$i$证券的标准差（波动性），$\sigma_m$是整体市场的标准差，而$R$是$i$证券和整体股市的关联系数［$\mathrm{Cov}(i, m)/(\sigma_i \times \sigma_m)$］。通过用（$\sigma_i/\sigma_m$）乘以系统性和非系统性风险指标$R$，$R$的值介于0和1之间，CAPM贝塔值提供了整体风险中系统性风险这部分的估计值。注意整体贝塔值一般会大于CAPM贝塔值，这是因为估算的关联系数介于0和1之间。只有$R = 1$时，整体贝塔值和CAPM贝塔值才会相等。

CAPM贝塔值也称为市场贝塔值——译者注。

㊁ 如果一家私营企业被上市公司收购或者自行上市，则使用整体贝塔值是错误的，这是由于上市公司的股东或IPO的投资者，被假定为可以通过多元化投资解决特定公司的风险问题。如果投资私营企业的投资者只是做了一部分多元化，比如在多个行业有投资的对冲基金，此时投资者的贝塔值应该高于市场贝塔值，但低于整体贝塔值。

㊂ 晨星旗下的Ibbotson提供基于公司市值的10个十分位股权风险溢价数据。第10个十分位的数据还可以针对市值低至120万美元的企业做进一步细分。该机构还提供500个行业级的风险溢价数据。Duff & Phelps提供25个基于8个不同规模定义的规模类别的股权风险溢价数据。这8个定义包括市场价值、账面价值、5年平均净收入、已投资本的市场价值、5年平均EBITDA、销售额、雇员数和总资产。分析师可以使用这些数据作为所研究公司的基准，而不必估算股权的市场价值，因为大家都使用的是Ibbotson的数据。

的波动性。其他主观因素可能包括管理层的深度和精明程度、客户集中度、替代产品、潜在的新进入者，以及产品的多元化程度。㊀

尽管从业人士经常使用加总法，但这个方法也存在一些问题，因为它假设规模、行业和特定企业的风险溢价之间可以相加。如果是这样的话，那它们之间就应该是独立和无关联的。有可能包含了规模溢价的因素也会反映到行业和特定企业风险溢价中，有可能导致在估算企业股权成本时“重复计算”它们的影响。另外，基于评估师的经验和直觉所做的对特定企业风险溢价的主观调整，也可能导致产生显著的偏差。

10.6.2 估算非上市企业负债成本

私营企业极少能够接通公开债市，而且通常不会有信用评级机构的评级结果。大多数债是银行贷款，企业账簿上记录的一年以上贷款的利息支出，可能不能反映企业现在借贷的成本。常用的解决方法是假设私营企业能够以可比上市公司同样的利率借到钱，或者根据企业财务比率估计一个合适的公司债券评级，采用类似评级的上市公司的利率水平。分析师可以使用各种网上债券筛选服务（例如 finance. yahoo. com/bonds）来找到上市公司的信用评级。例如皇家加勒比海邮轮有限公司（Royal Caribbean Cruise Lines LTD）拥有 BBB 评级，其 2009 年的利息覆盖比率是 2. 7，要为 7 ~ 10 年期债券支付 7. 0% ~ 7. 5% 的利息。因此，具有类似利息覆盖比率的企业可以采用类似的信用评级。如果一家私营企业被评估具有类似的利息覆盖比率，而且打算借类似期限的贷款，有可能它只需支付一个差不多大的利息。㊁其他有关有信用评级企业的利息率信息，可以在主要的财经报刊上找到，例如《华尔街日报》、《投资者报》和《巴伦周刊》。㊂

10.6.3 确定适用税率

在本书中，在评估上市公司时，用于计算税后债务成本的边际税率是 40%。当收购私营企业的买家是一家上市公司时，用 40% 的边际税率一般是正确的。尽管如此，对于私营企业或个人买家，选用多大税率取决于买家是谁。如果买家是上市公司，适用的边际税率可以高达 40%，如果买家是非营利性实体，则可以低至 0。如果买家是个人，则边际税率应该采用最高的个人边际所得税率。

如果收购方以个人独资企业的身份出现，其商业收益按照业主所得计税，那么适用的税率应该是最高的边际个人所得税率。对于合伙企业、有限责任公司和 S 型公司，所有收益分别归属于合伙人、成员和所有者，适用税率应该是所有者边际税率的加权平均值。权重比例应该反映出各所有者的所有权比例。如果买家是有钱人，则有必要对依照可比上市公司估算的股权成本做出调整，以反映个人缴税的影响。如果上市公司的股权成本是 10%，而个人分红和资本利得适用税率

㊀ 关于企业评估师如何使用加总法的精彩讨论可参阅 W. Miller (2010)。

㊁ 如果知道私营企业债的期限、票息率、付息周期和面值，这个债的市场价值可以用具有类似风险水平企业的上市交易的债的到期收益率估算出来。

㊂ 与估算小型私营企业股权成本不同，无须对特定商业风险的债务成本做出调整，因为它应该已经反映在具有类似风险水平的企业的利率里了。

是 15%，股权成本应该是 8.5%（即 10% ×（1 – 0.15））。[㊀]

10.6.4　估算资本成本

对于债务，资本成本法（cost-of-capital method）应该用于估算贴现率或资本化率。这个方法包括计算股权成本的加权平均值和税后债务成本。权重比例应该反映市场价值而不是账面价值。私营企业面对着比上市公司更大的挑战，因为其股权和债务的市场价值并没有提供。计算资本成本需要使用市场价值，而不是债务与总资本之比的账面价值。私营企业提供的这类比率只是账面价值。一个常用的解决方法是：使用该企业管理层确定的债务权益比率的目标值确定权重比例，或者假设该私营企业将采用行业平均债务权益比率。[㊁]当企业现金流增长期将要改变时，高增长期估算的资本成本应该会降低，此时企业开始以更可持续的速度增长，通常是行业平均增速。在那个时点，该企业开始表现出行业典型企业的风险和增长特征。所以，在可持续增长期，贴现率可以假设为行业资本成本的平均值。阅读资料 10-2 展示了如何计算私营企业的贝塔值、股权成本和资本成本。

阅读资料 10-2

给非上市企业估值

Acuity 照明公司是一家地区性客户定制照明模具制造商和销售商，当年（即第 0 年）的收入为 1 000 万美元，EBIT 为 200 万美元。该公司的债务账面价值为 500 万美元。在第 5 年年底到期的债的每年利息支出是 40 万美元。该企业的边际税率是 40%，和行业平均水平一致。当年的资本性支出等于当年的折旧金额，两者预期以同样的速度增长。作为经营资本管理出色的成果，预期经营资本未来将基本不发生变化。在未来 5 年中，该企业的收入预期以每年 15% 的速度增长，再后面 5 年的年增长率为 5%。企业当期经营利润率预计会在预测期内保持不变。作为增长速度降低到更可持续水平的一个结果，预期 Acuity 照明将在可持续增长阶段表现出行业中等水平的风险和增长特征。所以，在这段时期的贴现率预计会跌到行业平均 11% 的资本成本水平。行业平均贝塔值和债务权益比率分别是 2 和 0.4，用可比上市公司的股价进行线性回归的 R^2 是 25。十年美国国债利率是 4.5%，而所有股票的历史股权溢价是 5.5%。Acuity 照明的利息覆盖比率是 2.89，相当于 BBB 信用评级。信用评级为 BBB 的企业当期支付的税前债务成本是 7.5%。Acuity照明的管理层根据该企业的盈利水平和增长特点，设立企业的债务收益比率目标值为 0.5。估计该企业的股权价值。

用第 7 章讨论的方法计算 Acuity 照明的股权成本（见表 7-5）和资本的加权平均成本。这就要求计算可比企业的不加杠杆贝塔值的平均值，并用标的企业的债务权益比率调整这个值：

1. 同行业上市企业不加杠杆的贝塔值 = 2/(1 + 0.6 × 0.4) = 1.61，其中 2 是行业平均加杠杆贝塔值，0.6 是(1 – 税率)，而 0.4 是同行业企业的平均债务权益比率。

㊀ 上市公司的股权成本是在公司税已经缴纳而个人税未缴之前的。当所有盈利都分配给投资者时，有必要根据投资者个人税率对股权成本做出调整。

㊁ 企业的 D/E 目标值应该与用于计算加权平均资本成本的债务与总资本之比和股权与总资本之比的权重之间存在一致性。这可以通过将 D/E 目标值（或者是使用的行业 D/E）除以（$1 + D/E$），估算出隐含债务与总资本之比。用 1 减去这个比例就可以得出隐含股权与总资本之比。

2. 整体贝塔值（见式（10-1））是 1.61/$\sqrt{0.25}$=3.22（注意：整体贝塔值只反映了经营风险和行业风险。）

3. Acuity 的加杠杆贝塔值 = 3.22×(1 + 0.6×0.5) = 4.19，其中 0.5 是该公司管理层设定的债务权益比率目标值。

4. Acuity 的股权成本 = 4.5 + 4.19 × 5.5 = 27.6。

5. Acuity 的税后债务成本 = 7.5×(1 − 0.4) = 4.5，其中 7.5 是税前债务成本。

6. Acuity 的 WACC = (27.6×0.67) + (4.5×0.33) = 19.98，其中该企业的债务与总资本之比（D/TC）由 Acuity 债务权益比率目标值（D/E）除以 1 + D/E。所以，D/TC = 0.5/(1 + 0.5) = 0.33，而权益与总资本之比 = 1 − 0.33 = 0.67。

用表 10-3 的数据和 FCFF 贴现现金流对 Acuity 进行估值。

$$
\begin{aligned}
\text{FCFF 的现值} &= \frac{1\,380\,000}{1.199\,8} + \frac{1\,587\,000}{(1.199\,8)^2} + \frac{1\,825\,050}{(1.199\,8)^3} + \frac{2\,098\,807}{(1.199\,8)^4} + \frac{2\,413\,628}{(1.199\,8)^5} \\
&= 1\,150\,192 + 1\,102\,451 + 1\,056\,692 + 1\,012\,831 + 970\,792 \\
&= 5\,292\,958\text{(美元)}
\end{aligned}
$$

$$
\begin{aligned}
\text{终止期 PPV} &= [2\,534\,310/(0.11 - 0.05)]/(1.182\,4)^5 \\
&= 18\,276\,220\text{(美元)}
\end{aligned}
$$

$$
\begin{aligned}
\text{总现值} &= 5\,292\,958 + 18\,276\,220 \\
&= 23\,569\,178\text{(美元)}
\end{aligned}
$$

$$
\begin{aligned}
\text{Acuity 债务的市场价值} &= 400\,000 \times \frac{[(1 - (1/(1.075)^5))]}{0.075} + \frac{5\,000\,000}{(1.075)^5} \\
&= 1\,618\,354 + 3\,482\,793 \\
&= 5\,101\,147\text{(美元)}
\end{aligned}
$$

$$
\begin{aligned}
\text{股权价值} &= 23\,569\,178 - 5\,101\,147 \\
&= 18\,468\,031\text{(美元)}
\end{aligned}
$$

表 10-3 FCFF 模型 （单元：美元）

	年					
	1	2	3	4	5	6
EBIT①	2 300 000	2 645 000	3 041 750	3 498 012	4 022 714	4 223 850
EBIT(1 − 税率)②	1 380 000	1 587 000	1 825 050	2 098 807	2 413 628	2 534 310

①EBIT 前 5 年增长率为每年 15%，之后的年增长率为 5%。

②第 0 年的资本支出和折旧金额相等，预期之后以同样速度增长，而且，经营资本的改变是零。所以，自由现金流等于税后 EBIT。

10.7 第 4 步：应用控制权溢价、流动性折价和少数股权折价

在第 9 章的阅读资料 9-2 中，标的企业的最高收购价格（PV_{MAX}）被定义为其当前市场价值或独立价值（stand-alone value，即最小收购价格，PV_{MIN}）加上预期协同收益的价值（即 PV_{NS}）：

$$PV_{MAX} = PV_{MIN} + PV_{NS} \tag{10-3}$$

对于股票在流动性市场交易和单一股东（即大股东）无法控制公司经营的企业，这是一个合理的最大收购对价表达式。示例包括微软、IBM 和通用电气。然而，当市场不流动和大股东有能力影响企业战略决策的情况下，企业的最大收购对价，需要根据流动性风险和控制权价值进行调整。我们下面探讨这些概念。

10.7.1 流动性折价

流动性可以让投资者在出售资产时，不会令其投资遭受严重损失。私营公司的投资者会发

现，由于感兴趣的人数有限，他们可能难以很快出售自己手中的股份，有可能需要在当初购买股份的价格上打一个很大的折扣才能卖出。流动性或市场风险可以表现为流动性折价或市场折价（marketability discount），等于在支付给标的企业的对价上减去出售时的潜在价值损失金额。流动性折价的实证研究证明这种情况确实存在，但是对于折价的幅度有很多不同看法。1992 年以前的研究发现折价高达 50%，1999 年之后的 25 项研究显示出较温和的折价，区间为 5% ~35%，平均折价率是 20% 左右。从 1990 年开始，折价的降低反映了 144 规则减少限制性股份的持有期[㊀]以及市场流动性改善的效果。后者是因为更好的公司治理实践、更低的运输成本，通过互联网可以更多地获得信息，以及出现了非上市股票交易市场。[㊁]

10.7.2　收购溢价、控制权溢价和少数股权折价

对于很多交易来说，收购溢价（purchase price premium）既包括预计的协同效应溢价，也包括控制权溢价。控制权的价值与协同效应价值是不同的，后者代表了合并两家企业之后的收入增加和成本节约。相反，控制权的价值在于提供了持续指导企业经营活动的权利。尽管控制权经常假定需要获得超过 50% 的所有权，如果其他股东只拥有较少股份而且不是作为一个群体进行表决的话，少于 50% 的所有权仍能达到有效控制。所以，如果投资者相信可以在关键决策方面获得有效控制，投资者仍可能愿意以较大溢价购买少于 50% 的股权。

控制权包括挑选管理团队的能力，决定薪酬，设定政策，收购和清算资产，签批合同，并购，出售企业或将其再资本化同，以及 IPO。大股东的控制权越多，少数股东的影响力越小，少数股东持有的股份价值越低。所以，控制权溢价是投资者为了获得直接指导公司经营活动所愿意支付的金额。少数股权折价是由于少数股东缺乏对企业经营的控制权而导致投资价值减少。当买方收购一家标的企业，并且将其作为独立经营的子公司管理时，收购溢价可能只反映了控制权溢价。纯粹的控制权溢价，是指收购方相信通过代替不称职的管理团队，改变企业的战略方向，打入目前未进入的市场，或者通过不相关多元化就可以创造出的价值。[㊂]有关量度控制权溢价的实证证据并不是很多，导致对其大小有相当多的争议。对不同国家的对比研究表明，控制权溢价的中间值变化范围很大，小到 2% ~5%（公司所有权非常分散且投资者保护很有效的国家），大到 60% ~65%（所有权较集中且公司治理较差的国家），不同国家间的中间值为 10% ~12%。

10.7.3　流动性折价和控制权溢价之间的关系

市场流动性和控制权价值倾向于在相反方向变化，也就是说，当股东容易卖出股票时，控制权的

㊀ 受限股份是指那些由上市公司发行，但规定在一定时间范围内不能交易的股份。因此这类股份只有遵照美国证券交易委员会 144 规则的规定出售给私募。通常由于缺乏市场而需要折价出售。1997 年，美国证券交易委员会将受限股份的持有期从 2 年减少到 1 年，使得这类股份具有了更大的流动性。

㊁ 非上市企业的市场例子有 secondmarket. com，sharespost. com 和 peqx. com。

㊂ 另一个关于纯粹控制权溢价的例子是支付给一家通过杠杆收购而私有化的企业的溢价，此时标的企业一般会被并入一家壳公司，不会创造出协同效应，在重新资本化之后只需管理其现金，而该企业的管理团队可能保持不变，董事会里通常有来自财务发起人（如股权投资者）派出的代表。

收益就失去了。为什么呢？因为对控股股东决策不满的股东，可能选择出售他们的股票，因而拉低了控股股东的股权价值。当股东无法在不产生巨大损失的情况下出售股票时（即市场是不流动的），投资者得到的是有更大价值的控制权。少数股东无法容易地处置掉他们的投资，因为它们不能强迫出售企业，而且控股股东也没有动机收购他们的股票，除非打一个很大的折扣。控股股东可以在最小负面影响的情况下，继续做出不符合少数股东最佳利益的决定。所以，控制权溢价和流动性折价的大小可能是正相关的，因为随着市场流动性降低，控制权的价值将升高（即流动性折价变大）。

式（10-3）可以重新写成下面的公式，以反映控制权溢价（CP）和流动性折价（LD）之间的依赖关系：

$$PV_{MAX} = (PV_{MIN} + PV_{NS})(1 + CP\%)(1 - LD\%)$$

$$PV_{MAX} = (PV_{MIN} + PV_{NS})(1 - LD\% + CP\% - LD\% \times CP\%)$$

$$PV_{MAX} = (PV_{MIN} + PV_{NS})[1 - LD\% + CP\%(1 - LD\%)] \tag{10-4}$$

式中，$CP\%$代表控制权溢价，以最大收购价格的百分比表示；$LD\%$代表流动性折价，以最大收购价格的百分比表示。

式（10-3）的乘法形式见式（10-4），产生了一个术语（即$LD\% \times CP\%$），这可以作为控制权溢价和流动性溢价互动关系的估计值。[㊀]这种互动反映出，控制权价值［即$CP\%(1 - LD\%)$］的潜在减少，是因为不满意的少数股东在监督企业经营方面担当了更积极的角色。这可能导致改变董事会和管理层所做决策的代理权争夺战，或者导致董事会改组和法律诉讼。[㊁]

10.7.4 估算流动性折价、控制权溢价和少数股权折价

由于折价或溢价应该反映与企业相关的因素，所以不存在标准化的流动性折价或控制权溢价。

1. 影响流动性折价的因素

从20世纪90年代早期开始，实证研究给出的流动性折价的中间值大约是20%。表10-4建议了一个调整非上市企业流动性风险的方法，分析师可以从流动性折价的中值20%开始，按照标的企业的特定因素做出调整。这类因素包括企业规模、流动资产占总资产的比例、财务回

表10-4 估算流动性折价的大小

因素	参考值	从中间值20%开始调整折扣
企业规模	大型	降低折扣
	小型	提高折扣
流动资产占总资产比例	>50%	降低折扣
	<50%	提高折扣
财务回报	行业中间值的2倍①	降低折扣
	行业中间值的1/2	提高折扣
现金流增长率	行业中间值的2倍	降低折扣
	行业中间值的1/2	提高折扣
杠杆率	行业中间值的1/2	降低折扣
	行业中间值的2倍	提高折扣
特定公司的流动性折价		=20% ± 调整值

①行业财务中值的信息经常可以从行业贸易协会、会议演讲资料、华尔街分析师报告、雅虎财经、《巴伦周刊》、《投资者日报》、《华尔街日报》和类似出版物、网站上获得。

㊀ 如果进行控制权溢价和少数股权折价，控制权溢价和流动性折价是正相关的，少数股权折价和流动性折价必须是正相关的。

㊁ PV_{MAX}也可以通过调整股权价值（k_e）对非流动性和控制权价值做出调整。假设$k_e = k(1 + CP\%)(1 - LD\%)$，式中，$k$是股权成本，将非流动性和控制权价值的效果包括进去，那么$k = k_e/(1 + CP\%)(1 - LD\%)$。也就是说，$k$在控制权价值增加（$PV_{MAX}$增加）时降低，非流动性增加（$PV_{MAX}$降低）时，$k$会增加。

报，以及与同业相比的现金流增长和杠杆比例。这个列表不是一个穷尽所有因素的清单，其中所选的因素基于对有限制的股票的实证研究结果。

流动性折价对于较高流动性的企业应该更小，因为流动资产一般可以在最小价值损失的情况下，快速转变为现金。此外，财务回报明显超过行业平均水平的企业，能够更容易地吸引到投资者，而且会比那些业绩表现低于行业水平的企业折价更小。类似地，企业具有较低杠杆率和现金流高增长的企业，由于具有更低的盈亏平衡点而且不太可能违约或破产，因此要比那些有更高杠杆率和较慢现金流增长的企业的流动性折价小。

2. 影响控制权溢价的因素

影响控制权溢价大小的因素包括对标的企业现有管理层能力认知、支配经营费用的自由程度、非经营性资产的价值，以及当前尚未利用的商业机会的净现值。替代不称职的管理层所带来的价值难以进行量化评估，因为它反映的是未来做出更好决策的潜在可能性。非经营性资产和任意支配费用的价值，可以通过估算富余资产的税后出售价值和削减富余人员带来的税前利润改善，做出量化评估。尽管相对来说比较容易衡量，但这类行动只有在获得企业的控制权之后才有可能进行。⊖

如果标的企业仍然按照现有的方式经营，那么在收购价格之上不应增加控制权溢价。如果收购方想采取行动，那么只有在获得控制权之后才可能做到，此时要在收购价格上增加足以获得控股权益的控制权溢价。表 10-5 提供了对一个特定的公司如何调整控制权溢价的方法。表中用 10% 溢价只是为了说明，为了提供一个讨论的例子。实际选择的溢价应该反映分析师从该国法律系统和法律执行，以及企业的所有权是集中还是分散方面做出合适的判断。

表 10-5　评估控制权溢价的大小以反映标的企业业务战略和经营实践变化的价值

因素	参考值	从中间值 10% 开始调整溢价①
标的企业管理层	保留	溢价不变
	替代	提高溢价
可自由支配的费用	如果潜在节约占总费用比例超过 5% 则减少	提高溢价
	如果潜在节约占总费用比例低于 5% 则不减少	溢价不变
非经营性资产	如果潜在税后利得超过了收购价的 10% 则出售②	提高溢价
	如果潜在税后利得低于收购价的 10% 则暂不采取措施	溢价不变
其他商业机会	如果标的独立估值的 NPV 超过 20% 则利用	提高溢价
	如果标的独立估值的 NPV 低于 20% 则不利用	溢价不变
特定公司的控制权折价		=10% ± 调整值

①10% 的溢价是来自 Nenova（2003）、Dyck 和 Zingales（2004）研究成果中的中值估计值，这个值来自那些被认为具有相对较强投资者保护和执法的国家。
②收购价是指支付购买标的企业控股权益的价格。

可自由支配费用占总费用的比例、非经营性资产占总资产的比例，以及其他策略的净现值，反映了在削减成本、出售资产和寻求其他投资机会方面蕴藏的风险。这些风险包括裁员后造成的士气低落和生产效率下降，管理层在出售资产和业务过程中可能出现中断的时间，以及

⊖ 这是真实的，因为这类决定可能包括撤除拥有公司的家族成员担任的职位，或者出售由企业所有但主要是供业主家族使用的资产。

有可能过高估计其他投资的净现值。换言之，这些决定的好处应该足够大到抵消其中的风险。其他没有出现在表10-5的调整，在反映影响到控制权和少数股东权益的各州法律时可能是需要的。㊀

在实践中，商业评估人员经常会用到FactSet并购统计公司每年出版的控制权溢价研究报告（Control Premium Study）。另一个来源是Duff & Phelps公司。使用这些数据是有问题的，因为这些机构提供的控制权溢价估计值包括协同效应的估计值以及为获得控制权支付的金额。㊁

3. 影响少数股权折价的因素

少数股权折价反映了由于大股东的权力过大造成的少数股东影响力受损。从直观上看，折价幅度应该与控制权溢价的大小相关。控制权溢价越大，能够主导经营活动的价值越大，牺牲少数股东而获得的特权的价值越大。为了反映控制权溢价和少数股权折价之间的关系，FactSet并购统计公司用下式估算少数股权折价：

$$少数股权折价的中值 = 1 - [1/(1 + 支付溢价的中值)]$$

式（10-5）意味着投资者将为控制一家公司支付较高价格，而为少数股权支付的价格较低（即较大的控制权溢价伴随着较大的少数股权折价）。尽管式（10-5）常在业内作为估算少数股权折价的方法使用，但很少有实证研究支持这种直观上的关系。㊂

阅读资料10-3讨论了一位投资者应该为控股权益和少数股东权益付出什么代价。这个例子假设控股权益要求持有50.1%的所有权。实践中，如果有大量的少数权益投资者或投资者买入有超级表决权的股份，控制权可能小于这个比例。读者应留意20%流动性折价中值（基于最新的实证研究）是怎样根据标的企业的风险和回报特征进行调整的。而且，控制权溢价等于收购方认为的获得控股权益所导致的价值提升最小值。观察一下在控制权溢价和少数股权折价之间的直接联系是如何用于估算少数股权折价的。最后，看看流动性折价和控制权溢价的中值是怎样用于指导估值分析的。

阅读资料10-3

使用流动性风险、控制权溢价和少数股权折价为非上市企业估值

照明集团公司（LGI）是一家控股公司，想要收购Acuity照明公司的控股权，据估算该公司的股权价值等于18 468 031美元（见阅读资料10-2）。LGI认为成本节约带来的协同效应的现值是2 250 000（PV_{SYN}）美元，这部分成本节约来自大批量采购折扣价和裁减重复岗位的人手，以及将仓储部门合并。LGI认为通过采用专业管理方法（意味着做出更好的管理决策），

㊀ 在超过一半数量的州里，主要的公司行动，例如并购、出售、清算或者企业再资本化，只需企业股东的简单多数批准即可。剩余的州需要至少2/3多数批准这类决定。大多数州制定了清盘法规，只要少数股东能够表明在和控股股东谈判时陷入僵局或者其权利受到侵犯，少数股东有可能迫使公司清盘。

㊁ Damodaran（2002）建议的估算控制权溢价的方法是：将其视为企业在最理想运作下的现值，与企业现在状态下的现值之差。这个方法假设分析师能够精准确定标的企业的价值最优化策略。

㊂ 少数权利在一些州是受保护的，要求公司的一些主要决策须经2/3多数批准，意味着在这些州，少数所有者权益的折价也较小。

包含协同效应的 Acuity 价值应该提高至少 10%。为了获得这些，LGI 必须取得 Acuity 的控制权。LGI 为此愿意支付最多 10% 的控制权溢价。少数股权折价可以从式(10-5)得出。用来调整 20% 流动性折价中间值的因素来自表 10-4。调整幅度来自分析师的建议。分析师从雅虎财经上得到了表 10-6 所示的家具模具行业数据。

表 10-6 行业数据

因素	Acuity 照明	家具模具行业	从中间值 20% 开始调整折扣
流动性折价中值①	NA	NA	20.0%
企业规模	small	NA	+2.0
流动资产占总资产比例(%)	>50%	NA	-2.0
权益回报率	19.7%	9.7%	-2.0
现金流增长率	15%	12.6%	0.0
杠杆水平(负债权益比率)	0.22②	1.02	-2.0
Acuity 照明流动性折价估计值			16.0%

NA 代表“未提供或不适用”。

①流动性折价中间值的估算实证研究（不包括 IPO 前）始自 1992 年。

②从阅读资料 10-2 可知：5 101 147/23 569 178 = 0.27

为了获得该公司 50.1% 的控股权益，应该支付的最大收购价是多少？收购其 20% 的少数股权需要支付多少钱？为了调整标的企业之前由于缺少流动性市场带来的流动性风险，LGI 将用于收购该公司 50.1% 的股权的收购价打了 16% 的折扣。

通过式(10-4)，我们得到：

$$PV_{MAX} = (PV_{MIN} + PV_{NS})(1 - LD\%)(1 + CP\%)$$
$$= [(18\,468\,031 + 2\,250\,000)(1 - 0.16)(1 + 0.10)] \times 0.501 = 20\,718\,031 \times 0.924 \times 0.501 = 9\,590\,873$$（美元，收购 50.1% 的股权的最大收购价）

如果 LGI 只打算收购 20% 的 Acuity 股权，那么很难出现协同效应，因为 LGL 如果没有得到控股股东的批准，就无法实施那些成本节约措施。由于这是一项参股投资，所以不存在控制权溢价，但需要估算缺乏控制权导致的少数股权折价。可以用式(10-5)计算，也就是 $1 - [1/(1 + 0.10)] = 9.1$。

$$PV_{MAX} = [18\,468\,873 \times (1 - 0.16)(1 - 0.091)] \times 0.2 = 2\,820\,419$$（美元，收购 20% 的股权的最大收购价）

10.8 反向收购

在反向收购中，一家非上市企业以法定并购（a statuory merger）的方式合并一家上市的标的企业（经常是一个壳公司），这家上市企业将存续。既然这家上市的壳公司将继续运营，而那家非上市企业成为其全资子公司，该企业的原股东持有了这家上市企业的大部分股权。这就是大多数反向收购的情况，存续下来的企业股东通常最终获得了合并后的企业的大部分权益。

10.8.1 壳公司的价值

对于既无法提供美国证券交易委员会所需的两年财务审计报告，又不想承担 IPO 成本的企业来说，收购一家现有的上市壳公司，可能是一个合理的备选方案。在这家非上市企业收购了壳公司的大部分股票并完成了反向收购之后，可以指派新管理层并推选新的董事会。这家非上市企业的所有者获得壳公司的绝大多数股份，通常是 90% 以上，而且控制了壳公司的董事会。这家新企业必须至少要有 300 名股东，才能在纳斯达克小板市场挂牌交易。壳公司通常有两类：第一类是经营失败的上市公司，其股东想卖掉剩余部分弥补他们的损失。第二类是为了在反向收购中出售而专门设立的壳公司。后一种类型通常没有太大的未知债务风险。

10.8.2 反向收购比 IPO 成本更低?

反向收购的成本通常在5万美元到10万美元，大约只是IPO费用的1/4，可以在大约60天左右完成，这相当于完成一项典型的IPO所需时间的1/3。尽管有这些优点，但反向收购可能花费和IPO同样长的时间，有时会更复杂。收购方仍须对标的企业进行尽职调查，与交易所交流有关壳公司的信息，并准备一份招股说明书。经常会出现花费数月时间处理针对壳公司未结请求的情况，交易所经常要求采取反向收购的公司提供与IPO同样要求的信息。它们的主要顾虑是壳公司可能有未显露出来的负债，例如，未支付的款项或未了结的诉讼，有时可能让反向收购的成本远远超过IPO成本。实际上，通过反向收购上市的企业，因为无法满足上市要求而被除名的比例，要远比通过IPO上市的那些企业更高。

近年来，反向收购已经引发了越来越多的争议。2011年年末，美国证券交易委员会提高了对股东的保护，反向收购的企业必须先在纳斯达克柜台市场，或其他一家美国或国外公众交易所，完成一年时间的“过渡期”交易，才能申请在纳斯达克主板（包括小板）、纽约证券交易所和美国证券交易所（NYSE Amex）挂牌交易。这家企业还必须向美国证券交易委员会报备所有需提交的报告，并在其向交易所提交挂牌交易申请并获得批准之前的60天中，至少在30天里维持一个最低股价。

10.8.3 融资反向收购

私募投资上市股票（private investment in public equities，PIPE）是一种为反向收购提供融资的常用方法。在一个PIPE项目中，一家上市企业通常以折扣价出售新的未注册的证券，这些是股票或者可转为股票的债券，在私募交易中直接出售给投资人。对冲基金是这类证券的常见买主。发行人被要求尽快（通常是在发行后的10～45天）向美国证券交易委员会提交S-3注册文件，并且全力以赴地在备案后的30天内完成注册。PIPE经常和反向收购同时出现，不仅向企业提供了一个上市备选方案，而且还提供了直到企业挂牌交易的融资。例如，假设一家非上市企业通过反向收购被并入一家上市公司。作为存续实体，该上市公司通过发行私募股票募集资金（即PIPE融资）。该非上市企业现在就成为一家由基金提供未来资本需求的上市公司了。[⊖]

10.9 采用杠杆员工持股计划收购非上市企业

员工持股计划（ESOP）是雇主代表其员工设立的一个信托；信托资产分配给员工，而且在员工退出之前无须缴税。ESOP一般至少要用50%的资产投资雇主的股票。员工经常使用加杠杆的ESOP，买断那些净价值主要留在公司内的非上市企业的所有权。对于有ESOP的企业，公司所有者至少将30%的

⊖ 对于发行人来说，PIPE提供了比股票公开发行更快完成资金募集、便宜且保密的优点。而公开发行则要求前端注册并进行更复杂的面向公共投资者的“路演”。因为出售股票进场采取私募方式，PIPE最适合小额的融资，常见募资额度在500万～1 000万美元。

股份出售给 ESOP，用股票偿还借来的资金。在向 ESOP 出售股票的 12 个月内，公司所有者可以用这笔钱投资并推迟缴税。ESOP 拥有企业至少 30% 的权益，而且所有者和他的家族并不参与 ESOP。该企业为 ESOP 做出的免税收益，足以偿还利息和本金。ESOP 持有的股票则作为这项贷款的抵押物，在贷款偿还时分配给员工。只要贷款余额减少，股票就可以分配给员工，员工就可以逐步拥有这家企业了。㊀

10.10　股东回报的实证研究

如同我们在第 1 章中所说，无论是对于上市公司还是私营企业，标的企业股东通常在收购要约宣布时，会获得超过平常水平的正回报。相反，收购方的股东可能在宣布时会得到超过正常水平的负回报，特别是当用股票收购大型上市企业时就是如此。然而，大量实证证据显示，作为收购方的上市公司在用股票收购非上市企业时，会在交易宣布时获得明显超过平常水平的正回报。其他研究显示收购方为非上市企业时，无论采用何种支付方式，经常会获得超过正常水平的正回报。我们在下面讨论这些研究成果。

上市公司股东在使用股票而非现金收购非上市企业时，会赚得平均 2.6% 的超过正常水平的正回报。非上市企业的所有权倾向于高度集中，或者通过交换股票形成几个非常大的股东。对管理层的严密监督可能是获得如此高回报的原因。这些发现与加拿大、英国和西欧的研究结果是一致的。㊁

企业收购非上市企业，无论采用哪种支付方式，经常能获得超额收益。收购方在收购非上市企业时，也可以得到高达 2.1% 的超额收益，或者在收购上市公司的子公司时获得 2.6% 的超额收益。超出正常水平的回报，可能反映了收购方倾向于支付给非上市企业较小的对价，这是因为收购非上市企业或上市公司的子公司要相对困难一些。在上面两种情况下，股票都不是公开交易的，而且能够获得的信息也有限。再者，收购非公开上市企业的要约方也更少。所以，这些标的企业的收购价格可能是在其经济价值上打折扣，允许收购方实现更大的预期协同效应。

其他可能对收购非上市企业的超额正回报有贡献的因素，包括向非上市企业引入更专业的管理团队和税收优惠。上市公司可以将更专业化的管理团队引入标的企业，进而加强了标的企业的价值。收购方使用股票而非现金进行收购，也可以诱使卖方接受较低的价格，因为这样可以让卖方延迟对收益缴税，直到他们决定出售前所持股票之时。

记忆要点

为非上市企业估值要比上市公司估值更有挑战性，这是因为缺乏公开的股票价格数据以及非上市企业本身特有的问题。当市场流动性不足，而且企业是由大量股东控制时，对标的企业的收购报价，必须根据流动性风险和控制权的价值做出调整。与美国上市企业的并购研究结果不同，美国和海外非上市企业的买方经常会获得明显不同寻常的正回报，特别是在换股交易中。

㊀ 只有每年税前收益至少达到 10 万美元的 C 型和 S 型公司才可以设立 ESOP。

㊁ Draper 和 Paudyal，2006；Ben-Amar 和 André，2006；Bigelli 和 Mengoli，2004；Boehmer，2000；Dumontier 和 Pecherot，2001。这些成果与有关公司以私募方式发行股票和可转债回报的研究结论是一致的（Fields 和 Mais，1991；Hertzel 和 Smith，1993）。在私募方式中，大股东可以有效地监控管理层的表现，对于发行企业的发展前景有一定的强化（Demsetz 和 Lehn，1996）。Wruck 和 Wu（2009）认为投资者和发行企业加深关系对于改善企业经营是有益的，这是加强业绩监控和公司治理改善带来的效果。

讨论题

10.1 什么是资本化率？它与贴现率有何关系？

10.2 估算资本化率的常用方法是什么？

10.3 流动性折价是什么？估算流动性折价的常用方法有哪些？

10.4 举例说明非上市企业成本可能被低估，并解释原因。

10.5 分析师如何确定是否标的企业的成本和收入被低估或高估？

10.6 为何壳公司有价值？

10.7 为何继承计划可能对家族企业更有挑战性？

10.8 家族企业或非上市企业想上市可能有哪些原因？哪些原因打消了这类企业上市的念头？

10.9 为何家族企业通常对私募股权投资者很有吸引力？

10.10 如果你是一位商业评估师，被要求对下列业务做出评估，请从最高到最低列出你认为应采用的流动性折价：①一家地区性的有盈利的硬件商场；②一间亏损的干洗店；③拥有大量现金和其他流动性短期投资的大型非上市企业；④一家主要有形资产包括一辆已用两年的卡车和其他设备的池塘清理服务公司。解释你的理由。

（所有讨论题的答案可以在本书的网上教师手册找到）。

实践题和答案

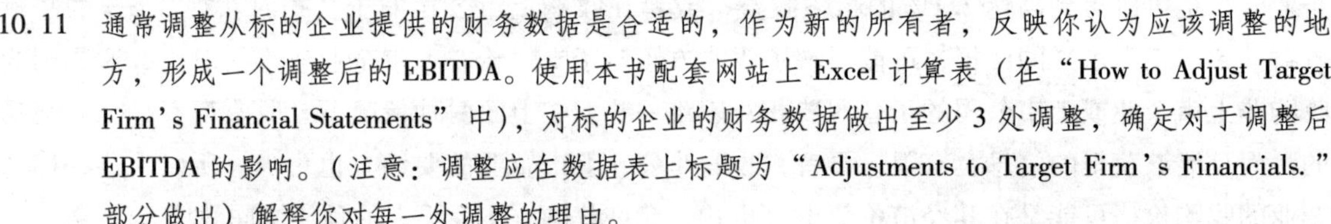

10.11 通常调整从标的企业提供的财务数据是合适的，作为新的所有者，反映你认为应该调整的地方，形成一个调整后的 EBITDA。使用本书配套网站上 Excel 计算表（在“How to Adjust Target Firm's Financial Statements”中），对标的企业的财务数据做出至少 3 处调整，确定对于调整后 EBITDA 的影响。（注意：调整应在数据表上标题为“Adjustments to Target Firm's Financials.”部分做出）解释你对每一处调整的理由。

10.12 基于成长方面的考虑，一位私募投资者对一家本地烘焙店估值为 75 万美元。她相信通过改变员工登记和存储时间可以获得成本节省（现值）5 万美元。她认为合适的流动性贴现率是 20%。同一城市最近一项交易中，买方支付了平均价格 5% 的溢价以获得烘焙店的控股权益。那么她为获得这家烘焙店 50.1% 的股份最愿意支付的价格是多少？

答案：336 672 美元。

10.13 一位投资者请你为一家酒店估值。去年这家酒店赚得税前经营利润（pretax operating income）30 万美元。在近 5 年里，收入每年都增长了 4%，预期在未来几年也会以同等速度增长。经营资本每年变化是 2 万美元，而前一年用于维护的资本支出超出折旧费 1.5 万美元。经营资本和超出折旧的资本支出预计会以同样的增速与经营利润同时增长。通过引入现代管理方法，你认为在未来两年里，税前经营利润增长率可能提高到 6%，在之后几年继续保持同样的速度。十年期国债收益率是 5%，股权风险溢价是 5.5%，而联邦、州和本地的边际税率是 40%。酒店行业上市公司的贝塔值和负债权益比率分别是 2 和 1.5。公司的目标负债权益比率是 1，其税前借贷成本，根据其最近的借贷活动，是 7%。这类规模的业务风险溢价约为 6%。流动性风险溢价为 15%，这是一个相对较低的水平，因为该酒店有非常好的声誉。由于现在的主厨和员工期望在酒店出售后仍留下工作，该酒店的品质有望保持。投资者愿意支付 10% 的溢价作为控制权的价值。

a. 该企业第一年的自由现金流是多少？

答案：150 800 美元。

b. 该企业第二年的自由现金流是多少?

答案：156 832 美元。

c. 该企业的股权成本是多少?

答案：20.2%。

d. 该企业的税后债务成本是多少?

答案：4.2%。

e. 该企业的目标债务与总资本之比是多少?

答案：0.5。

f. 资本的加权平均成本是多少?

答案：12.2%。

g. 该业务值多少?

答案：2 226 448 美元。

(所有讨论题的答案可以在本书的网上教师手册找到。)

:: 案例分析 10-1

壳游戏：通过反向收购实现上市

要点

- 反向收购可以代替 IPO 成为非上市企业的一个选择。
- 反向收购面对的挑战，经常是如何得到准确的财务报表以及量化当期和潜在负债。
- 开展充分的尽职调查可能非常困难，但这是降低风险的不二法门。

高度流动的美国股票市场，已经被证实为非上市国内企业和国外企业走向资本市场的一个有吸引力的途径。普遍采用的方式包括 IPO 和反向收购。尽管两种方式都可以让非上市企业的股票公开交易，但只有 IPO 一定会募集资金，这个过程会影响到上市流程的所需时间和复杂程度。

为了实施反向收购，一家企业要找到一个有较少股东且愿意出售其股票的壳公司。这个壳公司的股东通常是要么对出售股票换取现金感兴趣，收回投资款并持有该公司较小比例的股票，要么是有兴趣将壳公司的债务转手给新投资人。备选方法是非上市企业收购一家已经上市的特殊目的并购公司(special-purpose acquisition company，SPAC)。特殊目的并购公司是没有任何经营的壳公司或者"空白支票"公司，其上市的目的就是用来以其上市身份与其他公司进行合并。

并购中，经常会将存续企业视为收购方，因为其股东通常将会持有合并后公司的控股权，并购中的另一方则被视为标的企业，因为其股东通常是合并后公司的小股东。在反向收购中，发生的是相反的情况。即便是公开上市的壳公司将在收购后存续下来，非上市企业变成其下属子公司，非上市企业的原股东最终将持有合并后企业的控股股份。常规 IPO 一般需要几个月时间才能完成，反向收购只需几周时间。而且，由于反向收购只是一个将非上市企业转变为上市实体的机制，而通常没有募集资金的计划，所以这个过程不太依赖金融市场的条件。

与 IPO 相比，企业上市速度对那些希望尽快进入美国资本市场的外国企业尤其具有很大的吸引力。近年来，私募股权投资者已经发现相对容易的反向收购更为便利，因为这种方式可以让他们投资的国内和国外企业上市。但是，与速度同来的还有附加的风险。壳公司股东可能只是在寻找投资者接手其债务，比如未了结的诉讼、安全危害、环境问题以及未缴纳的税款。为了防范上市壳公司股东在反向收购后立刻抛售股票，投资者被要求持有股票一段时间。近年来某些国外企业进入美国股票市场，体现出了造假的潜在风险。

A 企业是一家这样的企业，通过美国证券交易委员会审查并于 2008 年年初第一次将其股票放在柜台市场（OTC）交易。这家企业宣称自己是伽马射线技术和癌症治疗技术的提供者，吹嘘已经获得强劲的订单支持，而且通过合资企业获得了管理专业技能。我们接下来讨论这家企业如何上市，以及上市过程中的参与者。在这个反向收购过程中涉足的企业包括迷尔倍辛技术公司（Mill Basin Technologies，Mill），这是一家在内华达州注册的上市壳公司，以及联合道德控股公司（Allied Moral Holdings，Allied），一家非上市的维尔京群岛企业，其子公司包括 A 企业。迷尔倍辛的前身是松木进口公司（Pinewood Imports，Pinewood），这家公司的基地在内华达州，成立于 2002 年 11 月，业务是进口松木模具。这家公司于 2006 年 9 月停止运作并成为壳公司，松木公司更名为迷尔倍辛技术公司。该公司开始寻找并购合作者，并考虑到将来的募资需要，于 2006 年为公开交易注册了股票。

反向收购流程由联合道德控股公司主导，这家私营公司是 A 企业的所有者，用于收购迷尔倍辛这个上市壳公司，我们在后面说明这家公司是怎样早在 2008 年变身上市公司的。联合道德控股公司就是标的企业，迷尔倍辛公司是收购方。

步骤 1，谈判条款：在收购前，迷尔倍辛和联合道德控股分别有 10 150 000 股和 13 000 000 股普通股。迷尔倍辛还有 266 666 股优先股。两家公司同意一项收购，每一名联合道德控股公司股东将以手中 1 股联合道德控股股票换取 1 股迷尔倍辛公司股票。迷尔倍辛将成为存续公司，原联合道德控股公司股东将持有 96.65% 的迷尔倍辛公司股份，剩余股份由迷尔倍辛公司原股东持有。

步骤 2，将收购方再资产化：在换股前，壳公司迷尔倍辛的股东通过拿出持有的 9 700 000 股普通股，在收购前将这些股票变成库存股（treasury stock）进行再资产化，有效地将迷尔倍辛的流通普通股减少到 450 000 股（10 150 000 – 9 700 000）。再资产化的目的就是限制收购后的普通股流通数量，以支持收购后新企业的股价。这种再资产化一般是用来减少交易完成后的流通股数量，以便合并后的企业股票在公众交易所开始交易时会有好的价格支撑。[⊖]通过减少流通的普通股数量，企业的每股收益可以提高到一个预定的收益水平。

步骤 3，完成交易：该项收购条款要求迷尔倍辛（收购方）收购联合道德控股公司（标的企业）100% 的流通普通股和优先股，这就要求迷尔倍辛发行 13 000 000 股新的普通股和 266 666 股新的优先股。所有联合道德控股公司的股票被取消。迷尔倍辛技术公司更名为 A 企业，反映了潜在投资者那个时候对 A 企业和医疗保健行业的兴趣。阅读资料 10-4 介绍了关于并购前迷尔倍辛公司再资本化，并购后的新公司的股权结构，以及最后的所有权分配情况。

阅读资料 10-4

迷尔倍辛技术公司

收购前的股权结构：

普通股 10 150 000

A 类优先股 266 666

再资本化后的股权结构：

普通股 450 000[①]

A 类优先股 266 666

迷尔倍辛发行新股收购 100% 联合道德控股股票：

普通股 13 000 000

A 类优先股 266 666

收购后的股权结构：

普通股 13 450 000[②]

A 类优先股 266 666

收购后的普通股所有权分配情况：

原联合道德控股公司股东：96.65%[③]

原迷尔倍辛公司股东：3.35%

①收购前，迷尔股东贡献了所持有的 9 700 000 股作为库存股，将迷尔的流通股数量减少为 450 000 股，其目的是为了减少并购后的总的流通股数量 – 等于迷尔在收购前的流通股数，加上新发行的股数。其实这也可以通过迷尔股东同意进行反向股票拆分做到。10 150 000 股收购前的迷尔股票可以通过反向拆分减少到 450 000 股，方法是迷尔股东收购前每 22.555 股换取迷尔 1 股新股。

②并购后迷尔倍辛技术公司的资本结构等于再资本化后的 450 000 股迷尔倍辛普通股，加上 13 000 000 股新发行的普通股，加上 266 666 股 A 类优先股。

③（13 000 000/13 450 000）

⊖ 如果不缩减迷尔倍辛公司并购前的流动股，并购后的总流通股将达到 23 150 000 股［10 150 000（迷尔倍辛并购前）+ 13 000 000（联合道德控股公司并购前）］，而不是再资本化之后的 13 450 000 股。

A 企业在反向收购不久后就陷入法律纠纷。Harborview 主基金、Diverse 贸易公司和 Monarch 资本基金作为机构投资人，拥有 A 企业的控股权益，批准了反向并购，并投资了 125 万美元换取股票。但是，它们在 2009 年将 A 企业和 Chardan 资本告上法庭，理由是 A 企业的订单承诺没有兑现。该公司的初始投资人要求做出法律安排，强迫该公司买回他们的股票，因为他们认为该公司在上市时造了假。该案指控企业有关其技术效力和后备订单的公开声明夸大其词。A 企业和共同被告在 2010 年达成庭外和解，承担责任并回购一部分股票。2011 年，该公司难以回收应收款和产生现金，同年，A 企业的经营挣扎在停产的边缘。

讨论题

1. 私营企业上市的常见理由有哪些？
2. 什么是壳公司，壳公司如何创造价值？请具体说明。
3. 在这个案例中，有哪些参与者，他们在反向收购中的角色是什么？
4. 讨论反向收购相对于 IPO 的优缺点。
5. 反向收购带来的审计挑战有哪些？投资者如何保护自己避免可能包含在壳公司里的负债？
6. 迷尔倍辛在完成与联合道德控股公司的并购前被再资本化，这次再资本化的目的是什么？这样做是否影响了并购后的公司产生未来收益的能力？请说明你的看法。

（所有讨论题的答案可以在本书的网上教师手册找到。）

尽管 2008 年年底 A 企业的股价曾高达 13 美元，但是在 2012 年年初却跌落到 1.60 美元，反映了企业在癌病市场无法获得较好的收入和利润，无法说服审计师认可其财务报表，以及缺少大的后备订单。在 2007 年报告了高达 900 万美元的净利润之后，就在完成反向收购之前，该企业已经开始亏损，并且花光了剩余的现金。该企业当时正在为其技术寻找其他的应用领域，例如，食品的辐射存放。

A 企业的美国证券交易委员会备案文件声称该公司设计、开发和销售用于癌病治疗的辐射治疗系统，并且承认在中国销售进展迟缓，而且在 2009 年和 2010 年没有国际销售收入。备案文件也显示了反向收购是由理查德·普罗佩尔（Richard Propper）指导的，他是一位风险投资家和 Chardan 资本的 CEO。Chardan 是圣迭戈的一家投资银行，擅长帮助其他国家企业进入美国股票市场。Chardan 资本曾向 A 企业投资 1 000 万美元，获得了超过 52 000 股公司的优先股。Chardan 和 Roth 资本合伙机构——加利福尼亚的一家投资银行，是 2008 年计划中的 A 企业股票发行项目联合承销人，该发行后来取消了。Chardan 曾经因在 2005～2009 年三起违反做空规则而被罚款 4 万美元。Roth 是一起涉及其他国家企业反向收购证券造假诉讼案的被告。

:: 案例分析 10-2

确定流动性折价：泰勒设备与台科发展的合并

要点

- 非上市企业股票或者没有现成转售市场的股票，经常只能以其被认可的内在价值的折扣价出售。
- 但是估算折扣的大小往往是很成问题的。

这个案例是一家商业估值机构对泰勒设备和台科发展合并之后，计划出售泰勒设备的未注册普通股、注册普通股和参股投资相关的流动性风险的评估报告的高度概括版本。估算出的流动性折价被列入这两家企业向美国证券交易委员会报备的联合代理声明书中，为泰勒设备和台科发展董事会协商的报价提供估值证据。

泰勒设备和台科发展同意在 2008 年年初合并。台科将被并入泰勒，保留泰勒作为存续实体。该项并购将使得台科的专利和知识产权可以全部整合到泰勒的制造环节中，台科的知识产权和股份一起被转入泰勒。根据交易条款，每 1 股台科普通股将被转化为 1 股泰勒普通股。泰勒的普通股是在纳斯达克小板市场（NASDAQ SmallCap Market）交易，代码为TAYD。在2009年1月8日（联合代理声明书向美国证券交易委员会备案之前的最后一个交易日），该股收盘价为6.29美元。台科普通股在粉单（pink sheets）柜台市场以代码TYCO.PK交易（一个非正式的交易平台），其2009年1月8日的收盘价是每股5.11美元。

一家评估机构被聘请为泰勒的未注册股票做出估值，这些股票由于没有现成的市场进行交易，所以被当作受限制的股票。评估机构认为泰勒未注册股票的风险大于公开上市的股票，由于泰勒股票并没有一个显示其能够被出售的日期，那么就应该有一个被推定为不可出售的时期。采用这个推理思路，评估机构估算出流动性折价为20%，这个数字就是该机构认为这些股票的持有人在试图出售其股票时，可能遭受的潜在损失大小。泰勒的注册股票与未注册股票不同，它们不需要遵守144规则。根据泰勒普通股过去12个月的交易量，评估机构认为大概需要不到一年时间，可将其注册股票出售兑现，由此估算出折价率为13%，与阿什瓦尔德（Aschwald，2000）研究结果一致。

评估机构还被要求对出售泰勒在房地产开发业务上的一个小股权投资的流动性折价进行估值。由于1990年以来受限制股票流动性在提高，该评估机构认为在那个时间之前所做的受限制股票的研究，可以为这类投资的流动性折价提供一个更好的替代结果。紧密控制型企业的股票交易，与美国证券交易委员会144规则于1990年修改之前发生的公开交易股票相似，当时的持有期从3年减少到2年，后来（1997年之后）又减到1年。这类企业由于其规模小，而无法在公开市场募集资金，而且它们面对的是高交易成本。根据美国证券交易委员会和1990年之前的一些研究成果，预计这类投资的流动性折价介于30%~35%。上市前研究成果可能将这类投资的流动性折价推高到40%~45%。评估机构认为，绝大多数小股权投资的折价率可能落在25%~45%的区间。由于这个房地产开发业务规模小，评估机构认为，其流动性折价应该位于该区间较高的一端。

讨论题

1. 解释评估机构如何估算未注册股票的流动性折价？
2. 评估机构在估算流动性折价时还用到了其他哪些因素？
3. 按照你对第2个问题给出的答案，这些因素是如何改变评估机构的结论的？请具体说明。
4. 根据评估机构估算出的13%的流动性折价，支付给台科普通股的实际收购溢价是多少？

（所有讨论题的答案可以在本书的网上教师手册找到。）

PART 4 第四部分

交易结构和融资策略

“瞧，并购好像结束了。”

第四部分介绍了交易结构和融资是如何紧密联系的。交易结构决定了融资的对象：支付标的企业的股票或资产加上承接的债务，减去出售标的企业非战略型资产的收入后得出的数额。是否所需融资实际上能够融到，决定了交易能否完成。本部分描述了在构建交易结构或讨价还价的过程中，在可接受的风险水平下，如何通过满足参与交易各方的基本需求达成共识。这个过程的结果是在两方（收购方和标的企业）之间达成一项协议或者交易结构，明确定义了参与各方的权利和义务。本部分各章还讨论了在管理风险时对交易结构各方面的影响，关于如何进行交易的风险效应，以及融资交易的挑战，尤其是那些采用了高杠杆的交易。

第 11 章列举了建立交易结构过程的几个主要方面，包括并购载体和交易结束后的组织架构、并购的形式、支付的形式，以及出售实体的法律形式和交易其中一个方面的改变，如何显著影响到协议的其他方面。本章还将讨论缩小明显的价格差异的方法。第 12 章讨论税收问题，包括应税和非税结构的不同形式，以及它对于达成协议的影响。这一章也讨论了诸如合并业务如何为了财务报告目的做记录，以及收购对财务报表和报告收益的影响等会计方面的问题。

第 13 章集中讨论并购交易的融资方法，以及私营企业和对冲基金在为高杠杆交易提供融资中所扮演的重要角色。这一章还讨论了如何设计杠杆收购（LBO）结构，这种交易结构一般用于私募股权投资者和对冲基金进行的收购，以及对成功产生关键影响的因素。最后，第 14 章介绍了对高杠杆交易的估值方法，以及这类方法的优缺点。最终使用哪种方法，依赖于数据的可得性和分析师是否愿意接受每种方法的假设条件。构造 LBO 融资模型和估算企业借贷能力的基础概念也将在这一章讨论。

CHAPTER11

第11章 交易结构的支付和法律考量

如果你无法说服对方，那就迷惑他们。

——哈里·杜鲁门

|并购内幕| 交易结构如何影响价值——Facebook与Instagram的交易

关键点

- 交易结构通过限制或者加大参与方的风险敞口，对价值产生影响。
- 交易完成时的现金价值是确定的，而股票价值是不确定的。
- 存在限制风险的机制，但是这些机制通常会给寻求减少风险的参与方带来成本。

人们通常在事后看上去更聪明，社交网络巨人Facebook收购Instagram——一家受欢迎的照片分享服务商，凸显了这类交易的风险。当时，Instagram的用户群正在爆发式地增长，Facebook将其视为一个潜在竞争对手，以及向智能手机和平板电脑扩展其照片分享产品的一个途径。但是，诞生只有两年之久的Instagram还没有收入，只有一个技术平台、一个正在增长的有效用户群和24名员工。Facebook在2012年4月12日宣布达成协议，在不到48小时之后，宣布以10亿美元收购Instagram，这个价格远远超过了用任何方法计算的估值。

收购价格包括3亿美元现金和2 300万股已发行的普通股。现金加股票的组合通常可以让被收购公司的股东获得税收优惠、一笔确定数额的现金，并分享收购方股票潜在升值空间带来的机会。该交易的价值根据Facebook每股股价31美元可以算出，Facebook当时的市值是750亿美元。对于这项交易，最值得分析的是其支付的价格、谈判的速度，以及缺乏对Instagram股东的保护。这些问题将在后面讨论。

这项交易被 Facebook 创始人和 CEO 马克·扎克伯格称为重要的里程碑，但是这项交易反映出依据企业发展潜力进行估值的危险。这个问题在 Facebook 于 2012 年 5 月 18 日上市后发生了。股票募集价格为每股 38 美元，由于投资者质疑企业的长期盈利性，挂牌后的股价快速向下插水，价格跌到不足募集价格的一半。

Facebook 的两类股东结构（dual class shareholder structure）让扎克伯格得以有效地控制企业，尽管他只持有 28.4% 的 B 类股票，但他可以让对 Instagram 的宽松估值和谈判很快结束。实际上，对 Instagram 提出的收购价可以反映出 Facebook 上市前的狂热。Facebook 即将上市前的那种令人头脑发热的环境，说服了 Instagram 的股东，通过固定换股比例交换大量股票只赢不亏。也就是说，从签订协议直到交易完成，无论 Facebook 的股票升值还是贬值，双方交换的股票数量都不会改变。

到了 2012 年 9 月 6 日，Instagram 股东的亏损风险已经很明显了，因为这项交易的价值已经下跌到大约 7.15 亿美元，Facebook 股票的收盘价是每股 18.05 美元。Instagram 股东承受了巨大的价值损失，这本来可以通过规定如果 Facebook 股价在签订协议和交易结束期间出现大幅波动，就在一定范围内调整收购价格而避免。另外，Instagram 本来可以就交易价值出现大幅变动而取消交易的权利进行谈判。

本章概览

一旦管理层决定了并购时执行企业战略的最佳方式，就会选择一个标的企业，如果初步财务分析令人满意，此时应该考虑如何构建一个合适的交易结构。交易结构是交易双方间（收购方和标的企业）明确权利和义务的一项协议。达成协议的过程被称为“交易构建流程”。在本章中，这个过程用七个相互独立的构件描述：并购载体、交易结束后的机构、支付方式、出售实体的法律形式、并购方式、会计筹划和税收筹划。

本章的焦点是支付方式、并购方式和所有权交接的各种法律结构的形式，以及它们之间的互动如何影响整体交易。有关税收结构的影响，如何从财务报告角度记录交易，以及它们可能对交易构建流程产生何种影响，将在第 12 章详细讨论。本书配套网站（http://booksite.elsevier.com/9780123854872）在“学生学习指南”（Student Study Guide）文件夹中提供了本章回顾。

11.1 构建交易流程

构建交易流程时，需尽可能多地满足收购方和标的企业的基本目标，以及确定哪些风险需要分担。分担风险是指并购方承担标的企业债务的范围。合适的交易结构是指在可接受的风险水平上，可以满足交易各方的首要目标，并清晰界定它们的权利和义务。

这个流程可能相当复杂，包括多个参与方、审批、支付方式以及融资渠道。在一个方面做出的决定经常会影响到交易的其他方面。一项有风险的复杂交易，就像是挤压一个充满水的水气球，压住一端只是将其中的东西转移到了另一端而已。

11.1.1 交易流程的核心要件

这个流程从提出一套关键问题开始，见图 11-1 的左边，对于这些问题的回答，有助于确定初始谈判地位、潜在风险、可选的风险管理方法、风险承受水平，以及谈判中任何一方退出的条件。我们后面讨论流程中的核心要件。

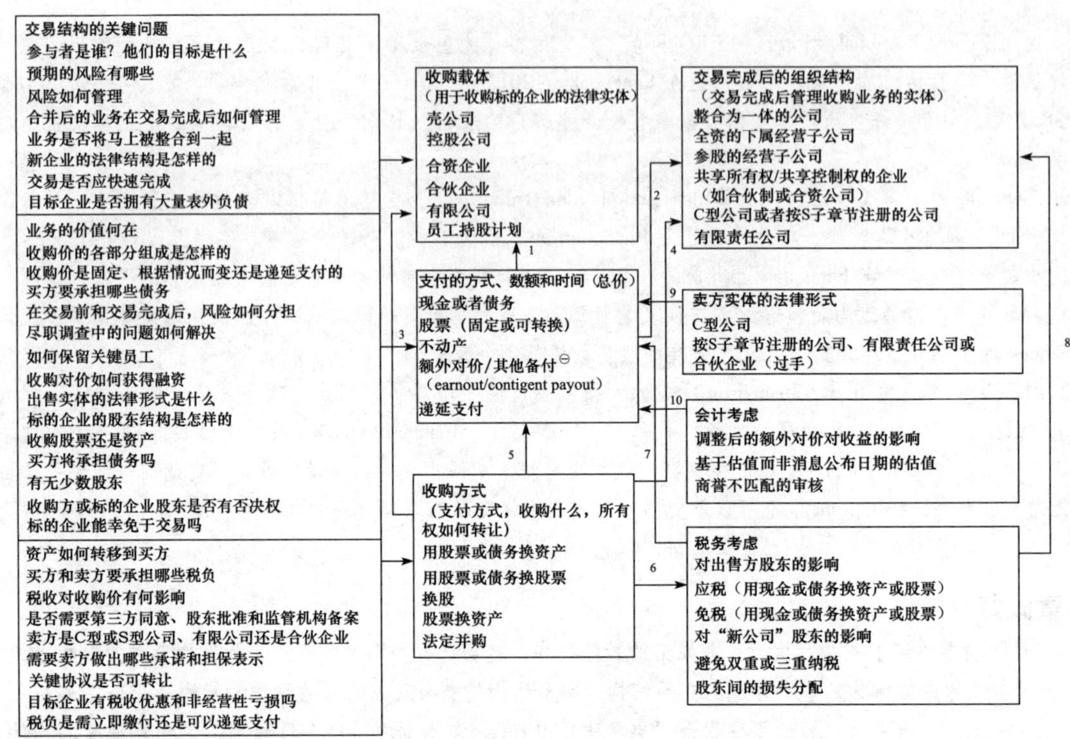

图 11-1 收购兼并交易构建流程

收购载体是指为了收购标的企业所创设的法律主体。交易结束后的组织或架构，是在交易结束后用于管理合并业务的组织和法律架构。收购载体和交易后组织通常使用的结构，包括公司、事业部、控股公司、合资企业（JV）、合伙企业、有限公司（LLC）以及员工持股计划等。

尽管这两个结构通常在完成交易前后是同一个，但交易结束后的组织架构可能与收购载体不同，这取决于收购方对合并企业的战略目的。

支付方式或总价，可能包括现金、普通股、债或上述三种的结合。支付可以固定在某个时间点一次缴付，根据标的企业未来业绩表现而定，或者是分期缴付。收购的形式反映了收购的内容（股票或资产）以及所有权转移的方式。会计方面的考虑，关注对合并业务未来收益的财务报告要求方面的影响。税收方面的考虑，决定了一项交易对出售方股东是否免税的税收结构。出售方的法律形式也会影响到税收。

11.1.2 正常的联结关系

图 11-1 用实例解释了交易结构不同部分之间的一般互动关系。本章后面和第 12 章还将详细讨论其中的细节。

1. 支付方式（见图 11-1，箭头 1 和箭头 2）影响并购载体和交易后组织结构的选择

收购方可能支付与一个标的企业未来业绩表现挂钩的收购价，而且选择以控股公司的全资下

㊀ earnout 也可译为业绩激励，是指由于交易双方对价值和风险的判断不一致，将传统的一次性付款方式转变成按照未来一定时期内的业绩表现进行支付的交易模式。——译者注

属机构的方式，在延迟支付条款下收购和经营标的企业。这样做可以监控经营业绩表现，并使潜在的额外对价支付后的争议最小化。

2. 并购形式的影响（见图 11-1，箭头 3 ~ 箭头 6）

并购载体和交易后组织结构的选择　如果并购形式是采用法定并购（a statutory merger），那么所有负债转移给买方，买方可以收购并在一个控股公司内经营标的企业，为标的企业的负债提供一定的保护。

形式、时点和支付数额　在并购或收购股票中承担所有买方负债，可能导致买方修改交易条款，包括更多的债务或分期支付安排，降低收购价的现值，或者两者兼而有之。

税负考虑　如果收购方是用自己的股票收购了卖方几乎全部资产或股票，则这个交易可以免税。

3. 税负方面的影响（见图 11-1，箭头 7 和箭头 8）

金额、时点、收购价格的组成　如果交易需要标的企业股东缴税，收购价经常要提高，以弥补标的企业股东的税款支出。如果买方推迟交付一部分对价或者借了更多债务以降低其现值，则收购价格越高，越需要对收购价格做出调整。

选择收购后的组织结构　对税负最小化的期望，鼓励企业采用 S 型公司、有限责任公司和合伙企业，以消除双重税负。税收优惠也会转给有限责任公司的成员和有限合伙企业的合伙人。

4. 卖方实体的法律形式（见图 11-1，箭头 9）对支付方式的影响

由于有可能递延缴纳股东税款，被认定为 C 型公司的标的企业，通常愿意用股票或资产交换收购方的股票。S 型公司、有限责任公司和合伙企业的所有者，大多对交易的税收问题漠不关心，因为所有者出售所得需按照正常税率缴税。

5. 会计方面（见图 11-1，箭头 10）对支付方式、金额和时点的影响

由于收益波动性可能变大，需要对拨备支付（contingent payments）的公允价值频繁做出调整，这使得额外对价这种支付方式的吸引力变小了。股权作为一种支付方式，由于存在交易公布日和交易完成日之间价值的改变，可能也不是很有吸引力。由于需要定期审查公允价值和账面价值，未来有可能冲销坏账，使得收购方不愿意多支付对价。表 11-1 提供了这些常见联系的一个小结。

表 11-1　交易构建流程中的常见联系

交易构建流程中的要素	受到影响的选择
支付的方式、金额和时点	收购载体 交易后的组织结构 会计考量 税负结构（应税和免税）
并购方式	收购载体 交易后的组织结构 支付的方式、金额和时点 税负结构（应税和免税）
税负考量	支付的方式、金额和时点 交易后的组织结构
卖方实体的法律形式	税负结构（应税和免税）

11.2　建立收购载体和交易完成后的组织结构

挑选一个收购载体或者交易完成后的组织结构，要求考虑成本和组织形式、转移所有权的难度、现有管理控制的持续性、融资难易程度、整合的难度、利润分配方法、个人承担的责任以及

税收。每一种法律实体形式都对收购方有不同的风险、融资、税收和管理影响。[㊀]选择合适的实体有助于降低风险，最大化融资灵活度，最小化收购净成本。

11.2.1 选择合适的收购载体

公司型架构是最常用的收购载体，因为它提供了收购方希望有的大多数特点，包括有限责任、融资灵活度、所有权的持续性，以及交易灵活性（例如，在免税交易中的期权）。如果分担风险非常重要，那么合伙企业可能是合适的，可以容纳有特殊性质的合伙人，避免双重税负或特殊情况。[㊁]对于小型非上市企业，员工持股计划结构可以转移所有者权益给员工，同时获得巨大的税收优惠，从这个角度看，员工持股计划可能是一个方便的载体。非美国的买主如果想继续收购，可能倾向于采用控股公司结构，使得买方只需持有小部分有表决权的股票，就可以控制其他公司。

11.2.2 选择合适的交易后的组织结构

交易完成后的组织结构可以和收购载体一样，常见的交易后的组织结构包括事业部和控股公司。[㊂]尽管控股公司通常是公司，它们也代表组织和经营企业的一种独特方式。交易完成后的组织结构的选择，取决于收购方的目的。收购方可以选择一种结构，能够有助于交易后的整合，最小化标的企业已知和未知负债的风险、最小化税负，传递亏损以抵补所有者的税负，保留独特的标的企业特征，在额外对价支付期间保持标的企业的独立性，或者保留交易的免税地位。

如果收购方倾向于在交易完成后马上整合标的企业的话，公司或事业部结构通常是优选，因为它们可以提供最大程度的控制。采用合资企业和合伙企业，所有权的分散，可能拖慢决策速度或者过度谨慎。决策实施更有可能依靠的是紧密合作和建立共识，可能减弱收购方快速整合的努力。如果管理控制能更集中于母公司，实现协同可能会更容易。

如果标的企业有巨额负债，收购中包括了额外对价，标的是一家外国企业，或者收购方是财务投资者等情况，那么控股公司结构可能更合适。母公司可以将标的企业的负债隔离在下属公司内，并可以让这家下属公司破产，以免连累母公司。当标的是一家外国企业时，将其与收购方的其他业务独立运营，可以把文化差异的侵蚀影响最小化。最后一点是，一个财务型买方可以采用控股公司形式，因为这个买方没兴趣在经营标的企业上花费时间。如果风险和税收优惠很大，那么合伙企业或合资企业结构可能是合适的，对标的企业的全部投资由大家分担。由于不同的合伙人或所有者可能提供不同的专业技能，故而被收购的企业可能从中获益。合伙企

㊀ 各种可用的并购载体及优缺点将在第 15 章详细讨论。

㊁ 某些情况通常要求做出特定形式的合伙安排。例如，主有限合伙企业（MLP）适用于现金流相对容易预测的行业，例如，石油和天然气炼化、分销与房地产。和其他有限合伙企业一样，这种形式可以避免双重纳税，而且投资人只承担有限责任。和其他有限合伙企业不同，其份额比其他有限合伙企业和私营公司更容易买卖，交易方式也与普通股一样。当利润没有分配时，主有限合伙被视为违约。

㊂ 事业部不是一个独立的法律实体，而是一个组织单位，与子公司不同，它通常没有自己的股票，也没有经常开会的董事会。事业部可能有与独立法律实体一样的职位，例如，总裁或首席运营官。由于谁也不是一个独立的法律实体，其负债由母公司承担。

业或有限责任公司消除了双重税负，而且向所有者转递了当期经营亏损，以及税收抵扣和返还。

11.3　出售实体的法律形式

出售方对交易形式的考虑，可能取决于它是否为一家 S 型公司、有限责任公司、合伙企业，还是一家 C 型公司。C 型公司需要承担双重税负，而 S 型公司、合伙企业和有限责任公司则不需要（见阅读资料 11-1）。

阅读资料 11-1

出售方的法律形式如何影响支付方式

假设一家公司的所有者当初的投资是 10 万美元，之后以 100 万美元将公司出售。不同的法律结构有不同的税负影响：

1. 出售股票的税后收益是(1 000 000 美元 - 100 000美元）×(1 - 0.15) = 765 000 美元。S 型公司的股东或者有限责任公司成员持有股票超过一年的，需缴纳最高资本利得税等于销售收入的 15%。[①]

2. 出售资产的税后收益是(1 000 000 美元 - 100 000美元）×(1 - 0.4）×(1 - 0.15) = 900 000 美元 × 0.51 = 459 000 美元。C 型公司通常税率为 40%(即 35% 的联邦税，5% 的州和地方税)，而且股东还要缴纳最多 15% 的资本利得税，出现了出售所得两次纳税的情况。

影响

1. C 型公司股东一般希望收购方用股票收购其股票或资产，以避免两次纳税。

2. S 型公司和有限责任公司的所有者经常对出售资产或出售股票漠不关心，因为这类公司收益的百分之百转手给所有者，再由他们按个人所得税率缴纳。S 型公司的股东或有限责任公司成员，如果他们对递延税负有兴趣，或受到收购方股票长期增长潜力的吸引，则可能愿意接受以股换股。

①在本书写作时，这是资本利得税率。

11.4　支付形式

有 1/4 的收购对价主要是用股票支付，而其他交易主要是用现金支付。当标的企业是大型上市公司时，大约 60% 的收购对价以股票为主。本节主要讨论不同的支付方式，以及为何一种方式可能比另一种方式更合适。

11.4.1　现金

收购方如果有很强的借贷能力、大量富余现金和被低估的股票，而且想保留控制权的话，可能会采用现金支付。现金收购可以通过额外借贷、富余现金余额或某种组合来提供融资。被低估的股票可能造成收购方的股权被大量稀释。如果收购方因为发行有表决权的股票，而导致其大股东对投票的控制受到威胁的话，则更有可能采用现金而不是股票支付对价。与美国相比，在西欧国家，对使用现金的偏好更强，上市公司更看重所有权。在欧洲，63%的上市企业是由一个股东直接或间接控制了20%或更多有表决权的股份，美国的这个比例是28%。如果卖方相信收购方的股票升值潜力有限，而且具有很高的税基的话，他们可能更愿意接受现金。高税基意味着对资本收益和递延支付税款的需求也较小。

11.4.2 非现金

用股票支付对价要比使用现金更复杂，这是因为需要满足众多强势的证券法律法规。收购方可能选择使用股票，如果他们认为其股票被高估，而且本身的借贷能力和富裕现金很有限。如果预期对标的企业的整合会持续很长时间，那么收购方也可能用股票作为主要的支付方式，以便将完成并购所需的负债保持在最低水平。通过保持借贷能力，收购方可以在整合阶段随时为突然出现的现金需求进行融资，以及抓住可能出现的投资机会。那些实际杠杆已经超过了合理杠杆水平的企业，更有可能使用现金以外的支付方式进行收购。而且，收购方的股票在难以对标的企业估值时，可能是一种有用的支付方式，例如标的企业有难估值的无形资产、新产品上线或大量研发支出。如果卖方希望分享买方股票的升值，那么接受买方的股票，卖方可能没有动机去谈判要求得到高估的收购对价。[一]其他的非现金支付方式包括实物资产、知识产权、专利权和额外对价支付。

由于可以递延支付税款，卖方经常要求以买方股票作为主要支付方式。收购方的股票在其成长前景强劲的情况下可能特别有吸引力。由于收购方具有高违约风险，卖方股东可能认为债务型支付是没有吸引力的。非上市企业发行的债券或股票的市场非常小，也可能没有流动性。

11.4.3 现金和股票混合

为标的企业股东提供多种支付选择，有可能吸引更多人参与公开要约收购。一些标的企业股东可能既想要收购方的股票又想要现金，因为它们不确定收购方的股票有多大的升值潜力。其他人可能因为出售股票需要缴税，所以需要现金。而且收购方无法通过借贷为其全现金收购提供资金，或者不愿意因全部用股票收购而被稀释，可以选择为标的企业提供包括股票和现金的收购报价。

有多个选择的要约会产生不确定性，因为收购方最终要支付给标的企业股东的现金数额是不清楚的，在交易完成之前，选择全部现金支付或现金加股票方案的股东人数是无法知道的。收购方解决这个问题的方法是，在公开要约收购和并购协议中加入一个按比例条款，允许在公开要约发出时固定下来，即最终将支付的现金数额定下来。[二]

11.4.4 可转换证券

即便是在完成了尽职调查之后，收购方和标的企业也经常未能充分掌握对方的信息。收购方

[一] Officer 等（2007）。注意，如果卖方打算在交易完成后马上出售手中的收购方股票，那么接受收购方股票作为对价，并不保证卖方不会要求高估收购对价。

[二] 假设并购成本是1亿美元，收购方希望将支付给标的企业股东的现金金额限制在一半，另外一半用股票支付。如果给予要求现金的标的企业股东的金额超过了5亿美元，按照比例条款，收购方要为申报股票的标的企业股东同样支付一半现金和一半股票。

担心自己支付了过高对价，而标的企业则关心报价是否公平。用收购方的股票作为主要支付方式可能会消除一些顾虑，因为希望参与到未来升值的标的企业股东不太可能为重要信息设置障碍。然而这并没有解决收购价格对标的企业股东的公平性问题。

如果买卖双方都缺乏对方的关键信息，那么可转换证券㊀有可能解决他们的潜在顾虑。竞购方相信他们的股票被低估了，所以不愿意使用股票作为支付手段，以避免稀释现有的股东。这类收购方可能提供可转债作为支付手段。标的企业股东可能觉得这类支付有吸引力，因为它提供了一个等于到期债券价值的底部价格，加上累积的利息和股票未来升值的机会。相反，收购方认为自己的股票被高估时，会更倾向于提供股票用于支付对价，而非现金或可转换证券。如果可转换证券由于收购方的股票价格上涨有限而不进行转换，这些证券将继续作为债券，让企业承担巨大的债务负担。有实证研究表明，当买卖双方缺乏必要信息时，使用可转换证券可以让双方得益。收购方和标的企业的这类交易在交易公布日的超额收益分别是 1.86% 和 6.89%。

11.5　管理风险及达成收购价共识

在买卖双方无法就资产负债表调整和监管账户（escrow accounts）、业绩激励、或有价值权（contingent value rights）、知识产权和授权经营费以及价格达成协议时，有可能需要使用咨询协议来结束交易。

11.5.1　交易后资产负债表调整和监管账户

大约有 1/4 的并购需要调整收购价格，大多数会导致修改经营利润抑或现金流或经营资本。监管或锁定账户（holdback accounts）以及调整标的企业资产负债表，更常用于现金收购而不是换股收购（特别是当标的企业的股东数量很多的时候）。他们依赖对标的企业的审计，以确定其真实价值，而且仅适用于被收购的标的是可以清晰识别的，例如收购有形资产。买卖双方通常会共同承担审计费用。在监管账户中，买方保留收购对价的一部分，直到完成对标的企业财务报表的审计。监管账户也可以用于交易完成之后的持续追索。

资产负债表的调整适用于当价格协议和实际完成日期之间拖延了很长时间的情况。资产负债表可能产生较大改变，所以收购价要做出向上或向下的调整。这类调整可以用于担保标的企业股东所持股票的价值，或者确保经营资本的价值。有了对股东股票的担保，双方同意根据标的企业在交易完成日股权价值的估算值签订协议。于是，就可以调高或调低收购价格，以反映在签订协议和完成交易这段时间里，标的企业股票因净利润或亏损导致的账面价值变化。如果有对经营资本的担保，确保企业的净流动经营资产不变，买卖双方可能更容易达成协议。㊁从表 11-2 看到，买方在总收购价上减去了等于净经营资本减少的金额或股东持有标的企业股票的价值，加上了这一期间这些指标的增加值。

㊀ 如果股价超过了确定的可转股证券转换为普通股的价格，则可转债和优先股可以按照预先确定的数量转为普通股。

㊁ 清晰地在收购协议里定义经营资本和股权的构成非常重要，因为和股权类似，构成经营资本的成分可能是模糊的。

表 11-2 经营资本担保

资产负债表调整（100 万美元）				
	收购价格		收购价格下调	收购价格上调
	谈判时	交易完成时		
如果经营资本等于	110	100	10	
如果经营资本等于	110	125		15

11.5.2 业绩激励和其他备付

当买卖双方无法就价格达成一致意见，或参与方预期业务还有上升潜力时，业绩激励和权证会被频繁采用。业绩激励协议也可能用于保留和激励标的企业的关键管理人员。业绩激励协议是一种财务合同，规定一部分收购对价将在未来支付，条件是实现双方较早确定的未来盈利目标或其他业绩指标。认股权证（subscription warrant）或者单纯的权证，是一种证券——经常和债券或优先股一起发行，授权持有人可以以某个价格购买一定数量的普通股。行权价通常高于权证发行时的股价。权证的行权期可以从几个月到几年不等。

业绩激励通常要求将被收购的业务作为收购方的全资子公司，由原有管理层和核心管理人员经营。[㊀]有些业绩激励只有在达到一定的业绩门槛值之后才能够支付，其他可能取决于一段时期的平均业绩，还有一些可能包括定期支付而不是在业绩激励期末的一次性支付，这取决于达成某些分阶段业绩表现指标。业绩激励的价值经常有限制。在某种情况下，卖方可能有选择权，以事先确定的收购价格一定比例的折扣价回购公司，前提是买方不能在到期时支付业绩激励。

阅读资料 11-2 讨论了如何设定业绩激励公式，以反映上述考虑。收购价格有两个组成部分。在交易完成时，卖方获得了总计 1 亿美元的一次性支付。卖方和买方同意了一个 3 年期的基本预测，卖方将会获得被收购业务年度平均表现中超过每年基本预测部分的一个固定倍数奖励。所以，业绩激励让卖方有了尽可能高效经营业务的动机。[㊁]用投资者预期倍数乘以第三年年底的经营现金流的预测，有可能估算出股东价值的潜在增值。[㊂]

阅读资料 11-2

作为收购价格组成部分的业绩激励（假设情况）

1. 交易完成时的一次性支付：卖方获得 1 亿美元。

2. 业绩激励款项：卖方在 3 年后获得超过基本预测的实际年均净经营现金流的 4 倍，不超过 3 500 万美元。

3 年末的业绩激励：[①]

㊀ 这类目标的计算和支付应该尽量简单，以避免日后引发争议。

㊁ 预测基准值通常用于买方对卖方企业估值。一旦收购的公司的实际业绩超过预测基准值，而且投资者在第三年年末得到的倍数超过了用于计算业绩激励的倍数时，买方的股东价值就被创造出来了。前提是预测基准值是准确的，而且买方并没有多支付对价。

㊂ 业绩激励也可能出现对管理层的反向激励作用，比如被收购企业的业绩不足以获得激励公式设定的奖励标准，或者被收购企业的业绩大幅超过了目标，因此可以得到激励计划的最大值。被收购企业可能会削减培训开支，或者只开展有助于改善短期利润的投资项目。为了避免出现这些问题，可能有必要设定包括收入、利润和投资在内的多个目标。

$$\frac{(15\text{百万美元}-10\text{百万美元})+(20\text{百万美元}-12\text{百万美元})+(25\text{百万美元}-15\text{百万美元})}{3}\times 4$$

$$=30.67\text{百万美元}$$

股东价值的潜在增加：[②]

$$\left\{\frac{(15\text{百万美元}-10\text{百万美元})+(20\text{百万美元}-12\text{百万美元})+(25\text{百万美元}-15\text{百万美元})}{3}\times 10\right\}-30.67\text{百万美元}=46\text{百万美元}$$

（单位:100 万美元）

	基准年（持有所有权第一个全年）		
	第 1 年	第 2 年	第 3 年
基准预测值(净现金流)	10	12	15
实际业绩表现(净现金流)	15	20	25

①将现金流乘以 4 倍作为业绩激励，是交易结束前谈判的结果。

②用于提高潜在买方股东价值的现金流的 10 倍乘数，是买方预期投资者将在第三年年底的实际经营现金流上乘以的倍数。

业绩激励在交易中使用的比例是 3%，当标的企业是小型私营企业或大型企业的子公司时，业绩激励的使用要比大型上市公司更常见。这类合同在企业股东人数较少时更易制订和执行。业绩激励在高技术和服务行业较为普遍，当收购方和标的企业处于不同行业，标的企业的很多资产未记录于资产负债表上，买方掌握的信息有限，不需要进行太多整合。

业绩激励平均占到支付给私营企业收购对价的 45% 和收购子公司的 33%。标的企业股东能够实现潜在业绩激励金额的 62% 左右。在包括业绩激励的交易中，收购方在交易公布日赚得的超额收益在 1.5% ~5.4%，比不包含业绩激励的情况高很多。收购方股东获得正的超额收益的原因，可能来自于投资者认同业绩激励这种做法，买方在此种情况下支付过高对价的机会较低，而且更可能留住标的企业有才能的员工。

11.5.3 或有价值权

对于收购方发行的附带或有价值权（CVR）的证券，如果收购方的股价在未来的某个日期跌到一个特定水平之下，收购方将向 CVR 的持有者（即卖方）支付额外的现金或证券。这些证券可以在公众交易所买卖，之所以使用 CVR 证券，是因为收购方相信其股票价格不太可能跌到当前价位之下。当买卖双方对于收购价格分歧很大时，有时会采用 CVR。对于那些有很多股东的上市公司或私营公司，CVR 要比业绩激励更合适，因为 CVR 可以转让给其他投资者。业绩激励更常用于出售私营企业而不是上市公司，因为设计它的目的就是激励那些对企业未来经营业绩有很大控制度的管理人员。[⊖]

医药类企业经常使用 CVR 作为收购其他医药公司收购对价的一部分，因为那些标的企业的产品还没有业绩证明，这样可以降低支付过高价格的风险。2011 年，弗里斯特实验室（Forest Labs）同意以 12 亿美元或每股 30 美元价格收购医疗数据公司（Clinical Data），后者的抗抑郁药品已经获得监管当局批准。收购价格要比该公司当时的市场价低大约 3 美元。医疗数据公司之所以同意这笔交易，是因为弗里斯特实验室发行了 CVR 证券，如果这个新药的相关收入达到一定的目标，将额外支付每股 6 美元。

⊖ Chatterjee 和 Yan（2008）指出发行 CVR 的收购方在公布日实现了 5.4% 的超额收益，因为投资者将此举认定为收购方相信自己的股票是被低估的。

11.5.4 权利、许可使用费和其他费用

知识产权、授权使用费以及有偿咨询或雇用协议是用于解决买卖双方价格分歧的其他支付方式。免费或以低于市场价格使用先进的流程或技术的权利，可能让原所有者对其他业务机会产生兴趣。[㊀]这类安排应该辅以不在同一行业与其原来企业竞争的协议。表 11-3 总结了不同支付方式的优缺点。

表 11-3 评估各种支付方式

支付方式	优点	缺点
现金（包括高流动性的有价证券）	买方：简单 卖方：如果收购方的信用存疑，这种方式确保了支付	买方：追索时只能从协议中寻求保护 卖方：需要马上缴税
股票 －普通股 －优先股 －可转换优先股	买方：相当于卖方的高市盈率可能提升合并后企业的价值 卖方：税收可递延，价格有可能被推升，把收益留在公司内	买方：复杂性增加，每股收益可能被摊薄 卖方：如果收购的股票价格下跌，则收购价格有可能降低；由于美国证券交易委员会注册要求，可能延迟交易完成时间
债 －有担保 －无担保 －可转换	买方：利息支出可以抵税 卖方：本金的税负可以递延	买方：复杂性增加，杠杆提高 卖方：违约风险
业绩激励	买方：将一部分风险转给了卖方 卖方：可能获得更高的收购对价	买方：对整合有一定的限制 卖方：增加了出售价格的不确定性
收购价格调整	买方：在交易完成前，保护经营资本的价值不减少 卖方：在交易完成前，保护经营资本的价值不增加	买方：审计费用 卖方：审计费用
实物资产 －房地产 －厂房和设备 －业务或产品线	买方：现金的使用最小化 卖方：可能让税负最小化	买方：机会成本 卖方：实物资产可能流动性欠佳
知识产品的使用权 －许可证 －连锁经营权	买方：现金使用最小化 卖方：获得有价值的权利，将应纳税收益分摊	买方：可能树立新的竞争对手 卖方：流动性差，收益按照一般税率缴税
使用费 －许可证 －连锁经营权	买方：现金使用最小化 卖方：将应纳税收益分摊	买方：机会成本 卖方：收益按照一般税率缴税
服务费 －基于顾问协议 －基于雇用合同	买方：可利用卖方的专业技能，使得卖方不再成为潜在对手 卖方：提高了收购价格，可以让卖方继续保留公司	买方：可能影响员工士气 卖方：限制了在同一行业竞争的能力，收益按照一般税率缴税
或有价值权	买方：前端付款最小化 卖方：得到最小支付保障	买方：承诺买方最小支出 卖方：买方可能要求降低收购价格
延期支付	买方：减少大量的前期投资 卖方：降低买家对某些未来事件的担忧	买方：可能导致对于需要投资的项目资金不足 卖方：降低收购价格的现值

㊀ 留意这类安排，如果价格低于市场水平或者对卖方免费，则卖方的收益应缴税。

11.6　设定价格保护区间安排

与全现金交易不同，收购方股价的剧烈波动可能导致修改交易条款，或者导致换股交易终止。固定股票交换比例的协议确定了每股标的企业股票交换的收购方股票数量，常用于换股交易，因为其中包含了两家企业的股价，由双方分担股价波动带来的风险或收益。收购方的风险是其股票可能会在协议签订和交易完成这段时间升值，卖方的风险是收购方股票的价格有可能下跌，导致收购对价低于预期水平。尽管买方知道需要发行多少股票来完成交易，但是收购方和标的企业将对交易的最终价值有很大的不确定性。另一种方式是固定价值协议，通过允许换股比例变化或浮动，使得每股对价固定下来。收购方股票的价格上涨，则可以少发行一些股票，保持交易价值不变。如果收购方股价下跌，将要求额外发行股票。

固定价值和固定换股比例协议有时还包含一个价格保护区间安排（collar arrangement）。对于固定价值协议，可以允许换股比例在一个狭窄区间变化；对于固定换股比例协议，每股对价（交易价值）允许在一个窄范围内波动。[⊖]价格保护区间安排可以这样规定：

每股报价 = 换股比率(SER) × 收购方股票价格(ASP)

= (每股报价 / 收购方股价) × 收购方股价

价格保护区间:$SER_L \times ASP_L$(下限) ≤ 每股报价 ≤ $SER_U \times ASP_U$(上限)

式中，$ASP_U > ASP_L$，$SER_U < SER_L$，下标 L 和 U 表示下限和上限。

案例分析 11-1 展示了固定价值和固定换股比例协议是怎样使用的。在第一个价格保护区间（固定价值），收购价格是固定不变的，允许换股比率变化，当收购方股票价格波动时，可以让卖方明确股价将处于一个小区间内；第二个价格保护区间（固定换股比率），允许收购方股票价格（交易价值）在一个特定区间变化，买卖双方将分担风险。最后一点是，如果收购方股票价格涨幅超过了某个水平，收购价将会有上限；如果价格跌到底价以下，卖方可以终止交易。表 11-4 展示了收购方股票价格在 11.73 美元出现 1% 的上涨或下跌对不同价格区间保护安排的影响。

表 11-4　Flextronics-IDW 固定价值和固定换股比例协议
（在 11.73 美元发生 1% 上涨或下跌时的对价变化）

	变化比例	报价（美元）	变化比例（%）	报价（美元）
		(6.55/11.73) ×11.73 =6.55		(6.55/11.73) ×11.73 =6.55
固定价值	1	(6.55/11.85) ×11.85 =6.55	(1)	(6.55/11.61) ×11.61 =6.55
	2	(6.55/11.96) ×11.96 =6.55	(2)	(6.55/11.50) ×11.50 =6.55
	3	(6.55/12.08) ×12.08 =6.55	(3)	(6.55/11.38) ×11.38 =6.55
	4	(6.55/12.20) ×12.20 =6.55	(4)	(6.55/11.26) ×11.26 =6.55
	5	(6.55/12.32) ×13.32 =6.55	(5)	(6.55/11.14) ×11.14 =6.55
	6	(6.55/12.43) ×12.43 =6.55	(6)	(6.55/11.03) ×11.03 =6.55

⊖ 根据 Factset 并购数据库，大约 15% 的交易含有价格保护区间。并购合同通常含有“重大负面影响条款”，使得合同各方可以退出交易或重新协商。Officer（2004）认为价格保护安排减少了由未预计的价格变动造成的重新谈判。

（续）

	变化比例	报价（美元）	变化比例（%）	报价（美元）
	7	(6.55/12.55)×12.55=6.55	(7)	(6.55/10.91)×10.91=6.55
	8	(6.55/12.67)×12.67=6.55	(8)	(6.55/10.79)×10.79=6.55
	9	(6.55/12.79)×12.79=6.55	(9)	(6.55/10.67)×10.67=6.55
固定换股比率	10	(6.55/12.90)×12.90=6.55	(10)	(6.55/10.56)×10.56=6.55
	11	(6.55/12.90)×13.02=6.61	(11)	(6.55/10.56)×10.44=6.48
	12	(6.55/12.90)×13.14=6.67	(12)	(6.55/10.56)×10.32=6.40
	13	(6.55/12.90)×13.25=6.73	(13)	(6.55/10.56)×10.21=6.33
	14	(6.55/12.90)×13.37=6.79	(14)	(6.55/10.56)×10.09=6.26
	15	(6.55/12.90)×13.49=6.85	(15)	(6.55/10.56)×9.97=6.18
	>15	换股比率基于固定6.85美元的波动	>(15)	IDW可能终止协议

11.7 并购方式

收购方收购对象（标的企业股票或资产）和所有权如何从标的企业转移给收购方，成为并购方式。每一种方式对交易结构的影响是不同的。

资产收购是指标的企业向买方或其子公司出售其全部或一部分资产，换取买方的股票、现金、债券或三种兼而有之。买方可能承担标的企业全部、部分负债，也可以不承担其负债。收购对价直接支付给标的企业。股票收购是指标的企业的股东，将其持有的流通股出售给买方或其子公司。与资产收购不同的是，收购对价是支付给标的企业的股东的。这是两种方式最大的差异，对于卖方股东具有明显的税务影响（见第12章）。

案例分析 11-1

Flextronics 采用多重限价方式收购 IDW 公司

要点

- 设定价格保护区间的限价安排可以包括固定股票交换（fixed-share-exchange）和固定价值协议（fixed-value agreement）。
- 买卖双方都可能受益于这样的安排。

Flextronics 是一家相机模组生产商，以价值3亿美元的股票收购了一家LCD制造商——IDW公司（International DisplayWorks）。换股比例是用Flextronics交易完成前的第五个交易日起，连续20天收盘价的平均值计算。[①]交易条款包括以下三个限价条件：

（1）**固定价值协议** 要约价格包括介于Flextronics股价11.73美元上下浮动10%范围之内的浮动换股比例，以及每股IDW普通股的固定收购价6.55美元。换股比例的浮动范围可以表述为：[②]

(6.55美元/10.55美元)×10.55美元≤(6.55美元/11.73美元)×11.73美元
≤(6.55美元/12.9美元)×12.9美元

0.6209×10.55美元≤0.5584×11.73美元≤0.5078×12.9美元

如果Flextronics的股价下跌10%达到10.55美元，则为了兑换1股IDW股票，应发行0.6209股Flextronics股票（即6.55美元/10.55美元）。

如果 Flextronics 股价上涨 10% 达到 12.90 美元，则为兑换 1 股 IDW 股票，应发行 0.507 8 股 Flextronics股票（即 6.55 美元/12.90 美元）。

（2）**固定股票交换协议** 要约价包括在 11.73 美元之上 11% 和之下 15% 范围内的固定换股比例，结果是，如果 Flextronics 的股价在每股 11.73 美元之上 11% 和之下 15% 之间变化时，会得到一个浮动收购价。

（3）如果 Flextronics 的股价下跌幅度超过了 11.73 美元之下 15%，则 IDW 有权终止协议；如果 Flextronics的股价上涨幅度超过了 11.73 美元之上 15%，换股比例将在每股固定收购价 6.85 美元基础上浮动。③

①这样计算减少了用到每股异常价格的机会，为修改收购协议提供了时间。

②换股比例变动范围是在 Flextronics 股价 11.73 美元 ±10% 的范围内。

③收购价绑定在 6.85 美元附近，IDW 的股价可以免受 Flextronics 股价“自由下跌”的影响。

法定（statory）或直接并购（direct merger）是指标的企业与买方或其子公司的合并。一家企业在并购后存续下来，而另一家企业消失了。存续下来的公司可以是买方，也可以是卖方——标的企业或者买方的子公司。并购术语通常将要约收购方作为存续公司，而把标的企业当作被撤销的公司。

搞清楚哪家公司在并购法律下将会存续非常关键，因为后继者承担了责任，法律规定存续公司遵守公司法，按照州法注册成立的合并后的企业，将承担要约方和标的企业的全部权益和债务。[⊖]不满意的股东或少数股东被要求出售手中的股份，但是一些州的法律保障他们有权得到经过评估的股票价值。换股或者以股换资产的交易也是并购的方式。

各州法律通常要求收购双方的股东批准并购。然而，如果支付方式是现金，而且发行的收购方的新股票数量少于企业流通股的 20%，或者已有股票足以完成收购，则无须收购方股东的表决。这些例外情形在本章已经更详细地说明过了。在收购和换股之间，最重要的差别是后者无须标的企业股东的表决，因为标的企业股东已经通过是否愿意出售股票表明了他们的态度。通过用买方的股票收购标的企业的全部或至少是控股权益，标的企业原封不动地成为收购方全资拥有（或至少控股）的下属企业。表 11-5 列出了这些并购方式的优缺点。

表 11-5 各种并购方式的优缺点

并购方式	优点	缺点
用现金收购资产	**买方**	**买方**
	可以选择性收购资产	失去了净经营亏损②和税收优惠
	资产销账	失去知识产权
	可以在劳务合同中缺少后继条款①的情况下，协商工会和福利协议	可能需要对签署协议取得一致同意
		对于转让的资产仍承担责任（如索偿）
	可能无须股东批准	冲销资产的所得需要缴税
	没有少数股东	对协议所涉及的资产，提供大量文档资料
	卖方	**卖方**
	维持公司存续和资产所有权不被收购	如果壳公司被清算，可能导致双重纳税
	获得净经营亏损和税收优惠	需按各州转让税缴税
		需要处理掉无用的资产
		如果大量资产被出售，需要股东批准

⊖ 由于继承者将承担责任，竞购方无须逐项将标的资产和负债转移，这样可以获得明显的成本节约，如果不是这样，则需要缴纳转让税。对于债权人，因为这个原因，存续公司也能够满足其偿债要求。

（续）

并购方式	优点	缺点
用现金收购股票	**买方** 资产/负债自动转移 可能无须对签署协议取得一致同意 无须太多文档 净经营亏损和税收优惠转移给买方 无须缴纳各州转让税 如果采用子公司方式，可以与标的企业的负债隔离 如果用现金或债支付，无须股东批准 在敌意收购中，可以绕开标的企业的董事会	**买方** 对所有债务负责 如果买卖双方不采用美国税法 338 节，则无须进行资产冲销③ 和工会及雇员的福利协议不中止 可能影响到少数股东④
	卖方 负债通常转移到买方 如果收到收购方的股票，可以享受税收优惠	**卖方** 失去了净经营亏损和税收优惠 如果买卖双方选择美国税法 338 节，则会失去税收优惠
法定并购	**买方** 灵活的支付方式（股票、现金和债） 资产和负债自动转移，无须太多文档 无须缴纳州转让税 不存在少数股东问题，因为要求进行公开要约收购（少数股东被挤出） 可以避免要求股东批准	**买方** 可能需要按照评估价值向股东支付对价 需要标的企业股东和董事会批准，因此较费时间，可能推迟交易完成
	卖方 如果收购对价主要是收购方的股票，则有税收优惠 可继续获得合并后的公司的收益 灵活的支付方式	**卖方** 可能费时较长 标的企业通常不再存续 可能不再享受税收优惠
换股交易	**买方** 可以将标的企业作为子公司经营 见上面的用现金收购股票	**买方** 可能推迟实现协同效应 见上面的用现金收购资产
	卖方 见上面的用现金收购股票	**卖方** 见上面的用现金收购股票
用股票收购资产	**买方** 见上面的用现金收购资产	**买方** 可能摊薄买方的所有权比例 见上面的用现金收购资产
	卖方 见上面的用现金收购资产	**卖方** 见上面的用现金收购资产
分阶段交易	获得更大的战略灵活性	可能推迟实现协同效应

①如果雇员和工会在集体谈判协议中协商的“后继人条款”包括标的企业的员工，这个协议条款仍适用于新公司的员工。

②净经营亏损抵税或退税。

③在美国税法 338 节，收购方如果收购了标的企业 80% 或者更多的股票，将被视为等同于对标的企业资产进行收购。卖方必须同意这一税务安排。

④子公司的少数股东可能在标的企业股票被收购之后，通过所谓的“后端收购”（back-end merger）被剔除。作为并购的一个结果，少数股东被要求遵守全体股东的大多数投票结果，把手中的股票出售给收购方。如果收购方得到了 90% 以上的标的企业股份，它可以使用简式并购，这种情况无须股东投票表决。

11.7.1　收购资产

在资产收购中，收购方以现金、股票或两者的组合购买了卖方对资产的所有权利。当母公司的多个产品线或业务没有整合为一个独立法律实体，而收购方只对某个产品线或母公司的一个业务感兴趣时，资产收购可能是最可行的完成交易的方式。卖方保留了对该公司股份的所有权，只有在收购协议中明确的资产和负债将转交给收购方。

在现金收购资产的并购中，收购方用现金购买卖方的资产，可能选择接受卖方的部分或者全部负债。[一]一旦卖方董事会表决通过出售全部或“几乎全部”企业资产和企业清算时，卖方股东必须批准该项交易。在偿付了收购方不承担的负债之后，卖方剩余的资产和从收购方那里获得的现金，将按照清算方式分配给卖方的股东。[二]在用股票收购资产的交易中，一旦卖方董事会和股东批准了，则卖方股东获得收购方的股票，收购方获得卖方的资产并承担其负债。在第二阶段，卖方在股东批准后解散公司，其股东持有收购方的股票。

1. 从收购方角度看优缺点

从收购方角度看，优点包括可以选择购买标的企业的资产，除非协议规定承担负债，否则收购方不必为卖方的债务负责。然而，收购方可能需要对某些债务负责，例如，环境索偿、资产税，在某些州还包括大量的养老金负债和产品责任索偿。为了避免这些风险，收购方通常坚持己方免责，要求卖方对这类索偿权造成的损失赔付负责。[三]另一个优点是资产收购可以让买方采用购买法会计，按照市场价值重估收购的资产（见第 12 章）。这会将被收购资产的税基提高到公允价值，从纳税角度讲，更高的折旧摊销降低了税负。由于在协议中缺少后继条款（successor clauses），如果新企业中少于 50% 的工人加入工会，那么资产收购会终结工会协议，这就为重新协商被视为限制性太强的协议提供了机会。

在资产收购的各项缺点中，收购方会失去卖方的净经营亏损和税收优惠，而且一些资产权利，例如，许可、连锁经营和专利权不能转移，被视为由标的企业股东所有。收购方经常需要得到客户或者供应商的同意，才能将现有合同转到自己手中。这种交易往往比较复杂而且成本较高，因为被收购的资产必须列示在最终协议的附件中，每项资产的出售和所有权转移必须记录，而且必须缴纳所在州的所有权转让税（title transfer taxes）。另外，如果被收购的资产之前设置过贷款抵押，那么可能需要征求贷款方的同意。

2. 从卖方角度看优缺点

在各项优点中，卖方能够保持其公司继续存在，并拥有剩下未收购的有形资产和诸如许可证、连锁经营权、专利权等无形资产。卖方保留了使用所有税收优惠的权利，而且累积的净营运亏损还可以用于抵扣未来收入部分的纳税。缺点包括卖方可能遭受双重征税。如果资产的税基低，卖方可能会因出售资产而获得大笔收益；如果公司之后被清算，卖方可能因采用加速折旧而非直线折旧，还需补缴递延税款。如果转让的资产数量很大，州所有权转让税的数额可能变得很大，可以协商由卖方或买方支付转让税或者双方共同分担。

11.7.2 收购股票

在现金收购股票或股票换股票交易中，收购方从卖方股东手中直接收购卖方的股票。对于上

[一] 当买方收购了标的企业的绝大部分资产时，法庭判决买方也应对标的企业的债务负责。

[二] 出售重大资产并不必然意味着企业的绝大部分资产被出售，可能是指企业总资产中的一个小比例，但却对持续经营具有关键作用的资产，所以，企业可能处于出售资产后“明显无法继续经营活动的情况”，也就是说，若至少有 25% 的经营性资产和 25% 的收益或收入受到影响，则会被迫清算。除非企业规章有要求，否则收购方的股东不用投票表决这个交易。

[三] 注意，在大多数收购协议中，收购方和卖方同意免除对方直接负责的责任。在此类安排下的负债，通常会有一定的金额限制，而且只在特定时期有效。

市公司，收购方将提起公开要约收购，因为上市公司的股东人数太多，无法逐个处理。股票收购经常在敌意并购中采用。如果收购方不能说服所有卖方股东申报他们的股票，那么少数买方股东仍游离在外。此时标的企业会被视为收购方部分持有的附属公司。因为每位卖方股东在申报股票时已经表达了同意，因此没必要再进行股东投票表决了。

1. 从收购方角度看优缺点

优点包括标的企业的资产会跟随股票自动转移，避免了缴纳各州资产转让税，而且净经营亏损和税收优惠也转移给收购方。收购方的股票可以保留合同的持续性和公司标识。但是，有些合同中会规定，要求获得客户或供应商的同意才能转移合同。尽管收购方的董事会通常会批准主要并购，但假如收购是采用现金或债券，则不需要股东批准。如果要使用未被授权的股票，则需股东批准。

缺点是收购方要负责所有未知的、未披露的或潜在负债。卖方的税基以历史成本水平转移给收购方，[㊀]所以，资产的成本不会增加，也不能避税。在许多州，心怀不满的股东有权要求对其股票进行评估，可以选择得到股票的评估价值或继续留任少数股东。收购股票不会终止现有的工会协议或员工福利计划。少数股东的存在，产生了很大的行政成本和现实顾虑。[㊁]

2. 从卖方角度看优缺点

卖方通常更喜欢股票收购而不是资产收购，因为这样可以免除卖方将来的义务，所有责任都转移给收购方，而且如果支付的主要是收购方股票，卖方还可以延迟缴纳税款。对于卖方的缺点包括无法保留资产和净经营亏损、税收优惠以及知识产权。

11.7.3 兼并

在兼并[㊂]中，两家或更多家企业合并，只有一家会存续。与收购标的企业股票不同，兼并要求先得到标的企业和收购方董事会批准，然后再提交给两家企业的股东批准。当然也会有例外，我们本节后面还会讨论。通常这个建议要经过流通的有表决权股票的简单多数同意，然后向相关州管理机构登记备案。

1. 法定兼并和子兼并

在法定兼并中，收购方遵照公司注册所在州的法律规定，承担标的企业的资产和负债。子兼并（subsidiary merger）是指标的企业变成母公司的下属公司。对于公众而言，标的企业可能在自己的品牌下经营，但是将被收购方持有和控制。大多数兼并被构建为子兼并，由收购方建立一家新的子公司，并与标的企业合并。

2. 法定合并

从技术上讲不是兼并，法定合并（statutory consolidation）要求所有法律实体合并为一家新公

㊀ 除非卖方愿意按照美国税法 338 节，否则税负由卖方承担。

㊁ 母公司提交年报、组织股东年会和实施正式的董事会选举时，会发生大量的额外费用支出。此外，实施商业战略决策时，可能会受到心怀不满的少数股东发起诉讼和阻挠。

㊂ 在本书中 merger 有时也被译为并购，其意义侧重合并。而 acquisition 的含义侧重于收购。因此本书翻译时将 merger and acquisition 统译为并购而未做更细致的区分。——译者注

司，通常有一个新名称。而兼并中，收购方或标的企业，至少有一个是存续的。新企业作为合并的结果，承担合并机构的资产和负债所有权。兼并后的企业的股东通常互换股票。这种形式的收购并没有被营利性实体普遍采用，但是已被证明为一种非营利组织并购的成功方式。

3. 对等兼并

对等兼并（A merger of equals）是一种交易结构，通常应用于当参与方在规模、竞争地位、盈利能力和市值上相当，无法清晰地区分哪一方胜过另一方，以及哪一方能够提供更大的协同效益的场合。所以，标的企业股东的股票很少有机会获得明显的溢价。通常新企业由被合并的原企业 CEO 们共同管理，董事会成员也基本保持了被合并前的格局。[一]但是所有权被平等分配的情况并不常见。[二]

4. 公开要约

可以代替传统兼并达到同样目的，收购分为两个步骤：第一步，收购方以公开要约方式从标的企业股东手里购买大多数流通股；第二步，收购方作为控股股东，批准进行挤出式兼并（a squeeze-out/freeze-out merger）或者后端并购（back-end merger）。少数股东被要求出售其持有的股票。

5. 股东批准

在实际上大部分（substantially all）标的企业资产被收购的情况下，标的企业股东通常必须同意。[三]而对于支付现金的收购，由于对现有股东不会产生稀释，所以不强制要求收购方股东进行投票表决。对于换股并购，也有一些例外情况是不需要收购方股东投票表决的。第一种情况是所谓的小规模并购（small-scale merger），指的是被认为是较小的交易。[四]第二种情况是简式并购或母子公司并购，在交易前，母公司拥有子公司绝大部分股份（在某些州是指超过 90%）时，子公司被并入母公司。第三种情况是采用三角并购，收购方建立一个由自己全资拥有的并购子公司，唯一要求的批准是子公司董事会，而它可以是和母公司或收购方同一个董事会。[五]最后一种情况是指企业章程以前已经授权，在股票数量足以完成交易的情况下无须股东批准。

6. 股权增扩选择权

这类选择权是由标的企业给予收购方，当公开要约收购未达到 90% 的界限而不能作为简式并购时，收购方可以购买标的企业新发行的股份，以达到这个界限比例。由于这项选择权保证了并购将会被批准，收购方受益于可避免后端并购所要求的股东表决带来的延误，以及因无法获得足

㈠ Wulf（2004）的研究发现，标的企业 CEO 经常谈判用更低的股东溢价为其董事会和管理层换取在合并后企业里拥有较大的控制权。

㈡ 根据 Mallea（2008），只有 14% 具有所有权 50/50 分配的结果。

㈢ 实际上大部分（substantially all）资产是指出售的资产对企业持续经营至关重要。标的企业股东不会得到简式并购的批准权，此时母公司拥有 90% 以上的子公司股票。

㈣ 收购方股东不能够投票表决，除非他们在收购方的所有权被摊薄了 1/6 或 16.67% 以上（即收购方在交易完成后，至少持有企业 83.33% 的有表决权股份）。这样就有效地限制了收购方只能最多发行不超过流通股 20% 的新股。例如，如果收购方持有 8 000 万股流通股，而且发行了 1 600 万股新股（即 0.2 × 8 000 万股），那么现有股东被摊薄不会超过 1/6（即 1 600 万股/（1 600 万股 + 8 000 万股）等于 1/6，或 16.67%）。发行 20% 以上新股则会违反小规模并购的特例规定。

㈤ 美国主要证券交易所的上市要求可能仍然是，如果为了该项并购融资而发行新股等于或大于收购方流通股的 20%，在交易前仍需得到收购方股东批准。这类交易被视为重大交易。

够的标的企业股票而无法进行简式并购。标的企业也因消弭了协议签署到交易完成期间可能出现的用作换股收购的收购方股票价格变动而受益。

11.7.4 基础结构的特殊应用

在杠杆收购中，财务赞助者或股权投资者建立一家壳公司。在第一阶段，该壳公司通过从银行贷款和向机构投资者发行债券募集现金，第二阶段，壳公司买入标的企业50.1%的股票，用后端兼并挤出少数股东，这些股东得到债券或优先股。采用单一企业重新资本化，将少数股东挤出去，为此一家企业设立一个全资拥有的壳公司，然后在法定兼并中将其并入壳公司。原来企业的股票被撤销，原来企业的控股股东得到存续企业的股票，而少数股东得到现金或债券。分阶段交易是指收购方在一段时间内的不同阶段完成一项并购。分阶段交易可以设立业绩激励，让标的企业完成一项技术或流程的研发，或者等待监管部门批准许可证或专利权。

记忆要点

交易结构设计要满足参与各方的关键目标，以及考虑风险如何分担。这个过程确定了开始时谈判地位、风险、管理风险的选择、风险承受程度，以及买方或卖方放弃交易的条件。

讨论题

11.1 从收购方和卖方的角度看，收购资产的优缺点各有哪些？

11.2 从收购方和卖方的角度看，收购股票的优缺点各有哪些？

11.3 法定兼并的优缺点有哪些？

11.4 有哪些原因导致了一些收购方选择分阶段或分步并购？

11.5 并购通常选择哪些方式进行？在哪种情况下可能采用这些结构？

11.6 对这段话做个评论：要约收购方提出在标的企业股价基础上的溢价，不一定是公平价格；一个公平价格不一定是足价。

11.7 在某个全球信用市场充满动荡的年份，Mars公司在收购Wrigley公司时谈妥了一个逆向分手费的交易结构。这个结构可以让Mars在支付给Wrigley公司10亿美元分手费后，可以选择任何时候终止交易。解释Mars和Wrigley谈判这笔费用背后的动机是什么。

11.8 尽管在尽职调查中发现了一些令人不安的情况，Mattel仍以价值35亿美元的股票收购了Learning公司（TLC）——一家领先的玩具软件开发商。Mattel认定TLC的应收账款被高估了，因为没有将从分销商处退回的产品从应收账中扣减，而且其坏账拨备也是不充分的。同时，一项5 000万美元许可证交易也提前记入了资产负债表。但是，为了能够很快变成儿童软件市场的重量级企业，Mattel尽管知悉TLC的现金流有水分，仍完成了这项交易。为何Mattel在发现如此多的问题之后仍坚持收购TLC呢？Mattel应该怎样做才能更好地保护自己的利益？请具体说明。

11.9 说明业绩激励在何种情况下最适用。

11.10 德意志银行宣布以11.3亿美元收购荷兰ANB Amro的商业银行资产（包括一些分支机构）。德意志银行应该承担哪些负债（如果有）？解释你的答案。

（所有讨论题的答案可以在本书的网上教师手册上找到。）

案例分析 11-2

意志考验：赛诺菲收购健赞

要点

- 当标的企业的未来收益表现依赖于某个特定事件的发生时，或有价值权（contingent value right, CVR）可以帮助买卖双方弥合价格上的异议。
- 当标的企业是一家有很多股东的大型上市公司时，或有价值权最适用。

面对2015年即将到来的专利到期潮，大型医药公司在疯狂搜寻新的收入来源，以填补因其最受欢迎的药品失去专利保护造成的可能的收入缺口。常规制药企业将生产替代药品并以非常低的价格销售。

一直致力于生物技术市场的法国医药企业赛诺菲（Sanofi-Aventis SA，Sanofi）于2011年2月17日宣布，以每股74美元即201亿美元现金加上或有价值权收购美国健赞公司（Genzyme Corp.，Genzyme）。如果健赞能够达到某些业绩目标，该或有价值权可以在每股收购价上增加多达14美元或38亿美元。根据收购协议条款，健赞将继续使用现在的公司名称并独立运营，侧重点仍放在稀有疾病领域，这是它一直做得非常出色的业务。收购价格表明溢价是消息公布当天健赞股价50美元的48%。这次收购标志着从2010年5月23日开始，为期9个月的努力终于取得最后成功。当赛诺菲CEO克里斯·魏巴舍（Chris Viehbacher）第一次找到健赞的创始人和CEO亨利·泰美尔（Henri Termeer）时，赛诺菲对健赞表示有兴趣，那时候贷款成本较低，健赞的股价受到抛压，已经从2008年的峰值每股83.25美元跌到2010年6月的47.16美元。健赞股价受压，反映了制造问题影响了其最畅销产品的销售。健赞逐步从制造困境中恢复，该公司2009年关闭了主要生产工厂，而该工厂是健赞最畅销产品——脑苷脂病（Gaucher's disease）治疗药物伊米苷酶（Cerezyme）和法布瑞氏症（Fabry disease）治疗药品法布瑞冻晶注射剂（Fabrazyme）的唯一供应来源。由于工厂关闭，这两种药品在整个2010年都缺货。到年底时，供应短缺问题才稍有好转。赛诺菲确信其他潜在竞购者在忙于整合最近的交易，难以抽身加入竞购。

为了争取和健赞展开谈判并允许赛诺菲开展尽职调查，赛诺菲于2010年7月29日提出每股69美元的正式要约。赛诺菲没有采取公开要约收购方式。这个收购报价比健赞2010年7月1日的股价高38%，投资者开始猜测健赞已经入局。赛诺菲赌的是健赞的股东将会接受这个报价，而不是冒险看着股价跌到50美元。健赞的股价快速涨到每股70.49美元，预示着投资者预期赛诺菲会提高报价。魏巴舍表示，如果健赞愿意披露更多生产问题和其多发性硬化症药物（multiple sclerosis drug）的潜在市场空间信息，赛诺菲愿意考虑提高报价。

在稍后于2010年8月29日公布的声明中，赛诺菲承认已经尝试了数月时间，想和健赞就并购事项进行讨论，但是其正式收购报价被健赞拒绝，从2010年8月11日开始没有更进一步的讨论。这封声明信最后表露出一点令人不安的威胁，赛诺菲将考虑采取"一切能够完成该项交易的方法"，而且"赛诺菲对健赞的股东将会支持这项并购建议有信心。"健赞董事会回应了这封公开信，声明未准备就赛诺菲提出的建议展开并购协商，认为该建议提出了一个不现实的初始报价，极大地低估了公司的价值。泰美尔公开说这家企业至少值每股80美元，他的估值是基于该企业的生产运作得到改善，并计入了Lemtrada的未来销售收入。这是健赞用于治疗多发性硬化症的实验药，一旦被FDA批准销售，每年会为健赞带来几十亿美元的收入。尽管健赞拒绝就收购展开磋商，但考虑到没有其他公司参与竞购，赛诺菲仍不愿提高初始报价。

2010年10月4日，赛诺菲最终发起了一个全现金敌意公开要约收购（all-cash hostile tender offer）——每股普通流通股69美元。该要约开始时设定的有效期为2010年12月16日，后来被延长到2011年1月21日，两家企业开始讨论设定一项或有价值权，作为弥合两方对于健赞价值的不同看法。开始时，健赞给出的年度销售额峰值是Lemtrada 35亿美元和赛诺菲7亿美元。1月底，双方宣布签署了保密协议，向赛诺菲披露健赞的财务报表。

或有价值权帮助赛诺菲解除了担心阿仑单抗未获得 FDA 批准而支付过高的对价的顾虑。根据或有价值权的条款，如果健赞能够在2011 年达成伊米苷酶和法布瑞冻晶注射剂的生产目标——生产厂的严重污染事件导致其2009 年的产量大幅下跌，健赞股东将再得到每股 1 美元。如果 Lemtrada 获得 FDA 审批，每一份或有价值权将得到另外 1 美元。如果 Lemtrada 完成其他的年度收入目标，赛诺菲还将支付另外一笔钱。如果 Lemtrada 达到每年 28 亿美元销售额，那么直到 2010 年才到期的或有价值权，将为股票持有人带来额外的每股累积 14 美元的收益。

这项并购交易被构建为在公开要约收购之后紧接着进行一项后端简式并购（a back-end shortform merger)。简式并购可以让收购方无须经过股东表决，在公开要约收购阶段不接受少数股东申报股票。为了执行简式并购，收购协议中包含了健赞董事会向赛诺菲承诺的一项股权增扩选择权（a top-up option)。当赛诺菲通过公开要约收购了75%的健赞流通股时，将触发该项选择权。如果健赞有更多经授权但尚未发行的股票，可以填补公开要约收购的股票与简式并购所要求的与 90%之间的差额部分，那么这个75%的门槛值还可以降低。这项交易还包括所谓的双轨模式（dualtrack model)，即同步召开股东大会所需的代理声明书的备案以及在公开要约收购时的并购表决，以确保交易能够尽快完成。

讨论题

1. 这项交易被设计为一项公开要约收购，加上一个股权增扩选择权和后端简式并购。为何这个结构可能比需要股东表决的常见法定并购交易或公开要约收购后进行后端简式收购更受欢迎?
2. 说明采取双轨模式的目的，即收购方发起一项公开要约收购，同时为股东会议进行文件备案并对并购进行表决。
3. 说明赛诺菲采用了哪些收购策略，讨论为何要使用这些策略。
4. 说明健赞采用的反收购策略，讨论为什么要使用这些策略。你认为健赞的这些策略有效吗?
5. 赛诺菲还有哪些方法可以替代或有价值权，以弥合双方对健赞估值上的差距？讨论每种方法的优缺点。
6. 收购方和标的企业如何从股权增扩选择权中获益?
7. 或有价值权的存在，在何种程度上影响了赛诺菲实现某些协同效应的能力？请具体说明。

(所有讨论题的答案可以在本书的网上教师手册找到。)

:: 案例分析 11-3

瑞士医药巨头诺华收购爱尔康

要点

- 母公司经常会发现买下少数股东股份，可以降低成本并简化未来的决策制定。
- 收购方可能会在实施了所谓迂回式收购，获得小股东地位之后，与标的企业谈判看跌期权。

2010 年 12 月，瑞士医药企业诺华（Novartis）股份有限公司以 129 亿美元的价格，完成了对在美国上市的眼部获利企业爱尔康（Alcon）剩余 23%股份的收购，最后合计支付给爱尔康的总收购价是 522 亿美元。诺华从 2010 年 1 月开始一直尝试收购爱尔康剩余公开交易的股份，但是其开出的原价 2.8 股诺华股票，相当于每股爱尔康估值 153 美元，遭到了爱尔康独立董事的坚定回绝，他们认为诺华报价过低。诺华最终不情愿地同意支付每股 168 美元，这是诺华手中已经持有的爱尔康股票的平均价格，诺华保证在交易完成前，将以现金支付每股 168 美元与 2.8 股诺华股票价格之间的差额部分。如果交易完成前，诺华股价升值，那么 2.8 股诺华股票的价值超过了 168 美元，诺华支付的股票数量将减少。通过收购爱尔康所有流通股，诺华避免了小股东在公司做重要商业决策时的干扰，获得了一定的运营协同效应，并且减少了维护公众股东带来的费用。

在全球金融市场动荡的2008 年，诺华以现金收购了食品业巨头雀巢全资子公司爱尔康的少数股权。

雀巢曾于1978年将爱尔康全部股份收购，并保持百分之百控制权，直到2002年将其23%的股份公开发售，实现IPO上市。2008年4月，诺华从雀巢手里以每股143美元收购了爱尔康公司25%的股份。作为这项交易的一部分，诺华和雀巢分别获得了一项看涨期权和一项看跌期权，可以在2010年1月到2011年7月，每股爱尔康按照181美元行权。2010年1月4日，诺华行使其看涨期权，购入雀巢持有的爱尔康剩余52%的股份，由此诺华将自己持有爱尔康股份的比例提高到约77%。诺华为此前后支付的对价总计达到393亿美元（2008年112亿美元加上2010年的281亿美元）。在同一天，诺华也提出要约收购剩余的公众股，换股价为每股153美元，即2.8股诺华股票交换1股爱尔康股票。

尽管雀巢的交易看上去有可能获得监管机构批准，但其要约收购少数股东的出价立即被指过低——每股153美元的出价远低于爱尔康在2010年1月4日的收盘价164.35美元。爱尔康公开交易的股价可能已经被投资者预期有更高出价给推高了，诺华认为如果不是投机之故，爱尔康的市场价格应该是137美元，而诺华向小股东提出的每股153美元报价，已经比之溢价了约12%。少数股东中的一些大型对冲基金提出它们应该得到和支付给雀巢每股181美元一样的价格。在诺华发布消息时，爱尔康股价下跌5%到每股156.97美元。诺华的股价也蒸发了3%，下跌到每股52.81美元。2010年8月9日，诺华得到欧盟监管机构可以收购爱尔康的批准，使该公司获得爱尔康的全部控制权变得更容易了。

在买断了雀巢在爱尔康的股份之后，诺华面临着收购公众持有的剩余23%流通股的局面。根据瑞士的收购法律，诺华需要得到爱尔康董事会大多数成员的同意，以及2/3股东批准并购条款才能生效，而且爱尔康股票要自动转换为诺华股票。一旦诺华持有77%的爱尔康股份，就可以安排自己提名的5名董事加入董事会，替换之前由雀巢任命的董事。爱尔康的独立董事建立了一个独立董事委员会（IDC），认为诺华对小股东的报价过低，因此其任命的新董事由于利益冲突原因，应该回避参加对诺华并购案的投票。IDC更愿意接受经过协商同意的并购，而不是强制性并购，将少数股东的股份以2.8的转换比例转为诺华股票。

瑞士的并购法规要求当收购方在购得了另一家企业超过33.3%的股份时，就应提起强制性要约收购。提出强制性要约时，诺华也应该遵守瑞士法律对最低报价的要求，要求诺华向爱尔康的少数股东支付与雀巢一样每股181美元的现金。但是已经取代雀巢出任董事并获得了超过2/3爱尔康股票的诺华认为，他们不再适用强制性要约收购条件。诺华的股票因为瑞士货币升值和经营业绩改善而在持续上涨，已经让原来爱尔康的公众股东受益了。但是，到了2010年年末，诺华的耐心看上去已经消磨殆尽。尽管不会总是出现这类情况，但独立股东的抵抗确实为公众投资者带来了好处。

讨论题

1. 解释为何诺华2008年只收购了爱尔康25%的股份？
2. 为何诺华在2010年行权将其持有爱尔康的股份比例提高到77%时，需要支付的价格（每股181美元）要远高于2008年年初收购爱尔康大约25%股份的价格（每股143美元）？
3. 爱尔康和诺华的股票在诺华宣布将行使买入雀巢支持的爱尔康控股权消息时，分别下跌了5%和3%？解释为何会发生这种结果。
4. 瑞士并购法律与美国相关法律相比，有何特点？哪国的并购法律更合适，为什么？
5. 讨论诺华是如何得出爱尔康股票的内在价值是137美元的？哪些是关键的假设？你认为小股东会获得和雀巢一样的对价吗？解释你的理由。

（所有讨论题的答案可以在本书的网上教师手册找到。）

CHAPTER12

第12章 交易结构设计：税务和会计考量

当人们通过投票就可以得到钱时，共和也就走到了尽头。

——本杰明·富兰克林

|并购内幕| 强生使用金融工程收购合成制药公司

关键点

- 尽管税收考量很少是并购的首要动机，但它可以使交易变得更加有吸引力。
- 税收考量可能影响到在哪里并购，以及何时并购。
- 外币现金余额给了跨国企业并购融资的灵活性。

总部在美国的强生公司是全球最大的保健品企业，曾在其有史以来最大的并购中采用了创新的税务策略。当强生公司第一次宣布将以1 970万美元股票和现金收购瑞士医疗器材生产商合成制药公司（Synthes）时，该企业声称这项交易因为要发行2.04亿新股而将摊薄现有股东的股票价值。紧随声明，投资者以压低股价的方式表达了不满。强生找到了一个方法，让这项交易对投资人来说更有吸引力，同时保留了向合成制药公司股东支付收购价的结构（2/3是股票，剩余为现金）。他们收购价中的强生股票在卖出前可以延迟支付税款，但是现金部分则需马上缴税。

强生发现了美国国税局对于使用境外子公司资金规定中的漏洞，强生可以用交易融资结构提高交易完成后的收益。2011年，美国国税局规定在境外经营所得现金入境美国，将被视为子公司向母公司支付红利，并适用于相应税率。由于美国对公司征税的税率是所有发达国家中最高的，故而美国的跨国企业都愿意将境外子公司所得进行再投资。

考虑到这一层，强生用其爱尔兰子公司的境外收益，从高盛和摩根大通回购了2.04亿股价值129亿美元的自己的股票（这些股票是这两家机构之前从公开市场上购入的）。从投资银行手中买回这些股票提高了企业的每股收益。用这些股票和现金一起，用于交换合成制药公司的流通股，完成这笔交易。强生也无须为这笔收益进入美国而缴纳沉重的税负，这样避免了在美国缴纳35%的企业税，而在爱尔兰的税率只有12%。投资者对此给予正面回应，2012 年年中，其股价回升不低于2%，企业宣布交易将会加厚而不是摊薄每股收益。估计美国国税局将会防范未来交易采取类似的融资方式。

本章概览

第 11 章详细讨论了构建交易架构的前 5 个步骤。本章重点讨论交易架构建立的过程中，税收和会计方面产生的影响。尽管税收非常重要，但交易的经济基础应该作为决定性因素，任何税收优惠都为收购决定提供了支持。会计方面对于交易结构的影响可能更微妙，而且有可能使收购方当前和未来的收益表现变差。本书配套网站（http://booksite. elsevier. com/9780123854872）在“学生学习指南”（Student Study Guide）文件夹中提供了本章回顾。

12.1 税务结构安排

一般来说，税务考量对收购方的重要性没有对卖方那么重要。收购方首要关注的是确定收购资产的税基，并避免承担标的企业可能存在的税务问题的责任。税基决定了当资产出售时收购方应缴纳的收益税，以及这些资产的折旧基准。相反，卖方通常关心的是如何设计交易结构，以推迟缴纳应缴的税款。表 12-1总结了最常用到的应税和非税交易结构，包括法定兼并（statutory merger，即两方交易）和三角并购（三方交易）。这些交易结构的影响在下面的章节中将详细讨论。

表 12-1 各种应税和免税交易结构

应税交易：标的企业股东需立即缴纳	非税交易：标的企业股东可以递延缴纳
1. 现金收购资产①	1. A 类改组 a. 法定股票并购或整合（主要是收购方换股）② b. 前向三角并购（收购资产） c. 后向三角并购（收购股票）
2. 现金收购股票	2. B 类改组（换股）
3. 法定现金收购和整合	3. C 类改组（股票换资产）
a. 直接收购（现金购买股票）	4. D 类裂解式并购
b. 前向三角并购（现金购买资产）	
c. 后向三角并购（现金购买股票）	

①支付方式主要是收购方股票以外的资产，其中可能包括现金、债券或其他非股权类的补偿。

②收购方的股票通常占到对价的 50% 或更多。A 类改组的例外情形是后向三角并购。

12.2 应缴税的交易

一项交易如果包含了用现金、债券或非权益性对价购买标的企业的股票或资产，那么标的企业的股东就应缴税。应税交易包括用现金购买目标资产，现金购买目标股票，抑或法定现金兼并或合并——通常包括直接现金并购、远期三角并购和反向现金并购。

12.2.1 应缴税的并购

在直接法定现金并购中（即支付方式为现金），收购方和标的企业的董事会达成一项安排，而且两家企业，除非例外情况，必须从其各自的股东那里获得批准。标的企业之后要么被并入收购方，要么收购方被并入标的企业，只有一家会存续下来。表内和表外的资产负债会自动转移到存续公司。为了保护自己免于受到标的企业的负债拖累，收购方经常采用所谓的三角并购（triangular mergers）。在这类交易里，标的企业被并入收购方或用于并购的下属壳公司，存续的是这家子公司（称为前向三角现金并购，a forward triangular cash merger），或者该子公司并入标的企业，保留标的企业（称为后向三角现金并购，a reverse triangular cash merger）。直接现金并购和前向三角并购被视为应税的资产收购交易，而现金并购和后向三角并购被视为应税的用现金收购股票的交易。这些交易的税收结果将在后面讨论。

12.2.2 应缴税的现金收购资产交易

如果一项交易包括现金收购标的企业的资产，而收购方不承担或承担标的企业部分抑或全部负债，那么标的企业收购资产的税收成本或税基会提高或者梯次上升到其公允市场价值（fair market value，FMV）水平，等于收购方支付的收购价格（减去所承担的负债）。未来几年增加的折旧减少了合并后企业税务的现值。标的企业出售资产获得的即时损益等于资产的公允市场价值和其账面价值的差额，再减去累积折旧。

标的企业的股东有可能双重纳税——一次是企业为所得缴税，另一次是在出售所得作为分红或者公司清算后的分配发给股东的时候。如果收购方购买了标的企业足够多的资产而造成其停止运营，就有可能引发标的企业的清算。[一]为了补偿标的企业股东所承担的税负，收购方通常不得不提高收购价格。从 1993 年开始，应税交易对收购方产生了更大的吸引力，这是因为法律上已经做出修改，允许收购方为税收目的摊销某些无形资产。[二]

12.2.3 应缴税的现金收购股票交易

应税交易通常是指收购标的企业有投票权的股票，以避免标的企业股东收益被双重征税。资产收购会自动触发标的企业为其出售所得纳税，将税后收益支付给股东后，股东也应缴税。收购股票避免了双重收税，因为这项交易发生在并购双方的股东之间，尽管标的企业的股东在出售其所持股票时可能出现亏损或盈利。在这种交易中，资产价格不会提高到其公允市场价值。由于从美国国税局的角度来看，标的企业仍继续存在，标的企业的税收属性（tax attributes，例如投资税减免和净经营亏损）可以在交易之后仍被收购方使用，但是使用范围应遵照美国税法 382 节和 383 节。表 12-2 总结了各种应税交易的主要特征。

㊀ 美国国税局将导致标的企业被清算的交易视为实际出售，而不是标的企业股东在合并后的企业中仍拥有权益的重组。所以，标的企业若在交易完成之后停止经营，其税收安排可能不再适用于收购方。尽管如此，仍可以将其用于抵扣标的企业从出售资产中得到的收益。

㊁ 美国国税局税法 197 节对无形资产做出了相关规定。这类资产包括商誉、继续经营价值、账簿和记录、客户名单、执照、许可证、连锁经营权和商标等，按税收规定必须摊销 15 年以上。尽管不会马上确认商誉上的损失，但是商誉造成的同一交易中其他无形资产的税基必须提高，提高金额等于商誉的账目减值金额。调高价值的这些无形资产要在剩余折旧年限中摊销。此外，现在税法允许将经营损失用于抵扣前两年的已缴税款和未来最多 20 年的税款。

表 12-2 各种应缴税(对标的企业股东)交易结构的主要特征

交易结构	支付方式	收购方获得标的企业税收属性	标的继续保留?	母公司承担标的企业负债	需要股东投票?		少数股东退出?	合同自动转移?②
					收购方	标的企业		
用现金收购股票	大部分是现金、债或其他非权益性支付	假设按照 338 节没有资产增值①	是	高	不需要④	不需要,但股东可能不出售股票	不	是
用现金收购资产	大部分是现金、债或其他非权益性支付	不,但是可以资产增值	也许③	低,但承担负债	不需要④	需要,出售重大资产	不,会出现少数股东	不
法定现金兼并或合并	大部分是现金、债或其他非权益性支付	是,但没有资产增值	不,如果标的企业并入收购方	高,如果标的企业并入收购方	需要	是	是⑤	是
前向三角现金并购(美国国税局认定为资产收购)	大部分是现金、债或其他非权益性支付	不,但是可以资产增值	不	低,受限于子公司关系	不需要④	是	是	不
后向三角现金并购(美国国税局认定为股票收购)	大部分是现金、债或其他非权益性支付	是	是	低,受限于子公司	不需要④	是	是	是

①如果收购方和卖方协商同意采用美国税法 338 节方式,那么收购方可以将收购股票当作收购资产处理。这样就可以调高被收购的净资产值,导致收购方不再具备标的企业的税收属性。

②合同、租约、许可证和知识产权使用权将自动转移,除非合同中规定了需要取得对移交的同意。

③如果标的企业出售了重大资产,可以选择清算,将出售所得分配给股东或者继续作为壳公司存在。

④如果构成收购方的重大交易或者母公司需要授权新股发行,那么股票交易所或法律顾问可能提出该项要求。在实践中,大多数大型并购要求得到股东批准。

⑤标的企业的股东必须接受并购条件,但是在某些州,不满意的股东有权要求对其持有的股票重新评估价值。

12.2.4 美国税法第338节

338节是收购标的企业股票的一个应税交易选项。并购双方可以共同选择美国税法第338节，即出于税收目的，以公允市场价值登记资产和负债。这样可以让获得80%或更多有投票权股票的收购方，对以市场价值估值的标的企业的股票收购交易，作为资产收购进行税务处理。标的企业被收购的资产净值被提高到其公允市场价值，在交易完成时触发了一项应税收益。[㊀]从法律角度看，按照338节将标的企业股票出售，仍被视为收购方进行了一项股票收购。由于交易引发的税负经常超过因收购资产税基递升所节省税款的净值，因此338节很少被用到。当标的企业存在大量经营亏损（NOL）或者税收抵免结转时，338节是最有用的，因为收购方可以用它抵消一部分交易产生的应税收益（tax credit carryover）。

12.3 免税交易

如果交易的支付方式主要是收购方的股票，那么这项交易是免税的。如果标的企业的股东得到的除了收购方的股票之外还有其他，则交易可能是部分应缴税的。非权益性对价通常和一般性收入一样缴税。如果交易是免税的，收购资产净值不会上调到其公允市场价值。

12.3.1 确认交易可以免税处理

为了被认定为免税交易，交易必须满足所有者权益连续性，企业持续经营，具有有效的商业目的，以及满足分步交易规定。为了满足所有者权益连续性，标的企业股东必须拥有合并后企业的一大部分价值。这要求收购对价中主要应该是收购方的股票。企业的持续经营性要求收购方在经营中要使用标的企业一大部分的“既往商业资产”[㊁]，以展示收购方对标的企业的长期承诺。这通常意味着收购方必须购买标的企业“全部重要的”资产。而且，这项交易必须有一个合理的商业目的，比如最大化收购方的利润，而不是仅仅为了避税。最后一点是，按照分步交易规则，不可以把一个构成应税交易的较大的项目分块实施。[㊂]这类免税交易也被称作免税改组（tax-free reorganizations）。权益的连续性、企业业务连续性和分步交易规则要求，是为了防止将非常接近出售的交易认定为免税改组。

为了达到免税处理的标准，交易必须具备所有者权益、公司企业方面的一致性，具有正当的商业目的，并同时满足逐步交易的原则。为了体现所有者权益的一致性，目标股东必须拥有合并企业估值的主要部分。这就要求收购方的股份主要以收购价定价。公司企业方面的一致性，要求收购方以目标股东的“历史性业务资产”的重要部分来体现其对收购方部分的长期承诺。这通常

㊀ 选择338节对收购方的好处包括避免了转移资产和取得对协议的同意（在直接收购资产时是需要的），但仍能从资产升值中获益。资产转移、出售和使用税也可以免缴。无论是收购方还是标的企业，都必须为出售所得纳税。

㊁ 收购方必须购买对标的企业持续经营非常关键的资产。收购方通常会收购标的企业至少80%的资产，以符合美国国税局的要求。

㊂ 美国国税局可能会这样使用分步交易规则：A企业用股票收购B企业的股票和资产，并将其作为免税交易处理，一年之后又将B企业出售。美国国税局可能不同意将之前的收购作为免税交易处理，它会争议那个收购和之后的出售是一项更大计划的两个部分，目的是为了推迟缴税。

意味着收购方必须收购标的企业实际上所有的资产。另外，该交易必须具有正当的商业目的，如最大化收购方的企业利润，而非纯粹只为避税。最后，在逐步交易的原则框架下，该交易不能成为另一桩更大应税交易计划的一部分。免税交易又称免税改组。诸如所有者权益与公司企业的一致性、逐步交易原则等要求，都是为了防止类似于出售的交易被认作免税改组交易而设置的。

12.3.2　各种免税改组

最常见的是A类改组，用于法定兼并或合并（consolidation，主要以收购方股票换取股份）、前向三角并购（收购资产）以及后向三角并购（购买股票）。B类改组为换股收购。C类改组为用股票交换资产的收购。D类改组可能主要适用于收购或重组（restructuring）。[㊀][㊁]

对于A类法定兼并（见图12-1）或合并（见图12-2），对价支付方式包括现金、有投票或无投票权的普通股或优先股、票据，或者以上方式的组合。根据美国国税局对权益连续性的要求，50%以上的收购价格必须以收购方股票支付。A类改组得到广泛应用的原因，主要是由于目前尚没有规定必须使用有投票权的股票，因此收购方可以通过发行无投票权的股票来避免被稀释。收购方也可以收购少于百分之百的标的企业的净资产。最终对收购价格中现金支付的比例尚没有限制，这就如同B类改组以及C类改组。既然标的企业的股东有些需要现金，有些需要股票，或者两者都需要，与其他收购方式相比，收购方利用这种收购方式更能够满足标的企业股东的需求。

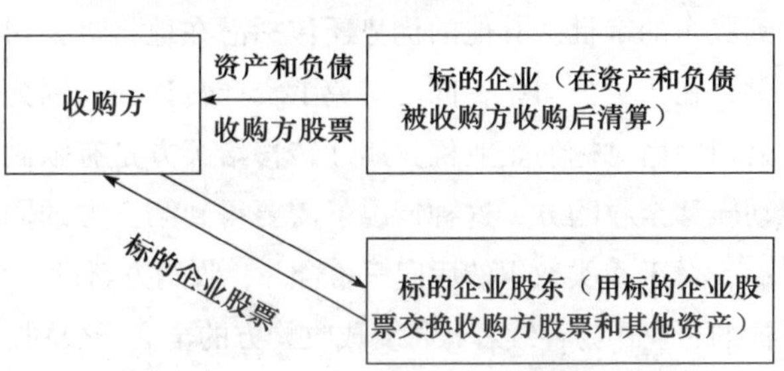

图12-1　直接法定股票并购（A类改组）

注意：该图表明收购方在并购后仍存续。实践中，不管是收购方还是标的企业在并购后都可存续。

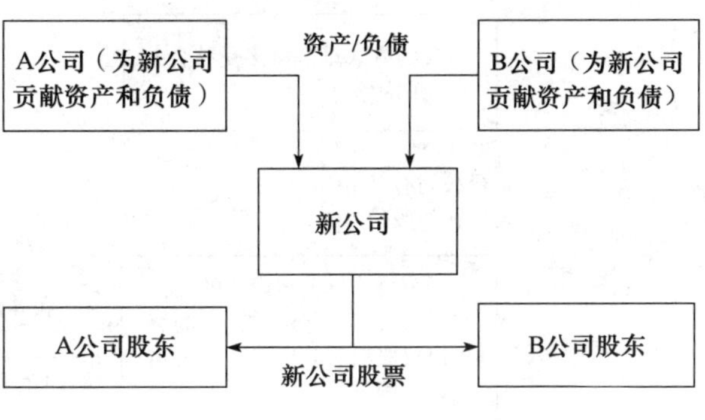

图12-2　法定股票合并（A类改组）

对于A类前向三角股票并购，收购方通过购买空壳子公司自行发行的股份向该子公司注入资金（见图12-3）。子公司用母公司的股份收购标的企业的所有股份，标的企业股票不复存在，收购方的子公司存续，标的企业的资产和负债并入该子公司。由于交易后标的企业将不复存续，美国国税局将这种交易视作收购资产交易。母公司的股票可带有投票权或不附带投票权，并且收购方必须购买“实质上大部分”标的企业的资产和负债（定义为标的企业不少于70%的总资产以及不少于90%的

㊀　D类改组要求收购方用己方有投票权的股份，换取标的企业至少80%的股份。裂解式D类改组用于拆分、分拆和股权分离，而且包括一家企业将全部或部分资产转给其控制的子公司，换取该子公司的股票或证券。

㊁　本书将restructuring译为重组，这是常见译法，而reorganization国内无统一译法，本书选用的是“改组”——译者注

净资产的公允价值)。[一]收购方的股票需要占收购价格不少于50%的比重。

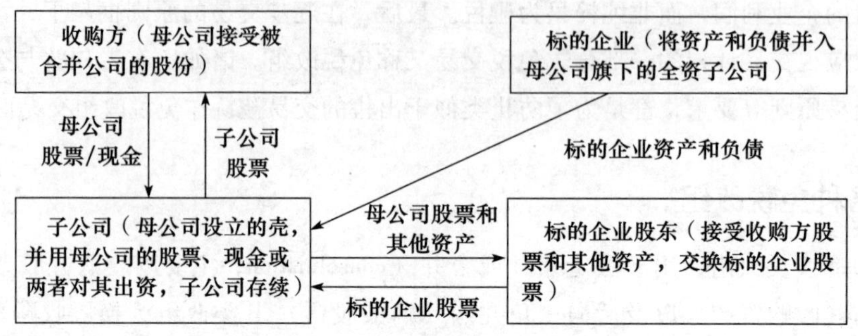

图 12-3 前向三角股票并购(A 类改组)

前向三角并购的优势包括款项支付的灵活性并避免了母公司股东的审批。在母公司使用超过该母公司在外流通的具有投票权的20%的股份收购标的企业的情况下,交易所仍要求这笔交易得到股东的审批。其他的优势还包括潜在地将母公司以及标的企业的负债分离,该标的企业的负债仍存在于子公司中,同时避免了资产转让税,因为标的企业的资产将直接转移至母公司的全资子公司。而对标的企业税收属性转移给买方是有限制的。由于标的企业的消失,合同权利并不会自动转移至收购方,这种情况下需要得到第三方的同意,将合同权利重新授予收购方。

对于A类改组的后向三角合并,收购方新设一个空壳子公司,将其并入标的企业(见图12-4)。标的企业作为存续者,将变成收购方的全资子公司。标的企业的股票将不复存在,标的企业的股东将收到母公司的股票。母公司不仅持有所有子公司的股份,也持有新标的企业的股票,同时间接获得标的企业的资产和负债。至少80%支付给标的企业的收购总价必须是母公司带有投票权的普通股或优先股。由于标的企业在交易后存续,美国国税局将后向三角并购视作股票收购。

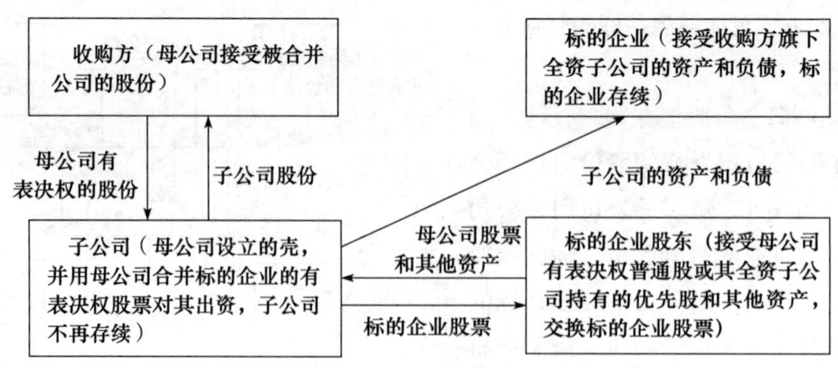

图 12-4 后向三角股票并购(A 类改组)

后向三角并购可能取消母公司股东审批的要求,因为母公司是子公司的唯一股东。由于标的企业存续,因此保留了任何不可转让的特许权、租约或其他有价值的合同权利。通过不将标的企业清盘,母公司避免了加速偿付贷款。[二]保险、银行以及公共事业的监管机构规定标的企业必须存续。这

[一] 标的企业在交易前的资产出售,如果被认为是破坏了分步规则的话,可能会威胁到交易的免税属性。免税交易,例如拆分,在并购前后两年内是不允许的。

[二] 贷款协议经常会要求在借款人发生控制权变更时偿还贷款。

种方式的最大缺点是需要使用收购方带投票权的股份，购买不少于 80% 的标的企业的流通股。

对于 B 类换股改组，收购方必须在要约收购中使用附带投票权的普通股或优先股，购买不少于 80% 的标的企业附带或不附带投票权的流通股（见图 12-5）。任何现金或负债都不满足 B 类交易标准。[㊀]B 类交易可以作为兼并或合并交易的替代选择。不需要一次性完成标的企业股票的收购，这使交易得以循序渐进地进行，因为在正式收购计划中，收购标的企业股票的时间有可能超过或少于 12 个月。B 类改组在收购方需要保留现金或其借款能力时尤其有用。因为股票直接从股东处购得，所以并不需要标的企业股东的投票。最后一点是，合同和许可证随着股票所有权的转移而转移，这避免了重新申请许可，但合同中另有规定的除外。标的企业或成为子公司抑或并入母公司。[㊁]

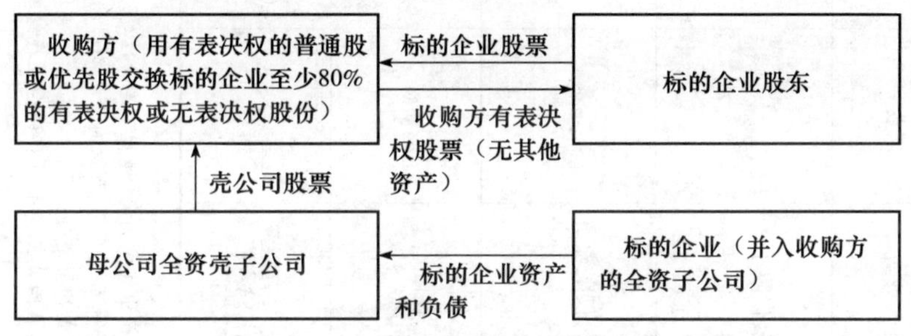

图 12-5 B 类换股改组

C 类股票收购资产改组适用于收购方并不想承担任何未被披露的负债（见表 12-6）。这种方式要求使用收购方附带投票权的股票来购买标的企业不少于 70% 的总资产以及不少于 90% 的净资产（以公允价值计算）。利用现金偿付的部分不能超过标的企业资产公允价值的 20%；任何由收购方承担的负债必须从这 20% 中扣除。由于所承担的负债通常都会超出所购资产公允价值的 20%，所以通常都以股票方式支付。标的企业被清盘，并将收购方的股票分配给标的企业的股东。这项只可以使用附带投票权的股票的要求，降低了采用 C 类改组方式的积极性。表 12-3 总结了各种免税交易结构的主要特征。

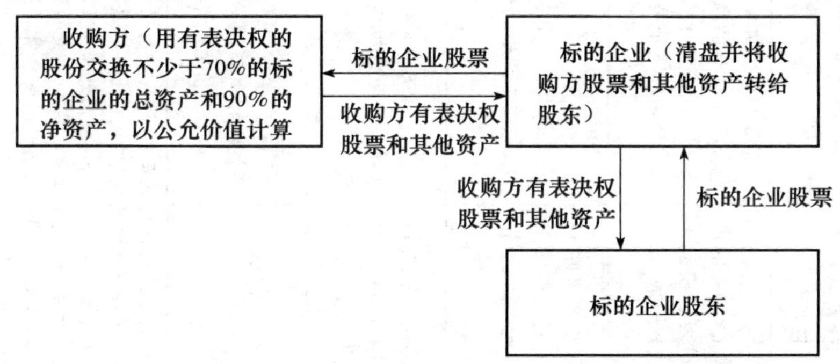

图 12-6 C 类股票收购资产改组

㊀ 现金只可用来收购零散股份。

㊁ “B”类换股改组交易等同于后向三角并购，因为标的企业会成为收购方的子公司。两者间的主要区别是：后者要求至少用 80% 收购方有表决权的普通股或优先股收购标的企业股票，而前者要求这个比例必须是 100%。

表 12-3 其他免税交易结构的主要特征(针对收购方股东)①

交易结构(改组类型)	支付方式	局限性②	收购方保留标的企业税务属性	标的企业存续?	母公司承担标的企业负债	需要股东投票?		少数自动退出?	合同自动移转?③
						标的企业	股东		
法定兼并或合并(A 类改组)	至少 50% 的母公司表决权或非表决权股票	资产负债自动转移给买方	是,但资产升值	不	高	需要	需要	是	不,因标的企业被清盘
前向三角并购(A 类改组)	至少 50% 的母公司表决权或非表决权股票	需收购至少 70% 的总资产和 90% 的净资产,以公允价值计算,有限公司收购子公司除外	是,但资产不升值	不	低,仅限于子公司④	不需要⑥⑦	需要	是	不,因标的企业被清盘
后向三角并购(A 类改组)	至少 80% 的母公司表决权股票(普通股/优先股)	需收购至少 80% 的表决权或非表决权股票	是,但资产不升值	是	低,仅限于子公司④	不需要⑥⑦	需要	是	是,标的企业保留不可转让合同
收购股票不并购(B 类改组)	100% 的母公司表决权股票(普通股/优先股)	需收购至少 80% 的表决权或非表决权股票	是,但资产不升值	是	低,仅限于子公司④	不需要⑥	不需要,因为股票从股东处直接购得	不	是
收购资产(C 类改组)	100% 的表决权股票⑧	需收购至少 70% 的总资产和 90% 的净资产,以公允价值计算	是,但资产不升值	不	低⑤,仅限于承担负债	不需要⑥	需要,如果出售实质上大部分的资产	不,会出现少数股东	不

①对于其他收益,标的企业股东按照正常税率(即所获收购方股票之外的其他收益)缴税。

②交易的两年前的资产出售或剥离(可能反映为公司为了缩小收购规模),或者交易完成两年后的资产出售或剥离(违背了连续性要求),将可能导致免税政策的失效。如果一家所谓的“可忽略单位”,例如有限责任公司被用作收购实体,而标的企业是一家交易完成后将停止经营的 C 型公司,那么对于收购标的企业的净资产,前向三角并购不要求有任何限制条件。可忽略单位是一些过手性质的实体(即无须按照 C 型公司双重缴税),包括有限责任公司或 S 型公司。

③合同、租约、许可证以及知识产权会自动随股票所有权转移,除非合同规定需要得到同意。此外,在后向三角兼并标的企业存续的情况下,该公司将保持任何不可转让的特许权、租约或其他合同权利。

④只要标的企业是以收购方子公司的形式存在,收购方可以免于承担标的企业的债务责任,应付税款、养老金义务以及环境相关负债除外。

⑤母公司对资产附带的负债负责,比如保修索赔。

⑥如果认为收购交易属于收购方的重大交易,或者母公司需授权发行新股,则上市股票交易所或者法律顾问可能会提出应取得股东批准的要求。

⑦通常不适用于恶意收购,恶意收购通常需要得到标的企业董事会以及股东的批准。

⑧尽管最多 20% 的标的企业净资产的公允价值可以用现金支付,但加上所需承担的负债,通常以支付 100% 的股票完成交易。

12.3.3　并购对标的企业税收属性的处理

税收属性，比如净经营亏损的抵扣或退返处理、结余资本损失、结余超额信贷、公司资产的税基和子公司的税基，从税收节约角度来说，对收购方有相当大的价值。美国国税局允许收购方从两种方式中选择一种：以公允价值对所收购的标的企业资金净价值进行重估，从额外增加的折旧中实现税收节约，[㊀]或者从标的企业的其他税收属性中实现税收节约。所以，收购方可以利用标的企业在免税改组和应税股票收购中的税收属性，因为被收购的净资产没有按照公允价值重估。但是收购方不可以在应税的资产收购和以 338 节进行的应税股票收购中，利用标的企业的税收属性，因为被收购的净资产已经按照公允价值做了重估。[㊁]

12.3.4　1031 "同类资产" 交换引发的免税交易

出现能够推迟应税收入的情况，往往与 1031 房地产资产交换或其他可产生收入的资产交换相关。通过推迟缴税，投资者将拥有更多的资金再投资于新的资产。假设某资产在十年前以 500 万美元被收购，现在价值 1 500 万美元。如果该资产在被收购后规定时间内没有再次发生对类似的资产收购，联邦资本利得税的缴税账单金额将为 150 万美元［即（1 500 万美元 - 500 万美元）× 0.15］，其中 0.15 为资本利得税税率。而这忽略了可能需缴纳的州税，或业主若进行扣除折旧操作所需缴纳的折旧回抵税（depreciation recapture taxes）。然而，通过 1031 交换，业主可以使用出售该资产所得的全部 1 500 万美元作为购买另一更高价值资产的首付。如果投资者购买的是更低价值的资产，税款则按照差价计算征收。

12.4　其他影响企业重组的税务考量

下面讨论净经营亏损、公司资本利得税、公司最低税和莫里斯信托交易。

12.4.1　净经营亏损

当企业产生负的应税损益时，这就是净经营亏损（NOL），可以用于抵扣 2 年税款和未来 20 年的结转以减少未来的应税收益。在收购的净资产需缴税时，收购方可以马上用标的企业的净经营亏损冲抵资产销售所得。对于无法为报税目的做出资产减记的交易而言，收购方可以将标的企业的净经营亏损用于未来几年，但要遵守税法 382 节的有关限制条件。[㊂]尽管向前结转和向后结转有年度限制，但净经营亏损仍可以成为收购方的一个重要价值来源，应该在对标的企业估值时考

㊀ 当被收购的标的企业资产被调高到其公允价值，一般会高于标的企业资产负债表的账面价值，则收购方通过这部分折旧，可以实现额外的税收节约。

㊁ 当税收属性被延续和结转给收购方时，其使用受限于美国税法 382 节（净经营亏损）和 383 节（税收优惠和资本损失抵扣）。当税收属性不再延续时，它们仍可用于抵扣标的企业资产出售所得。

㊂ 税法 382 节用于防范只为了避税而在没有正当商业目的的情况下，通过收购有重大净经营亏损的企业，减少收购方的应税收益。382 节设置了每年可将不再存续的标的企业净经营亏损转移给收购方的上限，等于标的企业股票最低市场价值乘以长期免税利率、合并后企业的应税收益，或剩余未使用的净经营亏损额。

虑进去。谷歌2011年收购摩托罗拉移动，使其未来收益每年可以节省7亿美元的税款，而且由于摩托罗拉累积的净经营亏损，可以使其当期少缴10亿美元税款。因为收购方无法确定未来的收益是否足以在净经营亏损到期前得到利用，光是亏损向前结转很少影响收购的结果。

12.4.2 企业资本利得税

由于长期和短期企业资本利得都需要作为普通收入，按照最高联邦公司税率35%缴纳，收购方经常采用法律架构，将收益直接分配给各参与方，让其按照个人税率缴纳。这些法律架构包括主有限合伙企业（master limited partnerships）、S型公司（Subchapter S corporations）以及有限责任公司。

12.4.3 企业最低税

在公司税负被大幅降低的情况下，公司可能需要按照统一税率20%缴纳最低税收。最低税的引入，大幅降低了杠杆收购对投资者的回报，由于有很大的每年利息支出，故而应收收益减少（如果有的话）。

12.4.4 莫里斯信托交易

税法对于莫里斯信托交易（Morris trust transactions）限制了哪些类型的公司交易可以用于避税。假设A企业将一个经营单位出售给B企业，获得的交易收益需要纳税。为了避免缴纳这些税款，A企业拆分（spins off）这个经营单位，通过一个免税交易，作为红利给予股东。这个经营单位仍由A企业的股东拥有，之后与B企业合并，A企业的股东由此变成了B企业的股东。通过拆分这个经营单位，A企业避免了为应税收益缴纳公司税，而且A企业的股东可以延迟缴纳个人税，直到他们卖掉手中的B企业股票。1997年税法修订，要求除非没有现金易手，而且A企业股东需要最终成为B企业的控股股东，否则应该缴税，使得这类交易的吸引力下降。并购合作伙伴，例如这类交易中的B企业，必须要比A企业小很多，才能保证A企业的股东最后成为B企业的控股股东，这样就剔除了一些潜在的交易候选对象。

12.4.5 主有限合伙

主有限合伙（MLP）是一种有限合伙类型，其股票或份额公开交易，投资者只承担有限责任，其份额可以比那些私营合伙企业和非上市企业更容易买卖。合伙收益按份额分配，份额的交易与普通股相同。主有限合伙无须双重纳税，和其他合伙企业一样，收益按比例分配给合伙人。份额持有人从可抵税支出，例如合伙企业的折旧费用和投资税减免中，按比例得到自己的一份。通过把可抵税费用分配给投资者，只要该项费用超过了主有限合伙分配的现金收益，那么主有限合伙的收益就可以免税。超出部分可以用于抵扣投资者的其他税前收益。与公司支付的普通股分红不同，主有限合伙必须按季向投资者支付收益。对于主有限合伙，如果未进行强制性的季度收益分配，则构成一次违约。由于这种强制性要求，主有限合伙在一些有预期现金流的行业比较常见，例如自然资源和房地产。

12.5　合并企业的财务报告

一家公司在按照国际财务报告标准（IFRS）或者一般会计原则（GAAP）准备财务报表时，需要采用购买法（也称为并购法）处理业务合并。根据购买法，先确定收购价格或并购成本，然后使用成本分配方法，先分配有形净资产，然后是无形净资产，并记录在收购方的账目上。净资产是指收购的资产减去承担的负债。收购价格超出被收购净资产的公允价值[㊀]部分被计入商誉。商誉是一种资产，代表收购资产中尚未被确认的将在未来产生的经济收益。现时的会计标准 SFAS 141R 要求收购方以收购日的公允价值确认被收购资产、承担的负债，以及所持有标的企业的少数权益。并购日期一般对应的是交易完成日，而不是交易公布或协议限定日。

12.5.1　以公允价值确认收购资产净值和商誉

为了更容易地比较不同的交易，当前会计规则要求百分之百确认收购的资产和承担的负债，即便收购方收购标的企业不足 100%。这造成了确认全部标的企业，而不管收购的是 51%、100% 还是其间的某个比例。所以，未收购的标的企业那部分（即非控制性或少数权益）也要确认，导致买方必须将全部商誉入账。非控制性/少数权益应列入合并报表的权益科目内，与母公司的权益分开入账。此外，收入、费用、利得、损失、净损益和其他少数权益带来的收益，应该计入合并损益报表。

例如，如果 A 企业收购 B 企业 50.1% 的股份，为了反映其有效控制，A 企业必须将 B 企业的 100% 的资产和负债加在自己的资产和负债上，而且在股东权益中计入 49.9% 非控制性或少数权益的价值。这样是将非控股权益简单地作为另一种形式的股权，并确认 A 企业负有管理所有被收购资产和负债的责任。类似地，计入 A 企业损益表的 B 企业 100% 的利润中，要减去属于 49.9% 少数股东的那部分，将其加在合并企业的留存收益项下。[㊁]

12.5.2　确认和度量分步交易中的收购资产净值

分步交易（staged transactions）也要求以被收购的标的企业净资产和非控股权益的全部公允价值确认。每一阶段被收购的净资产必须以当前的公允价值标准进行重估。由于重新估算损益表上的非控股权益，所以收购方必须披露收益或损失。

12.5.3　确认额外对价

临时情况是不确定的，比如潜在的法律、环境和担保索偿，在交易发生的当下无法全部知悉将来的情况，未来可能成为资产或负债。收购方必须将临时情况下产生的资产或债务，以其并购

㊀ 根据 SFAS 157 规定，公允价值是自愿的参与者在资产或负债评估日，为出售资产或转移负债而接受或支付的价格。

㊁ 如果不合并报表，B 企业将作为 A 企业的一个控股子公司运营，A 企业对 B 企业的投资，根据权益会计法，显示为成本。该项投资的价值将随着 B 企业净收益的增加而增加，在 B 企业向 A 企业支付红利时减少。

日的公允价格确认并报告。当获得新信息时，收购方必须重估这些资产或债务，并记录其公允价值对收益改变的影响，这样就造成了潜在的收益波动。

12.5.4 研发过程中的资产

收购方必须从商誉中确认被收购的研发资产在并购日的公允价值，这类资产将无限期地作为资产留在账上，直到项目有了结果。如果该项目成功了，该企业会将这个资产按照预计的使用年限摊销；如果这个研究项目被放弃，这项研发资产将被列入费用。此外，各种无形资产，包括客户名单和组装工人，可能从商誉中划出单独进行估值，并作为资产记入合并资产负债表。

12.5.5 交易成本列入费用

交易相关的成本，例如法律、会计和投资银行费用，将作为交易完成日的费用入账，并从当期收益中扣除。企业可能需要解释发生在交易完成日的成本的性质，以及这类成本对合并企业收益的影响。融资成本，例如发行新债券和股票的费用，将继续随时间推移进行资本化和摊销。

12.6 购买法对合并企业的影响

长期资产的公允价值低于账面价值或结存价值（carrying value）则应减值。减值的发生可能是因为流失客户、合同或关键人员，技术过时，诉讼，专利到期，未能达成预期的成本节约，市场整体减速，等等。当资产减值时，企业必须将资产公允价值和结存价值（或账面价值）之差作为亏损入账。并购带来的资产减值等于企业管理层公开承认了对被收购资产支付了过高的价格。[⊖]收购方使用高估的股票作为收购支付方式，经常会导致对标的企业支付过高价格，而且稍后会发生商誉减值。

12.6.1 资产负债表

为了财务报告目的，为标的企业支付的收购价格 PP（包括标的企业非控股权益在并购日的公允价值），是指全部可识别的被收购的有形资产和无形资产的公允价值（FMV_{TA}）减去承担的全部负债的公允价值（FMV_{TL}），加上商誉的公允价值（FMV_{GW}）。FMV_{TA}和 FMV_{TL}的差值被称为净资产价值（net asset value）。它们之间的关系可以表示为下式：

$$\text{收购价格(总价)}: PP = FMV_{TA} - FMV_{TL} + FMV_{GW} \tag{12-1}$$

$$\text{商誉}: FMV_{GW} = PP - FMV_{TA} + FMV_{TL}$$
$$= PP - (FMV_{TA} - FMV_{TL}) \tag{12-2}$$

从式（12-2）可以看到，当净资产价值增加时，FMV_{GW}减少。还可以看到商誉的计算可以导致正的（即 PP > 净资产价值）或负的（即 PP < 净资产价值）结果。如果被收购资产是以其公允

⊖ 为了将商誉减到最小，审计师经常要求将商誉与需要估算公允价值的特定无形资产联系起来，例如客户名单和商标。这些无形资产必须资本化，并列在资产负债表上。如果这类资产的预期现金流未实现，则这部分资产的结转价值应从账上划去，以反映其当前价值。

价值的折扣价购买，且按照 SFAS 141R 被归为“廉价收购”（bargain purchase），那么就会出现负的商誉。[⊖]

表12-4 展示了在并购中如何使用收购法。假定收购方以10亿美元现金于2012年12月31日买入100%的标的企业股票。第1栏和第2栏代表了两家企业在资产负债表上的收购前的账面价值。第3栏是第2栏标的企业资产负债表上账面价值根据其市场公允价值调整后的值。作为第1栏和第3栏的和，第4栏代表收购方收购后的资产负债表。其中包括收购方在收购前资产负债表的账面价值加上标的企业资产负债表的市场公允价值。在第3栏中，全部资产比股东权益加上全部负债还少1亿美元，反映了收购价格中未分配的部分或商誉。这1亿美元在第4栏记为并购后收购方资产负债表上的商誉，使总资产与权益加上总负债相等。注意收购方并购前后的股权差值等于1亿美元收购价。

表12-4 收购法示例 （单位：100万美元）

	收购方并购前的账面价值	标的企业并购前的账面价值	标的企业市场公允价值	收购方并购后的价值
	第1栏	第2栏	第3栏	第4栏
流动资产	12 000	1 200	1 200	13 200
长期资产	7 000	1 000	1 400	8 400
商誉				100③
总资产	19 000	2 200	2 600	21 700
流动负债	10 000	1 000	1 000	11 000
长期债务	3 000	600	700	3 700
股东权益	2 000	300	1 000①	3 000
留存收益	4 000	300		4 000
权益+负债	19 000	2 200	2 700②	21 700

①标的企业股权的市场公允价值等于收购价。注意，标的企业留存收益的价值已经隐含在标的企业股权的收购价中了。

②标的企业股权的市场公允价值加上负债，减去总资产得到的1亿美元差额，就是收购价中未分配的部分。

③商誉=收购价格-净收购资产的公允价值=1 000百万美元-(2 600百万美元-1 000百万美元-700百万美元)。

阅读资料12-1展示了如何在一项交易中计算商誉，收购方购买了标的企业不足100%的流通股，仍需计入标的企业的全部被收购资产，包括100%的商誉。阅读资料12-2列出了对资产负债表每个主要科目的估值指引。

阅读资料12-1

估算商誉价值

2012年1月1日，作为交易完成日，阿奎尔公司（Acquirer Inc.）收购了塔吉特公司1亿股中的80%，每股作价50美元，总价为4 000万美元（即0.8×1 000 000股流通股×50美元/股）。当天，从塔吉特收购的净资产的公允价值被估算为4 200万美元。阿奎尔公司支付了20%的控制权溢价，这部分已经包括在每股50美元的收购价中了。隐含的少数股权折价为

⊖ 廉价收购是指一个业务合并，被收购资产在并购日的公允价值超过了收购价格的公允价值，加上对标的企业的非控股权益的公允价值。这类并购可能因强制清算或不良资产出售而增多。SFAS 141R 要求收购方将合并损益表上的余额确认为并购收益。

16.7% [即1-1/(1+0.2)]。[①]在阿奎尔的合并资产负债表上的商誉价值是多少？ 商誉中有多少可以归入塔吉特股东持有的少数股东权益？ 以每股公允价值计算，20%少数股东权益的市场公允价值是多少？

阿奎尔资产负债表上显示的商誉：根据式(12-2)，商誉(FMV_{GW})可以估算如下：

$$FMV_{GW} = PP - (FMV_{TA} - FMV_{TL})$$
$$= 50\,000\,000 \text{ 美元} - 42\,000\,000 \text{ 美元}$$
$$= 8\,000\,000 \text{ 美元}$$

式中，50 000 000美元=50美元/股×1 000 000股流通股。

归入少数股东权益的商誉：注意总流通股的20%是20万股，市场价值为1 000万美元(50美元/股×200 000股)。所以，归入少数股东权益的商誉可以如下计算：

少数股东权益的公允价值	10 000 000美元
减去：20%净收购资产的公允价值(0.2×42 000 000美元)	8 400 000美元
等于：归入少数股东权益的商誉	1 600 000美元

少数股东权益的每股公允价值：因为阿奎尔在塔吉特的权益的公允价值和塔吉特的留存收益是与它们各自的所有者权益成比例的，所以控股股东和少数股东的所有者价值分配如下：

阿奎尔的权益(0.8×1 000 000×50美元/股)	40 000 000美元
塔吉特的少数股东权益(0.2×1 000 000×50美元/股)	10 000 000美元
总市场价值	50 000 000美元

少数股权的每股市场公允价值是41.65美元[即(10 000 000美元/200 000股)×(1-0.167)]。少数股权价值低于控股股东的股价(即50美元/股)，因为少数股东对于该企业的决策过程缺乏影响力，所以必须打折扣。

①参阅第10章对如何计算控制权溢价和少数股权折价的讨论。

阅读资料12-2

收购资产和负债的指引

1. 从坏账和收益中得到的现金和应收款，以收购/完成日的标的企业账面上的价值进行评估。

2. 有价证券以减去交易成本后的可实现价值评估。

3. 存货分为成品和原材料。成品以其清算价值评估，原材料库存以其当期替代成本估值。消除标的企业的后进先出存货。

4. 土地、厂房和设备以并购/交易完成日的公允价值评估。

5. 应付款和累计费用(accrued expenses)以并购/交易完成日标的企业账上的价值评估。

6. 注意应付款和长期负债以现值评估，即用类似证券的当期市场利率对未来现金支付额进行折现。

7. 养老基金欠款以预测的应付福利现值相对养老基金资产现值的差额入账。这可能被记录为合并后企业的一项资产或负债。

8. 所有其他负债以其未来现金流的现值入账。

9. 无形资产以其并购/交易完成日的评估值入账。

10. 商誉是收购价格和标的企业净资产的市场公允价值的差额。正的商誉作为资产入账，而负的商誉(即廉价收购)记为收购方合并收入报表上的收益。

表12-5展示了收购法对收购方资产负债表的影响以及交易之后的减值效应。假设阿奎尔公司于

2012 年 12 月 31 日以 5 亿美元收购了塔吉特公司（并购完成日）。在并购日的公允价值栏中显示了可识别的并购资产和承担的债务。收购价超过净收购资产公允价值的部分计为商誉。“报告单位”（即塔吉特公司）的公允价值按年确定，以确保其公允价值大于结转（账面）价值。截至 2013 年 12 月 31 日，由于大量流失关键客户，经确认的塔吉特公司公允价值已经跌至其结转价值之下。

表 12-5　收购法对资产负债表的影响　（单位：美元）

塔吉特公司，2012 年 12 月 31 日，收购价格（总价）		500 000 000
塔吉特公司截至 2012 年 12 月 31 日净资产的公允价值		
流动资产	40 000 000	
厂房和设备	200 000 000	
客户名单	180 000 000	
版权	120 000 000	
流动负债	(35 000 000)	
长期负债	(100 000 000)	
无法确认净资产的价值		405 000 000
商誉的价值		95 000 000
截至 2012 年 12 月 31 日结转价值		500 000 000
截至 2013 年 12 月 31 日塔吉特公司净资产的公允价值①		400 000 000①
流动资产	30 000 000	
厂房和设备	175 000 000	
客户名单	100 000 000	
版权	120 000 000	
流动负债	(25 000 000)	
长期负债	(90 000 000)	
可确认净资产的公允价值		310 000 000
商誉的价值		90 000 000
截至 2013 年 12 月 31 日减值后的结转价值		400 000 000
减值损失（2013 年 12 月 31 日和 2012 年 12 月 31 日期间结转价值差额）		(100 000 000)

①注意，2013 年 12 月 31 日结转价值的计算是基于报告单位预测现金流的贴现值，因此代表了该单位在那一天的市场公允价值。该公允价值包括可确认净资产的公允价值之和加上商誉。

12.6.2　损益表和现金流

从财务报告上看，提高有形资产和无形资产（不包括商誉）的估值，会提高折旧和摊销支出，降低经营和净收益。从税收目的上讲，1993 年 7 月以后发生的商誉，最高可摊销到 15 年，而且可以抵税。但是 1993 年 7 月以前在账上的商誉不可以抵税。在使用寿命期内资产销账带来的折旧摊销减少，可以让现金流受益。如果支付的收购对价小于标的企业的净资产价值，收购方可以在损益表上将差额计入一次性收益。如果净资产的结转价值低于其公允价值，收购方将此差额计入一次性亏损。

12.6.3　国际会计标准

国际会计标准委员会（IASB）的目标是整合全球的会计标准并建立全球性标准，有时也称为“全球 GAAP”。IASB 公布了国际财务报告标准（International Financial Reporting Standards，IFRS），而且从 2005 年起，欧盟企业必须遵照该指南。美国从一般会计原则（GAAP）转向采用国际标准的顾虑包括更高的税收（如果转换导致出现报告收益增加时），执行成本增加以及法律问题。在 2012 年年中公布的一项报告中，美国证券交易委员会表示，如果美国最终决定转用国际准则，美国证券交易委员会将采用一个将 IFRS 规则融入美国会计体系标准的混合结构。

12.7 再资产化会计

对于再资产化（“Recap”）这类商业合并活动，不一定采用收购法记账。“再资产化”会计用于记录反映一家企业资本结构改变的重组活动，而对企业的资产、负债没有任何影响，也不会发生税负。这种情况适用于企业进行内部改组，回购股票，进行杠杆收购或者反向收购。美国证券交易委员会认为这类活动对企业的资产和负债不会产生显著影响，而且参与者在存续的实体中拥有持续的权益。我们下面具体讨论每种情况。

当两个实体有共同的母公司，这两家实体之间的资产转移被视为企业内部的改组，这不会导致发生影响经营资产和负债价值的控制权变更。这类转移活动不需要对企业的资产和负债做出进一步评估。再资产化会计也适用于企业购买自己的股票的情形；回购的股票以支付价格记账，放入库存股中，从企业的股东权益中扣除。库存股（treasury stock）是指回购的企业之前公开发行的股票。回购活动降低了流通股的数量。这种交易不会对企业资产和负债价值产生任何影响，也不要求对企业资产或负债的账面价值做出任何改变。交易的全部影响都聚焦在企业的股东权益上。

再资本化会计也可能用于杠杆收购的财务报告。在杠杆收购中，收购方经常设立一个壳子公司，并将其合并到标的企业中，让标的企业存续下来。标的企业的资产和负债体现在它交易前的账面价值。既然不存在相对于公允价值的调整，也无须从企业的净利润中扣除额外的折旧和摊销。杠杆收购方如果预期将通过 IPO 退出的话，将会采用再资本化会计而不是收购法，因为这样做的报告收益要比采用收购法更大，而且不会出现商誉。标的企业的股东权益通常是负数，这是因为回购股票体现为库存股，这个部分要从股东权益中扣减。作为再资本化会计的要求，被杠杆收购企业（标的企业）的股东，必须保留再资本化企业 5% ~20% 的权益。美国证券交易委员会认为，将杠杆收购企业的子公司合并在标的企业中，让后者存续下来，是标的企业的再资本化，而不属于存续一方从交易中获得有价值资产的公司合并行为。

最后，再资本化会计用于记录反向并购。反向并购是指一家私营企业以名义净资产并入一家上市壳公司，保留上市公司存续经营。这家私营企业的所有者通常在交易结束时，获得存续公司的有效或实际控制权，而此前那家上市壳公司的股东，只在再资本化的企业里掌握少数权益。美国证券交易委员会认为反向并购只是改变了收购方的资本结构，而不是一种企业合并——交易前有大量资产的壳公司的价值受到交易影响，因此再资本化会计可以用于财务报告目的。

记忆要点

尽管非常重要，但是税收极少成为大多数并购交易的决定因素，并购之所以发生，是因为它们在商业上是合理的。如果大多数收购方的股票用于购买标的企业的股票或资产，那么这样的交易就是免税的，否则就应缴税。从财务报告角度看，并购（那些被认为需采用再资本化会计方法的除外）必须采用收购法记账。

讨论题

12.1 美国国税局在何时会认为一项交易的标的企业股东应该缴税？美国国税局的理由是什么？

12.2 对于买方免税的交易，有哪些优点和缺点？

12.3 当交易是需要缴税的股票收购时，在哪些情况下，被收购企业的资产可以调高到公允价值？

12.4 商誉是什么？它是如何形成的？

12.5 在哪些情况下资产可以减值？这种事件会如何影响收购方对标的企业出价？

12.6 为何收购方和标的企业的董事会都经常寻求来自外部投资顾问或会计师事务所的所谓的公平意见？在提供公平意见的过程中，可能会用到哪些估值方法？股东可以信任这类意见吗？请说明理由。

12.7 阿丹米（Archer Daniel Midland，ADM）公司想收购AgriCorp，以提高乙醇制造产能。AgriCorp希望这项交易可以免税。ADM想保留对AgriCorp进行投资可享受的税收优惠和税损结转。ADM还打算出售一些不想要的AgriCorp资产，为这项交易提供资金。你如何设计交易结构，让双方的目的都可以满足？

12.8 有形资产经常在交易之后会被调高到公允价值，而且折旧速度也比它们的经济寿命要短。这样做对于交易后的每股收益、现金流和资产负债表有何潜在影响？

12.9 讨论并购方式（即收购资产或收购股票）如何影响交易的净现值和内部回报率的计算。

12.10 在开始谈判前，收购方和标的企业的董事会应该关注哪些与税收有关的事项？对于这些事项的解决方案会如何影响支付和并购的方式？

（所有讨论题的答案可以在本书的网上教师手册找到。）

实践题和答案

12.11 标的企业在过去3年中已经损失了500万美元，收购方预计在未来3年里每年将获得300万美元税前收益。收购方在合并前支付的税款和收购后实际支付的税款差别有多大，假设边际税率为40%？

答案：200万美元。

12.12 收购方以500万美元现金买入标的企业100%股权。作为一名分析师，你得到一张有关这两家企业的并购前的资产负债表（见表12-6）。假设厂房和设备重估后上调50万美元，合并后企业股东权益加上总负债是多少？收购方股东权益和合并后企业股东权益之间的差别有多大？

答案：合并后企业股东权益加上总负债是710万美元，合并后企业和收购方股东权益之间的差额是500万美元，注意，收购方权益的改变等于收购价。

表12-6 并购前的资产负债表 （题12.14，单位：100万美元）

	收购方	标的企业
流动资产	600 000	800 000
厂房和设备	1 200 000	1 500 000
总资产	1 800 000	2 300 000
长期负债	500 000	300 000
股东权益	1 300 000	2 000 000
股东权益＋负债	1 800 000	2 300 000

（所有讨论题的答案可以在本书的网上教师手册找到。）

::案例分析12-1

ETE击败威廉姆斯对南方联合的收购：另类收购策略

要点

- 由于收购方股票价格的不确定性，包含股票和现金的较高报价，吸引力可能比较低的全现金报价吸引力更小。
- 在现金流较易预测的行业里，主有限合伙企业为交易融资提供了一个备选方式。

能源管线公司南方联合（Southern Union，Southern）为竞争对手能源运输股权机构（Energy Transfer Equity，ETE）和威廉姆斯公司（Williams）提供了巨大的协同机会。对可以替代煤和石油但污染更少且支付得起的天然气日益增长的兴趣，促使ETE和威廉姆斯公司从2011年年中开始追求南方联合公司。威廉姆斯早已是美国最大的管线公司，按流量计算，占到美国天然气配送量的大约12%，将这项并购视为巩固其在能源配送行业领先地位的一条途径。ETE视南方联合为其管线运输能力翻番和跃居行业第一位的一条途径。

ETE是一家公开交易的合伙企业，而且是普通合伙人，拥有能源运输合伙企业（ETP）100%的激励分配权，包括大约5 020万份ETP有限合伙份额。该机构还是丽景能源合伙机构（Regency Energy Partners，REP）的普通合伙人，持有100%的分配权，约2 630万份REP有限合伙份额。威廉姆斯的经理人通过其公开交易的主有限合伙机构威廉姆斯合伙（Williams Partners）持有其大部分资产。南方联合在美国拥有和经营着超过2万英里的管线（东南部、中西部，以及大湖区、得克萨斯州和新墨西哥州）。它还拥有地方天然气配送公司，为密苏里州和马萨诸塞州的50多万终端用户提供服务。

ETE和威廉姆斯都对南方联合垂涎欲滴，因为该公司的股票据信是被低估了，潜在的协同效应十分巨大。ETE希望通过对其进行改造，将业务扩大到中西部和佛罗里达州，与ETE现有主要集中在得克萨斯州的业务形成很好的互补。对于威廉姆斯来说，这样可以在中西部和东北部建立起绝对优势的天然气管线系统，并让其获得两条进入佛罗里达州的管线的所有者权益。

尽管南方联合从勘探生产转型为流体配送，仍像年金一样继续产生稳定和可预测的财务回报。在竞购战开始前的6个月里，南方联合的股价一直在每股27~30美元波动。到了6月中旬，情况产生了变化，ETE提出了包括现金和股票的每股收购价33美元，给出南方联合的估值为42亿美元，将南方联合拖入"游戏"之中。ETE的初始报价之后是4个报价和还价，引出威廉姆斯提出每股44美元全现金收购的还价，对南方联合的估值为55亿美元。这个报价稍后被ETE以每股44.25美元的报价超过，将南方联合的估值推高到近56亿美元。

威廉姆斯每股44美元的全现金收购要约没有包含应急融资（a financing contingency），但包括一个"地狱或高水位"条款，承诺采取一切必要措施以获得监管批准，后来ETE也在建议中增加了一个类似条件。这一条款意味着会舒缓南方联合的股东对这项交易可能导致在佛罗里达州这类州引发反托拉斯诉讼的顾虑。竞购将南方联合的股价从收购前的每股28美元推高到最终收购价每股44.25美元。

威廉姆斯认为其报价要比ETE更优越，因为其估值是确定的，而ETE的报价需要南方联合的股东做出一个选择——接受每股40美元报价或得到0.903股ETE的普通股，而ETE普通股的价值取决于能源需求的波动。ETE指出不仅它的报价要高于威廉姆斯，而且如果南方联合的股东选择股票支付的话还可以免税。ETE的最后报价很快被南方联合的两个最大股东接受了，他们分别是该企业的创始人、董事会主席乔治·林德曼（George Lindemann）和公司总裁艾里克·赫施曼（Eric D. Herschmann）。

当ETE在2011年8月5日宣布已经获得了由11家美国和国外银行组成的银团共计37亿美元的融资承诺时，ETE消除了外界对其支付现金部分的融资能力的顾虑。该公司还宣布已经得到了联邦贸易委员会对完成该项交易的监管批准。

作为与ETE协议的一部分，南方联合将其持有的50%的Citrus公司的股权以20亿美元出售给ETP。收到的现金将用于偿还一部分并购融资和南方联合的债务，以便南方联合能够维持投资级的评级。在完成交易之后，ETE将南方联合的管线资产转到ETP和REP合伙企业，以免双重纳税。这些行动有助于补偿用于收购南方联合的部分对价。

回顾整个过程，ETE本来有可能引出威廉姆斯竞标，因为其初始报价有点含糊不清。根据该公司的第一次报价，南方联合的股东将接受收益率至少为8.25%的B类份额。尽管如此，这取决于一系列事件的结果，它们可能最终得到包括现金、ETE普通股、能源运输合伙机构的普通股的组合或继续持有那些B类份额。有些结果可能让南方联合的股东免缴税款，有些是需要缴税的。作为对比，威廉姆斯的出价是全部现金，其价格是明确无疑的，给南方联合的股东提供了 18% 的溢价。威廉姆斯报价的缺点是需要缴税，而且要取决于威廉姆斯完成了完整的尽职调查后的结果。

讨论题

1. 如果你是南方联合的股东，你认为威廉姆斯和能源运输合伙这两家企业，哪一家的报价更有吸引力？解释你的理由。
2. 威廉姆斯的全额现金收购报价，取决于对南方联合进行完整全面的尽职调查结果。这对于南方联合的股东来说，具有什么样的潜在风险？
3. 能源运输合伙企业将南方联合的管线资产转移到其主有限合伙机构，为的是给一部分收购对价提供融资。这一行动从哪个方面可以被视为给一部分收购对价提供融资的一种方式？这一行动会从哪个方面为能源运输合伙企业带来税负？
4. 你认为能源运输合伙企业和威廉姆斯为南方联合做出估值的关键假设条件是什么？

（所有讨论题的答案可以在本书的网上教师手册找到。）

::案例分析 12-2

特瓦医药收购巴尔医药，建立全球巨头企业

要点

- 境外收购方经常选择以有限责任公司形式持有美国企业。
- 美国存托股票（ADS）经常被境外买方采用，因为买方股票不是在美国证券交易所交易。
- 尽管面临严格的监管审查，但特瓦在计算收购价格时仍采用固定换股比率，让各方处于特瓦股价波动的风险之中。

2008 年 12 月 23 日，特瓦医药公司（Teva Pharmaceuticals Ltd.）完成了对美国巴尔医药公司（Barr Pharmaceuticals Inc.）的收购。该项并购创造出了一个在 60 个国家有经营业务、年收入约 140 亿美元的企业。特瓦医药的总部在以色列，是全球领先的通用药品企业。该企业研发、生产和销售通用人类生物药品以及兽药产品。特瓦 80% 以上的收入来自北美洲和欧洲。

巴尔是一家总部在美国的全球性专业药品公司，在 30 多个国家经营业务。其主要业务区域是北美洲和欧洲，关键市场是美国、克罗地亚、德国、波兰和俄罗斯。巴尔每年的销售收入大约 25 亿美元，主要从事普通和高级药品的研发、生产和销售，是全球领先的普通药品企业之一。巴尔也积极参与研制通用生物产品，认为这个领域会给公司带来长期收入和利润的巨大发展空间。

根据特瓦美国 ADS 2008 年 7 月 16 日——公布收购消息前的最后一个交易日，在纳斯达克交易的平均收盘价格，总收购价格（total purchase price）约为 74 亿美元，其中包括特瓦的股票和现金。每一份 ADS 代表特瓦存放在托管银行的一股普通股。[⊖]交易的一个结果是，巴尔的股东在并购后持有了特瓦大约 7.3% 的股权。并购协议规定，在并购有效日期之前的每一股巴尔的流通普通股，可以换得 0.627 2 股特瓦的普通股（在美国作为 ADS 交易）和 39.90 美元现金。0.627 2 就是规定在并购协议中的换股比率。并购对价中的股票价值可能在协议签署和交易完成时会变化，因为协议上规定的换股比率是固定不变的。按照大多数计算方法，收购巴尔股票的对价是在并购声明之前巴尔股价之上给出有吸引力的溢价。按照特瓦 ADS 在 2008 年 7 月 16 日纳斯达克的收盘价，巴尔股东手中的每股普通股相当于在那一天获得了大约 42% 的溢价。由于这项交易按照美国联邦收入税法被认定为一次免税改组，巴尔股票

⊖ ADS 可以以非注册的形式发行，或者注册为美国存托凭证（American Depositary Receipt，ADR）。ADR 提供了证据，表明特瓦存托的 ADS 数量与向巴尔股东发行的新 ADS 的数量是相同的。

的美国股东一般不会在用巴尔普通股交换特瓦 ADS 时被美国联邦所得税法认定损益。而美国股东如果以巴尔股票换得现金则被认定为获得了收益。

特瓦有动机收购巴尔，因为它希望借此获得更大的经济规模和范围规模效益，以及覆盖到更大的地域，在新兴市场获得巨大的增长空间。巴尔在美国提供的通用药品与特瓦的产品高度互补，将特瓦的产品和研发扩展到新的有吸引力的种类，例如妇女保健产品。这项并购也是对持续的全球医药产品购买者整合趋势的一个反映，政府正在日益成为普通药品的主要购买方。

根据并购协议，特瓦全资持有的子公司巴伦收购公司（Boron Acquisition Corp.）作为并购载体，与巴尔合并，并购后，巴尔作为特瓦的全资子公司存续。在收购交易完成后，巴尔立即被并入一家新成立的有限责任公司（即交易后的组织），该公司也由特瓦全资持有，作为并购第二步的存续公司。经过这一番处理，巴尔成为特瓦的全资子公司，并停止在纳斯达克证券交易所上市。

该收购协议包含标准的交易完成前条款，即巴尔同意按照惯常做法继续经营（即按与平常一样的方式经营），不改变供应商、客户或员工协议，不宣布分红或回购流通股。巴尔也同意不会进行其他交易或投资，或承担超过 2 500 万美元的债务。该公司也承诺不大幅改变会计方法，或者采用不符合一般会计原则的方法。巴尔还承诺在签订并购协议之后和交易完成之前的这段时间里，不与其他可能的投资人讨论其他报价。

特瓦同意从交易结束后开始到第一年交易纪念日，将要求巴尔或其子公司保持薪酬福利计划与交易结束前一致。每名巴尔员工的年度基本薪酬标准至少保持在不低于交易之前的实际水平。奖金计划也将保持在不比交易结束前更差的水平。

适用于特瓦和巴尔的完成交易的关键条件包括满足所需监管要求，并得到股东批准，符合所有相关法律，以及未发现有违反承诺和保证的事项。此外，双方还要提供一个由各自 CEO 和 CFO 签署的证明书，声明其企业在交易完成之前，已经全部履行了并购协议中要求的所有责任，以及两家企业都没有在协议签订和交易完成期间遭受任何显著损失。

并购协议应该交由持有巴尔流通普通股表决权的绝大多数股东批准。股东无法投票或弃权视为反对该项并购协议。在 2008 年 10 月 10 日闭市前持有巴尔普通股的股东，有权对该项并购协议投票表决。由于特瓦为换取巴尔股票发行的股票已经获得授权，而且不超过特瓦流通股的 20%（即一些公共证券交易所规定的企业发行股票须获得股东批准的最大比例值），该项并购无须特瓦股东投票表决。

特瓦和巴尔分别将计划开展的并购交易通知了美国联邦贸易委员会和美国司法部反托拉斯部门，以便符合现行反托拉斯法的要求。双方都收到了美国联邦贸易委员会发出的“二次提供信息函”，其作用是将 HSR 等待期再延长 30 天。在潜在的反托拉斯顾虑被排除后，特瓦和巴尔获得了美国联邦贸易委员会和美国司法部的批准。对于这类全球并购，这两家企业还需向欧盟反托拉斯委员会以及其他国家的监管机构备案。

讨论题

1. 为什么你认为特瓦会选择收购巴尔的流通股而不是资产？解释你的理由。
2. 在许多国家，收购运营企业必须得到一系列监管机构的批准。这在签订协议和完成交易这段时间会产生怎样的影响？在监管机构批准前，其要求采取的措施会对两家企业实现并购后的协同效应产生什么影响？请具体说明。
3. 特瓦和巴尔签署的交易结束前的条款，其重要性何在？
4. 并购协议中的交易结束条件为何重要？如果违反了其中某些条件，将会发生什么情况？
5. 说明为何特瓦给巴尔的股东提供了一个用股票和现金收购巴尔普通股的报价，并说明为何巴尔愿意接受固定换股比率而不是某种价格区间保护安排。

（所有讨论题的答案可以在本书的网上教师手册找到。）

CHAPTER13

第13章 交易融资：私募股权、对冲基金及其他融资渠道

十亿美元没有过去那么值钱了。可谓此一时，彼一时也。

——纳尔逊·邦克·亨特

并购内幕 活力男孩放弃退市的经验教训

关键点

- 近年来的杠杆收购（LBO）与以往相比，财务发起人会提供收购对价中较大的一部分现金。
- 财务发起人日益关注他们此前打过相关交道的标的企业。
- 在21世纪头十年初期完成的交易比过去更有可能终止或重新谈判。

“事情在真正结束之前是不会结束的。”这是以“移花接木”著称的纽约扬基队前投手尤吉·贝拉（Yogi Berra）的一句双关语，这句经常被引用的话在活力男孩（Pep Boys）2012年不成功的私有化尝试中再一次被证明是正确的。2012年5月30日，在活力男孩与几家有兴趣的机构近两年的讨论之后，该企业宣布与高尔斯集团（Gores）的价值约为10亿美元（包括承担债务）的杠杆收购协议失败，成为活力男孩不断下跌的经营业绩的牺牲品。由于这条消息，该公司的股价下跌了20%，达到每股8.89美元，远低于其2012年1月公布的高尔斯以每股15美元现金收购的价格。交易条款也包括了一项终止费，如果任何一方无法在2012年7月27日前完成交易的话。这项失败的交易展示了目前杠杆收购常见的特征和潜在缺陷。

活力男孩是美国一家汽车零部件和修理厂商，在35个州和波多黎各700多个地点经营着7 000家服务网点。由于其股价在最近几年里一直落后于市场，该公司董事会尝试了很多方法来提升企业价值，最终决定将企业出售。高尔斯开始是被看上去较低的收购价、

稳定的现金流和企业手中的房地产吸引了（该公司的很多网点是自己的物业）。这类资产可以被用作抵押品，将获得的贷款用于支付收购对价。而且高尔斯有零售方面的经验，旗下有几家零售商，包括 J. Mendel 和 Mexx。

这项交易反映出这类交易的常见结构。活力男孩已经与汽车并购集团（ACG，母公司）签订了合并协议。ACG 是一家由高尔斯现金出资成立的一个壳公司，作为财务发起人，母公司旗下有专门用来并购的全资子公司 MS（Merger Sub）。母公司将把现金转给这家子公司，再由它向其他几家贷款人借入剩余资金。MS 将买入活力男孩的流通股，将其合并。活力男孩将作为母公司的一个全资子公司存续。这个后向三角并购是为了保留活力男孩的品牌，以便于转移供应商和客户合同。母公司也将被组织成一家控股公司，为投资者提供一定程度的隔离活力男孩债务的保护。收购对价由高尔斯管理的一家有限合伙私募股权提供 4.89 亿美元融资，余额由英国巴克莱银行、瑞士信贷和美国富国银行提供贷款。

在获悉活力男孩 2012 年第一季度的报告收益将远低于预期时，高尔斯试图重新谈判交易条件，指责活力男孩违背了交易协议。但是活力男孩不愿意接受更低的估值，因此高尔斯行使权力终止了交易，支付了 5 000 万美元的分手费，并同意为活力男孩报销因这个交易而发生的其他成本。活力男孩声称将用这笔钱偿还一部分债务。

本章概览

本章开篇讨论并购融资的一般途径。私募股权企业在对高杠杆交易的融资方面的角色会有详细探讨。高杠杆交易通常是指杠杆收购，这是从融资策略方面来说的。杠杆收购企业和金融发起人这两个术语在本章中可以相互替换使用，指代一系列的投资者群体。本书配套网站（http://booksite.elsevier.com/9780123854872）在“学生学习指南”（Student Study Guide）文件夹中提供了本章回顾。

13.1 并购交易的常用融资方式

并购交易通常采用现金、股票、债或这些方式的组合进行融资。选择哪种融资方式与一系列因素有关，包括当时的资本市场条件、流动性和收购双方的资信情况，以及合并后的企业的借贷能力。我们下面讨论融资渠道的范围和用途。

13.1.1 融资方式：借贷

收购方或金融发起人可能采用一些借贷渠道，包括基于资产和现金流的贷款、长期融资以及银行杠杆贷款。

1. 资产担保的借贷

对于基于资产的借贷，借款人会提供某些资产作为抵押物。这些贷款通常是短期的（即期限短于一年），而且用于担保的资产很容易处置，例如应收账款和存货。借款人经常寻求可循环且每天可以提用的信贷额度。对于循环信贷安排，银行同意提供最长一定期限的贷款，通常是一年或更长时间。当借款人偿还了一部分贷款之后，同等额度的资金可以在这个贷款条件下继续贷出。除了利息之外，银行还要对持有这笔可用资金收取一定的费用。因为交了费，借款人可以选择将股东信贷额度转化为定期贷款（a term loan）。定期贷款通常期限为 2 ~ 10 年，要有诸如新投

资设备这样的资产提供担保。[㊀]

贷款文件规定了贷款各方的权利和义务。贷款协议写明了贷款人把钱贷给企业的条件，担保协议规定了借款人的哪些资产将被用来对贷款提供抵押担保，而期票（promissory note）是借款人偿还贷款的承诺，即便抵押资产被清算后仍然无法覆盖未清偿余额。[㊁]如果借款人的贷款违约，贷款人可以拿走并出售抵押物以抵偿贷款。[㊂]贷款协议经常定有交叉违约条款，允许贷款人在借款人对另一个贷款人出现违约时立即收回己方的贷款。

这些文件包含了一些担保条款与保护性的正面和反面保证条款（protective positive and negative covenant），在贷款未偿还期间，限制借款人可以做的事情。典型的担保条件包括对贷款人支付的分配（the assignment of payments due to the lender）、一定比例的应收款或存货的分配，以及借款人持有的有价证券的抵押。贷款协议中的确认条款（affirmative covenant）规定了借款人同意在贷款期内采取的行动。这些通常包括向贷款人提供定期财务报表，购买充足的保险以覆盖相关商业风险，保持最低金额的经营资本，以及留住关键的管理人员。负面的契约限制了借款人的行动，包括限制可用于分配的红利数额、支付给借款人的员工的补偿标准、借款人的总负债金额、资本投资以及出售某些资产。

2. 现金流（无担保）贷款人

现金流贷款人（cash flow lenders）把借款人未来产生现金流的能力视为偿还贷款的主要来源，而把借款人的资产作为违约时的第二个资金来源。在 20 世纪 80 年代中期，杠杆收购资本结构承担了不断增加的无担保债额。无担保债介于优先债（senior debt）和股权之间，称为夹层融资（mezzanine financing），包括有担保次级债（senior subordinated debt）、次级债（subordinated debt）和过桥融资。夹层融资通常包括高收益垃圾债券——其中也可能包括零息票递延利息债券（zero-coupon deferred-interest debentures，即债券利息直到期满才支付的债券），用于提高收购方在收购后的现金流。无担保融资经常包括几层债，每一层债为更高一层债的发行提供支持。处于最低层级的证券通常支付最高的收益，以补偿它们在违约事件中具有较高的风险水平。过桥融资包括无担保贷款，经常是由投资银行或对冲基金提供，在次级债（即长期或“永续”融资）销售期间提供短期融资支持。过桥融资通常会在杠杆收购交易完成之后 6 ~ 9 个月被替代。

13.1.2 长期融资的类型

长期债的吸引力在于它的相对较低的税后成本，以及提升每股收益和股权回报的潜力。太多债务会提高违约风险。长期债在清算时被列为优先级或次级。优先级债对于企业收益和资产有比次级债更优先的索取权。无担保债也可以根据等级进行分类。一般来说，次级债券的等级低于其

㊀ 收购方通常倾向于在无担保情况下借贷，因为抵押资产带来的额外行政费用，会明显提高总借贷成本。有担保借贷也可能很麻烦，因为协议可以严格限制企业未来借贷、分红的能力、投资以及对经营资本的激进管理。

㊁ 担保协议要在抵押物所在州的监管部门备案。后来的贷款人可以到监管部门查阅记录，看企业抵押了哪些资产，哪些资产是自由可供抵押的。担保协议的备案从法律上保障了贷款人对抵押物的担保权益。

㊂ 如今确定企业哪些资产未做抵押的流程已经更简单了，可以通过查询商业信用报告数据库得到，例如邓白氏、Experian、Equifax 和 Transunion。

他类别的债务，包括银行贷款，因为它们是无担保的，只有借款人的全部信用作为支持。

可转换债券是可以以预先确定的比率转换为发行人的股票（即每份债券换一定数量的股票）的债务类型，一般具有相对较低的票息率。对债券买家的补偿主要是其可以以股票市场价格的一个很大折扣转换成股票的能力。当债券持有人将其手中的债券转换为股票时，现时的股东的收益或所有权将会被摊薄。

一个债务比其他债务级别较低的程度，取决于被称为契约的协议上所列的限制条件。这个协议是发行长期债券的企业和贷款人之间签订的，详细规定了发行的性质、本金偿还的方式，以及对长期债发行适用的肯定性条款和否定性条款。按照相对风险水平，债务发行经常由各种信用评级机构给出等级。这些机构会考虑企业收益稳定性的一些因素，例如利息覆盖比率（interest coverage ratios）、债务占总资本的比例、次级程度（degree of subordination），以及企业过往还本付息的情况。[㊀]

1. 垃圾债券

垃圾债券是高收益债券，信用评级机构或者给出低于投资级的评级，或者没有任何评级。[㊁]第一次发行时，垃圾债券的收益率经常会比同期限美国国债的收益率高出4%以上。垃圾债券价格倾向于和股票价格正相关。当企业的现金流改善时，其股价一般因预期未来现金流改善而上涨，而且企业的垃圾债券价格也上涨，反映了违约的可能性降低。垃圾债券融资在20世纪80年代早期遍地开花，但是因为杠杆银行贷款的流行，重要性已经变得大不如前了。

2. 杠杆银行贷款

杠杆贷款是指未评级或非投资级的银行贷款，而且包括次级抵押贷款——通常具有浮动息率，而且给予贷款人较初级抵押贷款更低的安全性。有些分析师也将夹层融资或高级无担保债和到期付清票据（payment-in-kind notes）包括在内，因为要发更多的债来支付利息。杠杆贷款对于借款人来说，由于其等级高于企业资本结构中的高收益债券，因此经常会比垃圾债券成本更低。从全球范围看，银团贷款市场，包括杠杆贷款、高级无担保债和到期付清票据，正在以比债券和股票市场更快的速度增长。银团贷款是指通常由机构组团发放给借款人的贷款，银团成员包括对冲基金、养老基金、保险公司。

13.1.3 融资方式：普通股和优先股

普通股有很多种类，一些支付红利并具有表决权，另一些普通股拥有多个表决权（multiple voting rights）。除了表决权，普通股股东有时会获得权利，允许在公司发行新股票时认购，以保持其所有权比例不变。普通股股东有权利但没有义务购买足够多的新股，以保持其在公司中的股份比例。尽管优先股持有人得到的红利比利息多，但他们的股票经常被看作是一种固定收益证券。优先股的红利一般是不变的，像贷款支付的利息一样，但是企业通常没有义务在特定时间支付红利。[㊂]在清算

㊀ 信用评级机构包括穆迪投资服务公司和标准普尔公司。每一家都有自己对风险的评定级别。穆迪的评级包括Aaa（最低风险级别），Aa，A，Baa，Ba，B，Caa，Ca和C（风险最高）。标准普尔的AAA代表最低风险级别，风险水平按照AA，A，BBB，BB，B，CCC，CC，C和D的顺序递增。

㊁ 穆迪通常将非投资级别债券评为Ba或更低级别，标准普尔则评为BB或更低级别。

㊂ 如果是一种特殊的累积发行优先股，发行人可以将未分配的红利累积到下一期再发放。

时，债券持有人先被偿付，然后是优先股持有人，最后才是普通股股东。为了保留现金，在杠杆收购中，经常发行到期付清（PIK）优先股，其分红以比优先股更优先的方式发放。㊀

13.1.4 卖方融资

卖方融资是一个“弥合缝隙”的方法，可以解决收购时卖方想要的价格和买方愿意支付的价格的差额部分。它是指卖方推迟收到一部分对价，直到未来某个生效日期，买方得到一项贷款为止。买方可能愿意接受卖方的要价，如果一部分对价可以延期支付的话，因为买方了解这笔贷款将降低收购价的现值。买方的好处包括交易整体风险较低（因为在交易结束时只需较少的资本金），而且如果买方最终在给卖方的贷款上违约的话，经营风险会转移给卖方。㊁表 13-1 总结了各种融资方式。

表 13-1 按证券种类和资金来源划分各种融资途径

安全类型		债	
	支持方式	贷款人发放贷款	来源
有担保债			
短期（<1 年）债	一般抵押应收款和存货	50% ~80%，取决于质量	银行和财务公司
中期（1 ~10 年）债	抵押土地和设备	最高为设备评估值的 80%，房地产评估值的 50%	人寿保险公司、私募股权投资者、养老基金和对冲基金
无担保或夹层债（次级和初等次级债，包括卖方融资）	借款人具有产生现金的能力	证券的票面值	人寿保险公司、私募股权投资者、养老基金和对冲基金
第一层			
第二层			
等等			
过桥融资			
到期付清票据			
安全类型		**股权**	
优先股 - 现金分红 - 可转换 - 到期付清	企业有产生现金的能力		人寿保险公司、私募股权投资者、养老基金、对冲基金和天使投资人
普通股	企业有产生现金的能力		同上

13.2 并购融资中私募股权基金、对冲基金和风险投资基金的角色

私募股权、对冲基金和风险投资基金从大型机构，如养老基金获得资金，并借部分现金用于收购私营和上市公司。私募股权基金为长线投资，经常积极管理其收购的公司。对冲基金多被视

㊀ 初创企业为了吸引投资者，优先股可能具有更大的优势或更受欢迎，例如，如果公司被出售或上市，投资者在普通股股东获益之前，其初始投资已经翻倍。其他受欢迎的方式可能包括董事席位和对重要决策的否决权。

㊁ 不少企业不愿意使用卖方融资，因为需要它们接受票据未偿付的风险。当无法选择银行融资时，这类融资也是需要的。由于 2008 ~2009 年疲弱的经济和信贷市场的信用危机，银行借贷几乎干涸，导致中小型企业出售对于卖方融资的需求增加。

为交易者而非投资者，它们投资的资产范围广泛（可以是股票、大宗商品或外汇），短期持有然后出售。最后是风险投资基金，从机构投资者那里获得资金，做很多起步阶段的小投资。2012 年年底，对冲基金、私募股权机构和风险投资基金的全球资产管理总规模分别是 2 万亿美元、1 万亿美元和 2 400 亿美元。[⊖]这些投资团体的融资金额可以加杠杆到每 1 美元股权资本对应 4 美元。在全球杠杆收购红火的 2007 年和 2008 年，流入这些基金的新资金超过了 1 万亿美元，说明这些投资团体控制了多达 4 万亿美元的杠杆收购资金。

在为交易融资方面，这些投资团体扮演的角色是那些难以获得资金的企业的金融中介和“最后贷款人”。而且，私募股权投资者提供金融工程和经营专长，监督管理活动，所以私募股权投资的企业经常表现出优秀的经营表现，与那些加了杠杆的企业相比，更不容易破产。我们下面讨论这些角色。

13.2.1 金融中介

私募股权、对冲基金和风险投资基金作为投资者/贷款人和借款人的中间人，聚集这些资源，并投资增长前景有吸引力的企业。它们投资的典型退出方式是出售给战略买主、IPO 或其他杠杆收购基金。然而，它们为并购活动提供融资的角色却各不相同。私募股权机构收购企业时使用了大量杠杆，投资期长达十年，而且经常在其投资的企业里担当积极经营的角色。而对冲基金也使用杠杆进行企业收购，它们更可能采用短期贷款或少数股权为收购提供融资。最后是风险投资基金，其主要角色是为新生业务提供资金。

私募股权、对冲基金和风险投资基金通常是有限合伙企业（美国投资者）或离岸投资公司（非美国或免税投资者），普通合伙人（GP）投入了大量个人投资，允许普通合伙人负责管理。合伙企业提供了很好的税收优惠，经营没有期限方面的限制，而且投资者的责任以其投资额为限。机构投资者，例如养老基金、捐赠基金、保险公司、私人银行以及高净值个人，通常以有限合伙人的身份投资这类企业。一旦合伙企业达到其目标规模，就不再接纳新的或已有投资者的资金。尽管合伙人可以投入自己的资金，但大量的股权基金还是从机构投资者那里募集的。根据私募股权成长资本委员会的统计，美国的公共和私人养老基金提供了所有私募股权投资中 42% 的资金。根据维舍尔信托环球比较服务（WilshireTrust Universe Comparison Service）的数据，截至 2011 年年底，公共养老基金已有大约 2 500 亿美元投资于私募股权基金。这类投资现在已经占到所有养老基金资产的大约 11%。

为何私募股权的表现并非出色的情况下，养老基金经理还要把钱交给私募股权基金打理？这可能是一种从众心理，和私募股权基金展示业绩数据的方式有关，或者是业绩表现出色。通常出色的业绩是关键。成功的私募股权基金每 3 ~ 5 年会募集新基金，以延续其业务。所以它们必须能够展示超越其他类型投资的能力，才能继续经营和成长。

私募股权、对冲基金和风险投资基金的收入，既包括固定部分也包括可变部分。普通合伙人

⊖ 管理资产规模的估计值来自对冲基金研究院（Hedge Fund Research Institute）、私募基金成长资本委员会（The Private Equity Growth Capital Council）和全美风险投资协会（The National Venture Capital Association）。

从管理费中赚取私募股权企业的大部分收入，经常高达 70%。每年的管理费通常是其管理资产的 2%。普通合伙人也可以从所谓业绩分成（carried interest）中赚到可观的收入，或者将利润的某个百分比，通常是 20% 分给普通合伙人。业绩分成比例可能在基金没有为投资取得最低财务回报的情况下应用，或者可能只有在达到一定的预订回报时，通常是 8%，才能触发。私募股权基金也可以从其投资的企业中收取交易完成费、融资安排费，以及进行尽职调查和业务表现监控的费用。

13.2.2　作为最后拯救者的贷款人和投资者

从 1995 年开始，对冲基金和私募股权基金已经参与了美国一半以上的私募股权认购（即向经过选择的投资人而非面向公众出售）。贡献了全部募集资金的 1/4 强，对冲基金一直是这类交易最大的单一投资团体。这类投资经常可以让那些被对冲基金和私募股权基金投资的企业改善盈利能力，增加资本支出，以及获得比同行更快的收入增长。资本支出的增加对于那些更依赖外部融资的行业中的企业（例如，制造业）来说，要比内部融资（例如，软件业）更大。

采用私募的上市公司通常较小，经营时间较短，而且业绩表现较差。因为缺乏可靠的数据，这些企业难以获得融资。由于这类企业的证券发行量较小，交易量有限及缺乏流动性，不适合公众股票交易所。所以，这类企业经常进行被称为上市股票的私募融资（private investments in public equity，PIPE）。企业发行私募融资的股票，很少有选择余地，和投资者谈判时经常处于劣势。所以，许多私募融资企业会给投资者“重新定价权”以保护其利益，如果这部分私募融资的股票价格下跌，投资者可以要求企业发行更多的股票。

对冲基金通常愿意参与私募融资，因为这样可以将其投资组合与价格下跌隔离开来。对冲基金可以购买无法在公开市场出售的私募融资证券，直到这些证券以折扣价格在美国证券交易委员会注册，并且同时做空这些已经在公开市场交易的证券。尽管企业从对冲基金获得了资金后的表现不佳，但是投资私募融资的对冲基金的业绩还是不错的，因为它们以很大的折扣价购买这些证券（还获得价格下跌保护），通过重新定价权和做空，保护了它们的投资，而且可以在较短的时间内将其投资出售。由于可以用这种方式保护其投资，对冲基金能够充当借贷困难企业的“最后的投资人”。

13.2.3　标的企业的金融工程和运营专长提供者

在这个意义上，金融工程是指创造可靠的资本结构，使其放大股权投资者的财务回报。这个杠杆拉动了提高经营业绩的需求，以满足偿还负债的要求。反之，经营业绩的预期改善可以让企业能够承担更大的杠杆。通过这种方式，杠杆和经营业绩紧密地联系起来。成功的私募股权投资者管理杠杆和经营业绩之间的关系，实现与同业相比平均的经营表现和超级财务回报。而且与加了杠杆的机构相比，私募股权机构看上去可以更好地逃避金融危机。在检视财务回报时，无论杠杆收购前的股东（他们受益于杠杆收购带来的为其持有股票支付的溢价）还是杠杆收购的股东都支持这个结论。

1. 杠杆收购标的企业股东的收购前回报

对于非部门杠杆收购（nondivisional buyout），不少研究显示在消息公布日，杠杆收购前的股东回报经常超过40%。杠杆收购前的股东获得这类大幅回报的来源，常被提到的是标的企业经营业绩的改善预期（例如，降低成本，提高生产效率以及收入增加），这些来自管理层的激励、管理层偿还贷款的压力，以及未来税收上的节约。由于税收优惠更容易预测，其价值也大部分反映在杠杆收购提供给标的企业股东的溢价中了。

2. 杠杆收购标的企业股东的收购后回报

上市公司杠杆收购非上市企业，一般会改善企业的经营利润和现金流，与方法、比较基准和时间期限无关。但是，有证据显示：今年以来的上市公司杠杆收购非上市企业对经营业绩的影响要比20世纪80年代的情况略小。[一]杠杆收购后的实证研究表明，在杠杆收购后的经营效率提升效应，没有完全反映在杠杆收购前的溢价中。

美国、英国和法国的大型抽样研究一致显示私募股权投资的公司，从边际利润和现金流来看，一般会比其竞争对手有所改善。私募股权基金加速了创造性毁灭的流程，通过用更具创造力和活力的企业替代成熟的经常是停止不前的企业，至少提高了2%的生产力，激活了经济活力。一些研究记录的美国私募股权基金的回报，无论是在短期还是长期，都已经超过上市公司的回报。私募股权基金在其存续期内平均赚得了至少比标准普尔500高18%～20%的收益，私募股权机构也在所有市场跑赢了上市股票。与股票等常规投资相比，这种较高回报的情况补偿了私募股权投资者的短板——投资具有较低流动性。

相反的观点认为，私募股权基金的财务回报是自己申报的，所以有问题，而且可能会由于以下原因而被歪曲：测量误差、方法的选择，以及未包括所有的管理费用。一项被广泛引用的1980～2001年的研究成功发现，当把所有费用考虑进去时，私募股权有限合伙人获得财务回报与投资标准普尔500所获得的回报水平相同。

3. 私募股权持有的企业和财务危机

私募股权投资者收购的企业没有显示出比其他投资，例如加了杠杆的机构更高的违约率，而且，获得私募股权投资基金融资的企业，与类似加了杠杆的企业相比，也不一定能够更早清算或按第11章退出。私募股权支持的企业在1980～2002年的违约率是1.2%，穆迪投资者服务公司报告的美国所有债权发行人同期的违约率为1.6%。

私募股权杠杆收购的欧洲企业的破产比例表明，有经验的私募股权投资者能够比同行企业更好地处理财务困境和避免破产。私募股权投资者在避免破产上的成功，反映了他们选择被低估但财务困境不太严重的企业作为杠杆收购对象，[二]而且他们有能力在杠杆收购完成之后控制好额外的杠杆。

[一] Cumming等（2007）在一篇有关杠杆收购后的业绩表现研究的文献综述中，得出了杠杆收购，特别是管理层收购（MBO）强化了企业经营业绩。但是，Guo等（2011）发现，在1990～2005年，上市公司通过杠杆收购进行私有化之后，经营业绩的提高幅度要比20世纪80年代小。Weir等（2007）在同一时期发现了类似的结果。

[二] Dittmar等（2012）记录了私募股权机构在识别具有经营改善较高潜力的标的企业方面做得很好。

13.3　杠杆收购作为融资策略

杠杆收购是指一种经常使用的融资策略，私募股权机构通过大量借贷以支付收购成本，完成对公司的并购。杠杆放大了财务回报（见表 13-2）。

表 13-2　杠杆对股东收益的影响[①]

	全部现金收购	50% 现金/50% 债	20% 现金/80% 债
收购价格	100	100	100
股权（现金投资）	100	50	20
借贷	0	50	80
EBITDA	20	20	20
利息（10%）	0	5	8
折旧和摊销	2	2	2
税前收入	18	13	10
减去所得税（40%）	7.2	5.2	4
净收益	10.8	7.8	6
税后股本回报率	10.8%	15.6%	30%

①除非注明，所有单位是 100 万美元。

在一个典型的杠杆收购交易中，被收购的企业的有形资产被用作贷款抵押物。为了获得银行贷款，通常最具流动性的资产被用作抵押物。这类资产通常包括应收款和存货。企业的固定资产通常用于为一部分长期高级融资提供担保。无论是无评级的还是低评级的次级债券，都被用于提高收购价。当一家上市公司面临被杠杆收购，意味着将进行私有化，因为该企业的股票被一小部分投资者买入，不再进行公开交易。

杠杆收购的特点是企业在杠杆收购后的债务与股本比例大幅提高，通常这是由于大量借贷用于收购私募或公众持有股票的结果。然而，在某些情况下，在没有大量借贷的情况下，企业的杠杆率也会升高。这种情况可能是因为标的企业的资产被用于杠杆收购融资。投资者在发起并购时，可能使用标的企业的多余现金或出售一些资产，并用这笔钱去收购现有股东的股票。如果标的企业的未偿债务数额保持不变，标的企业的债务与权益比例将因为企业权益减少而升高（即资产相对负债降低，令企业权益缩水）。

过去有关杠杆收购的实证研究，由于可得到的数据有限、存续问题[㊀]和上市公司杠杆收购私营企业交易，只是针对小样本进行了研究。较近期的研究提供的结论，通常基于更大的样本量和更长的时间段[㊁]，我们在下面讨论。[㊂]

13.3.1　私募股权市场是全球现象

尽管美国私募股权投资者一直以来都非常活跃积极，但是美国以外的私募股权交易的数量，已经增加到比美国国内更多了。在不同国家发生的上市公司杠杆收购非上市企业的交易，受到挤出少数股东能力的影响。美国、英国和爱尔兰对这个方面的限制较少，而意大利、丹麦、芬兰和西班牙的限制则比较多。

㊀ 失败企业被剔除出业绩研究，因为它们已不存在了。

㊁ 大样本研究结果来自标准普尔的 Capital IQ 数据库和全美普查办公室的数据库。这些研究比较了杠杆收购标的企业和控制样本。按照比较目的挑选的控制样本中的企业，除了没经历过杠杆收购，其他方面与私募股权交易样本是相似的。

㊂ 本章节提到的有关变化发生在 1970～2007 年的例子，来自 Kaplan 和 Stromberg（2009），他们分析了这段时间发生的 21 397 个私募股权交易的类型。

13.3.2 纯粹的管理层收购很少见

1970~2007 年，只有 1/5 的杠杆收购包含了纯粹的管理层收购（management buyouts，MBOs)，个人投资者（通常是标的企业的管理层）在杠杆交易中收购了企业。主要交易是在传统私募股权财务赞助人提供大部分股权融资下实施的。管理层收购可能造成潜在的利益冲突。在 2007 年对企业进行私有化时，油气管线公司金德摩根（金德摩根）的高管等待了两个多月，才将其希望将公司私有化的想法告知董事会。董事会在这种情况下的习惯做法是设立一个包括了独立成员的董事会，处理收购要约事宜。尽管该公司董事会确实慢慢设立起了一个这样的委员会，但董事会对管理层的建议缺乏了解，使得管理层可以在引入潜在收购方的交易结构方面起到领导作用。

13.3.3 杠杆收购交易遍及众多行业

尽管私募股权交易在很多行业都有发生，包括化工、机械和零售业，但杠杆收购活动已经逐渐转移到高技术领域。这种转变可能反映了美国行业结构的变化，或者只是私募股权投资者认为在传统行业缺乏合适的标的企业。

13.3.4 出售给战略买家是最常见的退出策略

杠杆收购的财务赞助人和管理层能够在现在的公司实现预期的财务回报，从 1970 年开始算起，IPO 大概占了全部交易的 13%，但是现在作为一种退出策略的重要性已经降低了。所有以杠杆收购退出的交易中，39% 采用的是最常用的方式——直接出售给战略买家；排在第二位的常用方式占 24%，是所谓的二级杠杆收购（secondary buyout）——出售给另一家杠杆收购机构。

出售给一家战略买家通常会得到最好的对价，因为买家可能可以通过将其与现有公司合并，而产生巨大的协同效应。如果开始时的杠杆收购机构的投资基金将要到期，这家机构可能会将杠杆收购的企业，卖给另一家在寻找新投资机会的杠杆收购机构。IPO 由于需要做大量公开披露而不是很有吸引力，管理层需要付出大量时间，但是掌握市场时机非常困难，而且有可能对 IPO 做出错误估值。当管理层通过杠杆化的再资本化仍留在企业里——借钱从其他股东手中回购股票，原来的投资者也可以套现退出。一旦企业还清了以前的债务，就可以采用这个战略。

实证研究显示，战略买家可以得益于收购由私募股权支持的企业，在交易宣布日获得 1%~3% 的超额收益。风险资本支持的企业的战略买家，在发展起步阶段投资该企业的私募股权投资者，在交易公布日获得的正回报大约为 3%。

13.3.5 大多数杠杆收购涉及对非上市企业的收购

尽管之前大量研究集中关注的上市公司杠杆收购私营企业的交易，只占 1970~2007 年全部交易的 6.7%，但因为上市公司通常规模大于私营企业，这类交易占到交易金额的 28%。在这段期间，非上市企业并购占了所有交易的 47%。在同一时期，对企业部门的杠杆收购占交易数量和总交易金额的 31%。

13.3.6　杠杆收购对创新的影响

一直以来，经济增长被认为受到创新速度的显著影响，而创新速度又受研发支出水平的影响。尽管早期研究发现在更多负债和较低研发支出之间存在着关联性，但较近期的研究表明，增加的杠杆倾向于只减少最小的企业的研发开支。研究表明杠杆收购在绝对数量上提高了企业相对于同行的研发支出。而且，由私募股权提供融资的杠杆收购可能会提高创新速度。[㊀]

私募股权机构在战略发展、运营、财务和人力资源管理、营销和销售以及并购方面的专业技能，可能创造出一个创新的环境。私募股权发起方与客户、供应商、贷款人和其他投资者的关系，有助于提升创新过程。它们还可以在评估管理技能和潜在替代人选方面承担重要角色。最后一点是，杠杆收购标的企业更有可能实施创新营销计划（例如，设计、包装和促销）以调高销售和市场份额。

13.3.7　杠杆收购对就业增长的影响

在杠杆收购之后，现有企业的员工可能会比同行业的其他公司减少大约 3%。但是，新公司的员工与同行业其他公司相比会增加 2% 以上。所以，私募股权交易对整体就业的影响是温和地减少 1%。但是情况会随行业不同而不同，零售业的杠杆收购会导致工作职位净损失（收益损失较小）。除了零售商，综合的就业变化看上去是中性的或正面的。在法国，私募股权交易导致就业增加。这些发现与“私募股权机构作为缩减业绩不佳的低效企业的催化剂”的说法是一致的。而且，企业收购的初创公司要比已有公司能够创造出更多的工作职位，要比那些没进行杠杆收购的企业能够创造出更高的长期就业潜在收益。

一项近期的美国政府研究发现，2004 ~ 2008 年私募股权提供融资的交易中，比较并购发生前的企业的就业率，在私募股权投资者进行并购后，就业增长率通常会有所提高。同一份报告也得出结论，私募股权杠杆收购一般对应被收购企业的财务表现有正面影响。

13.3.8　私募股权机构协作

为了向 21 世纪头十年早中期标的企业不断提高平均规模的私有化交易提供融资，杠杆收购机构开始收购标的企业时是以一组投资者出现的，通常称为围标（clubbing）。[㊁]捆绑在一起去杠杆收购大型标的企业，可以通过减少竞购者的数量降低并购溢价，或者通过减少风险和获得资源池而提高溢价。有关围标对标的企业股东影响的实证结果并不一致。

㊀ Lerner，Sorensen 和 Strömberg（2011）发现，以专利的数量和通用性度量的创新率，在私募股权投资之后没有发生变化。实际上，私募股权投资的企业，在接受私募股权投资之后的几年里，其专利更频繁地被引用，说明在创新率方面有所改善。

㊁ Boone 和 Mulherin（2011）发现，在 2003 ~ 2007 年，私募股权机构参与的并购中，近一半发生了“围标”的情况。Officer 等（2010）发现在 2002 ~ 2006 年出现了类似的结果。

对于包含了大型私募股权机构和较少竞购方的交易，围标式竞购有可能压低收购溢价。然而，当独立竞标者的数量增加时，很少发生有碍竞争的活动，而其收购溢价可能升高，[⊖]也有研究者发现在收购溢价和围标之间不存在关联性。

13.4 杠杆收购成功的关键因素

尽管很多因素都有助于杠杆收购的成功，但研究结果显示：标的选择，不支付过高对价，以及改善经营业绩是其中最重要的因素。

13.4.1 标的选择

传统上，好的杠杆收购对象是那些拥有大量未使用的借贷能力、有形资产、可预测正的经营现金流，以及对于持续经营有重要价值的资产的企业。称职和高度进取的管理层对于杠杆收购的成功总是很关键。最后一点是所在行业的企业或者作为大型企业一部分的这个企业拥有很好的机会。

1. 企业拥有未使用的借贷能力和富余的资产

影响借贷能力的因素包括标的企业有超过经营资本需要的多余现金，相对较低的杠杆水平，以及良好的过往经营业绩记录。具有价值被低估资产的企业可以用这类资产作为抵押物向贷款方借钱。被低估价值的资产由于可以在交易完成后按照公允价值重估，而且在纳税期限内可以折旧和摊销，因此也可以带来明显的税盾效果。此外，经营资产，例如对标的企业来说，不重要的子公司可以快速出售套现，可以剥离以加快贷款偿还。

2. 企业有明显的代理问题

杠杆收购有可能消弭经理人热衷于建造自己权力王国和股东寻求有竞争力的财务回报之间的冲突。清偿债务的压力迫使经理人把精力集中在改善经营，采取杠杆收购的上市公司，通常是那些有大量自由现金流和投资机会有限的企业。

3. 企业管理层称职而且敬业

尽管管理层称职是成功的必须条件，但这不能保证会取得卓越的企业经营业绩。管理层必须在较短的时间里对获取大量财务收益有高度的进取心。相应地，私有化的企业的管理层通常有机会被授予很大一部分企业股权。

4. 企业处于有吸引力的行业

典型的标的企业是在成熟行业里，例如制造业、零售业、纺织业、食品加工业、家用产品业和软饮料行业。这类行业的企业一般特点是有大量的有形账面价值、中等的成长前景、稳定的现金流和有限的研发、新产品或技术支出。这些行业靠的不是技术或生产流程的快速改进。实证研究显示，具有大量自由现金流和有限成长机会的行业，是良好的杠杆收购候选对象。

⊖ Meuleman 和 Wright（2007）、Guo 等（2008）和 Marquez 等（2013）发现了一些证据，表明在参与的独立竞购方数量较多时，“围标”会出现在标的企业交易价格较高的场合。

5. 企业是大型公司的经营单元

管理层收购的最佳候选对象通常是大型公司经营表现不佳的部门，母公司不再将这个部门视为实施其战略具有重要意义。通常这类部门有富余的人手，经常被母公司抽调，而母公司分摊给它的服务费用，诸如法务、审计、财务等功能，可以更便宜地从母公司之外购买。

6. 企业控制权不变契约

企业控制权不变契约（change-of-control covenants）这类债券契约或者限制了一家企业增加借贷金额，或者会要求该企业清偿债务，当控制权转移发生时，有时还需要支付溢价。企业如果没有这样的债券契约，那么成为杠杆收购标的的机会可能会提高一倍。

13.4.2　不支付过高对价

为杠杆收购支付过高价格可能是毁灭性的。如果未能及时偿还利息，经常要求杠杆收购企业与贷款方重新协商贷款协议的条款。如果交易中的各方无法达成妥协，该企业可能被迫申请破产，导致初始投资者被扫地出门。为面对大竞争对手，杠杆水平很高的企业也只能采用进取的策略，它们明白大量举债会抬高企业的盈亏平衡点。如果为支付超过标的企业经济价值的对价而借债，竞争对手可以通过降价抢走市场份额。由于杠杆收购企业需要偿还本金和利息，所以没有能力应对降价竞争。

13.4.3　改善经营业绩

改善经营业绩的方式包括与员工谈判将部分工资福利改为利润分享或持股计划，将以前由母公司提供的服务外包出去。其他选项包括将公司总部搬迁到一个较便宜的地点，撤除无利可图的客户，以及取消公司专机福利。董事会成员、杠杆收购专业机构，例如杠杆收购基金倾向于在监督管理绩效方面承担更积极的角色。研究表明，新所有者会选择持有投资更长时间，例如私募股权投资者，有更多时间安排好控制和汇报监督系统，提高企业的竞争表现。其他对杠杆收购后的回报有贡献的因素包括专业化管理，愿意做出困难的决定，还有私募股权机构的声誉。[⊖]

13.5　杠杆收购如何创造价值

一系列因素联合起来创造了杠杆收购的价值。上市企业通过杠杆收购，减少与管理层和股东之间代理矛盾相关的业绩低效，创造出价值。对于非上市机构，杠杆收购改善了资本通路。对于

⊖ Katz（2008）报告了私募股权投资企业在上市后会表现出优异的经营业绩，这是因为股东专业性强，更严密的监督，还有私募股权机构的声誉也会有所帮助。Gurung 和 Lerner（2008）发现在企业处于财务状况不良时，私募股权机构比其他收购方更有能力提升企业的生产力。Acharya 和 Kehoe（2010）得出结论，当私募股权机构派出担任企业董事的人具有相关行业经验时，对于企业的帮助最大。Guo 等（2011）发现杠杆收购后的业绩改善，是因为贷款对管理层施加了纪律约束，以及由于管理层通常持有企业大量股票，因此管理层和股东之间的立场更一致了。Cornelli 等（2013）认为私募股权投资者更了解 CEO 的能力以及他们采取纠正措施的意愿，这些都有助于改善企业的经营业绩。

上市和非上市企业，杠杆收购通过临时帮助企业避税，减少债务，改善经营业绩和准确把握企业出售时机进行价值创造，如图13-1所示。

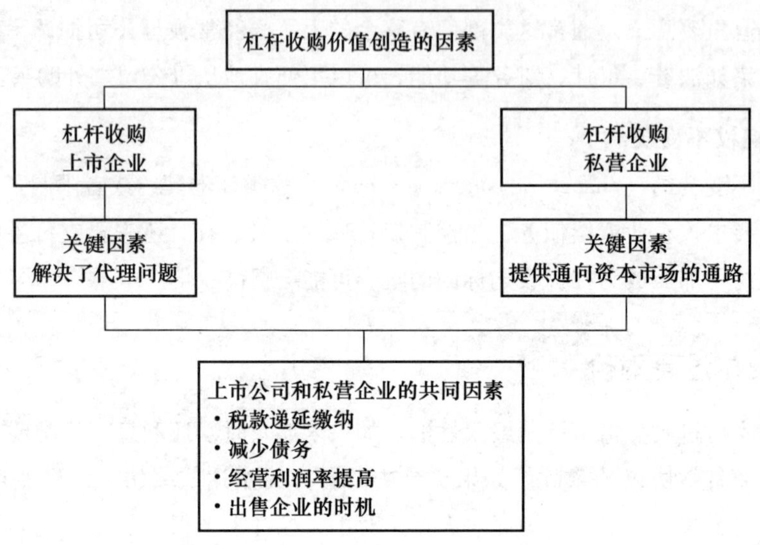

图13-1 为杠杆收购创造价值的因素

13.5.1 解决上市公司的代理问题

尽管打通流动的公开资本市场可以让企业降低其资本成本，但是参与公开市场可能造成董事会和管理层之间的分歧，使得两方处于对立面上，这就是所谓的“代理问题”。上市企业可能不得不面对经理人致力打造权力王国和股东追求有竞争力财务回报的冲突。杠杆的约束迫使管理层把精力聚焦在改善经营业绩上。上市公司杠杆收购，经常会出售资产，降低资本支出，改善经营而不是打造王国。[⊖]

13.5.2 为私营企业提供资本市场通道

对于私营企业而言，代理问题要比上市公司轻微得多，这是因为所有权和控制权都很集中。私营企业经常将杠杆收购作为打通资本市场的途径，使得所有者和经理人可以部分或全部地将企业变现。私募股权机构通过杠杆收购可以减少对私营企业的投资障碍，为所有者提供部分或全部退出的机会。对于额外资金来源渠道，私募股权投资导致标的企业与上市公司不同，在私有化时资产和收入增长，就业和资本支出提升。没有进行杠杆收购的私营企业也显示出比同业利润更高和更快的增长。

13.5.3 避税措施

杠杆收购之后的5～7年甚至更长时间，企业经常无须缴税，这得益于利息可以抵税，以及

⊖ 有证据表明2002年萨班斯－奥克斯利法案也刺激了杠杆收购，该法案对于报告的烦琐要求，造成了企业治理成本增加。这对于较小的企业尤其是个沉重的负担（Engel等，2004；Hartman，2005；Kamar等，2006）。Leuz等（2008）记录了由于萨班斯－奥克斯利法案的通过，出现了上市企业私有化的高潮。

由于将净收购资产调整到公允价值导致撇账带来的额外折旧。[一]直到大量未偿还债务还清和资产折旧之前，利润都可以抵税。杠杆收购投资者使用累积自由现金流，通过偿还债务和改善经营业绩提升企业的价值。

13.5.4　减少债务

当债务清偿时，企业股权价值会随着债务减少而正比例增加——债务偿还 1 美元，则股权增加 1 美元，假设财务赞助人可以至少以当时支付的价格出售该企业。债务减少也降低了未来的利息和本金支出，改善了现金流。[二]

13.5.5　提高经营利润

当一家企业将累积的自由现金流继续投入时，可以通过改善效率，引入新产品和实施并购提高利润空间，进而改变经营现金流。如果风险水平不变的话，反过来会提高企业的股权价值。

13.5.6　把握企业出售时点

杠杆收购可能得益于企业私有化时行业倍数的提高。企业价值的提升，取决于企业出售时投资者对每一美元收益、现金流或 EBITDA 给予的估值倍数有多大。杠杆收购投资者通过把握企业出售时机，在企业杠杆水平低于行业平均杠杆率和行业状况有利之时，出售企业创造价值。当企业承担同行业平均风险水平，而该企业所在行业对投资者吸引力最大的时候，这种情况就会发生，此时可能是估值倍数最高的一个时点。[三]

表 13-3 提供给了一些杠杆收购如何通过“偿还”债务，使用部分来自税款节省的现金，改善企业经营利润，以及在出售之年提高 EBITDA 的市场倍数来创造价值的例子。[四]每个例子都假设财务赞助者支付给标的企业 5 亿美元，通过借贷提供 4 亿美元融资，以及投资 1 亿美元股权。假设赞助者在第 7 年年末退出杠杆收购。在第一个案例中，累积的所有自由现金流用于减少未偿还的债务。第二个案例假设与第一个案例有同样的退出倍数，但由于边际利润较高和因债务减少而只需支付较低的利息和本金，从而获得了较多的累积自由现金流。第三个案例假设有同样大小的累积自由现金流用来偿还债务，和第二个案例有同样的 EBITDA，但是退出倍数更大的情况。

㈠ 这里假设杠杆收购是采用收购法而不是再资本化方法记账，因此不允许对资产进行价值重估。再资本化会计法可以用在当杠杆收购期望以 IPO 方式上市，而且财务赞助人希望最大化报告收益的情况，详细讨论参阅第 12 章。

㈡ 并非所有杠杆收购都可以降低并购后的杠杆水平。Cohn 等（2011）发现，一些企业即便产生的现金流超过了其投资所需，也不会降低杠杆率。这类杠杆收购可能由于分红和收购其他公司而提高杠杆水平。私募股权机构只在银行愿意借给更多钱时，才能够支付分红，而这只在银行希望企业还债时才会发生。

㈢ 当杠杆的影响减少时，企业的年度权益回报率（ROE）将会降低到行业平均水平，这种情况通常发生在企业的债务占总资本比率近似等于行业平均比率之时。此时，即便继续经营该企业，财务赞助人也无法赚取超额收益。表 13-2 展示了这一结果。杠杆水平最高时，ROE 也最高，当杠杆水平为零时，ROE 最低。如果贷款人认为企业负债过高，那么不断上升的借贷成本会拉低 ROE。

㈣ Guo 等（2011）发现，在投资机构退出时，经营业绩、税收优惠和市场倍数各自解释了 1/4 的财务回报。

表 13-3 杠杆收购通过降低债务、提供利润空间和退出倍数创造价值

	情境 1：减债	情境 2：减债 + 利润改善	情境 3：减债 + 利润改善 + 更高的退出倍数
LBO 发生当年			
总债务（美元）	400 000 000	400 000 000	400 000 000
股权（美元）	100 000 000	100 000 000	100 000 000
交易价值（美元）	500 000 000	500 000 000	500 000 000
退出之年（7 年）的假设条件			
用于偿债的累计现金①（美元）	150 000 000	185 000 000	185 000 000
净债务②（美元）	250 000 000	215 000 000	215 000 000
EBITDA（美元）	100 000 000	130 000 000	130 000 000
EBITDA 倍数	7.0 ×	7.0 ×	8.0 ×
企业价值③（美元）	700 000 000	910 000 000	1 040 000 000
股权价值④（美元）	450 000 000	695 000 000	825 000 000
内部回报率	24%	31.9%	35.2%
现金回报率⑤	4.5 ×	6.95 ×	8.25 ×

①由于利润率改善和更少的本息偿付，所以在情境 1 和情境 2 中用于偿债的累计现金和 EBITDA 会增加，反映为净债务减少。

②净债务 = 总债务 - 用于偿债的累计现金 =400 百万美元 - 185 百万美元 =215 百万美元

③企业价值 = 第 7 年的 EBITDA × 第 7 年的 EBITDA 倍数

④股权价值 = 第 7 年的企业价值 - 净债务

⑤企业出售时的股权价值除以初始股权投资。内部回报率（IRR）因为计入了货币的时间价值，所以是一个更准确的财务回报指标。

13.6 常见的杠杆收购交易结构和资本结构

交易结构是指所有权转移机制，资本结构描述了这些交易的融资途径。我们将在下面讨论。

13.6.1 常见交易结构

由于 20 世纪 80 年代末期发生了建立在现金流基础上的杠杆收购破产恐慌，导致了目前最通用的杠杆收购方式是基于资产的杠杆收购。这类杠杆收购可以采用以下两种方式之一：标的企业向收购方出售资产，卖方用收到的现金偿还负债，或者是收购方直接将标的企业合并（直接并购）抑或将其变为收购方全资子公司（子公司并购）。对于小型公司，则可以采用反向股票分拆进行企业私有化。私有化交易的一个重要目标是将股东人数降低到 300 人以下，以便符合大多数公众股票交易所的退市要求。

在直接并购中，将要私有化的企业与财务赞助人控制的企业合并，卖方获得现金。贷款方在担保协议已签署且标的企业股票已经质押的情况下，向买方发放贷款。标的企业之后被并入收购方，成为存续企业。在子并购中（见案例分析 13-1），财务赞助者控制的公司（即母公司）创立了一家新的壳子公司（shell subsidiary，并购子公司），而且用现金或股票换取子公司的股票。㊀这家子公司通过抵押标的企业股票，向贷款方另外募集一笔资金，然后公开要约收购公众股，并与标

㊀ 母公司提供股权投资款而不是贷款，通常采用现金方式，以免增加并购子公司的杠杆水平。

的企业合并，此时通常将存续的标的企业作为母公司的全资子公司。这样做可以避免新公司对现有客户或信贷关系形成负面影响。

反向股票分拆（reverse stock split）可以使企业降低流通股的数量。在反向分拆之后，股票的市值仍与分拆之前一样大，但是每股的价值更高了。反向分拆可能在企业缺乏现金时用于将企业私有化。大股东在分拆后仍持有其股票，而少数股东则获得一笔现金。MagStar 科技公司是一家打算私有化的明尼苏达州的制造商，该公司宣布一项反向分拆，将每 2 000 股公司普通股转为 1 股普通股，少于 2 000 股的股东将获得每股 0.425 美元现金。这次分拆将股东人数减少到 300 人以下，这是许多公众交易所要求的最低限值。按照明尼苏达州法律，公司的董事会可以不经股东批准，修改公司章程以便进行反向分拆。

13.6.2　常见资本结构

杠杆收购倾向于采用包括银行贷款、高息债券、夹层债和主要来自财务赞助人的私募股权基金构成的复杂资本结构（见图 13-2）。作为有担保债，银行贷款一般是在发生清算事件时位列最高等级的债。这类贷款通常有 5 ~7 年期限，息率经常在伦敦银行间拆息率之上一个区间内变化。银行贷款一般必须排在其他贷款之前被偿还。银行信贷工具包括循环信贷和中长期贷款。[⊖]循环信贷工具用于满足日常流动性需求，由企业最具流动性的资产担保，例如应收款和存货。中长期贷款通常由企业的长期资产担保，而且是分块进行担保，分别记为 A，B，C，D，A 为最高等级，

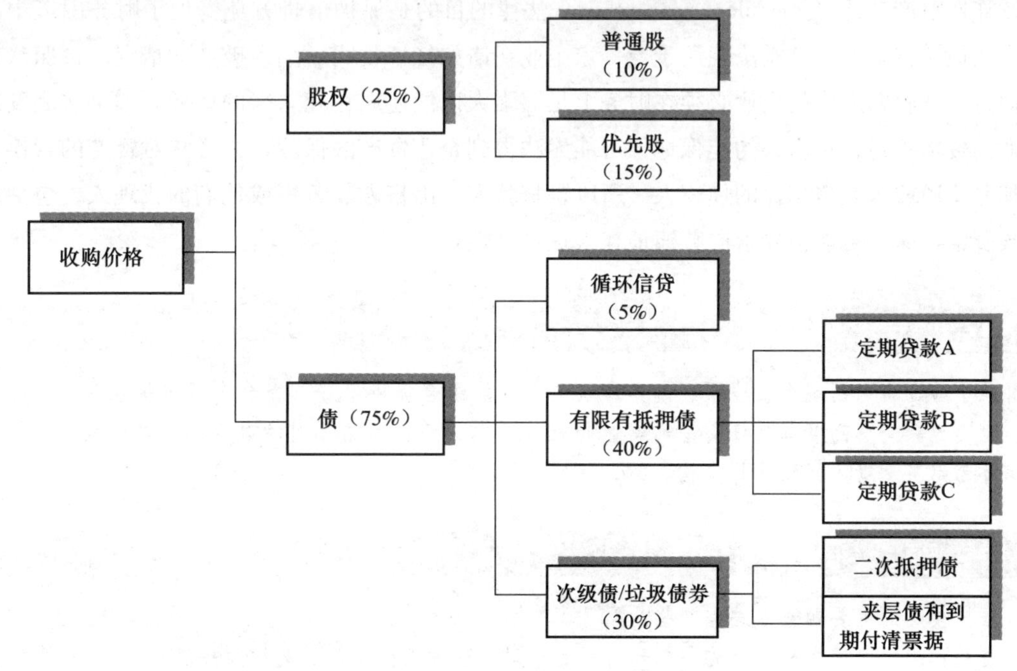

图 13-2　典型的杠杆收购资本结构

⊖ 信用或贷款额度可以代表单项贷款或发放给借款人的一个贷款组合，它根据融资条款、抵押物类型和期限而有所不同。

D 为最低等级的银行融资。但是 A 级银行贷款通常必须有抵押物，或者在其偿还其他债务前先获得支付，其他级别的银行贷款一般只有很少甚至没有抵押物。A 级贷款的放款方经常将此类贷款出售给其他商业银行，而 B，C 和 D 级贷款经常被出售给对冲基金和共同基金。B，C 和 D 级贷款通常被视为杠杆贷款，以反映它们相对于 A 级贷款的风险。

杠杆收购的下一层资本结构包括无担保的次级债，也被称为垃圾债券。息率是固定的，位于美国国债之上的一个股东比例或幅度。这个幅度取决于债务的信用质量。这种债通常是可以随时溢价偿还的，有 7 ~ 10 年期限，可以一次性偿还。这种贷款通常被称为一次性还本贷款（子弹式贷款，bullet loans）。作为替代公开交易高息垃圾债券的一个选择，二次抵押或抵押权贷款在 2003 ~ 2007 年变得很受欢迎。这类贷款经常称作夹层贷款（mezzanine debt），向对冲基金和贷款抵押债券（collateralized loan obligation，CLO）投资者进行私募。它们由企业资产提供担保，但是在清算时排在银行贷款之后。将大量的一次和二次抵押贷款放入池中（所谓非投资级或杠杆贷款），将其分成小部分，CLO 投资者将这些分好的资产出售给诸如养老基金这样的机构投资者。这类贷款在发行时可能带有购买该企业股权的权证。资本结构的最后一个层级包括由财务赞助人（通常是一家私募股权基金抑或一家或多家对冲基金）和管理层提供的股权（普通股和优先股）。

13.6.3 结构不佳的杠杆收购的法律缺陷

斯诈性财产转让（fraudulent conveyance）法律的目的是保护信贷方免受处于财务困境中的企业不合法地转移资产。这类法规用于当一家企业在诸如杠杆收购后陷入破产的情况。按照法律规定，通过杠杆收购形成的企业必须在财务上足够强大以偿还现在和未来的债务。如果法庭发现该新企业的资本不足，贷款人的担保地位可能无法得到企业资产的保障，或者它对资产的索偿权会低于那些普通或未获得担保的债权人。所以，贷款人、出售方、董事或他们的代理人，包括审计师和投资银行家，可能被要求向普通债权人提供补偿。

记忆要点

并购交易通常采用现金、股票、债券或以上几种的组合提供融资，资金来源包括从手头现金到商业银行到卖方融资。高度加杠杆交易通常是指杠杆收购，经常由诸如对冲基金、私募股权机构和风险投资家作为财务赞助人提供交易结构。

讨论题

13.1 杠杆收购的主要融资方式有哪些？

13.2 贷款和担保协议在杠杆收购中起到怎样的作用？注意正面和负面契约的差别。

13.3 叙述杠杆收购企业常用的退出投资的策略。讨论在哪些情况下，套现的方法更合适。

13.4 医院连锁企业 HCA 主要依赖收入增长使其企业私有化。2006 年 7 月 24 日，管理层再次宣布将以 330 亿美元的价格进行私有化，包括承担现有的 117 亿美元债务。你认为医院连锁企业作为杠杆收购标的是否合适？说明你的理由。

13.5　七家私募股权机构在 2005 年年末收购了 SunGard 数据系统公司（SunGard）100% 的流通股。SunGard 是一家提供应用和交易软件服务的财务软件企业，并且在灾难事件发生时提供后备数据系统。该公司的软件管理着纳斯达克交易所 70% 的交易，但是其最大的业务是在客户的主系统受到自然灾害、黑客攻击或恐怖袭击而瘫痪时，提供备用数据系统。其庞大的灾害复原和备份系统的客户群创造了巨大和可预测的现金流。而且，该企业还有大量不可抵押的流动资产。该项交易之后，SunGard 的债务股权比率接近 5∶1。为何你认为贷款方愿意为这样一个高杠杆率交易提供融资？

13.6　Cox 公司 2004 年 8 月 3 日公开提出一个收购 Cox 通讯公司剩余 38% 股份的建议，Cox 公司声称竞争越来越激烈的电缆行业使得通过私营公司进行投资的效果最佳。为何该公司认为未来不断增加的投资最适合私营公司投资呢？

13.7　在 2004 年 8 月 3 日 Cox 公司宣布有意收购 Cox 通讯公司剩余 38% 股份之后，Cox 通讯公司董事会成立了一个独立董事特别委员会评估这项建议。为什么？

13.8　奎斯特通讯公司同意以 71 亿美元价格，将缓慢增长的黄页业务出售给凯雷集团、威尔士、卡森、安达信和斯托组成的财团。你觉得这些私募股权机构认为黄页业务有吸引力的原因是什么？解释下面这段话："一个有高成长潜力的企业可能不是一个好的杠杆收购对象。"

13.9　描述杠杆收购对利益相关者，包括股东、雇员、贷款人、客户和社会的潜在好处和成本。你认为杠杆收购一般对社会造成的影响是好还是坏？说明你的理由。

13.10　索尼公司的长期愿景是建立起消费电子产品业务和音乐、电影和游戏之家的协同。2004 年 9 月 14 日，一个包括索尼美国公司、普罗维登斯私募合伙、德州太平洋集团和 DLJ 商人银行合伙的财团同意以 48 亿美元收购 MGM。你认为索尼的目的和组成财团的其他机构在哪些方面是不同的？这种差异会如何影响到 MGM 的管理？指出可能出现的短期和长期影响。

（所有讨论题的答案可以在本书的网上教师手册找到。）

:: 案例分析 13-1

好莱坞最大的独立制片商的杠杆收购

要点

- 杠杆收购允许用较少的现金买断，并经常依赖标的企业的资产进行大量融资来完成交易。
- 私募股权投资者经常通过出售给战略投资者而"套现"资金。

狮门（Lionsgate）和萨米特（Summit）的结合，代表了两家拖了 4 年多的断断续续的谈判结束。在 DVD 销售和不断转向数码发行的情况下，制片商的电影制作和发行数量一直在萎缩。作为两个最大的好莱坞制片商，两家公司看到在拳头产品推出前后，它们的现金流会剧烈波动。只有电影和电视节目资料馆，由于可以获得内容授权使用费，而成为唯一稳定的现金流来源。

狮门第一次接触萨米特是在 2008 年，当时是为了扩充其电影电视资料馆而尝试杠杆收购萨米特。然而直到 2012 年年初两家才得以达成协议。因为当时萨米特的投资人正在寻找机会，在"暮光之城"系列影片大获全胜之后套现，所以时机成熟了。这个系列包括 4 部影片，全球发行收入总计 25 亿美元。2012 年 2 月 2 日，狮门宣布就收购萨米特达成协议，向萨米特支付 4.125 亿美元现金和股票，收购其流通的普通股，并承担其负债 5.063 亿美元。根据收购协议，狮门将向萨米特提供行政、制作和发行服务，收取 10% 的服务费。当两家公司开始合并多余的运营部门时，市场营销、制作和发行部门将裁员。并购给萨米特的投资人带来了意外收获，包括 eBay 联合创始人杰夫·斯库尔（Jeff Skoll）的影片公司梅地亚（Media）和私募股权基金特拉弗斯管理机构（Traverse Management）在内。这些投资人之前已经收到 2 亿美元分红作为 2011 年年初萨米特资产重整收益的一部分，接着又因这笔出售而获利丰厚。

狮门是一家多元化的电影电视制作和发行公司，拥有收藏13 000个节目的影片库。该公司的主要发行渠道包括家庭娱乐和媒体套装产品（DVD）、数码发行（电视点播）和付费电视节目（高级网络节目）。萨米特也是一家业绩不太稳定的影视制作和发行商，通过“暮光之城”的授权经营实现了其第一次成功。尽管如此，萨米特确实拥有强大的国际授权运营团队，在美国、加拿大、德国、法国、斯堪的纳维亚国家、西班牙和澳大利亚有业务。这项并购也加强了狮门作为领先的内容供应商的地位，控制了“暮光之城”和“饥饿游戏”的授权，使得狮门成为年轻成年观众市场的领导者。这次合并也导致了成本和收入的协同效应、更分散化的现金流，以及更多的国际发行渠道。

图13-3展示了完成杠杆收购萨米特的子公司架构。作为这类交易的典型做法，狮门设立了一家并购子公司（MS），并用1亿美元现金和价值6 900万美元的股票出资，获得了该子公司100%的股份。MS又从银行获得了5亿美元定期贷款。在MS向萨米特股东提出收购要约后，MS被并入萨米特。在一个后向三角收购中，萨米特作为狮门的一家全资子公司存续下来。在交易结束时，萨米特的2.844亿美元额外现金被用于支付这项交易的总成本。

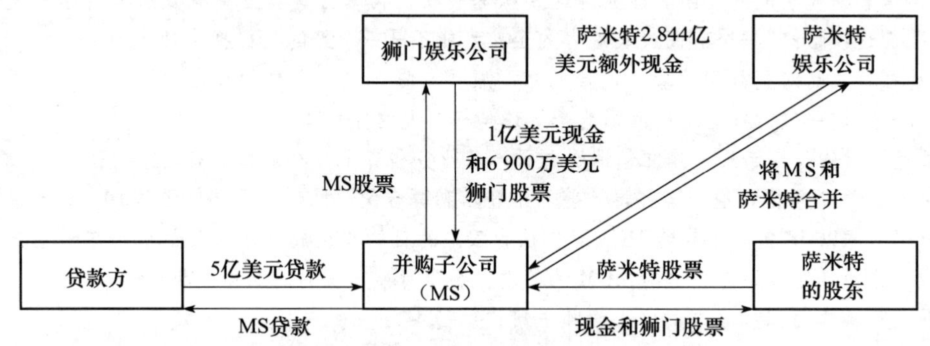

图13-3 狮门－萨米特法律和融资结构

表13-4总结了杠杆收购的融资渠道以及这些基金如何用于支付交易。狮门为这项交易的总成本9.534亿美元（包括4.125亿美元收购萨米特股票＋定期贷款5.063亿美元＋3 460万美元交易相关的费用）进行了如下融资：狮门1亿美元现金和6 900万美元狮门股票＋萨米特交易完成时资产负债表3.1亿美元中的2.844亿美元＋5亿美元定期贷款。萨米特的5.063亿美元定期贷款B用这笔交易中新的5亿美元定期贷款做了再融资。新的定期贷款是由萨米特资产及其子公司担保的。狮门为这项交易设立的MS也为此提供了贷款担保。该担保的抵押物是由MS持有的萨米特的股权。狮门可以在2016年贷款到期日前从新影片发行的现金流中偿还。萨米特在交易前的净负债是1.963亿美元（交易前的定期贷款5.063亿美元－资产负债表上的全部现金3.1亿美元）。交易结束后的净债务增加到4.744亿美元（交易结束后的定期贷款5亿美元－资产负债表上的总现金2 560万美元）。

表13-4 狮门－萨米特交易概要

资金来源（100万美元）		**资金用途**（100万美元）	
狮门现金①	100.0	支付给卖方	412.5
狮门股票②	69.0	偿还定期贷款	506.3
萨米特资产负债表上的现金	284.4	费用	34.6
新定期贷款	500.0		
合计	953.4		953.4

（续）

萨米特预计资产化			
截至 2011 年 12 月 30 日		预计	
	100 万美元	调整（100 万美元）	100 万美元
现金[③]	310	（284.4）	25.6
循环贷款（2 亿美元）	—	—	不适用[④]
以前定期贷款 B，2016 年 9 月到期	506.3	（506.3）	0.0
新定期贷款 B，2016 年 9 月到期	0.0	500.0	500.0
全部债务	506.3	（6.3）	500.0
股本[⑤]			169.0

①包括 5 500 万美元狮门现金和 4 500 万美元可转债收益。
②包括交易结束 60 天后向萨米特出售方发行的 2 000 万美元股票。
③在交易宣布前总的现金余额。2.84 亿美元是狮门为交易支付给萨米特的额外现金。剩余 2 560 万美元是用于满足营运资本要求的现金。
④循环贷款因并购而终止。
⑤包括狮门的 1 亿美元现金和 6 900 万美元的狮门股票。
资料来源：狮门向美国证券交易委员会提交的 8K 报告（2/1/2012）。

表 13-5 展示了新定期贷款 B 的关键条件。注意萨米特的资产是怎样用于担保该项贷款的抵押物的。此外，贷款方对于某些类别的交易所得拥有优先权，使得贷款方可以优先获得这些资金。直到贷款偿付完之前，不可能进行现金分配，哪怕分配的金额有限也是不可以的。最后一点是，贷款契约规定萨米特在贷款期间需要保持一定的流动性。

表 13-5　新贷款 B 的初始条款

借款人	萨米特娱乐公司（狮门的子公司）
担保方	MS
安全	对有形资产和无形资产拥有最优先的担保权益
	萨米特和担保方的股权收益作为担保
	转让所有商标和股权
	根据现有授权和发行协议，将所有应付给借款人和担保方的收益直接转让
贷款	5 亿美元高级有担保定期贷款
信用评级	B1/B +
到期	2016 年 9 月
约定摊还金额	每季度 1 375 万美元
定价	待定
增加贷款额度	无
提前偿还	由借款人自定，最多提前一年
约定提前偿还	资产出售收益的 100%
	保险收益的 100%
	收购协议中规定的超额现金流的 50%
	超过约定最大现金结余的部分
允许分配	在 75% 的贷款偿还之前不得分配
	在 75% 的贷款偿还之后，分配金额不得超过 2 500 万美元
财务维护条款	固定费用偿付比率 1.25∶1
	最低流动比率 1.1∶1

讨论题

1. 狮门并购萨米特为何应该归为杠杆收购？狮门是如何使用萨米特的资产为这个交易提供资金的？请具体说明。

2. 3 460 万美元的交易费用是怎样支付的（见表 13-4）？请具体说明。
3. 解释为何狮门对 21 世纪初期萨米特借的 2016 年到期的定期贷款要做一次再融资。
4. 你认为萨米特是一个好的杠杆收购对象吗？给出你的解释。
5. 为何萨米特娱乐公司被设立为有限责任公司？
6. 为何狮门用现金和股票为 MS 出资，而不是用贷款作为其中的现金出资？

（所有讨论题的答案可以在本书的网上教师手册找到。）

::案例分析 13-2

TXU 在史上最大私募股权交易中实现私有化：杠杆的内幕

要点

- 2007 ~ 2008 年金融危机使得许多杠杆收购采用了过高的杠杆。
- 经过结构设计，TXU 的杠杆收购（现在是能源未来控股公司）没有出现任何错误。
- 过高的杠杆严重限制了企业未来的财务选择空间。

在杠杆收购前，TXU 这家达拉斯能源巨头曾是一家非常赚钱的企业。史上最低的息率和对天然气价格的过度乐观预测，催生了史上最大的一项私募股权交易。2007 年杠杆收购 TXU 估值为 480 亿美元，在那个时候，一些大型华尔街贷款人，包括雷曼兄弟和花旗这样的机构都愿意提供支持，和它们一起的还有鼎鼎大名的私募股权机构比如 KKR、TPG 和高盛。然而天然气价格大跌，蚕食了 TXU 的现金流。由于这项交易在 2007 年 10 月完成，购入了 400 亿美元 TXU 债券的投资者遭受的亏损高达债券价值的七八成。

该项交易另外 80 亿美元的融资来自私募股权投资者、银行和大型机构投资者。它们也经受了巨大损失。企业债务 2014 年到期，面临 200 亿美元的债务偿付。华尔街银行在 2007 年都争相以更好的条件向杠杆收购企业放款，这些银行业用自己的钱为交易提供融资。诱惑这些银行的是发放贷款的收益可能高达 11 亿美元，将这些贷款重新打包放入池中称为贷款抵押债券，并且再次将其出售给养老基金和保险公司这些长期投资者。这样一来，贷款将从银行资产负债表中移出，减少了交易失败时可能增加的潜在损失。而且，由于一些银行自己也出了 5 亿美元现金购买 TXU 的权益，故而这项交易看上去是一个有吸引力的投资机会。

财务赞助者包括 KKR、TPG 和高盛，建立了一个壳公司，用并购子公司的母公司（Merger Sub Parent，MSP）表示，以及其全资子公司并购子公司（Merger Sub，MS）。TXU 被并入并购子公司 MS，后者是存续的公司。每 1 股 TXU 流通的普通股有权获得 69.25 美元现金。用于收购的全部现金由财务赞助人和贷款人（债权人集团）提供给并购子公司 MS。监管机构要求与此交易相关的债务都由控股公司 MSP 持有，以免进一步提高杠杆水平。

交易完成后，在财务赞助人控制的新控股公司之下，新公司被重组为几个独立的业务单位，成为得克萨斯控股公司（Texas Holdings，TH）。并购子公司 MS（拥有 TXU）更名为能源未来股份公司（Energy Future Holdings，EFH）。TH 的直属子公司是 EFH 和安可（Oncor，一家原来由 TXU 控制的能源运输公司）。EFH 的主要直属子公司是得克萨斯竞争电子股份公司（Texas Competitive Electric Holdings，TCEH），持有 TXU 的公共设施运营资产和负债。所有非 TXU 财务赞助者提供的交易融资债务由 EFH 持有，而财务赞助者提供的融资出现在 TH 资产负债表上。这一法律架构可以将债务集中在 TH 和 EFH，而与安可和 TCEH 产生现金流的资产隔离开来。贷款契约限制 EFH 及其子公司以下方面的能力：发行新债券或者优先股；支付红利、回购或分配股票和其他受限制的付款；投资；出售或转移资产；合并、并购、出售大量或全部资产，以及偿还、回购或重订债务。违反上述任何一条都可能导致违约。表 13-6 列出了一些契约条款，规定一些比率必须维持在规定的上下限值之间。注意当你比较 2009 年 12 月 31 日（最后一次提供公开信息那一年）比率时，会发现 EFH 违反了一些条款。

表13-6 EFH债务契约

	2009年12月31日	截至2009年12月31日的限制区间
维护条款		
TCEH有担保信贷：有担保债与调整后EBITDA之比	4.76~1.00	不得超过7.25~1.00
增加新债条款		
EFH公司优先票据		
EFH公司定息覆盖比率	1.2~1.0	至少2.0~1.0
TCEH定息覆盖比率	1.5~1.0	至少2.0~1.0
EFH公司9.75%票据		
EFH公司定息覆盖比率	1.2~1.0	至少2.0~1.0
TCEH定息覆盖比率	1.5~1.0	至少2.0~1.0
TCEH优先票据		
TCEH定息覆盖比率	1.5~1.0	至少2.0~1.0
TCEH优先有担保信贷		
TCEH定息覆盖比率	1.5~1.0	至少2.0~1.0
限制性支付/投资限制		
EFH公司优先票据		
一般限制条件		
EFH公司定息覆盖比率	1.4~1.0	至少2.0~1.0
一般限制条件		
EFH定息覆盖比率	1.2~1.0	至少2.0~1.0
EFH公司杠杆率	9.4~1.0	≤7.0~1.0
EFH公司9.75%票据		
一般限制条件		
EFH公司定息覆盖比率	1.4~1.0	至少2.0~1.0
一般限制条件		
EFH公司定息覆盖比率	1.2~1.0	至少2.0~1.0
EFH公司杠杆率	9.4~1.0	≤7.0~1.0
TCEH优先票据		
TCEH定息覆盖比率	1.5~1.0	至少2.0~1.0

很明显事情的进展不如预期。这家企业面临着一个几乎无法维持的资本结构。在2012年大多数时间里，该公司的债以20%~30%折价交易。80亿美元的股权投资时机已经打了水漂。天然气的价格没有出现拐点，EFH只有和贷款人一起寻找一个减轻2014年带起的200亿美元贷款偿还负担的办法：通过债务股权掉期（debt-for-equity swap）或者给予现有债务更优惠的条件，或者寻求第11章破产保护。EFH已经连续8个季度公布亏损。2012年12月，为了拖延时间等待价格拐点和减少利息支出，需要延长债务期限，EFH发行了11.5亿美元新的到期一次付清票据（利息按照更高的负债支付），换取现有的票面价值为16亿美元的票据。无论从哪方面看，这项交易都展现了杠杆收购的黑暗面。

讨论题

1. 交易完成后的控股公司结构如何保护财务赞助人和客户的权益，但可能在发生破产时影响到债权人的利益？
2. 并购协议中规定交易完成前后的契约条件的目的是什么？
3. 贷款企业是为了保护贷款人的权益。这类契约怎样才能保证让EFH偿还2014年200亿美元债务？
4. 作为EFH的CEO，对于支付2014年到期的200亿美元债务，你将向董事会推荐采取何种策略？
5. 2008年第四季度和2009年第一季度，EFC控股录得商誉减值约80亿美元。这笔巨额冲销表明当时支付给TXU的收购对价过高了。此举对于投资者期望的KKR、TPG和高盛获得财务回报的能力将产生何种影响？这笔冲销会对EFH公司偿付2014年到期的200亿美元债务产生什么样的影响？

（所有讨论题的答案可以在本书的网上教师手册找到。）

CHAPTER14

第14章 高杠杆率交易：杠杆收购估值和建模基础

没有人会像用自己的钱一样谨慎对待别人的钱。

——米尔顿·弗里德曼

并购内幕 金德摩根收购艾尔帕索引发的道德伦理问题

关键点

- 投资者对于CEO、董事会和顾问在交易中的行为的认知。
- 真实或认知上的利益冲突可能导致法律诉讼。
- 证明利益冲突是困难的，特别是并购溢价巨大且股东批准了交易的情况下。

金德摩根以211亿美元收购艾尔帕索（El Paso Corporation）的交易于2012年年中完成，合并后的企业成为美国最大的能源管线独立运营商（见案例分析4-2）。投资者对2011年10月17日公布的收购消息表示了积极态度，金德摩根和艾尔帕索的股价分别推高了4.8%和25%。然而，几周之内就爆出了该项交易涉及艾尔帕索CEO道格拉斯·福希（Douglas Foshee）与企业投资顾问高盛之间存在利益冲突。

一些艾尔帕索的股东起诉以阻止交易进行，提出高盛在交易中的两面角色有可能导致收购价格被人为降低。换言之，高盛作为艾尔帕索交易顾问，也同时通过其私募股权机构持有金德摩根价值超过40亿美元19%的股份，而且高盛还派了两个人加入金德摩根的董事会。尽管高盛已经将这个信息告知了管理层，艾尔帕索仍继续用其担任交易顾问。而且高盛的首席投行家在交易中拥有价值34万美元的金德摩根权益。后来发现福希先生还对金德摩根的CEO理查德·金德说过，他在谈判过程中有两次表达了有意在交易完成之后，从金德摩根手中购买艾尔帕索的油气勘探业务。

投资者担心参与各方对于非常不合适的行为会做出非常糟糕的判断。显然，里奥·斯特林（Leo Strine）——负责该案的特拉华衡平法院的首席法官是站在原告一边的。尽管没有叫停这项并购，但首席法官斯特林指责福希先生在谈判中主要站在自己的立场上，而且没有将在交易结束后收购艾尔帕索油气勘探业务的想法告知艾尔帕索董事会。斯特林提醒他没有叫停交易的原因是这可能会压低收购溢价，然而他总结陈词的语气明显为不满意的股东给出了有机会寻求货币补偿的选择。

高盛的潜在利益冲突同样是模糊不清的。高盛立足于从这项交易的两方获得利益，从艾尔帕索收取 2 000万美元顾问费，并且坐等持有的40 亿美元金德摩根股票升值。为了解决利益冲突，摩根士丹利被邀请撰写公平意见函。但是只有当艾尔帕索被成功出售，摩根士丹利才能收到费用，如果没成交就一分钱也拿不到。如果采取后一个策略，高盛在金德摩根的投资可能会受益于企业合并带来的协同效应导致的股票升值。所以说，可以认为高盛利用了顾问身份指导了艾尔帕索的重组决策，以使自身受益最大。

尽管这种潜在利益冲突非常明显，但这项交易对艾尔帕索的投资人而言仍然有吸引力，持有超过 3/4 以上股份的股东都投票表示支持。在一封致员工的信中，道格拉斯·福希指出：“我持有公司（艾尔帕索）的大量股票，而且从未卖出一股或者行过权。所以我总是将自己的利益看作完全与那些艾尔帕索股东一致。”

本章概览

第 13 章讨论了常用的交易融资渠道，以及私募股权投资者和对冲基金在交易中的角色。第 14 章的重点是讨论如何用常见方法为高杠杆率的交易估值。这一章总结了投资者如何评估杠杆收购投资机会以及用于建立杠杆收购财务模型的典型形式。这类模型用于确定最大可用于标的企业的杠杆资金，以便投资者能够获得期望的财务回报。

用大量负债为收购提供融资的交易一般被称为杠杆收购。在杠杆收购中，通常要用标的企业的资产为借款提供担保，借款用于支付大部分收购价款，剩余部分则由财务赞助者提供，例如私募股权投资者或对冲基金。杠杆收购的对象可以是整个公司或者公司的一部分。杠杆收购的标的可以是未上市的企业。如同前面章节说过的，杠杆收购方（buyout firm）和财务赞助者在本章中可以交替使用，其中包括各类投资者，例如私募股权投资者和对冲基金，它们通常会涉足杠杆收购交易。本书配套网站（http://booksite. elsevier. com/9780123854872）在“学生学习指南”（Student Study Guide）文件夹中提供了本章回顾和一个详细的用微软 Excel 制作的“杠杆收购估值和构建模型”（Microsoft Excel-Based Leveraged Buyout Valuation and Structuring Model）。

14.1 杠杆收购交易的估值

一项杠杆收购交易可以只从普通股权投资者角度进行评估，或者从资金提供者角度，包括普通股和优先股投资者和贷款人。在评估杠杆收购时，可以使用常规的资本预算流程。站在所有投资的立场上，如果出现以下情况，那么交易则是合理的：如果以加权平均资本成本贴现的企业现金流的现值（PV_{FCFF}）抑或企业价值等于或超过了全部投资——包括用于购买标的企业流通股的所有债务、普通股和优先股（$I_{D+E+PFD}$）：

$$PV_{FCFF} - I_{D+E+PFD} \geqslant 0 \tag{14-1}$$

式（14-1）意味着标的企业可以赚回其资本成本，并向所有投资者和贷款人提供充足的现金流，满足或超过他们对回报的要求。尽管如此，一项杠杆收购可能对普通股投资者有意义，但对

其他投资者，例如杠杆收购之前的债券持有人和优先股股东则无意义。[⊖]

下面我们将要讨论两种杠杆收购的估值方法。一种是在企业减少其债务的过程中会改变资本成本，因此资本成本法会据此调整未来的现金流。第二种方法是调整现值，在没有负债时的企业价值上，加上由于利息导致的税收减少带来的未来节税的价值。

14.1.1 杠杆收购估值：资本成本方法

如果负债与权益比率（debt-to-equity ratio）预计是不变的，那么用一个不变的加权平均资本成本对未来现金流贴现是合适的。然而，对于高杠杆比例的交易来说，这个比率不变的假设与实践情况不符。许多企业降低了他们相对于权益的未偿还贷款数额，这种资本结构的变化，扭曲了基于传统 DCF 方法的估值结果。

伴随着杠杆收购的高杠杆率，由于对贷款人的固定债务增大，提高了提供给股权投资者的现金流的风险水平。股权成本（cost of equity）应该根据企业杠杆率的提高进行调整。然而，由于债务的偿还需要一段时间，股权成本将会降低。所以，在对一项杠杆收购估值时，分析师必须对未来现金流做出预测，并且调整贴现率，以反映资本结构的改变。因此不能用不变贴现率去贴现现金流，贴现率必须随着企业债务权益比率降低而减小。下面讨论调整贴现率以反映企业减小杠杆的四步法。

1. 第 1 步：预测年度现金流，直到达成债务与权益比率的目标值

第 1 步是预测股权投资的自由现金流（FCFE），也就是说，每年提供给普通股权投资的现金流，直到杠杆收购达到目标债务权益比率。这个目标债务权益比率（D/E ratio）通常是指行业平均比率，或者是一个可被战略买家或 IPO 投资者接受的比率，抑或是企业恢复缴税的一个水平。

2. 第 2 步：预测债务权益比率

债务权益比率的降低取决于已知的债务偿还计划，以及股东股权市场价值的预期增长。后者可以被假定为和预期净收益同步增长。

3. 第 3 步：调整贴现率以反映风险的变化

杠杆收购伴随的高杠杆率提高了给予股权投资者的现金流的风险水平。当杠杆收购的高债务水平被降低，股权成本要调整到反映出风险的下降，可以用该企业的杠杆贝塔值（β_{FL}）度量。调整可以估算出来，从该企业 1 期杠杆贝塔值开始，用下式计算：

$$\beta_{FL1} = \beta_{IUL1}[1 + (D/E)_{F1}(1 - t_F)] \tag{14-2}$$

β_{IUL1}是可比公司 1 期杠杆贝塔值；$(D/E)_{F1}$和 t_F 分别是企业债务权益比率和边际税率。而且 $\beta_{IUL1} = \beta_{IL1}/[1 + (D/E)_{I1}(1 - t_I)]$，式中 β_{IL1}，$(D/E)_{I1}$和 t_I分别是可比公司的杠杆贝塔值、债务权益比率和税率。企业在连续两个时期的贝塔值，应该用标的企业当时的预期负债权益比率重新计算。标的企业每一时期的股权成本（k_e）必须用式（14-2）估算出的当期贝塔值重新计算。因为该企业

⊖ 一旦杠杆收购完成，企业满足偿债和优先股分红的能力可能会受到负面影响。企业进行杠杆收购之前的负债和优先股，可能会被投资者重估，以反映这种较高的风险，造成杠杆收购之前的投资者遭受债务和优先股市场价值大幅缩水的损失。尽管很少有证据证明这是典型的杠杆收购现象，但重估可能是大型杠杆收购的特征，比如 1989 年雷诺兹 - 纳贝斯克，2006 年 HCA 和 2007 年 TXU 这类杠杆收购。

的股权成本随时间改变，用企业的累积股权成本对预计现金流进行折现。[⊖]这反映了一个事实，即每个时期的现金流产生不同的回报率。这个累积股权成本表示如下：

$$
\begin{aligned}
PV_1 &= FCFE_1/(1+k_{e1}) \\
PV_2 &= FCFE_2/[(1+k_{e1})(1+k_{e2})] \\
&\vdots \\
PV_n &= FCFE_n/[(1+k_{e1})(1+k_{e2}) \\
&\vdots \\
&\quad (1+k_{e(n-1)})(1+k_{en})]
\end{aligned}
\tag{14-3}
$$

4. 第 4 步：确定交易是否有意义

确定交易是否有意义，需要用式（14-3），算出的累积股权成本对 FCFE 的折现值，包括终值。计算第 t 年的股权终值（TVE）：

$$\text{股权终值}(TVE) = FCFE_{t+1}/(k_e - g) \tag{14-4}$$

k_e和 g 分别表示股权成本和直到终止期可维持的现金流增长率。TVE 表示时间 t 提供给企业的现金收益的现值，通过向公众、战略买方或其他杠杆收购机构出售股权可产生现金收益。企业的终止价值也可以类似计算，采用适合终止期的资本加权平均成本，然后转化为现值，再与流入企业的自由现金流的现值相加。表 14-1 展示了如何用资本成本法计算杠杆收购的价值。如果总现值超过了在此项交易中所做的股权投资，那么这项交易对于普通股投资者是有意义的。对于贷款人和优先股投资者而言，如果 FCFE 的总现值大于这项交易的总成本，那么也是有意义的。这张 Excel 数据表可以在本书的配套网站上找到。

表 14-1　使用资本成本法计算股权现金流的现值

步骤	预测期 2013	2014	2015	2016	2017	2018	2019
第 1 步：预测年现金流（100 万美元）①	0.30	0.20	1.80	7.40	7.70	8.10	8.50
第 2 步：预测债务与权益比率（D/E）①	1.46	1.02	0.68	0.48	0.32	0.18	0.05
第 3 步：调整贴现率，以反映风险变化							
假设条件							
可比企业							
加杠杆贝塔值（β_l）	2.40						
债务/权益比率	0.30						
不加杠杆贝塔值（β_u）②	2.03						
边际税率（%）	0.40						
10 年期美国国债利率（%）	0.05						
股票风险溢价（%）	0.055						

年	D/E	加杠杆贝塔值③	股权成本（k_e）④	累积股权成本
2013	1.46	3.81	25.96	1/(1+0.2596)=0.7939
2014	1.02	3.27	22.99	1/(1+0.2596)(1+0.2299)=0.6455
2015	0.68	2.86	20.73	1/(1+0.2596)(1+0.2299)(1+0.2073)=0.5347
2016	0.48	2.61	19.36	1/(1+0.2596)(1+0.2299)(1+0.2073)(1+0.1936)=0.4479

⊖ 回忆一下 1 美元在投资 2 年后的价值（FV$1），第 1 年的回报是 5%，第 2 年的回报是 8%，所以 FV$1 = 1 × [(1+0.05)(1+0.08)] = 1.13（美元）；2 年后收益按照同样的回报率计算，则这 1 美元的现值（PV$1）= 1/[(1+0.05)(1+0.08)] = 0.88（美元）。

（续）

年	D/E	加杠杆贝塔值③	股权成本 (k_e)④	累积股权成本
2017	0.32	2.42	18.31	1/(1+0.259 6)(1+0.229 9)(1+0.207 3)(1+0.193 6)(1+0.183 1)=0.378 6
2018	0.18	2.25	17.38	1/(1+0.259 6)(1+0.229 9)(1+0.207 3)(1+0.193 6)(1+0.183 1)(1+0.173 8)=0.322 6
2019	0.05	2.09	16.50	1/(1+0.259 6)(1+0.229 9)(1+0.207 3)(1+0.193 6)(1+0.183 1)(1+0.173 8)(1+0.165 0)=276 9

第4步：确定交易是否值得做

假设条件							
终止期增长率（%）	0.05						
终止期股权成本（%）⑤	0.10						
年现金流的现值（2013～2019年，100万美元）⑥	0.24	0.13	0.96	3.31	2.92	2.61	2.35
年现金流总和（2013～2019年）							12.53
终值（100万美元）							44.72
总现值（100万美元）							57.25
如果 $NPV \geq 0$，值得进行股权投资							

①预测值来自本书配套网站提供的杠杆收购估值与结构模型的Excel模板计算结果。假设该企业的目标D/E为0。如果能够达到预测值，财务赞助人将退出。

② $\beta_u = \beta_l / [1 + (D/E)(1-t)] = 2.4/(1+0.3 \times 0.6) = 2.03$。

③对于2013年，$\beta_i = \beta_u[1+(D/E)(1-t)] = 2.03 \times [1+(1.46) \times (1-0.4)] = 3.81$，其中2.03是可比公司的不加杠杆贝塔值。
对于2014年，$\beta_i = 2.03 \times [1+(1.02) \times (1-0.4)] = 3.27$。
对于2015年，$\beta_i = 2.03 \times ([1+(0.68) \times (1-0.4)] = 2.86$，依此类推。

④对于2013年，$k_e = 0.05 + 3.81 \times (0.055) = 0.259\,6 \times 100 = 25.96$。
对于2014年，$k_e = 0.05 + 3.27 \times (0.055) = 0.229\,9 \times 100 = 22.99$。
对于2015年，$k_e = 0.05 + 2.86 \times (0.055) = 0.207\,3 \times 100 = 20.73$，依此类推。

⑤行业平均股权成本。

⑥用每年的现金流乘以当年累积股权成本可以算出现值，例如，对于2013年，0.793 9美元×0.30美元=0.24美元。

14.1.2 杠杆收购估值：现值调整法

一些分析师认为，通过将一家企业的经营分成两个部分——假设企业没有负债时的价值和利息节税的价值（或税盾），就可以避免可变贴现率带来的偏误。企业的总价值就是企业给股权投资者的自由现金流的现值（即不加杠杆的现金流），加上为了节税额以企业无杠杆股权成本贴现的现值。[㊀]无杠杆股权成本（unlevered cost of equity）是合适的贴现率，而不是债务成本或无风险比率，这是由于税收节减取决于风险，既然该企业可能债务违约或者因为持续经营亏损而无法使用节税额。

调整现值法（APV）体现了一个理论观点，即企业价值不受其融资方式的影响。[㊁]尽管如此，研究显示对于杠杆收购，融资的有无和成本确实会影响到融资和投资决策。[㊂]考虑到税收，企业

㊀ 通过将标的企业资产调高到其市场公允价值，可以增加折旧支持，得到额外的节税效果。一些分析师也会将这些未来节税额计入企业的不加杠杆价值。

㊁ Brealey 和 Myers(1996)。这个概念假设投资者可以接触到完整的信息，该企业没有增长，而且不需要新的借贷，不发生税务和交易成本，企业也没有违约风险。在这些假设条件下，投资决策受到企业资产盈利能力和风险的影响，而不会受到投资融资方式的影响。

㊂ Axelson 等（2009）认为杠杆收购中的资本结果与上市公司不同，后者的投资决策可以不考虑融资方式独立做出，而是否能够得到融资决定了是否投资于杠杆收购。从事杠杆收购的业内人士认为杠杆收购的规模和频次是由能否获得融资及融资成本驱动的。

的杠杆水平可能还不够高，因为负债可以带来大量的税收收益。[一]企业可以通过提高杠杆率以提升其市场价值，直到增加的税盾开始降低市场价值为止。[二]尽管如此，管理层提高杠杆的决定会影响企业信用评级，也会受到企业信用评级的影响。所以，高杠杆带来的税收方面的好处可能部分或全部被较高的违约可能性所抵消。[三]

为了让 APV 法可以用于高杠杆交易，分析师需要引入财务困境成本（costs of financial distress）。财务困境直接成本是指由破产重组以及最终清算带来的成本（见第 17 章）。这类成本包括法务和会计费用。然而，财务困境可能造成巨大的直接成本，即便是对那些能够避免破产或清算的企业也是如此。[四]因此，在应用 APV 法时，高杠杆交易的现值（PV_{HL}）可以表示为无杠杆企业的现值（PV_{UL}）加上节税额的现值（即利息费用 i 乘以企业的边际税率 t，或者杠杆代理的税盾 PV_{ti}），减去预期财务困境的现值（PV_{FD}）：

$$PV_{HL} = PV_{UL} + PV_{ti} - PV_{FD} \tag{14-5}$$

式中，$PV_{FD} = \mu FD$。

FD 是财务困境的预期成本，μ 是发生财务困境的概率。不幸的是，FD 和 μ 无法轻易或可靠估算，而且经常被使用 APV 法的分析师忽略。如果无法将财务困境的成本和概率估算值包括进去，有可能导致对使用 APV 法的企业给出过高估值。除了这些顾虑，由于这个方法相对简单，许多分析师一直在使用，见以下四步流程。

1. 第 1 步：估算标的企业无杠杆现金流的现值

对于债务占总资本比率不断改变的那段时期，分析师应预测权益自由现金流（即无杠杆现金流）。在企业终止期，假设债务占总资本比率保持不变，预测自由现金流以不变速度增长。估算无杠杆股权成本（COE）在资本结构改变时期的折现现金流，以及终止期用加权平均资本成本（WACC）折现的现金流。加权平均资本成本是用资本结构变化的最后一年，构成企业资本结构的债务和权益比例进行估算的。

2. 第 2 步：估算预期节税额的现值

预测来自利息可抵税得到的年度节税额。用企业无杠杆股权成本进行折现，因为这反映了比加权平均资本成本或税后债务成本更高水平的风险。税收节省依赖于与企业现金流可比的风险，一家高杠杆的企业可能违约或节税未使用。

3. 第 3 步：估算财务困境的潜在成本

财务困境成本的大小可能在企业发生财务困境之前市场价值的 10% ~30% 变动。[五]财务困境

[一] Elkamhi 等（2012）。许多企业，例如英特尔和埃克森石油，基于潜在的税负节约而言，显得负债水平还远不够高。尽管如此，这类企业经常选择控制杠杆水平，以便能够保持灵活性，抓住不期而至的机会。

[二] Graham（2000）认为许多企业可能受益于增加负债，然而这个说法受到 Blouin 等（2012）的反对，他们记录到提高杠杆水平所带来的税收节约经常会被夸大。

[三] Molina（2006），Almeida 和 Philippon（2007）表明风险调整后的不良成本可能大到足以抵消债务带来的税务优惠。这一点在经济下行阶段尤其正确。

[四] 间接成本包括客户流失、员工流失，供应商提出较差的条件，借贷成本过高，管理层自主决断的成本、运营费用较高，以及整体竞争力降低。

[五] Andrade 和 Kaplan(1998) 以及 Branch（2002）总结出，破产对企业价值下跌的影响区间是 12% ~20%。后来，Korteweg（2010）估算的下跌影响区间是 15% ~30%。

的概率可以通过分析债券的评级[㊀]和5～10年不同评级债券累积违约率做出估算（见表14-2）。[㊁]

4. 第4步：确定交易是否值得做

企业总价值是企业权益现金流的现值、利息节税金额和企业无杠杆股权成本折现的终值之和，再减去预期的财务困境成本［见式（14-5）］。注意，终值是用加权平均资本成本计算，但要用无杠杆股权成本进行贴现，这是因为它代表企业资本结果改变的最后一年以及之后的现金流的现值。为了使得交易有意义，式（14-5）的现值减去投资于这项交易的股权价值（即NPV）必须大于或等于零。

表14-2 债券评级和违约概率

评级	不良累积概率（%）	
	5年	10年
AAA	0.04	0.07
AA	0.44	0.51
A +	0.47	0.57
A	0.20	0.66
A −	3.00	5.00
BBB	6.44	7.54
BB	11.90	19.63
B +	19.20	28.25
B	27.50	36.80
B −	31.10	42.12
CCC	46.26	59.02
CC	54.15	66.60
C +	65.15	75.16
C	72.15	81.03
C −	80.00	87.16

资料来源：Altman，2007.

表14-3展示了APV法，假设条件与表14-1使用资本成本法进行标的企业估值一致。假设该企业的信用评级为C，预期破产成本的现值为2 159万美元，以一家评级为C－的公司10年以上的累积违约率计算［即按照表14-2用0.871 6乘以预期破产成本（即0.30×8 256万美元）］。注意APV法给出的财务困境调整前的估计值是8 743万美元（即8 256万美元＋487万美元）。这比表14-1使用资本成本方法得出的估计值要高出44.2%［即（8 256万美元/5 725万美元）－1］。在为财务困境做出调整之后，这个估计值降低到6 585万美元，用资本成本方法得出的答案是5 725万美元，两者相差大约15%。

表14-3 采用调整现值法计算股权现金流的现值

步骤	2013	2014	2015	2016	2017	2018	2019
第1步：估算标的企业无杠杆现金流的现值							
假设条件							
年股权现金流	0.30	0.20	1.80	7.40	7.70	8.10	8.50
边际税率	0.40						
可比企业的不加杠杆贝塔值	2.03						
10年期美国国债利率（%）	0.05						
股票风险溢价（%）	0.055						
终止期增长率（%）	0.045						
2013～2019年无杠杆股权成本（%）①	0.162						
终止期加权平均资本成本②	0.159						
2013～2019年现金流的现值							15.51
加：终值的现值							67.05
等于：总现值（不包括税款和财务不良成本）							82.56

㊀ 尽管信用评级机构未能预计到2008～2009年信用市场出现的恶性情况，导致人们怀疑用信用评级评估财务不良是否有用，但除此之外，目前还没有更好的替代方法。

㊁ Altman和Kishore，2001；Altman，2007。累积概率估算值反映了基于以前的结果或事件，出现一个特殊结果的可能性，用于因之前出现财务不良而导致现金流减少对后来的现金流产生影响的场合，这是因为企业可能被迫减少投资。假设在第1年发生财务不良的概率是20%，如果企业因此而在第1年末停止退出，则在第2年将不会产生现金流。如果我们假设第2年发生不良的概率也是20%，则企业在第3年产生现金流的概率就只有64%［即（1－0.2）×（1－0.2）］，依此类推。

（续）

步骤	2013	2014	2015	2016	2017	2018	2019
第 2 步：估算预期节税额的现值							
假设条件							
年利息支出	3.00	2.66	2.17	1.67	1.33	1.00	0.67
利息税节省（税盾）③	1.80	1.60	1.30	1.00	0.80	0.60	0.40
税盾的现值（16.2%）							4.87
第 3 步：估算财务困境（不良）的潜在成本							
假设条件							
标的企业的信用评级	C -						
C - 评级企业 10 年累积违约概率（见表 14-2）	0.871 6						
预计财务不良成本占企业价值比例（%，根据 Andrade 和 Kaplan(1998) 和 Korteweg(2010) 结果估算）	0.30						
潜在财务不良成本							21.59
第 4 步：确定交易是否值得做							
总现值（不包括税盾和财务不良成本）							82.56
加：税盾的现值							4.87
减：预计财务不良成本							21.59
等于：包括税盾和财务不良的总现值							65.85

①$k_e = 0.05 + 2.03 \times 0.055 = 0.162 \times 100 = 16.2\%$。

②终止期的贴现率反映了债务的现值。目标 D/E 比率来自表 14-1，显示 2009 年的 D/E 比率是 5%。回忆一下，这部分债占总资本的比例可以用目标 D/E 比率除以 $(1 + D/E)$ 计算，即 0.05/1.05。所以，终止期的债占总资本的比例是 5%，股权占总资本的 95%。如果企业借贷比率是 10%，则 $WACC = 0.05 \times 0.10 + 0.95 \times 0.162 = 15.9\%$。

③税盾 $= 0.4 \times$ 年利息支出。

14.1.3　比较资本成本和现值调整法

资本成本法在企业减少其未偿债务时，会因为资本成本变化调整未来现金流。第二个方法是对现值进行调整，用无债务的企业价值，加上因利息节税获得的未来节税的价值。资本成本法的优点在于可以根据风险变化对贴现率做出调整，然而这样使得计算过程要比现值调整法更繁复。虽然现值调整法的计算相对较简单，但是它依赖一些有严重疑问的假设条件。㊀现值调整法忽略了债务偿还之后，杠杆水平对贴现率的影响，也就是增加债务通常可以提高税盾，进而提高企业价值。如果要把杠杆效应包括在现值调整法中，需要估算高杠杆企业的财务不良成本和发生概率。这是一个挑战，而且经常是非常主观的。最后一点是，无法确定在现值调整法中的贴现率应该是债务成本，还是加杠杆的 k_e，或者是两者之间的一个值。

14.2　杠杆收购估值和结构化模型基础

一个杠杆收购模型确定了一家企业在高杠杆交易中的价值，当有财务型收购方或赞助人收购这家企业时，就可以使用这个模型。这个模型有助于确定一家企业在一定资产和现金流之下可以承担的负债金额。投资银行使用这种分析方法，连同 DCF 和相对估值法，对它们将要出售的企业

㊀　有关高杠杆企业的各种估值方法的一个出色讨论，请见 Ruback（2002）。

做出估值。其内容是向财务型收购方提供一个杠杆收购的机会，只要允许标的企业为了面对未来经营挑战保留一定的灵活性，就可以获得超过买家预期回报率的财务回报。下面章节讨论了一个评估杠杆收购机会和构建杠杆收购模型的有用模板。所述 Excel 数据表可以在本书配套网站上"Excel-Based LBO Valuation and Structuring Model"和"Excel-Based Model to Estimate Borrowing Capacity"标题下找到。我们鼓励读者检验支持这些数据表的公式。

14.2.1 评估杠杆收购机会

杠杆收购模型和 DCF 有一些相似点：要求预测现金流、终值、现值和贴现率。但是，DCF 分析给出的是企业的现值，而杠杆收购模型解除的是内部回报率（IRR）。尽管 DCF 方法常常比 IRR 方法（可以有多个解）更理论化，但 IRR 在杠杆收购分析中用得更为广泛，因为投资者发现它更为直观。IRR 等于初始股权投资获得的预期现金流和终值[㊀]，可以让投资者很容易比较预期回报和他们期望获得的回报（经常是20% ~30%）。杠杆收购模型也要求在满足本息偿还和向私募股权投资者提供分红的同时，确定是否有足够的未来现金流经营标的企业。财务型收购方常常试图确定出最大可负债金额（即标的企业的借贷能力）[㊁]，这样可以将股权投资将至最小，而获得最大 IRR。

但是分析师也可以使用不同于现金流的指标评估杠杆收购机会，EBITDA 是一种常见选择，尽管它也有缺点。[㊂]标的企业的企业价值或收购价格通常用一个与标的可比的近期交易的倍数乘以标的企业的 EBITDA。[㊃]这个公式可以表示如下：

$$EV_{TF} = (EV/EBITDA) \times EBITDA_{TF} \tag{14-6}$$

式中，EV_{TF}代表标的企业的企业价值（收购价格）；$EBITDA_{TF}$代表标的企业的 EBITDA；*EV/EBITDA* 代表最近可比的杠杆收购交易的 *EV* 和 *EBITDA* 的比率。

一旦做出估算，财务赞助者用债务和股权对企业价值进行的融资可以表示为下式：

$$EV_{TF} = D_{TF} + E_{TF} \tag{14-7}$$

式中，D_{TF}代表净债务（即标的企业持有的有价证券减去现金）；E_{TF}代表财务赞助者在标的企业的企业价值中的股权部分。

对于给定的企业价值和负债水平，我们可以通过解式（14-7）得出财务赞助者投入的初始股权 E_{TF}。净债务是指标的企业被收购前的净负债（经常在杠杆收购后进行再融资），以及为收购价格融资而从财务赞助者那里获得的贷款。注意标的企业的现金和有价证券如何被用于支付一部分

㊀ $NPV = -CF_0 + CF_1/(1+IRR) + CF_2/(1+IRR)_2 + \cdots + CF_N/(1+IRR)_N = 0$。

㊁ 借贷能力的定义是企业新增借贷金额，条件是在现有债务基础上，不会大幅提升借贷成本或不会违反贷款契约，同时能够维持未来借贷的能力，以满足未预期的流动性要求。

㊂ 一些分析师采用 EBITDA 作为现金流的替代变量。EBITDA 的支持者们认为，EBITDA 代表了满足长期资产成本（即利息、折旧和摊销）的现金的一个方便的替代变量。从本质上说，EBITDA 提供了一种简单方式，确定企业在不额外融资的情况下，能够在多久的时间里有能力偿付贷款。EBITDA 不会受到企业资产折旧方式的影响。EBITDA 可能会有误导性，因其忽略了经营资本的变化，而且隐含假设了维持业务运转的资本支出与折旧相等。由于企业自由现金流包括经营资本的变化和资本支出，故而可能是一个度量企业产生现金流的更好的指标。

㊃ 通过采用近期可比交易法对标的企业估值，分析师在估计收购价格时会将收购溢价包含进去。

交易款项。总之，式（14-6）估算了企业价值（收购价格），式（14-7）展示了收购价格的融资。

下面是一个简单的五步法，用于评估一家企业作为潜在杠杆收购目标所具有的吸引力。第 1 步是对企业的未来现金流做出预测。第 2 步是估算企业最大的借贷能力。第 3 步是确定企业的企业家价值或收购价格。第 4 步要求财务赞助者需要提供的股权投资额，这等于企业价值和企业最大借贷能力之间的差值。[⊖]第 5 步计算财务赞助者的股权投资 IRR。如果得到的 IRR 结果等于或者大于 IRR 目标值，这项交易对于财务赞助者就是有意义的。

1. 第 1 步：预测现金流

为了确定用于偿还标的企业未来债务的现金流，分析师将预测企业的损益表、资产负债表和现金流量表。超过企业经营需求的现金流被用于满足本息偿还。

2. 第 2 步：确定企业的借贷能力

企业的最大借贷能力同时受到预测现金流和贷款方认可作为抵押物的资产的影响。表 14-4 展示了一个简单模型，可以用第 1 步得出的信息估算出企业的借贷能力。借贷能力的估算值可以用 EBITDA 的一个倍数表示。这个模型分为三个部分：假定条件，估算用于降低债务的现金流，以及估算其借贷能力。0 年代表在交易完成之前的第一年（即起始年 1）。起始的负债数额显示在第 0 年的 12 月 31 日。假设根据类似的交易，分析师相信杠杆收购企业可以借来大约 5.5 倍乘以 EBITDA 2 亿美元（即大约 11 亿美元），而这家杠杆收购企业的目标债务组合包括 75% 的优先债和 25% 的次级债。假设杠杆收购企业的投资者期望在还清优先债的前提下，在 8 年之内退出该项投资。投资者倾向于使用 100% 现金偿还优先债，次级债可以在第 8 年到期时一次性偿还。

表 14-4　确定借贷能力

	年								
假设条件	0	1	2	3	4	5	6	7	8
销售额增长（%）	0	1.05	1.05	1.05	1.05	1.05	1.05	1.05	1.05
销售成本占销售额的比例（%）	0.50	0.50	0.50	0.50	0.50	0.50	0.50	0.50	0.50
销售和一般管理费用占销售额的比例（%）	0.10	0.10	0.10	0.10	0.10	0.10	0.10	0.10	0.10
折旧占销售额的比例（%）	0.03	0.03	0.03	0.03	0.03	0.03	0.03	0.03	0.03
摊销占销售额的比例（%）	0.01	0.01	0.01	0.01	0.01	0.01	0.01	0.01	0.01
现金和有价证券利息（%）	0.03	0.03	0.03	0.03	0.03	0.03	0.03	0.03	0.03
优先债利息（%）	0.07	0.07	0.07	0.07	0.07	0.07	0.07	0.07	0.07
次级债利息（%）	0.09	0.09	0.09	0.09	0.09	0.09	0.09	0.09	0.09
税率	0.40	0.40	0.40	0.40	0.40	0.40	0.40	0.40	0.40
现金和有价证券占销售额的比例（%）	0.01	0.01	0.01	0.01	0.01	0.01	0.01	0.01	0.01
经营资本变化占销售额的比例（%）	0.02	0.02	0.02	0.02	0.02	0.02	0.02	0.02	0.02
资本支出占销售额的比例（%）	0.03	0.03	0.03	0.03	0.03	0.03	0.03	0.03	0.03
可用于减少债务的现金（100 万美元）									
销售额	500.0	525.0	551.3	578.8	607.8	638.1	670.0	703.6	738.7
减：销售成本	250.0	262.5	275.6	289.4	303.9	319.1	335.0	351.8	369.4
减：销售、一般管理费用	50.0	52.5	55.1	57.9	60.8	63.8	67.0	70.4	73.9

⊖ 例如，如果买方继续为一家公司支付 5 000 万美元，其中 2 500 万美元用优先债，1 500 万美元是夹层债，股权投资额将是 1 000 万美元（即 5 000 万美元 − 2 500 万美元 − 1 500 万美元）。

（续）

假设条件	年 0	1	2	3	4	5	6	7	8
等于：EBITDA	200.0	210.0	220.5	231.5	243.1	255.3	268.0	281.4	295.5
减：折旧	15.0	15.8	16.5	17.4	18.2	19.1	20.1	21.1	22.2
减：摊销	5.0	5.3	5.5	5.8	6.1	6.4	6.7	7.0	7.4
加：利息收入	0.2	0.2	0.2	0.2	0.2	0.2	0.2	0.2	0.2
减：利息支出									
优先债		52.2	47.9	43.1	37.7	31.7	24.9	17.4	9.1
次级债		27.0	27.0	27.0	27.0	27.0	27.0	27.0	27.0
总利息支出		79.2	74.9	70.1	64.7	58.7	51.9	44.4	36.1
等于：税前收益		110.0	123.7	138.4	154.3	171.3	189.5	209.1	230.0
减：已付税款		44.0	49.5	55.4	61.7	68.5	75.8	83.6	92.0
等于：税后净收益		66.0	74.2	83.1	92.6	102.8	113.7	125.4	138.0
加：折旧和摊销		21.0	22.1	23.2	24.3	25.5	26.8	28.1	29.5
减：经营资本变化量		10.5	11.0	11.6	12.2	12.8	13.4	14.1	14.8
减：资本开支		15.8	16.5	17.4	18.2	19.1	20.1	21.1	22.2
等于：可用于降低债务的现金		60.7	68.7	77.3	86.5	96.4	107.0	118.4	130.6
借贷能力									
现金余额	5.0	5.3	5.5	5.8	6.1	6.4	6.7	7.0	7.4
年底的现金余额①	745.6	684.8	616.1	538.9	452.4	356.0	249.0	130.6	0.0
年底未偿还的次级债②	300.0	300.0	300.0	300.0	300.0	300.0	300.0	300.0	300.0
总债务	1 045.6	984.8	916.1	838.9	752.4	656.0	549.0	430.6	300.0
净债务与 EBITDA 之比	5.20	4.66	4.13	3.60	3.07	2.55	2.02	1.51	0.99
利息覆盖率（EBITDA/净利息支出）	0.00	2.66	2.95	3.31	3.77	4.37	5.18	6.36	8.23

①假设用于降低债务的现金，百分之百用于偿还优先债。
②次级债为第 10 年一次性偿付的票据。

采用试错法，在0年为优先债设置一个起始金额8亿美元，这个起始金额符合企业的假设负债目标（即0.75×总的潜在负债11亿美元=大约8亿美元）。优先债在第8年末是7 570万美元。如果我们现在尝试在0年设定优先债的起始值为7亿美元，那么在第8年末其未偿还部分为6 330万美元。采用7亿美元和8亿美元的中间值7.5亿美元作为优先债的起始值，结果是在第8年末剩余债务为620万美元。继续优化初始值，直到第8年末的优先债余额为零，此时我们使用的初始值是7.456亿美元。所以，这家企业根据表14-4的假设条件，最大总债务（即借贷能力）是10.456亿美元。

3. 第3步：估算标的企业的企业价值（收购价格）

式（14-6）提供了对标的企业企业价值的评估。倍数可以调整，取决于对未来现金流的认知。假设财务赞助者通过对近期可比杠杆收购交易进行分析之后，认为适合标的企业 EBITDA 的 EV/EBITDA 比率是7倍。从式（14-6）可以估算出该标的企业（EV_{TF}）的企业价值等于7×2.1亿美元（1年 EBITDA，见表14-4），或者14.7亿美元。

4. 第4步：估算财务赞助者的初始股权部分

采用第2步确定的标的企业的最大借贷能力10.456亿美元，以及第3步估算出的企业价值14.7亿美元，我们可以解式（14-7），估算出财务赞助者的初始股权投资是4.244亿美元（即14.7亿美元－10.456亿美元）。

5. 第 5 步：分析财务回报

IRR 的计算要考虑初始股权投资和额外资本贡献，例如现金流出和任何作为现金流入的分红，加上企业出售后的退出或残值。用于退出日股权价值的财务倍数，通常和财务赞助者确定标的企业初始估值时使用的倍数一致。企业的股权价值是退出日的出售价值减去债务清偿价值和各类交易费用。由于它们对退出之年现金流使用哪个倍数和持有投资的年限具有高敏感度，故而财务回报通常会因退出倍数的不同假设条件而变。如果计算出的 IRR 小于目标 IRR，财务赞助者可在式（14-7）使用较小的企业价值（采购价格），如第 3 步所述，这样可以获得较小的初始资本贡献金额，重复这样的计算过程，直到 IRR 超过目标 IRR，或者放弃该标的企业。

14.2.2　用于构建杠杆收购模型的标准杠杆收购格式

一旦财务赞助者找到一家有吸引力的杠杆收购对象，标的企业的财务报表需要重做，以反映企业的新资本结构。表 14-5 总结了分析的关键要素。表中的“基金来源和用处”栏目展示了交易是怎样融资的。“用处”一栏显示了现金去到何处，支付给标的企业所有者的，包括现金、卖方的留存收益、卖方所有的票据以及卖方留存的超额现金。这一栏还包括标的企业资产负债表上现存的负债的再融资。“来源”一栏给出了各种不同的融资来源，包括新债务，现有可用于为交易融资的现金，以及财务赞助者投资的普通股和优先股。权益出资是指用处和所有其他融资来源的差异部分。这是一个“插入式调整”，是指财务赞助者须额外提供借款金额以补足收购对价。“预测资本结构”一栏提供了资本结构在各种类别的债务和股权之间的分布比例。“权益所有者”一栏列示了财务赞助者和管理层之间的所有权分配情况。“内部收益率”一栏提供了在 3 个潜在退出年的预期财务回报，同时以比例和美元金额表示，以及应用于退出年份现金流的比率。最后一栏名为“财务预测和分析”，提供了收入、现金流和资产负债表数据的小结。

表 14-5　杠杆收购模型的结果总结

来源（现金流入）和基金用途（现金流出）					预测资本结构		
基金来源	金额（美元）	利息率（%）	基金用途	金额（美元）	债务和股权形式	市场价值	占总资本的比率（%）
来自资产负债表的现金	0.0	0.0	给所有者的现金	70.0	循环贷款	12.0	16.7
新增循环贷款	12.0	9.0	卖方的股权	0.0	优先债	20.0	27.8
新增优先债	20.0	9.0	卖方的票据	0.0	次级债	15.0	20.8
新增次级债	15.0	12.0	富余现金	0.0	总债务	47.0	65.3
新优先股（PIK）	22.0	12.0	支付给所有者	70.0	优先股	22.0	30.6
新普通股	3.0	0.0	偿还债务	0.0	普通股	3.0	4.2
			买方费用	2.0	总股权	25.0	34.7
总计	72.0		总计	72.0	总资本	72.0	

	所有权分配（美元）			占比（%）		全部摊薄后的所有权				
股权投资	普通股	优先股	总计	普通股	优先股	普通股	权证	优先期权所有权	业绩期权	全部摊薄后的所有权
股权投资人	1.5	22.0	23.5	50.0	100.0	50.0	0.0	50.0	0.0	50.0
管理层	1.5	0.0	1.5	50.0	0.0	50.0	0.0	50.0	0.0	50.0
总股权投资	3.0	22.0	25.0	100.0	100.0	100.0	0.0	100.0	0.0	100.0

（续）

内部回报率	投资者总回报率（%）			股权投资回报（美元）			管理层投资回报（美元）		
	2017	2018	2019	2017	2018	2019	2017	2018	2019
按持有年限调整股权现金流的倍数	**5 年**	**6 年**	**7 年**	**5 年**	**6 年**	**7 年**	**5 年**	**6 年**	**7 年**
8 × 终止年现金流	0.42	0.35	0.33	66.6	78.9	96.0	4.3	5.0	6.1
9 × 终止年现金流	0.46	0.39	0.35	73.8	86.6	104.5	4.7	5.5	6.7
10 × 终止年现金流	0.51	0.42	0.37	81.0	94.2	113.0	5.2	6.0	7.2

财务预测和分析	历史年份			预测期						
	2010	2011	2012	2013	2014	2015	2016	2017	2018	2019
净销售额（美元）	177.6	183.5	190.4	197.1	205.0	214.2	223.8	233.9	244.4	255.4
年增长率（%）	4.2	3.3	3.8	3.5	4.0	4.5	4.5	4.5	4.5	4.5
EBIT 占净销售收入的比例（%）	5.5	1.3	5.1	8.5	9.5	10.2	11.2	11.4	11.4	11.4
调整后的企业现金流①（美元）	4.2	0.2	0.1	9.5	9.6	10.8	13.0	13.4	14.2	14.9
调整后的股权现金流②（美元）	4.2	0.2	0.1	0.3	0.2	1.8	7.4	7.7	8.1	8.5
未偿还债务总额	0	0	47.0	39.5	31.5	23.8	19.2	14.3	8.8	2.7
总债务/调整后的企业现金流	0.0	0.0	NA	4.1	3.3	2.2	1.5	1.1	0.6	0.2
EBIT/利息支出	0	0	0	3.6	4.9	6.6	10.1	13.3	18.6	30.9
调整后股权现金流的现值（@26%）	57.2									
2004 ~ 2010 年调整后股权现金流的现值/终值	28.1									

①*EBIT*（1 − *t*）+ 折旧和摊销 − 资本支出总额 − 经营资本变化 − 可出售的投资的变化。

②净收益 + 折旧和摊销 − 资本支出总额 − 经营资本变化 − 偿还的本金 − 可出售的投资的变化（即这类投资的增加是负的现金流，但代表了超过正常经营需要的现金）。

配套网站上的这个 Excel 的预测资产负债表反映了对标的企业现有资产负债表的变动，以使其反映出该企业新的资本结构。股东权益由于实付资本（paid-in capital）大量减少而在交易完成时大幅降低了。⊖新的资产负债表也反映了商誉——收购价格超过被收购净资产和在现有会计准则下可以资本化的利息费用。对资产负债表的预测是基于预测备考资产负债表，未清偿债务和利息费用反映了每种债务的偿还计划。这个模型也反映了一个在退出日的预计出售价值。内部回报率代表了财务赞助者股权投资的平均年复合增长率，假设不包含分红或额外的股权投资款。

记忆要点

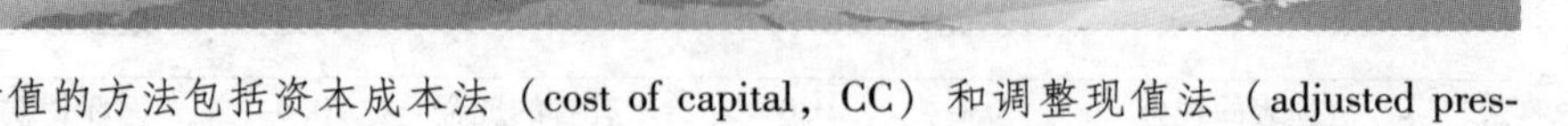

常用于高杠杆交易估值的方法包括资本成本法（cost of capital，CC）和调整现值法（adjusted present value，APV）。尽管第一个方法更为复杂，但调整现值法要求对高杠杆企业的财务压力的可能性和成本做出估算。当有财务型投资者可能收购企业时，要用到杠杆交易模型。

讨论题

14.1 调整现值模型建立在企业价值可以分为企业给股权投资者的现金流现值加上税盾的现值的说法之上。这个判断依据的关键假设条件是什么？依你之见，在哪些情况下，这个假设可能不适用？

14.2 调整现值法在用于高杠杆交易时应如何修改？

14.3 财务不良成本是什么？请详细说明。

⊖ 标的企业股东的股权经常在杠杆收购后变为负数，这是因为增加了库存股，从而减少了股东在财务报告上的股权。

14.4 APV 估值隐含了什么，使得将其应用于高杠杆业务中会出现很大问题？

14.5 企业的税盾是什么？如何评估？

14.6 对于高杠杆交易的估值，采用资本成本法和调整现值法的各自主要优缺点有哪些？

14.7 投资银行在为企业估值时，除了使用常规 DCF 和相对估值方法以外，有时采用杠杆收购分析法。在何种情况下，采用杠杆收购分析对企业估值是有意义的？

14.8 常规 DCF 分析和杠杆收购分析的相同点和不同点有哪些？

14.9 如何确定一家企业的借贷能力？

14.10 内部回报率对于杠杆收购投资者来说是关键决策变量。在计算时必须做出哪些重要假设？

（所有讨论题的答案可以在本书的网上教师手册找到。）

实践题

14.11 假设根据类似交易，分析师相信一家杠杆收购企业可以借到相当于头一年 EBITDA 为 2 亿美元的 5 倍左右的资金（即 11 亿美元左右），而且该企业设定了一个目标，使优先债和次级债的比例达到 75% 和 25%。进一步假设，该项杠杆收购的投资者期望在偿还完优先债的 8 年内退出。为了达成这个目标，投资者倾向于将可供减债的现金 100% 用于偿还优先债，而将应偿付的次级债在 8 年后一次性偿还。使用配套网站的模板"Excel-Based Model to Estimate Firm Borrowing Capacity"，回答下边的问题。

a. 如果销售额增长率为 3%，而不是基本案例中假设的 5%，该杠杆收购企业是否能够在第 8 年退出投资，且仍能满足基本案例中的假设条件？用这个较低的销售额增长率代入模板计算，模型对这种假设条件的小变化的敏感性如何？

b. 这一较低的销售增长对该企业的借贷金额会产生何种影响，假设投资者仍希望在 100% 偿还优先债后的第 8 年退出，而且保持 75% 和 25% 的优先债和次级债的比例不变。

14.12 根据一些估算，在 1987～1990 年（第一次杠杆收购繁荣期），多达 1/4 的杠杆收购企业破产了。表 14-6 的数据列出了 2006～2007 年（最近一次杠杆收购繁荣期）完成的前十大杠杆收购采用的杠杆率。Equity Office Properties 和 Alltel 已经被出售。用表 14-6 中给出的数据计算杠杆收购企业的股权投资占企业价值的比例以及股权投资金额。在评估这些杠杆收购最终将会破产的可能性时，你还需要考虑哪些其他因素？

表 14-6 2006～2007 年完成的前十大杠杆收购（按交易的企业价值排名）

标的企业	竞购方	企业价值（10 亿美元）	净债务占企业价值（%）	股权占企业价值（%）	股权价值（10 亿美元）	利息覆盖比率[①]
TXU	KKR，TPG，高盛	43.8	89.5	?	?	1
Equity Office Properties	黑石	38.9	售出	NA	NA	Sold
HCA	贝恩，KKR，美林	32.7	82.4	?	?	1.6
Alltel	TPG，高盛	27.9	售出	NA	NA	Sold
First Data	KKR	27.7	79.2	?	?	1
Harrah's Entertainment	TPG，阿波罗	27.4	83.7	?	?	0.8
希尔顿酒店	黑石	25.8	75.9	?	?	1.1
Alliance Boots	KKR	20.8	83.5	?	?	1.1
Freescale Semiconductor	黑石，博米拉，凯雷，TPG	17.6	49.6	?	?	1.6
Intelsat	BC 合伙机构	16.4	88.9	?	?	1
平均		27.9	81.0	?	?	1

①EBITDA 减去资本支出除以预计利息支出。

资料来源：The Economist，July 2008，p. 85.

（所有讨论题的答案可以在本书的网上教师手册找到。）

案例分析 14-1

德太资本收购伊莫柯尔

要点

- 两步要约收购结合股权增扩选择权，既可提高速度也可增加完成交易的确定性。
- 由于杠杆收购的潜在风险，这种交易通常采用控股公司结构。
- 对于高杠杆交易，特别重要的是评估财务表现预测所依据的假设条件的可信性。

投资银行高盛被聘用处理拍卖伊莫柯尔公司（Immucor，Inc.），该公司董事会此前已经分析了各种战略选择，从继续将该公司作为独立的业务，到战略联盟和一次性出售。接下来是写出该公司结束上市交易以及将如何被知名私募股权机构私有化的说明。伊莫柯尔公司，是一家佐治亚州的企业，开发、制造与出售血库、医院和对比实验室使用的试剂及自动处理系统，产品用来检测血液是否可用于输血。该公司是这一领域的领先供应商，占有55%的市场份额，营业利润率（operating profit margin）为39%，达到业内最高水平，还有持续稳定的现金流。但是，2010年开始，已经有迹象表明公司需要做出改变。人口老化将提高输血量，日益激烈的客户对价格的抵制，可能严重影响该公司未来的销售增长。研发新的更有效的产品，需要将来在研发方面投入大量费用。2011年5月末结束的财年，年收入为3.3亿美元，只比前一年多增加了100万美元。这已经是多年增长疲弱无力了。企业股价从2008年起，已经跑输了市场。

经过为期9个月的拍卖流程，众多企业和投资团体表达了竞购伊莫柯尔的兴趣。该公司剔除了一些竞标，最后圈定了两个名单。2011年5月17日，德太资本（TPG）——一家知名的私募股权并购基金，提交了一份无约束力的初步意向函，提出每股现金价格25~27美元的报价，最终价格将依据详尽的尽职调查结果而定。尽管这个价格对于伊莫柯尔董事会很有吸引力，但也存在着其他一些交易问题。

这些问题包括伊莫柯尔期望采用一个双层要约和一次性完成兼并（one-step merger），结合一个股权增扩选择权，以便能够更快、更有保障地完成交易。根据并购协议，伊莫柯尔将向TPG提供一项不可撤销的股权增扩选择权，TPG可以以要约价格购买股票，在全部摊薄基础上，持有至少90%的伊莫柯尔流通股。伊莫柯尔也要求得到一个最长为期6周的“竞购等待期”，以确定其他企业是否可能愿意提出报价，并要求TPG同意无论以何种原因最后未能完成该项交易，TPG都应无条件支付反向分手费8 500万美元。另外，伊莫柯尔希望TPG撤回其要求报销最多2 500万美元的并购相关费用的要求。其他事项与交易完成的条件、交易终止权，以及如何定义“重大负面变化”有关。此外，伊莫柯尔坚持要TPG同意一项“地狱或高水位”标准，这是所有反托拉斯监管机构审批的要求，以便将监管风险降至最小。如果因为某种原因导致无法获得反托拉斯批准，那么这项标准会迫使收购方支付反向分手费。

2011年7月1日，伊莫柯尔和TPG宣布达成协议，TPG将以每股现金27美元收购伊莫柯尔，该项交易价值19.7亿美元。这个消息导致该公司股价上涨30%，即每股上涨了6.26美元。并购协议中还包含了一项9 000万美元的分手费，两家企业无论任何一方无法完成交易或者选择不进行交易，都需要支付这笔费用。19.7亿美元是用来收购伊莫柯尔发行的所有流通股，偿还伊莫柯尔的贷款，支付交易费用，以及补充经营资本。贷款人摩根大通和花旗银行同意提供12.8亿美元债务融资，其中包括一项6.5亿美元优先有担保贷款，一项5亿美元优先无担保过桥贷款，以及一项1.3亿美元优先有担保循环贷款额度。TPG将提供6.9亿美元的股权投资款。这些股债融资款将于交易完成时提供。在之前两年，可比企业的交易的企业价值倍数平均约为EBITDA的11.5倍。

并购协议中涉及的各方包括伊莫柯尔公司、IVD控股公司和IVDA并购公司（见图14-1）。IVD控股是一家在特拉华州注册的壳公司，专门用来收购伊莫柯尔，用于完成并购协议中规定的交易以及安排融资事宜。IVD控股的母公司是TPG合伙VI的一家关联企业。作为TPG管理的一家有限合伙企业，

TPG 合伙 VI 提供资金，供 IVD 控股支付收购对价中的股权投资款。IVDA 并购公司是一家在佐治亚州注册的公司，由 IVD 控股设立，唯一的目的就是签订并购协议和完成该项交易。在发出收购伊莫柯尔流通股要约之后，IVDA 并购公司被并入伊莫柯尔，伊莫柯尔作为 IVD 控股的全资子公司继续经营。

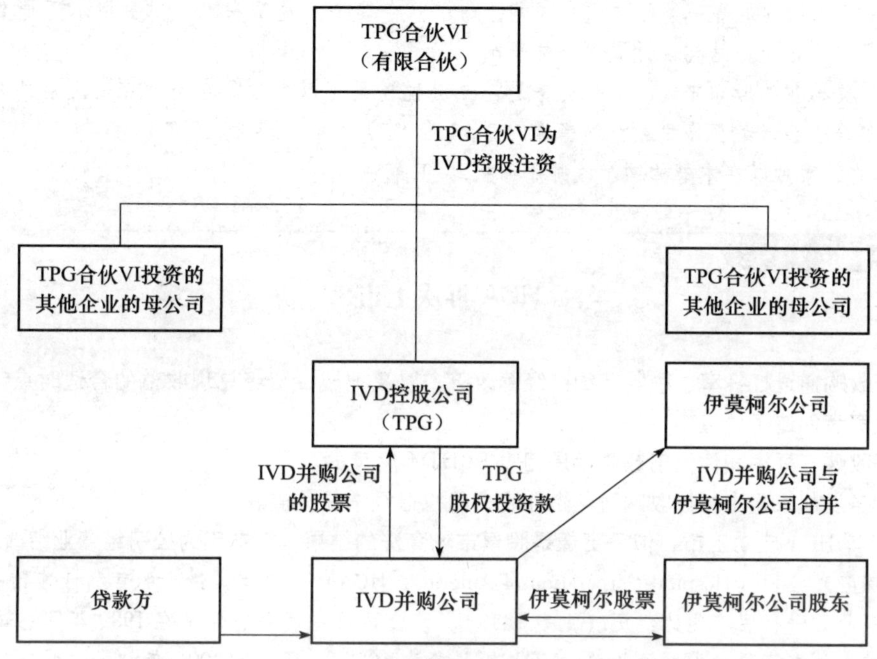

图 14-1　伊莫柯尔并购和融资结构

表 14-7 提供了有删节的收入和现金流报表。经营利润率在 5 年预测期内基本保持在 38% 不变。预测用于偿还贷款的现金非常重要，因为它提供了伊莫柯尔在私有化之后贷款偿还能力的潜在安全边际。

表 14-7　伊莫柯尔财务预测

	2012 财年预测	2013 财年预测	2014 财年预测	2015 财年预测	2016 财年预测
有删节损益表（100 万美元）					
收入	344.7	368.2	395.6	421.9	450.9
EBIT	128	138.1	151.6	163.2	175.9
EBITDA	147.1	159.1	174.6	188.2	203.0
有删节现金流量表（100 万美元）					
来自经营的现金	87.6	94.7	106.9	121.7	132.7
来自投资的现金	(12.1)	(12.9)	(13.8)	(14.8)	(15.8)
可用于偿还贷款的现金	75.5	81.8	93.1	106.9	116.9

资料来源：美国证券交易委员会 PRER14A 表格 - 预备代理声明书。

讨论题

1. 你认为伊莫柯尔是一个有吸引力的杠杆收购标的吗？说明你的理由。
2. 采用股权增扩选择权的目的是什么？
3. 为何 TPG 以投资方式而不是以借钱的方式把资金注入 IVD 并购公司？
4. 为何伊莫柯尔要并入一个子公司——IVD 并购公司，而不是并入 IVD 控股公司？
5. 你认为 TPG 是否为伊莫柯尔支付了过高的价格？解释你的理由。

6. 加快收入增长是偿债现金增长的主要推动力。解释为何现金流报表中的可供偿债的现金可能会被夸大。
7. 在本案例中，过桥贷款和循环贷款额度的用处是什么？
8. 图14-12描绘的是哪一类并购？在这类并购中，存续企业是哪一家，伊莫柯尔还是IVD并购公司？为何要把交易结构设计成这个样子？
9. 对于伊莫柯尔的股东来说，这个交易是需要缴税还是可以免税？在交易完成之后的几年里，伊莫柯尔是否会缴纳很多税款？解释你的理由。

（所有讨论题的答案可以在本书的网上教师手册找到。）

:: 案例分析 14-2

HCA 再次上市

要点

- 杠杆收购通过杠杆率、税收节约、经营改善，以及把握投资者兑现收益的合适时点，共同为股权投资者创造了价值。
- 杠杆收购杠杆率和估值倍数通常是相对 EBITDA 度量的。
- 当财务发起人退出杠杆收购时，企业股东的权益经常是负值。
- 2011 年 HCA 成功上市，似乎更像是股票市场高涨的结果，而非因为公司经营业绩改善。

美国医院管理公司（Hospital Corporation of America，HCA）——美国最大的营利性连锁医院，曾有一段通过杠杆收购进行私有化的经历（见表14-8）。该公司第一次私有化是在1989年。当该公司1992年上市时，其支持者获得了丰厚的收益。HCA的股价在1992年IPO到2006年翻了一番（不包括股票分拆），HCA管理人员苦恼于股价上涨幅度赶不上现金流收益，需要回购股票及提高分红，遂决定在2006年再次进行私有化。2011年股市复苏鼓舞了该公司及其财务支持者们，想重新让公司上市。

表 14-8 HCA 交易时间表

1989	HCA通过一项价值51亿美元的杠杆收购完成了私有化
1992	HCA上市，投资者的初始投资价值上涨了8倍
2006	HCA通过一项价值330亿美元的高杠杆交易进行了私有化。私募股权投资者提供了收购对价的23%，余额由HCA借贷提供
2007～2010	HCA削减成本，改善每年EBITDA，现金流增长率从2006年的5%提高到2010年的7%
2010	HCA向股东发放了43亿美元红利，差不多打平了2006年投资的49亿美元，未来收益几乎都将是利润
2011	HCA上市，向新股东出售18%股份，募集39亿美元。其中27亿美元由HCA保留，其余12亿美元支付给私募股权投资者

尽管投资者对HCA在2011年3月11日的IPO给予了热情支持，但这家企业未来仍将面对巨大风险。尽管从2014年开始美国医疗保健将覆盖3 200万人口，但潜在收入将大幅增长，对于政府报销的日益依赖（现在占总收入的41%）有可能对利润率形成压力。保持医疗和保健支出增长的压力，会迫使政府压缩对保健提供商的报销比例。

参与这项交易的私募股权投资者看上去精准地把握了市场时机。当HCA在2010年5月为上市备案时，美国IPO项目不多。在2010年头4个月里，IPO数量增长低于预期约13%。与其在这样的市场环境下进行IPO，还不如分红。股东通过所谓的“红利再资本化”（dividend recapitalization），即企业借钱为股东发放红利，给自己发了43亿美元的红利。HCA的上市推迟到2011年年初，杠杆收购投资者和创始人家族的投资翻了2倍以上。

表 14-9 展示了推迟 IPO 对估值的影响程度。企业价值可以通过类似企业的 EBITDA 乘以企业价值与 EBITDA 之比估算出来。通过用 HCA 在 2010 年的 EBITDA 估算该公司在 2010 年年初和 2011 年年初的企业价值，我们可以算出仅仅是由于倍数增加而带来的企业价值增长。近 12 个月的推迟上市，导致该公司估值增加了 152 亿美元（51%）。

表 14-9 IPO 时间点导致 HCA 企业价值增加

2009 年年底	
EBITDA①（10 亿美元）	5.63
企业价值/EBITDA 倍数②	5.29 ×
企业价值（10 亿美元）	29.78
2010 年年底	
EBITDA①（10 亿美元）	5.63
企业价值/EBITDA 倍数③	7.99 ×
企业价值（美元）	44.98
推迟 IPO 导致企业价值的增加值（10 亿美元）	15.2

①2010 年 EBITDA，资料来源：雅虎财经。
②是平均的企业价值/EBITDA 倍数，参考同类公司 Community Health Systems，Trust Health，Universal Health Services，Health Management Associates，Life Point Hospitals，Rehabcare，Medcath 以及 Sunlink Health Systems.
③资料来源：雅虎财经。

表 14-10 是该公司在 2011 年 3 月 8 日 IPO 之前的复杂的资本结构。该资本结构被分为几层——优先有担保第一顺位抵押权债、优先有担保第二顺位抵押权债以及无担保债，以反映公司清算时，贷款方索偿的优先顺序。较宽的有效利率区间反映了贷款期限不同，以及是否在发生清算时有第一顺位或第二顺位索偿权。

表 14-10 HCA 合并长期债务（截至 2010 年 12 月 31 日，100 万美元）

基于优先有资产担保的循环信用额度（有效利率 = 1.5%）	1.88
优先有担保循环信用额度（有效利率 = 1.8%）	729
优先有担保定期贷款额度（有效利率 = 6.9%）	7 530
优先有担保第一顺位抵押权票据（有效利率 = 8.4%）	4 075
其他优先有担保债（有效利率 = 7.1%）	322
第一抵押权债总额	**14 531**
优先有担保现金支付票据（有效利率 = 9.7%）	4 501
优先有担保现金支付和实物支付可转换票据（有效利率 = 10%）	1 578
第二顺位抵押权债	**6 079**
优先有担保票据（有效利率 = 7.1%）	7 615
债务总额（平均期限为 6.1 年，平均利率 7.3%）	**28 225**
减去 1 年内到期债务金额	592
长期债务总额	**27 633**

信用额度（credit facilities）是指贷款安排，比如循环贷款和定期贷款。优先信用额度是指一些贷款契约，设计了保护贷款人的条款，限制 HCA 增加负债、偿还次级债务、抵押资产、出售资产、投资或放贷、分红或进行售后回租交易的能力。除此之外，HCA 必须确保总负债率上限低于现金流信用额度（cash flow credit facility），以及满足最低利息覆盖比率要求。优先第二顺位抵押权债（Senior second lien debt）包括现金支付和实物支付可转换贷款（payment in kind toggle loans）。现金支付票据（cash-pay notes）是指利息可以用现金支付的贷款，与现金 - 实物支付可转换贷款相反，后者的利息既可以支

付现金，也可以用实物（即发放更多新债）。所谓“可转换”（toggle）票据是指允许借款人从支付现金转为实物支付。这个特点可以让发行人在需要时减少现金利息支付。HCA 及其财务支持者曾经做过复杂资本结构的高杠杆交易。HCA 曾于 2006 年 7 月 24 日被私有化，采用了一项精心设计的价值 330 亿美元的杠杆交易，其中包括承债 117 亿美元。大约 213 亿美元用于收购 HCA 股票（330 亿美元 - 117 亿美元），其中 49 亿美元是股权投资，164 亿美元是各种期限的贷款。HCA 还使用了 40 亿美元的循环贷款，以满足日常经营资本需求。在 49 亿美元股权投资款中，贝恩和 KKR 各投入了 12 亿美元。美林（现归属美国银行）、花旗和美国银行提供了 15 亿美元。公司创始人托马斯·弗里斯特（Thomas Frist Jr.）出资 9.5 亿美元（主要是其持有的 HCA 股票），剩余款项来自 1 400 位 HCA 的管理人员。美林、花旗和美国银行同时还担任 HCA 私有化的贷款人。根据 2010 年多德 - 弗兰克法案，贷款人现在被禁止同时担任这类项目的投资人。

尽管通过大幅削减成本和依靠收入增长，预期大部分杠杆收购都可以改善经营业绩（即利润率），然而 HCA 采用了一种非同寻常的方式进行私有化。该公司公开宣布的战略是通过增长而非降低成本来改善业绩，因为在拥有业内最高的经营利润率的情况下，HCA 的现金流看上去很难通过削减成本来大幅增加。该公司网络中 182 家医院和 94 家诊疗中心，有机会得益于美国人口老龄化和医疗保健支出的增加。

截至 2006 年 12 月 31 日，就在杠杆收购之后，该公司的杠杆率，以总负债占 EBITDA 之比计算是 6.7 倍。到了 2010 年年底，这个比率已经下降到 5.1 倍。杠杆水平在那四年里的下降，主要得益于 EBITDA 增长了大约 17 亿美元，增幅 33%，达到 2010 年的 56 亿美元，而 2006 年只有 42 亿美元。这项经营业绩改善是通过扩大盈利的医院服务业务，剥离绩差的医院，以及更积极地回笼应收款，降低坏账损失。HCA 宣称将从 IPO 募集款中拿出 26 亿美元，把债务占 EBITDA 比率降至 4.4 倍，达到和其他公开上市的同业一致的水平。

讨论题

1. HCA 的私募股权投资者在 2010 年决定由 HCA 借贷，向股东分配总额 43 亿美元的红利。假设如果没有做这次借贷，该公司在 2011 年 3 月 IPO 之前的杠杆水平会更低，而 IPO 募集价格应该会更高。如果你是一名私募股权投资基金经理，你会决定分红，还是会让 HCA 的杠杆水平在 IPO 之前降下来？
2. 基于你对 HCA 和对美国医疗保健行业发展趋势的了解，你认为 HCA 在何种意义上属于一项有吸引力的杠杆收购标的，何种意义上不是？请具体说明。
3. 对杠杆收购的批评意见经常指出这类交易对社会贡献甚少，而且只会让财务发起人变得更富。你是否赞同这种说法？解释你的理由。
4. HCA 在 2010 年年底的股东权益是 -119.3 亿美元，它在进行 IPO 之前，从技术上讲，该公司处于资不抵债状态。然而，投资者对该公司的 IPO 仍趋之若鹜，你认为该怎样理解这种结果？
5. 假设你是一名私募股权投资人，负责为一家向进行杠杆收购的企业设计一个最优的资本结构。你会考虑哪些因素？请详细说明。

（所有讨论题的答案可以在本书的网上教师手册找到。）

第五部分

商业和重组策略

"科林斯女士，我人算算，看我们做公司上市和私有化有没有赚到钱。"

本书前面章节主要将并购作为在特定国家推动企业成长的一种方式。第五部分讨论企业增长的其他战略选择，包括跨境并购交易和商业联盟。这一部分也会讨论，如果企业认为退出现有业务或产品线，或者通过重组、清算（无论是庭外还是在破产法庭的监护下）可以创造更大价值的话，应该做哪些工作。

第 15 章讨论了组建商业联盟的常见动机，范围从少数股权投资到合资企业，以及成功建立商业联盟的关键因素、各种法律形式，以及解决常用交易架构问题的方法。在第 16 章和第 17 章讨论了常用退出策略或重组策略。第 16 章讲述企业的各种重组情况，包括剥离、分拆、拆分、分立、股权剥离，以提升股东价值。

第 17 章聚焦失败的企业可以尝试通过与债权人进行自愿谈判，在破产庭外重组未偿债务从而保全股东价值，要么这类企业可以选择或者被迫寻求破产法庭的保护。第 17 章也讨论了预测企业违约或破产的方法，以及如何对失败公司估值。最后一章是第 18 章，列举了国际扩张的常见动机，讨论了广泛使用的国际市场进入策略，以及如何对跨境交易进行估值，设计交易架构和融资。

CHAPTER15

第15章 商业联盟：合资、合伙、战略联盟和授权经营

谦卑不是把自己看低一些，而是少想到自己一点。

——华理克

并购内幕 埃克森美孚与俄罗斯石油合作成立北冰洋油气勘探合资企业

关键点

- 跨境联盟合同承诺只有在所在国法律系统认可之后才能生效。
- 大多数联盟的成功最终依赖于合作各方对另一方能力和资源的需要而定。

埃克森美孚在2012年4月16日最终完成了与俄罗斯政府所属的俄罗斯石油工业公司的协议，双方合作建立一家合资企业，勘探俄罗斯境内北冰洋卡拉海（Kara Sea）的三处指定地点的油气资源。这个协议和2012年年初与英国石油签署的协议非常相似。2011年俄罗斯石油公司试图与英国石油签署的类似协议，由于英国公司已与另外一组俄罗斯投资者成立合资企业，被国际法庭叫停。当时英国石油曾打算换股，而埃克森同意给予俄罗斯石油其他地区的资产，包括埃克森在墨西哥湾和得克萨斯州拥有的一些深水油田。未来的投资可能高达数百亿美元。最终的协议取决于俄罗斯对于油气企业的减税情况而定。

美国地质调查估计在北冰洋储藏了全球1/5的可利用的油气资源。其中卡拉海拥有约360亿桶可利用的石油储量。全部油气储量约为1 100亿桶石油当量，是埃克森在全球拥有的已证实储量的4倍。预计在2015年开始钻探，由埃克森承担大部分成本。为了交换得到俄罗斯石油的这些资源，协议给予俄罗斯石油投资美国特定资产的选择权。俄罗斯石油将拥有合资企业2/3的权益，其余权益由埃克森持有。两家公司初始承诺投入32亿美元用于卡拉海的勘探工作。

作为在北冰洋勘探中的世界领先企业，埃克森愿意与俄罗斯石油分享其经验和转移技术，以换取进入俄罗斯的北冰洋地区。而俄罗斯人则特别有兴趣学习最新的用于页岩中的地下油气藏的水力压裂技术（所谓压裂）。这项交易也可以让俄罗斯石油工业进行国际多元化。尽管俄罗斯目前的石油产量比沙特阿拉伯还多，但是其海滨油田的产量在下降，威胁到俄罗斯这一主要出口收入来源。此外，俄罗斯石油还获得了收购埃克森在北美的项目权益的选择权，包括在墨西哥湾的深水油井和得州的油田。此外，俄罗斯石油还有机会投资埃克森在美国以外的资源和项目。保证俄罗斯石油投资埃克森特定资产的选择权，是达成建立合资企业协议的前提条件。

俄罗斯政府一直要求在任何交易里都要有互惠安排。这就要求在交换俄罗斯资产的所有权时，俄罗斯方合伙人应该有机会投资合作方的资产。俄罗斯石油持有美国资产的价值应该与埃克森持有俄罗斯资产的价值成比例。从俄罗斯与西方石油公司过往的交易记录来看，这个协议是有风险的。例如，在 2006 年，俄罗斯强迫皇家壳牌石油公司将其持有的萨哈林离岸油田资产的 50% 出售给国有的俄罗斯天然气公司（Gazprom），而此前壳牌石油已经自己投入了 200 亿美元资金，其他投资者也为那个项目建造了基础设施。

本章概览

商业联盟的共同点是所有的参与各方一般会共同承担风险，分享收益和共同管理。本章使用的商业联盟这个术语是指当今商业中普遍采用的各种形式的合作关系，包括合资企业、合伙、战略联盟、股权合伙（equity partnerships）授权协议以及连锁联盟。本章的主旨是精心构建的商业联盟通常代表了并购之外的方式，它们通常可以看作达成战略性商业目标的众多选择中的一个选项。

各种商业联盟的主要区别已经在第 1 章中有所讨论，所以我们将其总结在表 15-1 中。本章讨论了商业联盟的各种目的，以及最成功的商业联盟的共同点。本章还分析了各种法律架构的优缺点、重要的交易结构问题以及支持衡量商业联盟在创造股东财富方面的实证研究。本书配套网站（http://booksite.elsevier.com/9780123854872）在“学生学习指南”（Student Study Guide）文件夹中提供了本章回顾。

表 15-1　各种商业联盟的主要区别

类型	关键特征
合资企业	• 包括两方或更多方的独立法律实体 • 各方可以选择组成公司、合伙机构或其他法律/商业组织 • 所有权、职责、风险和收益分配给各方 • 各方有自己的企业标识和自治权 • 各方为其提供资产，有特定的目的和限期
战略联盟（例如技术转移，分享研发成果，交叉营销）	• 不涉及建立独立的法律实体 • 可能是合资、合伙或并购的初期阶段 • 通常不是被动消极的，其中包括交叉培训、合作产品研发、基于产品质量而非价格表现指标的长期合同
权益合伙	• 具有联盟的所有特征 • 包括小股权投资（例如，5% ~10%） • 少数股权投资者可能有购买更多股份的选择权
授权经营 - 产品 - 流程 - 商品和商标	• 专利、商标或版权的授权经营，获得权利金和使用费 • 一般不分享风险或收益 • 一般要规定出售何物，可以在哪里以及如何使用，还有使用时限 • 支付通常包含初始费用和基于未来授权经营收入的一定比例的权利金
连锁	• 合伙人通过授权协议联系在一起的联盟网络 • 通常在特定地区与市场有出售和分销产品及服务的排他性权利 • 被授权人可能被要求从联盟中的其他机构购买产品和服务

（续）

类型	关键特征
网络联盟	• 横跨国境和行业边界的公司间的联盟（如航空公司） • 可能包括在一个市场有合作而在其他市场有竞争的公司（例如，计算机、航空、移动电话） • 大多数网络联盟成立的目的是从不同的但联系度不断加强的行业获取技能
排他性协议	• 通常包含制造/营销特定产品或服务的权利 • 每一方可以从其他方带来的资产或特定技能中获益

15.1 商业联盟的动机

单靠金钱极少能够实现长期成功的商业联盟。一个合作方经常可以从很多渠道获得资金，但可能无法仅仅从一方获得全套技能或非金融资源。商业联盟的动机有很多，我们下面依次讨论。

15.1.1 分担风险

风险通常会被认为过大，企业承诺的资金、管理层付出的时间或其他资源越多，产出的确定性越小。为了减少认知风险，企业经常结成联盟，以获取技术和稀缺资源，或者在单靠自己力量去做时，能够减少承诺付出的资源量。例如，在2004年年末，通用汽车和戴姆勒－克莱斯勒公司，两家分别是世界最大和第五大汽车制造商，同意合作研发混合油电引擎汽车和轻型货车。这两家企业都没有对承担研发新汽车技术所带来的全部成本和风险感觉不适。而且每家公司都愿意在联合的技术研发过程中分享各自内部研发的成果。

1. 分享宝贵知识

在技术变革速度如此之快的今天，竞争对手在一家企业将新技术应用于市场之前就研发出更高级技术的风险非常高。所以，在某一技术上拥有专业技能的高科技企业，经常与其他拥有互补技术的企业合作，减少未能开发出“合适”技术的风险。这类联盟经常在合作伙伴之间分享知识，例如，中国电池生产商比亚迪公司和德国汽车制造商戴姆勒公司——一家在电动汽车领域领先的厂商，2010年年中宣布各自出资50%建立合资企业，目标是中国的电动汽车市场。就在不久前，汽车制造商福特、戴姆勒和雷诺－日产宣布在2013年年初各自同等出资组成联盟，加速开发可用于它们自己汽车上的通用氢燃料模组技术。

2. 分享管理技能和资源

企业经常缺乏管理技能和资源以完成复杂的任务和项目。这些缺陷可以通过与其他具备所需技能和知识的企业合作而加以弥补。合同建筑商和房地产开发商已经有多年的集中双方资源，共同营建、营销、管理大型复杂商业项目的经验。陶氏化学公司向它与柯蒂斯——一家小型起搏器制造商的合资企业派出了管理人员，使得合资企业能够加快生产步伐。超大型企业经常会表现出官僚主义惰性，大型医药企业积极寻求与较小型的创新企业结成合作伙伴，作为为其新药品开发提供活力的一种途径。这类合作关系在生物技术企业间也很常见。小型生物技术企业实际上更倾向于与大公司合作研发，让较大的合作伙伴持有控股权益。

2009 年年初，沃尔特·迪士尼制片公司宣布与梦工厂制片公司达成长期分销协议，使用迪士尼的市场营销技能每年销售 6 部梦工厂的影片。同样是 2009 年，意大利菲亚特收购了美国汽车制造商克莱斯勒 35% 的股份，并得到一项选择权，可以通过共享小型轿车产品和平台获得克莱斯勒的控股权益。这项交易的目的是帮助菲亚特做大销量，加入全球汽车市场竞争，并让克莱斯勒得以进入更多外国市场，获得节能技术，扩大其小型车产品种类。在 2011 年中期，菲亚特以 12.7 亿美元收购了克莱斯勒 51% 的股份。

3. 分担巨额资本支出

区域性和国外移动电话运营商愿意合作获得规模效应，以支持其国内网络建设。沃达丰和威瑞森通讯公司（Verizon Communications）在 1999 年合作成立了威瑞森无线公司。SBC 和大西洋贝尔（Bell Atlantic）成立了辛格勒无线合伙企业（Cingular Wireless Partnership），在 2004 年年初收购了 AT&T 无线公司。最近的是 2012 年年初微软同意在 5 年时间里，向巴诺书店的电子书业务投资约 6 亿美元，帮助巴诺书店研发和营销其电子书阅读器。

4. 保证供应渠道

化工行业对于能源成本和其他原材料的依赖度很高。化工企业，例如陶氏化学公司、大力神（Hercules）和奥林（Olin），都已采用合资方式在全球建立新厂。当原材料短缺威胁到未来的生产时，这些企业通常成立合资企业以确保供应来源。类似的是中国海洋石油公司，作为一家大型中国石油企业，一直忙于在高度分散的多个地区投资石油和天然气资产，以获得可靠的供应来源。中海油近年来的活动涵盖了从并购（例如，试图收购美国加州联合石油公司）到签订长期合同（例如，加拿大油矿砂），再到在非洲各地建立合资企业（例如，在苏丹和肯尼亚）。

5. 削减成本

在 20 世纪八九十年代，零售和金融服务机构将诸如信息和事务处理等后台业务外包给了 IBM 和 EDS 这类企业。其他企业将薪资发放和福利管理外包给了 ADP 这类公司。最近几年，企业参与了所谓的后勤服务联盟（logistics alliances），即由一家提供商供应交通运输和仓储全套服务。企业也可以选择将其制造业务合在一个工厂中，以满足所有参与方对产能的需求。通过建造大型工厂，这些企业可以同时从规模经济效应中获利。这种例子包括日立和三菱建立年产值 80 亿美元半导体的合资企业，精工和东芝花费 18 亿美元建立联合制造厂，以满足它们对电视用平板显示屏的需求。

15.1.2　获得新市场

获得新客户通常是花费甚巨的活动，包括大量的市场营销启动成本，例如广告、促销、仓储和派送费用。如果没有发现其他通向新市场的分销渠道，这些成本是难以避免的。例如，在 2006 年年末，eBay 授予谷歌在其美国以外的拍卖网站上展示文字广告的排他性权利，由此产生的广告收益将由两家分享。当年更早的时候，雅虎与 eBay 也签了一个类似的协议，业务覆盖其美国的拍卖网站。谷歌和雅虎由此无须做出大量额外投资，就可以扩大其广告的受众面。一家公司可能结成联盟，通过另一家企业的直销人员、电话营销、零售网点或互联网站销售自己的产品，联盟可以将该渠道产生收入的一定比例支付给出借分销渠道的企业。另外，企业可以结成交叉营销关系，企业间同意在自己的分销渠道中销售其他企业的产品。

15.1.3 全球化

令人目不暇接的国际竞争提高了对联盟和合资企业的需求，缺乏生产和分销渠道的企业，或者法律禁止外资公司百分之百持股，通过联盟或合资可以打入市场。许多企业，如通用汽车和福特参股同行业的其他公司，打入国外市场。IBM 在 2007 年与联想集团达成战略合作，期望大幅扩大其在中国市场的份额。更近期发生的是日产和戴姆勒在 2010 年宣布建立合资企业，两家企业将分担研发引擎和小型轿车技术的成本，预期节省成本 53 亿美元。协议规定两家企业将相互认购对方 3.1% 的股份。

15.1.4 并购或退出的前奏

除了收购一家企业，企业还可以参股，成为其他公司的少数股东。作为投资的交换，投资方可能会被邀请加入董事会，提前接触到某些先进技术，以及有权购买企业的控股权。投资方可以评估管理层的素质、企业文化的兼容度，以及在不占对方控股地位的情况下可以了解其技术。2012 年年中，美国药店连锁企业沃尔格林公司（Walgreen）同意收购欧洲药品零售商 Alliance Boots 45% 的股权，对价是 67 亿美元的现金和股票，在交易完成后的 3 年内，还有权以 95 亿美元现金和股票收购剩余 55% 的股权。沃尔格林可以从 Alliance Boots 的欧洲和几个新兴市场中获益，而 Alliance Boots 也得以一步跨入美国市场。类似地，喜力（Heineken）已经持有亚太酿酒公司（Asian Pacific Breweries）42% 的股份，2012 年 8 月喜力同意以 41 亿美元再收购这家新加坡巨头企业 40% 的股份，以扩大其在新兴市场的份额。该项交易也要求喜力在 2012 年年底前全部收购剩余的股东股份。逐步累积控制权的交易，有时也被称为渐进式收购（creeping takeovers）。

如果企业想从子公司中退出，它可以与其他合作方协商将该子公司拿出来组建合资企业，而且约定一个看跌或看涨期权的交易。看涨期权给予合作方收购该子公司的权利，看跌期权给予母公司向合作方出售子公司的权利。通用电气与康卡斯特（Comcast）在 2010 年约定了一项看跌期权，通用电气宣布将用旗下的 NBC 环球公司与康卡斯特成立合资企业，双方分别持有 51% 和 49% 的股份。（细节参见案例 15-2）。

15.1.5 有利的监管处理

在第 2 章我们提到过，美国司法部认为合资企业远比并购更为有利，因为后者会导致企业数量减少。由于母公司在合资企业成立后还会继续运营，因此合资可以增加企业数量。监管机构通常看好项目导向型的合资企业。监管机构倾向于鼓励联合研发，特别是鼓励合资企业的研发成果可以被合作各方分享。

15.2　商业联盟成功的原因

成功来自协同效应、合作、目标清晰、角色、职责、责任制、共赢，以及合作伙伴时间和财务期望相匹配，还有来自最高管理层的支持。我们下面依次讨论这些因素。

15.2.1　协同

成功的联盟是那些合作伙伴或者可以优势互补，或者相互弥补明显的不足，包括规模和范围经济性，研发新产品，获得销售渠道和先进技术的诀窍。成功的联盟通常是那些合伙伙伴在出资金之外还贡献了技能或资源。这些联盟具有良好的经济嗅觉，因此也可以获得融资。

15.2.2　合作

缺乏合作造成沟通不畅，降低了实现联盟目标的机会。具有相似理念、目标、回报、经营实践和伦理道德的企业，更有可能长期合作。

15.2.3　清晰的目的、角色和职责

能够被广泛理解的目的可以带动时间表，明确划分责任、对阶段性任务的承诺以及可以衡量的结果。内部冲突和迟滞的决策势必导致联盟参与各方不能很好地明确各自的角色和职责。

15.2.4　责任制

一旦角色和职责得以沟通，应该为所有经营管理人员明确在相应时间需要完成的可度量的目标。应将这些目标直接与联盟的关键目的联系起来。应该制订激励措施，对目标完成情况良好的人进行奖励，让业绩不佳的人承担责任。

15.2.5　双赢

联盟各合作方应该相信，成功的联盟会让各方受益。强生和默克制药公司成立的法莫替丁（Pepcid AC）营销联盟，是一个经典的双赢案例。默克将法莫替丁的处方贡献给联盟，使得强生可以将其作为非处方药进行销售。由默克作为治胃病药的研发者，强生作为营销方，这个产品成为这个细分市场的领导者。作为对比，戴姆勒－克莱斯勒、福特和通用汽车尝试建立一家零部件在线拍卖网站则失败了，部分原因是合作各方担心自己失去竞争信息。

15.2.6　时间表和财务预期相匹配

联盟协议保持有效的时间长短取决于合作各方的目标、可用的资源，以及联盟的商业计划立足的假设条件的准确性。不相匹配的时间框架会引发灾难：小型互联网企业的管理层可能想在 18 ~ 24 个月后套现，而大型企业可能希望在几年内赢得市场份额。

15.2.7 来自高层的支持

商业联盟合作各方的最高管理层必须积极和大张旗鼓地参与进来。对下级经理人的半心半意的支持会让他们失去动力。将时间用于最大化薪酬收入活动的经理人，可能会降低对联盟的关注。

15.3 商业联盟的其他法律形式

联盟的法律形式应该遵循建立联盟时的战略。联盟可以采取一系列的法律架构，包括公司、合伙企业、连锁、权益合伙和书面合同。[⊖]本节将详细讨论五种基本的法律架构。每一种都对税收、所有者的控制力、所有权的交易能力、债务限制、期限和募集资金的难易度方面有所影响(见表15-2)。

表 15-2 商业联盟适用的各种法律形式

法律形式	优点	缺点
C 型公司	所有权的持续性 有限责任 有经营自主权 融资具有灵活性 可进行免税的合并	双重税负 无法将损失转移给股东 较高的设立成本，包括注册和公司章程
S 型公司	避免双重税负 有限责任	最多100名股东 没有企业股东 只许发行一种股票 缺乏C型公司的持久性 难以募集大额资金
有限责任公司	有限责任 所有者可以是经理人，责任仍是有限的 避免双重税负 允许不限数量的成员（即所有者） 允许有企业股东 可以持有另一家公司80%以上的股份 在投资、利润、亏损及运营职责在成员间的分配上有灵活性 由所有者确定经营期限 成员间出售股份无须向美国证券交易委员会注册 允许外国公司作为投资人	所有者必须是企业的积极参与者 缺乏C型公司的持久性 各州对设立有限责任公司的法规不同，令其在多个州做生意存在一定的困难 由于转移所有权需要经各方同意，所以成员的股份通常没有流动性
普通合伙企业	避免双重税负 在投资、利润、亏损和运营职责的分配上有灵活性 由普通合伙人确定期限	合伙人承担无限责任 缺乏公司架构的持久性 合伙权益的流动性差 合伙人之间承担责任 每个合伙人都可以对合同提出有约束力的要求
私募有限合伙企业[①]	限制了合伙人的责任（不包括普通合伙人） 避免双重税负 各州的法律一致（符合统一有限合伙法案）	合伙权益的流动性差 如果合伙人离开，合伙企业将被解散 私募有限合伙企业的合伙人限制在35个以内

⊖ 技术上讲，“握手式”协议也是一个选择。考虑到因为没有书面协议会导致失约的风险，那些寻求建立联盟的机构都希望避免采取这种方式。然而在某些文化里，坚持要有详细的书面协议，可能会被视为冒犯行为。

（续）

法律形式	优点	缺点
主有限合伙企业	同上 份额/股份公开交易，比其他合伙方式的权益更具流动性	与公司分红不同，如不能按季度分配则构成违约
连锁联盟	允许多次应用成功的商业模式 设立费用最小 得到共同品牌和市场策略的宣传支持	成功取决于连锁发起人提供支持的素质 品牌使用费（收入的3%～7%）
权益合伙	建立密切的工作联系 有机会被收购 可能避免面对竞争	有限的策略或战略上的控制力
书面合同	启动较容易 有机会被收购	有限的控制力 缺乏紧密的协调 承诺可能受到限制

①公众有限合伙（public limited partnerships）可以有不限数量的投资人，而且必须在美国证券交易委员会注册。

15.3.1 公司架构

公司是按照美国各州法律建立的一种法律实体，对于公司的所有者，没有经营期限的限制，只承担有限的财务责任。公司的法律架构包括一个通用的公司形式（也称为C型公司）和S子章节公司（S型公司）。后一种有税收优惠，适合小型企业。

1. C型公司

一家合资公司正常情况下有一项独立的业务，其收益以公司优惠税率纳税。除了S型公司，其他公司需缴纳两重税收，即公司获得利润时要缴税，而公司发放红利之后，股东也需要缴税。而且，设置公司的法律架构，可能要比设置其他法律形式更费时间和金钱，因为在起草公司章程时会产生一些法务费用。尽管公司这种法律架构在税负上并无优点，而且设立的成本更高，但是它确实要比其他法律形式更有优势。C型公司的四个主要特征包括：管理层自治、所有权的持续性、易于改变所有权和募集资金、有限责任。我们在下面依次讨论这些特点。

管理层自治主要用于当合资公司规模很大或者足够复杂，需要一个独立或者集中的管理组织架构的情况。当合资公司要求经营效率时，这样的公司架构非常适用。母公司继续设定战略，而合资公司管理层将负责管理每天的运营。

与其他法律形式不同，公司架构提供了持续的所有权，因为公司的经营期限没有限制。也就是说，无须因为所有者死亡或所有者期望出售其持有份额而解散公司。如果合资的目标是长期经营，而且合资方选择直接向合资公司提供现金，那么公司法律架构就是有保障的。在提供了现金之后，合资公司的合作方会获得新公司的股票，可以让合作方通过出售其股份套现。另外，合作方-股东可以不积极参与合资公司，但仍作为消极的股东从股票的未来潜在升值中获益。公司架构也方便采取不用缴税的合并，因为收购方的股票可以用来交换另一个公司的股票或资产。

在C型公司结构下，易于所有权转让，也有助于募集资金。公司架构还适用于未来有大量融资需求的合资公司。这样的架构提供了比其他法律形式更丰富的融资选择，包括出售股票以及具有发行公司债券和抵押债券的能力。出售新股可以让公司在募集资金的同时仍保留控制权，前提是公司出售的股份比例低于50.1%。

最后一点是这种法律形式只承担有限责任，即股东的责任仅限于其出资额。但是，如果所有者直接伤害了某个人，抑或个人为银行贷款或商业债务提供担保而企业违约的话，其个人可能需承担责任。其他例外情形包括没有将从员工工资中代扣的税金上缴，或者故意徇私舞弊，损害了公司或他人。所有者也可能承担没有足额出资，或者没有按期召集董事或股东开会，抑或未向其他董事通报信息的责任。

2. S型公司

一家公司只有100名或更少股东，可以被认定为S型公司，并且按照合伙制企业纳税，因此可以避免双重税负。一个家族内部的成员可以为视为一个股东。[㊀]S型公司的员工持股计划不违反股东最大人数要求，因为是S型公司将股票授予了员工持股计划。S型公司的主要缺点是不接纳公司作为股东，只能发行一种股票，需要每年将所有收益分配给股东，而且公司总收入中的不缴税收入（passive income）比例不应超过25%。

C型公司可以转为S型公司，以避免将分红缴税。转变为S型公司后，十年内出售资产，应按照原先的公司所得税率缴纳资本利得税。十年之后，这类资产利得是免税的，但如果将这些收益分配给股东，则股东需要按个人税率缴纳。2007年，企业重振专家山姆·泽尔（Sam Zell）在将Tribune公司私有化之后，将其转为S型公司，以获得税收优惠。被S型公司收购后或由一种法律实体转变为S型公司后十年内出售资产，按照资本利得税率缴纳，通常仍好于按照公司所得税率缴纳。[㊁]

我们在下面将会介绍，有限责任公司为其所有者提供在调整利润和亏损方面更大的优势，而且没有S型公司那么多的限制。所以S型公司的受欢迎程度已经降低了。

15.3.2 有限责任公司

和公司相似，有限责任公司（LLC）将其所有者（称为成员）的财务责任限制在投资额之内。和有限合伙企业类似，有限责任公司将所有利润和亏损都转给所有者，有限责任公司本身不缴税。为了得到税收优惠，美国国税局要求有限责任公司制定一项组织协议（an organization agreement），取消C型公司的特点：管理层自治，持续的所有权，自由转让股份。管理自治限于管理层对重点事项（例如，收购或资产出售）做出决定，而且要求有限责任公司的管理层完全能够代表所有成员。有限责任公司的协议要求在出现成员死亡、退休或者退出时，公司应该解散。这样就取消了所有权或者经营期限的持续性。股份自由转让要求得到所有成员批准，才可以转让所有权。

与S型公司不同，有限责任公司被另一家公司持有的股份可以超过80%，而且没有所有者人数方面的限制。公司和非美国籍个人也可以持有有限责任公司的股份。股权资本从所有者或成员处获得。[㊂]有限责任公司可以将股份或权益出售给成员，而无须进行成本高昂的美国证券交易委

㊀ 丈夫和妻子会被当作一个单一股东。家庭成员是指具有共同祖先的直系亲属，以及共同祖先或直系亲属的配偶。

㊁ 美国国税局关于十年期限的规定，其目的是不鼓励C型公司转变为S型公司，而从出售公司资产中享受更有利的资本利得税率。C型公司出售资产所得必须按照比S型公司更高的企业收益税率缴纳税款。

㊂ 资本有时只是指权益，而不是指股票，因为后者可以自由交易。

员会注册程序，而那些向公众发售股票的公司需要在美国证券交易委员会注册。有限责任公司的股份不在公共交易所交易。这种安排对于合资公司或通过子公司、下属企业开发的项目很合适。母公司可以将合资公司的风险与其他业务分隔开，同时可以获得有利的税收处理，以及在所有者之间分配收益和亏损的灵活性。最后一点是，有限责任公司可以在 IPO 前成立，而且是免税的。

当有限责任公司的一个所有者决定退出时，其缺点就表现得很明显。其他所有者必须一致同意这个企业继续经营，而且，这家有限责任公司的全体所有者必须积极地参与管理这家企业。有限责任公司的权益通常是不流动的，因为所有权的转让需要得到其他成员的同意。有限责任公司必须设定一个经营时间范围，通常是 30 年。每个州都有自己的关于有限责任公司设立和管理的法律，所以一家在不同州经营生意的有限责任公司可能无法满足每个州的要求。当两个或更多个“人”（即个人、有限合伙企业、公司等）同意向州务卿办公室提交公司章程备案时，有限责任公司得以设立。设立有限责任公司最常见的企业类型是家族生意，诸如律师事务所的专业服务机构，以及包括国外投资者的公司。

15.3.3　合伙制架构

合伙制架构经常用作公司的替代方式，其中包括普通合伙制（general partnerships）和有限合伙制（limited liability partnerships）。

1. 普通合伙制

在这种法律架构下，投资、利润、亏损和经营责任都汇集到合伙人身上。由于利润和亏损汇集到合伙人，所以合伙企业无须缴税。合伙制结构也提供了将损益归入合伙人的极大的灵活性。企业合伙人通常会设立一家特殊目的子公司来持有权益。这不仅限制了责任范围，同时也可能有利于未来合资收益的处置。在商业联盟预期只有较短年限（3 ~ 5 年），而且承诺和管理互动程度更高时，合伙制结构要比其他方式更合适。

普通合伙制的主要缺点是所有合伙人都承担无限责任。每一位合伙人被视为对合伙企业负有共同责任。如果一位合伙人谈判的合同导致严重损失，每一位合伙人必须按照之前确定损益分配协议中的比例承担这部分损失。由于每一位合伙人对于企业的债务承担无限责任，故而合伙企业的债权人可以在其他合伙人无法承担其损失份额时，向一位或更多合伙人提出资产索偿要求。另一个缺点是任何合伙人都可以代表企业签订协议或进行其他商业交易。所以，即便一位合伙人以合伙制企业承受不起的价格收购存货，合伙企业仍不得不负责支付。合伙制企业也缺乏持续性，如果一位合伙人死亡或者退出，除非起草新的合伙协议，否则合伙企业必须解散。为避免出现这种可能，合伙协议应包括买卖条款或有限购买权，允许其他合伙人买下退出的合伙人的那部分份额，以便合伙企业可以继续经营。最后一点，合伙权益也可能因为缺乏公开市场难以卖出，导致难以清算合伙企业或者转让合伙权益。

2. 有限合伙制

在有限合伙企业中，一位或更多的合伙人可以被认定为只承担有限责任，而至少一位合伙人应承担无限责任。那些负责合伙企业日常运作，其个人行为受到其他合伙人约束，而且个人承担合伙企业全部责任的合伙人，称为普通合伙人。那些只提供资金而不参与管理决策的合伙人被称为有限合伙人。通常有限合伙人获得收益、资本利得和税收优惠，而普通合伙人收取费用，以及一定比例的资本利得和利润。

典型的有限合伙企业处于房地产、油气和设备租赁，但也用于向影片拍摄、研发和其他项目融资。公共有限合伙企业（public limited partnerships）通过经纪行、财务规划师和其他注册证券代表销售。公共合伙企业的投资人数量可以不受限制，其合伙计划必须在美国证券交易委员会备案。公共有限合伙企业不多于35位有限合伙人，每位应至少投资2万美元。他们的合伙计划无须向美国证券交易委员会备案。有限合伙的股权资本来自普通合伙人和有限合伙人提供的资金。有限合伙企业所需的股权资金总额，通常是在该合伙企业成立时给出承诺。对于未来会成长的企业，通常不设为有限合伙企业。有限合伙制在会计、理疗师、律师和顾问师行业非常受欢迎。

3. 主有限合伙制

主有限合伙（master limited partnerships，MLP）是一种合伙制，其权益被分成份额，像股票一样交易。与企业支付普通股分红不同，如果有一个季度没有向投资者支付红利就视为一次违约。由于这样的强制性支付，主有限合伙制被用于有可预测现金流的行业，例如，天然资源和房地产。为了避免像公司那样被征税，主有限合伙制可以只具备公司四个特征中的两个：管理自治、有限责任、无限经营期限、自由交易股份。一般而言，主有限合伙制具有可以自由交易股份和管理自治的特征，而不具备无限经营期限或全部所有者承担有限责任的特征，至少有一位合伙人要承担无限责任。

15.3.4 特许联盟

特许联盟通常包括：一个特许经营商（franchisee）先投资购买一个特许权许可证，加上对房地产、机器的资本性投资和经营资本。对于这项投资，特许经营授权商（franchisor）会提供培训，协助选择经营场地，以及为大宗购买提供折扣优惠。特许权许可证使用费通常占到特许经营商年收入的3%～7%。特许联盟在5年期限中的成功率超过了80%，而某些初创企业在5年后的成功率还不足10%。特许联盟非常适合于商业形式可以多次复制的领域。而且，特许联盟也适合需要一个共同的被认同的实体代表联盟合伙人，向客户展示以及需要紧密的经营协作的情况。在一项需要一位合伙人进行协调和实施的共同营销计划时，特许联盟这种方式也可能受到欢迎。特许经营授权商和特许经营商作为独立实体各自经营，通常采用公司或有限公司形式。四种特许联盟的基本类型是销售商（汽车代理商）、处理（灌装工厂）、连锁（酒店）和地区特许运营（授权一个特许经营商可以在特定地区发展下线特许经营商）。

15.3.5 权益合伙

这类安排是指一家公司向另一家公司收购股票（非控股权益），或者两家企业互换股票。[⊖]这

⊖ 这类交换要求双方都为合伙企业的成功做出承诺。如果合伙失败，一方持有的另一方所有权会减少，因此各方的合伙权益就会减少。

种方式之所以被视为一种合伙制，是因为股权所有权的互换。股权合伙可用于采购商－供应商之间、技术研发、营销联盟，以及当一家大型企业投资于较小企业以帮助其维持财务状况的情况。为了交换股权投资，一家公司通常会得到一个董事会席位，而且可能还会得到购买公司控股权益的选择权。在需要建立长期或紧密战略关系的时候，在阻止竞争对手结成联盟或进行并购的时候，或者作为并购的前奏，股权合伙都堪称最有效的形式。

15.3.6 书面合同

书面合同是最简单的法律结构，而且由于它可以让合同参与方之间保持一定的距离或独立关系，因而成了最频繁使用的方式。合同通常规定了如何分配收入、各方责任、联盟时间期限和保密要求等诸如此类的内容。没有一家单独的商业实体是为法律或税收目的而设立的。当商业联盟计划存续时间不超过 3 年，无须进行频繁的协调沟通，资本性投资由各方依据协议执行，以及各方之前的合同不多的时候，最经常采用书面合同形式。

15.4 战略和经营规划

在讨论任何交易构架事项之前，合作各方必须对联盟战略计划中提出的基本战略方向和联盟目的，以及经营计划中提出的财务和非财务目标达成一致意见。战略计划明确了商业联盟的主要目的或使命，对诸如财务回报或市场份额、战略里程碑等量化目标进行沟通，以及分析这个商业联盟与竞争对手相比，有哪些优劣势、机会和挑战。代表联盟各方的团队应该自始至终地参与到制订战略计划和经营计划的讨论过程中。经营计划（例如，年度预算）应该反映拟议中的商业联盟的特定需求，而且由负责执行该计划的人员编写。经营计划通常是一年期计划，列出管理人员应该完成什么，应该何时完成，以及需要什么资源。

15.5 解决商业联盟的交易结构问题

为商业联盟确定交易结构的目的，就是在参与各方间分配风险、回报、资源需求和职责。表 15-3 综合了商业联盟交易架构构建过程中需要关注的有关重要问题。这一节讨论这些问题常常是怎样解决的。

表 15-3 商业联盟的交易结构

事项	核心问题
范围	包括哪些产品？不包括哪些产品？谁有权进行销售、制造、获取或取得技术许可，或者购买未来的产品/技术
期限	预计联盟持续的时间是多久
法律形式	什么样的法律形式最合适？是独立实体还是合同实体
治理	如何保护母公司的权益？谁负责完成特定的工作
管控权	战略性决策是怎样贯彻的？日常经营决策是如何处理的
资源分配和所有权	谁提供什么？以何种方式提供？现金、资产还是担保/贷款？技术包括专利、商标、版权和专有知识？如果估值？如何确定各方的所有权

（续）

事项	核心问题
为经营资本融资	如果需要额外的现金会怎么样
分配	利润和亏损如何分配？如何确定分红
业绩评定标准	如何根据规划度量和监控业绩表现
争议解决	不同意见如何解决
修订	协议如何修改
终止	终止原则是什么？谁持有终止后的资产？终止后继续参与联盟活动的各方有哪些权利
权益转让	所有者的权益如何转让？有什么限制？如何安排新的联盟参与者？是否有优先否决权（first refusal）、领售权（drag-along）、共同转让权（tag-along）或认沽条款
税务	谁享受税收优惠
管理/组织	联盟如何管理
保密信息	如何处理保密信息？母公司的员工和客户如何保护
监管限制和通知	需要哪些许可证？需要满足哪些法规？哪些机构需要通知

15.5.1 范围

设立商业联盟的一个基本问题是合作者的哪些产品要纳入。这个问题与确定商业联盟的范围有关，也就是说，为了达到联盟目的，应该在多大范围进行联盟。例如，一个以将合作伙伴的产品实现商业化为目的的联盟，可以或宽或窄地定义为提供哪些产品或服务，客户是谁，在哪些地区，以及在什么时段。如果未能充分定义范围，可能导致商业联盟与母公司的产品或服务发生竞争的局面。就当前和未来的产品而言，联盟协议应该明确谁获得营销或分销产品的权利，谁制造产品，谁获取技术授权或从供应商处采购产品。

15.5.2 期限

各参与方需要就商业联盟的存续时间达成一致意见。各参与方的期望必须是不矛盾的。联盟的期望寿命也是选择法律形式时的一个重要决定因素。公司结构要比合伙制有更长的寿命，因为它更易于转让所有者权益。对于大多数商业联盟的存续时间有多长，相互矛盾的证据都有。[⊖]关键点是大多数商业联盟都有有限的寿命，这与达成联盟当初战略目标所需要的时间有关。

15.5.3 法律形式

成长型企业或意图将来通过 IPO 上市的企业通常会选择成为 C 型公司，因为这种形式具有融资灵活性、无限制的经营寿命、连续的所有权以及在免税基础上合并其他企业的能力。存在一些例外情形，企业可能在上市前从一种法律架构转变为 C 型公司。业务的性质对于法律形式的选择有很大影响（见表 15-4）。

⊖ 根据 Merce 管理咨询公司所做的持续研究，结论是大多数合资企业只能存续大约 3 年（Lajoux，1998），而 Booz-Allen Hamilton（1993）报告的平均寿命是 7 年。

表 15-4　影响选择法律实体的关键因素

决定性因素：具备以下特征的企业	应该选择
高负债风险	C 型公司、有限合伙企业、有限责任公司
资本密集/融资需求	C 型公司
期望持续经营	C 型公司
期望管理层自治	C 型公司
期望以并购方式成长	C 型公司
所有者积极参与经营	有限责任公司
由国外企业投资	有限责任公司
期望在所有人之间分担投资、利润和经营责任	有限责任公司和合伙企业
高税前利润	有限责任公司和合伙企业
基于项目/有限存续期	有限合伙企业
所有者不希望介入经营	有限合伙企业和 C 型公司
市场营销费用高	连锁经营
策略容易被模仿、复制	连锁经营
无须参与各方紧密合作	书面协议
低风险/低资本要求	独资企业或合伙企业

15.5.4　治理

对于联盟而言，治理可以定义得更宽泛，作为一个监督职能，在两个或更多个母公司之间提供高效和充分的沟通。这一监督功能的主要职责是保护母公司的权益，批准对战略和年度经营计划的修改，分配资源以确保联盟成功，以及消弭较低层管理人员之间的矛盾。过去的商业联盟治理主要表现为两种方式：准公司（quasi-corporate）或者准项目（quasi-project）。例如，石油行业传统上是通过建立一个董事会来管理联盟，监督经理人员和保护不参与经营的所有者的权益。相反，在制药和汽车行业，非股权性联盟很常见，企业采用类似项目管理的方式进行治理，设立指导委员会，允许所有参与者对困扰联盟的问题提出建议。

15.5.5　资源贡献和所有权

作为谈判协商的一部分，各参与方必须对提供给商业联盟的所有有形资产和无形资产的公允价值达成一致意见。对合作伙伴贡献的估值是非常重要的，这个估值过程通常提供了确定各方在商业联盟中所有权份额的基础。根据各方贡献的价值，将公司股份或合伙权益在各方之间按比例分配。承担最大风险的合作伙伴，提供现金最多的合作伙伴，或者贡献了重要的有形资产或无形资产的人，一般得到合资企业的股份最多。

对有形资产或“硬”贡献进行估值是比较容易的，例如现金、承诺现金、备付、现有公司的股票，以及实际金额或现值表示的持续经营的企业的资产和负债。贡献实物资产的一方，例如生产设施，可能希望用增加的生产产值而不是替代成本或租赁成本作为估值。向一家有意最先为市场提供某种特殊产品的企业提供一套可以马上使用的现代化生产设施，要比这家企业尝试建造一套新设施有更大的价值，因为让新设施完全运转起来会拖慢进度。

无形资产或软资产等，例如技能、知识、服务、专利、特许权、商标和技术，通常更难估值。提供这类服务的合作伙伴可能会获得商业联盟支付的市场价格的使用费，从而得到补偿。[⊖]另外，作为给予知识产权贡献者的补偿，可以获得商业联盟未来开发的专利或技术的权利。贡献了品牌的商业联盟参与者，为联盟提供了进入特定市场的机会，可以要求确保他们在特定时间购买一定数量的产品或服务。阅读资料15-1展示了通用电气和维旺迪环球娱乐公司（Vivendi Universal Entertainment）在组建NBC环球（NBCUniversal）时是如何决定各自的所有权比例的。

阅读资料15-1

确定合资企业的所有权分配比例

维旺迪环球娱乐（Vivendi Universal Entertainment）为建立NBC环球贡献了价值140亿美元的影视资产，而NBC环球（NBCUniversal）是一家与NBC电视台合资成立的企业。NBC电视台当时是通用电气的全资子公司。NBC环球的估值为420亿美元，其EBITDA约为30亿美元，其中通用电气贡献了2/3，维旺迪环球贡献了剩下1/3。当时涉及电视媒体企业交易的EBITDA倍数是平均14倍。通用电气向维旺迪环球提供了购买40亿美元通用电气股权的选择权，承担了维旺迪环球16亿美元债务，剩下140亿美元对价以NBC环球的股票形式支付。交易完成时，维旺迪环球行权，用40亿美元现金购买了通用电气的股票。最终通用电气和维旺迪环球分别持有NBC环球80%和20%的股份。这个比例是如何确定的?

答案

第1步:估算股权合资企业的总价值

30亿美元×14倍=420亿美元

第2步:估算每个合作伙伴贡献资产的价值

按照每个合作伙伴对EBITDA的贡献(2/3来自通用电气，1/3来自维旺迪环球)，通用电气贡献的资产价值为280亿美元(即420亿美元的2/3)，维旺迪环球贡献的资产价值为140亿美元（即420亿美元的1/3）。

第3步:确定支付方式

40亿美元(通用电气股票)

16亿美元(承担维旺迪环球债务)

84亿美元(维旺迪环球在NBC环球中的股权价值=140亿美元-40亿美元-16亿美元)

140亿美元(通用电气支付给维旺迪购买其资产的对价)

第4步:确定所有权分配比例

交易结束时，维旺迪环球选择了接受56亿美元现金注入（即价值40亿美元现金的通用电气股票和16亿美元债务）。所以，

维旺迪环球占NBC环球的所有权=（140-56）/420=0.2

通用电气占NBC环球的所有权=1-0.2=0.8

15.5.6 为经营资本融资

商业联盟的资本金需求无法通过要求参与者提供资金，发行股票或合伙权益，抑或借贷的方式进行内部筹集。如果决定联盟应该从外部借贷，各参与方必须对企业的财务结构达成共识。财

⊖ 如果联盟支付的专利使用费比可比服务的市场价格低，则市场价格和联盟实际支付费用的差额部分，会成为联盟的应税收益。

务结构（financial structure）是指商业联盟应该发行的股票数额和承担的债务数额。通过书面合同建立的联盟可以避免做出这样的融资决定，因为协议各方按照合同向联盟提供财务支持。基于项目的合资企业，特别是那些独立的公司，有时候直接向公众出售股票或者进行私募。

15.5.7　所有者或合作伙伴提供融资

股权所有者或合作伙伴可能在初始投资之外，同意进一步提供资本金。这些资金通常与其股权或合伙权益成正比。如果其中一方选择不提供资本金，所有各方的所有权将重新调整，以反映其资本贡献的变化。这种调整提高了那些提供资本金的合作伙伴的所有权比例，降低了那些不提供资金的合作伙伴的所有权比例。

15.5.8　股权和债务融资

以公司形式组建的合资企业可以发行不同种类的普通股或优先股。以合伙制形式建立的合资企业，通过向投资者发行有限合伙份额（limited partnership units）募集资金，发起企业担任普通合伙人。当一家较大的公司和一家较小的公司结盟时，可以对较小的公司做一项小股权投资，确保其保持偿债能力或从中获得潜在股权增值。这类投资经常包括一项以事先确定的价格收购该企业剩余股票的选择权，或者至少获得其控股权，在较小企业或合资企业满足一定财务指标时即可行权。

15.5.9　管控权

管控权（control）与所有权不同，可通过投资者之间的协议、否决权或发行不同类别的股票行使管控权。最成功的合资企业是那些由一方负责大多数日常管理决策，其他各方只参与表决对商业联盟至关重要的事项。联盟协议必须写明哪些事项被认为是对商业联盟至关重要的，并规定如何解决——要么经大多数表决，要么由一方或多方行使否决权。运营管理应该由最擅长管理合资企业的一方负责。持有最大股权但不负责经营管理的所有者，如果坚持参与商业联盟的运作，可以在董事会或指导委员会中保留席位。所有者还可以坚持对诸如改变联盟目的和范围、整体战略，超过一定金额的资本支出，关键管理人员的晋升，提高员工薪酬水平，支付红利的金额和时间，杠杆收购条款和重组等事项行使否决权。

15.5.10　分配

这类事项与分红政策及如何在所有者中分配损益相关。分红政策决定了每个合作者应该获得的现金回报。企业的现金流如何分配，一般取决于合作各方的初始股权贡献、后续股权贡献和以技术和管理资源形式提供的非现金贡献。损益分配通常遵循股权或合伙权益的比例。当利润来自一方的知识产权时，使用费通常用于补偿提供知识产权的这一方。当利润可以来自某一参与方的销售或营销努力时，可以用费用和佣金作为补偿。类似地，特定设备或设施带来的利润，可以通过支付租金的方式补偿提供设备或设施的合作方。

15.5.11 业绩评定标准

缺乏充分的业绩评定标准，可能导致合作方之间产生巨大争议，甚至慢慢导致合作终结。业绩标准应该既有可测量性，又足够简单，可以被合作方和各级管理人员理解和应用，能够清晰地写入商业联盟协议中。

15.5.12 解决争议

如何解决争议反映了对法律条款的选择，如何定义僵局，以及确定联盟协议中的仲裁条款。协议中要对遵守的法律做出选择，表明在解决争议时适用哪些州或国家的法律。在合资协议起草前，应该了解在参与者母国或所在州进行诉讼可能产生的结果，以及这些国家或州法院对法律执行的态度。有关僵局的条款规定了哪些事件会触发争议解决流程。这类事件不应该规定得过窄，导致轻微分歧也需求助于纠纷解决机制。最后一点是，仲裁条款规定了需要仲裁的争议类型，以及如何选择仲裁人。

15.5.13 修订

环境和合作目的如果发生改变，可能需要修订联盟目标。如果协议的一方希望退出，各参与方应该提前就退出者的所有权如何在剩下各方间分割达成共识。而且，在联盟建立时，可能还无法预见要研发的产品或技术，联盟协议应该写明，制造和销售该产品或技术的权利可允许特定的联盟参与方购买。

15.5.14 终止

商业联盟可以因为一个项目完成而终止，因为合作伙伴的并购成功而终止，因为合作伙伴目标分歧而终止，或者因为联盟无法完成既定目标而终止。联盟协议的终止条件中应该包括杠杆收购条款，使得一方可以收购另一方的所有者权益，还应包括杠杆收购价格，以及在合资企业经营失败或合作方决定散伙时如何分割资产和负债。合资企业可以转换为一个简单的授权安排，允许合作伙伴通过拥有产品或技术的购买权而在离开时不会丧失所有收益。

15.5.15 权益转让

联盟协议通常对协议各方如何以及向谁转让权益做出限制。达成协议的各方应该知道他们的合作伙伴是谁。在协议中允许在特定条件下转让权益时，合作伙伴或合资企业本身可以拥有优先权（即想要脱离合资企业的一方必须首先向合资的其他参与方出让权益）。协议各方有权将其权益出售给合资企业，企业可以有认购权（或收购这类权益的权利），也可以有共同转让权（tag-along）和领售权条款，使得第三方收购时，不仅可以获得想要得到的合资方的权益，也可以获得其他各方的权益。领售权条款要求对向第三方出售其所有权不感兴趣的一方也要跟着出售。共同转让权条款给予第三方本无意收购的参加联盟的一方一个选择，使得他也可以将其权益出售给第三方。

15.5.16　税务

合资企业的各合作方在税务方面的主要考量，是避免企业应税收益的确认，以及最小化分配到的收益的税负。除了之前讨论的分红的双重税负问题，公司结构可能造成其他负面税收效果。如果合作伙伴持有联盟权益小于 80%，那么他在联盟中的份额不能包括在其合并收入的退税中。这有两方面的影响。第一，利润分配之后，需缴纳企业间分红税（intercorporate dividend tax），如果合作伙伴的所有者权益是 20% 或更多，这个税率可能是 7%。第二，商业联盟的亏损不能用于抵扣参与者赚取的其他收入。出于税收目的，公司法律结构应优先选择过手法律结构（pass-through legal structure），例如，有限责任公司或合伙企业。

有限合伙可以采用这样一种结构，一些合伙人获得大部分利润，而其他合伙人承担较大份额的损失。这种税务规划上的灵活性是采用合伙企业和有限责任公司的重要刺激因素。这类实体可以给每个合资企业合伙人分配一定比例的特定种类的收入、收益、亏损或费用。提供给合资企业的服务，例如，会计、审计、法务、人力资源和理财服务，在合资企业经营失败时，不会被美国国税局认定为“存在风险”。合资企业应该为这些服务支付市场价格，否则这些服务可能需要纳税。

15.5.17　管理和组织

在商业联盟签署之前，合作伙伴必须决定哪类组织结构可以提供最有效的管理和领导。

1. 指导委员会和联合管理委员会

对于商业联盟的管理，大多数是通过一个指导委员会进行的，终极目标是确保企业聚焦于合作各方同意的战略目标。为了保证良好沟通、协调和团队合作，委员会应该每月至少开一次会。委员会应该给负责经营的管理人员足够的自治权，以便他们可以为其行为负责，并为其主动性得到奖励。

2. 分离所有权和管理权的方法

一个常见的控制方法是多数 - 少数法则，这取决于可以清晰地识别出一个处于主导地位的合作伙伴，通常这一方持有至少 50.1% 的所有权。在这种情况下，股权、控制权和收益分配反映了多数和少数之间的关系。这种结构提高了快速纠错的能力，规定了谁承担责任，最适合要求经常要快速决策的高风险企业采用。这种方法的主要缺点是：具有少数地位的合作伙伴可能觉得没有权力，从而变得消极或者不合作。

另一种控制方法是平等分配权力，通常是指股权平均分配，即假设开始时的分配、分销、决策和控制权都平等划分。这个方法有助于让合作伙伴们积极参与企业的经营管理，最适用于合作伙伴对企业有共同的强烈愿景而且有近似的企业文化的情况。然而，这种方法可能导致僵局，并逐步瓦解联盟。

在多数原则下，股权分配可以包括三个合作伙伴，其中两个合作伙伴各占同样大的相当股份，第三个合作伙伴的股份可以不超过10%。居于少数地位的合作伙伴是用来打破僵局的。这个方法可以让主要合作伙伴仍旧投入到企业中，但又不会使决策陷入僵局。

在多方参与的情况下，没有哪个合作伙伴拥有控制权；相反，控制权是在企业管理层手中。其结果是，决策可以很快做出，而且是由那些最了解情况的人做出的。这种模式很适合国际企业，比如一个国家的法律禁止国外企业获得其国内企业的控股权。很普遍的情况是，由一家国内公司持有大部分股权，而经营管理权则掌握在其国外合作伙伴的手中。除了按比例分配红利之外，这家外国公司可以以管理费和奖金的方式获得额外报酬。

15.5.18　监管限制和通知

合资企业可能要遵守哈特－斯科特－罗迪诺备案要求，因为合资的各方被视为收购方，而该合资企业被当作标的企业。对于由竞争对手组建的合资企业，应该是竞争对手单独无法完成，但是一起合作就能做到的情况，才能得到监管部门的批准。这些合作组建合资企业的竞争对手应该明白，监管机构能够接受的是他们合作之后的市场份额不应超过20%。基于项目的企业比较适合这种情况。合作研发是受到鼓励的，特别是由联盟的各参与方共同参与的研发。竞争者之间的联合可能会招来监管机构的审查，因为这样做有可能出现限价和市场瓜分的结果。

15.6　实证发现

由于灵活性和较低的资本要求，商业联盟正在成为越来越受欢迎的商业战略实施方式。在合适的条件下，联盟可以产生巨大的超常财务回报。实证研究结果表明，合资企业和战略联盟通常为其参与者创造了价值，联盟公布日的平均超额收益区间为1%～3%。

合资企业的同一行业的合作伙伴（横向合资企业）倾向于平等地分享所创造的财富。包含了技术知识转移的横向合资企业所创造的财富，通常大于非技术型联盟创造的财富。对于纵向合资企业而言，供应商会得到企业所创造财富的很大份额。有较多联盟经验的企业，相比那些缺乏这类经验的企业，成功的可能性也更大。

战略联盟对于供应商和客户的股价都有促进作用，而对竞争对手的股价则会造成负面影响。对于为了分享技术或者研发新技术能力的联盟而言，供应商会从对联盟增加的销售额中受益，而客户则受益于在其产品中使用了联盟开发的更强的技术。由于销售额和收益被联盟抢走了，故而竞争对手的股价会下跌。一般大型公司有30多个联盟，新联盟正在加快形成，部分反映了反托拉斯政策对于商业联盟的控制较为宽松。尽管增速明显，但研究显示多达60%的商业联盟无法达到期望目标。[⊖]

⊖ Kalmbach和Roussel（1999）指出61%的联盟被认为要么令人失望，要么彻底失败。这个数据支持了更早的达登商业管理研究生院罗伯特·斯派克曼（Robert Spekman）的发现——60%的企业达不到期望目标（Ellis，1996）。Klein（2004）报告了55%的联盟在3年内散伙。

记忆要点

商业联盟可以为收购兼并提供有吸引力的替代方案。建立联盟的动机包括风险分担，打通新市场，新产品引入，技术共享，全球化，获得（或退出）一项业务的期望，而且商业联盟比收购兼并更容易被监管机构接受。商业联盟可以采用一系列法律结构：公司、有限责任公司、合伙制、连锁经营、股权合伙和书面合同。交易架构的关键方面包括联盟的范围、期限、法律形式、治理以及控制机制。对资源贡献的估值最终决定了所有者的利益。

讨论题

15.1 什么是有限责任公司？其优缺点各有哪些？

15.2 为何定义一个商业联盟的范围非常重要？

15.3 讨论评估对一家合资企业的有形和无形贡献的估值方法。

15.4 可用于管理商业联盟的不同的组织架构各有哪些优缺点？

15.5 终止一个商业联盟都有哪些常见理由？

15.6 谷歌向美国在线投资了 10 亿美元，获得了 5% 的股份。作为一个合作方，将该公司现有的搜索引擎扩展到广告、即时通信和视频等方面。通过这个交易，谷歌拥有了提供给少数股东的惯有权利。你认为谷歌在协商时会提出什么样的权利或条件？你认为美国在线可能想要什么权利？

15.7 在政府拍卖卢克石油时，康菲石油宣布以 23.6 亿美元收购卢克石油（俄罗斯政府所有的最大油气公司）7.6% 的股份。康菲石油将得到卢克石油公司董事会的一个席位。作为一名小投资者，康菲石油如何保护自己的权益？

15.8 强生公司控告和安健组建 14 年销售红细胞生成素的商业联盟。这两家合作伙伴最终取消了该销售权，合资企业被拆分，而且未能就未来的产品达成一致意见。安健在仲裁中赢得了出售一种类似化学药品的权利，这种药只能每周服用，不能天天吃。这两家公司本应在联盟建立之前做哪些事，就可以消除这个联盟成立之后出现的问题？为何你认为它们本应一开始就避免这个问题发生？

15.9 全球最大的汽车制造商通用汽车，同意以 14 亿美元收购日本富士重工公司 20% 的股份，富士重工是 Subaru 车的制造商。为什么你认为通用汽车想将投资限制在 20%？

15.10 通过与百思买结盟，微软通过百思买全美 354 家商场的专用柜台，开始销售自己的产品，包括微软网络通信服务（MSN）和手持式设备，例如，数码电话、便携备忘录和网络电视机，作为交换，微软向百思买投资了 2 亿美元。你认为该战略联盟的动机是什么？

（所有讨论题的答案可以在本书的网上教师手册找到。）

::案例分析 15-1

诺基亚和微软的智能手机之战

要点

- 商业联盟可能代表了一个相对收购兼并更低成本的选择。
- 必须审慎地选择联盟的合作伙伴，以避免与企业自己的客户或合作伙伴竞争，牺牲自己的产品线，或无意中泄露了重要的信息和先进技术。

2010 年第四季度，智能手机的销售头一次超过了个人电脑。苹果 iPhone 和谷歌安卓操作系统的手机，以其灵活的手触屏幕和众多开发者为手机专门设计的应用软件赢得了消费者欢心。仅用三年时间，智能手机就占据了市场最大一块份额。这些进展使得微软的核心业务——销售个人电脑软件陷入危机，导致芬兰手机生产商诺基亚在智能手机市场上被竞争对手苹果公司和安卓手机制造商远远地抛在了后面。

2011 年 2 月 11 日，诺基亚的 CEO 斯蒂芬·埃洛普（Stephen Elop）宣布将与微软成立联盟，要在谷歌和苹果主导的激烈竞争的智能手机市场上打造第三大企业。在这个合作中，诺基亚将采用微软 Windows Phone 7（WP7）作为其智能手机的主要操作系统，以替代其自己开发的已经丧失了市场份额的软件。诺基亚和微软打赌运营商想要苹果 iPhone 和安卓之外的另一个系统。尽管一些基于 WP7 的产品预期在 2011 年推出，但是在 2013 年之前并不奢望数量会有显著增加。诺基亚本来可以与谷歌搭伙，它们有很多手机制造商，但是这就要求诺基亚与三星、HTC 和摩托罗拉这类公司竞争，它们都生产使用安卓操作系统的智能手机。

根据与微软签订的协议，WP7 成为诺基亚的主要智能手机平台；诺基亚也同意将 WP7 操作系统的智能手机介绍给全球新消费者和商业客户。这两家企业将联合营销它们的产品，并整合其移动应用在线商场，微软的 Marketplace（应用软件和媒体商场）将吸收诺基亚的在线应用和内容商场（Ovi）。诺基亚手机将使用微软的必应搜索引擎（Bing search engine）和佐恩音乐商场以及 Xbox 在线游戏中心，而且将与微软一道提供服务，扩充移动装置的能力。但是这项合作不是排他性的，微软将继续与其他硬件厂商合作。微软还同意在一段时间内向诺基亚投资大约 10 亿美元，用于支付研发和市场营销成本。

这个联盟使得诺基亚可以采用一个由开发者社区支持的新软件（WP7），尽管自从 2010 年进入市场以来销售表现不佳。在退出其无以为继的塞班操作系统（Symbian operating system）几年之后，诺基亚将可以大幅降低其研发和市场营销预算。微软也将受益于诺基亚在移动市场的众多知识产权，用来加强 WP7 系统。对于微软来说，这项合作是促进其在移动电话市场滞后销售的绝好机会，而且可以借助诺基亚的品牌认知度。

尽管早已进入智能电话市场，但微软一直未能获得较大的市场份额。多年来，微软一直在和许多世界最知名的手机制造商合作，其中包括摩托罗拉和 HTC 集团。但是这些联盟要么受制于执行中的问题，要么是因为微软无法组织手机制造商转向其他技术，例如谷歌的安卓操作系统。例如，在尝试与苹果和谷歌的创新系统竞争的移动电话技术失败之后，台湾手机制造商 HTC 失去了生产基于后来被称为视窗移动操作系统的智能手机的兴趣，他们现在除了生产基于 WP7 的产品，还生产多种型号的安卓手机。即便微软的移动软件事业部在 WP7 上倾注了大量的努力，但是自从 2010 年投入市场直到当年第四季度，也只获得了 2% 的市场占有率。

埃洛普也宣布从 2011 年 4 月 1 日起，诺基亚将被重组为两个业务单元：智能装置和移动电话。智能装置单元将聚焦于新 WP7 手机制造，WP7 手机业务必须在智能手机市场上与谷歌操作系统、黑莓和苹果等手机竞争。移动手机业务将继续为诺基亚的草根客户研发手机。草根手机市场是诺基亚的核心业务，该公司将根据不同的特点大批量生产手机。尽管这个市场多年来一直有利可图，但是目前受到来自中国大批量生产手机的不断增加的压力。

投资者表达了对这项合作的不同意见，消息公布当天，诺基亚股票跌了 11%，微软的情况类似，跌去 1%，投资者表达了对该公司与智能手机弱势企业合作的顾虑，担心在 WP7 智能手机批量销售前的两年过渡期，会让安卓手机和 iPhone 获得更大市场。

这个合作面临着多个挑战。三星、HTC 和 LG 在安卓智能装置方面投入了重资，它们没有动力支持基于 WP7 的智能装置。它们的战略似乎是将采用 WP7 系统作为一个安卓的替代方案，以便在与谷歌谈判时可以用转移到 WP7 来威胁对方。另外，诺基亚是一家欧洲公司，欧洲是它最大的市场。然而微软以前曾与欧盟的反托拉斯机构有过节，微软的视窗和办公软件曾受到其垄断起诉。欧洲公司在采用开源方案方面进展更快，也在努力替代微软的软件。

但是这项合作确实具有潜在好处。诺基亚在功能手机（feature phones）领域仍是龙头企业，如果可以成功地将这些手机转为使用 WP7 操作系统，也许可以大幅提高市场份额。安卓可能因为一些问题而不堪一击：平台碎片化，不同装置之间的更新和版本不一致，而且在支持更多应用软件时操作系统会变慢。WP7 没有这些问题。如果客户受到安卓的困扰，WP7 可能获得更大的市场份额。当然，时间会说明一切。

讨论题

1. 对智能手机市场做一个外部分析（见第 4 章）。
2. 对诺基亚和微软做一个内部分析（见第 4 章）。
3. 诺基亚和微软在合伙之外还有哪些替代方式？为何挑选合伙制作为实施微软进入智能手机市场战略的方式？
4. 你认为哪一方从这个合伙企业中受益最大，微软还是诺基亚，为什么？

（所有讨论题的答案可以在本书的网上教师手册找到。）

:: 案例分析 15-2

通用电气和康卡斯特的合资企业

要点

- 有时在一项业务无法脱手时，可以组建成为合资企业。
- 这类合资企业被看作改善企业经营的一个途径，可以让母公司在较高的价值上逐步退出。

为了支撑在 2008 年金融危机期间被严重冲击的大金融业务板块，以及把更多精力放在制造和基础设施板块上来，通用电气寻求将其媒体和娱乐业务——NBC 环球广播网出售。通用电气的出售决定也反映了广播电视行业的日益恶化，以及该公司期望退出与其实业板块匹配度不高的业务。NBC 在主要广播网中排在第四位，近年来，广播电视行业的经济状况随着整体排名和广告量的减少而不断恶化。相反，诸如康卡斯特这类有线广播公司，由于依托着稳定的订户缴费而不断发展。更糟糕的是，尽管 NBC 环球网在 2009 年仍然盈利，但预计在以后几年里会转为亏损。

因为找不到能够以通用电气认为合理的价格买下这全盘业务的买家，通用电气寻求别的方式，包括和其他媒体企业合作。经过广泛探讨，通用电气和康卡斯特于 2009 年 12 月 2 日宣布了一项交易，建立一个由 NBC 环球网和康卡斯特一些经过选择的资产共同组建一家合资企业。康卡斯特主要是一家提供节目内容的有线电视公司，服务 2 430 万有线客户、1 610 万高速互联网用户以及 780 万语音业务客户。由于面对来自在线视频和更为激进的提供电视点拨服务的卫星和电话公司的威胁，康卡斯特希望分散其业务，在其视频点播服务里增加更多的内容。另外，通过在 NBC 环球网的数码资产如 Hulu. com 中持有一部分权益，康卡斯特期望能够利用其拥有的节目内容，将观看在线电视节目的部分有线客户进行资本化。

康卡斯特的战略是通过拥有节目内容，纵向整合其有线电视运营业务。此前也有人尝试过这样做，例如美国在线（AOL）2001 年收购时代华纳，最终以失败收尾，主要是因为两家企业的文化不能融合。也有一些媒体公司进行了成功的合并，例如时代华纳与特纳广播合并。了解到美国在线急于取得业务协同效果，康卡斯特同意与 NBC 环球网的合资企业独立于母公司运作，并与通用电气一起分担风险。

这项合资交易对于限制娱乐行业的竞争有潜在影响，也会影响到其复杂的金融工程和多面化的组织架构，是通用电气的一个媒体和娱乐业务退出战略。我们在后面依次讨论这些方面。

建立合资企业的消息在媒体娱乐行业内引起了广泛关注，人们担心这样做会提高行业集中度，对获得内容和传播产生限制。在两家企业做出了巨大的让步后，监管部门于 2011 年 1 月 17 日批准了这家合资媒体巨型企业的成立。美国联邦通信委员会与美国司法部要求康卡斯特和 NBC 环球网放弃投票权及加入 Hulu 网董事会，而它们两家仍继续作为所有者。此外，康卡斯特还需保证其竞争对手获得美国联邦通信委员会所说的对其内容的“合理获取权”，而且该企业不得歧视与其提供内容有竞争的节目。

这个交易反映了复杂的金融工程技术，包括双方都应该为建立合资企业提供资产，在总价值上取得共识，决定各方贡献资产的价值以确定所有权比例，最后还要确定通用电气将得到怎样的补偿。这家由双方提供资产而成立的合资企业的估值被定为372.5亿美元，其中通用电气提供的NBC环球网估值300亿美元，康卡斯特提供的有线电视网资产估值为72.5亿美元。各方的所有权比例通过所贡献的资产价值和支付给通用电气的现金来决定，如图15-1所示。

- 通用电气将估值300亿美元的NBC环球网贡献给合资企业，为此获得了156亿美元现金（65亿美元来自康卡斯特+91亿美元NBC环球网合资企业借贷资金），加上在NBC环球网合资企业中持有49%所有权。
- 康卡斯特为合资企业贡献了75亿美元有线电视网络资产，并支付了65亿美元现金给通用电气，由此换得NBC环球网合资企业51%的权益。

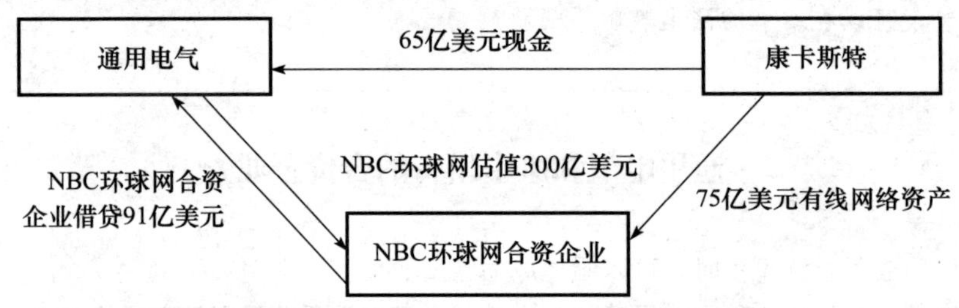

图15-1 交易完成时的NBC环球网合资企业

从公司架构上看，两个合作方通过它们持有一家控股公司，间接地持有了NBC环球网（见图15-2）。作为交易的一部分，NBC环球网公司被变更为一家有限责任公司（NBC环球媒体有限公司），这是一家由NBC环球控股公司全资持有的子公司。而康卡斯特持有该控股公司51%的股份，通用电气持有其剩余股份。NBC环球控股公司是NBC环球媒体有限公司的唯一股东（所有者）。通过有权任命NBC环球控股公司董事会的大部分成员，康卡斯特有效地掌控了该控股公司和NBC环球媒体有限公司。为了税收目的而保留其作为过手组织，NBC环球媒体有限公司按季向没有独立收入来源的控股公司分配收益，以满足其对现金的需求。该公司承担的其他义务包括向康卡斯特和通用电气支付现金收益，以便它们可以为NBC环球媒体产生的这部分收益缴纳税款。只要通用电气至少在合资企业里保留20%的所有权，就拥有对收购兼并、解散、破产和业务较大的扩张、分红、发行新股或回购股份，以及借款超过营运资本需要、贷款担保和其他影响其投资价值的事项有一定的审批权。

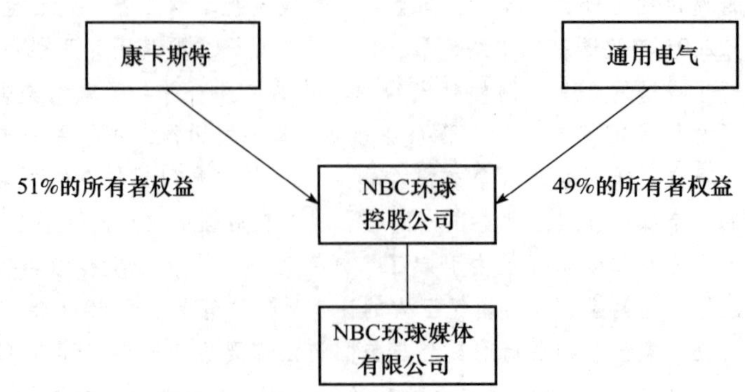

图15-2 NBC环球网的最终组织架构

最后，这项交易可以让通用电气在几年后实现分阶段退出。通过这样做，通用电气希望与康卡斯特的潜在协同效应将大幅提升其在合资企业持有股份的价值。通用电气从2014年1月28日起的6个月内拥有赎回权（认沽期权），赎回其在NBC环球媒体的一半权益。从2018年1月28日起的6个月内，通用电气可以赎回其剩余的权益。康卡斯特承诺为这两次赎回各提供29亿美元资金，如果NBC环球媒体无法为赎回提供资金，则承担5.8亿美元的应付款和股票。支付给通用电气的包括赎回的收购价将是NBC环球媒体“公开市场交易价值”的120%，如果该公司还未上市交易，则由评估机构确定，减去“公开市场交易价值”中超过284亿美元差额的50%。2014年1月28日以后，通用电气可以将其权益转让给第三方，康卡斯特拥有优先购买权（right of first offer，first refusal）。康卡斯特有认购期权，届时可以以通用电气认沽期权规定的同等价格购买其持有的权益。

2011年，NBC环球媒体录得193亿美元收入、息税前收益23亿美元和净利润17亿美元。尽管对于该公司的财务展望已经稳定下来，但这项交易仍继续受到批评，人们认为康卡斯特和NBC环球媒体之间重叠很少，不足以大幅减少成本。而且，大型的媒体交易记录不佳，美国在线和时代华纳的争议就是一个例子。康卡斯特正在下一个大赌注，打赌能够将内容和播放成功地结合起来，并做大合并后业务的价值。相反，除非NBC环球媒体的价值在未来几年获得大幅提升，否则通用电气很可能会行权卖出其权益。

讨论题

1. 说明为何通用电气有可能发觉很难管理NBC环球媒体。
2. 为何NBC环球网合资企业要借款91亿美元支付给通用电气？这将对NBC环球的持续经营有何影响？这两个合作伙伴在协商通过NBC环球网为并购提供一部分资金时做出了哪些让步？
3. 说明出现康卡斯特或通用电气行使其认购或认沽期权的可能情况。你认为哪一方可能最先行权，为什么？
4. 康卡斯特和通用电气在整合合资企业的不同业务时可能会遇到哪些挑战？请具体说明。
5. 为何通用电气和康卡斯特选择以有限责任公司的形式经营NBC环球网，而不是选择公司形式？请具体说明。
6. 说明为何这两个合作伙伴选择通过一家控股公司经营NBC环球网。

（所有讨论题的答案可以在本书的网上教师手册找到。）

CHAPTER16

第16章 另类退出和重组策略：剥离、分拆、股权剥离、拆分和库存股票

历练就是每个人对自己所犯错误起的名字。

——奥斯卡·王尔德

并购内幕 华纳音乐集团以拍卖方式出售

关键点

- 出售业务时，企业可以选择与一家潜在买方谈判，控制潜在竞购者的数量，或者采取公开拍卖方式。
- 拍卖过程经常被视为出售的业务获得最高价格的最有效方式，然而拍卖并不简单，一场拍卖可能是既混乱又费时的过程。
- 拍卖可能是业务主要价值为无形资产或“难以估值”的企业最合适的方式。

在2011年年初，华纳音乐集团，四大唱片音乐公司中的第三大企业，拥有两个独立业务：其中一个展示了高速成长潜力，另一个的收入正在下降。华纳音乐集团的30亿美元年收入中，82%来自唱片音乐的销售，其他则是使用该公司拥有音乐支付的版权费。在这两者中，只有唱片音乐经历了收入下跌，这是由盗版、在线音乐销售定价过高，以及许多唱片零售商和批发商破产造成的。相反，来自广播、电视、广告和其他渠道的多元化收入推动了音乐出版的增长。音乐出版业得益于数字音乐下载和移动电话铃声业务的渗透。

2004年，当时华纳音乐的母公司时代华纳，同意以26亿美元现金将其卖给由THL合伙

机构领头的财团，其中也包括埃德加·布朗夫曼（Edgar Bronfman, Jr.）[㊀]、贝恩资本（Bain Capital）和普罗维登斯股权合伙机构（Providence Equity Partners）。在持有这家企业 7 年之后，这对于股权投资者来说是一段很长的时间，其长期前景看上去问题多多，主要投资者当时正在寻求将其套现。华纳音乐集团的投资人也在和泰丰资本合伙机构（Terra Firma Capital Partners）比赛，后者是老牌英国唱片公司 EMI 的所有者，当时它们正打算让 EMI 上市或将其出售给一家战略投资者。华纳音乐集团的投资人担心如果 EMI 在华纳音乐集团之前售出，该公司的退出策略将会大打折扣，因为大家猜测华纳音乐集团唯一合乎逻辑的买方就是 EMI 公司。

截至 2011 年 1 月底，华纳音乐集团已经接触了大约 70 家潜在买方，还有至少 20 家机构表示有兴趣。在华纳音乐集团开展的 3 轮拍卖筛选过程中，收购方的联盟一直在变。而华纳音乐集团的股价从 1 月 20 日的每股 4.72 美元跳涨到每股 8.25 美元，相当于 2011 年 5 月 6 日总市值为 33 亿美元。

考虑到这两个业务之间的差异，华纳音乐集团对于全部将公司出售或者拆开出售保持开放态度，并充分考虑收购方的兴趣。风险进取型投资者将赌注放在唱片音乐销售会逐步恢复，而风险回避性投资者更关注音乐出版。在拍卖之前，华纳音乐集团将保密协议发给了 37 家有意向者，其中有 10 家在 2011 年 2 月 22 日最后期限前提交了初始竞标方案。这里面 4 家想收购整个公司，3 家想收购唱片音乐，3 家想收购音乐出版。对于整个公司，报价从最低每股 6 美元到最高每股 8.25 美元不等。对于唱片音乐，收购价从最低 7 亿美元到最高 11 亿美元不等。音乐出版的出价几乎是唱片音乐业务的 2 倍，范围从最低 14.5 亿美元到最高 20 亿美元不等。

竞购者的目标是进入下一轮拍卖流程，而卖方的目的则不太看重第一轮的报价，反而更在意确定哪一家更投入并具有足够的财力完成这项交易。根据企业在 2011 年 5 月 20 日发出的该项出售的代理声明书，后续的竞价发展成为竞购方之间不断变化的联盟，最终由 Access 实业公司夺得头筹。从投资者角度看，出售是成功的，有推测认为 THL 一家就赚得了 34% 的内部回报（包括分红）。

本章概览

许多公司，特别是大型高度多元化的企业，经常寻求能够通过改变资产、负债、权益和经营来增加股东价值的方法。这些活动通常被视为重组策略。重组可以同时嵌入增长策略和退出策略之中。成长策略已经在本书其他部分讨论过了。本章的重点是讨论那些可以通过缩减规模或重新聚焦于母公司以重新配置资产，让股东价值最大化的战略选项。因此，本章讨论退出的各种动机和各种重组策略，以及为何企业选择这个策略而不是别的策略。从这个意义上，股权剥离、拆分、剥离和分拆将被逐一讨论，而不是作为剥离的特殊形式。[㊁]本章讨论了有关采取各种重组策略导致股东财务回报主要决定因素的实证研究结果。自愿/非自愿重组（破产保护庭内外）作为企业的退出策略，本章也将详细讨论。本书配套网站（http://booksite.elsevier.com/9780123854872）在“学生学习指南”（Student Study Guide）文件夹中提供了本章回顾。

㊀ Seagram 的继承人，后来担任华纳音乐集团的 CEO。

㊁ 在一些会计学教材里，剥离（也称作出售）、拆分和分立都被看作不同形式的股权剥离，并且从它们在财务报表上如何影响母公司股东的股权角度进行讨论。

16.1 企业为何从业务中退出

关于企业为何选择退出某些业务，有很多相关理论，我们将在下面讨论其中最常用的一些理论。

16.1.1 提高企业专注度

管理高度多元化的复杂业务组合，既费时间也分散注意力，而且可能导致用可提供更好机会的业务单元产生的现金流，为吸引力不高的投资机会提供资金。企业经常选择通过聚焦有最大成长潜力的业务单元，退出非企业战略核心的业务，简化其业务组合。提高集中度通常可以将有限的资源更好地分配，减少这类资源在多个部门之间的竞争，进而提高企业的价值。

16.1.2 表现不佳的业务

母企业经常退出那些无法满足或超出母公司门槛指标要求的业务。2007 年 5 月，通用电气宣布以 116 亿美元将其塑料业务出售给沙特基础工业公司（Saudi Basic Industries），这是出售低回报单位和向快速增长及更高潜在回报业务领域（例如保健和水处理）挺进战略的一部分。

16.1.3 监管机构的顾虑

一家占有巨大市场份额的企业收购直接竞争对手，会引发对反垄断的担心。如果收购方合并类似标的企业（被视为妨碍竞争）之后进行业务剥离，监管机构仍有可能批准这类并购。

16.1.4 配合度较差

母公司对于业务之间的协同效应的预期可能无法实现。TRW 在 1997 年决定出售其商业和消费信息服务业务之前，曾花费数年时间尝试找到让该业务与空间防卫业务形成良好配合的切入点。

16.1.5 税收考量

税收优惠可以通过对业务进行重组实现。家庭护理运营商阳光保健系统公司（Sun Healthcare Systems，Sun）通过拆分，2010 年将其护理房地产业务注入一家房地产投资信托（REIT）。因为房地产投资信托不用将收入纳税，而是直接分配给股东，所以阳光保健系统公司可以通过消除双重税负（一次是母公司，另一次是投资者收到分红之后）来提高股东的价值。

16.1.6 募集资金

母公司可能选择投资新项目，或者通过出售不再具有战略价值的（部分）业务单元，降低杠杆或减轻财务负担。在 2010 年年末，英国石油完成了以 70 亿美元向阿帕奇公司（Apache Corporation）出售一块油气资产，以便获得一部分用于清理墨西哥湾油田漏油的费用。受到维权股东的压力，切萨匹克能源集团（Chesapeake Energy Group）2012 年宣布计划出售 115 亿 ~140 亿美元的资产，以降低杠杆水平。

16.1.7　提高自身价值

其他企业可能比其母公司更看好一家企业的经营单位的价值，而且愿意支付溢价收购这类业务。2010 年年初，通用电气以 18.2 亿美元将其火警安全系统业务单元出售给了联合技术公司（United Technologies），获得了丰厚的利润。通用电气认为这是一项非核心业务。联合技术公司一直期望提高对于安全业务的集中度，已经收购了一系列家居安全企业。

16.1.8　降低风险

一家企业可以通过出售或拆分业务，降低其业务单元的风险水平。例如，大型烟草公司多年来一直受到压力剥离或拆分其食品业务，因为其子公司伴随着诉讼风险。Altria 公司屈服于这种压力，于 2007 年剥离了卡夫食品公司（Kraft Food）。

16.1.9　并购前剥离不想要的业务

收购方经常发现在收购的标的企业中，有些资产不符合其主要战略要求。这些冗余资产可以剥离，以筹集资金用于支付收购，使得管理层可以将精力集中于将剩余业务整合进入母公司，其精力不至于被管理非战略资产而分散。当诺斯罗普·格鲁曼（Northrop Grumman）公司 2002 年收购天合集团（TRW）时，宣布将保留 TRW 的空间和防务业务，而把对其核心防务业务不重要的业务进行剥离。雀巢 2003 年年初以 46 亿美元收购亚当斯（Adams）和辉瑞（Pfizer）的口香糖和糖果业务，辉瑞在 2000 年收购沃纳 - 兰伯特（Warner-Lambert）时将其视为非核心业务。

16.1.10　避免与客户冲突

几年来，许多美国电话电报公司 1984 年拆分出去的贝尔的区域性运营公司（即 RBOC）都有意在长途通信市场竞争，这样会导致它们与原来的母公司展开直接竞争。类似地，美国电话电报公司通过收购有线电视公司，获得数百万家庭客户，寻求介入区域性电话市场。在准备实施这些计划的过程中，美国电话电报公司于 1995 年宣布将公司分成三个上市的全球性公司，避免和其原来的设备制造商以及主要客户产生冲突。

16.1.11　提高透明度

企业可能因为多元化的业务和产品而显得对投资者不够透明。通用电气就是一个例子，它在多个国家经营着很多各自独立的业务。即便可以获得每个业务的财务和竞争信息，但对于分析师或投资者而言，要想给这样一个多元化企业做出适当估值是非常困难的。通过降低其复杂性，企业可以让投资者更容易了解其真实价值。

16.2 剥离

剥离（divestiture）是指对外出售企业的部分资产，一般会导致现金流入母公司。这类资产可能包括一个产品线、子公司或部门。

16.2.1 剥离的动机

剥离通常是一种筹集现金的途径。一家企业可能选择出售被低估或经营状况不佳的业务，这些被视为非战略性或与核心业务不相关，出售所得用于投资有潜在高回报的项目，也包括用于偿还债务。另外，企业可能选择剥离被低估的业务，通过清算分红（liquidating dividend）[㊀]或股票回购将现金返还给股东。此外，与母公司继续经营相比，出售业务可能获得更大收益。

16.2.2 企业业务评估

母公司会开展一项财务分析，以确定将业务出售是否可以给股东带来更大的价值，以及将出售所得返还给股东还是投入到有更高回报的项目中去。通用电气现任 CEO 杰弗里·伊梅尔特（Jeffrey Immelt）从 2001 年 9 月就任以来，在衡量了一些业务的前景和其他机会之后，通用电气的公司组合就一直在变化。从那时起，通用电气完成了超过 1 600 亿美元的交易，购买和出售了许多经营单位。

16.2.3 卖还是不卖

确定一项业务是否应该出售的分析包括多个步骤。这些步骤包括确定业务产生的税后现金流，确定反映业务风险水平的合适的贴现率，确定业务的税后市场价值，以及对母公司的税后价值。出售或持有业务的决定，取决于比较业务对母公司的税后价值与出售业务获得的税后收益。详细步骤见下面的讨论。

1. 第 1 步：计算税后现金流

为了决定业务出售是否会给股东带来更大价值，母公司必须首先估算将业务独立出来之后的税后现金流。这需要对内部公司间销售现金流和母公司提供的服务（即法务、财务和审计）成本做出调整。公司间销售（intercompany sales）是指同一母公司的经营单位之间通过销售产品或提供服务产生的收入。应该对公司间销售额做出调整，以保证是以市场价格进行估值。[㊁]此外，母公司提供的服务可能与实际成本存在差异。经营利润中应该根据可比的外部服务费用进行增减。

㊀ 清算分红是支付给股东的红利超过了企业净收益。之所以说是“清算”红利，是因为企业必须出售资产才有钱付给股东。

㊁ 在钢铁制造这类垂直整合企业中，企业铁矿砂和煤炭业务产生的现金流，多数是来自向母公司钢铁冶炼单位的销售。母公司可能出于财务报告的目的，采用转移价格对这部分收入估值。如果转移价格不能反映市场价格水平，公司间收入可能被人为放大或缩小，这取决于转移价格比市场价格是高还是低。

2. 第2步：估算贴现率

一旦确定了现金流，应该估算反映该项业务所处行业风险特征的贴现率。同一行业的其他企业（或不同行业但具有相似利润率、成长和风险特征的企业）的资本成本，通常是所分析业务贴现率的不错的替代指标。

3. 第3步：估算业务的税后市场价值

第2步后，将此贴现率用于估算第1步得出的业务的预计税后现金流的市场价值。

4. 第4步：估算业务对母公司的价值

作为一项独立业务，该业务的税后股权价值（EV）可以通过从其税后市场价值（MV）中减去业务负债的市场价值（L）来估算。这个关系可以表示为下式：

$$EV = MV - L$$

式中，EV是股东权益的税后市场价值，股东就是母公司。

5. 第5步：决定出售

出售或保留的决定是比较了企业的税后股权价值（EV）和税后出售价值（SV）之后做出的。假设不考虑出售的税后收益之外的其他条件，出售或保留业务的决定可以归结为：

$$\text{如果 } SV > EV\text{，则剥离}$$

$$\text{如果 } SV < EV\text{，则保留}$$

尽管出售价值可能超过业务的股权价值，但母公司也可以出于战略原因继续保留该业务。母公司可能认为该业务的产品有助于销售企业的其他产品。亚马逊网站通过出售Kindle电子书阅读器而达到损益平衡，他们希望通过Kindle下载电子书来赚钱。在另一个例子里，剥离一家多元化公司的子公司可能导致母公司运营成本增加。2011年，惠普取消了已经宣布出售其个人电脑业务的决定，一个原因就是在出售后会产生一次性费用增加。[⊖]

16.2.4 出售的时机

很明显，出售业务的最佳时间是当所有者不需要出售或者对该业务的需求最大的时候。出售决定也应该反映财务情况。当业务的信心很高，股价上涨，利率很低的时候出售，有可能获得较高的价格。如果要出售的业务是高度周期性的，出售时点应该是在企业收益最高的年份。

16.2.5 出售流程

出售业务的企业要选择能够最好地服务其目标，并影响到买家类型（如战略型而不是私募股权）的出售流程。出售流程可以是被动的或主动的（见图16-1）。被动出售是买家在母公司未预期将要出售的情况下找上门来，提供购买整个企业或其中一部分，如产品线或子公司。如果报价

⊖ 这类费用包括需要建立新的基础设施和信息技术系统、支持、销售和新业务的分销渠道，此外，惠普的其他经营单位将失去采购元器件时的批量折扣，因为这是PC业务大批量采购带来的结果。

非常有吸引力，母公司可能选择与收购方达成协议安排。如果母公司担心其业务或子公司会出现潜在恶化，出售权益成为众所周知的事实时，这种情况有可能出现。相反，主动出售可能以公开或私下发售为特征，在公开出售或拍卖时，企业公开宣布将自己或一个子公司，或者产品线出售。在这种情况下，潜在买家会联系卖方。这是一种轻易辨别有兴趣主顾的方法。然而这个方法也会吸引到不合格的购买方（即那些缺乏资源完成交易的买方），或那些想通过尽职调查获得重要信息的对手。在私下或受控制的出售中，母公司可能聘请投资银行或自行辨识要联系的潜在买主。一旦一个或几个优先的潜在买主被认为是合格买家，就会进行联络。[㊀]

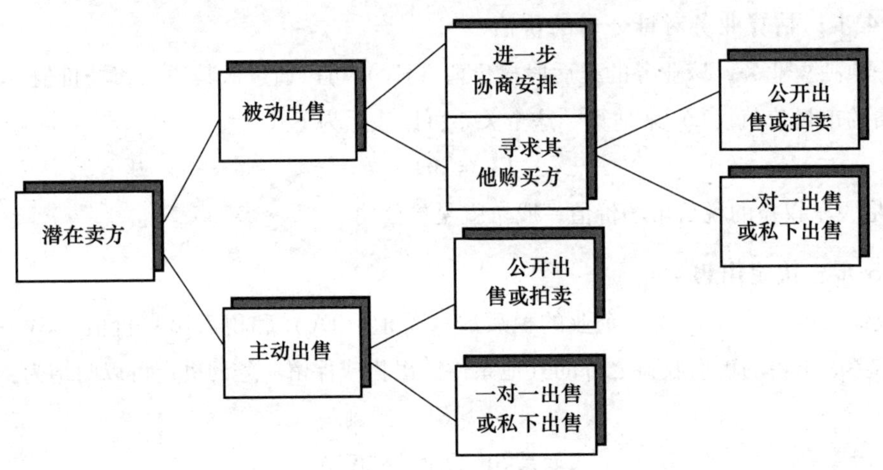

图 16-1 出售流程

无论在公开出售还是在私下出售中，有兴趣的机构在接触重要信息之前，都会被要求签署保密协议。卖方如何有效地管理这些信息，这是一个挑战，这些信息可能形成几千页的文件或表格，要方便和安全地将其提供给有兴趣的机构。这类信息现在越来越多地通过所谓的虚拟数据室（virtual data rooms，VDRs）提供。[㊁]在私下出售时，买方可能被要求签署一项停止行动协议，要求他们不要接受其他竞标。愿意签署这个协议的机构会被要求提出初步的无约束力的意向书（即一个金额或报价区间）。

那些提交了初步报价的机构由卖方根据报价大小、支付方式、为交易提供融资的能力、收购方式和交易难易度进行排序。其中一小部分提交了初始报价的机构会被要求提出有约束力的最佳和最终报价。此时，卖方可能选择在最有吸引力的报价各方中进行一次拍卖，或者直接与一家讨论收购协议。

16.2.6 选择正确的出售流程

出售方试图掌控出售流程，不仅要实现最高的可能出售价，而且同时保证潜在收购方的权

㊀ 详细内容请参阅第 5 章的筛选和联络流程。

㊁ 虚拟数据室将替代传统的纸质数据保管室，保管这类信息的挑战性在于安全和流动。由于虚拟数据室是可以用电脑检索的，故而竞购方有更简便快捷的通道找到他们所需的信息。由于同一时间在全球各地可以有多个互相不知道其他人在线的人接触到信息，所以通过虚拟数据室可以更有效率、更全面地进行尽职调查。虚拟数据室还允许在线提问和解答。虚拟数据室的主要局限在于费用和所需的技能，而且无法面对将出售单位的管理人员。

益。出售方可能选择与某一企业协商，控制潜在的收购方数量，或者进行公开拍卖（见表 16-1）。大型企业经常选择通过和一家与出售方有最大协同效应的买方进行一对一谈判，出售自己、主要产品线或子公司。这类企业的卖家关心的是进行公开出售和允许很多企业进行尽职调查带来的有害影响。这个方法也可以用来限制那些别有用心的买家，他们可能是竞争对手，通过尽职调查获得宝贵的信息。

表 16-1　选择正确的出售流程

出售流程	优缺点
一对一协商（单一竞购方）	卖方可选择最大协同效应的买方 将尽职调查的骚扰降到最小 将向竞争对手泄露重要信息的可能性降到最低 可能排除掉潜在的更有吸引力的竞购方
公开拍卖（对竞购方的数量没有限制）	最适合小型、私营或难估值的企业 可能造成竞购方担心拍卖过程混乱 多方进行尽职调查带来很多工作量
有控制的拍卖（有限数量的竞购方）	卖方可选择最大协同效应的买方 激发竞争，同时避免公开拍卖的混乱 可能排除掉潜在的更有吸引力的竞购方

当出售的是难以估值的较小规模的企业时，可以采取在几家买方中进行拍卖，以获得最高的报价。有点矛盾的是，公开拍卖实际上有可能抑制企业竞标的热情，因为一些信息较少的竞购者可能过于激进，从而将价格抬得过高。在小范围内私下或有控制地出售，可以慎重地选择竞购者，在将公开拍卖的影响最小化的同时，通过竞争提升出售价格。辉瑞 2012 年拍卖其高速成长的儿童食品业务，是近期一个有控制拍卖的案例。辉瑞寻求那些了解这项业务将会从新兴市场获得收益的机构参与竞标，以便从其支付的大量溢价中获得财务收益。拍卖流程吸引了瑞士雀巢公司和法国达能集团，几轮竞拍之后，雀巢以 118.5 亿美元的报价获辉瑞接纳。相当于 19.8 倍 EBITDA，这个报价远高于雀巢 2007 年收购嘉宝（Gerber）婴儿食品业务支付的 15.7 倍 EBITDA。

大约有一半的企业并购交易采用的是一对一谈判。剩下的交易是公开或有控制的拍卖，卖方一般平均联系 10 家潜在竞购方，有些卖方联系的竞购方多达 150 家。无论采用何种出售方式，出售方股东的财务回报看上去都差不多。然而较大的标的企业仍多采用一对一的谈判方式。这种方式对于大型标的企业可能要比拍卖的效果更好，因为潜在买家较少，可能使得出售方可以和潜在买方分享更多有助于提高价值的宝贵信息，从而获取更高的收购价格。在包括了许多竞购者的拍卖中，这类信息泄露给竞争对手以及对卖方形成竞争劣势的机会也更大。

这些发现看上去似乎与常识不符，一般认为竞拍人多总比人少要好，拍卖应该给出售方股东带来更高的回报。这个结论建立在所有竞购方都可以获得同样信息并有能力融资的前提之上。如前所述，一些合格的竞购方可能选择不参与拍卖，它们担心会向标的企业支付过高的价格。

唯一的事实是，尽管大多数交易只涉及较少的几个竞购方，但这不代表竞拍过程不具有竞争性。在大多数情况下，仅仅是对手参与竞拍的威胁，就足以提高竞价，哪怕是在一对一谈判中也是如此。这种存在但又看不见的竞争，市场流动性最大，以至于潜在竞购方通过借贷或发行新股票获得较便宜的资金时，对竞购价的影响最大。最终标的企业收到的超过当前股价的溢价，要受到与交易和行业特点相关的一系列因素的影响。表 16-2 总结了那些对收购溢价有重大影响的因素。

表 16-2 影响收购溢价的因素

因素	说明
潜在的净协同	收购溢价有可能提高净协同效应（见第 9 章）。净协同效应在高度关联企业里是最大的。此外，如果大部分协同效应是由标的企业提供的，则溢价会更大
对控制权的期望	买方可能为获得财务表现较弱的企业的控制权而支付更高的价格，因为通过做出更好的决策有机会赚钱
增长潜力	展现出比竞争对手增长潜力更高的标的企业通常要求更高的溢价
信息不对称（即某竞购方比其他竞购方了解更多信息）	了解信息的竞购方有可能支付较低溢价，因为其他较不了解信息的竞购方担心支付过高的价格而退出或者不参与竞购
标的企业的规模	收购方认为较小的标的企业易于整合而支付更高的价格
标的企业出售的迫切性	强烈希望出售的标的企业通常得到较低的溢价，因为它们处于较弱的谈判地位
交易宣布前标的企业股价上涨	股价上涨导致竞购方不确信是否有充足的信息上调标的企业的估值
收购的类型	敌意收购大多会比善意收购支付更高的溢价
骄傲自大	过度自信可能导致竞购方支付过高的价格
支付的类别	现金收购通常会增加溢价，因为需要补偿标的企业股东马上缴纳的税负。竞购方如果用高估的股票进行收购，则经常支付过高的对价
杠杆率	高杠杆收购方会遵循贷款人的约束条件，不得支付过高的价格，而杠杆较低的收购方通常会支付过高的价格①
客户－供应商关系	进行垂直收购的买方非常愿意收购客户或者供应商，因为这种情况往往不会被迫支付过高溢价
与董事会的联系	如果标的企业和收购方的董事相同，则收购方会在交易公布时获得较高的回报②
投资人对标的企业股价的认可度	如果投资者认同标的企业当前股价公平合理，则它比投资者存在较大异议时更有可能考虑到企业升值潜力有限而接受较小的溢价
行业增长前景	行业间的溢价幅度差别非常大，反映了对预期增长率的不同看法

① Gondhalekar 等（2004）指出高杠杆收购方被贷款人密切监控，不太可能支付过高的价格。Morellec 和 Zhdanov（2008）发现杠杆较低的收购方通常会支付过高的价格。

② Cai 和 Sevilir（2012）。董事会之间的联系通常可以改善信息流，因此收购方不太可能为标的企业支付过高的价格。

16.2.7 剥离的税负和会计考量

通过企业剥离，确认的用于财务报告目的的收益或亏损，等于剥离业务所获得的公允价值与其账面价值之差。从税收目的来看，收益或亏损等于出售所得和母公司在股票或资产上的税基之差。资本利得需按企业其他收益同等税率缴税。

16.3 拆分

拆分（spin-off）是企业向持有已有股份的股东和新设立子公司的股东支付股息。此类付息是直接按照股东在母公司持有的股份比例进行的。因此，股票持有人在子公司的所有权比例，与其在母公司的持股比例一致。新实体有自己的管理团队，与母公司各自独立经营。与剥离或股权剥离（本章稍后将介绍）不同，拆分不会导致现金注入母公司。在拆分之后，企业股东拥有母公司股份和拆分单元的股份。

然而拆分可能没剥离那么烦琐，而是更容易操作。母公司必须确保被拆分的业务单元是正常经营的，而且在法律上与其他母公司经营没有关联，母公司没有与拆分单元相关的负债。2011 年年初，摩托罗拉公司通过拆分摩托罗拉移动业务，完成了经营重组，继续保留了摩托罗拉解决方案业务。摩托罗拉董事会采取措施保证了摩托罗拉移动的财务流动性，买回了几乎全部近 39 亿美元的未偿债务，向摩托罗拉移动转入了高达 40 亿美元的现金。此外，摩托罗拉解决方案公司（Motorola Solutions）还承担了支付摩托罗拉移动养老金的责任。如果摩托罗拉移动在拆分不久后被强制破产的话，摩托罗拉解决方案公司将有责任偿还该公司的部分负债。

16. 3. 1　拆分的动机

除了前面提到的退出业务的动机之外，拆分为回报股东提供了一个分红无须缴税的方法（如果设计出合适架构的话）。在某个业务上具有低税基的母公司可能选择将这个业务单元拆分，作为对股东的一个免税分配方式，而不是出售该业务，形成大额税负。这个业务单元现在独立于母公司，有自己的股票用于将来的并购。最后一点是，如果该业务的管理人员持有拆分单元的股票，那么在拆分后他们会具有改善业务的更大的动机。

16. 3. 2　拆分的税负和会计考量

如果设计好合适的架构，一家公司能够将子公司的股票分给股东而无须缴税，则该公司仍拥有控股权益（即控股子公司），而进行分配的公司（即母公司）和其股东都无须对这次分配的收益或亏损纳税。这类分配可以包括拆分、分离（split-up，一系列的拆分，通常导致企业解散）或分拆（split-off，用子公司股票交换母公司股票）。分离和分拆还会在本章后面详细讨论。为了免税，这类分配必须满足一定的条件：

（1）母公司必须对被拆分、分离或分拆的子公司有控制权，至少拥有各类有表决权股份的 80%。

（2）母公司必须将其控制的子公司的全部股份分配出去。

（3）在分配之前的 5 年里，母公司和控股子公司是紧密关联的，而在分配之后，仍应在同一行业里经营。

（4）在交易之后，母公司的股东必须在母公司和子公司中继续保留足够大的权益。

（5）交易必须基于一个合理的商业目的，比如改善盈利或者提高经营管理的专一化程度，而不能只是为了避税。[⊖]

出于财务报告目的，母公司应该以账面价值将拆分子公司的股份分配给股东，不应该因减值而调低价值。这样做的理由是保持所有者的权益在拆分前后一致。

16. 4　股权剥离

股权剥离（equity carve-outs）表现出的特征类似于拆分。两者都导致了子公司的股票与母公司的股票将分别交易。它们也类似于剥离和 IPO，都会为母公司带来现金。然而，与拆分或剥离不同，母公司一般在股权剥离交易中保留对子公司的控制权。对于股权剥离来说，潜在的较大的缺点是会产生出少数股东。

⊖ 如果母公司选择了出售一家具有低税基的子公司，拆分不能用于对可能实现的资本收益进行避税的目的。

16.4.1 股权剥离的动机

和剥离相似，股权剥离提供了筹集资金再投资于子公司、偿付债务或向母公司支付分红的机会。股权剥离也可以用于母公司拥有大量合同义务，如和子公司签订了供应协议的情况。[一]此外，股权剥离经常是剥离的序幕，因为它提供了通过在股票交易所出售股票对业务进行评估的机会。为股权剥离目的创造的股票，经常被用作该业务单元管理层的激励计划，以及当母公司后来决定做大子公司时，作为一种并购货币（即支付方式）。股权剥离的两种基本形式是IPO和子公司股权剥离。

16.4.2 IPO和子公司股权剥离

IPO是指由私人持有的企业第一次向公众发售普通股。出售股票为母公司注入了现金。这些现金可能由母公司保留或返还给股东。计算机游戏设计商Zynga于2011年12月15日首次在公众股票市场发行股票，募集了大约10亿美元。每股10美元，IPO给予企业89亿美元的估值。

子公司股权剥离是指一项交易，母公司设立一家全资的独立子公司，其股票和管理团队都不同于母公司，而且该子公司向公众发行一部分股票。通常只有将母公司持有子公司的少部分股份向公众发售。尽管母公司保留了控制权，但子公司的股东基础，可能因公开售股而与母公司的股东基础有所不同。筹集的现金可能保留在子公司里，或者作为分红转给母公司，或用于股票回购，或者作为公司间的贷款。子公司股权剥离的一个例子是菲利普·莫里斯公司2001年向公众出售其全资子公司卡夫食品15%的股权。菲利普·莫里斯对卡夫的表决权只降低到97.7%，因为卡夫有一个两类股票结构，IPO发行的只是拥有低表决权的股票。

16.4.3 股权剥离的税负和会计考量

股权剥离时，至少保留业务单元的80%使得公司能够为税收目的而合并，保留50%以上则可以合并财务报表。[二]如果母公司持有的股权多于20%而少于50%，那么财务报告必须使用权益法，低于20%，则应使用成本法。[三]

16.5 分拆和分离

分拆和拆分类似，企业的子公司变身独立企业而母公司不再产生新的现金。然而，与拆分不同的是，分拆是指以母公司确定的股票交换率将母公司的股票换成子公司的股票。[四]分拆最常出现在一部分母公司股东更希望获得子公司股票而不是母公司股票的时候。分拆一般不按比例分配，这与拆分相反，一般是按比例分配股票。按比例分配时，股东持有10%的母公司流通股将换

㊀ 通过在子公司保留控股权益，母公司承担了这些义务（Jain等，2011）。

㊁ Allen和McConnell（1998）发现持有子公司股份比例的中值是69%，而Vijh（2002）发现中值是72%。

㊂ 当用权益法计算所有权时，投资人的初始投资以成本价计算，之后定期调整估值，以反映公司按比例分配给他的损益。成本法要求以成本记录投资，将分红计入投资收益。

㊃ 分拆使用的场合比拆分少，因为分拆要求母公司决定母公司相对于子公司股票的价值，以便计算换股比率，而且股东可能也比较难理解换股比率。

得 10% 的子公司股票。不按比例分配采用要约或交换价，股东可以接受也可以拒绝。

分离是指一种重组策略，一家公司被分为两个或更多个独立经营的企业。通过一系列的分拆或拆分，原股东或母公司股东可能选择以其持有的母公司股票交换新公司股票。通过分离，原公司股票被撤销，不再存续。卡夫食品在 2011 年决定分成两家公司，通过一系列重要的重组行动，提高了股东价值（见案例分析 16-1）。

:: 案例分析 16-1

卡夫食品最大的分离交易

要点

- 投资者经常进行同行对比，以此衡量一家企业的表现。
- 维权投资者可以迫使一家经营不佳的企业大幅修改战略。
- 卡夫食品决定拆分业务是近年高度多元化企业提高产品聚焦的另一个案例。

在成功完成百事可乐菲多利（Pepsi Cola FritoLay）的 CEO 生涯之后，艾琳·罗森菲尔德（Irene Rosenfeld）2006 年成为卡夫食品的 CEO。作为排在雀巢公司之后的世界第二大包装食品生产商，卡夫通过在新兴市场的发展，大大提高了其全球市场覆盖率。其品牌显得很古老，公司在开发新的流行产品方面遇到了困难。董事会要求罗森菲尔德扭转企业的这种经营局面。她认为卡夫应该采取彻底的革新，包括组织、文化、经营、市场营销、品牌和产品组合，以使这家企业焕然一新。

2010 年，该公司做了一件被当时的高管层认为是最大的转型的事情——以 190 亿美元收购了英国糖果制造商吉百利。尽管这家企业在交易完成之后已经变身成为世界最大的速食品公司，但仍然保留着传统的杂货业务。公司现在拥有两个不同的产品组合。2010 年 1 月到 2011 年年中，卡夫的收益稳定改善，销售强劲。卡夫股价上涨了近 25%，是标准普尔 500 指数上涨幅度的两倍以上。然而，这段时间该股的市盈率倍数仍低于竞争对手雀巢和达能。一些投资者担心卡夫未能从吉百利的交易中实现其承诺的协同效应。维权投资者（尼尔森·佩尔茨的特里安基金和比尔·阿克曼的潘兴广场基金管理机构）和卡夫管理层提到了分离企业。这个计划得到巴菲特的支持，他的巨型企业伯克希尔 - 哈撒韦当时是卡夫最大的投资方，持有 6% 的股权。

为了避免发生代理权争夺战，卡夫董事会和管理层于 2011 年 8 月 4 日宣布了重组企业的打算，将两个不同的业务截然分离。对于在吉百利的交易完成近 18 个月之后发出的这个声明，投资者起初感到惊讶，但当天该公司股票上涨表明了投资者的积极支持态度。这项计划声称将其快速成长的全球速食品业务与慢速增长的、以美国为中心的杂货业务分离。通过免税的拆分，杂货业务于 2012 年 10 月 1 日起与卡夫食品的股东分离。其全球速食品业务将被命名为蒙德雷兹国际食品公司（Mondelez International），而北美杂货业务仍保留卡夫的名称。

管理层认为这项分离作为提高业务聚焦的一种方式，提供了更大的机会，让投资者可以在快速成长的速食品业务和较慢成长但稳定的杂货业务中做出选择。管理层也认为收购吉百利扩大了速食品的规模，使其可以抗衡雀巢和百事可乐这样的竞争对手。

讨论题

1. 你认为为什么卡夫不剥离杂货业务，将出售所得用于再投资其快速成长的速食品业务，或者回购股票，抑或同时做出上述动作？
2. 拆分是如何为卡夫食品的股东创造价值的？
3. 在所谓的维权投资者（对短期利润有兴趣）和注重更长期愿景的管理层之间通常存在着天然的紧张关系。这种紧张关系何时对股东有利，何时会损害股东价值？

（所有讨论题的答案可以在本书的网上教师手册找到。）

16.5.1 分拆的动机

剥离对于持有一家企业的股权不足100%的母公司来说，可能不是一个选项，因为潜在的买家通常想收购企业全部的流通股。如果收购的股份少于100%，买家变成少数股东，可能不赞同企业的新主人未来的商业决策。对于处理子公司小于100%的投资来说，分拆是最合适的，由于交换了股票的股东不太可能出售新股票，所以降低了被拆分企业的股价压力。通常愿意交换股票的股东相信子公司的股票比母公司的股票有更大的升值潜力。交换股票减少了母公司的流通股数量，提高了母公司的每股收益，减少流通股数量的影响超过了子公司收益的损失。分拆一般对股东是免税的，只要符合前面在拆分时讨论的美国国税局的要求即可。最后一点是，分拆给了母公司股东选择的机会，他们可以选择持有母公司股票，分拆公司股票，还是同时做这两件事情。

16.5.2 现金分拆

现金分拆（cash-rich split-offs）是常规分拆的变种，通常发生在一家企业持有另一家企业股票的时候。如果一家企业选择从别的企业手中回购自己的股票，它可以用旗下子公司的股票免税地交换其他企业持有的它的股票。假设买方公司持有卖方公司的股票，而后者希望回购其股票(见图16-2)。这可以用一个免税交易进行，卖方公司设立一个新的子公司，将经营资产和负债、现金注入该子公司，以换取子公司股票。子公司资产可以包含最多66%的现金和33%的经营资产。子公司的公允价值必须近似等于卖方公司持有的卖方公司股票的市场价值。卖方公司做一次分拆，用子公司股票换取买方公司持有的卖方公司股票。交易之后，该子公司成为买方公司的全资子公司。这个交易对于卖方公司股东和买方公司股东都是免税的。该交易的缺点是操作太复杂，而且买方公司必须在交易完成后至少经营两年被收购的公司。

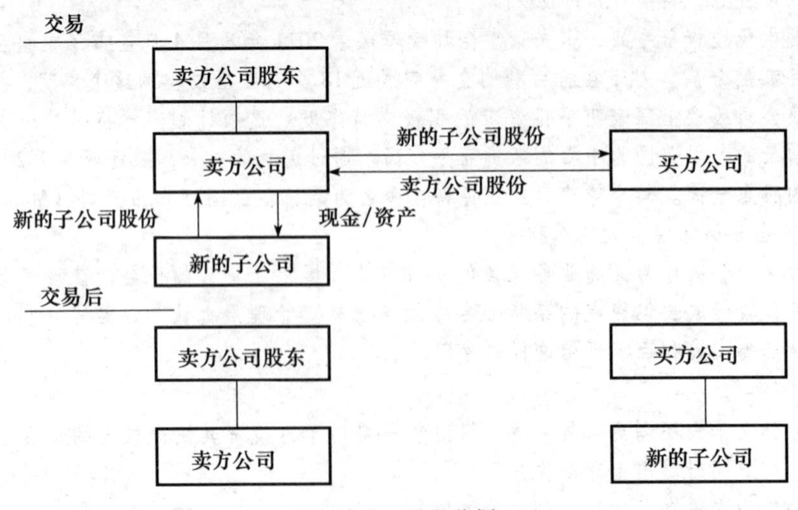

图16-2 现金分拆

新闻集团2007年年初采用免税的现金分拆，达成了购买自由传媒（Liberty Media）的协议，新闻集团用其持有的卫星电视企业直播电视集团（DirecTV Group）38.6%的股份换取自由传媒

（Liberty Media）公司 19% 价值 110 亿美元的股份，其中包括 55 亿美元现金和 3 个体育电视频道。之所以用现金和媒体资产作为对价，是因为用等值甚至更高价值的“类似”资产做交易才能被认定为免税交换。假如将该资产剥离，则两家企业将不得不支付 45 亿美元的销售所得税款。近年来发生的其他现金分拆还有康卡斯特/时代华纳有线、康卡斯特/自由传媒、KeySpan/休斯敦勘探、考克斯通讯/探索通讯，以及 DST 系统/雅努斯资本集团等。

16.6 跟踪股、目标股、未注册股票

这些股票属于特殊的母公司普通股。母公司将其经营业务分为两家或更多个子公司，每家子公司都发行普通股。跟踪股（tracking stock）是一种股东回报与子公司经营业绩相关联的普通股。跟踪股的分红随着子公司业绩上下浮动。这类股票代表了在母公司的所有者权益，而不是在子公司的所有者权益。就表决权而言，有表决权的跟踪股持有人可以就母公司而不是子公司的相关事项进行表决。在发行了跟踪股之后，母公司董事会和最高管理层仍拥有子公司的控制权，因为它在法律上仍是母公司的一部分。跟踪股可以作为分红发给母公司现有股东，也可以作为并购的支付手段，或者向公众发售。

16.6.1 发行跟踪股的动机

跟踪股可以让投资者根据一家企业内不同的经营业务的表现进行估值。没有多少实证证据表明发行和子公司相关的跟踪股会给投资者带来投资机会，因为跟踪股倾向于和母公司的其他流通股，而不是子公司所处行业的股票有更大的关联性。跟踪股为母公司提供了另一条为特定业务筹集资本金的方式，即通过向公众出售一部分股票，以及作为一种另类“货币”用于并购。用基于股票的激励计划来吸引和留住关键管理人员，也可以借助由各业务单位发行自己的跟踪股进行。

16.6.2 跟踪股的税务和会计考量

从财务报告角度看，分配跟踪股会把母公司的股权结构分成不同类别的股票，而实际上并没有进行法律意义上的拆分。与分拆不同，美国国税局现在不会免除跟踪股发行时间 5 年以上，而且由母公司保留控制权的公司的资本利得税。与分拆或股权剥离不同，母公司保留了对公司的全部所有权。一般而言，按比例将股票分配给股东是不需要缴税的。

16.6.3 跟踪股的问题

近年来很少有跟踪股发行，这可能是因为其内在的治理问题和长期较差的表现。母公司不同业务单元之间的矛盾，通常产生于如何将母公司的管理费用在不同业务单元间分配，以及业务单元之间销售产品如何定价等问题。跟踪股可能引发股东诉讼。母公司董事会负责批准经营单元的资本预算。支持一个经营单元的决定，可能对于那些持有其他经营单元跟踪股的人不公平。所以，跟踪股可能会造成股东间形成相互对抗的群体并引发诉讼纠纷。跟踪股也可能拥有表决权。

此外，用跟踪股发动敌意并购的机会实际上为零，因为这些标的企业是被母公司控制的。

16.7 比较各种退出和重组策略

表16-3整理了本章讨论的每种重组策略的主要特征，注意，剥离和股权剥离为母公司带来了现金，分拆和拆分则没有。母公司在所有重组策略中都是存在的。每个重组策略一般都会产生一个新的法律实体。例外的是股权剥离，母公司一般会失去这种重组策略中的控制权。只有分拆、分离和拆分，只要设计得合理，一般不要求股东缴税。

表16-3 退出和重组策略的关键特征

特征	各种策略					
	剥离	股权分拆/IPO	拆分	分离	分拆	跟踪股
现金注入母公司	是	是	否	否	否	是
母公司终止经营	否	否	否	是	否	否
新建法律实体	有时	是	是	是	否	否
发行新股	有时	是	是	是	是	是
母公司保留控制权	否	通常是	否	否	否	是
股东应缴税	是	是	否	否	否	否

16.8 选择剥离、股权剥离和拆分策略

进行剥离的母公司通常都是具有基本上互不相关业务的高度多元化企业，期望业务范围更集中或者为了筹集现金。那些采取股权剥离策略的公司，通常经营一些有协同性的相关行业的业务，与公司有重要的合同义务，而且希望筹集现金。所以，母公司可能为了保持协同性更愿意采用股权剥离，而不是采用剥离或拆分策略。有证据显示，股权剥离的时点会受到管理层认为其子公司资产被高估时的影响。采取拆分策略的企业经常是多元化的，但多元化程度不及那些采取剥离策略的企业，而且也很少需要筹集现金。表16-4列出了经营单元采取各种重组的母公司的特征。

表16-4 经营单元采取剥离、股权剥离或拆分的母公司的特征

退出/重组策略	运营部门的相应特征
剥离	通常与母公司的其他业务无关联 经营业绩通常比母公司差 在剥离前一年的经营表现比同行略差 按照市净率计算，通常以比股权剥离低的价格出售
股权剥离	一般比拆分或剥离的业务盈利性更好，成长更快 经营业绩一般优于母公司 通常是在高市净率的行业经营 在股权剥离前一年，经营表现通常优于同业
拆分	通常比剥离的业务盈利性更好，成长更快 大多数是在与母公司所在行业有关的领域经营 经营业绩不如母公司 在拆分前一年，经营表现略差于同业

资料来源：Ravenscroft and Scherer(1991), Cho and Cohen(1997), Hand and Skantz(1997), Kang and Shivdasani(1997), Powers(2001, 2003), Chen and Guo(2005), and Bergh(2007).

做出退出一项业务的决定需要经过两个阶段。第一阶段是企业决定从一个业务或产品线退出。第二阶段是选择合适的退出策略。当母公司考虑部分或全部退出一项业务时，剥离、股权剥离和拆分是最常用的重组策略。至于选择三种策略中的哪一种，通常主要由母公司对现金的需求、剥离或拆分的业务与母公司其他经营单元之间的协同性，以及出售价格决定。然而这些因素不是相互独立的，需要现金的母公司，相比协同价值而言，那些能够卖出大价钱的业务，更有可能被剥离或采取股权剥离方式。不需要现金的母公司更可能将卖不出大价钱而且协同性小的经营单元拆分出去。对于现金有中等需求的母公司，如果出售价格相比协同效应低的话，则可能采取股权剥离方式。表 16-5 列出了这个两步骤流程。

表 16-5 剥离、股权剥离和拆分：选择合适的重组策略

第 1 步 考量（重组的基本动机）	第 2 步考量		合适的重组策略	重组策略的目的是让母公司
	现金需求	业务价值/业务协同程度		
改变策略/提高集中度	需要现金	高价格/高协同性	股权剥离	可以获得协同效应
		低价格/高协同性	股权剥离	可以获得协同效应
		高价格/低协同性	剥离	收益可以免税[①]
		低价格/低协同性	剥离	
	对现金的需求小	高价格/高协同性	股权剥离	可以获得协同效应
		低价格/高协同性	股权剥离	可以获得协同效应
		高价格/低协同性	拆分	收益不能免税
		低价格/低协同性	拆分	
业务表现不佳	需要现金		剥离	收益可以免税
	对现金的需求小		拆分	收益不能免税
监管顾虑			剥离/拆分	不考虑股权剥离
配合度不足	需要现金		剥离	收益可以免税
	对现金的需求小		拆分	收益不能免税
税务考量			拆分	收益无法避税
募集资金/提高价值			剥离	收益可以避税
降低风险			股权剥离	收益可以避税
脱离核心业务			剥离/股权剥离	收益可以避税
将不想要的业务从之前的收购中剔除			剥离	收益可以避税
避免客户冲突	需要现金		剥离	收益可以避税
	需要很少现金		拆分	收益无法避税

①母公司可以用合并后企业发生的亏损冲抵应税的出售收益，以实现避税。

如果出售一个经营单元所得的税后收入超过其对企业的税后的股权价值，有可能剥离或股权剥离要比拆分更为合适。与拆分不同的是，剥离或股权剥离为企业带来了现金。然而，拆分可能为股东创造出更多的财富，其中有几个原因：第一，如果设计出合适的交易结构，拆分对于股东是免税的。而整体出售时，母公司所获现金作为利得是需要缴税的。此外，管理层必须能够以等于或高于企业资本的成本，将税收收入再投资。如果管理层选择将现金收入返还股东，股东就会产生税负。第二，拆分可以让股东决定何时出售其股票。第三，可能对于一个经营单元来说，拆分造成的创伤较小。如果剥离过程的时间过长则会降低价值：雇员离职，工人生产力下降，客户可能不再续约。

16.9 决定重组策略的股东回报的因素

重组可以通过提高母公司的聚焦创造出价值，将资产转让给那些经营更高效的企业，以及解决代理冲突和财务危机。我们下面讨论这个判断的实证方面的支持证据，根据重组策略的类型分别讨论股东在重组前后的财务回报。

16.9.1 公布前的超额收益

实证研究表明，本章所讨论的各种重组和退出策略，通常为实施策略的公司股东带来正的超额收益。这个结果并不让人惊讶，因为这类行动通常被用来作为解决高度多元化企业众多问题的方法，例如，投资了业绩不佳的业务，未能将经理人的薪酬和他们直接经营业务的业绩联系起来，以及投资者和分析师认为业务太难以评估。另外，包括分割或资产出售的重组策略，可能只是因为该资产对于另一个投资者更有价值而创造出价值。表 16-6 总结了部分重组活动的实证研究成果。

表 16-6 采取重组策略的企业股东的回报

剥离策略	公布前的平均超额收益（%）	剥离策略	公布前的平均超额收益（%）
剥离①	1.6	跟踪股③	3.0
拆分②	3.7	股权剥离④	4.5

①Lang et al. (1995); Allen(2000); Mulherin et al. (2000); Clubb et al. (2002); Ditmar et al. (2002); Bates(2005); Slovin et al. (2005).

②Michaely et al. (1995); Loh et al. (1995); J. P. Morgan(1995); Vroom et al. (1999); Mulherin et al. (2000); Davis et al. (2002); Maxwell et al. (2003); Veld(2004); McNeil et al. (2005); Harris et al. (2007); and Khorana et al. (2011).

③Logue et al. (1996); D'Souza et al. (2000); Elder et al. (2000); Chemmanur et al. (2000); Haushalter et al. (2001); Billet et al. (2004).

④Michaely et al. (1995); Allen et al. (1998); Vijh(1999); Mulherin et al. (2000); Prezas et al. (2000); Hulbert et al. (2002); Hogan et al. (2004); Wagner(2004).

1. 剥离

公布日前后，出售方平均得到 1.6% 的超额收益。买方的平均超额收益是 0.5% 左右。尽管买方和卖方都从剥离中获得了收益，但大多数收益看上去还是给了出售方。总的收益如何分配，最终取决于讨价还价能力更强的一方。

2. 提高企业的经营集中度

管理分属众多行业的不同业务，以及难以准确对这些业务做出估值，导致了 20 世纪七八十年代巨型企业的分拆。在 1970～1982 年发生的与企业主要业务无关的并购，60% 都在 1989 年年底前被剥离了。剥离业务的企业股东所获得的超额收益，主要来自剥离后剩余资产的管理得到了改善。被剥离业务中，75% 是与卖方企业关联性不大的业务。回报可以归结为，经营度以及管理层对较少业务的掌控能力得到提高。企业在进行剥离之后，通过达到集中度更高的同业在核心业务中的投资水平，也改善了其在剩余资产上的投资决策质量。

3. 将资产转给能更有效使用的企业

通过将资产从管理不善的卖方转给一般来说更会管理的收购方，剥离提高了生产力，因而收

购方投资者对于收购方可以产生较高的财务回报和推高股价有一个合理预期。[一]

4. **解决管理层和股东之间的分歧（代理冲突）**

管理层和股东对于公司主要决策有不同意见时，冲突就会产生。如何处置出售资产所得，可能导致这类冲突，因为它们可以再投资于卖方剩余的业务，支付给股东，或者用于企业偿还现有债务。如果这笔收入用于偿还债务或分给股东，那么剥离公布日的超额收益可能是正值。此种结果反映了股东不相信管理层有能力做出明智的投资。

5. **消弭财务危机**

意料之中的是，实证研究表明企业在需要现金时会出售资产。企业宣布出售资产之前的这段时间，通常表现出经营业绩下滑的特征。剥离资产的企业通常现金余额、现金流较少，债券信用评级也比具有类似成长性、风险和利润特征的企业低。经历财务危机的企业更有可能在重组计划中采用剥离而不是其他方式，因为剥离能够带来现金。

6. **拆分**

拆分公布后，母公司股东获得平均 3.7% 的超额收益，是剥离所获平均回报的两倍以上。如果算上剥离创造总财富中买方股东分享的那部分——买方将被收购企业整合后获得的协同效应，回报差距看上去就没那么大了。相反，拆分公布后的母公司股价跳升，反映的是拆分带来的全部收益。拆分和剥离带给股东的超额收益差距也可以归因于税务考量。拆分一般是免税的，而资产剥离所得则需两次缴税。对于拆分而言，母公司通过拆分不相关的业务单元提高了集中度和透明度，以及将财富从债券持有人那里转给股东，为股东创造了价值。

7. **提高集中度**

提高母公司集中度的拆分，比没有提高集中度的拆分能带来更多的财务回报。当拆分提高了公司集中度时，与那些不这样做的企业相比，也会降低多元化折价。拆分同一行业的子公司，因为对于加强公司集中度帮助不大，所以母公司在公布日不会获得正的回报。像剥离一样，通过减少把高效业务产生的现金流投资于效率较低的业务，拆分有助于做出更好的投资决定。母公司在进行拆分之后也更可能投资更有吸引力的业务。

8. **提高透明度（减少信息不对称）**

目标是降低企业复杂度的剥离和拆分，有助于改善投资者评估经营表现的能力。通过降低复杂度，金融分析师能够更准确地预测收益。分析师倾向于调高进行拆分的母公司的收益预测值。

9. **转移财富**

证据显示拆分将财富从债券持有人手中转移到母公司股东，[二]有几个方面的原因。第一，拆

[一] 使用托宾 q 比率（即企业市值与置换该企业资产所需成本之比）作为管理较好的企业的代理变量，Datta 等（2003）发现，对于交易公布期间的回报，买方的 q 比率要比出售方的 q 比率更高。这意味着资产被转移到了管理较好的企业。Maksimovic 和 Phillips's（2001）的发现也支持了这个结论。

[二] Maxwell 和 Rao（2003）留意到债券持有人在拆分宣布当月，平均遭受 0.8% 的超额损失。股东价值在同一期间大约提高了 3.6%。

分在企业经营失败时减少了用于清算的资产：投资者可能因为企业现有的债务而认为其风险较大。[㊀]第二，拆分产生的现金流损失可能导致母公司现金流较少，不够偿还母公司当前债务的本息。股东受益于持有母公司的股票和拆分业务单元的股票，后者具有潜在的升值空间。

10. 股权剥离

投资者将股权剥离公告视为一系列重组活动的开始，例如母公司对业务单元的再次收购、拆分、二级发行或并购。母公司股东获得的丰厚的公告日超额收益平均高达4.5%，反映投资者预期从后来重组中获得的利润。这些超常正回报在母公司发布股权剥离公告后仍保留控制权时会兑现，使得母公司可以发起后面的行动。此外，这些回报倾向于扩大股权剥离的规模。当母公司表明股权剥离中获得的大部分收益将用于偿还债务时，公告日的回报对于母公司股票和债券投资者都会很丰厚。[㊁]

经理人用他们掌握的关于子公司成长潜力的内部信息，决定子公司向公众发行多少股票。如果他们觉得业务单元的增长空间很大，那么他们会更倾向于保留该业务较大比例的股份。当母公司持有子公司的股份低于50%时，股权剥离后，可能比同行表现出更糟糕的经营业绩。母公司会因为预期业绩表现不佳而选择不合并股权剥离的业务单元的报表，后者想通过公司间贷款或分红将现金从参股业务中转走。通过提高母公司的集中度，提供融资渠道，以及解决企业管理层与股东之间的分歧（即代理问题）而创造出价值。

11. 提高集中度

股权剥离中的母公司和子公司经常处于不同的行业领域。不相关的子公司的股权剥离往往会产生较高的正公布日回报。这与平时观察到的股权剥离用于与母公司商业战略不匹配的业务情况一致。不确定的是经营表现是否改善了后续的股权剥离。证据显示在股权剥离之后，母公司和股权剥离的子公司都倾向于比同行更好地改善其经营业绩。然而，也有研究显示经营业绩恶化。

12. 提供融资渠道

股权剥离可以帮助母公司或子公司满足融资需求。企业可能用股权剥离为其高速成长的子公司融资。当市净率（ratio of market value to book value）和股权剥离的业务单元的收入增长很快时，公司倾向于选择股权剥离和剥离，而不选择拆分，以便将出售股权或资产的现金收入最大化。

13. 解决代理问题

有证据表明投资者对股权剥离公告的反应取决于所得如何使用。企业声称将所得用于偿还债务或支付分红可以赚到7%的超额收益，而那些声称将所得再投资的企业，只能得到最小的回报。

14. 跟踪股

反映了初始投资者的热心，一些研究显示跟踪股在公布日前后会产生显著的正的超额收益。研究重点是上市交易的跟踪股是否会提高对母公司发行的其他股票的需求。[㊂]然而，也有证据表

㊀ 作为流动贷款抵押物的资产可能无法拆分，以免违反贷款契约。

㊁ 剥离获得的现金用于回购流动性负债，这会提高债券持有人的回报。减少负债意味着减少利息支出，以及将更多的现金用于分红和回购股票。参见Thompson和Apilado（2009）。

㊂ Clayton和Qian（2004）发现证据，在发行了公开上市跟踪股之后，母公司的股价会上涨。然而，Elder等（2000）没有发现证据表明跟踪股会导致母公司或其他子公司获得更大收益。

明投资人对长期持有跟踪股不抱幻想，对于公布日前后平均 13.9% 的股东超额收益，企业将取消跟踪股的发行。

16.9.2 股权剥离后和拆分后的股东回报

股权剥离和拆分更有机会跑赢股票市场指数，因为股价反映了人们猜测其将被收购，而非经营业绩的改善。1/3 的拆分是在母公司拆分后的三年内被收购的。将那些被收购的拆分案例排除在外，则剩下的拆分的表现并不出众。拆分只是提供了将公司资产转给收购方的一个有效的创造价值的方法。收购概率高于那些采取股权剥离的业内相似企业。如果涉及母公司和子公司处于不同国家，拆分通常会表现出显著的正的超额收益。持有母公司拆分单元的股票所带来的财富收益大小，在那些并购活动活跃的国家比较高。这反映了拆分单元成为并购标的的机会增加。

越小的拆分（那些市值小于 2 亿美元的项目）可能跑赢越大的拆分项目（市值超过 2 亿美元）。这可能是不太熟悉企业业务的投资者倾向于低估母公司拆分出的业务单元价值的结果。股权剥离大多独立于母公司（母公司倾向于持有低于 50% 的股权），可能会大幅跑赢标准普尔 500 指数。跟踪股的长期表现证据则难以分辨。[⊖]

记忆要点

剥离、拆分、股权剥离、分离和分拆是常用的重组和退出策略，通过处理资产和特别分红，将现金或非现金资产返还给股东，或者用现金收入偿还债务。平均而言，这些重组策略在宣布前后会为股东创造正的超常财务回报，因为那样做有可能解决母公司面对的问题。然而，拆分、股权剥离和跟踪股的较长期表现难有定论。

讨论题

16.1 跟踪股对于投资者和企业的优点和缺点有哪些？

16.2 在出售企业时，你将怎样做出决定？

16.3 什么因素影响了母公司决定采用拆分而不是剥离或股权剥离？

16.4 支付形式会怎样影响买方和卖方的超额收益？

16.5 拆分是怎样导致财富从债券持有人转移到股东的？

16.6 说明为何成功地实施一项大规模剥离会是高度复杂的工作？特别是在当被剥离单元与母公司职能部门是一体的而其他单元由母公司经营时更是如此。考虑在时间、独立性、监管要求、客户和员工认知方面所面对的挑战。

16.7 为了努力提高股东价值，USX（美国钢铁集团）宣布有意将美国钢铁和马拉松石油分为两个独立上市的公司。这样做将给马拉松石油股票的持有人一个参与正在进行中的全球油气行业整合的机会。持有 USX 普通股（标的股票）的人将会成为在匹兹堡新成立的美国钢铁公司的持股人。是否还有其他方式可以让 USX 提高其股东价值？你认为是什么原因促使其采用分拆策略而不是其他方式？

⊖ Chemmanur 和 Paeglis（2000）发现母公司股票一般会跑输主要股票指数，而跟踪股通常会跑赢行业股票指数。但是 Billett 和 Vijh（2004）发现，在发行跟踪股之后，跟踪股的财务回报是负数，而母公司获得了统计上的不显著的正回报。

16.8 惠普1999年宣布拆分其Agilent技术公司，将精力集中于主要业务——计算机和打印机。惠普直到2000年年中仍保留着控制性股份，而将持有的Agilent其他股份以免税交易方式转给了惠普股东。讨论为何惠普应该采取分阶段交易方式，而不是将业务一次性整体剥离或拆分。

16.9 在尝试将其持有的81%的Blockbuster公司股票脱手之后几个月，Viacom在2004年年中实施了一项拆分。为何Viacom选择拆分而不是将Blockbuster剥离？说明你的理由。

16.10 从2001年开始，通用电气这一全球最大企业集团已经开始跑输标准普尔500股票指数。2008年年末，该公司宣布将拆分其消费和工业部门。你认为通用电气将进行的重组动机是什么？为什么你认为它要选择拆分而不是其他重组策略？

（所有讨论题的答案可以在本书的网上教师手册找到。）

:: 案例分析 16-2

解剖反向莫里斯信托[1]

要点

- 退出现有业务有可能比继续经营创造出更大的股东价值。
- 交易结构可以对企业的未来战略战术施加很大限制。

2009年年末，钻石食品公司（Diamond Foods）进行了深入评估之后，非正式地表达了对品客（Pringles）品牌的兴趣。宝洁，这家世界领先的家庭用品制造商认为，将品客剥离而不是继续留在手中，可能会给股东带来更大的价值。品客是一个有代表性的薯片品牌，销往140个国家，在美国、欧洲和亚洲都有业务。

钻石食品公司的管理团队一直视“品客”品牌为打造、收购和激活品牌战略的一个有吸引力的标的。收购品客会使其速食品业务规模扩大两倍，而且会对其产品销售方式产生更大的商业影响力。并购还会让钻石食品进入亚洲、拉美和中欧市场。扩大的地域分散度意味着该公司的收入中将有近一半来自国际市场销售。

经过多轮谈判协商，钻石食品和宝洁公司2011年4月15日宣布它们有意将宝洁的子公司品客并入钻石食品，该项交易价值23.5亿美元。收购对价包括价值15亿美元钻石食品普通股（每股51.47美元），钻石食品还将承担品客8.5亿美元的未偿债务。交易的方式被设计为让宝洁股东可以递延从交易中获得的收益，而且因为宝洁在品客的低税基，该交易为宝洁带来了15亿美元一次性税后收益。

用宝洁股票和品客股票互换，降低了宝洁流通在外的普通股数量，部分抵消了宝洁失去品客收益对每股收益的影响。钻石食品同意按与品客股票1:1发行新股。钻石食品针对参与换股的宝洁股东发行了2 910万普通股，占到合并后公司股份的57%，钻石食品的股东持有剩余股份。该项交易被设计为反向莫里斯信托式并购（a reverse Morris Trust acquisition），将一个分立式重组（divisive reorganization，例如，拆分或分拆）和一个收购式重组（acquisitive reorganization，例如，法定合并）结合起来，使得可以按照美国法律免税交换子公司。使用分立式重组，需要设立一家上市公司，然后将其与另一家壳子公司（非上市企业）合并，保留壳公司继续经营。

交易结构包括四步，在双方签订的分割和交易协议中列明如下：①设立一家包含品客资产和负债的由宝洁全资持有的子公司；②将这家子公司重新资本化；③通过分拆换股将该子公司分离出去；④与钻石食品公司全资子公司合并。分割协议包括前三步，最后一步在交易协议中有详细规定。

根据分割协议，宝洁将部分品客资产和负债归入品客公司，这是宝洁新成立的一家全资子公司。

[1] 本案例讨论的这项交易只是示意性的。下面公布的钻石食品公司的报告收益，因为会计方面的问题需要做出大幅调整。宝洁最终于2012年因交易触发了明显不利变化条款而终止了收购协议。

在宝洁和钻石食品达成品客公司的协议股权价值为 15 亿美元，或每股 51.47 美元之后，品客公司通过向宝洁发行 2 910 万股品客公司股票进行了重新资本化。为了完成将品客从母公司分离，宝洁在交易完成日向参与换股的宝洁股东发放了品客公司股票。

此外，品客公司借款 8.5 亿美元，并用这笔钱支付了宝洁一笔现金分红，还从宝洁关联公司收购了一部分品客资产。由于宝洁是品客公司的唯一持有人，分红就属于公司内部支付，因而无须缴税。如果换股未能全部完成，宝洁就应该通过免税拆分，将剩余股票作为分红发放给宝洁股东。交易协议列明了完成与钻石食品合并的条款。在上面的工作完成后，品客公司立即与钻石食品持有的全资壳子公司（Merger Sub）合并，并将后者保留继续经营。在换股之后的品客公司普通股自动获得与钻石食品普通股按 1:1 转换的权利。合并之后，钻石食品通过这家全资壳子公司拥有并经营品客（见图 16-3）。

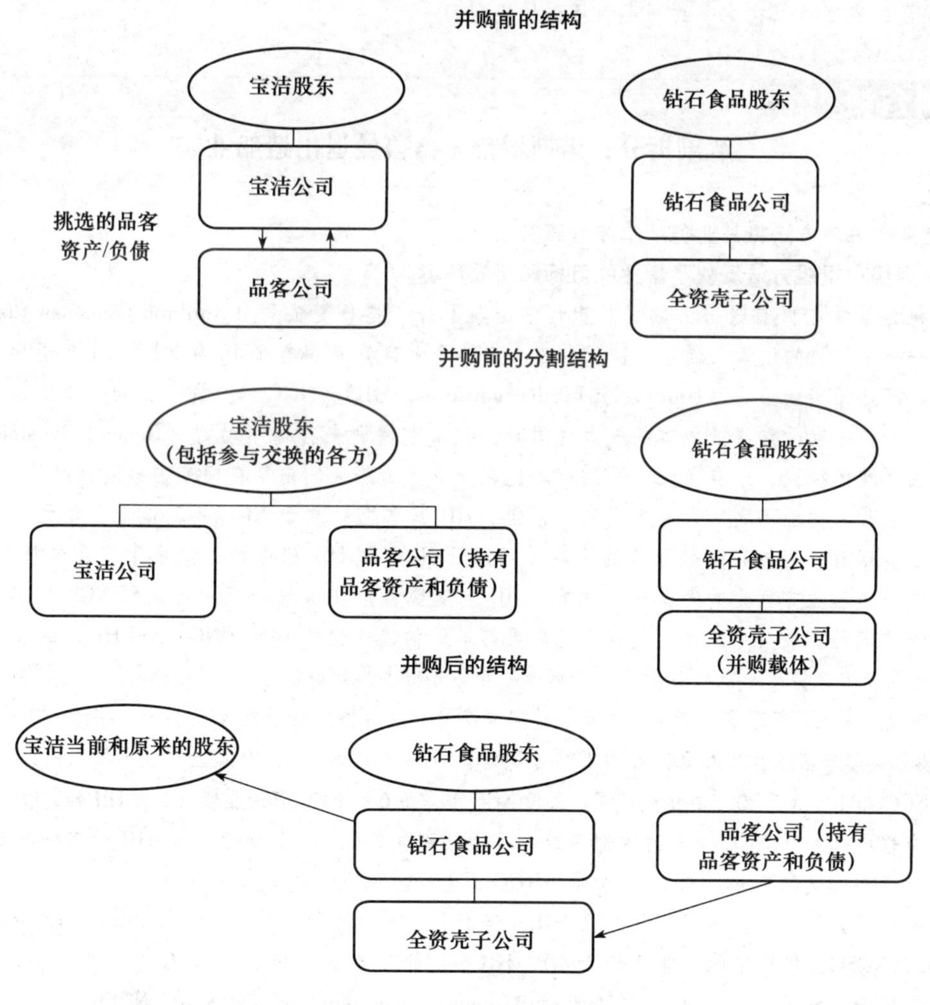

图 16-3　反向莫里斯信托

在合并之前，钻石食品早已在公司注册文件中制定了反并购措施，包括分类董事会，禁止股票持有人通过书面同意（即同意函）采取行动，以及要求在股东会议提出建议前先发出通知。在合并之后，钻石食品公司采纳了一个股东权利计划（a shareholder-rights plan）。该计划允许权利人在有人或机构收购钻石食品公司 15% 或更多的流通股时，每股可以购买钻石食品 1/100 的 A 类初级参与分红优先股（junior participating preferred stock）。优先股持有人（除了引发这项行动的那个人或机构）将可以收购钻石食品的普通股（内翻式毒丸），或者以每股60美元收购钻石食品公司合并的公司股票（外翻式毒丸）。除非钻石食品公司董事会延长期限，这类权利将于2015年3月到期失效。

讨论题

1. 品客与钻石食品的合并可以作为宝洁拆分品客的结果。说明这件事是如何发生的（细节）。
2. 推测为何宝洁分拆而不是拆分品客，作为后来与钻石食品合并计划的一部分。请具体说明。
3. 为何这项交易要受莫里斯信托税法管辖？
4. 在这类交易中，宝洁和钻石食品股东的价值是如何创造出来的？
5. 以所采用的交易结构而言，为何钻石食品在与品客合并后增加的一项股东权利计划是有意义的？

（所有讨论题的答案可以在本书的网上教师手册找到。）

:: 案例分析 16-3

解剖拆分：诺斯罗普·格鲁曼退出造船业

要点

- 企业有许多方法将其业务从本体分离。
- 采用哪种重组方法反映了企业的目标和所处环境。

为了将力量放在更有吸引力的成长市场，诺斯罗普·格鲁曼公司（Northrop Grumman Corporation，NGC）——全球领先的航天、通信、防卫和安全系统企业，宣布将在2010年10月15日退出其成熟的造船业务。亨廷顿实业公司（Huntington Ingalls Industries，HII），NGC的全资子公司，美国最大的军用舰船制造商，在一直受到降低成本的压力的同时，也不断遭遇来自通用动力（General Dynamics）等竞争对手日益严峻的挑战，来自美国海军的订单也在减少。造船业的前景在短期内也没有好转的迹象。

由于造船和其他业务之间只有有限的协同性，HII基本上独立于NGC的其他业务单元。NGC的管理层和董事会认为它们放弃造船业务的决定，可以让NGC和HII都将精力集中于自己最擅长的领域。此外，考虑到造船业务巨大的经营资本需求，HII会发现直接在市场融资，会比和NGC的其他业务单元争夺融资更容易。最后一点是，投资者可以更好地评估集中化的公司（NGC and HII）的价值。

在评估了所有选择后，NGC认为拆分是将造船业务分出去的最高效方式。如果做好交易结构设计，拆分无须股东缴税。而且，管理层认为它可以更快地完成交易，这样做对经营的不良影响，要比一次性出售业务来得小。拆分这部分相当于NGC 2010年收入的约1/6。2011年3月31日，HII的全部流通股以按比例分配的方式拆分给NGC 2011年3月30日在册的股东。每位NGC股东每6股NGC普通股换取1股HII普通股。[⊖]

拆分流程包括一个NGC业务的内部重组，一项分离和分配协议，最后是将HII股票分配给NGC股东。内部重组和后续的拆分如图16-4所示。NGC（是指当时的NGC）首先将业务重新组织，以便该公司变成一家控股公司，其主要投资将包括HII和诺斯罗普·格鲁曼系统公司（Northrop Grumman Systems Corporation，NGSC，包括了所有非造船业务）。HII被打造成控股拆分后的NGC造船业务公司——此前被称为诺斯罗普·格鲁曼造船公司（Northrop Grumman S hipbuilding，NGSB）。NGSB在拆分后被纳入HII。为了反映新的组织架构，当时NGC的普通股全部换成了新NGC的股票。在这次内部重组之后，将HII股票分配给NGC的普通股股东。

⊖ 用HII的1股普通股交换NGC的6股普通股的换股比率，是用HII 4 880万普通股（面值0.01美元）除以2.98亿股NGC流通股算出的。因为有零散股份，所以持有100股的股东将获得16.666 7股（即100/6）。在这个例子里，股东将收到16股HII股票和与0.666 7股等值的现金。这部分现金是将所有零散股收集在一起，通过交易所出售所获得的资金。这部分现金按比例分配给NGC股东，由其自行缴税。

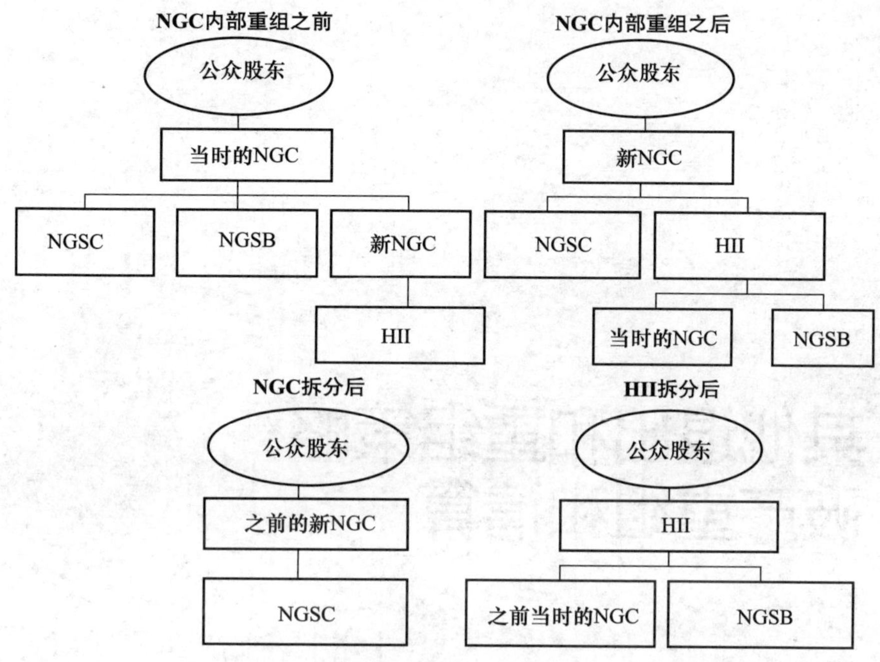

图16-4　拆分示意图

拆分完成后，HII成为独立于NGC的公司，NGC不再持有HII股权。当时的NGC改名为Titan Ⅱ，成为HII直接控制的全资子公司，除了当时NGC对HII造船合同的业绩担保（拆分前的由NGC提供的担保）和HII需偿还给NGC的内部负债之外，没有其他大的资产或负债。新的NGC继承了原来的名称（Northrop Grumman Corporation）。在重组后，董事会没有改变。

因为当时的NGC和新的NGC交换股票没有改变股东的税基，所以普通股持有人没有发生收益或损失。类似地，分配HII股票也没有造成收益或损失，因为在总投资上并没有发生任何变化。也就是说，HII股票的价值冲抵了NGC股票价值的相应损失，反映为HII现金流的减少。

拆分前，HII与NGC签订了一项分离和分配协议（Separation and Distribution Agreement），约定了HII和NGC在完成拆分之后的关系，并规定了这两家企业如何配置资产、负债和义务（例如，员工福利、知识产权、信息技术、保险以及与税收相关的资产和负债）。该协议也约定了NGC和HII相互间将免除（补偿）对方在相关业务中产生的任何负债。作为协议的一部分，HII同意至少在交易后的两年内，不从事任何诸如并购之类（包括换股）可能改变企业所有权超过50%的交易。控制权的改变可能违背美国国税局的“权益连续性”要求，破坏拆分的免税基础。所以，HII采取了一些并购防御措施，使得并购变得困难。

讨论题

1. 推测为何诺斯罗普·格鲁曼公司采用了拆分而不是剥离、分拆或分离，将HII与其他业务分割开。与其他重组策略相比，拆分的优点有哪些？
2. 假设没有其他对冲因素，在拆分了HII之后，对NGC股价的最可能的影响会是什么？
3. 为何从母公司拆分出的企业通常会马上采取反并购措施？
4. 为何美国国税局关注拆分业务的控制权变化？
5. 说明你作为分析师将如何评估HII拆分对NGC股价的长期影响。

（所有讨论题的答案可以在本书的网上教师手册找到。）

CHAPTER17

第17章 其他退出和重组策略：破产重组和清算

成功孕育了对失败可能性的忽视。

——海曼·明斯基

并购内幕 摄影界偶像柯达宣布破产——创造性毁灭的牺牲者

关键点

- 作为数码相机的发明人，柯达（Kodak）明白其传统胶卷业务危机重重。
- 柯达顾及胶片业务，无法快速为自己重新定位和避开失败。
- 第11章重组提供了合并机会，挽救业务和就业，将债权人的损失降到最小，限制了其对社区的影响。

经济史学家约瑟夫·熊彼特将自由市场过程描述成新技术和去监管创造的新行业，通常要以现有行业为代价，这被称为"创造性毁坏"。从短期看，这个过程对于现有员工可能具有很强的负面影响，他们的技能变得没用了；投资者和公司所有人受到影响，他们的公司不再有竞争力；社区的失业增加，税收收入减少。然而，从长期来讲，这个过程通过提高生产力，增加实际收入和休闲时间，会提高生活水准；刺激创新；扩大提供产品和服务的范围，对消费者的价格通常也更低，并且提高了税收收入。柯达就是这个过程的一个近期案例。

柯达由乔治·伊士曼（George Eastman）于1880年设立，已经成为被先进技术甩在后面的最大企业，在2012年年初柯达宣布向破产法庭申请保护。柯达建立的相机胶卷市场，在遭受一系列挫败之前，最近40多年里一直主导着这个市场。第一个国外竞争者，是日本最知名的富士胶卷，迫使柯达胶卷降价。然后是日益受欢迎的数码摄影侵蚀了传统胶卷的市场需求，逐步导致该公司在2003年停止了其在传统胶卷业务上的投资。尽管发明了数码相机，但柯达并没有继续开发，而是在2012年2月12日宣布停止生产数码相机。柯达未能大步跨入数码世界，可能是因为担心其胶卷核心业务受到影响。这个顾虑也决定了胶卷最终失败的命运。

柯达关闭了 13 家生产厂和 130 个实验室，并将员工人数从 2003 年的 63 000 人裁减到 2011 年的 17 000 人。近年来，该公司采取了双管齐下的战略：进入喷墨打印机市场并发起针对盗用柯达数码专利的企业的专利权诉讼，以期获得专利使用费。柯达技术可以在所有先进的数码相机、智能手机和平板电脑中发现，柯达在 2003～2010 年通过达成和解安排，从侵犯专利权的公司手中获得 30 亿美元。但是来自这方面的收入在 2011 年差不多没有了。

从 2004 年以来，该公司只有一年是盈利的，它逐渐用光了现金。在宣布申请破产保护那天的市值已经萎缩到 1.5 亿美元，而 1995 年的市值是 310 亿美元。柯达声称拥有 51 亿美元资产和 68 亿美元债务，仍有一定的支付能力。公司按照第 11 章的破产保护条款，向纽约下城区的破产法庭提交了破产保护申请，但不包括该公司在美国以外的附属公司。柯达申请破产的目的是争取时间，为其拥有的 1 100 项数码专利找到买家；继续裁减现有员工；大幅减少保健和养老负担，以及重新谈判更优惠的偿付债务条件。柯达从 2011 年 8 月就开始出售其专利，但一直没收到任何报价，因为潜在买主担心在柯达申请破产保护之后，他们可能被要求将这些资产退还给债权人。尽管该公司为其养老责任已经拨付了足够的资金，但该公司仍拖欠 38 000 名美国退休员工的保健福利费，2011 年这笔费用达到 2.4 亿美元。柯达还声称从花旗银行获得了 9.5 亿美元贷款，支撑其破产保护期间的运营。而且，该公司在 2012 年 3 月提出了针对一批竞争对手的专利诉讼，其中包括富士胶卷、动态研究公司（Research in Motion，RIM）和苹果公司，目的是提高其待售专利的价值。然而，法庭于 2012 年年中判决苹果和 RIM 公司都不受柯达专利约束。2013 年年初，柯达宣布将额外出售一些资产（包括其相机胶卷业务以及颇有价值的商业扫描仪和软件业务），因为出售剩余的数码影像专利仅获得了 5.25 亿美元，远低于公司预期的近 20 亿美元。出售这些业务彻底封住了柯达的生路。2012 年 9 月底，柯达宣布将暂停个人喷墨打印机的生产和销售。柯达还从破产法庭法官那里获准在 2012 年年底停止支付 56 000 名退休员工的医疗、牙医和人寿保险福利。

柯达必须表明有财务支付能力，才可以作为重组企业退出第 11 章的破产保护，或者被另一家企业并购。该公司将最后一线希望寄托在通过出售商业打印设备和服务业务生存下来，这项业务在 2012 年产生了大约 20 亿美元的收入，但是其规模还不足以实现盈利。如果无法表现出财务支付能力的话，柯达将面临被清算，无论是哪一种情况，对于一家摄影界的标志性企业来说，都是一个悲剧性结局。

本章概览

对于经营失败的企业而言，破产和清算也是重组和退出策略。我们将详细讨论发生在破产保护法庭内外的改组和清算活动。本章也将讨论经营失败企业常用的战略选择，以及如何对这类企业估值；现行的破产预测模型，以及有关财务不良企业表现的一些实证研究成果。本书配套网站（http://booksite.elsevier.com/9780123854872）在“学生学习指南”（Student Study Guide）文件夹中提供了本章回顾。

17.1　商业失败

失败的企业可能是陷入财务不良，比如资产价值缩水、支付困难和现金流减少。财务不良这个说法没有一个严格的技术或法律上的定义。这个术语用于一家无法承担责任的企业或违约的证券发行人。[⊖]当一家企业到期无法偿还负债时，就是技术意义上的破产。法律意义上的破产发生在一家企业的负债超过其资产的公允价值之时，因为只有在该企业的资产清算后超过了其负债的

⊖ 穆迪信用评级公司将违约定义为无法支付利息或本金，处于破产、破产清算或通过交换降低债务状态，例如，发行人可以向债券持有人提供一种新证券或证券组合，如优先股或普通股，或者比他们的应付息率更低的债券。

账面价值时，债权人的索偿才能够得到满足。用于保护技术或法律上破产的企业在做出关闭或继续经营该企业的决定之前免受债权人诉讼的法律手续被称为破产保护。一家企业在其提出申请或其债权人向联邦破产法庭提出申请进行改组或清算之前，并没有破产或处于破产状态。[⊖]

破产清算（receivership）是一种破产方式，由一位法庭或政府任命的人员（即破产管理人）掌管资产和企业事务，根据法庭或政府指令进行处置。任命破产管理人的目的是让其担任托管人，在官员、董事或股东之间的争议解决之后清算企业的资产。无论在何种情况下，企业的债务未经破产法庭批准不得处置。在大多数州，破产清算只有在诉讼进行中且法庭认定合适时才会生效。监护权（conservatorship）是一种相对于破产清算限制更少的一种方式。尽管破产管理人希望终止股东和经理人的权利，但是监护人只是希望暂时接管这些权利。例如，2008 年 7 月，经营失败的 IndyMac 银行被联邦储蓄保险公司采取了行政破产清算措施，该银行的资产和担保负债被转给一家称作 IndyMac 联邦银行的“过桥银行”，直到这些资产可以被清算。2008 年 9 月，联邦国民抵押协会与联邦住房贷款抵押公司的 CEO 和董事会被解雇、解散，在其资产组合减少期间，两家企业由联邦住房金融署负责监护。

负债企业和其债权人可能选择在破产之外达成一项安排，在法庭保护下，或通过一个提前包装的破产（a prepackaged bankruptcy）——这是两种方案的混合方式。下面将讨论这两种方案。

17.2 破产之外的自行处理

一家破产企业与其债权人可能同意在庭外重组企业债务，避免破产处置的成本，因为这样做通常为债权人和所有者提供了挽回最大损失的机会。这个过程一般包括负债企业要求与债权人开会。债权人委员会分析债务企业的财务状况，并提出采取行动的建议：企业继续经营或清算。

17.2.1 自行处理之后继续经营

债务人和债权人合作制订的重组计划通常被称作债务展期计划，这是破产之外的安排，是由债务人和债权人确定的对债务的支付计划和重新规划。由于企业虚弱的财务状况，债权人只得重组这家无偿付能力企业的债务，以便能够继续使其经营下去。债务重组（debt restructuring）包括债权人的让步，降低无偿付能力企业的偿还额，以使其能够继续经营。重组一般有三种途径：展期、妥协或者股债互换。展期（extension）发生在债权人同意延长债务人偿债期限的时候。债权人经常会同意暂时中止偿付利息和本金。妥协（composition）是指债权人同意少收回一部分债款。股债互换（debt-for-equity swap）是指债权人将一部分债权交换企业的所有权。如果减轻偿还的债务能够让企业起死回生的话，那么从长期看，其股票价值可能会远远超过债权人放弃的债款金额。

阅读资料 17-1 讨论了一个债务重组，通过将债务转变为股权，使得企业得以继续经营。尽管

⊖ 流动性和偿付能力经常被误用。流动性是指企业持有充足现金的能力（与陷于应收款和库存相反），可以满足其马上到期的偿债要求而无须变卖资产。偿付能力意思是说一家企业无法支付账款。一家有流动性的企业更可能具有偿付能力（即能够支付账款），然而，并非全部有流动性的企业都具有偿付能力，也不是全部有偿付能力的企业都具备足够的流动性。

这家幸存下来的企业 Survivor 公司的息税前收益（EBIT）是正的，但仍不足以支付利息。如果计入需偿还的本金，则现金流变为负数，将导致该公司技术上失去偿付能力。作为债务重组的一个结果，Survivor 公司得以继续经营，然而，该企业的贷款方现在持有该公司的控股权。请注意，同样的重组既可以在庭外自行进行，也可以在法庭监督下进行破产保护重组。后者将在本章稍后讨论。

阅读资料 17-1

Survivor 公司重组其债务

Survivor 公司现在有 40 万股流通的普通股，面值为每股 10 美元。其债务的当前利率是 8%，期限为 20 年。联邦、州和当地的税率加总为 40%。该企业的现金流和资本情况见表 17-1。假设债券持有人希望按当前每股 10 美元，将 500 万美元债务转换为股份。这就要求 Survivor 公司发行 50 万股新股。这样做的结果将产生正的现金流，大幅降低了企业的负债率（债务占总资本比率），并导致控制权转移给债券持有人。公司的原股东现在仅持有公司 44.4% 的股份（400 万/900 万）。修正后的现金流和资本头寸如表 17-2 所示。

表 17-1　现金流和资本头寸

收益和现金流(美元)		总资本(美元)	
息税前收益	500 000	债务	10 000 00
利息	800 000	股本	4 000 000
税前收益	(300 000)	总计	14 000 000
税款	120 000		
税后收益	(180 000)	债务/总资本	71.4%
折旧	400 000		
本金偿还	(500 000)		
现金流	(280 000)		

表 17-2　修正后的现金流和资本头寸

收益和现金流(美元)		总资本(美元)	
息税前收益	500 000	债务	5 000 00
利息	400 000	股本	9 000 000
税前收益	100 000	总计	14 000 000
税款	40 000		
税后收益	60 000	债务/总资本	35.7%
折旧	400 000		
本金偿还	(250 000)		
现金流	210 000		

17.2.2　自行清算

如果债权人确信无偿付能力的企业情况不会发生转机，那么清算可能就是唯一可以接受的做法。清算可以在庭外通过私下清算的方式进行，或者通过美国破产法院进行。如果该无偿付能力的企业同意进行清算，而且所有债权人也同意的话，则不必通过司法途径处理。债权人通常更青睐私下清算，以避免漫长和成本高昂的法律诉讼。通过一个授权流程，一个代表债权人的委员会可以将企业资产托付给第三方进行清算，这个第三方被称为受托人或信托人。受托方的职责是尽可能以最好的价格，尽快出售资产。该受托方将出售资产所得分配给债权人，如果还有剩余，则交予该公司的所有者。

17.3　重组和破产清算

如果未能达成庭外自愿处理的安排，债务方可以提交破产保护申请，或者被其债权人强制清算。在债务方向破产法庭提出申请时，该破产被称为自愿性的。如果是由债权人提出申请，则被称为非自愿性的。一旦提出了破产保护，债务方将会得到免于就其债务采取的进一步法律行动的保护，直至破产处理过程结束。破产保护申请一旦被法庭受理，会自动中止一切活动，暂停判决、收集、赎回债权人的资产收回以及破产保护提请前的索偿。

17.3.1 美国破产法律和实践的演进

美国破产法律的重点是让处于困境的债务方进行改组并重获生机。除了第12章，现行破产法的所有章节都是按照单数编排的。第1、3、5章是通用情况，而第7、9、11、12和13章分别涉及清算（商业和非商业）、市政破产、公司改组、家庭农场债务调整，以及工薪阶层或个人重组。第15章适用于国际案例。

《1978年破产改革法案》大幅修改了破产法律，加入了一个严格的公司改组机制，作为美国破产法的第11章。1978年法律还放宽了公司申请破产的条件，企业可以宣布破产而不必等到真正破产。《1994年破产改革法案》包含了加速破产的规定，并鼓励个别借款人使用第13章重新规划其债务，而不是使用第7章进行清算。

2005年4月19日，《预防滥用破产和消费者保护法案》（Bankruptcy Abuse Prevention and Consumer Protection Act，BAPCPA）成为法律。尽管新法主要影响的是消费者备案，但BAPCPA仍对公司备案产生了影响，特别是对小公司的影响最大（即那些债务低于200万美元的公司）。BAPCPA改变了以下过程：①对于借款人有排他性权利提出一项计划，缩短了最长处理时间；②缩短了借款人接受或拒绝租约的时间；③限制了对关键员工保留计划的补偿额。在BAPCPA生效之前，借款方只要有说得过去的理由，就有可能要求破产法庭法官延长提交改组计划的时间。一旦法官判决该借款人已经被给予充分时间，那么任何一个债权人都可以提交改组计划。新法规定18个月的排他期要从破产备案之日起算。借款方之后有2个月的时间说服债权人接受计划，因此在债权人提交其改组计划之前，为借款人争取了最长20个月的时间。

最后一点是，第15章是2005年BAPCPA加入美国破产法的内容，反映了接纳1997年联合国国际贸易法委员会（UNCITRAL）通过的《跨境破产示范法》（Model Law on Cross-Border Insolvency）。UNCITRAL的目的是为跨境破产案的法律体系之间提供更好的协调机制。第15章在本章稍后会有更详细的讨论。

17.3.2 第11章重组的备案

第11章重组可能包括一家公司、独资企业（sole proprietorship）或合伙企业。既然公司被视为独立于其所有者（即股东），那么第11章公司破产除了对其所持有的企业股票的价值之外，不会对股东个人资产造成风险。相反，独资企业和所有者不是分离的，独资企业破产会波及业务和所有者——借款人的个人资产。和公司一样，合伙企业作为一个与合伙人独立的实体存在。在普通合伙企业破产案中，由于合伙人个人对合伙企业的债务和义务承担责任，故而他们可能被起诉，其个人资产用于赔付债权人，迫使合伙人申请破产。

图17-1总结了按照第11章重组备案的流程。这个流程开始于向联邦破产法庭提出申请，对于非自愿提出的申请，必须举行听证会，决定这家企业是否已破产。如果这家企业应该破产，法

庭发出救助令，启动破产保护程序。在重组申请备案之后，备案企业成为持有全部资产的债务人，有最长 20 个月的时间说服债权人接受其改组计划，在那之后，债权人可以提出自己的改组计划。如果出现舞弊，债权人可以要求法庭任命一名信托人，在重组期间取代债务人管理企业。

图 17-1 破产重组流程

美国信托人（美国司法部的破产管理部门）任命一个或多个委员会代表债权人和股东利益。这些委员会的目的是与债务人一起，根据第 11 章制订一项重组计划。债权人和股东按照不同的索偿权分组，对于债权人来说，这项计划必须经过索偿价值超过 2/3 的持有人和各组债权人简单多数批准。对于股东而言，每组 2/3 的人（例如，普通股股东和优先股股东）必须批准这项计划。计划被债权人接纳之后，债券持有人、股东和破产法庭也须批准该重组计划。即便债权人或股东否决了该计划，法庭仍有权忽略该表决结果，只要确定该计划对债权人和股东公平且可行，即可批准该计划。最后一点是，债务人负责向对该项计划提供了服务的各方支付费用。

17.3.3 实施第 7 章清算

如果破产法庭确认重组是不可行的，则企业可能被迫清盘。根据美国法院行政管理署（Administrative Office of the U. S. Courts）的统计，大约 70% 的破产备案是按照第 7 章而不是按照第 11 章进行重组。之所以第 7 章清算占多数，可能是有担保债权人倾向于强迫债务人清盘，以便通过出售贷款抵押物收回欠款的结果，这通常会损害无担保债权人和股权投资者的利益。

根据第 7 章，信托人有责任清算企业资产，保留记录，检查债权人的索偿要求，分配处置收入，以及提出清算的最终报告。支付索偿的优先顺序依照破产改革法案第 7 章的规定，信托人在企业清算时必须遵守。[㊀]所有有担保债权人在企业作为抵押物的资产清算后获得赔付。[㊁]如果出售这些抵押物资产的所得无法满足全部有担保债权人的申索要求，从那部分未收回的金额来说，他们变成了无担保（普通）债权人。如果出售抵押物资产的所得超过了有担保债权人的申索要求，多出来的那部分收入用于支付一般债权人。第 7 章清算不意味着所有员工会失去工作。当一家大型企业按照第 7 章破产，在清算过程中，该公司的一部分可能完整无恙地出售。

阅读资料 17-2 讨论了如何清算一家法律上破产的公司。在这个资料中，破产法庭、所有者和债权人未在 DOA 公司的重组计划上达成一致意见。结果是法庭颁布命令让该公司依照第 7 章清

㊀ 第 7 章要求清算所得的分配按照以下顺序进行：①行政性索偿（如律师费、法庭成本、会计师费用、信托人费用和其他在清算企业资产中产生的费用）；②法定索偿（如税款、租金、消费者订金，以及破产保护之前未支付的薪资福利，不超过一定限额）；③有担保债权索偿；④无担保债权索偿；⑤股权索偿。

㊁ 完全有担保债权人，如债券持有人和抵押贷款放贷人，对于贷款抵押物或同等价值的抵押物拥有合法强制执行权。如果贷款抵押物的价值等于或超过了贷款额，则债权人得到完全保护。基于这个原因，完全有担保的债权人不参与破产信托人清算资产所得款项的分配。

盘。注意这个资料与私下或自愿的庭外清算有两个重要的不同点：第一，实施清算所发生的费用会更低，因为清算不包括太多的法律程序。第二，处置收入的分配能够反映债权人和所有者谈判的索偿优先顺序，这与《破产改革法案》第 7 章的规定不同。

阅读资料 17-2

DOA 公司按照第 7 章清算

表 17-3 是 DOA 公司的资产负债表。唯一没有出现在表中的负债是破产程序产生的成本，这部分作为费用没有做资本化处理。出售 DOA 资产产生了 540 万美元现金。处置所得的分配如表 17-4 所示。注意所得的分配符合现行商业破产法律对优先顺序的规定，破产管理成本占清算所得的 18%（即 972 000 美元 ÷ 5 400 000 美元）。一旦优先的索偿要求得到满足，剩余的所得被分配给无担保债权人。比例安排为 27.64%，即分配给无担保债权人的资金除以无担保债权人索偿总金额(即 1 368 美元 ÷ 4 950 美元)。股东一无所获，因为并非所有无担保债权人的索偿要求都得到了满足（见表 17-5）。

表 17-3 DOA 资产负债表 (单位:美元)

资产		负债	
现金	35 000	应付款	750 000
应收款	2 300 000	应付票据	3 000 000
存货	2 100. 000	未付薪资	720 000
总流动资产	4 435 000	未付福利费	140 000
土地	1 500 000	无担保客户订金	300 000
厂房和设备净值	2 000 000	应缴税款	400 000
总固定资产	3 500 000	总流动负债	5 310 000
总资产	7 935 000	第一顺位抵押贷款	2 500 000
		无担保债	200 000
		长期债务总额	2 700 000
		优先股	50 000
		普通股	100 000
		资本公积	500 000
		留存收益	(725 000)
		股东权益	(75 000)
		股东权益和总负债	7 935 000

表 17-4 清算所得的分配 (单位:美元)

清算所得款	5 400 000	税款	400 000
破产行政开支	972 000	供债权人分配的资金	2 868 000
欠付员工薪资	720 000	第一顺位抵押贷款(来自固定资产出售款)	1 500 000
未付员工福利费	140 000	供无担保债权人分配的资金	1 368 000
无担保客户订金	300 000		

表 17-5 资金在无担保债权人之间按比例分配 (单位:美元)

无担保债权人索偿	金额	按 27.64% 支付
第一顺位抵押贷款未偿余额	1 000 000	276 400
应付款	750 000	207 300
应付票据	3 000 000	829 200
无担保债	200 000	55 280
总计	4 950 000	1 368 000

17.3.4　第 11 章 363 节出售

所谓 363 节出售在近年来变得越来越流行，363 节破产，允许一家企业进行由法庭监督的资产出售（通常是一次拍卖）作为保护资产的最佳手段。与典型的破产不同，企业可能只需 30～60 天即可从中脱身。拍卖过程开始于一位可能的买家开出初始收购价格和条件，以及协商在未能成功购买资产时需缴纳的占用费。这通常是指一个替身，第一个竞价人的身份可能被隐藏了。替身的用处是为业务设定一个价值，让即将到来的拍卖引起关注。当有担保债权人提议购买这项资产时，就会发生信用拍卖（credit bids）。这类竞购者会先以拖欠的数额作为竞价。[㊀]反对出售的债权人只有 10～20 天向法庭提出反对，尽管这段时间可能被破产法庭法官缩短到只有几天时间。破产法庭法官决定拍卖所得在有担保债权人之间如何分配。最出名的 363 节出售案例包括通用汽车和克莱斯勒 2008 年的破产。

17.3.5　第 15 章：跨境破产的处理

美国破产法第 15 章的目的，是将资产、贷款方和不同国家的相关各方放在一起，提供解决破产案的机制。按照第 15 章处理的个案是在另一个国家——通常是债务人的母国所做的处理。作为替代第 15 章的一种方法，债务人可以在美国按照第 7 章或第 11 章处理。作为第 15 章的一部分处理，美国破产法庭可能授权一个信托人作为代表，在外国执行相关事项。

国外的信托人有权向美国法院提请解决破产事宜。法庭据此有权发出命令，承认外国程序作为一个主要程序或非主要程序。外国主要程序（foreign main proceeding）是指债务人的主要权益所处的国家的程序，外国非主要程序是指债务人的非主要业务所在国家的程序。如果被认定为外国主要程序，法庭会要求自动停止处置在美国引起争议的资产，授权外国代表经营债务人的企业。[㊁]

17.3.6　破产备案的动机

尽管大多数申请破产的公司这样做是因为它们的财务状况日益恶化，公司也寻求通过破产保护加强自身的谈判力，避免法律诉讼，以及限制其未来的负债敞口。在 20 世纪 90 年代初期，当法院发现德士古（Texaco）以不适当的方式干扰了一项进行中的并购时，德士古采用破产作为威胁，要求谈判，减少法庭判决其赔偿西方石油（Occidental Petroleum）的金额。2001 年，LTV 破产，将其工厂出售给了 W. L. Ross 公司，后者在 2002 年以新公司国际钢铁公司的名义重开这些工厂。通过只购买资产，国际钢铁公司逃避了支付养老金、医疗保健或保险金的责任，并仍和 LTV 一样保留了下来。更近期发生的是，一位破产法庭法官在 2004 年年末批准了一项安排，让能源巨头哈里伯顿（Halliburton）的两家子公司脱离破产，并通过建立一个 42 亿

㊀ 2010 年，债权人击败一家投资集团，以 3.18 亿美元得到费城问询报，大约是该报欠债权人款项的一半。

㊁ 第 15 章也授予国外债权人参与美国破产案的权利，并且禁止歧视国外债权人。第 15 章的规定尝试推进美国和国外法院的协作，因为各参与方必须充分合作。

美元的信托基金用于支付索偿，限制其未来为石棉索偿（asbestos claims）支付的规模。德尔福（Delphi）是一家境况不佳的汽车配件制造商，利用其处于破产状态威胁要废除与工会的协议，2007 年降低了员工的薪酬福利。

17.3.7 破产的高成本

控制成本的努力激发了更多的拍卖和其他基于市场的技术，其中包括在破产备案时启动重组计划下的预包装破产，由愿意支持重组建议的投资者收购不良债务，以及企业在第 11 章保护下进行自愿拍卖。尽管越来越多地使用创新方式加速了破产流程，但专业服务的成本仍然很高。交易变得大而复杂，自从 2008 年开始的雷曼兄弟清算，支付给破产顾问，例如评估机构、投资银行和律师的费用，直到 2012 年年底已经超过了 9 亿美元。

17.3.8 预包装破产

对于预包装破产，债务人在进行第 11 章破产备案之前，会提前与债权人协商谈判。由于在备案前需对计划做出批准，之后正式的第 11 章重组一般会平均只持续几个月，导致行政和法务费用大幅降低。大债权人预计会出现价值缩水的潜在破产清算时，其结果经常是进行预包装破产。当有限数量的老练的有担保债权人介入时，这类破产流程的效果最佳，可以让协商谈判快速完成。[㊀]

在一项真实的预包装破产中，债权人在破产备案前批准重组计划。破产法庭之后批准该计划，公司很快从破产中解脱出来。法庭经常要求少数债权人接受一项重组计划。否决一类或多类债权人的反对并确认这类计划，有时被称为强制裁定（a cram down）。

2010 年 11 月 4 日，美国制片商米高梅在纽约申请进行第 11 章预包装破产，得到了几乎全体债权人的批准。之前的一周，债权人批准了一项计划，用超过 40 亿美元的债务换取制片商重组后的股权，并撤换现有的管理层。该破产在一个月后被批准，重组后的企业脱离了法庭保护，募集了 6 亿美元新资金。

17.4 失败企业的其他选择

一家失败企业的战略选择是与另一家企业合并，与债权人达成庭外自愿安排，或者申请第 11 章破产。[㊁]注意本章前面讨论的预包装破产构成了第二和第三选项的混合。企业可能按照庭外和解安排的一部分自愿进行清算，或者根据破产法第 7 章被迫清盘。表 17-6 总结了每种选择的影

㊀ 当标的以低价被出售时，“收购方的回报将增加”的说法受到了 Ang 和 Mauck（2011）的质疑，他们发现，对困境企业的并购没有导致非常出色的业绩表现。收购方支付了过高的价格，因为它们经常是将标的当前低迷的股价与之前 52 周高位价格做比较。所以，标的低迷的价格并不一定代表了相对标的内在价值的折扣价格，实际上只是相对于此前高位价格的折扣。

㊁ Gormley 和 Matsa(2011) 认为，企业治理机制薄弱，且独断专行的管理层面对财务不良时，它们有时会试图动用较高的经营现金流去做大型但通常是不相关的并购，以求苟延残喘。这类交易通常会严重损害收购方股东的价值。

响。选择哪种方式，主要取决于哪种可以给债权人和股东提供最大的净现值。为了评估这些选项，企业管理层需要估计经营资产、出售价格和企业的清算价值。

表 17-6　失败企业的各种策略

假设条件	可选策略	后果
出售价格超过了经营资产价值或者清算价值	1. 被另一家企业收购 2. 与另一家企业合并	1. 作为收购方的子公司继续经营 2. 合并后不再存续
经营资产价值超过了出售价格或清算价值	1. 与债权人达成庭外和解处理方案 2. 寻求第 11 章破产保护 3. 在正式进入第 11 章破产之前，与主要债权人达成预包装安排	1. 通过展期、妥协或股债转换继续经营 2. 改组
清算价值超过了出售价格或经营资产价值	1. 与债权人达成庭外和解处理方案 2. 按照第 7 章清算	1. 清盘，受托人清算资产，按照与债权人达成的协议分配处置所得款项 2. 清盘，信托人根据法定清偿顺序监督清算和所得款项的分配

17.4.1　被其他企业兼并

如果失败企业的管理层估算企业出售价格高于经营资产或清算价值，管理层应该寻求被收购或与其他企业合并。在做出自创抑或收购决定时，[⊖]同一行业的企业，即便经营协同效应很小，如果它们能够以低残的价格收购那些可以用于其经营的资产，它们可能会倾向于收购失败企业。

如果有一家战略买家，管理层必须说服企业的债权人，如果企业被并购而不是清算或继续保持独立，他们将有更大的机会收回贷款，而股东更有可能保持股票价值。只有企业负债通过破产程序被减少时，有时买家才愿意并购失败企业，所以，在第 11 章重组过程中让一些负债得到释放，强制企业破产才可能有意义。[⊜]或者潜在买家可以和主要债权人在破产重组之前达成协议（即预包装破产），而且通过破产过程获得少数债权人的同意。

在第 11 章重组保护下的出售，既可以通过协商，私下出售给特定的买家，也可以通过公开拍卖。通常后者更受法庭青睐，因为收购价格更有机会反映出售资产的真实市场价值。一般而言，在债权人质疑买家是否为失败企业的资产支付了公平价格时，公开拍卖可以经受住挑战。2005 年，时代华纳公司和康卡斯特公司达成一项协议，以近 180 亿美元收购按第 11 章破产的有线运营商 Adelphia 通讯公司。时代华纳与康卡斯特向 Adelphia 的债券持有人和其他债权人支付了现金，以及时代华纳有线业务与 Adelphia 合并后新公司的购股权证。竞购方用这类策略让标的企业而不是收购方股东受益，向按第 11 章破产下的公司支付了过高的对价。在大多数案例中，收购方重组标的企业的努力都不成功。

⊖ 自创还是收购的决定，是指企业可以选择依靠自己的力量发展一项资产，或者借由收购已经拥有该项资产的困境企业而获得。

⊜ 为了保护自己免于被诉讼，华盛顿建筑集团（Washington Construction Group）要求莫里森 · 纳德森公司（Morrison Knudsen Corporation）提交破产保护申请，作为它们 2000 年签订的收购和出售协议的交易完成条件之一。

17.4.2 与债权人达成庭外自愿处理方案

企业经营资产的价值可能超过出售或清算价值。管理层必须有能力说服债权人，一个重组或瘦身后的企业将能够偿还贷款，如果债权人愿意接受少一点儿，延长贷款期限，或将债换成股票。在所谓的拒不退让问题上，小债权人有动机试图阻碍达成协议，除非他们得到特殊安排，因此庭外自愿处理很难达成。所有小债权人百分之百收回欠款而大债权人按协商比例得到补偿时，共识才可能达成。其他限制自愿处理的因素，例如债与股份互换，一些债权人更倾向债务而不是股份，而且缺乏必要的信息对提供给债权人的股票做出准确估值。由于这些因素，有证据表明：企业尝试在第11章破产之外进行的重组，比那些在第11章保护下由债权人协商进行的重组，在减少负债方面更为困难。

17.4.3 自愿和被迫清算

失败企业的管理层、股东和债权人可能同意企业清算的价值，要比出售或继续经营的价值更大。如果管理层不能与其债权人就私下清算达成协议，则该企业可能寻求按照破产法第7章清算。私下清算所得要根据债权人谈妥的协议分配，而在第7章下赔付索偿人的顺序是法定的。

17.4.4 对冲基金在破产流程中日益重要的角色

对冲基金由于目标集中于获得高财务回报，以及与债务人很少有其他业务关系，故而可以采取维权策略（activist strategies）。银行、共同基金和养老基金经常与债务人有各种潜在的利益冲突——从满足资本需求到管理企业的养老金资产。与养老基金和共同基金不同，对冲基金也可以持有大量不流动的投资，加强它与有担保债权人协商时的影响力。

对冲基金通过向债务人提供破产保护贷款和收购这类企业股权，在向处于第11章保护下的企业融资方面扮演了一个重要角色。对冲基金利用其提供了破产保护（DIP）融资，与债务人讨价还价以取得其董事会席位，并在该公司脱离破产后获得其股份。DIP贷款通常转换为股权，因为它们经常允许进行股债互换。对冲基金还可以通过所谓的“从借贷到拥有”策略来获得控股权益，以及通过收购无担保债务成为无担保债权人或染指股权委员会。

采用“从借贷到拥有”策略，对冲基金先收购失败企业的债务，然后将债务转换为控制性股份。也就是说，对冲基金以低价购买债务，对处于第11章破产保护下的失败企业施加压力，以股债互换的方式，将债务以账面价值转换为股份，当企业脱离破产时，已经持有该企业的控制性股权了。脱离第11章破产保护是按照破产法363(k)节条款实现的，授权债务人将企业以公开拍卖方式出售。在拍卖中，企业的债务以账面价值而不是市场价值估值，对于对冲基金是一种激励，使其可以低价收购破产前的债务。通过购买无担保债务，对冲基金在影响债务人和有担保债权人的力量平衡方面成为关键角色。重组时，对冲基金在无担保债权人委员会里庞大的势力，为无担保债权人争取了更高的欠款回收率，由于对冲基金有能力抵消有担保债权人推动清算的倾向，因此也都会对股权所有者产生影响力。

17.5　失败企业和系统风险

为回应 2008 ~ 2009 年全球金融市场崩溃，美国国会通过了 2010 年多德 - 弗兰克华尔街改革和消费者保护法案。在其他方面，该法案创设了一个新的政府机构，有权解散那些危及美国金融体系和经济安全的金融服务机构。这家被称作有序清算机构（Orderly Liquidation Authority，OLA）的目标，是确保企业快速清盘代理的损失应主要由企业股东和债权人承担，将纳税人基金的损失降到最小，并对管理层进行惩处。OLA 只是一种清算救助，与美国破产法第 11 章不同，它不允许采取重组或活化（rehabilitation）行动。索偿人在清算时的受偿顺序和美国破产法第 7 章规定类似，只是政府将自己排在了第一位。

OLA 管辖美联储旗下的银行控股公司和非银行金融机构。OLA 也管辖大量介入被美联储认为具有金融属性活动的公司，这类公司的子公司（不包括参加保险的储蓄机构或保险公司），以及在美国证券交易委员会注册的经纪商和交易商，还有证券投资者保护公司（Securities Investor Protection Corporation，SIPC）成员，保护客户免受经纪商/交易商欺诈的基金。参加保险的储蓄机构的清算仍是 FDIC 的职责，但是保险公司的清算仍取决于各州法规，它们的控股公司和未受监管的附属机构的清算由 OLA 负责。

OLA 的优点是为政府提供了权力和一个清晰的流程，以加速清理成为金融系统风险的失败企业。然而，处理失败和有系统风险企业的解决过程，自身可能造成金融系统的不稳定，因为这个过程可能让投资者和贷款人陷入恐慌。此外，OLA 只适用于经营完全在美国国内的企业，目前还没有解决在多国经营银行这类事务的跨境机制。所以，大型跨国银行将不受 OLA 影响。

17.6　预测企业违约和破产

在 2002 年萨班斯 - 奥克斯利法案要求提供更高质量财务报告以及更强大统计模型的推动下，破产预测模型的精确度这些年来已经有所改善。然而，2008 ~ 2009 年全球衰退期间，此起彼伏的违约降低了进一步研究的需求。

17.6.1　各种模型

一项研究回顾了 1930 ~ 2006 年发表的 165 个破产预测研究成果，检讨建模趋势在这几十年里的变化趋势。判别分析（discriminant analysis）是 20 世纪 60 ~ 70 年代主要用于建模的方法。然而，到了 20 世纪 80 年代，主要的建模方法转变为分类评定分析法（logit analysis）和神经网络法。尽管用于建立模型的因素数量一直在变化，但一般模型使用大约是个变量。在分析模型准确度时，多变量判别分析法和神经网络法似乎最可行，不断增加模型中的变量数目不能保证更高的准确度。有趣的是，双因素模型经常和多达 21 个因素的模型具有同样的准确度。

一项国际研究分析了 1968 ~ 2003 年 10 个国家 46 项研究中的方法和成果，发现破产预测模型通常采用财务比率来预测商业失败情形，其中大约 60% 的研究采用财务比率。其余研究同时采用了财务比率和其他信息。财务比率通常包括流动性指标、偿付能力、杠杆水平、利润率、资产组成、企业规模和增长率，也包括宏观经济、行业、地理位置和企业相关变量。该研究的结论是：不同类型模型的预测准确度是非常接近的，能够在80%的时间里正确辨别出模型评估样本中的失败企业。然而，样本以外的预测准确度会大幅下降。

在记录破产预测模型的潜在问题时，研究人员发现模型结果通常会随行业和时间段不同而变化。采用的时间段与建立模型所使用的时间段不同时（即对于样本之外的预测），模型准确度也会下降。此外，在用于那些不是用于建立模型的行业时，准确度会显著下降。

查阅这个主题更多的文献，下面我们讨论根据不同的方法和变量选择预测破产的各类模型，回顾这类模型的使用情况。

17.6.2 不同方法论的模型

破产预测模型主要分为三大类：信用评分模型、结构化模型和简式模型。

1. 信用评分模型

最早的一种预测破产的量化方法（20世纪60年代）是用判别分析法区分破产和非破产企业。判别分析法用一些独立变量合在一起为一家企业设定一个分值（即Z值）。通过设定一个截止点，这个分值可以用于区分破产企业和非破产企业。具有低Z值的企业的违约可能性低于那些具有高Z值的企业。预测违约的最显著的财务比率是EBIT占总资产的百分比和销售额占总资产的比率。这个方法的局限性是它抓住了一家企业在某一时刻的财务健康状况，但没有反映出公司财务比率随时间改变的情况。用近期发生的一些样本测试这个方法，发现这个较早期模型正确区分破产公司的能力从83.5%跌落到57.8%。

为了弥补判别分析模型的不足，分析师设计了可以预测企业在未来一段时间出现违约的概率的模型。模型假设违约率不仅取决于企业当期的财务比率，而且还取决于一些未来的市场变量，例如市值、超常财务回报和此类财务回报的波动性。最具有预测能力的财务比率是EBIT与总负债之比和股权市场价值与总负债之比。

2. 结构化模型

信用风险的结构化模型假设企业在违反债务契约，现金流无法覆盖债务偿还额，或者股东认为偿还债务不再符合其最佳利益时，企业违约。结构化模型使用分类评定模型或probit回归模型，给出一个观察对象属于某类别的条件概率，而且不需要判别分析要求的限制性假设条件。分类评定模型给出的分值介于0和1之间，给出的是企业将违约的概率。

3. 简式模型

与结构化模型相比，简式模型采用困境企业债务的市场价格，作为企业风险的唯一信息来源。这个价格代替了结构化模型中的变量。尽管更容易估算，但这类模型缺乏在信用风险和企业资产、负债之间的特定联系，而且假设违约时点是随机的，拥有不完整数据的投资者不知道企业距离违约还有多远。

4. 其他建模方法

尽管文献中充斥着统计判别分析法和 probit 或分类评定方法，但它们不是唯一用于破产预测的技术方法。神经网络法用到人工智能，尝试模拟人类大脑的工作方式，对于前面提出的存在大型数据库的例子非常有效。累积求和法（CUSUM）代表了一类模型，计算数据间的序列相关度（即独立性），而且适用于来自多个时段的信息。基于期权的破产预测方法建立在期权定价理论的基础上，解释商业破产，依据诸如企业波动性这类变量预测违约。

17. 6. 3　预测破产选择不同变量的模型

会计数据有时用于预测信用评级，作为替代违约概率的变量。一些分析师认为失败概率取决于所考虑的时间长度，或展示了违约率和违约事件造成损失以及商业周期间的关联度。诸如经济衰退和信用紧缩这类冲击，对企业的资产和现金流造成了负面影响，导致违约发生。其他研究成果使用资产净值（net worth），作为影响企业在流动性危机时筹集资金，或影响股权回报和债务偿还比率的一个关键因素。

17. 7　陷入困境企业估值

本节的内容是讨论如何在企业估值时将潜在财务不良、违约和最终破产的影响考虑进去。在决定经历过收入和利润下跌的企业的未来财务表现时，过往表现可能无法提供指导，因为在何时以及能否恢复方面是不清晰的。

标准的 DCF 方法试图在遭遇财务不良时用提高贴现率做出调整。既然企业的总价值大部分来自其终值，这个调整意味着不管其状况如何差，该企业将有能力持续产生现金流。所以，企业的价值有可能被高估。为了调整 DCF 测算结果，有必要估计发生财务不良的成本和可能性。在实践中，估计破产的概率是非常困难的。不仅我们需要估算一年中出现特定结果的概率，还要估算出现那个结果的累积概率，因为一家企业某一年陷入困境，有可能在之后再次陷入困境。所以，财务不良效应可能叠加，因为一家企业可能无法进行再投资，因此其未来现金流降低到那些未经历过财务不良的企业水平之下。

对困境企业估值的一种常用方法是调整现值法（APV，参见第 14 章）。APV 法要求估算企业不含债务的价值：用不加杠杆的股权成本贴现预期现金流，计算无杠杆股权成本下所节省息税的现值（因为这些税收优惠是基于一家无杠杆企业现金流同样的风险），然后估算发生财务不良的概率和成本。表 17-7 列示了使用 APV 法将财务不良包含在内对 McClatchy 公司所做的估值。McClatchy 公司是一家在 29 个市场拥有 30 种日报和 43 种其他报纸的美国报纸出版商。该公司还拥有地区性网站，提供各类内容，致力于直销和直邮业务，而且参股了很多数码公司。整个报纸行业一直在读者群和广告收入方面经历着长期衰退。收入在 2008 ~ 2009 年下降得更严重。该模型假设收入恶化将持续到 2013 年，直到 2014 ~ 2015 年才会显示轻微好转，届时该公司将从印刷主业转型为一家数字媒体企业。计算终值的关键假设条件是现金流持续以 3% 的速度增长。

表 17-7 用 APV 法计算 McClatchy 公司的现值

	2010	2011	2012	2013	2014	2015
公司数据						
2010 年 3 月 10 日股价（美元）	5.19					
全面摊薄每股收益	84 470 000					
2010 年 3 月 10 日的股权价值（美元）	438 399 300	650 896 030	854 892 890	1 054 809 813	1 307 204 929	1 616 136 550
2010 年 3 月 10 日的市场价值①（美元）	740 249 905	666 224 915	599 602 423	539 642 181	485 677 963	437 110 166
债务市场价值与股权市场价值之比	1.69	1.02	0.70	0.51	0.37	0.27
加权平均债务期限	9.6 年					
公司信用评级	B –					A
通用假设条件						
可比公司的无杠杆 β 值②	1.1344					
10 年期美国国债利率（%）	3.65					
B – 评级企业累积违约概率③	0.4212					
股权溢价	0.055					
McClatchy 公司假设条件						
市盈率	6.00	4.00	4.00	4.00	5.00	6.00
2015 年目标债务/权益比率	0.33					
2015 年目标隐含债务占总资本的比例④	0.25					
当期债务成本⑤	10.65					
预期的财务不良成本（企业价值%）	0.15 ~ 0.40					
终期增长率	0.03					
不加杠杆的股权成本（2011 ~ 2015 年）⑥	0.0989					
终期 WACC⑦	0.0862					
销售收入（美元）	1 471 584 000	1 398 004 800	1 342 084 608	1 315 245 916	1 328 395 345	1 354 963 252
净利润（销售收入的 3.8%，美元）	54 090 000	53 124 182	50 999 215	49 979 231	50 479 023	51 488 604
折旧（销售收入的 8%，美元）	142 889 000	111 840 384	107 366 769	105 219 433	106 271 628	108 397 060
经营资本调整（销售收入的 3.5%，美元）	73 579 000	48 930 168	46 972 961	46 033 502	46 493 837	54 198 530
总的资本开支（美元）	13 574 000	13 980 048	20 131 269	26 304 858	33 209 884	33 874 081

（续）

	2010	2011	2012	2013	2014	2015
McClatchy 公司假设条件（美元）						
本金偿还	64 200 000	74 024 991	66 622 491	59 960 242	53 964 218	48 567 796
分红	14 905 000	10 905 000	5 905 000	5 905 000	5 905 000	5 905 000
股权现金流	30 721 000	17 124 360	18 734 262	16 995 061	17 177 712	17 340 256
利息支出	107 353 000	96 917 700	86 955 930	78 260 337	70 434 303	63 390 873
税盾（利息支出的 40%）	42 941 200	38 647 080	34 782 372	31 304 135	28 173 721	28 356 349
调整后的现值（美元）						
股权现金流的现值（9.89%）	2 026 598					
终值的现值	1 445 999 847					
总现值	1 448 026 445					
加：税盾的现值	3 868 418					
调整后的企业现值	1 451 894 863					
减：预期财务不良成本（15%）	217 784 229					
预期财务不良成本（20%）		290 378 973				
预期财务不良成本（25%）			362 973 716			
预期财务不良成本（30%）				435 568 459		
预期财务不良成本（35%）					508 163 202	
预期财务不良成本（40%）						580 757 945
减：债务的市场价值	740 249 837	740 249 837	740 249 837	740 249 837	740 249 837	740 249 837
等于：股权价值	493 860 796	421 266 053	348 671 310	276 076 567	203 481 824	130 887 081
等于：每股股权价值	5.85	4.99	4.13	3.27	2.41	1.55

①债务的市场价值 = 利息支出 × ｛［1 − 1/（1 + i）^{n}］/（1 + i）｝+ 债务的面值/（1 + i）^{n} = 107 353 000 × ｛［1 − 1/（1.106 5）× 9.6］/1.106 5｝+ 1 796 436 000/（1.106 5）× 9.6 = 60 298 095 + 679 951 810 = 740 249 905（美元）

②可比公司的不加杠杆 β 值 = 可比公司加杠杆 β 值/｛［1 +（1 − 边际税率）×（可比公司债务/股本］｝= 1.924/［1 +（1 − 0.4）× 1.16］= 1.134 4（基于美国市值最大的前 10 家报纸）。

③参见第 13 章表 13-9。

④隐含债务与总资本之比 =（D/E）/（1 + D/E）= 0.33/1.33 = 0.25

⑤债务成本等于无风险收益率 3.65% 加上标准普尔给予 McClatchy 的 B − 评级对应的违约价差。

⑥无杠杆股权成本 = 0.036 5 + 1.134 4 × 0.055 = 0.098 9

⑦终期 WACC = 0.25 ×（1 − 0.4）× 0.08 + 0.75 × 0.098 9 = 0.012 + 0.074 2 = 0.086 2

截至2010年3月10日，主要信用评级机构给予该公司非投资级评级。这类企业获得B-信用评级的企业的违约累积概率为42%左右（参见第14章表14-2）。表17-7用破产的预期成本调整了企业价值，调整幅度为企业APV的15%～40%。假设破产成本已包含在财务不良成本之中。企业股价的估值变动范围是从最高5.85美元（15%）到最低1.55美元（40%）。估值时的企业每股价格为5.19美元，说明投资者认为财务不良的影响有限。第14章详细讨论了如何估算财务不良的概率和成本。本书配套网站上提供了表17-7的Excel模板，文件名为“Excel-Based Model to Value Firms Experiencing Financial Distress”。

17.8 财务不良的实证研究

许多有关企业财务不良的量化研究揭示了一些出人意料的结果。我们下面进行讨论。

17.8.1 从破产中走出的企业的良好回报通常是暂时的

当企业脱离破产时，通常会销毁旧股重新发行新股。实证研究表明，这类企业在宣布企业脱离破产时，经常会让新股持有者获得有吸引力的财务回报。然而，长期表现总是会变差，有研究显示40%的这类企业在脱离第11章破产保护后3年内发生了经营亏损。几乎有1/3的企业又申请了破产或不得不进行债务重组。5年后，大约1/4重组后的企业被清盘或并购，抑或再次申请破产。不得不再次申请破产的企业最常见的理由是过度负债。

17.8.2 陷入财务不良的企业的股票回报远低于预期

陷入财务不良的企业股票（distressed stocks）尽管有商业失败的高风险，也只能提供低财务回报率，但理论上，人们期望这类高风险资产能够提供足以补偿风险的财务回报。陷入财务不良的企业股票的低财务回报，要比那些少有分析师光顾和机构投资者青睐，每股价格低的股票的表现更糟糕。造成低回报的潜在因素可能包括意料之外的事件，缺乏信息的投资者估值出错，以及这类股票本身的特征。意料之外的事件包括经济差过预期。估值错误包括投资者因不理解用于预测失败的变量与失败风险之间的关系，而没有充分贴现股票价值以弥补风险的影响。失败企业的特征包括某些投资者可能愿意持有这类股票而不理会其低回报。例如，持有这类股票的大股东可以从拥有其他企业中获益，因为他们作为所有者可以低价收购该企业的产品或资产。结果是控制权的收益可能超过这类陷入困境的企业股票带来的低回报。

陷入财务不良的企业股票的低回报也可能与资产未来恢复的潜力有关。如果预期恢复率很高，而他们确信通过与贷款方协商谈判信贷条件而恢复其持有的股票的大部分价值的话，困境企业的股东可以巧妙地通过错过偿还而触发违约。其结果是，这类股票被认为的风险越低，则财务回报也越低。

17.8.3 IPO企业可能比成立较久的企业更易破产

近期进行IPO的企业比成立较久的企业有更大的机会陷入财务不良或破产。这些发现与其他有关 IPO 企业在上市 5 年内回报低于标准普尔 500 股票指数的研究成果相符。一些观察人士将这种表现不佳归因于这些企业提供的信息数量有限。

17.8.4 财务困难企业可能会传染

此处所指的传染是指财务不良从一家企业扩散到其他企业。一家企业宣布破产可以对竞争对手和供应商产生负面影响。这种情况造成的影响程度取决于造成财务不良的因素是否会影响同行业的所有企业，还是只影响特定企业。财务不良的影响也可能由于行业的集中度而不同。研究显示，在大多数行业，竞争对手的破产会对同行企业的股价产生负面影响。尽管如此，在高集中度行业，当一家竞争对手宣布破产时，同行企业的股价可能上涨。后者反映了高集中度行业剩下的竞争对手有可能获得市场份额，使得它们可以受益于规模经济性和定价能力的提高。此外，企业经历了财务不良或第 11 章破产之后，可能出现销售下降，进而减少对供应商的原材料和服务的需求。当这类企业代表的是重要客户时，供应商的估值也通常会大幅下降。

也有证据显示行业破产事件提高了借贷成本，而且通过降低用于担保债务融资的抵押物价值，减少了行业内其他企业获得贷款的途径。具体来说，经历了财务不良的企业被迫出售资产，减少对类似资产的购买，造成了类似资产价值的下行压力。其结果是，拥有类似资产的企业的价值已经下跌，将不得不减少借款，为贷款付出更多代价，或者二者兼而有之。

记忆要点

破产是设立用来保护技术上或法律上破产的企业在做出清盘或重组决定之前，暂时免受债权人提起诉讼。如果在庭外不能达成协议，债务方可以自愿申请破产寻求保护，或者债权人强迫其破产。

讨论题

17.1 为何债权人会向债务人妥协？给出常见妥协的例子。说明这些妥协会对债务人产生怎样的影响。

17.2 尽管大多数申请破产的公司这样做是因为它们日益恶化的财务状况，也有越来越多的公司通过破产保护避免被起诉。举例说明如何用破产避免法律诉讼。

17.3 失败企业有哪些主要选择？企业可以使用哪些标准挑选出某个选项？请具体说明。

17.4 说明对于脱离了破产的企业，其股东的财务回报的可能趋势是怎样的。你认为是什么原因造成了这些趋势？给出你的解释。

17.5 指出至少两个会影响企业违约和破产的财务或非财务变量。解释它们每一个是如何影响企业违约或寻求第 11 章破产保护的可能性的。

17.6 2008 年 6 月 25 日，JHT 控股公司——一家威斯康星州包装递送服务公司申请破产保护。该企业的年收入曾有 5 亿美元，该企业应该向破产法庭展示什么，才能够让破产申请获得批准？

17.7 Dura 汽车公司 2008 年年中脱离了第 11 章破产保护。该企业获得的退出融资包括一项 1.1 亿美元的循环信贷额度、一笔 5 000 万美元欧洲第一顺位留置权定期贷款，以及一项 8 400 万美元第二顺位留置权贷款。重组计划规定了如何使用这些贷款。你认为在重组计划中，对于使用这类资金会有哪些典型的安排？请具体说明。

17.8 哪些主要因素造成了商业失败？请具体说明。

17.9 近年来，对冲基金致力于参与所谓的“从贷款到拥有”破产前投资（pre-bankruptcy investments），它们以小于面值的价格从陷入财务不良的企业手上收购债务，之后推动该公司进入第11章破产保护，意图将收购的债务转换为一家大幅削减了负债的公司的股份。对冲基金也会提供融资以保障其在公司中的权益。根据破产法363（k）节脱离第11章破产保护是典型的做法，这样可以让债务人有权在公开拍卖时竞购该企业。在拍卖过程中，该企业的债务估值是按照面值而非市场价值，对于以低价在破产前收购企业债务的对冲基金之外的竞购方没有吸引力。由于竞购不激烈，很少有机会给一般债权人带来额外现金。这是对第11章破产流程的一种滥用行为吗？解释你的观点。

17.10 2008年年末，美国住宅抵押投资公司申请第11章破产保护。该公司指出之所以选择这样做，是因为这是保护公司资产的最佳方式。W. L. Ross公司同意向其提供5 000万美元破产保护融资，以满足其在第11章破产保护期间的现金需求。请点评该公司关于破产提供了保护资产的最佳方式这一说法。为何W. L. Ross公司借钱给一家已经申请破产保护的企业？

（所有讨论题的答案可以在本书的网上教师手册找到。）

:: 案例分析 17-1

迪什网络以363节出售方式收购布洛巴斯特

要点

- 按照363节拍卖是缺乏现金流的失败企业常用的保留资产价值的手段。
- 这类出售允许买家以低价购买资产。
- 尽管没有风险，按照363节出售通常被视为比更常规改组计划更有效率的脱离破产的方式。

尽管面临挑战，让人联想到好莱坞的惊悚大片，但布洛巴斯特这个电影租赁业巨头，已经签订了一项不起眼的预包装破产协议，承认自己在六个月内面临着破产清算的可能。下面要讨论的是在具有高度争议性的363节破产申请中时有发生的难以预料的波折起伏。

在2010年年中，布洛巴斯特向债权人提出协商减轻债务负担之前，这家企业的经营状况已经每况愈下多年了。多亏DVD租赁商Netflix和有线电视在线点播服务，通过互联网下载影片已经占领了影视租赁业务。布洛巴斯特被迫于2010年9月23日为其北美业务，包括5 600家店铺（其中3 300家在美国），提出破产申请。29 000名员工和数百位债权人的命运变得飘摇不定。

在该公司依照美国破产法第11章申请破产保护之前，布洛巴斯特已经与其主要债权人就所谓的“预包装改组计划”（prepackaged reorganization plan）达成一项协议，企业一旦脱离破产继续经营，将获得一项新的4亿美元的高级债。这个金额相当于其目前未偿还14.6亿美元负债的大约27%。

当臭名昭著的亿万富翁投资人查尔斯·伊坎在9月底买入31%该公司现有的高级债券时，情况发生了出人意料的变化，他成为参与后续谈判的债权人委员会的主要债权人和关键人物。伊坎和布洛巴斯特之间曾有很深的过节。他早在2004年就购买了布洛巴斯特的股票。次年经过激烈的代理争夺战，他赢得了董事会的三个席位。逐渐地，伊坎有能力叫板后来的董事会主席约翰·安蒂奥科（John Antioco）。2010年，因为占有他的时间越来越多，伊坎退出了董事会，并出售了所持的布洛巴斯特股票。

通过买入如此大比例的未偿债务，伊坎作为主要债权人可以提出自己的重振布洛巴斯特计划。他的建议是在布洛巴斯特脱离破产之后消除其债务，而这与布洛巴斯特和其他债权人已经协商好的预包装计划完全不同。他的建议包括用优先有担保票据（senior secured notes）换取重新资本化公司的股票，将优先次级票据持有人、优先股和普通股股东全部清除出去。提供无担保贷款的股东将得到购买新公司最多3%的股份的认股权证。

用于满足该公司眼前现金流需求的融资来自一组优先票据持有人提供的3.75亿美元的“破产保护贷款”（debtor-in-possession，DIP loan）。当该公司清盘时，这些贷款人的申索权要比其他债权人排在更靠前的优先级，因此通常被认为具有较低风险。

影视制片商债权人和布洛巴斯特的关键供应商都支持这个计划，因为他们得到承诺，一旦该公司脱离破产，会从经营现金流中优先获得偿付。在该公司债务中占 80.1% 的优先有担保票据持有人，也愿意接受伊坎的建议。在主要债权人的支持下，布洛巴斯特在 2010 年年末发起了一场昂贵但不成功的广告攻势，试图恢复业务增长，贷款人为此提供了额外 3 000 万美元。尽管如此，销售额仍继续下跌。该公司拖延到 2011 年 1 月底才将日益恶化的现金情况告知影视制作商和其他债权人。该公司已经在技术上破产了，公司的现金很快就用尽了。

错过了预包装改组计划（没有备案）的一些业绩里程碑，布洛巴斯特的破产保护贷款也失效了，尽管这笔资金并未动用过。该公司因此违反了契约允许优先票据持有人将 1.25 亿美元证券作为破产保护贷款一部分的规定，这将使他们获得与破产保护贷款人同样的高优先地位。

布洛巴斯特担心一旦被伊坎收购就会被清盘，因此加速实施一项 363(k) 拍卖行动，出售企业资产，以求可以脱离破产继续经营。2011 年 2 月 21 日，布洛巴斯特向美国破产法庭提请授权拍卖公司资产，拍卖将在法庭监督下进行，并符合美国破产法 363 节的规定。在法庭批准之后，布洛巴斯特发起了竞价流程，拍卖持续 30 天，以便潜在竞购者可以进行尽职调查。在这段时间结束时，有兴趣的各方有一周时间提出报价，拍卖结束后马上宣布成功竞价方。

4 月 5 日，五个竞购方提出了报价。财务型买家包括伊坎领头的银团（其中有清算人大美集团），一方是由 Monarch 投资机构领头，还有一方包括清算人高登兄弟公司和 Hilco 商人资源公司。专长于重组和清算的对冲基金与投资机构经常以大折扣价购买不良债务，通过信用拍卖（即以其债权换取企业资产）获得失败企业的资产，再以高出债务的价格将这些资产清盘。其他几家竞购方包括韩国的 SK 电信公司和卫星电视节目供应商迪什网络。这两家都对布洛巴斯特有兴趣，因为与它们现有的业务能产生协同效应。

伊坎、Monarch 和高登兄弟的策略看上去是相似的：关闭布洛巴斯特的店铺，清空存货，并出售数码下载业务。相反，SK 电信和迪什网络将对布洛巴斯特进行改组，使其脱离破产保护继续经营。迪什认为这个连锁品牌对于其在线视频点播是有价值的。迪什还看到了通过布洛巴斯特店铺提供订阅的机会，并认为收购布洛巴斯特可以使其未来与制片商谈判业务时获得讨价还价的能力。

迪什以 3.2 亿美元的竞价胜出，其中 1.25 亿美元用于偿还破产保护贷款中的那些优先票据，剩余款项中有 75% 付给票据持有人，25% 用于行政赔偿。优先票据持有人将会收到索偿金额的 26% 左右，无担保贷款人大约得到索偿金额的 19%，优先股和普通股股东什么也得不到。迪什承担了公司欠制片商的 1 150 万美元。负责破产审理的法官驳回了店主、商业合作伙伴和其他债权人提出的 111 项就布洛巴斯特在合同中约定支付但已违约金额的异议。

讨论题

1. 破产流程的主要目的是什么？
2. 哪些类别的公司最适用于破产法第 11 章改组、第 7 章清算和 363 节出售？
3. 布洛巴斯特案例讨论了失败企业的债权人和所有者面对的选择。你认为债权人和所有者会如何选择？说明你的理由。
4. 财务型买家，例如对冲基金的动机，显然是从购买不良债务中获得潜在收益。它们的行动可能对于破产过程中的各方既有正面也有负面影响。指出对冲基金的行动会对各方提供什么样的帮助或造成何种伤害。
5. 你认为像迪什网络这样的战略买家在破产法 363 节拍卖中比财务型买家更有内在优势吗？解释你的理由。
6. 解释为何布洛巴斯特向法庭申请发起 363 节拍卖，而不是继续与债权人协商脱离第 11 章破产保护的改组计划。

（所有讨论题的答案可以在本书的网上教师手册找到。）

:: 案例分析 17-2

地狱交易：第 11 章破产保护的论坛报

要点

- 论坛报（Tribune Company）因为重组未留下任何犯错空间而导致了杠杆收购失败。
- 未收回贷款的大型有担保债权人经常将贷款转换为重组公司的股份。
- 第 11 章破产保护漫长的时间，反映了因企业快速提请破产而缺乏与债权人的前期协商、交易结构的复杂性以及欺诈指控。

在命运不济的杠杆收购四年之后，留给论坛报这家媒体企业的是难以持续的沉重的债务负担。论坛报于 2012 年 12 月 31 日脱离了第 11 章破产保护，该公司成立于 1847 年，论坛报出版了几种美国最知名的报纸，例如《洛杉矶时报》、《巴尔的摩太阳报》和《芝加哥论坛报》。该公司还拥有芝加哥 WGN 和 22 家电视台以及 WGN 广播电台。多年来，该公司花费了几亿美元，试图成为一家多元化的媒体公司。

破产法庭的审判官批准了改组计划，将该公司交给了主要由原来的债权人和收购了该企业未偿债务的对冲基金组成的新的所有者集团。其中最大的所有者包括橡树资本管理、摩根大通和 Angelo、高登公司——一家投资困境公司的专业机构。高级贷款人用贷款求偿权换取了该公司 91% 的股份。这一所有者集团持有论坛报绝大部分优先债，与公司和代表无担保债权人的委员会一起制订出一项可以被破产法庭接纳的改组计划。法庭文件表明重组企业的价值大约是其 2007 年私有化时估值 82 亿美元的 40%。该公司的广播业务估值约为 28.5 亿美元，出版业务估值 6.23 亿美元，因此总价值为 34.7 亿美元。

尽管改组计划阻止了摩根大通和其他贷款人针对杠杆收购提起诉讼，但允许非优先债权人（junior creditors）针对杠杆收购交易中的其他参与方提起诉讼。这些机构包括山姆·泽尔（Sam Zell，一位知名的房地产投资人）、论坛报其他主管和董事，以及在杠杆收购中卖出股票的论坛报股东。发起反对最终改组计划的非优先债权人指控为杠杆收购交易提供融资的大债权人，充分了解 2007 年论坛报可疑的财务状况，而他们大多数逃脱了欺诈行为应受的惩处。非优先债权人认为大贷款人预计到该公司在交易完成之后可能破产，然后提醒一些债权人卖出了对论坛报的贷款。

为了理解这些指控，有必要了解这项交易背后的金融工程知识。该项交易预期可以达到最高的杠杆率并很快可以通过出售资产和节省下的税款付清债务。尽管如此，交易选择的时间点糟透了，交易完成之时，全国报纸行业经历了订户和广告收入减少的情况。

尽管有这些考虑，并购论坛报的时机看上去已经成熟，其股价已经远低于其他媒体公司了。这也是杠杆收购交易最活跃的时期。利率处于历史低点左右，支付给杠杆收购标的的价格飙升。尽管该公司从报纸业务得到的现金流在减少，但近年从其他媒体业务中获得的经营现金流却一直保持着相对稳定。由于贷款的边际收益被挤压，贷款人试图通过发放贷款赚取额外费用收入来补偿利率收益的下跌，之后再将贷款出售给其他投资者。

2007 年 4 月 2 日，论坛报宣布该公司的公开交易股票将被收购，交易价值 82 亿美元。这项交易分两步实施：山姆·泽尔第一步先收购 51% 的控股权，第二步是后端并购（backend merger），收购论坛报剩余股份。在第一步，论坛报发起现金要约收购 51%，每股价格 34 美元，总计 42 亿美元。该要约收购由山姆·泽尔提供的 3.15 亿美元中以次级债方式提供 2.5 亿美元，再由额外借贷补足余额。第二步在交易获得监管机构批准时启动。在这一步，员工持股计划以每股 34 美元购买了剩余的股份（总计大约 40 亿美元），泽尔履行承诺提供了剩余 6 500 万美元。随着时间推移，员工持股计划将持有所有剩余股票。此外，论坛报从 C 型公司变成 S 型公司，以回避企业所得税，但不包括在转换成 S 型公司之后出售持有时间不足十年的资产所得。

收购论坛报股票的融资几乎完全依靠债务，泽尔的股权占收购价格的比例只有不到 4%，论坛报最终负债达到 130 亿美元（包括当时已有的 50 亿美元）。在这个水平上，该企业债务是 EBITDA 的 10 倍，超过媒体公司 2.5 倍的平均值。年利息和本金偿还高达 8 亿美元（几乎是收购前水平的 3 倍），大约之前 EBITDA 现金流 13 亿美元的 62%。论坛报转变为 S 型公司减少了该公司当期年税负 3.48 亿美元。这类实体不支付公司所得税，但是必须直接向股东支付所有利润，再由股东按照所得缴税。既然员工持股计划是唯一股东，那么论坛报基本上是免税的，因为员工持股计划也是免税的。为了减少企业债务负担，论坛报尝试卖出一些资产但未能成功。当论坛报以 8.45 亿美元卖出 Chicago Cubs、Wrigley Field 和持有的康卡斯特 SportsNet 的 25% 的股份时，这个价格比期望值低了 15% 左右。

在 2007 年 12 月交易完成时，山姆·泽尔将并购论坛报公司比喻为“来自地狱的交易”。他的说法是有预见性的，当初从税务角度看上去设计得相对聪明的交易，无法逃脱 2008 年的信贷危机。结局来得很快，这家有着 161 年悠久历史的论坛报于 2008 年 12 月 8 日提出破产保护，以图留住快速减少的现金流。

从这笔交易中受益的包括论坛报的公众股东，例如钱德勒家族之前出售时代镜报给论坛报时获得的 12% 的论坛报股份，该公司前 CEO 丹尼斯·费茨西蒙斯得到 1 770 万美元的补偿金和价值 2 380 万美元的论坛报股票。花旗集团和美林分别获得了 3 580 万美元和 3 700 万美元的顾问费。摩根士丹利因提供公平意见函而获得 750 万美元。最后是估值研究公司（Valuation Research Corporation）获得了 100 万美元，因其提供的意见认为论坛报能够满足其贷款契约的要求。

作为 2007 年最复杂的一项交易，设计获得巨大的税收优惠和尽可能使用更多的债务，很快变成了经济下行、信贷紧缩和自身杠杆的牺牲品。具有讽刺意味的是，那些在纸面上构建的看似非常聪明的交易，未能估计到经济放慢的影响，这是美国历史上最糟糕的一次衰退。对于这个高杠杆交易，每件事都按照计划进行，而这个计划却没有包含任何回旋的空间。

讨论题

1. 你认为从哪个角度上讲，导致论坛报破产的因素超出了当时管理层的控制？你认为过往的管理失误应该为破产承担多大责任？
2. 点评破产流程对股东、贷款人、员工、社区、政府等的公平性，需要具体点评。
3. 描述企业为该项交易融资的策略。
4. 点评交易对各股东的公平性。你认为如何把论坛报的破产责任在山姆·泽尔和他的顾问、论坛报董事会、2008 年年末无法预测的信贷市场崩溃之间分配？请具体说明。
5. 为何破产法庭允许投资人，如对冲基金从债权人手中以大折扣收购债务，之后再交换重组后新公司以面值发行的股票？

（所有讨论题的答案可以在本书的网上教师手册找到。）

CHAPTER18

第18章 跨境并购分析和估值

勇气不是不恐惧，而是去做你最害怕的事情。

——里克·沃伦

并购内幕 南非米勒酿造收购澳大利亚福斯特啤酒

关键点

- 执行到位的跨境并购可以将区域性业务变成全球业务。
- 管理层必须敏于寻找并购机会。

在南非1994年结束种族隔离时，南非酿造公司（SAB）从一家产品遍及啤酒、苏打瓶装汽水、家具、家居用品和其他业务的巨型企业，转变为只聚焦啤酒的企业。为了寻求在南非以外的扩张，启动在南非和境外并购之前，SAB的管理层研究了联合利华和IBM这样的跨国公司的全球经营，采纳它们认为是最佳的实践做法。该企业的首要目标是建立一个全球品牌。在一系列跨境收购之后，SAB的国际业务已经占到2001年总销售额的40%以上。在2002年的一次转型收购中，SAB以56亿美元价格从菲利普·莫里斯公司收购了米勒酿造公司（Miller Brewery），合并后的公司更名为萨博米勒（SABMiller），从此形成了自己的全球业务，在拉丁美洲、亚洲和非洲开展了酿造业务。

在最后一个十年里，全球啤酒工业经历了不断的重组。在2008年英博（InBev）以560亿美元收购安海斯－布希（Anheuser-Busch）以及喜力（Heineken），2010年收购墨西哥的菲姆萨（FEMSA Cerveza）之后，全球前四家酿造企业（即百威英博、萨博米勒、喜力和嘉士伯）控制了全球啤酒市场的50%以上，而在20世纪90年代末，这个比例只有20%。

2011 年，萨博米勒的年收入超过 310 亿美元，排名仅次于行业龙头企业百威英博（Anheuser - Busch InBev），其中大约 70% 的收入来自新兴市场国家。随着大型独立的盈利酿造企业的数量迅速减少，SAB 又收购了澳大利亚最大的酿酒商福斯特集团（Foster's Group），获得了澳大利亚市场 50% 以上的份额。萨博米勒认为这个收购时机很合适，因为百威英博和喜力由于受到近期收购负债太重的拖累，无法提交更高的报价。

该公司 2011 年 6 月 21 日提出初始报价，对标的企业给出 95 亿澳元（97 亿美元）的估值，即每股 4.90 澳元（5 美元），但是福斯特嫌报价太低。2011 年 8 月 17 日，萨博米勒采取敌意收购策略，直接向福斯特的股东发出了公开收购要约。为了赢得其股东的支持，福斯特声称将在 8 月底至少通过股票回购或分红向股东支付至少 5 250 万澳元（5 360 万美元）。为应对公司的这一行动，萨博米勒声称将会在收购价格中减去支付给股东的分红金额或福斯特回购股票的金额。

这场激烈的并购战在 2012 年 9 月 1 日终于结束，萨博米勒同意将其现金收购价格提高 0.2 澳元到 5.10 澳元（5.20 美元）。作为交易的一部分，福斯特一次性支付给股东每股 0.43 澳元。整体估值，包括承担债务时的 115 亿澳元（117 亿美元）。萨博米勒现在占有大约全球啤酒市场的 12%，排在第一名百威英博的市场占有率 25% 之后。福斯特在全球大型酿酒企业占有最高的利润率，反映了其在澳大利亚的市场份额超过 50% 的事实。然而协同效应看上去是有限的，萨博米勒在激进的成本削减方面的声誉可能会提升利润。萨博米勒还从 2010 年分拆福斯特的红酒业务中收到税款返还共计 8 170 万澳元（8.33 亿美元）。预计这次并购在第一个完整经营年度之后会取得增值收益。

本章概览

近年来，跨境并购已经变得越来越重要了。本章重点讨论并购交易结构、融资、估值和在发达及新兴国家实施时遇到的挑战。在本章中，所在地国（local country）是指标的企业所在的国家，而母国（home country）是指收购方所在的国家。发达国家是那些拥有较高且稳定的人均经济增长、全球一体化资本市场、完善的法律体系、透明的财务报告，货币可以兑换，并有一个稳定的政府。根据世界银行的说法，新兴国家人均 GDP 增长率明显低于发达国家，而且通常缺少发达国家的许多特征。

跨国投资传统上是从发达国家流向发展中国家，然而，在最近几年里，出现了资本从发展中国家流向发达国家的趋势。2010 年，几乎有 1/3 的外国直接投资，从新兴市场流入包含并购的发达国家，而少于 1/4 的资金流入有并购交易的新兴市场国家。此外根据 Dealogic 的调研，在 2011 年之前的三年里，新兴市场买卖方之间的跨境并购交易，已经达到总跨境并购市场容量的大约 12%。本章特别关注包括新兴国家在内的跨境并购交易。在本书配套网站（http：//booksite. elsevier. com/9780123854872）“学生学习指南”（Student Study Guide）文件夹中提供了本章回顾。

18.1　全球一体化市场与局部资本市场

自从第二次世界大战以来，由于国际贸易不断扩大，世界经济已经变得更加相互依赖，金融市场已经显示出相互依赖性或全球一体化。因此，金融回报在一个国家股市上的波动会影响到其他国家股市的回报。影响全球资本市场长期整合的因素包括减少贸易壁垒，废除资本控制，税法的统一，浮动互换利率，以及汇率的自由兑换。改善会计准则和公司治理，也激发了跨境资本流动。外国投资组合相关的交易成本因为信息技术进步和竞争减弱。跨国公司现在可以更容易地在境内外资本市场上募集资金。这些发展代表了世界经济的一体化。全球一体化资本市场为外国人提供了进入当地资本市场的无障碍通道，也可以让当地居民进入国外资本市场，从而最终降低了资本成本。但是，这样也使得腐败在全球主要经济体的资本市场之间快速传播，发生在2008年和2009年的全球股票和债券市场崩溃就是明证。

与全球一体化资本市场不同，割裂的资本市场对于风险和期限相同但在不同地区的债券和股票资产，给出的是不同的价格。套利将让不同市场的价格趋于一致（用同一币种表示），因为投资者会卖出那些估值过高的资产，买入那些被低估价值的资产。当投资者因为资本管制无法将资本从一个市场转移到另一个市场时，割裂的资本市场就出现了，投资者更愿意在本地市场投资，或者本地企业比外地企业有着更充分的信息。

割裂市场中的投资者如果在当地市场持有与其投资不成比例的较大的股权，则与其投资于全球分散的组合相比，它所承担的风险更大。为了反映出这种高风险水平，这些市场里的投资者和贷款人要求本地投资要比投资于全球化分散的股票市场有着更高的回报率。因此，对于无法打通国际资本市场割裂市场中的企业，其资本成本通常高于国际资本成本水平。

18.2 国际化扩张的动机

企业的国际化扩张有一系列原因，我们将在下面逐一讨论。

18.2.1 地域和行业多元化

企业可以在同一国家投资不同的行业，或投资不同国家的同一行业，或者不同国家的不同行业实现多元化。企业在经济周期不是高度关联的行业或国家进行投资，可以降低其合并后收益和现金流的波动性，而且反过来降低了其资本成本。[㊀]

18.2.2 加速成长

国外市场为国内企业的增长提供了一个机会。在国内市场经历较慢增长的大型企业有着更大的可能收购国外企业，特别是在那些高速成长的新兴市场。美国企业从来都是投资有高增长潜力的外国市场。类似地，美国代表一个巨大的增长和政治稳定的市场。所以，外国企业增加了对美国的出口和直接投资（包括并购）。

18.2.3 行业整合

许多行业的过度产能经常引发并购活动，因为企业追求获得更大的规模经济和范围经济性，以及与客户和供应商议价的能力。近年来高度活跃的金属行业（即钢铁、镍和铜）的整合是全球潮流的一个典范代表。全球整合也在金融服务、媒体、油气、电信和医药行业很普遍。

㊀ 研究显示多元化的国际企业通常比那些投资没有足够分散化的企业有着更低的资本成本（Chan 等，1992；Stulz，1995a，1995b）。

18.2.4 利用廉价原材料和劳动力

新兴市场可以降低劳动成本，获得廉价原材料和较松的监管。将生产转移到海外可以让企业减少运营开支，并在全球范围内更有竞争力。低劳动成本的益处可能被高估了，因为某些新兴国家工人的生产效率低于发达国家的工人。

18.2.5 充分利用无形资产

拥有专业技能、品牌、专利、版权和先进技术的企业，寻求在新兴市场施展其优势。外国买家可能寻求收购拥有知识产权的企业，以便他们可以把这类资产用于自己的国内市场。在国内市场以优质产品获得声誉的企业，可能寻找机会将其声誉成功地用于国外市场（例如，可口可乐和麦当劳）。寻求放大能力的企业可能收购国外企业的控股权。但是，正如沃尔玛发现的，有时候即便一个被广泛认可的品牌也不足以克服国外市场的挑战。

18.2.6 税负最小化

高税收国家的企业可能通过在税收法律更有利的国家新建或收购的方式，将生产转移过去，并在当地纳税。支持这种策略是普遍的证据有很多，很多近期研究成果显示，企业将投资从高税收国家转移到低税收国家并寻求收购的趋势更为明显，部分是因为这些国家的税收优惠。[⊖]

18.2.7 避免进入障碍

政府为保护国内行业采取的配额和进口关税，经常催生外国直接投资。外国企业可能在实行配额和关税的国家，收购现有设施或建立新企业，以求绕过这些措施。

18.2.8 汇率波动

汇率变动对于外国直接投资投向哪里以及何时去投，具有重要的影响。外国货币相对美元升值，降低了在美国投资的总成本。在汇率对跨境交易的影响方面，已经有了大量的研究成果。

18.2.9 跟随客户

通常供应商被鼓励在海外投资，以更好地满足其客户的即时需求。例如，全球的汽车零部件供应商在中国大型汽车制造商的周边设立了经营场所。

18.3 常用的国际市场进入战略

企业选择的市场进入方法反映了企业的风险容忍度、风险认知、竞争条件以及整体资源水

⊖ Zodrow（2010），Overesch（2009）和 Servaes 等（1994）发现在跨境投资（包括收购兼并）与税法的差异之间存在正相关关系，然而 Manzon 等（1994）和 Dewenter（1995）未发现明显的相关性。

平。通常的进入战略包括收购兼并、绿地投资或独资（solo ventures）、合资、出口和授权经营。图 18-1 总结了影响选择市场进入战略的因素。

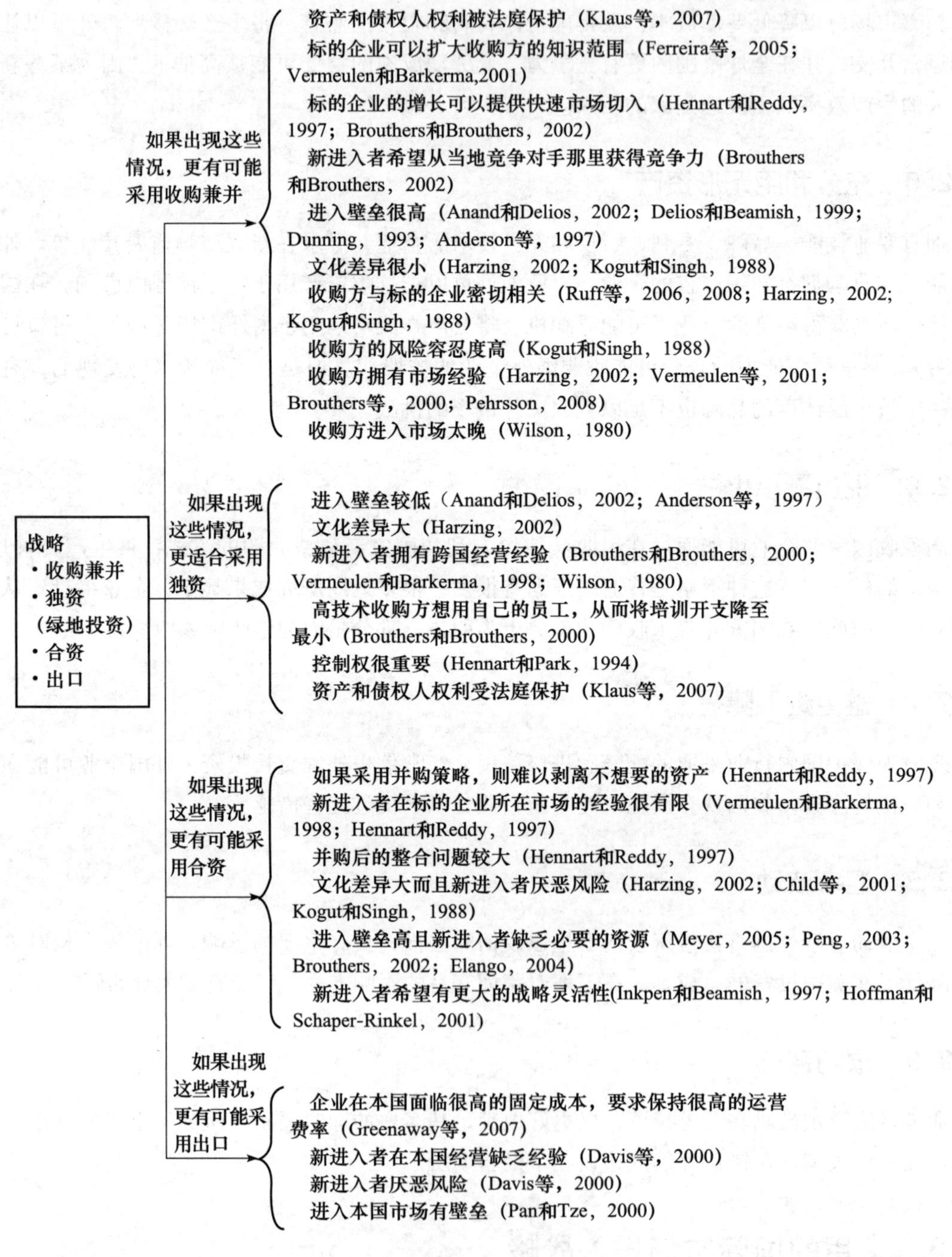

图 18-1 各种市场进入战略

对于绿地投资和独资，是指一家外国企业在当地国家开始建立新公司，让这家公司控制技术、生产、市场和产品交付。拥有大量无形资产（例如先进的技术诀窍）的绿地投资或初创企业，经常可以获得高于平均水平的回报。然而，企业的全部投资处于风险之中。并购可以提供进入新市场的快速通道，但却是昂贵的，需要复杂的谈判，要符合名目繁多的监管要求，而且还要遭受棘手的文化困扰。合资企业允许企业分担风险和国际扩张的成本，发展新能力并获得重要的资源，但是经常因为合作伙伴间的冲突矛盾而失败。

出口不要求建立当地的企业，但是，出口商必须在当地形成某种营销和配送其产品的渠道，出口的劣势包括高运输成本，汇率波动，以及进口到该国家所需缴纳的关税。此外，出口商对于所在国营销和配送其产品只有有限的控制。

授权经营允许企业在一个或几个国家制造和销售另一家企业产品。每出售一件产品，一般要向授权人支付一笔权利金。被授权人承担了风险，并投资制造、市场营销和产品或服务交付的设施。授权经营可能是成本最低的一种国际扩张方式。对于缺乏资本金和品牌认知度有限的小型企业而言，授权经营是一个受欢迎的进入模式，其缺点是缺乏对位于其他国家的制造和销售其产品的控制。授权经营通常是盈利最低的进入战略，因为利润必须在授权人和被授权方之间分享。最后一点是，被授权方可能学会技术，并在授权到期后销售一个相似的竞争性产品。

18.4　构建跨境交易架构

本节提供了适用于跨境交易的与第 11 章和第 12 章所说的有关交易结构的一个简化讨论。

18.4.1　并购载体

想收购美国公司的非美国企业，经常采用 C 型公司而不是有限责任公司或合伙制企业，用来收购标的企业的股票或资产。这些形式的企业相对容易快速组织起来，因为所有州都允许这类组织架构，而无须政府的前置审批。对于非美国籍的个人和实体，成为美国公司的股东并没有任何限制，除非是某些被监管的特定行业。如果一家有限责任公司可以被两家或更多无关联方、公司或非当地投资者持有，那么合资企业是有吸引力的形式。尽管不能在公众股票市场交易，但有限责任公司的股票可以自由地出售给其他成员。这样就可以让母公司将被收购企业作为下属企业或合资企业经营。合伙制可能对于某些国家（例如德国）的投资者有优势，因为从美国合伙企业获得的收益是不用缴税的。控股公司架构可以让国外母公司将一家子公司的收益与另一家子公司产生的亏损相抵，成为未来收购的平台，以及在遭遇法律诉讼时，向母公司提供更多的法律保护。

美国公司收购美国以外的企业时，会遇到与国内并购不一样的障碍。其中包括对投资和控制权改变的审批，税收清缴，满足当地竞争法律（即反托拉斯），以及不常见的尽职调查问题。其他问题包括同意将收购价分配到位于不同地区的资产上，以及符合当地法律对完成交易的文档要求。后面大部分内容都适用于非美国企业并购国外企业。

涉及外国企业的法律对于选择并购载体有着重要影响，因为买方必须建立一家当地企业，按照当地国的法律持有被收购的股票或资产。在普通法国家和地区（例如，英国、加拿大、澳大利亚、印度、巴基斯坦、中国香港、新加坡和其他前英国殖民地），并购载体应是一个类似公司的架构，和美国的情况相似。在大陆法国家和地区（包括西欧、南美洲、日本和韩国），并购将采用股份公司或有限责任公司的形式。民法还有别的叫法，例如成文法、大陆法或拿破仑民法典。

在一些中东伊斯兰教国家和东南亚国家（例如，印度尼西亚和马来西亚），伊斯兰法是基于古兰经的。

在欧盟，没有成文法或欧盟指引要求采用某种特定的公司形式，而公司法适用于各成员国。在许多大陆法国家，较小的企业经常采用有限责任公司，而较大的企业，特别是那些有公众股东的企业，是股份公司形式。应用于有限责任公司的法律通常比较灵活，而且特别适合于全资子公司。相反，股份公司要受很多限制并遵守证券法，然而它们的股票可以在公众交易所自由买卖。

在美国，股份公司受到的监管要比一般公司严格。它们必须在主要营业地的商业注册机构登记。在提供了适当的文件备案之后，到公司成立，可能因为官僚主义拖沓，需要几周甚至数月的时间。大多数大陆法国家要求股份公司要有一名以上的股东。通常不限制外国人成为股东。美国之外的有限责任公司受到的限制一般比股份公司少。有限责任公司通常需要有超过一名持有人（即投资者）。一般而言，国内企业或外国企业和个人都可以成为有限责任公司的投资人。

18.4.2 支付形式

在跨境交易中，美国标的企业的股东经常接受现金而不是股票。股票和其他证券要求在美国证券交易委员会注册，如果在美国出售，还要符合所有的本地证券法（包括各州法）。并购方的股票吸引力经常不及潜在标的企业的股票，原因是缺乏再出售的流动市场，或者因为收购方不被标的企业的股东了解或认可。

18.4.3 并购形式

收购股票一般是跨境交易中最简单的一种并购方式，因为所有标的企业的资产和负债依法转给收购方。收购资产导致了将标的企业的全部或部分资产转给收购方。收购股票的主要缺点是标的企业的已知和未知负债都转移给了买方。当标的企业在国外时，很难做到全面彻底地披露负债情况：一些标的资产与税务留置权（tax liens）或其他相关负债一起被转让。在国外，如果当地法律要求标的企业的员工自动成为收购方的雇员时，资产出售通常更复杂。并购并非在所有国家都是合法且可行的，这通常是因为有少数股东赞同大股东投票意愿的要求。

18.4.4 税务策略

免税重组或并购经常用于收购美国企业的外国并购方。标的企业根据各州法律，与国外并购方的美国子公司进行法定并购。为了税收原因被认定为美国公司，这家国外企业必须持有美国子公司至少80%的股权。这样才可以被认定为A类免税重组交易（见第12章）。

另一种交易结构是应税收购，包括一家公司收购另一家公司的股票或资产，通常是以现金或债务进行交换。标的企业股东在交换之后会发生应税的损益。前向三角并购是最常见的应税交易形式。标的企业与一家国外收购方的美国公司合并，标的企业的股东得到收购方的股票和现金，但现金是主要的支付形式。这个结构在标的企业股东一部分想要股票而其他人想要现金时很有用。

混合交易（hybrid transaction）代表跨境并购中的第三种交易方式。这个类型的交易可以让美国标的企业和它的股东不用缴税，同时也避免了国外并购方发行股票。一项混合交易可能对某些标的企业股东而言需要缴税，但对另一些标的企业股东则是免税的。构造混合交易时，一些标的企业股东可能用其普通股交换无投票权的优先股，而由国外收购方或其子公司以现金购买剩下的普通股。这样的交易对于获得优先股的标的企业股东是免税的，而那些通过出售股票获得现金的股东则应缴税。㊀

18.5 跨境交易的融资

债务在跨境交易中是最常用的融资方式。融资渠道存在于收购方母国的资本市场、标的企业所在的国家，或者在某个第三国。提供给跨境收购方的国内资本渠道，包括愿意提供过桥融资与信贷额度的银行、债券市场和股权市场。

18.5.1 债市

在跨境交易中常用的融资中，欧元债券是用美元或其他货币计价的债类工具，出售给境外的投资者。典型的欧元债券交易可以是一家法国公司通过承销商发售的美元标价的债券。承销商可能包括一家纽约商业银行的海外分支机构、一家德国商业银行和一个由伦敦的银行组成的银团。国外企业和政府在本地市场发行的债券很多年前就已经出现了。这类债券在另一个国家的国内债券市场发行，以该国货币标价，并遵守该国的法律。㊁

18.5.2 股市

美国存托凭证（American Depository Receipt，ADR）市场演变成为让国外企业在美国股票市场募集资金的方式。ADR 代表一家国外公司的股票保存在一家美国银行的凭证，可以让持有人获得全部分红和资本收益。ADR 可以和 ADS 交换使用。欧元股票市场（Euroequity market）是指一家国外企业发行股票，吸引到的投资者群体比该企业国内股市的投资者多。㊂

18.5.3 主权基金

主权财富基金（sovereign wealth funds，SWF）是政府支持或由政府发起的投资基金，功能是投资外国储备货币。多年来，这类基金积累了巨额美元，会再投资于美国国债。然而，近年来，这类基金变得越来越复杂了，不断增持国外企业的股权头寸，并分散持有多种货币。主权基金 2011 年控

㊀ 有关不同国家不同税法的一个精彩讨论，请参阅普华永道（2010）。

㊁ 由非美国发行的债券，在美国证券交易委员会注册并在美国公开债券市场销售，称为扬基债券。类似地，一家美国企业在日本发行的证券，称为武士债券。

㊂ 如果收购方在标的企业所在国的知名度不高，标的企业股东可能只能以折扣价在本国出售收购方的股票。收购方可能不得不在其母国发行股票或者在国际股票市场发行股票，并用募集的资金收购标的企业。另一种方式是，收购方可以在标的企业所在市场发行股票，为标的企业股东创造一个再出售市场，或者提供给标的企业股东通过一家投资银行在收购方国家的市场出售股票的机会。

制了全球大约4.62万亿美元的资产。除了提供资本金，主权基金因为和大投资者有政治联系，所以可以为所投企业带来价值，打开进入该主权基金的母国市场以及获得政府相关合同。

18.6 新兴国家跨境交易的规划和实施

进入新兴经济体将会遇到一般在发达国家不会遇到的挑战。

18.6.1 政治和经济风险

政治和经济风险通常是相互关联的。政治经济风险的例子包括过度的地方政府监管、严苛的税法、汇款限制、货币不可兑换、限制性雇用政策、没收外国企业资产、内战或叛乱以及腐败。另一个有时会被忽略的挑战是新兴国家的司法体系可能无法保证合同得到执行。

出人意料的汇率变化会影响到本地生产产品出口到全球市场的竞争力，汇率变动改变了投资于当地市场的资产价值和当地经营收益返回到母国的母公司。意料之中的是，经济和政治的自由程度与外国直接投资之间存在正相关关系。当产权受到尊重，收益汇回本国不受限制时，外国人倾向于投资东道国。[⊖]

18.6.2 政治经济风险评估的信息来源

信息来源包括东道国的顾问、合资企业的合作伙伴、当地法律顾问或政府相关部门，例如美国国务院。其他来源包括主要信用评级机构，例如标准普尔、穆迪和惠誉IBCA。商业期刊，例如《欧洲货币》和《机构投资者》每半年提供国家风险评级结果。经济学人智库（Economic Intelligence Unit）也提供不同国家的风险评分。政治风险服务集团（Political Risk Services Group）出版的《国际各国风险指南》（*International Country Risk Guide*），提供了各国的整体风险评分以及政治、金融和经济风险的单项评分。

18.6.3 用保险管理风险

购买保险的决定取决于投资规模和风险水平。各方都有自己的选择渠道。例如，很多国家的出口信贷机构，如进出口银行（美国）、SACE（意大利）以及Hermes（德国），可以为设在其法域内的公司提供保险。海外私募股权投资公司（Overseas Private Investment Corporation）可以为设立在美国的企业提供服务，而任何企业都可以向世界银行的多边投资保障署（Multilateral Investment Guarantee Agency）求助。

18.6.4 用期权和合同约定管理风险

当无法进行充分的尽职调查时，收购方可以在收购协议中包括一个看跌期权，使得买方可以

⊖ Bengoa和Sanchez－Robles（2003），Berggren和Jordahl（2005）展示了外国投资和传统基金会自由指数之间存在强正相关性。这个指数包含分为10个类别的约50个变量，测量了经济和政治自由度的各个方面。

要求卖方在某种情况下，以预先确定的价格向其回购股票。另外，协议可以包括要求对收购价格做出调整的条款。当然，这些要求有可能面临不被签订协议的各方接纳的风险。

18.7 如何对跨境交易进行估值

跨境交易要求将现金流从一种货币转换成另一种货币。此外，当收购方和标的是在同一个国家时，贴现率可能根据未发现的风险做出调整。

18.7.1 转换境外标的企业现金流为收购方国内现金流

标的企业的现金流可以用其本国货币表示，既可以包括预期通胀（即名义值），也可以不包括通胀（即真实值），或者用收购方国家的货币表示。现金流的真实估值是指考虑通胀情况，用真实贴现率调整后的现金流。除非通胀率很高，并购业内人士使用的是现金流的名义值。在这些场合，真实现金流更受欢迎。真实现金流由名义现金流除以该国的 GDP 平减指数或其他衡量通胀的指标得出。未来真实现金流可以由将来名义现金流除以当前的 GDP 平减指数估算出，[一]再根据预期通胀率进行调整。真实贴现率由名义贴现率减去预期通胀率得出。[二]

更简单的做法是用本国货币预测出标的的总现金流（而不是各个独立部分的现金流），然后将现金流转换成收购方国家的货币。这需要估计标的（东道国）和收购方（母国）货币未来的兑换率，而兑换率受到两国的利率和预期通胀影响。一国货币与另一国货币兑换的比率称为即期汇率（spot exchange rate）。转换为收购方货币可以采用远期汇率（future spot exchange rate），可以通过相对利率（利率平价理论）或预测的相对通胀率（购买力平价理论）进行估算。

1. 标的企业是在发达（全球一体化）资本市场国家

对于发达国家，利率平价理论为估算远期汇率（即未来的即期汇率）提供了一个有用的框架。考虑一家美国收购方对一家欧盟标的企业做估值的情形，用欧元表示预测现金流。标的现金流可以采用预测的未来美元兑欧元即期汇率转换为美元。利率平价理论将远期（未来）即期汇率与两国按照即期汇率调整的利率之差联系起来，所以，美元/欧元兑换率（$\$/€)_n$（即未来或远期汇率），在未来时期 n，根据以下关系预期会升值（贬值）：

$$(\$/€)_n = \{(1+R_{\$n})^n/(1+R_{€n})^n\} \times (\$/€)_0 \qquad (18\text{-}1)$$

类似地，未来时期 n 的欧元/美元汇率（$€/\$)_n$，根据以下关系可能升值（贬值）：

$$(\$/€)_n = \{(1+R_{\$n})^n/(1+R_{€n})^n\} \times (\$/€)_0 \qquad (18\text{-}2)$$

注意（$\$/€)_0$和（$€/\$)_0$分别代表美元/欧元和欧元/美元即期汇率；$R_{\$n}$和 $R_{€n}$分别代表美国和欧盟的利率。式（18-1）和式（18-2）意味着，如果美国利率相对欧盟国家的利率提高，投资者将以即期汇率用欧元购买美元，在远期（未来）市场——时期 n 出售等量美元买回欧元。根据

[一] GDP 平减系数是当期 GDP 与真实 GDP 之比，或者不变美元 GDP，测量了当期和之前某个基期的价格变化比例。

[二] 如果用于将未来现金流转换为真实值的预期通胀率和估算折价的通胀率一致，那么正常（真实）现金流应该给出同样的 NPV。

这一理论，美元/欧元即期汇率将升值，而美元/欧元远期汇率将贬值，这一过程将持续直到利差带来的利润消失为止。[⊖]阅读资料 18-1 展示了如何将以欧元表示的标的企业的名义自由现金流（即所在国或标的国家的货币）转换为美元（即母国或收购方国家的货币）。

阅读资料 18-1

使用利率平价理论将欧元表示的自由现金流转换为美元

使用利率平价理论将欧元表示的自由现金流转换为美元，如下所示。

	2012	2013	2014
标的企业以欧元计价的 FCFF 现金流（100 万欧元）	124.5	130.7	136.0
标的企业所在国利率（%）	4.50	4.70	5.30
美国利率（%）	4.25	4.35	4.55
即期汇率（$/€）=1.204 4			
预测的即期汇率（$/€）	1.201 5	1.196 4	1.178 8
标的企业以美元计价的 FCFF 现金流（100 万美元）	149.59	156.37	160.32

注：用式（18-1）计算预测即期汇率

$(\$/€)_{2012} = \{(1.0425)/(1.0450)\} \times 1.2044 = 1.2015$

$(\$/€)_{2013} = \{(1.0435)^2/(1.0470)^2\} \times 1.2044 = 1.1964$

$(\$/€)_{2014} = \{(1.0455)^3/(1.0530)^3\} \times 1.2044 = 1.1788$

2. 标的企业在新兴资本市场国家

与前面所讲一样，现金流采用利率平价理论或购买力平价理论进行转换。后者在新兴市场中不存在利率的充分信息时使用。购买力平价理论认为远期汇率相对于即期汇率的百分比差异，随着时间推移，应该等于国家间的预测通胀率差异。也就是说，一种货币根据两国间的预期相对通胀率发生对另一种货币升值（贬值），这样使得同样的货品在每个国家都有一样的价格。例如，时期 n 的美元/墨西哥比索兑换率 $(\$/\text{Peso})_n$ 和墨西哥比索/美元兑换率 $(\text{Peso}/\$)_n$，根据以下关系变化：

$$(\$/\text{Peso})_n = [(1+P_{us})^n/(1+P_{mex})^n] \times (\$/\text{Peso})_0 \tag{18-3}$$

和

$$(\text{Peso}/\$)_n = [(1+P_{mex})^n/(1+P_{us})^n] \times (\text{Peso}/\$)_0 \tag{18-4}$$

式中，P_{us} 和 P_{mex} 分别是美国和墨西哥的预期通胀率，而 $(\$/\text{Peso})_0$ 和 $(\text{Peso}/\$)_0$ 分别是美元/墨西哥比索和墨西哥比索/美元即期汇率。如果同样的商品或服务在美国的价格上涨速度比墨西哥快的话，若其他不变，那么持有墨西哥比索的人将买入美元，在物价上涨前购买美国商品和服务，同时在美元贬值前在远期市场卖出等量美元买回墨西哥比索。这样就导致了美元/墨西哥比索即期汇率下跌（即美元相对墨西哥比索升值）和远期美元/墨西哥比索汇率上升（即美元相对墨西哥比索贬值）。参见阅读资料 18-2，了解实践中是怎样操作的。

⊖ 远期汇率和根据美国利率与欧元区利率之比做出调整的即期汇率之间，实际上将因美元兑欧元即期利率升值，美元兑欧元远期汇率贬值，以及美国利率下降和欧元区利率上升的综合作用而恢复均衡。美国债券的利率在投资者推高其价格时会降低。对于同类可比的欧元区债券，在投资者卖掉债券将收益转投美国时，其利率会升高。

阅读资料 18-2

用购买力平价理论将墨西哥比索表示的企业自由现金流转换为美元

用购买力平价理论将墨西哥比索表示的企业自由现金流转换为美元，如下所示。

	2012	2013	2014
标的企业以墨西哥比索计价的 FCFF 现金流（100 万墨西哥比索）	1 050.5	1 124.7	1 202.7
墨西哥预期通胀率 =6%			
美国预期通胀率 =4%			
即期汇率（\$/Peso）=0.087 7	0.086 0	0.084 4	0.082 8
预测的即期汇率（\$/Peso）			
标的企业以美元计价的 FCFF 现金流（100 万美元）	90.34	94.92	99.58

注：用式（18-3）计算预测的即期汇率

$$(\$/\text{Peso})_{2012}=\{(1.04)/(1.06)\}\times 0.0877=0.0860$$

$$(\$/\text{Peso})_{2013}=\{(1.04)^2/(1.06)^2\}\times 0.0877=0.0844$$

$$(\$/\text{Peso})_{2014}=\{(1.04)^3/(1.06)^3\}\times 0.0877=0.0828$$

18.7.2 选择正确的边际税率

大多数国外企业如果将税收利润汇回母国都只需缴纳很少一笔税款。美国企业应缴纳美国税额和它们已经支付税款的差额部分。例如，法国和美国企业投资爱尔兰只需缴纳 12.5% 的公司税。法国企业将盈利汇回国内时，只需按这笔利润的不足 5% 缴税。美国企业则需缴纳美国公司税 35% 和爱尔兰税 12.5% 的 22.5% 的差额部分。如此巨大的差额成为美国企业将国外盈利留在美国之外的主要动机。

所以，在估值时选择正确的边际税率取决于在实际支付税款的地点。如果收购方国家对于已经在国外纳税的境外收入免除税收，正确的税率应该是国外的边际税率，因为是在那个国家缴税。否则正确的税率就应该是收购方国家的税率，如果这个税率高于标的国家税率，而且已在外国缴纳的税款可以从收购方向母国缴纳税款中抵扣的话。

18.7.3 跨境交易的股权成本估算

资本资产定价模型或多因素模型（例如 CAPM 加上企业规模调整）通常用于发达国家的流动资本市场。对于新兴市场国家，估算股权成本会更复杂，至少有 12 种不同的方法。每种方法要根据特定的国家风险和潜在资本市场分割情况调整贴现率。也有一些方法尝试调整预测现金流，将新兴市场风险包含进去。无论哪种情况，调整经常看上去是主观的。

发达经济体看上去在股权成本方面差异很小，这是因为它们的资本市场与全球资本市场有相当高的整合度。所以，根据特定国家风险调整股权成本之后不会出现明显变化。对于新兴市场国家，分割的资本市场、政治不稳定、有限的流动性、货币波动以及货币不可兑换，根据这些因素调整标的企业的股权成本是需要的，但通常不可行。下面的讨论涉及评估跨境交易的基本因素，区别了在发达国家和发展中国家投资所做的不同调整。不管怎么说，这个领域仍有很多争议话题。

1. 估算发达（全球一体化）国家股权成本

下面讨论当标的在发达国家时，如何调整基本 CAPM 模型，为跨境交易估值。这个讨论与第 7 章的 CAPM 模型类似，只是在估算 β 值和计算股市风险溢价时使用了分散化的本国或全球股票市场指数。

2. 估算无风险回报率（发达国家）

无风险利率通常是指东道国政府（或主权）债券利率，不论标的企业的预测现金流是否用当地货币表示。[㊀]无风险利率通常是指美国国债利率，而预测现金流用美元表示。

3. 根据风险调整 CAPM（发达国家）

股权溢价——一个相当分散的投资组合回报与无风险回报之间的差异，是投资者购买股票所要求的额外回报。当资本市场充分整合之后，股权投资者持有全球分散的组合，导致在某些国家股票指数和全球指数之间出现高关联度。所以，股权溢价可以通过用企业股价对美国股票多元化组合、其他发达国家股票组合或全球股票组合进行回归模拟而估算出。[㊁]

CAPM 也应该根据企业规模进行调整，作为众多因素的代理变量，例如较小的企业会有较高的违约风险，而且比大型上市企业的流动性低。见第 7 章表 7-1，列出了用市值衡量的根据企业规模调整的股权成本的估计值。

4. 全球 CAPM 模型（发达国家）

对于全球整合市场，系统风险是相对于世界其他国家定义的。只有资产的表现与全球经济相关时，才认为该资产具有系统风险。当采用一个全球股票指数时，CAPM 通常被称作全球或国际资本资产定价模型。如果标的企业的风险和收购方面对的风险类似，那么收购方的股权成本可能被用于贴现标的企业的现金流。

标的企业的全球资本资产定价模型可以表达为：

$$k_{e,\mathrm{dev}} = R_f + \beta_{\mathrm{devfirm,global}}(R_m - R_f) + \mathrm{FSP} \tag{18-5}$$

式中，$k_{e,\mathrm{dev}}$——在发达国家经营的企业所要求的股权回报；

R_f——东道国的无风险回报率，如果现金流以东道国货币计值，或用美国国债利率，用美元计值；

$R_m - R_f$——预期全球市场组合（如 MSCI）、美国股票指数（标准普尔 500 指数），或标的企业所在国家的一个广泛认可的指数与 R_f 的差值。这个差值就是股权溢价，如果用与全球资本市场整合一体化国家的货币计值，应该大致相同；

$\beta_{\mathrm{devfirm,global}}$——度量相对于全球分散股票组合或一个与全球分散股票组合高度相关的全球指数不可分散风险的指标，也可以用式（18-7）间接估算；

FSP——企业规模溢价，反映了较小的企业为了吸引投资者必须提供的额外回报。

㊀ 2010～2011 年在许多发达国家发生的债务危机表明，将没有自己国家货币的政府债券（如欧元区国家）作为无风险利率，这种做法是有疑问的。这类国家不能依靠印钞来偿还债务。2012 年 7 月，西班牙政府的 10 年期债券利率是 6.95%，而违约保险的成本（即投资人向其他机构购买的抵御违约的保险所支付的金额）是 564BPS，即 5.64%。作为信用违约互换价格，这个数字是一只债券利率和假设的无风险利率之间的差价，在欧洲，这个无风险利率指的就是德国政府债券的利率。对于投资者来说，10 年期西班牙国债隐含的无风险回报是 1.31%（即 6.95% －5.64%），假设德国政府不会违约。另外，将美国国债利率按照不同国家的通胀率进行调整［见式（18-6）］，或者一家大型企业在本国的借贷利率，也可以当作无风险利率使用。

㊁ 在美国，一个分散的投资组合例子是标准普尔 500 指数；在全球资本市场上，摩根士丹利资本国际的全球指数（MSCI）普遍用作全球分散股票投资组合的代表。

分析师可能希望用东道国和母国两种货币估算标的企业的未来现金流。费舍尔效应可以让分析师计算名义股权成本在两种货币之间的换算。假设两国未来的通胀率是精确的，两国的股权真实成本应该是一致的。

18.7.4　费希尔效应

所谓费希尔效应（Fisher Effect），说的是名义利率可以被表达为真实利率（即包含了通胀的利率）与期望通胀率之和。对于美国和墨西哥，费希尔效应可以表示为：

$$(1+i_{us})=(1+r_{us})(1+P_{us})\text{和}(1+r_{us})=(1+i_{us})/(1+P_{us})$$

$$(1+i_{mex})=(1+r_{mex})(1+P_{mex})\text{和}(1+r_{mex})=(1+i_{mex})/(1+P_{mex})$$

如果各国的真实利率是不变的，各国间名义利率的差异仅仅是预期通胀率之间的差异，所以，

$$(1+i_{us})/(1+P_{us})=(1+i_{mex})/(1+P_{mex}) \tag{18-6}$$

式中，i_{us}和i_{mex}——分别是美国和墨西哥的名义利率；

P_{us}和P_{mex}——分别是美国和墨西哥的预期通胀率。

如果分析师知道墨西哥利率和美国和墨西哥的预期通胀率，求解式（18-6），得出美国利率估计值（即 $i_{us}=[(1+i_{mex})\times(1+P_{us})/(1+P_{mex})]-1$）。阅读资料 18-3 展示了如何用式（18-6）将一种货币的股权成本估计值轻松转换为另一种货币的成本。尽管过往美国股权溢价被用于计算股权成本，但也可以使用过往的英国或 MSCI 溢价。

阅读资料 18-3

计算用母国和东道国货币表示的标的企业的股权成本

阿奎尔是一家美国的跨国企业，有意收购塔吉特公司——一家英国的竞争对手，市值5.5亿欧元（约10亿美元）。英国当前的无风险回报率——十年期政府债券利率是 4.2%。预期的美国和英国的通胀率分别是 3% 和 4%。规模溢价大约是 1.2%。

美国过往股权风险溢价是 5.5%。①阿奎尔估计塔吉特的β值是 0.8，通过用塔吉特过往的财务回报对标准普尔 500 指数进行回归，在用英国英镑（即当地货币）表示时，用于贴现塔吉特预测现金流的股权成本（$k_{e,uk}$）是多大？如果是用美元（即母国货币），用于贴现塔吉特预测现金流的股权成本（$k_{e,us}$）该是多大？②

$$k_{e,uk}[\text{见式}(18\text{-}5)]=0.042+0.8\times(0.055)+0.012=0.098=9.80\%$$

$$k_{e,us}[\text{见式}(18\text{-}6)]=[(1+0.098)\times(1+0.03)/(1+0.04)]-1=0.0875\times100=8.75\%$$

①可以使用美国股权溢价或英国股权溢价，因为这两国的股市是高度相关的。

②英国的真实回报率（r_{uk}）和美国的真实回报率（r_{us}）是相同的。$r_{uk}=9.8\%-4.0\%=5.8\%$，且 $r_{us}=8.8\%-3.0\%=5.8\%$。

1. 估算在新兴（分割的）资本市场国家的股权成本

如果资本市场是分割的，全球资本资产定价模型必须反映出不同国家投资者倾向于持有本国

投资而非全球分散投资组合的趋势。其结果是，不同国家的股权溢价是不同的，反映了与各国股市指数伴生的不可分散的风险。下面讨论当标的企业在新兴市场国家时，如何在评估跨境交易时对基本 CAPM 公司做出调整。

2. 估算无风险回报率（新兴市场国家）

数据上的局限性经常导致采用东道国政府债券利率作为无风险收益率。如果标的企业的现金流是用当地货币表示的，美国国债利率经常被用于估算无风险收益率。为了建立一个本国名义利率，政府债券利率应该用式（18-6）调整两个国家预期通胀率之差。另一方面，无风险回报率可以用预期通胀率和预期真实利率之和估算。分析师也可以在美国财政部通胀调整债券（treasury inflation protected securities，TIPS）利率上加上预期通胀率。例如，安哥拉2012 年6 月的预期通胀率是12%，而十年期美国财政部通胀调整债券的5 年利率（真实利率）是2. 38%，[一]所以，当时安哥拉政府债券的无风险回报率估计值是14. 38%。

3. 根据风险调整 CAPM（新兴市场国家）

在新兴市场母国经营的企业的系统风险，由于其资本市场是分割的，[二]对其的度量，主要是相对该国的股票市场指数（$\beta_{emfirm,country}$），而较少考虑相对全球分散化的股票组合（$\beta_{country,global}$）。新兴国家的企业的全球β值（$\beta_{emfirm,global}$）可以如下调整，以反映与全球资本市场的关系：

$$\beta_{emfirm,global} = \beta_{emfirm,country} \times \beta_{country,global} \tag{18-7}$$

$\beta_{emfirm,country}$可以用本地企业的历史回报数据和该国股票指数进行回归计算得出。[三]$\beta_{country,global}$可以用本国（或者类似国家）股票指数的财务回报和一个全球股票指数的历史财务回报进行回归计算得出。[四]由于新兴国家存在缺乏历史数据的问题，故而股票风险溢价通常要用不变增长估值模型来估算。

如第7 章式（7-14）所示，用这个公式可以估算以不变增长率增长的红利的现值。换言之，当期（d_0）支付的红利，以不变增长率（g）增长，因此d_1 等于d_0（$1+g$）。假设股市对股票的估值是正确的，而且我们知道，标的企业所在国或类似国家的一个广泛认可的指数的现值（$P_{country}$），下一年度该指数支付的红利（d_1），以及预期红利增长率（g），我们可以用下式估算出该股票指数的预期回报（$R_{country}$）：

$$P_{country} = d_1/(R_{country} - g) \text{ 和 } R_{country} = (d_1/P_{country}) + g \tag{18-8}$$

在式（18-8）中，所在国的股票风险溢价是$R_{country} - R_f$，式中，R_f是所在国的无风险回报率。阅读资料18-4 展示了国家或政治风险并未体现在β值或股权风险溢价时，如何计算新兴国家的企业股权成本。注意，所在国的无风险回报率，要用经所在国相对于美国的预期通胀率调整后的美国国债利率进行估算。这样就可以把美国国债利率转换为所在国的名义利率。

[一] 采用5 年期通胀调整债券是因为2012 年6 月的TIPS 利率因美联储实施“扭曲操作”（operation twist）调低美国国债利率而人为被压低到-1. 5%（0. 98%的名义利率减去2. 48%的通胀率）。

[二] 如果一个国家的股票市场和全球股票市场的关联性相当小，则分析师可以判断这个市场是与全球股票市场割裂的。这意味着本地的股票溢价与全球股票溢价不同，反映了本地市场的系统风险。

[三] 如果缺乏足够数据，$\beta_{emfirm,country}$可以用本国或外国类似企业的β值进行估算。

[四] 另外，一个更直接的方法是用本地企业的历史回报数据和一个全球分散股票组合的财务回报数据进行回归，计算出$\beta_{emfirm,global}$。此外，也可以使用一家类似的本国或外国企业和全球指数之间的β值。

阅读资料 18-4

计算新兴国家标的企业的股权成本

假设下一年某个新兴国家股市的股息率（dividend yield）是 5%，在可见的未来，该股市指数的成分股公司的收益预期每年增长 6%。该国的全球 β 值（$\beta_{\text{country,global}}$）是 1.1。美国国债利率是 4%，且该新兴国家的预期通胀率是 4%，而美国的通胀率为 3%。估算该国的无风险利率（R_f），相对一个新兴国家分散股票组合的回报率（R_{country}），以及该国的股票风险溢价（$R_{\text{country}}-R_f$）。如果一家企业的所在国的 β 值（$\beta_{\text{emfirm,country}}$）是 1.3，用该国货币计值，该企业的股权成本（$k_{e,\text{em}}$）是多少？

答案

$R_f=[(1+0.04)((1+0.04)/(1+0.03))-1]$
$=0.0501\times100=5.01\%$

R_{country}［见式（18-8）］$=5.00+6.00$
$=11.00\%$

$R_{\text{country}}-R_f=11.00-5.01=5.99\%$

$\beta_{\text{emfirm,global}}$［见式（18-7）］$=1.3\times1.1$
$=1.43$

$k_{e,\text{em}}=5.01+1.43\times(5.99)=13.58\%$

4. 根据国家或政治风险调整 CAPM

一个国家的股权溢价可能无法囊括所有阻碍企业经营能力的事件，例如政治不稳定，限制利润汇回，资本管制，以及征收惩罚性或歧视性税收。这类因素可能增加了企业违约的机会。除非分析师在预测该国企业的现金流时，考虑了这些违约因素，否则其预测的现金流可能被夸大，无法反映出财务不良的成本。

如果采用美国国债利率作为无风险利率计算 CAPM，那么在基本的 CAPM 预测值上加上国家风险溢价是合适的。该国的风险溢价（CRP）通常是同期该国的主权或政府债券的收益率与美国国债利率之间的差值。这个差值或“价差”就是投资者要求持有新兴国家债券而不是美国国债所需要的额外的风险溢价。[⊖]标准普尔（www.standardandpoors.com）、穆迪投资服务公司（www.moodys.com）和惠誉 IBCA（www.fitchratings.com）提供了主权债券价差。实际的做法是，主权债券价差是用一只具有同一期限的债券计算出来的，正如以美国十年期国债作为基准，得出计算股权成本的无风险利率。

5. 全球 CAPM 模型（新兴市场国家）

为了估算新兴经济体的企业的股权成本（$k_{e,\text{em}}$），式（18-5）可以根据具体的国家风险修改为：

$$k_{e,\text{em}}=R_f+\beta_{\text{emfirm,global}}(R_{\text{country}}-R_f)+\text{FSP}+\text{CRP} \tag{18-9}$$

式中，　R_f——所在国无风险利率，或者是以所在国货币为现金流计值时，将美国国债利率转换为所在国名义利率［见式（18-6）］，或者以美元为现金流计值时的美国国债

⊖ 如果用国家的主权或政府债券利率作为无风险利率，那么国家风险不应该加在股权成本上，这是因为国家或政治风险早已反映出来了。

利率。

$R_{country} - R_f$——所在国或类似国家的一个分散化股票指数的期望回报和无风险利率之间的差值。

$\beta_{emfirm,global}$——新兴国家企业的全球β值［见式（18-7）］。

FSP——企业规模溢价，反映了较小的企业必须盈利超过大型企业，才能吸引到投资者的额外回报。

CRP——特定的国家风险溢价，表示为所在国（或类似国家）政府债券与同期美国国债利率的差值。如果美国国债利率被当作所在国无风险利率使用时，要加上 CAPM 估计值。

6. 估算新兴市场当地企业的债务成本

新兴国家企业的债务成本（i_{emfirm}）应该根据与该国和企业相关的事件导致的违约风险做出调整。当无法获得新兴国家公司的债券利率时，某个新兴国家企业的债务成本可以用一个与该企业有可比信用的本国公司利率（i_{home}）做出估算。在这个利率上，应加上国家风险溢价，以反映政治不稳定等因素对 i_{emfirm} 的影响。所以，债务成本可以表示如下：

$$i_{emfirm} = i_{home} + CRP \tag{18-10}$$

新兴国家的大多数企业都没有信用评级。为了确定可以使用本国利率，必须为新兴国家的企业设定一个评级。通过将标的企业的财务比率和美国评级机构评定过的企业的财务比率进行比较，可以得出这个“人工”信用评级结果。对于这家未评级的企业的评级估测，可以用标准普尔采用的利息覆盖比率与企业的利率覆盖率进行比较，得出标准普尔可能如何给这个企业确定评级。阅读资料 18-5 展示了如何计算新兴国家的债务成本。

阅读资料 18-5

估算新兴市场国家的债务成本

假设有一家新兴国家的企业，其年息税前经营利润是 5.5 亿美元，年利息支出是 1 800 万美元。这意味着利率覆盖率为 30.6（即 5.5 亿美元 ÷ 0.18 亿美元）。对于标准普尔来说，这对应于 AAA 评级。根据标准普尔的标准，当前 AAA 企业的违约价差是 0.85。当前美国 AAA 评级债券的利率是 6.0%。进一步假设该国的政府债券利率是 10.3%，而美国国债利率是 5%。如果该企业的边际税率是 0.4，则该企业的税前和税后的债务成本是多少？

答案

税前债务成本［见式(18-10)］ = 6.0 + (10.3 − 5.0) = 11.3%

税后债务成本 = 11.3 × (1 − 0.4) = 6.78%

阅读资料 18-6 给出了跨境交易中如何计算 WACC。注意根据企业规模和国家风险对股权成本估计值所做的调整，还要注意因国家风险而对当地借贷成本所做的调整。无风险回报率是美国国债率转换成当地的名义利率。

阅读资料 18-6

估算跨境交易中的资本加权平均成本

阿奎尔公司是一家美国企业，想要收购塔吉特公司。阿奎尔的管理层认为塔吉特所在的国家是与全球资本市场割裂开的，因为用该国股市的财务回报和全球指数做回归得出的β值与 1 相差很大。

假设条件：当期美国国债利率（R_{us}）是 5%。塔吉特所在国的预期通胀率是每年 6%，而美国的年通胀率为 3%。标准普尔给出的国家风险溢价（CRP）约为 2%。根据塔吉特的利息覆盖比率，估计其信用评级接近 AA 级。当期美国 AA 评级的公司债券利率是 6.25%。阿奎尔在国外享受税收优惠待遇。因为其边际税率比塔吉特高，所以阿奎尔的边际税率 0.4 被用于计算加权平均资本成本。阿奎尔的税前债务成本是 6%。

该企业的总市值只包括普通股和债务。阿奎尔的预测债务占总资本的比率（负债率）为 0.3。塔吉特的β值和该国的β值分别估算为 1.3 和 0.7。基于该国股票指数未来回报和估算的无风险回报率之间的价差，股权溢价约为 6%。给定塔吉特当前市值是 30 亿美元，该企业的规模溢价（FSP）约为 1.0（见第 7 章表 7-1）。以该国货币计值，阿奎尔应该使用多大的加权平均资本成本去贴现塔吉特的年预测现金流？

答案

$$k_{e,em}[\text{见式(18-9)}] = \{[(1+0.05)\times(1+0.06)/(1+0.03)]-1\}\times 100^{①} + 1.3\times 0.7(6.0) + 1.0 + 2.0 = 16.52\%$$

$$i_{local}[\text{见式(18-10)}] = 6.25 + 2.0 = 8.25\%$$

$$WACC_{em}[\text{见式(7-4)}] = 16.52\times(1-0.3) + 8.25\times(1-0.4)\times 0.3 = 13.05\%$$

①注意表达式 {[(1+0.05)×(1+0.06)/(1+0.03)]-1}×100 是用式（18-6）将美国国债利率转换成所在国名义利率。而 1.3×0.7 得出的是塔吉特公司的全球β估计值，如式（18-7）所示。

表 18-1 总结了常用的发达国家和新兴市场国家企业跨境并购的评估方法。计算加权平均资本成本时，假设企业只采用常用的股权和债务融资方法。注意在计算新兴市场国家的企业的加权平均资本成本时，如果采用美国国债利率作为无风险回报率，那么国家风险溢价是加在股权成本和税后债务成本之上的。如果用于估算股权成本的无风险回报率是东道国政府债券利率，那么分析师应该避免将国家风险溢价加在股权成本上。表 18-1 上的母国和东道国指的分别是收购方和标的企业所在的国家。

表 18-1　跨境交易估值的常用方法

发达国家（整合的资本市场）	新兴国家（割裂的资本市场）
第 1 步：预测和转换现金流	**第 1 步：预测和转换现金流**
a. 以东道国货币计值，预测标的企业的现金流 b. 将该现金流转换为收购方所在国的货币，采用按照利率平价理论预测的远期汇率	a. 以东道国货币计值，预测标的企业的现金流 b. 将该现金流转换为收购方所在国的货币，采用远期汇率。如果缺乏足够可信的利率数据，使用利率平价理论预测远期汇率
第 2 步：调整贴现率	**第 2 步：调整贴现率**
$k_{e,dev} = R_f + \beta_{devfirm,global}{}^{①}(R_m - R_f) + FSP$ i = 债务成本③ $WACC = k_e W_e + i(1-t)\times W_d$	$k_{e,em} = R_f + \beta_{emfirm,global}{}^{①}(R_{country} - R_f)^{②} + FSP + CRP$ $i_{local} = i_{home} + CRP$ $WACC = k_e W_e + i_{local}(1-t)\times W_d$

（续）

发达国家（整合的资本市场）	新兴国家（割裂的资本市场）
第 2 步：调整贴现率	**第 2 步：调整贴现率**
a. R_f是母国的长期政府债券利率	a. R_f是东道国的长期政府债券利率，或现金流以东道国货币计值时，将美国国债利率转换为东道国名义利率，抑或现金流以美元计值时的美国国债利率。注意，如果使用的是东道国无风险利率，不用加 CRP
b. $\beta_{\text{devfirm, global}}$是一个分散化的全球、美国或东道国的股票指数	b. $\beta_{\text{emfirm, global}}$是一个伴随标的企业所在国$\beta$值和东道国全球$\beta$值的不可分散的风险
c. R_m是一个分散化的全球、美国或东道国的股票指数的回报	c. R_{country}是一个分散化的东道国的股票指数或类似国家股票指数的回报
d. FSP 是企业规模溢价	d. CRP 是国家风险溢价
e. t 是适宜的边际税率	e. i_{home}是母国的债务成本
f. W_e是收购方的目标负债率，且 $W_d = 1 - W_e$	f. i_{local}是东道国的债务成本

①对于业务严重依赖出口或主要在发展中国家、新兴国家运营的企业，可以直接用该企业的过往财务回报对一个分散的全球股票指数做回归，估算出β值。对于主要在母国运营的企业，β值可以用式（18-7）间接估算出来。

②（$R_{\text{country}} - R_f$）也可以使分散化的美国或全球股票指数的股票溢价，如果东道国资本市场的割裂程度比较小的话。

③对于发达国家，母国或东道国的债务成本都可以使用。没必要在估算新兴国家的债务成本时加上国家风险溢价。

18.7.5 使用情境规划法评估风险

像中国和印度这类以两位数增长的国家，未来的贴现现金流的变化很大。作为调整标的企业资本成本的其他备选方法，收购方可以通过考虑新兴市场国家不同的经济情境，将风险纳入估值中。定义各种情境的变量包括 GDP 增长、通胀率、利率和汇率。例如，最佳情境可以建立在预测现金流上，假定未来 5 年新兴市场的经济增长处于中等水平，真实增长率为每年 2%。各种情境可以假设有 1 ~ 2 年衰退。第三个情境可以假设该国货币发生大幅贬值。NPV 用主观确定的概率进行加权计算。标的企业的实际估值反映了这三个情境的预期价值。[⊖]

尽管将风险纳入预期现金流等同于在使用 DCF 方法时调整贴现率，但这也相当于做出随意或高度主观性的调整。用于模拟而言，什么样的情境是合适的？需要多少这类情境才能将风险完全纳入预测？每个情境发生的可能性有多大？采用一种情境的主要优点，是它促使分析师评估较宽范围的可能结果。主要缺点是需要做出大量额外的努力，以及在估算可能性时会出现的主观性。

18.8 跨境交易的实证研究

尽管跨境并购发生的原因与国内交易相似，跨境交易一般会因为地域和文化差异包含其他成本和复杂性、公司治理和利益相关人保护上的差别、新兴经济体不发达的资本市场以及货币波动。后面这些因素经常让收购方对那些以东道国货币衡量并不算很贵的标的企业，给出更高的每股估值，并用升值的货币去收购。

Erel、Liao 和 Weisbach（2012）研究了 1990 ~ 2007 年 56 978 个跨境并购案例，发现 80% 完成

⊖ 注意，如果一个情境方法被用于在估值过程中加入风险，那么无须因为东道国的政治和经济风险而调整贴现率，参阅第 8 章对如何使用决策树的讨论。

的交易标的不是美国企业，75%的交易包括美国以外的收购方。此外，在大多数交易中，收购方或标的企业是私营企业。文化和政治兼容性似乎对决定跨境交易的地点很重要。并购更可能在地理位置靠近的有贸易往来的国家间的企业中发生。熟悉一个国家的法律制度、习俗和价值观，因提高了实现潜在协同效应的可能性，在交易公布日为跨境交易带来了更高的回报。

18.8.1 国际多元化可能提供高财务回报

实证研究表明，如果经济体之间关联性不高，通过降低风险有可能提高财务回报。国际多元化带来的更高财务回报也可能来自经济规模效应和范围效应，更靠近客户的地理位置优点，不断提高的企业服务市场的规模，以及学习新的技术。对于跨国和跨行业的多国公司是否有更高的回报，存在大量争议。买家收购不完整市场上的标的企业，与收购全球整合国家的标的企业相比，可以获得更大的超额收益，这是因为割裂市场上的标的企业可以从收购方较低的资本成本中获益。

18.8.2 跨境交易的回报通常与国内交易一致

类似国内并购，跨境并购中的标的企业股东也可以获得大量超额收益。被国外买家收购的美国标的企业股东获得的回报大致介于23%~40%。跨境收购方在交易公布日获得了平均1.5%的超额收益，略高于国内收购方1.43%的超额收益（见第1章）。然而，包含上市的收购方和大型上市标的企业的跨境交易，经常碰到财务回报为零甚至负数的情况，特别当这类交易是由收购方股票支付的时候。这个结果与整合大型交易复杂度更高以及上市公司倾向于用高估的股票支付给标的企业一致。

收购发展中国家的标的经常赚得1.65%~3.1%的超额收益，远高于跨境或国内交易的平均水平。这种改善可能归因于控制权、公司治理改善、少数股东数量减少以及母公司投资标的企业的激励。

18.8.3 改善公司治理创造显著股东价值

如果收购方来自一个有较强公司治理能力的国家，收购的标的位于一个公司治理标准较低的国家，那么收购方会获得更大的超常财务回报。拥有控制权可以让收购方在标的企业实施更严格的管理和股东保护，经常带来更佳的长期经营业绩。类似地，新兴市场国家收购方进行的跨境交易，当标的企业位于一个公司治理和股东保护比收购方母国更高要求的国家时，在交易公布日会获得1.1%的正的超额收益。投资者认为收购方会采用标的企业的公司治理方式。

18.8.4 国外机构投资者的参与可以促进跨境并购活动

跨境交易通常包括很大的国外机构所有权，意图帮助改变位于较弱公司治理或法律制度地区的企业改变控制权。外国机构投资者通过担任买卖双方的中介，帮助和提供非公开渠道获得的信息，帮助完成控制权易手的交易。机构投资者希望这样做能提高其投资的价值。

记忆要点

企业国际扩张的动机包括期望加速成长，实现多元化，整合行业，以及在其他地方寻找自然资源和降低劳动成本。其他动机包括在新的市场应用企业的品牌或知识产权，让税负最小，跟进服务客户，以及避免关税和进口壁垒。其他进入壁垒策略包括出口、授权经营、联盟或合资，独资或绿地投资以及并购。境内和跨境估值方法的基本区别在于后者包括将现金流从一种货币转换为其他货币，以及在跨境交易中调整风险的贴现率。

讨论题

18.1 讨论在何种情况下一家非美国买方可能选择一个美国公司架构、有限责任公司或合伙企业作为其并购载体。

18.2 在计算跨境收购交易的加权平均资本成本时，哪些因素影响了对使用税率的选择?

18.3 讨论在估算新兴国家的债务成本时常用的调整方法。

18.4 从报刊上找一个近期跨境交易的案例，讨论分析师在对其中的标的企业进行估值时所面临的挑战。

18.5 讨论对一个新兴市场的标的企业估值之前可能需要对全球CAPM模型做的各种不同的风险调整。请具体说明。

18.6 你认为主权财富基金的增长是并购市场资金的一个重要来源，还是对其投资的国家的主权构成了威胁?

18.7 形成不断整合的全球资本市场的因素有哪些?

18.8 给出收购新兴经济体的企业时预计可能遇到的经济和政治风险的例子。请具体说明。

18.9 在20世纪八九十年代，标准普尔500指数（一个美国多元化股票指数）与MSCI EAFE指数（一个欧洲和其他主要工业化国家的股票市场指数）关联变化幅度大约为50%。近年来，关联性已经提高到90%以上，为什么？如果分析师希望计算股权成本，会选择哪个指数估算股权风险溢价?

18.10 评论下列说法：“对于有意收购美国标的企业的国外买家来说，条件已经非常有利了。美元处于弱势，并购融资更难从财务赞助人（私募股权机构）处获得，许多美国战略买家在未能达成收益目标时被迫进行并购。”

（所有讨论题的答案可以在本书的网上教师手册找到。）

∷案例分析18-1

雀巢收购中国糖果制造商的控股股份

要点

- 并购通常是在国外创立企业时更希望采取的方式。
- 跨境并购需要不凡的耐心。
- 中国消费者市场规模使得企业成长潜力非常有吸引力。

在持续两年的谈判之后，瑞士糖果巨头雀巢公司——世界最大的食品企业，于2011年7月15日宣布与糖果生产商徐福记达成协议，以17亿美元收购徐福记60%的股份。该公司剩余股份将继续由创始人徐氏家族持有。这是雀巢迄今为止在中国的最大一项交易，也是外国企业在中国所做的最大一项收购。这项交易代表了雀巢2011年在中国所做的第二个重要收购，4月份该公司曾同意收购银鹭食品集团60%的股权。

协议要求雀巢首先从独立股东（既非家族成员，也不是机构投资者）手里以每股4.35新元（3.56

美元）收购徐福记 43.5% 的股权，相当于截至 2011 年 7 月 1 日之前 6 个月平均价格之上溢价 24.7%，然后再从徐氏家族收购 16.5% 的股份。徐福记现任 CEO 和主席徐晨先生将继续管理该公司。雀巢支付的对价相当于徐福记收入的 3.3 倍，而美国食品制造商卡夫 2010 年收购英国糖果公司吉百利的价格是其收入的 2.4 倍。但是，这项交易还不算太贵。玛氏收购莱格利（Wrigley）的价格是 2008 年销售收入的 4.2 倍，而达能收购荷兰竞争对手努米克（Numico）的价格是 2007 年收入的 4.5 倍。雀巢认为其支付收入的倍数，远远无法与投资徐福记让其成为这个高增长市场的顶级玩家的机会进行比较。徐福记为其提供了一个将来用作收购的平台，使其能够更容易做大其中国糖果业务。

尽管已经进入中国市场超过 20 年，雀巢发现很难依靠自身力量做大销售体系（即再投资自己现有的业务）。截至 2010 年，雀巢运营着 23 间工厂和 2 个研发中心，在中国有超过 14 000 名员工，年度销售额达到 33 亿美元。雀巢在中国的产品组合当时包括厨房产品、速溶咖啡、瓶装水、奶粉，以及其他食品服务行业的产品。加上徐福记，雀巢在中国的销售收入跃升到 42 亿美元。然而，其食品业务的市场份额仍落后于竞争对手联合利华和达能。鉴于其中国业务收入每年以 8% ~ 10% 的速度增长，雀巢公开宣称将在新的十年结束时，从新兴市场国家得到的收入要至少占到总收入的 45%，而 2010 年的这个比例是 1/3 左右。

徐福记成立于 1992 年，在中国有 4 间工厂和 16 000 名员工，是中国糖果产品的领先生产商和销售商。该公司约占 6.6% 的市场份额，年销售额 8 000 万美元（收购交易发生时），在中国生产受人欢迎的巧克力、糖果和糕点，利润在 2010 年上涨了 31%，达到 9 300 万美元。该企业位于中国城市东莞，经营着一个庞大的销售网络和多个零售网点，将有助于雀巢产品在中国的配送和销售。徐福记的年收入增速要比雀巢全球年销售额快 3 倍。该公司的直接销售网络对其他竞争对手构成了巨大的屏障。通过在新加坡证券交易所上市，帮助其独立股东释放徐福记的价值。和许多在新加坡上市的中国企业一样，徐福记的独立股东也发现他们持有的股票在近几年几乎没有升值，而且很难出售，每天在市场上的成交量平均只有公司市值的大约 0.1%。尽管与其他可比公司具有相似的利润水平，徐福记只能以利润的 22 倍交易，而其他公司是 28 倍市盈率。

由于创始人家族持有 57% 的股份，霸菱私募股权亚洲基金（Baring Private Equity Asia）持有 15%，只有几个独立股东可以出售股票。作为控股股东，创始人家族没有动机去全部收购少数股权，除非投资者认为企业的真实价值要打很大的折扣，企业只好买回公众股份进行私有化。所以，独立股东有充分的理由支持雀巢的建议。徐福记当前的所有收入都来自中国，可能需要雀巢的帮助去拓展海外市场。该公司声称想要进军国际市场，但是可能缺乏所需的资源。雀巢强大的国际网络和品牌认知度可能使其扩张变成可能。

讨论题

1. 雀巢收购徐福记的动机是什么？有无其他替代收购的方法？你认为它可能不会采用哪些方法？
2. 徐福记的控股股东有哪些方法做大企业？说明为何他们选择将控股权出售给雀巢公司？
3. 说明为何雀巢使用现金而不是股票收购徐福记的股份。
4. 为什么你认为徐福记的独立和非机构股东愿意把其持有的在新加坡证券交易所上市的徐福记股票卖给雀巢？他们的其他选择是什么？
5. 雀巢认为能够通过整合与扩大其中国业务（所谓有机成长）及收购地区性糖果和食品制造商，做大其在中国糖果市场的份额。你认为雀巢在中国的扩张努力会遭遇哪些障碍？
6. 你认为其他食品公司收购时按收入的倍数支付对价是不是确定徐福记真实价值的好方法？请解释你的理由。
7. 尽管有相似的利润率，但徐福记以盈利的 22 倍交易，而其他可比公司是 28 倍。为什么你认为徐福记在新加坡证券交易所的股价会以比其他企业便宜 21% 的价格交易？

（所有讨论题的答案可以在本书的网上教师手册找到。）

:: 案例分析 18-2

孪生国际化战略：沃尔玛和家乐福的传奇

要点

- 整合境外标的企业与改善运营和公司治理，可能是一件困难的任务。
- 在收购方的国家行得通的事情，可能无法嫁接到标的企业当地市场。

沃尔玛从20世纪90年代开始在美国以外大肆扩张。其当时的主要国际竞争对手是法国零售连锁商家乐福。自从1963年开设全球首家超市，家乐福之后用了40年时间在欧洲、南美洲和亚洲扩张其杂货和普通商店。

在连锁商业快速成长的20世纪90年代，家乐福经历了困难时代。家乐福的股价从2007年起已经下跌了2/3以上。尽管拥有大约相同数量的零售网点（沃尔玛9 667家，家乐福9 631家），但家乐福远落后于沃尔玛2011财年4 670亿美元的收入。沃尔玛在美国以外28个国家的国际销售额为1 090亿美元，几乎超过了家乐福总计1 140亿美元的年收入，其中包括家乐福在法国的销售额。沃尔玛的经营利润率（operating margins）为7.5%，比家乐福高出2个百分点。沃尔玛人均净利润是7 804美元，而家乐福则为1 260美元。

为了理解家乐福有多么狼狈，我们需要看看这两家企业的全球战略。为了弥补在法国的疲弱态势，家乐福的国际扩张过于快速，2004年之前的十年中，家乐福进入24个国家。尽管在中国取得了成功，年收入达到58亿美元，但在其他一些国家则落后了。自从2000开始，家乐福出售了10个国家的公司，其中包括墨西哥、俄罗斯、日本和韩国。该企业还声称将从其他国家撤出。

沃尔玛则在壮大其国际业务方面表现得相当成功。沃尔玛扩张的步伐较家乐福更稳健，在向墨西哥、南美洲和亚洲的扩张中更为成功。与家乐福不同，沃尔玛能够从其美国业务中产生支持其国际扩张的现金流。对于家乐福来说，从法国网点获得收入相当迟滞，占到其总收入的43%，而在欧洲其他国家的销售额也在下滑，这个部分占到家乐福约1/3的销售额。

这个成功得来不易。2006年标志着沃尔玛自从20世纪90年代开始国际扩张以来最大的收缩。2006年5月，沃尔玛宣布将出售其韩国的16家超市。2006年7月，这家巨头企业宣布将其德国的业务向德国零售商麦德龙出售，此前沃尔玛用了8年时间想使其盈利，最终是在税前亏损10亿美元的情况下出售。沃尔玛以前显然低估了德国竞争对手的厉害、德国消费者的俭省和监管力度、文化差异以及工会阻止其那套在美国行之有效的方法的能力。沃尔玛并非是唯一一家发现德国折扣市场非常有竞争性的企业。雀巢和联合利华是改变其在德国做生意方式的两家大型跨国零售商，沃尔玛的全球最大竞争对手法国家乐福就避免进入德国市场。

在1996年于中国内地开设第一家商场之后，沃尔玛面临着其配送系统基本不对外国企业开放的挑战。2011年年末，沃尔玛关闭了13家商场，理由是它在普通猪肉上错贴了有机标签。沃尔玛也在将其他企业的做事方式转变为“沃尔玛方式”时遇到了困难。具体而言，沃尔玛在2007年收购了100多家好又多（Trust-Mart）量贩店——一家中国连锁企业，它们花费了四年多时间进行整合。沃尔玛最终在2008年首次实现了盈利，这是进入这个国家12年后的事了。

在印度，沃尔玛一直在等待政府放松外国企业进入零售领域的限制，而现在主要是众多的小商户在经营。实施改革允许外国零售商拥有本地超市连锁企业控股权的努力，因为一场公众抗议而被叫停了。在2011年年末，沃尔玛在印度没有任何零售网点。同样在俄罗斯也是如此，这挫伤了沃尔玛在俄罗斯进行并购的想法，尽管那里确实存在这样的机会。

除了这些不顺利，沃尔玛看上去在从更成熟的美国市场扩张到较快成长的新兴市场方面做得还算不错。继2010年年末宣布获得南非零售商买思买（Massmart Holdings）的控股权益以来，已有一半以上的沃尔玛商场坐落在美国以外的国家和地区。买思买让沃尔玛得以进入撒哈拉沙漠以南的非洲地区，这个地区一直被主要的国际竞争对手忽略，例如，法国家乐福、德国麦德龙和英国乐购（Tesco PLC）。购物综合体在南非出现已经很多年了，自从撤除种族隔离之后，中产阶级的影响日益增长。南非也很少有监管机构的监督，而且那里有完善的道路、港口、仓储等基础设施，以及高效率的银行和通信系统。尽管这个国家人口较少，只有5 000万人，却可通达整个地区。但是，这个国家并非没有挑战，包括组织严密的工会、高犯罪率和25%的失业率。

沃尔玛过往的错误已经教会它对于较大的文化差异做出更大的让步。对于买思买来说，改造该连锁品牌的计划似乎暂时还没有提上日程。顾客将看到的首批改变是引入新产品，包括自己的贴标货品（private - label goods）和在店内出售更多的食品。沃尔玛也公开承诺尊重当前的工会协议，和工会在未来展开建设性的合作。现有的买思买管理团队仍将留任。

沃尔玛的决定（收购少于100%的买思买流通股）反映了买思买的机构投资者希望维持其区域性，并且南非政府希望买思买继续留在南非证券交易所上市。作为该国最大的一家公司，买思买给投资者带来了盛名和自豪感。沃尔玛有构建国际运营并满足各地区需求的历史，例如，沃尔玛持有英国Asda的全部股份和墨西哥沃尔玛68%的权益。

讨论题

1. 沃尔玛在德国的错误可能代表了在一个市场有效的做法引入另一个市场是有局限性的案例。你在多大程度上认为沃尔玛的这个失败代表了一个战略错误？在何种程度上该公司未能成功是因为执行上出了问题？
2. 收购买思买从哪些方面反映了沃尔玛从其之前的国际市场扩张中接受了经验教训？请详细说明。
3. 从国际市场扩张的挑战和可能经受投资回报的长期拖后角度，你认为沃尔玛应该放慢国际扩张速度或者是完全停止吗？解释你的理由。
4. 根据你的判断，沃尔玛在选择要进入的国外市场时应考虑哪些因素？请具体说明。

（所有讨论题的答案可以在本书的网上教师手册找到。）

术语表

超额收益（abnormal return） 股东因不可重现事件（与市场可预测的事件不同）而获得的回报，例如因为收购、兼并获得的回报。

收购（acquire） 指一家企业尝试获得另一家公司的控股权益。

收购行动（acquisition） 一家公司收购另一家企业、另一家企业的合法分支机构或部分资产的控股权益。

收购载体（acquisition vehicle） 用于收购另一家公司的法律结构。

套利者（arbitrageurs，arbs） 从并购角度看，套利者是试图从竞购价和标的企业当前股价的差价中获取收益的投机者。

资产减值（asset impairment） 根据 FASB 第 142 条，如果一项资产的公允价值跌至其账面价值或结存价值（carrying value），则称为资产减值。

资产收购（asset purchases） 指收购方买入标的企业部分或全部资产，承担全部、部分或者不承担标的企业债务的交易。

非对称信息（asymmetric information） 指有关企业的信息并不是同等地向经理人和股东提供。

后端收购（back-end merger） 无论是采用单层要约还是两层要约的并购，都包括完整并购或者简式并购，而后者无须标的企业的股东进行投票表决。

破产保护（bankruptcy） 联邦司法行动，用于从技术上或从法律角度保护破产公司在未做出关闭或继续经营之前免予被诉讼。

熊抱（bear hug） 是一种收购策略，包括为提前发出警告而向标的企业董事会发出收购建议函件并要求对方立即给予答复。

β 值（beta） 不可分散风险的量度指标，或度量企业（或资产）回报因市场回报改变而产生变化的程度。

现金或其他资产（boot） 收购对价中的非权益性部分。

分手费（breakup fee） 如果标的企业决定接受其他方的报价，则需要向原来的潜在收购方支付一笔费用，也称为终止费。

过桥融资（bridge financing） 在达成永久或长期融资安排之前的临时无担保短期贷款，由投资银行支付部分或全部收购对价，以满足即时对运营资本的要求。

商业联盟（business alliance） 指代除了并购之外的各种商业合作的一个通用术语。

商业战略或模型（business strategy or model） 商业计划的一个组成部分，描述企业达成愿景的途径。

收购（buyout） 改变一家企业的控股权益。

资本资产定价模型（capital asset pricing model） 给出预期风险和收益之间关系的理论框架。

资本化率（capitalization multiple） 用 1 除以贴现值或资本报酬率（capitalization rate）得出的倍率，可以用其乘以一个价值指标，如自由现金流，估算一项业务的价值。

资本报酬率（capitalization rate） 业内使用的贴现率，当一家企业的现金流预期不会增长或者以固定比率增长。

现金收购资产（cash-for-assets） 并购中收购方支付现金购买出售方的资产，而且有可能选择承担出售方部分或全部负债。

现金合并（cash-out statutory merger） 并购中卖方企业的股东以其股票换取现金或某种形式的无表决权投资（例如，债券或无表决权优先/普通股）。

公司注册证书（certificate of incorporation） 指

当公司章程被批准后，从官方获得的一项证明文件。

分类董事会选举（classified board election） 一种反收购防御措施，将企业董事会分成几类成员，其中只有一类可以随时选任，也称为轮选董事会（staggered board）。

交易完成（closing） 并购流程的一个阶段，在所需股东、监管机构和第三方批准后，支付双方同意的收购对价，所有权从标的企业转移到收购方。

交易完成条件（closing conditions） 在交易完成前必须满足的规定。

价格区间保护协议（collar agreement） 基于在并购生效日的收购方股价改变换股比例的协议。

共同比财务报表（common-size financial statements） 财务报表的每一行都以收入的百分比表示。

和解（composition） 一项协议，内容是债权人同意债务人只支付一部分债款。

保密协议（confidentiality agreement） 一个对双方有约束力的协议，规定了各方之间如何交流信息，以及在什么情况下双方的讨论内容可以公开，也称为禁止披露协议。

混合并购（conglomerate mergers） 收购方购买基本上不相关行业领域企业的交易。

同意令（consent decree） 要求并购双方剥离重叠的业务或者限制反竞争活动。

征求持有人同意（consent solicitation） 一个流程，可以让持异议的股东通过得到其他股东的书面同意以支持其提出的建议。

合并（consolidation） 业务合并，包括两家或更多家公司合为一家新公司，其中任何一家公司在合并后都不再存续。

固定增长模型（constant-growth model） 一种估值方法，假设现金流以固定比率增长。

或有价值权（contingent value rights，CVR） 如果发行证券的公司的股价在未来某日跌到规定水平之下，发行公司承诺将向 CVR 的持有人支付额外现金或证券。

控制权溢价（control premium） 收购方为了获得控股权益而愿意支付超过标的企业当前价格的额外对价。纯粹的控制权溢价是指预期的协同效应很小，而收购的价值在于获得指挥标的企业经营活动控制权时的情形。

公司规章制度（corporate bylaws） 由企业创始人决定的有关公司内部管理的规定。

公司注册文件（corporate charters） 官方证书，规定了企业的权力及其股东的权力和职责、董事会以及经理人。该文档包括企业章程和注册证书。

公司治理（corporate governance） 为了保护公司股东权利而建立的系统和控制方法。

公司重组（corporate restructuring） 采取的扩张或收缩一家企业基本经营，抑或从根本上改变其资产或财务结构的行动。

成本领先（cost leadership） 一项战略，通过建设高效生产设施，收紧对人员费用的管理，以及减少盈利空间小的客户，使得企业成为市场中的成本领先者。

强制破产重整（cram down） 一种法律重组，只要一类或几类债权人同意，即便其他人可能不同意也可实施。

累积投票权（cumulative voting rights） 在董事会推举中，每名股东拥有的表决票数等于其持有的股数乘以要推选的董事人数。股东可以将其表决票全部投给一名候选人，或者两名抑或更多候选人。

股债互换（debt-for-equity swap） 是指债权人将对企业的一部分债权转换为对该企业的所有权。

破产保护（debtor-in-possession） 在提交改组申请之后，企业管理层仍留任，继续经营企业。

破坏价值的因素（destroyers of value） 能够造成合并后企业的现金流减少的因素。

贴现现金流（discounted cash flow） 通过使用一个合适的贴现率将未来现金流转换为当期

现金流。

贴现率（discount rate） 企业投资伴随的机会成本，用于将预计现金流转换为现值。

可分散的风险（diversifiable risk） 个别企业的特定风险，例如罢工和法律诉讼。

多元化（diversification） 指在公司收购其主要业务范围以外的公司的战略。

剥离（divestiture） 出售企业全部或者大部分抑或产品线给另一家企业以获得现金或证券。

双类股票再资本化（dual class recapitalization） 一种兼并防御措施，企业发行多种类股票，其中一类股票的表决权是另一类股票表决权的10~100倍，这类股票也称为超级表决权股票（supervoting stock）。

尽职调查（due diligence） 收购方尝试确定标的企业的财务报告的准确性，评估企业经营，验证估值假设条件，发现重大问题以及辨识价值来源和破坏因素的过程。

业绩激励（earnouts） 基于被收购企业达成特定利润或收入目标而付给卖方的钱，也可译为额外对价。

经济价值（economic value） 企业预计现金流的现值。

规模经济性（economies of scale） 提高生产水平导致固定成本分摊。

范围经济性（economies of scope） 指使用特定的技能或用于生产特定产品的资产，生产相关的产品。

有效控制（effective control） 当一家企业已经收购了另一家企业的表决权股票而获得了控制，它不是暂时的，在控制权上没有任何法律限制（例如来自破产法庭），而且不存在强大的少数股东。

员工持股计划（employee stock ownership plan, ESOP） 一个信托基金或计划，代表企业员工投资发起该项计划的企业的股票。这类计划通常是固定养老金缴款计划。

企业现金流（enterprise cash flow） 指在企业所有经营责任被满足之后，可提供给股东和贷款人的现金。

企业价值（enterprise value） 从企业资产负债表的负债栏看，是指企业普通股的市场价值或现值与优先股和长期负债之和。简言之，其他长期负债经常不计算在内。从资产负债表的资产栏看，等于现金加上当期经营和非经营资产的市场价值，减去当期负债加上长期资产。

股权剥离（equity carve-out） 一项交易，母公司向公众发行自己或子公司的一部分股票。

股权现金流（equity cash flow） 在企业各项经营负债满足之后，可以提供给普通股股东的现金。

股权溢价（equity premium） 投资者要求投资于股权的回报率中超过无风险收益率的部分。

超额收益（excess returns） 见 abnormal returns。

换股要约（exchange offer） 一个包括换股的公开收购要约。

展期（extension） 信贷协议，在贷款人仍有能力还款时延长贷款期限，有时是暂时终止本金和利息的偿还。

公允价值（fair market value） 指出售企业时，如果交易双方都已了解相关信息。意愿买方愿意支付且意愿卖方愿意接受的现金或现金等价物。

公平意见函（fairness opinion letter） 一种由第三方出具的书面判断文书，对有关公开要约收购、并购、资产出售或杠杆收购建议交易的价格是否合适提供意见。

公允价值（fair value） 指当一项业务不存在强劲的市场，或者不可能通过比对非常类似的企业来确认其价值时，所估算的该资产的价值。

财务型买方（financial buyer） 指并购的购买方关注的是相对短中期的财务回报，通常使用大量负债的方式为并购融资。

财务赞助者（financial sponsor） 一个投资群体，为杠杆收购交易提供股权融资。

财务协同效应（financial synergy） 更加稳定的现金流，财务上的规模效应或用现有资金所做的更匹配的投资机会导致的资本成本降低。

固定或不变股票交换协议（fixed or constant share-exchange agreement） 交换协议中规定收购方用于交换标的企业每股股票数量，在协议签订和交易完成期间是固定不变的。

不变价值协议（fixed-value agreement） 允许收购方发行的股票数量变化而保持每股价格不变，以弥补买方股价变化造成的差额。

内翻式毒丸（flip-in poison pill） 股东的权利计划，标的企业的股东可以以非常大的折扣价格购买标的企业的股票。

外翻式毒丸（flip-over poison pill） 股东的权利计划，标的企业的股东可以行使该项权利，以非常大的折扣价格收购继续存续的公司。

并购方式（form of acquisition） 确定收购对象（即股票或资产）和所有权转让的方式。

支付方式（form of payment） 支付的手段：现金、普通股、债券或几种的组合。支付中的一部分金额可以延后，或者取决于被收购实体未来的表现。

前向三角并购（forward triangular merger） 并购时，子公司收购标的企业并存续。

自由现金流（free cash flow） 现金流入和现金流出的差额，可以是正值、负值或零。

善意并购（friendly takeover） 指标的企业董事会和管理层乐意接受并购意向并推荐股东批准。

普通合伙人（general partner） 负责有限合伙企业日常运作的个体。

全球一体化资本市场（globally integrated capital markets） 指资本市场，可以让外国人无限制地接通本地资本市场，本地居民可以接通国外资本市场。

持续经营价值（going concern value） 指公司价值中超过企业各部分价值之和的价值。

私有化（going private） 指一群投资者收购上市公司的股份。

金色降落伞（golden parachutes） 是员工补偿安排，一旦控制权转让发生则被触发。

商誉（goodwill） 指在并购日的收购价格中超过并收购资产公允价值的差额部分。

不禁止寻求其他收购方条款（go-shop provision） 一个条款，允许买方在协议签署后和交易完成前这段时间可以继续寻求其他收购方。但是，买方若接受其他方报价，则需向签署协议的收购方支付一笔分手费。

对冲基金（hedge fund） 私募投资有限合伙机构（美国投资者）或离岸投资公司（非美国的或免税地区投资者），其中普通合伙人投入了大量的个人投资。

高杠杆交易（highly leveraged transactions） 指与股权投资金额相比，含有巨额债务的交易。

控股公司（holding company） 一个法律实体，通常持有一家或多家公司的控股权益。

横向并购（horizontal merger） 同一行业内的两家企业之间的并购。

敌意收购（hostile takeover） 初始要约未经质询即发起收购，标的企业当时并未寻求并购，这种方式遭到标的企业管理层的抵制，而且控制权易手。

敌意出价（hostile tender offer） 指不被标的企业董事会欢迎的公开要约收购。

自我膨胀（hubris） 是关于并购的一个解释，即将支付过高收购价格的倾向归结为对于交易可实现协同效应的过度乐观态度，或者对于管理层掌控并购的能力过度自信。

减值资产（impaired asset） 按照 FASB 的定义，指公允价值跌到账面价值或现存价值的长期资产。

实施战略（implementation strategy） 企业选择实施商业战略的方式。

免责条款（indemnification） 一项常规合同条款，要求卖方放弃或者解除买方错误表述抑或违反担保或契约的责任。类似地，买方通常同意免除卖方这些责任。实际上这等同于为非因对方责任造成的损失提供补偿。

利率平价理论（interest rate parity theory） 将远期或未来即期汇率与受到即期汇率调整的两国的利差联系起来的理论。

投资银行家（investment bankers） 专业咨询顾问，提供战略和策略建议以及并购机会，筛选潜在买方和卖方，初步接触卖方或买方，以及提供谈判支持、估值和交易构架建议。

非自愿破产（involuntary bankruptcy） 债权人强迫债务人破产的情况。

垃圾债券（junk bonds） 指信用评级机构评定为投资级以下或者未经评级的高息债券。

卖方实体的法律形式（legal form of the selling entity） 卖方是一家 C 型公司或 S 型公司、有限责任公司或者合伙企业。

法律意义上的破产（legal insolvency） 指一家企业的负债超过了其资产的公允价值时的情形。

意向书（letter of intent） 两家有意向并购的企业间的初步协议，规定了两家公司主要的协议事项。

杠杆收购（leveraged buyout） 靠债务融资进行的企业并购。

清算（liquidation） 将企业资产分开出售，所得价值减去其负债和处理过程中发生的费用。

流动性折价（liquidity discount） 指对标的企业收购价格的折让或降低，通过检讨可比上市公司的市值，根据类似投资因市场流动性差而造成潜在损失，估算标的企业价值的折扣价格。流动性折价也称为交易性折价（marketability discount）。

管理层收购（management buyout） 一种杠杆收购，将企业私有化的经理人也是该交易中的股权投资者。

管理层防御理论（management entrenchment theory） 有关经理人使用一系列的并购防御措施，确保他们在企业中的权力和地位。

管理层偏好（management preferences） 收购方的高管层对并购流程设定的界限或限制。

管理主义理论（managerialism theory） 一项理论，认为经理人收购公司是为了扩大收购方的规模并提高他们自己的薪酬。

市场风险（marketability risk） 指流动性不足的市场对一只特定股票造成的风险，也称为流动性风险。

最高要约价（maximum offer price） 最低价格加上净协同收应的现值。

并购（merger） 两家或多家企业合并，除了一家之外，其他企业都将注销。

并购计划（merger-acquisition plan） 一种特定的实施策略，详细描述了并购的动机以及如何和何时完成。

并购套利（merger arbitrage） 一个投资策略，尝试从标的企业当前的股价和正在进行的收购报价的差价中获利。

对等并购（merger of equals） 一种并购，常用于当并购双方是：具有可比较的规模、竞争地位、利润水平和市值。

最低要约价（minimum offer price） 标的企业单独评估的市场价值或现值。

少数股权折价（minority discount） 由于少数股东不能主导企业经营活动，因而降低了其在该企业投资的价值。

少数股权投资（minority investment） 在企业中持有低于控股的权益。

资产净值（net asset value） 指全部可辨识的被收购资产和负债的公允价值的差额部分。

净负债（net debt） 收购方承担的负债的市场价值减去标的企业账上的现金和有价证券。

净经营亏损的退返和抵扣（net operating loss carryforward and carrybacks） 税法条款，允许企业用累积的净税务亏损抵消未来一定期限的收益，或者退返过去一定时间已经缴纳的税款。

净收购价格（net purchase price） 总收购价格加上承担的负债，减去出售标的企业多余或无用资产所获得的收益。

净协同效应（net synergy） 估算的价值来源和价值毁坏因素之间的差异。

不可分散的风险（nondiversifiable risk） 指由影响所有企业的因素产生的风险，例如通货膨胀和战争。

一次性收购要约（one-tiered offer） 收购方向标的企业所有股东给出同样的报价。

经营协同（operating synergy） 指规模经济性和范围经济性因素带来合并后的业务的价值提升。

到期付清票据（payment-in-kind（PIK）notes） 一种股票或债券，需要发行额外的股票或债券来支付其红利或利息。

毒丸计划（poison pills） 一家公司向股东发行一类新证券，使股东有权以折扣价获得更多股票。

交易完成后的组织结构（postclosing organization） 在交易完成之后，用于管理合并后企业的组合法律架构。

私营公司（private corporation） 一家企业的证券未在联邦或州的监管机构注册。

私募股权基金（private equity fund） 有限合伙机构，其中的普通合伙人投入了大量的个人投资。

预计财务报表（pro forma financial statements） 一种会计报表，可以更准确地表示企业当期或预计业绩的财务报表。

代理权争夺（proxy contest） 指不满意的股东尝试获得董事会代表权或修改企业规章。

购买法会计核算（purchase accounting） 一种财务会计核算方法，被收购的资产和所承担的负债按照收购日的公允价值进行重估，并记入收购方的账簿。

购买力平价理论（purchasing power parity theory） 这个理论认为，根据两国之间通胀率相对预期，一种货币将相对另一种货币升值（贬值）。

收购溢价（purchase premium） 收购价格超过标的企业当前股价的部分，反映了预期协同效应的价值和为获得控制权所需支付的金额。

纯粹控制权溢价（pure control premium） 收购方认为可以通过替换不合格的管理层或改变企业战略方向就可以实现的价值。

单一经营企业（pure play） 指一家企业的产品或服务聚焦于单一行业或市场。

实物期权（real options） 管理层做出并在之后改变公司投资决策的能力。

反向分手费（reverse breakup fee） 当收购方想撤回所签订的收购协议时，向标的企业支付的费用。

反向并购（reverse merger） 指一家非上市企业通过与上市企业合并，并让上市企业存续的上市过程。

后向三角并购（reverse triangular merger） 用收购方的子公司并购标的企业，最后存续的是标的企业。

无风险回报率（risk-free rate of return） 具有超低违约概率和最小投资风险的证券的回报率，例如美国政府债券。

风险溢价（risk premium） 投资者在购买一家企业的股票时要求获得超过无风险利率的回报率，也称为股权溢价。

有担保负债（secured debt） 债务由借款人资产作为担保。

割裂的资本市场（segmented capital markets） 指资本市场对风险和期限方面相同的资产，在不同的地域给出了不同的债券或股票价格。

换股比例（share-exchange ratio） 用来兑换标的企业每一股所需的收购方股票数量。

股东权益理论（shareholders' interest theory） 推测管理层对并购建议的拒绝是一个从标的企业股东的利益出发，迫使其提高收购价格的好的讨价还价策略。

壳公司（shell corporation） 一家没有明显资产或业务的公司。

价值来源（sources of value） 指可以提供并购后企业现金流的因素。

拆分（spin-off） 指在一项交易中，由母公司设立一家新的子公司，将其拥有的子公司的股份转给母公司现有的股东，作为一种股票分红。

分拆（split-off） 是拆分的一个变种，母公司的一些股东以放弃他们持有的母公司股份换取一家子公司的股份。此后，这些股东不再是母公司的股东了。

分离（split-up） 指一项交易，母公司将其资产分给两家或更多家子公司，每家子公司的股票发放给母公司股东，以换取其持有的母公司股份。

董事会轮选（staggered board election） 指一种并购防御措施，一家企业董事会成员被分成一系列不同类别的董事，在同一时间只能重选其中一类董事，也被称为分类董事会。

独立业务（stand-alone business） 指一项业务，其财务报表反映的是运营这项业务的成本以及来自该项业务的全部收入。

停止行动协议（standstill agreement） 一项合同安排，收购方同意在特定时间内不对标的企业的股票进行进一步的投资。

法定并购（statutory merger） 收购方和标的企业合并，其中一个企业退出经营，以符合州法律中对合并后企业注册的规定。

换股法定并购（stock-for-stock statutory merger） 收购中，卖方用自己公司的股票换取收购方的股票（卖方股票随后被取消），也称为换股并购（swap merger）。

收购股票（stock purchases） 用收购方的股票或现金、债券交换标的企业的股票。

战略收购方（strategic buyer） 指收购方的主要兴趣在于通过实现长期协同效应提高股东价值。

子公司剥离上市（subsidiary carve-out） 是一种交易，由母公司创设一家全资的独立子公司，其股票和管理团队与母公司不同，向公众发行该子公司的部分股票。

绝对多数规则（supermajority rules） 是一种并购防御措施，要求对修改公司注册文件或特定的交易，例如兼并和收购必须有更高的批准要求。

超级投票权股份（super voting stock） 一种有表决权的股票，其表决权是其他股票的几倍。

协同（synergy） 指合并后的企业的价值将超过被合并企业的价值之和。

收购（takeover） 指代企业的控制性所有权改变的通用术语。

收购防御措施（takeover defenses） 企业为了阻止、拖延或提高收购成本而采取的防卫性手段。

标的企业（target company） 被收购方提出收购建议的企业。

应税交易（taxable transaction） 指支付方式不包括股票收购的交易。

税收考量（tax considerations） 结构或战略，确定一项交易中的卖方股东是否需要缴税。

税免重组（tax-free reorganization） 免税交易，通常包括支付方式主要为以收购方股票交换标的企业的股票或资产的并购。

税盾（tax shield） 由于收益可抵扣导致企业税负降低。

收购要约（tender offer） 收购另一家公司股票的报价，通常是采用现金、证券或两者兼有。

收购条款书（term sheet） 一项文件归纳了买卖双方提出的主要协议范围，经常用作更详细的意向书的基础。

总资本（total capitalization） 企业负债和各种形式的权益之和。

总价（total consideration） 一个常用的法律文件术语，反映了标的企业的股东获得的不同种类的酬劳。

全额收购价格（total purchase price） 总价加上由收购方承担的标的企业债务的市场价值，也称为企业价值（enterprise value）。

跟踪股（tracking stocks） 母公司的一种特殊类别的普通股，其分红取决于一家特定子公司的财务表现，也称为目标股票或者未登记股票（letter stocks）。

两层要约报价（two-tiered offer） 标的企业股东收到的关于一定数量股票的收购要约，紧随这个要约之后，竞购方将以更低的价格或其他方式替代现金收购剩余的股票。

A 类改组（type A reorganization） 一种免税并购或者合并，标的企业的股东获得现金、有投票权或无投票权的普通股或者优先股，抑或债券以出让其持有的股票。至少 50% 的收购对价需用收购方的股票支付。

B 类换股改组（type B stock-for-stock reorganization） 一种免税交易。收购方用其有表决权的普通股收购标的企业流通的有表决权股票至少 80%，以及至少 80% 的各类无表决权股票。这种方式可以作为兼并的替代方法。

C 类股票换资产改组（type C stock-for-assets reorganization） 一种免税交易。收购方的表决权股票用来收购标的企业净资产公允价值的至少 80%。

估值现金流（valuation cash flows） 在为企业或企业资产估值时，调整一般会计原则现金流。

可变增长估值模型（variable growth valuation model） 一种估值方法，假设一家企业的现金流将经历一段高速增长，然后是较慢但可持续的增长阶段。

资金加权平均成本（weighted-average cost of capital） 一个比股权成本更宽泛的指标，代表一家企业为吸引投资者购买其股票或债权所必须实现的收益水平。

白衣骑士（white knight） 被标的企业管理层和董事会视为比初始要约人更受欢迎的一个潜在收购方。

零增长估值模型（zero-growth valuation model） 一种估值模型，假设自由现金流永远保持不变。

参考文献

Acharya, V. V., Franks, J., & Servaes, H. (2007). Private equity: Boom or bust? *Journal of Applied Corporate Finance, 19*(Fall), 44–53.

Acharya, V. V., & Kehoe, C. (2010). Board directors and experience: A lesson from private equity. *Perspectives on Corporate Finance*, McKinsey & Company, Number 35, Spring 2010.

AC Nielsen, Retailer Support Is Essential for New Product Success. www.bases.com/news/news112002.html.

Adams, R., & Ferreira, D. (2007). A theory of friendly boards. *Journal of Finance, 62*, 217–250.

Adegoke, Y. (2008). YouTube Rolls out Sponsored Videos in Revenue Drive. *Reuters*.

Adolph, G. (2006). *Mergers: Back to happily ever after. Strategy and business*. New York: Booz Allen Hamilton.

Aggarwal, R., Erel, I., Stulz, R., & Williamson, R. (2007). *Differences in governance practices between U.S. and foreign firms: Measurement, causes, and consequences*. NBER Working Paper 13288 August.

Aggarwal, R., & Rivoli, P. (1990). Fads in the initial public offering market. *Financial Management, 19*, 45–57.

Aggdata.com. (2008). www.aggdata.com/business/fortune_500.

Agrawal, A., Ferrer, C., & West, A. (2011, May). When Big Acquisitions Pay Off. *McKinsey Quarterly*.

Agrawal, A., Jaffe, J. F., & Mandelker, G. N. (1992). The post-merger performance of acquiring firms: A reexamination of an anomaly. *Journal of Finance, 47*, 1605–1621.

Agrawal, A., & Nasser, T. (2012). Insider trading in takeover targets. *Journal of Corporate Finance, 18*, 598–625.

Agrawal, T. N. (2012). Insider trading in takeover targets. *Journal of Corporate Finance, 18*, 598–625.

Ahern, K. (2012). Bargaining power and industry dependence in mergers. *Journal of Financial Economics, 103*, 530–550.

Ahern, K., Daminelli, D., & Fracassi, C. (2013). *Lost in translation? The effect of cultural values on mergers around the world.*

Ahern, K., & Harford, J. (2010, March 12). The Importance of Industry Links in Merger Waves. Ross School of Business paper, AFA 2011; Denver Meetings Paper, available at SSRN: http://ssrn.com/abstract=1522203.

Akbulut, M. (2013). Do overvaluation-driven stock acquisitions really benefit acquirer shareholders? *Journal of Financial and Quantitative Analysis*, forthcoming.

Akbulut, M., & Matsusaka, J. (2010). 50+ Years of diversification announcements. *Financial Review, 45*, 231–262.

Akdogu, E. (2011). Value-maximizing managers, value-increasing mergers, and overbidding. *Journal of Financial and Quantitative Analysis, 46*, 83–110.

Akhigbe, A., Borde, S. F., & Whyte, A. M. (2000). The source of gains to targets and their industry rivals: Evidence based on terminated merger proposals. *Financial Management, 29*(Winter), 101–118.

Aktas, N., de Bodt, E., & Roll, R. (2009). Learning, hubris, and corporate serial acquisitions. *Journal of Corporate Finance, 15*, 523–626.

Aktas, N., de Bodt, E., & Roll, R. (2010). Negotiations under the threat of an auction. *Journal of Financial Economics, 98*, 241–255.

Aktas, N., de Bodt, E., & Roll, R. (2013). Learning from repetitive acquisitions: Evidence from the time between deals. *Journal of Financial Economics.*

Alderson, M. J., & Betker, B. L. (1999). Assessing post-bankruptcy performance: An analysis of reorganized firms' cash flows. *Financial Management, 28*(Summer), 68–82.

Alexandridis, G., Fuller, K., Terhaar, L., & Travlos, N. (2013). Deal size, acquisition premia, and shareholder gains. *Journal of Corporate Finance, 20*, 1–13.

Allen, J. (2001). Private information and spin-off performance. *Journal of Business, 74*, 281–306.

Allen, J., & McConnell, J. J. (1998). Equity carve-outs and managerial discretion. *Journal of Finance, 53*, 163–186.

Allen, P. (2000). Corporate equity ownership, strategic alliances, and product market relationships. *Journal of Finance, 55*, 2791–2816.

Alli, K. L., & Thompson, D. J. (1991). The value of the resale limitation on restricted stock: An option theory approach. *Valuation, 36*, 22–34.

Almeida, H., Campello, M., & Hackbarth, D. (2011). Liquidity mergers. *Journal of Financial Economics, 102*, 526–558.

Almeida, H., & Philippon, T. (2007). The risk-adjusted cost of financial distress. *Journal of Finance, 62,* 2557–2586.

Altman, E. I. (1968). Financial ratios, discriminant analysis and the prediction of corporate bankruptcy. *Journal of Finance, 23,* 509–609.

Altman, E. I. (1993). *Corporate financial distress and bankruptcy* (2nd ed.). New York: Wiley.

Altman, E. I. (2007). Global debt markets in 2007: A new paradigm or great credit bubble. *Journal of Applied Corporate Finance, Summer,* 17–31.

Altman, E. I., Brady, B., Resti, A., & Sironi, A. (2005). The link between default and recovery rates: Theory, empirical evidence and implications. *Journal of Business, 78,* 2203–2227.

Altman, E. I., & Kishore, V. (2001). *The default experience of U.S. bonds.* Salomon Center: New York Working Paper.

Altman, E. I., & Kishore, V. M. (1996). Almost everything you wanted to know about recoveries on defaulted bonds. *Financial Analysts Journal, November/December,* 57–64.

American Bar Association, (2006). *Mergers and acquisitions: Understanding antitrust issues* (2nd ed.). Chicago: Illinois.

Ammann, M., Hoechle, D., & Schmid, M. (2012). Is there really no conglomerate discount? *Journal of Business Finance and Accounting, 39,* 264–288.

Anand, J., & Delios, A. (2002). Absolute and relative resources as determinants of international acquisitions. *Journal of Strategic Management, 23,* 119–134.

Anderson, R., & Reeb, M. (2003). Founding-family ownership and firm performance: Evidence from the S&P 500. *Journal of Finance, 58,* 1301–1329.

Anderson, R. W., & Coverhill, A. (2007). *Liquidity and capital structure.* Center for Economic Policy Research: Working Paper No. 6044.

Anderson, U., Johanson, J., & Vahlne, J. E. (1997). Organic acquisitions in the international process of the business firm. *Management International Review, 37,* 67.

Andersen Consulting, (1999). *Global survey acquisition and alliance integration.* Chicago: Andersen Consulting.

Andrade, G., & Kaplan, S. (1998). How costly is financial (not economic) distress? Evidence from highly leveraged transactions that become distressed. *Journal of Finance, 53,* 1443–1493.

Andreou, P., Doukas, J., Louca, C., & Malmendier, U. (2010). *Managerial overconfidence and the diversification discount.* Working Paper, Cyprus University of Technology, Limmasol, Cyprus.

Ang, J., & Kohers, N. (2001). The takeover market for privately held companies: The U.S. experience. *Cambridge Journal of Economics, 25,* 723–748.

Ang, J., & Mauck, N. (2011). Fire sale acquisitions, myth vs. reality. *Journal of Banking and Finance, 35,* 532–543.

Ang, J. S., & Cheng, Y. (2006). Direct evidence on the market-driven acquisition theory. *Journal of Financial Research, 29,* 199–216.

Angwin, J., & Drucker, J. (2006). How news corp. and liberty media can save $4.5 billion. *Wall Street Journal,* A3.

Annema, A., Fallon, W. C., & Goedhart, M. H. (2002). When Carve-outs Make Sense. McKinsey Quarterly 2; http://www.mckinseyquarterly.com/home.aspx.

Annema, A., & Goedhart, M. H. (2006). Betas: Back to Normal. McKinsey Quarterly; http://www.mckinseyquarterly.com/home.aspx.

Association for Financial Professionals. (2011, March). *AFP survey of current trends in estimating and applying the cost of capital.* Report of Survey Results. Bethesda, MD.

Aschwald, K. F. (2000). Restricted stock discounts decline as result of one-year holding period. *Shannon Pratt's Business Valuation Update, May,* 1–5.

Asker, J., Farre-Mensa, J., & Ljungqvist, A. (2010). *Does the stock market harm investment incentives?* New York University Working Paper.

Aspatore Staff, (2006). *M&A negotiations: Leading lawyers on negotiating deals: Structuring contracts and resolving merger and acquisition disputes.* Boston: Aspatore Books.

Asquith, P., Gerther, R., & Scharfstein, D. (1994). Anatomy of financial distress: An examination of junk bond issuers. *Quarterly Journal of Economics, 109,* 625–658.

Astrachan, J. H., & Shanker, M. C. (2003). Family businesses contributions to the U.S. economy: A closer look. *Family Business Review, 15,* 211–219.

Atanassov, J. (2013). Do hostile takeovers stifle innovation? Evidence from antitakeover legislation and corporate patenting. *Journal of Finance, 68,* 1097–1131.

Atanasov, V., Boone, A., & Haushalter, D. (2010). Is there shareholder expropriation in the U.S.? An analysis of publicly traded subsidiaries. *Journal of Financial and Quantitative Analysis, 5,* 1–26.

Auerbach, A. J., & Poterba, J. (1987). Tax loss carry-forwards and corporate tax incentives. In F. Martin (Ed.), *The effect of taxation on capital accumulation.* Chicago: University of Chicago Press.

Avramov, D., Chordia, T., Jostova, G., & Philipov, A. (2009). Credit ratings and the cross-section of stock returns. *Journal of Financial Markets, 12*, 469–499.

Axelson, U., Jenkinson, T., Stromberg, P., & Weisbach, M. (2009). Leverage and Pricing in Buyouts: An Empirical Analysis, http://ssrn.com/abstract=1344023, 2009.

Ayers, B. C., Lefanowicz, C. E., & Robinson, J. R. (2003). Shareholder taxes in acquisition premiums: The effect of capital gains taxation. *Journal of Finance, 58*, 2783–2801.

Aziz, M. A., & Dar, H. A. (2006). Predicting corporate bankruptcy: Where we stand. *Corporate Governance, 6*(1), 18–33.

Bailey, W., Li, H., Mao, C., & Zhong, R. (2003). Regulation fair disclosure and earnings information: Market, analyst, and corporate responses. *Journal of Finance, 58*, 2487–2514.

Baker, G., & Smith, G. (1998). *The new financial capitalists*. Cambridge, UK: Cambridge University Press.

Ball, M. (1997). How a spin-off could lift your share value. *Corporate Finance, May*, 23–29.

Bao, J., & Edmans, A. (2011). Do investment banks matter for M&A returns? *Review of Financial Studies, 24*, 2286–2315.

Barbopoulos, L., & Sudarsanam, S. (2012). Determinants of earnout as acquisition payment currency and bidder's value gains. *Journal of Banking and Finance, 30*, 678–694.

Barkema, H. G., & Schijven, M. (2008). How do firms learn to make acquisitions? A review of past research and an agenda for the future. *Journal of Management*, 34, 594–634.

Barkema, H. G., & Vermeulen, F. (1998). International expansion through start-up or acquisition: A learning perspective. *Journal of the Academy of Management, 41*, 7–26.

Barnett, T. R. (2008). Message from the AAG, U.S. department of justice. *Antitrust Division Update*, Spring.

Barrett, P., Burton, K. & Kishan, S. (2011). The Rajaratnam conviction: How big a victory?. *Bloomberg Businessweek*, May 11, p. 27.

Bates, T. W. (2005). Asset sales, investment opportunities, and the use of proceeds. *Journal of Finance, 60*, 105–135.

Baugess, S., Slovin, M., & Sushka, M. (2012). Large shareholder diversification, corporate risk taking, and the benefits of changing to differential voting rights. *Journal of Banking & Finance, 36*, 1244–1253.

Bebchuk, L., Coates, J., & Subramanian, G. (2002). The powerful anti-takeover force of staggered boards: Theory, evidence, and policy. *Stanford Law Rev, 54*, 887–951.

Bebchuk, L. J., Coates, J. C., IV, & Subramanian, G. (2003). *The powerful antitakeover force of staggered boards*. Harvard Law School and NBER: Working Paper.

Bebchuk, L., Cohen, A., & Ferrell, A. (2009). What matters in corporate governance. *Review of Financial Studies, 22*, 783–827.

Bebchuk, L., Cohen, A., & Wang, C. (2010). Learning and the disappearing association between governance and returns. *Journal of Financial Economics, 102*, 199–221.

Bekaert, G., & Harvey, C. R. (2000). Foreign speculators and emerging equity markets. *Journal of Finance, 55*, 565–613.

Bekier, M. M., Bogardus, A. J., & Oldham, T. (2001). Why mergers fail. *McKinsey Quarterly*, 4(3)

Bellovary, J. L., Giacomino, D. E., & Akers, M. D. (2007). A review of bankruptcy prediction studies: 1930 to the present. *Journal of Financial Education, Winter*, 262–298.

Benmelech, E., & Bergman, N. (2011). Bankruptcy and the collateral channel. *Journal of Finance, 66*, 337–378.

Ben-Amar, W., & Andre, P. (2006). Separation of ownership from control and acquiring firm performance: The case of family ownership in Canada. *Journal of Business Finance and Accounting, 33*, 517–543.

Beneda, N. (2007). Performance and distress indicators of new public companies. *Journal of Asset Management, 8*, 24–33.

Bengoa, M., & Sanchez-Robles, B. (2003). Foreign direct investment, economic freedom and growth. *European Journal of Political Economy, 19*, 529–545.

Bennedsen, M., Nielsen, K., Perez-Gonzalez, F., & Wolfenson, D. (2007). Inside the family firm: The role of families in succession decisions and performance. *Quarterly Journal of Economics, 122*, 647–691.

Berfield, S. (2011). The fall of the house of busch. *Bloomberg Businessweek*, July 17, pp. 22–24.

Berger, P. G., & Ofek, E. (1995). Diversification's effect on firm value. *Journal of Financial Economics, 37*, 39–65.

Berggren, N., & Jordahl, H. (2005). Does free trade reduce growth? Further testing using the economic freedom index. *Public Choice, 22*, 99–114.

Bergh, D., Johnson, R., & Dewitt, R. L. (2007). Restructuring through spin-off or sell-off: Transforming information asymmetries into financial gain. *Strategic Management Journal, 29*, 133–148.

Berk, J. B. (1995). A critique of size-related anomalies. *The Review of Financial Studies, 8*, 275–286.

Berman, D. K., & Sender, H. (2006). Back-story of kinder LBO underscores web of ethical issues such deals face. *Wall Street Journal*, A6.

Bernard, V., Healy, P., & Palepu, K. G. (2000). *Business analysis and valuation* (2nd ed.). Georgetown, TX: Southwestern College Publishing Company.

Best, R., & Hodges, C. W. (2004). Does information asymmetry explain the diversification discount? *Journal of Financial Research, 27*(Summer), 235–249.

Betker, B. (1995). An empirical examination of prepackaged bankruptcy. *Financial Management, Spring*, 3–18.

Betton, S., Eckbo, B., & Thorburn, K. (2008). Corporate takeovers. In B. (2008). Eckbo (Ed.), *Handbook of corporate finance: Empirical corporate finance* (Vol. 2, pp. 291–430). North-Holland: Elsevier.

Betton, S., Eckbo, B., & Thorburn, K. (2009). Merger negotiations and the toehold puzzle. *Journal of Financial Economics, 91*, 158–178.

Bhagat, S., Dong, M., Hirshleifer, D., & Noah, R. (2005). Do tender offers create value? New methods and evidence. *Journal of Financial Economics, 76*, 3–60.

Bhagat, S., Malhotra, S., & Zhu, P. (2011). Emerging country cross-border acquisitions: Characteristics, acquirer returns, and cross-sectional determinants. *Emerging Markets Review, 12*, 250–271.

Bhattacharyya, S., & Nain, A. (2011). Horizontal acquisitions and buying power. *Journal of Financial Economics, 99*, 97–115.

Bigelli, M., & Mengoli, S. (2004). Sub-optimal acquisition decision under a majority shareholder system. *Journal of Management Governance, 8*, 373–403.

Billett, M. T., & Qian, Y. (2008). Are overconfident managers born or made? Evidence of self-attribution bias from frequent acquirers. *Management Science, 54*, 1036–1055.

Billett, M. T., & Vijh, A. M. (2004). The wealth effects of tracking stock restructurings. *Journal of Financial Research, 27*(Winter), 559–583.

Billett, M. T., & Xue, H. (2007). The takeover deterrent effect of open market share repurchases. *Journal of Finance, 62*, 1827–1851.

Billett, M. T., King, T. -H. D., & Mauer, D. C. (2004). Bondholder wealth effects on mergers and acquisitions: New evidence from the 1980s and 1990s. *Journal of Finance, 59*, 107–135.

Billett, M. T., Jiang, Z., & Lie, E. (2010). The effect of change in control covenants on takeovers: Evidence from leveraged buyouts. *Journal of Corporate Finance, 16*, 1–15.

Black, E. L., Carnes, T. A., & Jandik, T. (2007). International accounting diversity and the long-term success of cross-border mergers and acquisitions. *Journal of Business Finance and Accounting, 34*, 139–168.

Bloomberg.com. (2000). *Glaxo, SmithKline Agree to Merge* (January 18).

Blouin, J., Core, J., & Guay, W. (2010). Have the tax benefits of debt been overestimated? *Journal of Financial Economics, 98*, 195–213.

Blume, M. E., Lim, F., & MacKinlay, A. C. (1998). The declining credit quality of U.S. corporate debt: Myth or reality? *Journal of Finance, 53*, 1389–1413.

Bodnar, G., Dumas, B., & Marston, R. (2003). *Cross-border valuations: The international cost of capital.* NBER Working Paper Series No. 10115.

Boehmer, E. (2000). Business groups, bank control, and large shareholders: An analysis of German takeovers. *Journal of Financial Intermediation, 9*, 117–148.

Bogle, J. C. (2007). Reflections on "Toward a Common Sense and Common Ground," 33 Iowa J. Corp. L. 31, 31.

Bogler, D. (1996). Post-takeover stress disorder, summary of a PA consulting study. *Financial Times*, 11.

Boone, A. L., & Mulherin, J. H. (2007). How are firms sold? *Journal of Finance, 62*, 847–875.

Boone, A. L., & Mulherin, J. H. (2009). Is there one best way to sell a firm? Auctions versus negotiations and controlled sales. *Journal of Applied Corporate Finance, 21*, 28–37.

Boone, A. L., & Mulherin, J. H. (2011). Do private equity consortiums facilitate collusion in takeover bidding? *Journal of Corporate Finance, 17*, 1475–1495.

Boone, A. L., Haushalter, D., & Mikkelson, W. (2003). An investigation of the gains from specialized equity claims. *Financial Management, 32*, 67–83.

Boot, A. W. A., Gopalan, R., & Thakor, A. V. (2008). Market liquidity, investor participation, and managerial autonomy: Why do firms go private. *Journal of Finance, 63*, 2013–2059.

Booz-Allen, , & Hamilton, (1993). *A practical guide to alliances: Leapfrogging the learning curve.* Los Angeles: Booz-Allen & Hamilton.

Borden, A. M. (1987). *Going private.* New York: Law Journal Seminar Press.

Boston Consulting Group, (1985). *The strategy development process.* Boston: The Boston Consulting Group.

Boston Consulting Group. (2003). *Weak Economy Is Ideal Time for Mergers and Acquisitions*. July 10, www.srimedia.com/artman/ppublish/printer_657.shtml.

Boucly, Q., Sraer, D., & Thesmar, D. (2011). Growth LBOs. *Journal of Financial Economics, 102*, 432–453.

Boulton, T., Smart, S., & Zutter, J. (2010). Acquisition activity and IPO underpricing. *Financial Management, 39*, 1521–1546.

Bouzgarrou, H., & Navatte, P. (2013). Ownership structure and acquirer's performance: Family versus non-family firms. *International Review of Financial Analysis, 27*, 123–134.

Boyle, G. W., Carer, R. B., & Stover, R. D. (1998). Extraordinary anti-takeover provisions and insider ownership structure: The case of converting savings and loans. *Journal of Financial and Quantitative Analysis, 33*, 291–304.

Brakman, S., Garretsen, H., & Van Marrewijk, C. (2005). *Cross-border mergers and acquisitions: On revealed comparative advantage and merger waves*. SESifo Working Paper No. 1602, Category 10: Empirical and Theoretical Methods.

Branch, B. (2002). The costs of bankruptcy: A review. *International Review of Financial Analysis, 11*, 39–57.

Brav, A. (2009). Access to capital, capital structure, and the funding of the firm. *Journal of Finance, 64*, 263–308.

Brav, A., Jiang, W., Partnoy, F., & Thomas, R. (2008). Hedge fund activism, corporate governance, and firm performance. *Journal of Finance, 63*, 1729–1775.

Brealey, R. A., & Myers, S. C. (1996). *Principles of corporate finance* (5th ed.). New York: McGraw-Hill.

Brealey, R. A., & Myers, S. C. (2003). *Principles of corporate finance* (7th ed.). New York: McGraw-Hill.

Briel, R. (2010). YouTube: Profitable in 2010, Broadband TV News, March, 3, www.broadbanktvnew.com/2010/03/05/youtube-proffitable-in-2010/

Brigham, E. F., & Ehrhardt, M. C. (2005). *Financial management: Theory and practice*. Mason, OH: Thomson-Southwestern Publishing.

Brigida, M., & Madura, J. (2012). Sources of target stock price run-up prior to acquisitions. *Journal of Economics and Business, 64*, 185–198.

Bris, A., & Cabolis, C. (2008). Adopting better corporate governance: Evidence from cross-border mergers. *Journal of Corporate Finance, 14*, 214–240.

Brookings Institute. (2000). *Antitrust Goes Global* (November).

Brophy, D. J., Ouimet, P. P., & Sialm, C. (2009). Hedge funds as investors of last resort. *The Review of Financial Studies, 22*, 541–574.

Brouthers, K. D. (2002). Institutional, cultural, and transaction cost influences on entry mode choice and performance. *Journal of International Business Studies, 33*, 203–221.

Brouthers, K. D., & Brouthers, L. E. (2000). Acquisition, greenfield start-up: Institutional, cultural, and transaction cost influences. *Strategic Management Journal, 21*, 89–97.

Brouthers, K. D., van Hastenburg, P., & van de Ven, J. (1998). If most mergers fail, why are they so popular? *Long-Range Planning, 31*, 347–353.

Browning, L., & Byrnes, N. (2011, August 31). Motorola deal offers google tax, patent benefits, *Reuters*.

Brunnermeier, M. (2009). Deciphering the liquidity and credit crunch of 2007–2008. *Journal of Economic Perspectives, 23*, 77–100.

Bryan-Low, C. (2005). European telecoms vie for emerging markets. *Wall Street Journal*, B2.

Bulow, J., & Klemperer, P. (2009). Why do sellers usually prefer auctions? *American Economic Review, 99*, 1544–1575.

Burch, T. R., & Nanda, V. (2001). Divisional diversity and the conglomerate discount: Evidence from spin-offs. *Journal of Financial Economics, 70*, 233–257.

Burch, T. R., Nanda, V., & Silveri, S. (2012). Taking stock or cashing in? Shareholder style preferences, premiums, and method of payment. *Journal of Empirical Finance, 19*, 558–582.

Burkhart, M., Gromb, D., & Panunzi, F. (1997). Larger shareholders, monitoring and the value of the firm. *Quarterly Journal of Economics*, 693–728.

Burrus, A., & McNamee, M. (2002). Evaluating the rating agencies. *Business Week, 8*, 39–40.

Business Week. (2000). *Jack's Risky Last Act* 40–45.

Business Week. (2001). *A Merger's Bitter Harvest* 112.

Business Week. (2008). *Easygoing Trustbusters* 8.

Bygrave, W. D., & Timmons, J. A. (1992). *Venture capital at the crossroads*. Boston: Harvard Business School Press.

Byrd, J., & Hickman, K. (1992). Do outside directors monitor managers? Evidence from tender offer bids. *Journal of Financial Economics, 32*, 195–207.

Cai, Y., & Sevilir, M. (2012). Board connections and M&A connections. *Journal of Financial Economics, 103*, 327–349.

Cai, J., Song, M., & Walkling, R. (2011). Anticipation, acquisitions, and bidder returns: Industry shocks and the transfer of information across rivals. *Review of Financial Studies, 24*, 2242–2282.

Cakici, N. G., & Tandon, K. (1996). Foreign acquisitions in the U.S: Effects on shareholder wealth of foreign acquiring firms. *Journal of Banking and Finance, 20*, 307–329.

Campa, J., & Simi, K. (2002). Explaining the diversification discount. *Journal of Finance, 57*, 135–160.

Campbell, A., Sadler, D., & Koch, R. (1997). *Breakup! When companies are worth more dead than alive*. Oxford, England: Capstone.

Campbell, J. Y., Hilscher, J., & Szilagyi, J. (2008). In search of distress risk. *Journal of Finance, 63*, 2899–2939.

Cao, J. X. (2008). An Empirical Study of LBOs and Takeover Premium; http://ssrn.com/abstrat=1100059 February 10, Available at SSRN.

Cao, J., & Lerner, J. (2009). The success of reverse leveraged buyouts. *Journal of Financial Economics, 91*, 139–157.

Caprio, L., Croci, E., & Del Giudice, A. (2011). Ownership structure, family control, and acquisition decisions. *Journal of Corporate Finance, 17*, 1636–1657.

Capron, L., & Guillén, M. (2009). National corporate governance institutions and post-acquisition target reorganization. *Strategic Management Journal, 30*(8), 803–833.

Capron, L., & Shen, J. C. (2007). Acquisitions of private versus public firms: Private information, target selection, and acquirer returns. *Strategic Management Journal, 28*, 891–911.

Carey, D. C., & Ogden, D. (2004). *The human side of M&A*. Oxford, England: Oxford University Press.

Carleton, J. R., & Lineberry, C. S. (2004). *Achieving post-merger success*. New York: Wiley.

Carow, K. A., & Roden, D. M. (1998). Determinants of the stock price reaction to leveraged buyouts. *Journal of Economics and Finance, 22*(Spring), 37–47.

CCH Tax Law Editors, (2005). *U.S. master tax code*. New York: Commerce Clearinghouse.

Ceneboyan, A. S., Papaioannou, G. J., & Travlos, N. (1991). Foreign takeover activity in the U.S. and wealth effects for target firm shareholders. *Financial Management, 31*, 58–68.

Chaffee, D. B. (1993). Option pricing as a proxy for discount for lack of marketability in private company valuation. *Business Valuation Review, 20*, 182–188.

Chakrabarti, A. (1990). Organizational factors in post-acquisition performance. *IEEE Transactions in Engineering Management EM-37, 135*, 259–266.

Chakrabarti, R., Jayaraman, N., & Mukherjee, S. (2009). Mars–venus marriages: Culture and cross-border M&A. *Journal of International Business Studies, 40*, 216–236.

Chan, K. C., Karolyi, G. A., & Stulz, R. M. (1992). Global financial markets and the risk premium of U.S. equity. *Journal of Financial Economics, 32*, 137–167.

Chan, S. H., Kensinger, J. W., Keown, A. J., & Martin, J. D. (1997). Do strategic alliances create value? *Journal of Financial Economics, 46*, 199–221.

Chang, S. (1998). Takeovers of privately held targets, methods of payment, and bidder returns. *Journal of Finance, 53*, 773–784.

Chang, S. C. (2008). *How do strategic alliances affect suppliers, customers, and rivals?* Working Paper Series, Social Science Research Network: February 1.

Chaochharia, V., & Grinstein, Y. (2007). Corporate governance and firm value: The impact of the 2002 governance rules. *Journal of Finance, 62*, 1789–1825.

Chaplinsky, S., & Ramchand, L. (2000). The impact of global equity offers. *Journal of Finance*, 2767–2789.

Chapman, T. L., Dempsey, J. J., Ramsdell, G., & Bell, T. E. (1998). Purchasing's big moment—after a merger. *McKinsey Quarterly, 1*, 56–65.

Chari, A., Chen, W., & Dominquez, K. (2012). Foreign ownership and firm performance: Emerging market acquisitions in the United States. *IMF Economic Review, 60*, 1–42.

Chari, A., Ouiment, P., & Tesar, L. (2010). The value of control in emerging markets. *Review of Financial Studies, 23*, 1741–1770.

Charitou, A., & Trigeorgis, L. (2008). Bankruptcy prediction and structural credit risk models Jones & D. Hensher (Eds.), *Credit risk modeling* (pp. 154–174). Cambridge, England: Cambridge University Press.

Chatterjee, R. A., & Aw, M. S. B. (2004). The performance of UK: Firms acquiring large cross-border and domestic takeover targets. *Applied Financial Economics, 14*, 337–349.

Chatterjee, S., John, K., & Yan, A. (2012). Takeovers and divergence of investor opinion. *Review of Financial Studies, 25*, 227–276.

Chatterjee, S., & Yan, A. (2008). Using innovative securities under asymmetric information: Why do some firms pay with contingent value rights? *Journal of Financial and Quantitative Analysis, 43*, 1001–1035.

Chemmanur, T., & Jiao, Y. (2012). Dual-class IPOs: A theoretical analysis. *Journal of Banking & Finance, 36*, 305–319.

Chemmanur, T., & Paeglis, I. (2001). Why issue tracking stock? Insights from a comparison with spin-offs and carve-outs. *Journal of Applied Corporate Finance, 14*, 102–114.

Chen, D. (2012). Classified boards, the cost of debt, and firm performance. *Journal of Banking and Finance, 36*, 3346–3365.

Chen, H. L., & Guo, R. J. (2005). On corporate divestitures. *Review of Quantitative Finance and Accounting, 25*, 399–421.

Chen, L. (2010). The use of independent fairness opinions and the performance of acquiring firms. *Journal of Accounting, Auditing, and Finance, 25*, 323–349.

Cheng, C. S., Liu, C. S., & Schaefer, T. F. (1996). Earnings permanence and the incremental information content of cash flow from operations. *Journal of Accounting Research, Spring*, 173–181.

Child, J., & Faulkner, D. (1998). *Strategies of cooperation: Managerial alliances, networks, and joint ventures*. Oxford, UK: Oxford University Press.

Child, J., Faulkner, D., & Pitkethley, R. (2001). *The management of international acquisitions*. Oxford, UK: Oxford University Press.

Cho, M. H., & Cohen, M. A. (1997). The economic causes and consequences of corporate divestiture. *Managerial and Decision Economics, 18*, 367–374.

Christofferson, S. A., McNish, R. S., & Sias, D. L. (2004). Where mergers go wrong. *McKinsey Quarterly*; https://www.mckinseyquarterly.com/home.aspx.

Chung, J. (2011, August 3). Leveraged Buyouts of Private Companies. http://ssrn.com/abstract=1904342.

Claessens, S., Djankov, S., Fan, J., & Lang, H. P. I. (2002). Disentangling the incentive and entrenchment effects of large shareholders. *Journal of Finance, 57*, 2741–2771.

Clark, K., & Ofek, E. (1994). Mergers as a means of restructuring distressed firms: An empirical investigation. *Journal of Financial and Quantitative Analysis, 29*, 541–565.

Clifford, C. (2008). Value creation or destruction: Hedge funds as shareholder activists. *Journal of Corporate Finance, 14*, 323–336.

Clubb, C., & Stouraitis, A. (2000). The significance of sell-off profitability in explaining the market reaction to divestiture announcements. *Journal of Banking and Finance, 26*, 671–688.

Coates, J. C. (2001). Explaining variation in takeover defenses: Blame the lawyers. *California Law Review, 89*, 1376.

Cohn, J. B., Mills, L. F., & Towery, E. M. (2011). The Evolution of Capital Structure and Operating Performance after Leveraged Buyouts: Evidence from U.S. Corporate Tax Returns; http://ssrn.com/abstract=1764406.

Colak, G., & Whited, T. (2007). Spin-offs, divestitures, and conglomerate investment. *The Review of Financial Studies, 20*, 557–595.

Coles, J. L., Daniel, N. D., & Naveen, L. (2008). Boards: Does one size fit all? *Journal of Financial Economics, 87*, 329–356.

Comment, R. (2012). Revisiting the illiquidity discount for private companies: A new (and "skeptical") restricted stock study. *Journal of Applied Corporate Finance, 23*, 80–92.

Comment, R., & Schwert, G. W. (1995). Poison or placebo: Evidence on the deterrence and wealth effects of modern anti-takeover measures. *Journal of Financial Economics, 39*, 3–43.

Cooper, S., & Lybrand, (1996). Most acquisitions fail, C&L study says. *Mergers & Acquisitions, 47*(2) (Report 7).

Corkery, M. (2012). Pension funds increasing their ties. *Wall Street Journal*, February 12, pp. C1–C2.

Cornaggia, K., Franzen, L., & Simin, T. (2012). *Bringing leased assets onto the balance sheet*. Loyola Marymount University Working Paper.

Cornelli, F., Kominek, Z., & Ljungqvist, A. (2013). Monitoring managers: does it matter? *Journal of Finance* (Forthcoming).

Cornett, M., Tanyeri, B., & Tehranian, H. (2011). The effect of merger anticipation on bidder and target firm announcement period returns. *Journal of Corporate Finance, 17*, 595–611.

Cossey, B. (1991). Systems assessment in acquired subsidiaries. *Accountancy*, 98–99.

Cremers, M., & Nair, V. (2005). Governance mechanisms and equity prices. *Journal of Finance, 60*, 2859–2894.

Cremers, M. K. J., Nair, V. B., & Wei, C. (2004). *The impact of shareholder control on bondholders*. Yale University and New York University: Working Paper.

Creswell, J. (2001). Would you give this man your company? *Fortune*, 127–129.

Cronqvist, H., & Nilsson, M. (2003). Agency costs of controlling minority shareholders. *Journal of Fiancial and Quantitative Analysis, 38*, 695–719.

Cumming, D., Siegel, D., & Wright, M. (2007). Private equity, leveraged buyouts and governance. *Journal of Corporate Finance, 13*, 439–460.

Cunat, V., Gine, M., & Guadalupe, M. (2012). The vote is cast: The effect of corporate governance on shareholder value. *Journal of Finance, 67*, 1943–1977.

Cusatis, P. J., Miles, J. A., & Randall Woolridge, J. (1993). Restructuring through spin-offs. *Journal of Financial Economics, 33*, 293–311.

Cyree, K. B., & Walker, M. M. (2008). The determinants and survival of reverse mergers versus IPOs. *Journal of Economics and Finance, 32*, 176–194.

Daley, L., Mehrotra, V., & Sivakumar, R. (1997). Corporate focus and value creation, evidence from spin-offs. *Journal of Financial Economics, 45*, 257–281.

Dalton, D. R. (2006). CEO tenure, boards of directors, and acquisition performance. *Journal of Business Research, 60*, 331–338.

Dalton, D. R., & Dalton, C. M. (2007). Sarbanes-oxley and the guideline of the listing exchanges: What have we wrought? *Business Horizons, 50*, 93–100.

Damodaran, A. (2001). *The dark side of valuation*. New York: Prentice-Hall.

Damodaran, A. (2002). *Investment valuation: Tools and techniques for determining the value of any asset* (2nd ed.). New York: Wiley.

Das, S., Sen, P. K., & Sengupta, S. (1998). Impact of strategic alliances on firm valuation. *Academy of Management Journal, 41*, 27–41.

Datta, S., Iskandar-Datta, M., & Raman, K. (2003). Value creation in corporate asset sales: The role of managerial performance and lender monitoring. *Journal of Banking and Finance, 27*, 351–375.

Davis, A., & Leblond, M. (2002). *A spin-off analysis: Evidence from new and old economies*, Working Paper. Queen's University: available by e-mail from adavis@business.queensu.ca.

Davis, G., & Kim, H. (2007). Business ties and proxy voting by mutual funds. *Journal of Financial Economics, 85*, 552–570.

Davis, P. S., Desai, A. B., & Francis, J. D. (2000). Mode of international entry: An isomorphian perspective. *Journal of International Business Studies, 31*, 239–258.

Davis, S. J., Haltiwanger, J., Jarmin, R., Lerner, J., & Miranda, J. (2011). *Private equity and employment*. National Bureau of Economic Research, Working Paper 17399.

Dechow, P. M. (1994). Accounting earnings and cash flows as measures of firm performance: The role of accounting accruals. *Journal of Accounting and Economics, 18*, 3–42.

De La Merced, M. J. (2011, May 6). Dealbook, New York Times.

Delios, A., & Beamish, P. S. (1999). Geographic scope, product diversification, and the corporate performance of Japanese firms. *Strategic Management Journal, 20*, 711–727.

DeLong, G. (2003). Does long-term performance of mergers match market expectations? *Financial Management, Summer*, 5–25.

De Mdedt, J., & Van Hoey, M. (2008). Integrating Steel Giants: An Interview with the Arcelor-Mittal Post-Merger Managers, McKinsey and Company www.mckinseyquarterly.com.

DeMong, R., Harris, I., & Williams, S. (2011). Financial and legal advisors in merger and acquisition transactions. *International Journal of Business, Humanities, and Technology, 1*, 1–13.

Demsetz, H., & Lehn, K. (1996). The structure of corporate ownership: Causes and consequences. *Journal of Political Economy, 93*, 1155–1177.

Deogun, N., & Lipin, S. (2000). Big Mergers in '90s Prove Disappointing to Shareholders. Salomon Smith Barney study, quoted in *Wall Street Journal* C12.

De Pamphilis, D. (2001). Managing growth through acquisition: Time-tested techniques for the entrepreneur. *International Journal of Entrepreneurship and Innovation*, 2(3), 195–205.

DePamphilis, D. (2010). *M&A basics: All you need to know*. Boston: Elsevier.

DePamphilis, D. (2010). *M&A negotiations and deal structuring: All you need to know*. Boston: Elsevier.

DePamphilis, D. (2011). Upstart graphics: Mergers and acquisitions issues. In P. Westhead, M. Wright & G. McElwee (Eds.), *Entrepreneurship: Perspectives and cases* (pp. 401–410). London: Prentice Hall.

Desai, H., & Jain, P. (1997). Firm performance and focus: Long-run stock market performance following spin-offs. *Journal of Financial Economics, 54*, 75–101.

De Visscher, F. M., Arnoff, C. E., & Ward, J. L. (1995). *Financing transitions: Managing capital and liquidity in the family business*. Marietta, GA: Business Owner Resources.

Dewenter, K. L. (1995). Does the market react differently to domestic and foreign takeover announcements? Evidence from the U.S. chemical and retail industries. *Journal of Financial Economics, 37*, 421–441.

Dichev, I. (1998). Is the risk of bankruptcy a systematic risk? *Journal of Finance, 53*, 1141–1148.

Diermeier, J., & Solnik, B. (2001). Global pricing of equity. *Financial Analysts Journal, 57*, 17–47.

Dimson, E., March, P., & Staunton, M. (2002). *Triumph of the optimists*. Princeton, NJ: Princeton University Press.

Dimson, E., March, P., & Staunton, M. (2003). Global evidence on the equity risk premium. *Journal of Applied Corporate Finance, 15*(Fall), 27–38.

Dionne, G., La Haye, M., & Bergeres, A. (2010). Does asymmetric information affect the premium in mergers and acquisitions? Interuniversity Research Center on Enterprise Networks, Logistics and Transportation and Department of Finance, HEC Montreal, H3T 2A7.

Dittmar, A., Li, D., & Nain, A. (2012). It pays to follow the leader: Acquiring targets picked by private equity. *Journal of Financial and Quantitative Analysis*, *47*, 901–931.

Dittmar, A., & Shivdasani, A. (2003). Divestitures and divisional investment policies. *Journal of Finance*, *58*, 2711–2744.

Dolly King, T., & Wen, M. (2011). Shareholder governance, Bondholder governance, and managerial risk-taking. *Journal of Banking and Finance*, *35*, 512–531.

Dong, M., Hirshleifer, D., Richardson, S., & Teoh, S. H. (2006). Does investor misvaluation drive the takeover market? *Journal of Finance*, *61*, 725–762.

Down, J. W. (1995). The M&A game is often won or lost after the deal. *Management Review Executive Forum*, *10*, 6–9.

Draper, P., & Paudyal, K. (2006). Acquisitions: Private versus public. *European Financial Management*, *12*, 57–80.

Drucker, J., & Silver, S. (2006). Alcatel stands to reap tax benefits on merger. *Wall Street Journal April*, *26*, C3.

D'Souza, J., & Jacob, J. (2000). Why firms issue targeted stock. *Journal of Financial Economics*, *56*, 459–483.

Duchin, R., & Schmidt, B. (2013). Riding the merger wave: Uncertainty, reduced monitoring, and bad acquisitions. *Journal of Financial Economics*, *107*, 69–88.

Duff, X., & Phelps, Y. (2010). Risk premium report—risk study. In S. Pratt & R. Grabowski (Eds.), *Cost of capital: Applications and examples* (4th ed.). New York: John Wiley & Sons.

Duffie, D., Saita, L., & Wang, K. (2007). Multi-period corporate default prediction with stochastic covariates. *Journal of Financial Economics*, *83*, 635–665.

Dumontier, P., & Pecherot, B. (2001). *Determinants of returns to acquiring firms around tender offer announcement dates: The French evidence*. ESA Université de Grenoble: Working Paper.

Dunning, J. (1993). *Multinational enterprises and the global economy*. Reading, MA: Addison-Wesley.

Duru, A., Wang, D., & Zhao, Y. (2013). Staggered boards, corporate opacity, and firm value. *Journal of Banking and Finance*, *37*, 341–360.

Dutordoir, M., Roosenboom, P., & Vasconcellos, M. (2010, May 17). Synergies disclosure in mergers and acquisitions. Erasmus University Working Paper, *Social Science Research Network*. http://ssrn.com/abstract=1571546.

Dutta, S., Iskandar-Dutta, M., & Raman, K. (2001). Executive compensation and corporate acquisition decisions. *Journal of Finance*, *56*, 2299–2396.

Dutta, S., Shantanu, X., & Vijay Jog, Y. (2009). The long-term performance of acquiring firms: A re-examination of an anomaly. *Journal of Banking and Finance*, *33*, 1400–1412.

Dyck, A., & Zingales, L. (2004). Control premiums and the effectiveness of corporate governance systems. *Journal of Applied Finance*, *16*(Spring–Summer), 51–72.

Eberhart, A. C., Altman, E. I., & Aggarwal, R. (1999). The equity performance of firms emerging from bankruptcy. *Journal of Finance*, *54*, 1855–1868.

Eckbo, B., & Thorburn, K. S. (2008). Automatic bankruptcy auctions and fire-sales. *Journal of Financial Economics*, *89*, 404–422.

Eckbo, E., & Thorburn, K. S. (2000). Gains to bidder firms revisited: Domestic and foreign acquisitions in Canada. *Journal of Financial and Quantitative Analysis*, *35*(March), 1–25.

Economist. (2006a). Battling for Corporate America XX 69–71.

Economist. (2006b). A Survey of the World Economy XX 12.

Economist. (2011, September 22). Why Global Stock Markets Have Become More Correlated.

Edmans, A., Goldstein, I., & Jiang, W. (2012). The real effects of financial markets: The impact on takeovers. *Journal of Finance*, *67*, 933–971.

Elango, B., & Rakeh, B. (2004). The influence of industry structure on the entry mode choice of overseas entrants in manufacturing industries. *Journal of International Management*, *10*, 107–124.

Elder, J., & Westra, P. (2000). The reaction of security prices to tracking stock announcements. *Journal of Economics and Finance*, *24*, 36–55.

Elkamhi, R., Ericsson, J., & Parsons, C. (2012). The cost of financial distress and the timing of default. *Journal of Financial Economics*, *105*, 62–81.

Harvard Business Review, *74*(8)

Ellis, J., Moeller, S. B., Schlingemann, F. P., & Stulz, R. M. (2011). *Globalization, governance, and the returns to cross-border acquisitions*, NBER Working Paper No. 16676.

Ellison, S. (2006). Clash of cultures exacerbates woes for Tribune Co. *Wall Street Journal*, 1.

Emory, J. D. (2001). The value of marketability as illustrated in initial public offerings of common stock. *Business Valuation Review*, *20*, 21–24.

Engel, E., Hayes, R., & Xang, X. (2004). The Sarbanes-Oxley act and firms' going private decisions. *Journal of Accounting and Economics, 44*, 116–145.

Erel, I., Liao, R., & Weisbach, M. (2012). Determinants of cross-border mergers and acquisitions. *Journal of Finance, 67*, 1045–1082.

Ertimur, Y., Ferri, F., & Stubben, S. (2010). Board of directors responsiveness to shareholders: Evidence from shareholder proposals. *Journal of Corporate Finance, 16*, 53–72.

Eun, C. S., Kolodny, R., & Scherage, C. (1996). Cross-border acquisition and shareholder wealth: Tests of the synergy and internationalization hypotheses. *Journal of Banking and Finance, 20*, 1559–1582.

Faccio, M., & Lang, L. H. P. (2002). The ultimate ownership of Western European corporations. *Journal of Financial Economics, 65*, 365–395.

Faccio, M., Lang, L., & Young, L. (2001). Dividends and expropriation. *American Economic Review, 91*, 54–78.

Faccio, M., & Masulis, R. (2005). The choice of payment method in European mergers and acquisitions. *Journal of Finance, 60*, 1345–1388.

Faccio, M., McConnell, J., & Stolin, D. (2006). Returns to acquirers of listed and unlisted companies. *Journal of Financial and Quantitative Analysis, 47*, 197–220.

Factset Mergerstat Review. (2011) http://www.bvresources.com/bvstore/selectbook.asp?pid=PUB259.

Faleye, O. (2004). Cash and corporate control. *Journal of Finance, 59*, 2041–2060.

Fama, E. F. (1998). Market efficiency, long-term returns, and behavioral finance. *Journal of Financial Economics, 47*, 427–465.

Fama, E. F., & French, K. R. (2006). The value premium and the CAPM. *Journal of Finance, 61*, 2163–2185.

Farzad, R. (2006). Fidelity's divided loyalties. *Business Week, 12*.

Fauver, L., Houston, J., & Narango, A. (2003). Capital market development, international integration, and the value of corporate diversification: A cross-country analysis. *Journal of Financial and Quantitative Analysis, 38*, 138–155.

Federal Reserve Bulletin. (2003). Board of Governors, U.S. Federal Reserve System: 33 December.

Federal Trade Commission. (1999a). Merger Guidelines; www.ftc.com.

Federal Trade Commission, Bureau of Competition. (1999b). *A study of the commission's divestiture process*.

Fee, C., Hadlock, C., & Pierce, J. (2012). What happens in acquisitions? Evidence from brand ownership changes and advertising investment. *Journal of Corporate Finance, 18*, 584–597.

Feliciano, Z., & Lipsey, R. E. (2002). *Foreign entry into U.S. manufacturing by takeovers and the creation of new firms*. National Bureau of Economic Research: Cambridge, MA, Working Paper 9122.

Fernandez, P., Aguirreamalloa, J., & Corres, L. (2012). Market Risk Premium Used in 82 Countries in 2012: A Survey of 7192 Answers. http://ssrn.com/abstract=2084213.

Ferreira, M., Massa, M., & Matos, P. (2010). Shareholders at the gate? Institutional investors and cross-border mergers and acquisitions. *Review of Financial Studies, 23*, 601–644.

Ferreira, M., Ornelas, E., & Turner, J. (2010). *Unbundling ownership and control*. Working Paper, London School of Economics.

Ferreira, M. P., & Tallman, S. B. (2005). *Building and leveraging knowledge capabilities through cross-border acquisitions*. Presentation to the Academy of Management Meeting.

Ferri, R. (2012). The total economy portfolio. *Forbes, June 25*, 174–175.

Fich, E. M., Tran, A. L., & Walkling, R. A. (2013). On the importance of golden parachutes. *Journal of Financial and Quantitative Analysis* (forthcoming).

Fidrmuc, J., Roosenboom, P., Paap, R., & Teunissen, T. (2012). One size does not fit all: Selling firms to private equity versus strategic acquirers. *Journal of Corporate Finance, 18*, 828–849.

Field, L. C., & Karpoff, J. M. (2002). Takeover defenses of IPO firms. *Journal of Finance, 57*, 1629–1666.

Fields, L. P., & Mais, E. L. (1991). The valuation effects of private placements of convertible debt. *Journal of Finance, 46*, 1925–1932.

Financial Times. (1996). Bugged by Failures (April 8), 8.

Finnerty, J. D. (2002). *The impact of transfer restrictions on stock prices*. Analysis Group/Economics: Cambridge, MA; Working Paper.

Finnerty, J. D., Jiao, J., & Yan, A. (2012). Convertible securities in merger transactions. *Journal of Banking and Finance, 36*, 275–289.

Foley, L. L. P., & Lardner (2007). *What private companies and non-profits need to know about SOX*. Report presented at Foley and Lardner's 2004 National Directors Institute Meeting, Chicago.

Forte, G., Iannotta, G., & Vavone, M. (2010). The banking relationship's role in the choice of target's advisor in mergers and acquisitions. *European Financial Management, 16*, 686–701.

France, M. (2002). Bankruptcy reform won't help telecom. *Business Week, 40*.

Francis, B., Hasan, I., & Sun, X. (2008). Financial market integration and the value of global diversification: Evidence for U.S. acquirers in cross-border mergers and acquisitions. *Journal of Banking and Finance, 32*, 1522–1540.

Franks, J., & Mayer, C. (1996). Hostile takeovers and the correction of managerial failure. *Journal of Financial Economics, 40*, 163–181.

Franks, J., Mayer, C., Volpin, P., & Wagner, H. (2012). The life cycle of family ownership: International evidence. *Review of Financial Studies, 25*, 1675–1712.

Frazoni, F., Nowak, E., & Phalippou, L. (2012). Private equity performance and liquidity risk. *Journal of Finance, 67*, 2341–2373.

Frick, K. A., & Torres, A. (2002). Learning from high-tech deals. *McKinsey Quarterly, 1*, 2.

Fulghieri, P., & Sevilir, M. (2011). Mergers, spin-offs, and employee incentives. *Review of Financial Studies, 24*, 2207–2241.

Fuller, K., Netter, J., & Stegemoller, M. A. (2002). What do returns to acquiring firms tell us? Evidence from firms that make many acquisitions. *Journal of Finance, 57*, 1763–1793.

Furfine, C., & Rosen, R. (2011). Mergers increase default risk. *Journal of Corporate Finance, 17*, 832–849.

Gantchev, N. (2013). The costs of shareholder activism: Evidence from a sequential decision model. *Journal of Financial Economics* (forthcoming).

Gao, H., Harford, J., & Li, K. (2010). *Determinants of corporate cash policy: A comparison of private and public firms*, University of Washington Working Paper.

Garcia-Feijoo, L., Madura, J., & Ngo, T. (2012). Impact of industry characteristics on the method of payment in mergers. *Journal of Economics and Business, 64*, 261–274.

Garlappi, L., & Yan, H. (2011). Financial distress and the cross section of equity returns. *Journal of Finance, 66*, 789–822.

Gaspara, J. M., & Massa, P. (2005). Shareholder investment horizons and the market for corporate control. *Journal of Financial Economics, 76*, 135–165.

Gell, J., Kengelbach, J., & Roos, A. (2008). *The return of the strategist: Creating value with M&A in downturns*. Boston: Boston Consulting Group.

Georgopoulos, G. (2008). Cross-border mergers and acquisitions: Do exchange rates matter? Some evidence for Canada. *Canadian Journal of Economics, 41*, 450–474.

Gertner, R., Powers, E., & Scharfstein, D. (2002). Learning about internal capital markets from corporate spin-offs. *Journal of Finance, 57*, 2479–2506.

Ghosh, A. (2004). Increasing market share as a rationale for corporate acquisitions. *Journal of Business, Finance, and Accounting, 31*, 78–91.

Ghosh, A., & Lee, C. W. J. (2000). Abnormal returns and expected managerial performance of target firms. *Financial Management, 29*(Spring), 40–52.

Gillan, S., & Starks, L. (2007). The evolution of shareholder activism in the United States. *Journal of Applied Corporate Finance, 19*, 55–73.

Gillette, F. (2011). The rise and inglorious fall of myspace. *Bloomberg Businessweek, July 3*, 54–57.

Gilson, S. (1997). Transactions costs and capital structure choice: Evidence from financially distressed firms. *Journal of Finance, 52*(March), 161–196.

Gilson, S. C., Healy, P. M., Noe, C. F., & Palepu, L. G. (2001). Analyst specialization and conglomerate stock breakups. *Journal of Accounting Research, 39*, 565–582.

Gilson, S., John, K., & Lang, L. H. (1990). Troubled debt restructuring: An empirical study of private reorganization of firms in default. *Journal of Financial Economics, 27*, 315–353.

Goktan, M. S., & Kieschnick, R. (2012). A target's perspective on the effects of ATPs in takeovers after recognizing its choice in the process. *Journal of Corporate Finance, 18*, 1088–1103.

Goldblatt, H. (1999). Merging at internet speed. *Fortune, November 8*, 164–165.

Golubov, A., Petmezas, D., & Travlos, N. (2011). When it pays to pay your investment banker: New evidence on the role of financial advisors in M&As. *Journal of Finance and Quantitative Analysis, 38*, 475–501.

Gomes-Casseres, B., Hagedoorn, J., & Jaffe, A. (2006). Do alliances promote knowledge transfers? *Journal of Financial Economics, 80*, 5–33.

Gompers, P. A., Ishii, J., & Metrick, A. (2010). Extreme governance: An analysis of U.S. dual-class companies in the United States. *Review of Financial Studies, 23*, 1051–1088.

Gondhalekar, V., Sant, R., & Ferris, S. (2004). The price of corporate acquisition: Determinants of takeover premia. *Applied Economics Letters, 11*, 735–739.

Gordon, J. N. (2007). The rise of independent directors in the Unites States, 1950–2005: Of shareholder value and stock market prices. *Stanford Law Review, 1465*, 1472–1476.

Gormley, T. A., & Matsa, D. A. (2011). Growing out of trouble? Corporate responses to liability risk. *Review of Financial Studies, 25*, 2781–2821.

Gorton, G., Kahl, M., & Rosen, R. J. (2009). Eat or be eaten: A theory of mergers and firm size. *Journal of Finance, 64*, 1291–1344.

Gottschalg, O. (2012). Bain or blessing? *The Economist*, January 28, pp. 73–74.

Goyal, V. K., & Park, C. W. (2002). Board leadership structure and CEO turnover. *Journal of Corporate Finance, 8*, 49–66.

Graham, J. R. (2000). How big are the tax benefits of debt? *Journal of Finance, 55*, 1901–1941.

Graham, J. R., & Harvey, C. R. (2001). The theory and practice of corporate finance: Evidence from the field. *Journal of Financial Economics, 60*, 187–243.

Graham, J., Lemmon, M., & Wolf, J. (2002). Does diversification destroy firm value? *Journal of Finance, 57*, 695–720.

Graham, M., Martey, E., & Yawson, A. (2008). Acquisitions from UK firms into emerging markets. *Global Finance Journal, 19*, 56–71.

Greenaway, D., & Kneller, R. (2007). Firm heterogeneity, exporting, and foreign direct investment. *Economic Journal, Deposition/Interrogatory Review, 117*, 134–161.

Greenwood, R., & Schor, M. (2007). *Hedge fund investor activism and takeovers.* Working Paper. Harvard Business School: Cambridge, MA.

Grice, S., & Dugan, M. (2001). The limitations of bankruptcy prediction models: Some cautions for the researcher. *Review of Quantitative Finance and Accounting, 17*, 151–166.

Grice, S., & Ingram, R. (2001). Tests of the generalizability of Altman's Bankruptcy prediction model. *Journal of Business Research, 54*, 53–61.

Grinblatt, M., & Titman, S. (2002). *Financial markets and corporate strategy* (2nd ed.). New York: McGraw-Hill.

Groh, A., & Gottschaig, O. (2006). *The risk-adjusted performance of U.S. Buyouts.* Paris: HEC.

Gu, F., & Lev, B. (2011). Overpriced shares, Ill-advised acquisitions, and goodwill impairment. *The Accounting Review, 86*, 1995–2022.

Gugler, K., Mueller, D. C., Yurtoglu, B. B., & Zulehner, C. (2003). The effects of mergers: An international comparison. *International Journal of Industrial Organization, 21*(5), 625–653. (May 2003).

Gugler, K., Mueller, D., & Weichselbaumer, M. (2012). The determinants of merger waves: An international perspective. *International Journal of Industrial Organization, 30*, 1–15.

Guo, S., Hotchkiss, E. S., & Song, W. (2011). Do buyouts (still) create value? *Journal of Finance, 66*, 479–517.

Guo, R. J., Kruse, T. A., & Nohel, T. (2008). Undoing the powerful anti-takeover force of staggered boards. *Journal of Corporate Finance, 14*, 274–288.

Gurung, A., & Lerner, J. (2008). *The global economic impact of private equity.* Cambridge, MA: World Economic Forum and Harvard Business School.

Habbershon, T. G., & Williams, M. L. (1999). A resource-based framework for assessing the strategic advantages of family firms. *Family Business Review, 12*, 1–26.

Hackbarth, D., & Morellec, E. (2008). Stock returns in mergers and acquisitions. *Journal of Finance, 63*, 1213–1252.

Hall, B. (1992). *Investment and research and development at the firm level: Does the source of financing matter?* National Bureau of Economic Research: Working Paper No. 4096.

Hall, L. S., & Polacek, T. C. (1994). Strategies for obtaining the largest valuation discounts. *Estate Planning*, 38–44.

Hamel, G. C., & Prahalad, C. K. (1994). *Competing for the future.* Cambridge, MA: Harvard Business School Press.

Hanouna, P., Sarin, A., & Shapiro, A. (2001). *The value of corporate control: Some international evidence.* Marshall School of Business, University of Southern California: Los Angeles; Working Paper.

Hanson, R. C., & Song, M. H. (2000). Managerial ownership, board structure, and the division of gains. *Journal of Corporate Finance, 6*, 55–70.

Hao, K. Y., & Jaffe, A. B. (1993). The impact of corporate restructuring on industrial research and development. *Brookings Papers on Economic Activity, 1*, 275–282.

Harding, D., & Rovit, S. (2004). *Mastering the merger: Four critical decisions that make or break the deal.* Cambridge, MA: Harvard Business School Press.

Harford, J. (1999). Corporate cash reserves and acquisitions. *Journal of Finance, 54*, 1969–1997.

Harford, J. (2005). What drives merger waves? *Journal of Financial Economics, 77*, 529–560.

Harford, J., & Kolasinski, A. (2012, January 20). Do Private Equity Sponsors Sacrifice Long-Term Value for Short-Term Profit? Evidence from a Comprehensive Sample of Large Buyout and Exit Outcomes, http://ssrn.com/abstract=1785927.

Harper, N. W., & Schneider, A. (2004). Where mergers go wrong. *McKinsey Quarterly, Number 2.*

Harris, O., & Glegg, C. (2007). The wealth effects of cross-border spin-offs. *Journal of Multinational Financial Management, 18*, 461–476.

Harris, R. S., Jenkinson, T., & Kaplan, S. N. (2011, September 22). *Private equity performance: What do we know?* NBER Working Paper 17874.

Harris, R. S., & Ravenscraft, D. (1991). The role of acquisitions in foreign direct investment: Evidence from the U.S. stock market. *Journal of Finance*, *46*, 825–844.

Hartman, T. E. (2005). The costs of being public in the Era of Sarbanes-Oxley. *Foley & Lardner LLP Annual Survey.*

Harvey, C. R. (2005). *Twelve ways to calculate the international cost of capital.* Duke University and National Bureau of Economic Research Working Paper, October 14.

Harzing, A. W. (2002). Acquisitions versus greenfield investments: International strategy and management of entry modes. *Strategic Management Journal*, *23*, 211–227.

Hayes, R. H. (1979). The human side of acquisitions. *Management Review*, *41*, 41–46.

Hayward, M., & Hambrick, D. (1997). Explaining the premiums paid for large acquisitions: Evidence of CEO hubris. *Administrative Science Quarterly*, *35*, 621–633.

Heflin, F., Subramanyam, K., & Zhang, Y. (2001). Regulation FD and the financial information environment: Early evidence. *Accounting Review*, *78*, 1–37.

Hennart, J. F., & Park, Y. R. (1993). Location, governance, and strategic determinants of Japanese manufacturing investment in the United States. *Journal of Strategic Management*, *15*, 419–436.

Hennart, J. F., & Reddy, S. (1997). The choice between mergers, acquisitions, and joint ventures: The case of Japanese investors in the United States. *Strategic Management Journal*, *18*, 1–12.

Hennessy, C. A., & Whited, T. M. (2007). How costly is external financing? Evidence from a structural estimation. *Journal of Finance*, *62*, 1705–1745.

Henry, D. (2001). The numbers game. *Business Week, May 14*, 100–103.

Henry, D. (2002). Mergers: Why most big deals don't pay off. *Business Week, October 14*, 60–64.

Henry, D. (2003). A fair deal—but for whom. *Business Week, September 11*, 108–109.

Heron, R., & Lie, E. (2002). Operating performance and the method of payment in takeovers. *Journal of Financial and Quantitative Analysis*, *37*, 137–155.

Hertzel, M. G., Li, Z., Officer, M. S., & Rodgers, K. J. (2008). Inter-firm linkages and the wealth effects of financial distress along the supply chain. *Journal of Financial Economics*, *87*, 374–387.

Hertzel, B. M., & Smith, R. L. (1993). Market discounts and shareholder gains for placing equity privately. *Journal of Finance*, *48*, 459–485.

Hillyer, C., & Smolowitz, I. (1996). Why do mergers fail to achieve synergy? *Director's Monthly*, January, p. 13.

Himmelberg, C. P., & Petersen, B. C. (1994). R&D and internal finance: A panel study of small firms in high-tech industries. *Review of Economics and Statistics*, *76*, 38–51.

Hitt, J. M. A., & Ireland, R. D. (2000). The intersection of entrepreneurship and strategic management research. In D. Sexton & H. Landstrom (Eds.), *The Blackwell handbook of entrepreneurship*. Oxford, UK: Blackwell.

Hoechle, D., Schmid, M., Walter, I., & Yermack, D. (2012). How much of the diversification discount can be explained by poor corporate governance? *Journal of Financial Economics*, *103*, 41–60.

Hoffman, W. H., & Schaper-Rinkel, W. (2001). Acquire or ally?—a strategic framework for deciding between acquisition and cooperation. *Management International Review*, *41*, 131–159.

Hogan, K. M., & Olson, G. T. (2004). The pricing of equity carve-outs during the 1990s. *Journal of Financial Research*, *27*(Winter), 521–537.

Holthausen, R. W., & Larker, D. F. (1996). The financial performance of reverse leveraged buyouts. *Journal of Financial Economics*, 42, 293–332.

Horton, T. (2011). The new United States horizontal merger guidelines: Devolution, evolution, or counterrevolution? *Journal of European Competition Law and Practice*, *2*, 158–164.

Hotchkiss, E. S. (1995). The post-emergence performance of firms emerging from Chapter 11. *Journal of Finance*, *50*, 3–21.

Hotchkiss, E., Qian, J., & Song, W. (2005). *Holdup, renegotiation, and deal protection in mergers* Boston College: Working Paper.

Houston, J., James, C., & Ryngaert, M. (2001). Where do merger gains come from? *Journal of Financial Economics*, *60*, 285–331.

Hsu, J. C., Saa-Requejo, J., & Santa-Clara, P. (2002). *Bond pricing and default risk.* UCLA Working Paper.

Huang, J., Pierce, J., & Tsyplakov, S. (2011). Post-merger integration duration and leverage dynamics of mergers: Theory and evidence, http://ssrn.com/sol3/delivery.cfm?abstractid=1787265.

Hulburt, H. M., Miles, J. A., & Wollridge, J. R. (2002). Value creation from equity carve-outs. *Financial Management*, *31*(Spring), 83–100.

Hunt, P. (2003). *Structuring mergers and acquisitions: A guide to creating shareholder value.* New York: Aspen.

Hunter, W., & Jagtiani, J. (2003). An analysis of advisor choice, fees, and effort in mergers and acquisitions. *Review of Financial Economics*, *12*, 65–81.

Hurter, W. H., Petersen, J. R., & Thompson, K. E. (2005). *Merger, acquisitions, and 1031 tax exchanges.* New York: Lorman Education Services.

Huson, M. R., & MacKinnon, G. (2003). Corporate spin-offs and information asymmetry between investors. *Journal of Economics and Management Strategy, 9*, 481–501.

Hyland, D., & Diltz, J. (2002). Why firms diversify: An empirical examination. *Financial Management, 31*, 51–81.

Ibbotson, R., Kaplan, P., & Peterson, J. (1997). Estimate of small stock betas are much too low. *Journal of Portfolio Management Summer*, 104–111.

Ibbotson Associates, (2002). *Stock, bonds, bills, and inflation, valuation edition yearbook.* Chicago: Ibbotson Associates Inc.

Inkpen, A. C., & Beamish, P. W. (1997). Knowledge, bargaining power, and the instability of international joint ventures. *Academy of Management Review, 22*, 177–202.

Isakov, D., & Sonney, F. (2002). *Are parishioners right? On the relative importance of industrial factors in international stock returns.* HEC-University of Geneva: Working Paper.

Ismail, A. (2010). Are good financial advisors really good? The performance of investment banks in the M&A market. *Review of Quantitative Finance and Accounting, 35*, 411–429.

Ismail, A. (2011). Does management's forecast of merger synergies explain the premium paid, method of payment, and management motives? *Financial Management, Winter*, 879–910.

Ismail, A., & Krause, A. (2010). Determinants of the method of payment in mergers and acquisitions. *The Quarterly Review of Economics and Finance, 50*, 471–484.

Jaffe, A. B., & Trajtenberg, M. (2002). *Patents, citations, and innovations: A window on the knowledge economy.* Cambridge, MA: MIT Press.

Jain, B., Kini, O., & Shenoy, J. (2011). Vertical divestitures through equity carve-outs and spin-offs: A product markets perspective. *Journal of Financial Economics, 100*, 594–615.

Jarrow, R., & Turnbull, S. (1995). Pricing derivative on financial securities subject to credit risk. *Journal of Finance, 50*, 1449–1470.

Jenkinson, T., & Stucke, R. (2011). Who benefits from the leverage in LBOs? http://ssrn.com/abstract=1777266.

Jensen, M. C. (1986). Agency costs of free cash flow, corporate finance, and takeovers. *American economic association papers and proceedings* (May) (323–329).

Jensen, M. C. (2005). Agency costs of overvalued equity. *Financial Management, 34*(Spring), 5–19.

Jeon, J. Q., & Ligonb, J. A. (2011). How much is reasonable? The size of termination fees in mergers and acquisitions. *Journal of Corporate Finance, 17*, 959–981.

Jiang, W., Li, K., & Wang, W. (2012). Hedge funds and Chapter 11. *Journal of Finance, 67*, 513–560.

Jindra, J., & Walkling, R. (2004). Arbitrage spreads and the market pricing of proposed acquisitions. *Journal of Corporate Finance, 10*, 495–526.

John, K., & Ofek, E. (1995). Asset sales and increase in focus. *Journal of Financial Economics, 37*, 105–126.

Johnson, B. (1999). Quantitative support for discounts for lack of marketability. *Business Valuation Review, 132.*

Johnson, S. A., & Houston, M. B. (2000). A re-examination of the motives and gains in joint ventures. *Journal of Financial and Quantitative Analysis, 35*, 67–85.

Jones, S., & Hensher, D. (2008). *Advances in credit risk modeling and corporate bankruptcy prediction.* Cambridge, England: Cambridge University Press.

Kahle, K., & Walkling, R. (1996). The impact of industry classification on financial research. *Journal of Financial and Quantitative Analysis, 31*, 309–335.

Kahya, E., & Theodosiou, P. (1999). Predicting corporate financial distress: A time-series cusum methodology. *Review of Quantitative Finance and Accounting, 13*, 323–345.

Kaiser, K. M. J., & Stouraitis, A. (2001). Revering corporate diversification and the use of the proceeds from asset sales: The case of thorn emi. *Financial Management, 30*, 63–101.

Kale, P., Dyer, J. H., & Singh, H. (2002). Alliance capability, stock market response, and long-term alliance success: The role of the alliance function. *Strategic Management Journal, 23*(August), 747–767.

Kalmbach,Jr. C., & Roussel, C. (1999). *Dispelling the myths of alliances.* Andersen Consulting: Available at www.accenture.com/xd/xd.asp?it=enWeb&xd=ideas/outlook/special99/over_special_intro.xml.

Kamar, E., Karaca-Mandic, P., & Talley, E. (2009). Going-private decisions and the Sarbanes-Oxley Act of 2002: A cross-country analysis. *Journal of Law, Economics, and Organization, 25*, 107–133.

Kang, J. K., & Kim, J. M. (2008). The geography of block acquisitions. *Journal of Finance, 63*, 2817–2858.

Kang, J. K., & Shivdasani, A. (1997). Corporate restructuring during performance declines in Japan. *Journal of Financial Economics, 46*, 29–65.

Kantor, R. M. (2002). Collaborative advantage: The art of alliances: *Harvard Business Review on Strategic Alliances*. Cambridge, MA: Harvard Business School Press.

Kaplan, P., & Peterson, J. (1998). Full information industry betas. *Financial Management, 27*, 85–93.

Kaplan, S. N. (1988). *Management buyouts: Efficiency gains or value transfers.* University of Chicago: Working Paper 244.

Kaplan, S. N. (1989). The effects of management buyouts on operating performance and value. *Journal of Financial Economics, 24*, 217–254.

Kaplan, S. N. (1989). Management buyouts: Efficiency gains or value transfers. *Journal of Finance, 3*, 611–632.

Kaplan, S. N. (1991). The staying power of leveraged buyouts. *Journal of Financial Economics, 29*, 287–313.

Kaplan, S. N. (1997). The evolution of U.S. corporate governance: We are all Henry Kravis now. *Journal of Private Equity, Fall*, 7–14.

Kaplan, S. N. (2012). How to think about private equity. *The Journal of the American Enterprise Institute.*

Kaplan, S. N., & Schoar, A. (2005). Returns, persistence and capital flows. *Journal of Finance, 60*, 1791–1823.

Kaplan, S. N., & Stromberg, P. (2009). Leveraged buyouts and private equity. *Journal of Economic Perspectives, 23*, 121–146.

Kaplan, S. N., & Weisbach, M. S. (1992). The success of acquisitions: Evidence from divestitures. *Journal of Finance, 47*, 107–138.

Karpoff, J. M. (2001). *The impact of shareholder activism on target companies: A survey of empirical findings.* University of Washington: Working Paper.

Karpoff, J. M., & Malatesta, P. H. (1989). The wealth effects of second-generation state takeover legislation. *Journal of Financial Economics, 25*, 291–322.

Karpoff, J. M., & Walkling, R. A. (1996). Corporate governance and shareholder initiatives: Empirical evidence. *Journal of Financial Economics, 42*, 365–395.

Katz, S. (2008). *Earnings quality and ownership structure: The role of private equity sponsors.* NBER Working Paper No. W14085.

Kedia, S., Ravid, S., & Pons, V. (2011). When do vertical mergers create value? *Financial Management, Winter*, 845–877.

Kedia, S., & Zhou, X. (2011). Local market makers, liquidity and market quality. *Journal of Financial Markets, 14*, 540–567.

Kennedy, K., & Moore, M. (2003). *Going the distance: Why some companies dominate and others fail.* Upper Saddle River, NJ: Prentice-Hall.

Khanna, T., Palepu, K., & Sinha, J. (2005). Strategies that fit emerging markets. *Harvard Business Review, 83*, 63–74.

Khorana, A., Shivdasani, A., Stendevad, C., & Sanzhar, S. (2011). Spin-offs: Tackling the conglomerate discount. *Journal of Applied Corporate Finance, 23*, 90–102.

Kim, I. J., Ramaswamy, K., & Sundaresan, S. (1993). Does default risk in coupons affect the valuation of corporate bonds? A contingent claims model. *Financial Management, 22*, 117–131.

Kini, I., Kracaw, W., & Mian, S. (2004). The nature of discipline by corporate takeovers. *Journal of Finance, 59*, 1511–1552.

Kisgen, D. J., Qian, J., & Song, W. (2009). Are fairness opinions fair? The case of mergers and acquisitions. *Journal of Financial Economics, 91*, 178–207.

Klaus, M., Estrin, S., Bhaumik, S., & Peng, M. (2008). Institutions, resources, and entry strategies in emerging countries. *Strategic Management Journal, 31*, 61–80.

Klein, A., & Zur, E. (2009). Entrepreneurial shareholder activism: Hedge funds and other private investors. *Journal of Finance.*

Klein, K.E. (2004). Urge to merge? Take care to beware. *Business Week*, July 1, p. 68.

Koedijk, K., Kool, C., Schotman, P., & Van Kijk, M. (2002). *The cost of capital in international markets: Local or global.* Centre for Economic Policy Research: Working Paper.

Koedijk, K., & Van Dijk, M. (2000). *The cost of capital of cross-listed firms, rotterdam.* Erasmus University: Working Paper.

Koeplin, J., Sarin, A., & Shapiro, A. C. (2000). The private equity discount. *Journal of Applied Corporate Finance, 12*, 94–101.

Kogut, B., & Singh, H. (1988). The effect of national culture on the choice of entry mode. *Journal of International Business Studies, 19*, 411–432.

Kohers, N., & Ang, J. (2000). Earnouts in mergers: Agreeing to disagree and agreeing to stay. *Journal of Finance, 73*, 445–476.

Koller, T., Goedart, M., & Wessels, D. (2010). *Valuation: Measuring and managing the value of companies.* New York: John Wiley & Sons.

Korteweg, A (2010). The net benefits to leverage. *Journal of Finance, 65*, 2137–2170.

KPMG. (2006a). When hedge funds start to look like private equity firms. *Global M&A Spotlight* (Spring).

KPMG. (2006b). Mergers and acquisitions. *2006 M&A Outlook Survey.*

Kranhold, K. (2006). GE's water unit remains stagnant as it struggles to integrate acquisitions. *Wall*

Street Journal, August 23, p. C2.

Krishnan, C. N. V., Masulis, R. W., Thomas, R. S., & Thompson, R. B. (2012). Stakeholder litigation in mergers and acquisitions. *Journal of Corporate Finance, 18*, 1248–1268.

Kuipers, D., Miller, D., & Patel, A. (2009). The legal environment and corporate valuation: Evidence from cross-border mergers. *International Review of Economics and Finance, 18*, 552–567.

Kwak, W., Cheng, X., & Ni, J. (2012). Predicting bankruptcy after the Sarbanes-Oxley act using logit analysis. *Journal of Business & Economics Research, 10*, 521–532.

Lajoux, A. R. (1998). *The art of M&A integration*. New York: McGraw-Hill.

Lang, L., & Stulz, R. M. (1992). Contagion and competitive intra-industry effects of bankruptcy announcements. *Journal of Financial Economics, 81*, 45–60.

Lang, L., Poulsen, A., & Stulz, R. (1995). Asset sales, firm performance, and the agency costs of managerial discretion. *Journal of Financial Economics, 37*, 3–37.

La Porta, R., Lopez-de-Sklanes, F., Schleifer, A., & Vishny, R. (2002). Investor protection and corporate valuation. *Journal of Finance, 57*, 1147–1170.

Lattman, P., & de la Merced, M. J. (2010). September 1. Old GM being sold in parts. *New York Times*, p. 23.

Leeth, J. D., & Rody Borg, J. (2000). The impact of takeovers on shareholders' wealth during the 1920s merger wave. *Journal of Financial and Quantitative Analysis, 35*, 29–38.

Lehn, K. M., & Zhao, M. (2006). CEO turnover after acquisitions: Are bad bidders fired? *Journal of Finance, 61*, 1383–1412.

Leland, H. E. (1994). Corporate debt value, bond covenants, and optimal capital structure. *Journal of Finance, 49*, 1213–1252.

Le Nadant, A. L., & Perdreau, F. (2012). *Do private equity firms foster innovation? Evidence from French LBOs*. Working Paper, University de Caen.

Lerner, J., Shane, H., & Tsai, A. (2003). Do equity financing cycles matter? *Journal of Financial Economics, 67*, 411–446.

Lerner, J., Sorensen, M., & Stromberg, P. (2011). Private equity and long-run investment: The case of innovation. *Journal of Finance, 66*, 445–477.

Leuz, C., Triantis, A., & Wang, T. Y. (2008). Why do firms go dark? Causes and economic consequences of voluntary SEC deregistrations. *Journal of Accounting and Economics, 45*, 181–208.

Levine, D. M., Berenson, M. L., & Stephan, D. (1999). *Statistics for managers* (2nd ed.). New York: Prentice-Hall.

Levit, D., & Malenko, N. (2012). Non-binding voting for shareholder proposals. *Journal of Finance, 66*, 1579–1614.

Li, J. (2012). Prediction of corporate bankruptcy from june 2008 through 2011. *Journal of Accounting and Finance, 12*, 31–42.

Lichtenberg, F. R., & Siegel, D. (1990). The effects of lbos on productivity and related aspects of firm behavior. *Journal of Financial Economics, 27*, 165–194.

Lim, S. C., Mann, S. C., & Mihov, V. T. (2004, December 1). Market Evaluation of Off-Balance Sheet Financing: You Can Run but You Can't Hide. EFMA Basel Meetings Paper.

Linck, J., Netter, J., & Yang, T. (2009). The effects and unintended consequences of the Sarbanes-Oxley act on the supply and demand for directors. *The Review of Financial Studies, 22*, 3287–3328.

Linn, S. C., & Switzer, J. A. (2001). Are cash acquisitions associated with better post-combination operating performance than stock acquisitions? *Journal of Banking and Finance, 25*, 1113–1138.

Lins, K. (2003). Equity ownership and firm value in emerging markets. *Journal of Financial and Quantitative Analysis, 38*, 159–184.

Lins, K., & Servaes, H. (1999). International evidence on the value of corporate diversification. *Journal of Finance, 54*, 2215–2239.

Listokin, Y. (2009). Corporate voting versus market price setting. *American Law and Economics Review, 11*, 608–637.

Liu, J., Nissim, D., & Thomas, J. K. (2002). Equity valuation using multiples. *Journal of Accounting Research, 40*(1), 135–172.

Liu, J., Nissim, D., & Thomas, J. (2007). Is cash flow king in valuations? *Financial Analysts Journal, 63*, 56–65.

Logue, D. E., Seward, J. K., & Walsh, J. W. (1996). Rearranging residual claims: A case for targeted stock. *Financial Management, 25*, 43–61.

Loh, C., Bezjak, J. R., & Toms, H. (1995). Voluntary corporate divestitures as an anti-takeover mechanism. *Financial Review, 30*, 21–24.

Longstaff, F. A. (1995). How can marketability affect security values? *Journal of Finance, 50*, 1767–1774.

Longstaff, F. A., & Schwartz, E. S. (1995). A simple approach to valuing risky fixed and floating rate debt. *Journal of Finance, 50*, 789–819.

Lord, M. D., & Ranft, A. L. (2000). Acquiring new knowledge: The role of retaining human capital in acquisitions of high-tech firms. *Journal of High-Technology Management Research, 11*, 295–320.

Lott, T. (2007). *Career guide to investment banking* (6th ed.). New York: Vault.

Loughran, T., & Ritter, J. (2002). Why don't issuers get upset about leaving money on the table in IPOs? *Review of Financial Studies, 15*, 413–443.

Loughran, T., Anand, M., & Vijh, A. (1997). Do long-term shareholders benefit from corporate acquisitions? *Journal of Finance, 22*, 321–340.

Loughran, T., Ritter, J., & Rydqvist, K. (1994). Initial public offerings: International insights. *Pacific Basin Finance Journal, 2*, 165–199.

Lynch, R. P. (1990). *The practical guide to joint ventures and corporate alliances*. New York: Wiley.

Lynch, R. P. (1993). *Business alliance guide: The hidden competitive weapon*. New York: Wiley.

Lyon, J. D., Barber, B. M., & Tsai, C. L. (1999). Improved methods for tests of long-run abnormal stock returns. *Journal of Finance, 54*, 165–201.

Morgan, J. P. (1999). *Monitoring spin-off Performances*. New York: Morgan Markets.

Madura, J., & Ngo, T. (2012). Determinants of the medium of payment used to acquire privately held targets. *Journal of Economics and Finance, 36*, 424–442.

Madura, J., Ngo, T., & Viale, A. (2012). Why do merger premiums vary across industries and over time? *The Quarterly Review of Economics and Finance, 52*, 49–62.

Madura, J., & Whyte, A. (1990). Diversification benefits of direct foreign investment. *Management International Review, 30*, 73–85.

Maguire, S., & Phillips, N. (2008). Citibankers at citigroup: A study of the loss on institutional trust after a merger. *Journal of Management Studies, 45*, 372–401.

Maksimovic, V., & Phillips, G. M. (2001). The market for corporate assets: Who engages in mergers and asset sales and are there efficiency gains? *Journal of Finance, 56*, 332–355.

Maksimovic, V., Phillips, G., & Prabhala, N. R. (2011). Post-merger restructuring and the boundaries of the firm. *Journal of Financial Economics, 102*, 317–343.

Maksimovic, V., Phillips, G., & Yang, L. (2013). Private and public merger waves. *Journal of Finance* (forthcoming).

Malatesta, P. H., & Walkling, R. A. (1988). Poison pills securities: Stockholder wealth, profitability and ownership structure. *Journal of Financial Economics, 20*, 347–376.

Malekzadeh, A. R., McWilliams, V. B., & Sen, N. (1998). Implications of CEO structural and ownership power, ownership, and board composition on the market's reaction to antitakeover charter amendments. *Journal of Applied Business Research, 14*, 53–62.

Malekzadeh, A. R., & Nahavandi, A. (1990). Making mergers work by managing cultures. *Journal of Business Strategy, 11*, 55–57.

Mallea, J. (2008). *A review of mergers of equals*. http://FactSetmergermetrics.com.

Malmendier, U., & Tate, G. (2008). Who makes acquisitions? CEO overconfidence and the market's reaction. *Journal of Financial Economics, 89*, 20–43.

Malmendier, U., Tate, G., & Yan, J. (2011). Overconfidence and early-life experiences: The impact of managerial traits on corporate financial policies. *Journal of Finance, 66*, 1687–1733.

Manzon, K. G. K., Sharp, D. J., & Travlos, N. (1994). An empirical study of the consequences of U.S. tax rules for international acquisitions by U.S. firms. *Journal of Finance, 49*, 1893–1904.

Maquierira, C. P., Megginson, W. L., & Nail, L. A. (1998). Wealth creation versus wealth redistributions in pure stock-for-stock mergers. *Journal of Financial Economics, 48*, 3–33.

Markides, C., & Oyon, D. (1998). International acquisitions: Do they create value for shareholders? *European Management Journal, 16*, 125–135.

Marks, M. L. (1996). *From turmoil to triumph: New life after mergers, acquisitions, and downsizing*. Lanham, MD: Lexington Books.

Marquez, R., & Singh, R. (2013). The economics of club bidding and value creation. *Journal of Financial Economics* (forthcoming).

Martynova, M., & Renneboog, L. (2008). A century of corporate takeovers: What have we learned and where do we stand? *Journal of Banking and Finance, 32*, 2148–2177.

Martynova, M., & Renneboog, L. (2008). Spillover of corporate governance standards in cross-border mergers and acquisitions. *Journal of Corporate Finance, 14*, 200–223.

Massari, M., Monge, V., & Zanetti, L. (2006). Control premium in the presence of rules imposing mandatory tender offers: Can it be measured? *Journal of Management and Governance, 22*, 101–110.

Masulis, R. W., Wang, C., & Xie, F. (2009). Agency problems in dual-class companies. *Journal of Finance, 64*, 1697–1727.

Masulis, R. W., Wang, C., & Xie, F. (2007). Corporate governance and acquirer returns. *Journal of Finance, 62*, 1851–1890.

Masulis, R. W., & Nahata, R. (2011). Venture capital conflicts of interest: Evidence from acquisitions of venture-backed firms. *Journal of Financial and Quantitative Analysis*, *46*, 395–420.

Maxwell, W. F., & Rao, R. P. (2003). Do spin-offs expropriate wealth from bondholders? *Journal of Finance*, *58*(5), 2087–2108.

McConnell, J. J., & Nantell, T. J. (1985). Corporate combinations and common stock returns: The case of joint ventures. *Journal of Finance*, *40*(June), 519–536.

McConnell, J. J., Ozbilgin, M., & Wahal, S. (2001). Spin-offs: Ex ante. *Journal of Business*, *74*, 245–280.

McCoy, K. & Chu, K. (2011). Merger of U.S. and Chinese firms is a cautionary tale. *USA Today*, December 26, p. 6.

McNamara, G., Dykes, B. J., & Haleblian, J. (2008). The performance implications of participating in an acquisition wave. *Academy of Management Journal*, *51*, 744–767.

McNeil, C. R., & Moore, W. T. (2005). Dismantling internal capital markets via spin-off: Effects on capital allocation efficiency and firm valuation. *Journal of Corporate Finance*, *11*, 253–275.

Megginson, W. L., Morgan, A., & Nail, L. (2003). The determinants of positive long-term performance in strategic mergers: Corporate focus and cash. *Journal of Banking and Finance*, *28*, 523–552.

Mercer, C. (1997). *The management panning study: Quantifying marketability discounts*. New York: Peabody.

Mercer Management Consulting. 1998, 1995, and 1997 Surveys. (2000). Cited In: A.R. Lajoux (Ed.), *The art of M&A integration*. McGraw-Hill: New York.

Metrick, A., & Yasuda, A. (2010). The economics of private equity funds. *The Review of Financial Studies*, *23*, 2303–2341.

Meuleman, M., & Wright, M. (2007). *Industry concentration, syndication networks and competition in the UK private equity market*. CMBOR Working Paper.

Meuleman, M., Amess, K., Wright, M., & Scholes, L. (2009). Agency, strategic entrepreneurship, and the performance of private equity-backed buyouts. *Entrepreneurship Theory and Practice*, *33*, 213–239.

Meyer, K. E., Estrin, S., & Bhaumik, S. (2005). *Institutions and business strategies in emerging economies: A study of entry mode choice*. London Business School: Working Paper.

Michaely, R., & Shaw, W. H. (1995). The choice of going public: Spin-offs vs. Carve-outs. *Financial Management*, *24*, 15–21.

Miller, M. (2012). The rich get richer. *The Deal*, May 12, p. 38.

Miller, W. (2010). *Value maps: Valuation tools that unlock business wealth*. New York: Wiley.

Mishra, D., & O'Brien, T. (2001). A comparison of cost of equity estimates of local and global CAPMs. *Financial Review*, *36*, 27–48.

Mitchell, D. (1998). Survey conducted by economist intelligence unit. In A. R. Lajoux (Ed.), *The art of M&A integration* (pp. 226–228). New York: McGraw-Hill.

Mitchell, M. L., & Mulherin, J. H. (1996). The impact of industry shocks on takeover and restructuring activity. *Journal of Financial Economics*, *41*, 193–229.

Mitchell, M. L., & Pulvino, T. C. (2001). Characteristics of risk and return in arbitrage. *Journal of Finance*, *56*, 2135–2175.

Mitchell, M., Pulvino, T., & Stafford, E. (2004). Price pressure around mergers. *Journal of Finance*, *59*, 31–63.

Moeller, T. (2005). Let's make a deal! How shareholder control impacts merger payoffs. *Journal of Financial Economics*, *76*, 167–190.

Moeller, S. B., Schlingemann, F. P., & Stulz, R. M. (2004). Firm size and the gains from acquisitions. *Journal of Financial Economics*, *73*, 201–228.

Moeller, S. B., & Schlingemann, P. (2005). Global diversification and bidder gains: A comparison between cross-border and domestic acquisitions. *Journal of Banking and Finance*, *29*, 533–564.

Moeller, S. B., Schlingemann, F. P., & Stulz, R. M. (2005). Wealth destruction on a massive scale? A study of the acquiring firm returns in the recent merger wave. *Journal of Finance*, *60*, 757–782.

Moeller, S. B., Schlingemann, F. P., & Stulz, R. M. (2007). How do diversity of opinion and information asymmetry affect acquirer returns? *Review of Financial Studies*, *20*, 2047–2078.

Molina, C. A. (2006). Are firms unleveraged? An examination of the effect of leverage on default probabilities. *Journal of Finance*, *60*, 1427–1459.

Moonchul, K., & Ritter, J. R. (1999). Valuing IPOs. *Journal of Financial Economics*, *53*, 409–437.

Morck, R., Schleifer, A., & Vishny, R. W. (1990). Do managerial objectives drive bad acquisitions? *Journal of Finance*, *45*, 31–48.

Morck, R., & Yeung, B. (1991). Why investors value multinationality. *Journal of Business*, *64*, 165–188.

Morck, R., & Yeung, B. (2000). Inherited wealth, corporate control, and economic growth: The Canadian experience. In R. Morck (Ed.), *Concentrated corporate ownership* (pp. 319–369). Cambridge, MA: National Bureau of Economic Research.

Moroney, R. E. (1973). Most courts overvalue closely held stocks. *Taxes*, March, pp. 144–154.

Mulherin, J. H., & Boone, A. L. (2000). *Comparing acquisitions and divestitures*. Social Science Research Network 38 Working Paper Series.

Mulherin, J. H., & Poulsen, A. B. (1998). Proxy contests and corporate change: Implications for shareholder wealth. *Journal of Financial Economics, 47,* 279–313.

Mun, J. (2006). *Modeling risk: Applying monte carlo simulation, real option analysis, forecasting, and optimization*. New York: Wiley.

Murray, M. (2001). GE's honeywell deal is more than the sum of airplane parts. *Wall Street Journal*, April 5, p. B6.

Navarro, E. (2005). *Merger control in the EU: Law, economics, and practice* (2nd ed.). Oxford, UK: Oxford University Press.

Nenova, T. (2003). The value of corporate voting rights and control: A cross-country analysis. *Journal of Financial Economics, 68,* 325–351.

Netter, J., Stegemoller, M., & Wintoki, M. (2011). Implications of data screens on merger and acquisition analysis: A large sample study of mergers and acquisitions. *Review of Financial Studies, 24,* 2316–2357.

Newbould, G. D., Chatfield, R. E., & Anderson, R. F. (1992). Leveraged buyouts and tax incentives. *Financial Management, 21,* 1621–1637.

Nixon, T. D., Roenfeldt, R. L., & Sicherman, N. W. (2000). The choice between spin-offs and sell-offs. *Review of Quantitative Finance and Accounting, 14,* 277–288.

Oded, A., Michel, A., & Weinstein, S. (2011). Distortion in corporate valuation: Implications for capital structure changes. *Managerial Finance, 37,* 681–696.

Ofek, E. (1993). Capital structure and firm response to poor performance: An empirical analysis. *Journal of Financial Economics, 34,* 3–30.

Ofek, E. (1994). Efficiency gains in unsuccessful management buyouts. *Journal of Finance, 49,* 627–654.

Offenberg, D. (2009). Firm size and the effectiveness of the market for corporate control. *Journal of Corporate Finance, 15,* 66–79.

Offenberg, D., & Officer, M. S. (2012). *Payments to executive of target firms in mergers: Tests using newly available data*. Working Paper, Loyola Marymount University.

Offenberg, D., & Pirinsky, C. (2012). *How do acquirers choose between mergers and tender offers?* Working Paper, Loyola Marymount University.

Officer, M. S. (2003). Termination fees in mergers and acquisitions. *Journal of Financial Economics, 69,* 431–467.

Officer, M. S. (2004). Collars and renegotiation in mergers and acquisitions. *Journal of Finance, 59,* 2719–2743.

Officer, M. S. (2007). The price of corporate liquidity: Acquisition discounts for unlisted targets. *Journal of Financial Economics, 83,* 571–593.

Officer, M. S., Ozbas, O., & Sensoy, B. A. (2008). Club deals in leveraged buyouts. *Journal of Financial Economics, 98,* 214–240.

Officer, M. S., Poulsen, A. B., & Stegemoller, M. (2009). Information asymmetry and acquirer returns. *Review of Finance, 13,* 467–493.

Oliver, R. P., & Meyers, R. H. (2000). Discounts seen in private placements of restricted stock. In R. F. Reilly & R. P. Schweihs (Eds.), *Handbook of advanced business valuation*. New York: McGraw-Hill. (Ch. 5).

Opler, T., & Titman, S. (1993). The determinants of leveraged buyout activity: Free cash flow vs. financial distress costs. *Journal of Finance, 48,* 1985–2000.

Oppenheimer & Company, (1981). *The sum of the parts*. New York: Oppenheimer & Company.

Otsubo, M. (2009). Gains from equity carve-outs and subsequent events. *Journal of Business, 62,* 1207–1213.

Overesch, M. (2009). The effects of multinational profit-shifting activities on real investment. *National Tax Journal, 62,* 5–23.

Palepu, K. G., Healy, P. M., & Bernard, V. L. (2004). *Business analysis and valuation* (3rd ed.). Skokie, IL: Thomson.

Palter, R. N., & Srinivasan, D. (2006). Habits of the busiest acquirers. *McKinsey Quarterly*; https://www.mckinseyquarterly.com/home.aspxy.

Pan, Y., Li, S., & Tse, D. (1999). The impact of order and mode of entry on profitability and market share. *Journal of International Business Studies, 30,* 81–104.

Pan, Y., & Tse, D. K. (2000). The hierarchical model of market entry modes. *Journal of International Business Studies, 31,* 535–554.

Parfomak, P. (2011). Keeping American pipelines safe and secure: Key issues in congress. *Congressional Research Service,* 7–5700.

Park, W., & Sonenshine, R. (2012). Impact of horizontal mergers on research & development and patenting: Evidence from major challenges in the U.S. *Journal of Industry and Competitive Trade, 12*, 143–167.

Pehrsson, A. (2008). Strategy antecedents of mode of entry into foreign markets. *Journal of Business Research, 61*, 132–140.

Peng, M. W. (2003). Institutional transitions and strategic choices. *Academy of Management Review, 28*, 275–296.

Perez-Gonzalez, F. (2006). Inherited control and firm performance. *American Economic Review, 96*, 1559–1588.

Pergola, T. M. (2005). Management entrenchment: Can it negate the effectiveness of recently legislated governance reforms? *Journal of American Academy of Business, 6*, 177–185.

Petmezas, D. (2009). What drives acquisitions? Market valuations and bidder performance. *Journal of Multinational Financial Management, 19*, 54–74.

Petty, J. W., Keown, A. J., Scott, D. F., Jr., & Martin, J. D. (1993). *Basic financial management* (6th ed.). Englewood Cliffs, NJ: Prentice-Hall. (p. 798).

Phan, P. H. (1995). Organizational restructuring and economic performance in leveraged buyouts: An ex post study. *Academy of Management Journal, 38*, 704–739.

Pinkowitz, L. (2002). *The market for corporate control and corporate cash holdings.* Georgetown University: Working Paper.

Platt, D., Platt, B., & Yang, Z. (1999). Probabilistic neural networks in bankruptcy prediction. *Journal of Business Research, 44*, 67–74.

Porter, M. E. (1985). *Competitive advantage.* New York: Free Press.

Poulsen, A., & Stegemoller, M. (2002). *Transitions from private to public ownership.* University of Georgia: Working Paper.

Powers, E. A. (2001). *Spinoffs, selloffs, and equity carve-outs: An analysis of divestiture method choice.* Social Science Research Network 2–4.Working Paper Series.

Powers, E. A. (2003). Deciphering the motives for equity carve-outs. *Journal of Financial Research, 26*(1), 31–50. (Spring).

Pratt, S., & Niculita, A. (2008). *Valuing a business: The analysis and appraisal of closely held businesses.* New York: McGraw-Hill.

Prezas, A., Tarmicilar, M., & Vasudevan, G. (2000). The pricing of equity carve-outs. *Financial Review, 35*, 123–138.

PriceWaterhouseCoopers, Mergers and Acquisitions, (2010). *PriceWaterhouseCoopers, mergers and acquisitions 2010: A global tax guide.* New York: Wiley.

Rabbiosi, L., Elia, S., & Bertoni, F. (2012). Acquisitions by EMNCs in developed markets: An organizational learning perspective. *Management International Review, 52*, 192–212.

Raff, H., Ryan, M., & Staehler, F. (2006). *Asset ownership and foreign-market entry.* CESifo Working Paper No. 1676, Category 7: Trade Policy, February.

Rappaport, A. (1990). The staying power of the public corporation. *Harvard Business Review, 76*, 1–4.

Rau, P. R., & Vermaelen, T. (1998). Glamour, value, and the post-acquisition performance of acquiring firms. *Journal of Financial Economics, 49*, 223–253.

Rau, R. (2000). Investment bank market share, contingent fee payments, and the performance of acquiring firms. *Journal of Financial Economics, 56*, 293–324.

Ravenscraft, D., & Scherer, F. (1987). Life after takeovers. *Journal of Industrial Economics, 36*, 147–156.

Ravenscraft, D., & Scherer, F. (1988). Mergers and managerial performance. In J. Coffee, L. Lowenstein & S. R. Ackerman (Eds.), *Knights and targets* (pp. 194–210). New York: Oxford University Press.

Ravenscraft, D. J., & Scherer, F. M. (1991). Divisional sell-off: A Hazard function analysis. *Managerial and Decision Economics, 12*, 429–438.

Rehm, W., Uhlaner, R., & West, A. (2012, January). Taking a longer-term look at M&A value creation. McKinsey Quarterly http://www.mckinseyquarterly.com/article_print.aspx?L2=5&L3=4&ar=2916.

Renneboog, L., Simons, T., & Wright, M. (2007). Why do public firms go private in the U.K.? *Journal of Corporate Finance, 13*, 591–628.

Renneboog, L., & Szilagyi, P. (2007). Corporate restructuring and bondholder wealth. *European Financial Management, 14*, 792–819.

Rhodes-Kropf, M., & Viswanathan, S. (2004). Market valuation and merger waves. *Journal of Finance, 59.*

Ritter, J. (1991). The long-run performance of initial public offerings. *Journal of Finance, 46*, 3–27.

Robinson, A. (2002). Is corporate governance the solution or the problem? *Corporate Board, 23*, 12–16.

Robinson, D. T. (2002b). *Strategic alliances and the boundaries of the firm.* Columbia University: Working Paper.

Robinson, D. T., & Sensoy, B. A. (2011). *Cyclicality, performance measurement, and cash flow liquidity in private equity*. NBER Working Paper 17428. National Bureau of Economic Research.

Romano, R. (2001). Less is more: Making institutional investor activism a valuable mechanism of corporate governance. *Yale Journal of Regulation, 18*, 174–251.

Ross, S., Westerfield, R., & Jordan, B. (2009). *Fundamentals of corporate finance* (9th ed.). New York: McGraw-Hill.

Rossi, S., & Volpin, P. F. (2004). Cross-country determinants of mergers and acquisitions. *Journal of Financial Economics, 74*, 277–304.

RSM McGladrey, Inc. (2011). Maximizing Investments in an Evolving Market. *Managing Portfolio Investments Survey*, Los Angeles.

Ruback, R. S. (2002). Capital cash flows: A simple approach to valuing risky cash flows. *Financial Management Summer*, 85–103.

Ryngaert, M. (1988). The effects of poison pill securities on stockholder wealth. *Journal of Financial Economics, 20*, 377–417.

Sanderson, S., & Uzumeri, M. (1997). *The innovative imperative: Strategies for managing products, models, and families*. Burr Ridge, IL: Irwin Professional.

Scherreik, S. (2002). Gems among the trash. *Business Week, XX*, 112–113.

Schipper, K., & Smith, A. (1986). A comparison of equity carve-outs and equity offerings: Share price effects and corporate restructuring. *Journal of Financial Economics, 15*, 153–186.

Schleifer, A., & Vishny, R. W. (2003). Stock market–driven acquisitions. *Journal of Financial Economics, 70*, 295–311.

Schmid, R. E. (2001). Post office, fedex become partners. *Orange County Register* Business Section p. 2.

Schultes, R. (2010). AB InBev shines in tough times. *Wall Street Journal*, November 12, p. C7.

Schweiger, D. M. (2002). *M&A integration: Framework for executives and managers*. New York: McGraw-Hill.

Schwert, G. (2000). Hostility in takeovers: In the eyes of the bidder? *Journal of Finance, 55*, 2599–2640.

Selim, G. (2003). *Mergers, acquisitions and divestitures: Control and audit best practices*. New York: Institute of Internal Auditing Research Foundation.

Sender, H. (2006). High-risk debt still has allure for buyout deals. *Wall Street Journal*, p. C2.

Seoungpil, A., & Denis, D. J. (2004). Internal capital market and investment policy: Evidence of corporate spin-offs. *Journal of Financial Economics, 71*, 489–516.

Servaes, H., & Zenner, M. (1994). Taxes and the returns to foreign acquisitions in the U.S. *Financial Management, 23*, 42–56.

Seth, A., Song, K. P., & Petit, R. (2000). Synergy, managerialism or hubris: An empirical examination of motives for foreign acquisitions of U.S. firms. *Journal of International Business Studies, 31*, 387–405.

Seth, A., Song, K. P., & Petit, R. (2002). Value creation and destruction in cross-border acquisitions: An empirical analysis of foreign acquisitions of U.S. firms. *Strategic Management, 23*, 921–940.

Shahrur, H. (2005). Industry structure and horizontal takeovers: Analysis of wealth effects on rivals, suppliers, and corporate customers. *Journal of Financial Economics, 76*, 61–98.

Shapovalova, K., & Subbotin, A. (2011). *Value and size puzzles: A survey*, http://papers.ssrn.com/sol3/papers.cfm?abstract_id=1770626.

Sherman, A. (2006). *Mergers and acquisitions from A to Z: Strategic and practical guidance for small- and middle-market buyers and sellers* (2nd ed.). New York: AMACOM.

Sherman, D. H., & David Young, S. (2001). Tread lightly through these accounting minefields. *Harvard Business Review, July-August*, 129–137.

Shin, H. H., & Stulz, R. (1998). Are internal capital markets efficient? *Quarterly Journal of Economics, 113*, 531–552.

Shivdasani, A. (1993). Board composition, ownership structure, and hostile takeovers. *Journal of Accounting and Economics, 16*, 167–198.

Shumway, T. (2001). Forecasting bankruptcy more accurately: A simple hazard model. *Journal of Business, 74*, 101–124.

Shuttleworth, R. (2004). *Twelve keys to venture capital tech coast angels*; http://techcoastangels.com.

Sicherman, N. W., & Pettway, R. H. (1992). Wealth effects for buyers and sellers for the same divested assets. *Financial Management, 21*, 119–128.

Silber, W. L. (1991). Discounts on restricted stocks: The impact of illiquidity on stock prices. *Financial Analysts Journal, 47*, 60–64.

Singh, H., & Montgomery, C. (2008). Corporate acquisition strategies and economic performance. *Strategic Management Journal, 8*, 377–386.

Sirower, M. (1997). *The synergy trap*. New York: Free Press.

Skantz, T., & Marchesini, R. (1987). The effect of voluntary corporate liquidation on shareholder wealth. *Journal of Financial Research, 10*(Spring), 65–75.

Sloan, R. G. (1996). Do stock prices fully reflect information in accruals and cash flows about future earnings? *Accounting Review, 71*, 289–315.
Slovin, M. B., Sushka, M. E., & Polonchek, J. A. (2005). Methods of payment in asset sales: Contracting with equity versus cash. *Journal of Finance, 60*, 2385–2407.
Smith, A. (1990). Corporate ownership structure and performance: The case of management buy-outs. *Journal of Financial Economics, 27*, 143–164.
Sojli, E., & Tham, W. (2010). The impact of foreign government investments: Sovereign wealth fund investments in the U.S. In J. Cosset & N. Boubakri (Eds.), *Institutional investors in global capital markets (International Finance Review, 12)*. U.K: Emerald Group Publishing Limited.
Srikant, D., Frankel, R., & Wolfson, M. (2001). Earnouts: The effects of adverse selection and agency costs on acquisition techniques. *Journal of Law, Economics, and Organization, 17*, 201–238.
Standard Research Consultants, (1983). Revenue ruling 77-287 revisited. *SRC Quarterly Reports, Spring*, 1–3.
Stout, L. A. (2002). Do antitakeover defenses decrease shareholder wealth? The ex post/ex ante valuation problem. *Stanford Law Review, 55*, 845–861.
Stromberg, P. (2008). The new demography of private equity. Globalization of alternative investments. *The Global Economic Impact of Private Equity Report*. World Economic Forum 1 3–26. Working Paper.
Stromberg, P., Hotchkiss, E., & Smith, D. (2011, April 7). *Private equity and the resolution of financial distress* http://ssrn.com/sol3/papers.cfm?abstract_1787446.
Stulz, R. M. (1995). Globalization of the capital markets and the cost of capital: The case of nestle. *Journal of Applied Corporate Finance, 8*, 30–38.
Stulz, R. M. (1995). The cost of capital in internationally integrated markets: The case of nestle. *European Financial Management, 1*, 11–22.
Stulz, R. M., & Wasserfallen, W. (1995). Foreign equity invest restrictions, capital flight, and shareholder wealth maximization: Theory and evidence. *Review of Financial Studies, 8*, 1019–1057.
Subramanyam, A. (2010). The cross-section of expected returns: What have we learnt from the past twenty-five years of research? *European Financial Management, 16*, 27–43.
Subramanian, G. (2010). *Negotiauctions: Deal-making strategies for a competitive market place*. New York: W.W. Norton.
Sweeney, P. (2005). Gap. *Financial Executives Magazine*, 33–40.
Tang, C. Y., & Tikoo, S. (1999). Operational flexibility and market valuation of earnings. *Strategic Management Journal, 20*, 749–761.
Tashjian, E., Lease, R., & McConnell, J. J. (1996). Prepacks: An empirical analysis of prepackaged bankruptcies. *Journal of Financial Economics, 40*, 135–162.
Thompson Financial Securities Data Corporation. (2000). The world's urge to merge. *Press release*, January 5.
Thompson, T. H., & Apilado, V. (2009). An examination of the impact of equity carve-outs on stockholder and bondholder wealth. *Journal of Economics and Business, 61*, 376–391.
Titman, S., & Martin, J. (2010). *Valuation: The art and science of corporate investment decisions* (2nd ed.). Boston: Prentice-Hall. (pp. 144–147).
Travlos, N. G., & Cornett, M. N. (1993). Going private buyouts and determinants of shareholders' returns. *Journal of Accounting, Auditing and Finance, 8*, 1–25.
Truitt, W. B. (2006). *The corporation*. Westport, CT: Greenwood Press.
Tykova, T., & Borell, M. (2011, November 2). Do private equity owners increase risk of financial distress and bankruptcy? papers.ssrn.com/sol13/papers.cfm?abstract_1987639.
Uhlaner, R. T., & West, A. S. (2008). Running a winning M&A shop. *McKinsey Quarterly* mckinseyquarterly.com.
United States v. Primestar, L.P., 58 Fed Register, 33944, June 22, 1993 (Proposed Final Judgment and Competitive Impact Study).
U.S. Attorney General. (2000). Global Antitrust Regulation: Issues and Solutions. *Final Report of the International Competition Policy Advisory Committee.*
U.S. Department of Justice. (1999). Antitrust division www.usdoj.gov.
U.S. General Accountability Office. (2008). *Private Equity: Real Growth in Leveraged Buyouts Exposes Risk*. GAO-08-885.
U.S. Securities and Exchange Commission. (2012, July 13). *Work Plan for the Consideration of Incorporating International Financial Reporting Standards in the Financial Reporting System for U.S. Issuers*, Final Staff Report, Office of the Chief Accountant.
U.S. Small Business Administration. (1999). *Financial Difficulties of Small Businesses and Reasons for Their Failure Office of Advocacy*, RS 188.
U.S. Small Business Administration. (2003). *State Small Business Profile*. Office of Advocacy: RS 203.
Uysal, V. (2011). Deviation from the target capital structure and acquisition choices. *Journal of Financial Economics, 102*, 602–620.
Vachon, M. (1993). Venture capital reborn. *Venture Capital Journal*, p. 32.
Vasconcellos, G. M., & Kish, R. J. (1998). Cross-border mergers and acquisitions: The European–U.S. experience. *Journal of Multinational Financial Management, 8*, 173–189.
Vasconcellos, G. M., Madura, J., & Kish, R. J. (1990). An empirical investigation of factors affecting

cross-border acquisitions: U.S. versus non-U.S. experience. *Global Finance Journal, 1*, 173–189.

Veld, C., & Veld-Merkoulova, Y. (2004). Do spin-offs really create value? *Journal of Banking and Finance, 28*, 1111–1135.

Vermeulen, F., & Barkema, H. G. (2001). Learning through acquisitions. *Journal of the Academy of Management, 44*, 457–476.

Vijh, A. M. (1999). Long-term returns from equity carve-outs. *Journal of Financial Economics, 51*, 273–308.

Vijh, A. M. (2002). The positive announcement period returns of equity carve-outs: Asymmetric information or divestiture gains. *Journal of Business, 75*, 153–190.

Villalonga, B. (2004). Diversification discount or premium? New evidence from the business information tracking series. *Journal of Finance, 59*, 479–506.

Villalonga, B., & Amit, R. (2006). How do family ownership, control, and management affect firm value? *Journal of Financial Economics, 80*, 385–417.

de Vroom, H. J., & van Frederikslust, R. (1999). *Shareholder wealth effects of corporate spinoffs: The worldwide experience 1990–1998*. SSRN Working Paper Series, August 9.

Wagner, H. F. (2004). *The equity carve-out decision*. University of Munich: Working Paper.

Walsh, J. P., & Ellwood, J. W. (1991). Mergers, acquisitions, and the pruning of managerial deadwood. *Strategic Management Journal, 12*, 201–217.

Weifeng, W., Zhaoguo, Z., & Shasa, Z. (2008). Ownership structure and the private benefits of control: An analysis of chinese firms. *Corporate Governance, 8*, 286–298.

Weir, C., Jones, P., & Wright, M. (2007). *Public to private transactions, private equity and performance in the UK: An empirical analysis of the impact of going private*. Working Paper, Nottingham University, UK.

Weir, C., Liang, D., & Wright, M. (2005). Incentive effects, monitoring mechanisms and the threat from the market for corporate control: An analysis of the factors affecting public to private transactions in the U.K. *Journal of Business Finance and Accounting, 32*, 909–944.

White, M. (1989). The corporate bankruptcy decision. *Journal of Economic Perspectives, 3*, 129–152.

White, E., & Joann, S. (2007). Companies trim executive perks to avoid glare. *Wall Street Journal*, 13 p. A1.

Wilson, B. D. (1980). The propensity of multinational companies to expand through acquisitions. *Journal of International Business Studies, 11*, 59–64.

Wiltbank, R., & Boeker, W. (2007). Returns to Angel Investors in Groups. Marian Ewing Foundation and Angel Capital Education Foundation, November.

Wright, M., Burros, A., Ball, R., Scholes, L., Meuleman, M., & Amess, K. (2008). The Implications of Alternative Investment Vehicles for Corporate Governance: A Survey of Empirical Research. Organization for Economic Cooperation and Development; www.oecd,org/daf/corporate-affairs.

Wright, M. N. W., & Robbie, K. (1996). The longer-term effects of management-led buyouts. *Journal of Entrepreneurial and Small Business Finance, 5*, 213–234.

Wruck, K. H. (1989). Equity ownership concentration and firm value: Evidence from private equity financing. *Journal of Financial Economics, 23*, 3–28.

Wruck, K. H., & Yilin, W. (2009). Relationships, corporate governance, and performance: Evidence from private placements of common stock. *Journal of Corporate Finance, 15*, 30–47.

Wu, Y. L. (2004). The choice of equity-selling mechanisms. *Journal of Financial Economics, 74*, 93–119.

Wulf, J. (2004). Do CEOs in mergers trade power for premium? Evidence from mergers of equals. *Journal of Law and Organization, 20*, 60.

Wulf, J., & Rajan, R. (2003). *The flattening firm: Evidence from panel data on the changing nature of corporate hierarchies*. University of Chicago: Working Paper.

Yago, G., & Bonds, J. (1991). *How high-yield securities restructured corporate America*. New York: Oxford University Press.

Yen, T., & Andre, P. (2010). *Long-term operating performance of acquiring firms in emerging markets: The corporate governance issue*, August 22, 2010, http://ssrn.com/abstract=1663287.

Yermack, D. (1996). Higher market valuation of companies with a small board size. *Journal of Financial Economics, 40*, 185–211.

Zahra, S., & Elhagrasey, G. (1994). Strategic management of international joint ventures. *European Management Journal, 12*, 83–93.

Zahra, S. A., Ireland, R. D., & Hitt, M. A. (2000). International expansion by new venture firms: International, mode of market entry, technological learning and performance. *Academy of Management Journal, 19*, 244–257.

Zingales, L. (1995). What determines the value of corporate control? *The Quarterly Journal of Economics, 110*, 1047–1073.

Zodrow, G. (2010). Capital mobility and national tax competition. *National Tax Journal, 63*, 865–902.

Zola, M., & Meier, D. (2008). What is M&A performance? *Academy of Management Perspectives, 22*, 55–77.

Zuckerman, G., Sender, H., & Patterson, S. (2007). Hedge fund crowd sees more green as fortress hits jackpot with IPO. *Wall Street Journal*, p. A1.